... in der Arztpraxis

Prüfungsvorbereitung
Medizinische Fachangestellte

Autorinnen und Autoren
Dr. Bernhard Alfter
Carmen Dietrich
Verena Griesinger
Edigna Kellermann
Dr. Axel Mosler
Christina Osterrieder
Simone Petznick

In Zusammenarbeit mit der
Verlagsredaktion

Cornelsen

Beratung: Dr. Uta Groger
Verlagsredaktion: Dr. Franz Schaller
Außenredaktion: Silke Telschow-Malz, Berlin
Bildredaktion: Gertha Maly
Layout und technische Umsetzung: vitaledesign, Berlin
Umschlaggestaltung: vitaledesign, Berlin

www.cornelsen.de

1. Auflage, 8. Druck 2021

Druck: Mohn Media Mohndruck, Gütersloh

ISBN 978-3-06-450954-2

PEFC
PEFC/04-31-1033

PEFC zertifiziert
Dieses Produkt stammt aus nachhaltig bewirtschafteten Wäldern und kontrollierten Quellen.
www.pefc.de

Vorwort

Liebe angehende Medizinische Fachangestellte,

Sie werden in absehbarer Zeit Ihre Ausbildung zur Medizinischen Fachangestellten beenden und nach der Prüfung Ihren Beruf dann voll verantwortlich ausüben. Bis zum jetzigen Zeitpunkt haben Sie drei Jahre Ausbildungszeit in Praxis und Berufsschule gut absolviert und müssen nun als letzten Schritt die Abschlussprüfung ebenso erfolgreich bestehen. Dafür ist es notwendig, dass Sie das gesamte erforderliche Fachwissen aller Tätigkeitsbereiche noch einmal in kurzer Zeit und konzentrierter Form festigen.

Dieses Buch soll Sie in Ihrer Vorbereitungszeit unterstützen und bis zur schriftlichen und praktischen Prüfung begleiten. Seine Konzeption folgt den Anforderungen, die an beide Prüfungsanteile gestellt werden, und wird Ihnen durch seinen systematischen Aufbau helfen, die prüfungsrelevanten Inhalte in konzentrierter Form aufzuarbeiten.

Als Teil der Prüfungsvorbereitung hilft Ihnen dieses Buch auch bei der Erstellung Ihres individuellen Lernplans und unterstützt auf diese Weise den letzten Abschnitt Ihrer Ausbildung.

Wenn Sie sich das Buch schon früher gekauft haben, können Sie es ebenso für die Vorbereitung der Zwischenprüfung verwenden.

Gern dürfen Sie uns Verbesserungsvorschläge und Anregungen zusenden:
service@cornelsen.de

Wir wünschen Ihnen viel Energie für die Vorbereitung, viel Erfolg für die Prüfung und einen glücklichen Start ins Berufsleben.

Juli 2014 für das Autorenteam: Dr. Bernhard Alfter, Dr. Axel Mosler

Dr. Bernhard Alfter

Carmen Dietrich

Verena Griesinger

Edigna Kellermann

Dr. Axel Mosler

Christina Osterrieder

Simone Petznick

Inhaltsverzeichnis

Einführung 8

I. Schriftliche Prüfung 15

Behandlungsassistenz 15

Zwischenprüfung

Lernfeld 3
1 Mikrobiologie 16
2 Infektionskrankheiten und Impfungen 24
3 Hygiene 30

Lernfeld 4
4 Bewegungsapparat 36
5 Erkrankungen des Bewegungsapparates 44
6 Physikalische Therapie, Arzneimittel und ihre Verabreichung 52

Lernfeld 5
7 Herz und Kreislauf 60
8 Atmungssystem 68
9 Blut 76

Lernfeld 8
10 Harn- und Geschlechtsorgane 84
11 Erkrankungen und Diagnostik der Nieren und ableitenden Harnwege 88
12 Weibliche Genitalorgane und ihre Erkrankungen, Schwangerschaft und Geburt 94
13 Männliche Genitalorgane und ihre Erkrankungen 102

Lernfeld 9
14 Ernährung und Verdauungsapparat 106
15 Diagnostik und Erkrankungen des Verdauungsapparats 114
16 Stoffwechselstörungen und -erkrankungen 122

Lernfeld 10
17 Hautaufbau, Hauterkrankungen und Allergien 128
18 Wundheilung, Wundversorgung und kleine Chirurgie 136
Lernfeld 11
19 Prävention 140

Leistungsabrechnung 143

Zwischenprüfung

Lernfeld 2
1 Vertragsärztliche Versorgung, gesetzliche Krankenversicherung (GKV) und sonstige Kostenträger . . 144
2 Der Einheitliche Bewertungsmaßstab (EBM) 150
3 Die Gebührenordnung für Ärzte (GOÄ) und die Gebührenordnung der Unfallversicherung (UV-GOÄ) 154

Lernfeld 3
4 Abrechnung bei Infektionskrankheiten und Impfleistungen für gesetzlich Versicherte, Privatpatienten und nach UV-GOÄ 158

Lernfeld 4
5 Abrechnung bei Erkrankungen des Bewegungsapparates (EBM und GOÄ) 162

Lernfeld 5
6 Abrechnung von Behandlungen in Notfallsituationen (EBM und GOÄ) 166

Lernfeld 6
7 Sprechstundenbedarf: Verordnung und Abrechnung . . . 170

Lernfeld 8
8 Abrechnung bei Erkrankungen des Urogenitalsystems (EBM und GOÄ) . . . 174

Lernfeld 9
9 Abrechnung bei Erkrankungen des Verdauungssystems (EBM und GOÄ) . . . 178

Lernfeld 10
10 Abrechnung kleinchirurgischer Behandlungen und Wundversorgungen (EBM und GOÄ) sowie von Arbeitsunfällen (UV-GOÄ) . . . 182

Lernfeld 11
11 Präventionsleistungen bei gesetzlich Versicherten (EBM) . . . 186
12 Präventionsleistungen bei Privatversicherten und individuelle Gesundheitsleistungen (GOÄ) . . . 192

Praxisorganisation und Verwaltung . . . 195

Zwischenprüfung

Lernfeld 1
1 Ausbildung zur Medizinischen Fachangestellten, Gesundheitswesen . . . 196

Lernfeld 2
2 Der Behandlungsvertrag . . . 200
3 Datenverwaltung und -verarbeitung in der Arztpraxis . . . 206

Lernfeld 6
4 Bestell- und Lagerorganisation . . . 210
5 Rechnungsstellung und Überwachung der Zahlungsvorgänge, Belege in der Praxis . . . 216

Lernfeld 7
6 Qualitätsmanagement . . . 220
7 Terminvergabe und Personaleinsatzplanung . . . 226
8 Organisation der Fernkommunikation . . . 232

Lernfeld 12
9 Bewerbung, Fort- und Weiterbildung . . . 238

Wirtschafts- und Sozialkunde . . . 241

Zwischenprüfung

Lernfeld 1
1 Ausbildungsvertrag . . . 242
2 Arbeitsschutz . . . 246

Lernfeld 2
3 Grundlagen des Vertragsrechts . . . 250

Lernfeld 6
4 Kaufvertrag . . . 254
5 Umgang mit Geld, Zahlungsmöglichkeiten . . . 260

Lernfeld 11
6 Außergerichtliches und gerichtliches Mahnverfahren, Verjährung . . . 266

Lernfeld 12
7 Die soziale Marktwirtschaft und ihre Umsetzung in der BRD . . . 270
8 Soziale und private Absicherung . . . 274
9 Einzelarbeitsvertrag und Arbeitsrecht . . . 278
10 Steuern und Entgeltabrechnung . . . 282
11 Sparen und Kredit . . . 286

II. Praktische Prüfung: Prüfungsfälle 289

1 Diabetes mellitus Typ 2 290
2 Gesundheitsuntersuchung 295
3 Herzinfarkt 300
4 Asthma bronchiale 305
5 Abszesseröffnung 309
6 Appendizitis 313
7 Gallenkolik 317
8 Schnittwunde 321
9 Bisswunde 326
10 Krebsfrüherkennung 330
11 Hepatitis 335
12 Thrombose 337
13 KHK/Hypertonie 339
14 Arthrose 341
15 Adipositas 343
16 Grippaler Infekt 347
17 Kopfplatzwunde 348
18 Diabetes mellitus Typ 1 350
19 COPD 352
20 Arthritis 354
21 Ulcus cruris 355
22 V. a. Gestationsdiabetes 357
23 Verbrennung 359
24 Zystitis (Harnwegsinfekt) 360
25 Akute Bronchitis 362
26 Apoplex 364
27 Verstauchung 366
28 Schwangerschaft 367
29 Jugendgesundheitsuntersuchung 369
30 Naevusexzision 371
31 Masern 373
32 Oberbauchbeschwerden 375

Stichwortverzeichnis 377

Bildquellenverzeichnis 384

EINFÜHRUNG: TIPPS ZUR PRÜFUNGSVORBEREITUNG

Sie werden Ihre Ausbildung zur Medizinischen Fachangestellten mit einer schriftlichen und praktischen Abschlussprüfung beenden. Beide Prüfungsanteile stellen unterschiedliche Anforderungen an Sie und erfordern daher auch eine besondere Vorbereitung.

Die **schriftliche Abschlussprüfung** umfasst eine große Stofffülle aus allen fachlichen Bereichen, die Sie aus der Berufsschule kennen: Behandlungsassistenz, Leistungsabrechnung, Praxisorganisation und Verwaltung sowie Wirtschafts- und Sozialkunde. Die besondere Herausforderung der Abschlussprüfung besteht darin, dass Sie für eine erfolgreiche Prüfung das gesamte Prüfungswissen aller „Fächer" für einen Prüfungstag vorbereiten müssen.

Hier finden Sie Tipps, um diese Aufgabe gut zu lösen:

- Erstellen Sie sich einen **Lernplan**, der die Inhalte aller Fächer und den Zeitbedarf des Vorbereitens und Lernens umfasst (weitere Informationen zum Lernplan Seite 11).
- Berücksichtigen Sie während der Vorbereitung alle Lerninhalte, auch die Inhalte, die nicht in Ihrer Ausbildungspraxis Routine sind.
- Verwenden Sie auch die **Lernmaterialien**, die Sie während der Ausbildungszeit bereits durchgearbeitet haben.
- Üben Sie die in Ihrer Prüfung verwendeten **Fragearten** in der Vorbereitung (z. B. Multiple-Choice-Fragen und/oder freie Fragen).
- Beachten Sie die Tipps zu Ihrem Verhalten vor dem Prüfungstag und am Prüfungstag.

Bei Ihrer **praktischen Abschlussprüfung** müssen Sie Ihr Handeln in einer bestimmten Handlungssituation in der Praxis präsentieren. Eine wichtige Voraussetzung für eine gute Präsentation ist die vollständige und angemessene Erfassung der in den geschilderten Handlungssituationen beschriebenen Tätigkeiten. Sie müssen also dem Text der Aufgabenstellung entnehmen, was genau unter den beschriebenen Praxisbedingungen bearbeitet werden muss und diese Tätigkeiten dann in einer sachlogischen Reihenfolge präsentieren. Die Darstellung Ihrer sozialen und kommunikativen Kompetenzen besonders im Hinblick auf die Betreuung der Patienten ist ein wichtiger Aspekt Ihrer Präsentation.

Auch im Hinblick auf die praktische Prüfung können Ihnen einige Tipps helfen:

- Erstellen Sie für jeden inhaltlichen Aspekt ein **Moderationskärtchen** mit den wichtigsten Informationen (z. B. zu Patientenempfang, Blutdruckmessung, Blutentnahme). Schreiben Sie deutlich und nur in Stichpunkten!
- Nummerieren Sie die Kärtchen in der richtigen **Reihenfolge**.
- Verwenden Sie eine **situationsgerechte Sprache** (keine Umgangssprache) und sprechen Sie ausreichend laut.
- **Üben Sie gemeinsam**, z. B. mit anderen Prüflingen aus Ihrer Klasse.

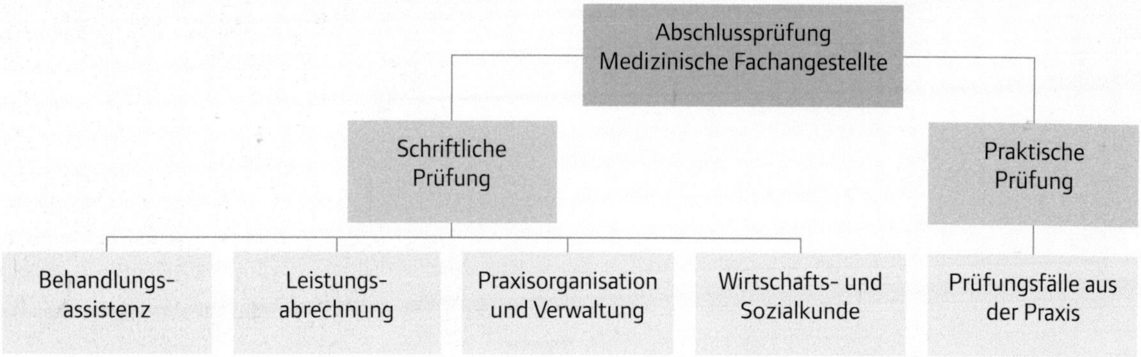

1 Die Wochen vor der Prüfung: Strukturierung des Lernens

Was können Sie beitragen?

Die Phase vor der Prüfung zeichnet sich dadurch aus, dass Sie sich relativ viel Stoff in relativ kurzer Zeit aneignen müssen.

Genau deshalb ist es von besonderer Bedeutung, dass Sie der Vorbereitungszeit eine Struktur geben, die Ihnen erstens die **Aneignung neuer Inhalte** ermöglicht, zweitens aber auch genügend Raum für die **Wiederholung** des bereits Gelernten lässt.

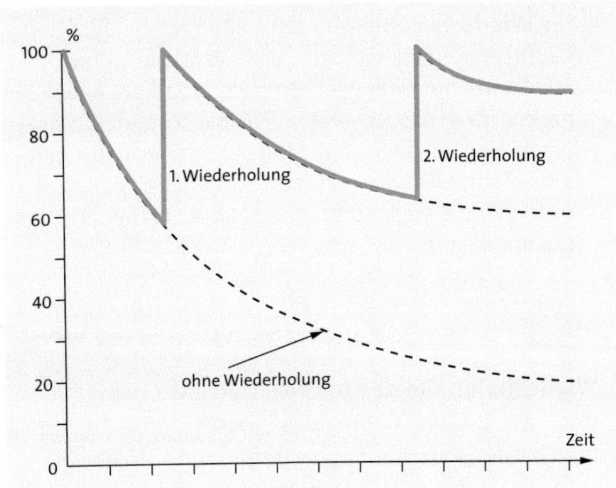

Um der Vergessenskurve entgegenzuwirken, sollten Wiederholungsphasen regelmäßig und häufig eingeplant werden.

Diese Struktur erhalten Sie durch einen einfachen **Lernplan:**

- Der **Lernplan** berücksichtigt Zeiten für die Aneignung des Stoffs und Zeiten der Wiederholung, um den gesamten Stoff stressfrei bewältigen können.
- Planen Sie ausreichend **Pausen** ein. Niemand kann konzentriert 10 Stunden am Stück lernen.
- Setzen Sie sich nur **realistische Ziele**! Der Lernplan muss abzuarbeiten sein, sonst droht Frustration. Berücksichtigen Sie also auch Tage, an denen Sie aus privaten oder beruflichen Gründen vielleicht nicht so viel schaffen können.
- Setzen Sie sich erreichbare **Zwischenziele** – damit verlieren Sie die Angst, nicht bis zum Termin fertig zu werden.
- Im Idealfall sind Sie so rechtzeitig fertig, dass Sie vor der Prüfung **noch eine Woche Zeit** haben, in der Sie nur wiederholen müssen.

Ein Teil der Lernzeit sollte für Pausen verwendet werden.

Der Lernplan

Ihr individueller Lernplan sollte Zeiten für die Aneignung neuen Stoffes sowie für die Wiederholung des bereits Gelernten einräumen. Gleichzeitig kann er Ihnen bildlich verdeutlichen, was Sie bereits geschafft haben und wo Sie sich noch bemühen müssen. Deshalb ist es sinnvoll, einen Plan schriftlich darzulegen und ihn nicht einfach nur zu „denken".

- Die **Phasen der Aneignung** neuen Stoffes sollten möglichst **nach Einzelthemen** gegliedert verlaufen können.

> **!**
> **Schließen Sie ein Thema ab**, bevor Sie ein neues beginnen - es sei denn, die verschiedenen Bereiche sind inhaltlich so unterschiedlich, dass sie sich gegenseitig nicht „stören".

Es ist erwiesen, dass Lernende dazu neigen, verschiedene Sachverhalte zu vergessen, wenn sie eine starke Verbindung zueinander aufweisen. Verknüpfen Sie also eher möglichst unterschiedliche Bereiche miteinander, wenn es sich aufgrund zeitlicher Enge nicht vermeiden lässt, mehrere Themen parallel zu bearbeiten: Lernen Sie nach dem Herz-Kreislauf-System lieber ein Thema aus dem WiSo-Bereich als z. B. das Atmungssystem.

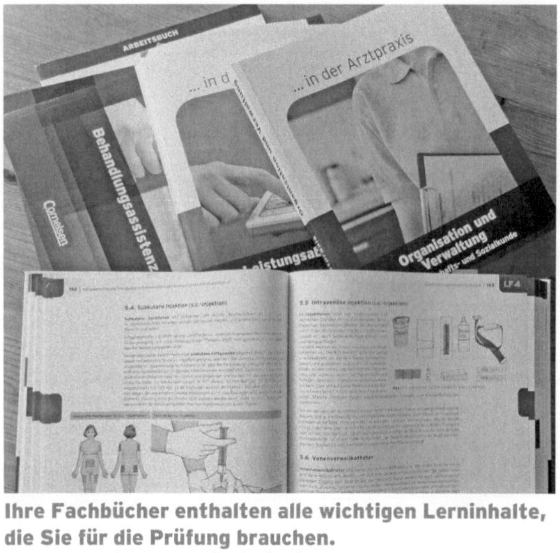

Ihre Fachbücher enthalten alle wichtigen Lerninhalte, die Sie für die Prüfung brauchen.

Ein Lernplan wie der Beispiel-Lernplan auf Seite 11 gibt Ihnen die Möglichkeit, solche Hindernisse im Vorfeld zu vermeiden, indem Sie zu Beginn der gesamten Lernphase festlegen können, in welcher Reihenfolge Sie welche Themen bearbeiten. Außerdem: Ein weiterer Effekt der systematischen Auflistung ist, dass Sie den benötigten gesamten Zeitaufwand für die Vorbereitung genau abschätzen und gegebenenfalls rechtzeitig Korrekturen im Ablauf vornehmen können.

- Die **Wiederholungsphasen** sollten regelmäßig und häufig eingeplant werden. Auch wenn Sie in Ihrer Selbsteinschätzung ein Thema als „erledigt" abgehakt haben, heißt das auf keinen Fall, dass Sie sich nach einigen Wochen noch an die Inhalte erinnern. Auswendig gelerntes Wissen verblasst schnell, wenn man es nicht ständig anwendet, oder es wird von neuen Inhalten überlagert.

> **!**
> **Wiederholen Sie das bereits Gelernte** immer wieder - wenigstens einmal pro Woche -, sonst droht die Gefahr, dass Sie das zu Beginn oder in der Mitte Ihrer Vorbereitungsphase Angeeignete kurz vor der Prüfung annähernd vergessen haben.

Zeiten für die Wiederholung sollten Sie für die Phasen einplanen, wenn Sie das Tagespensum an neuem Stoff bereits abgearbeitet haben. Für den Abruf von bereits gelerntem Stoff benötigen Sie nicht ganz so viel Konzentration wie für das Verstehen von neuem.

Für die Erstellung Ihres individuellen Lernplanes heißt das: Je weiter Sie in der Vorbereitungsphase voranschreiten, desto mehr Zeit benötigen Sie für die Wiederholung. Denn: Der zu wiederholende Stoff wird durch die Menge an vorher Gelerntem mit jedem Tag umfangreicher. Bedenken Sie dies also bei der Berechnung von Lernzeiten!

Selbst kontrollieren und motivieren können Sie sich, indem Sie einzelne Wiederholungen **zu zweit oder in Gruppen** vornehmen. Hier kann zum Beispiel ein Prüfling den anderen abfragen. Das hat den Vorteil, dass Sie sich im Vorfeld verpflichten, bis zu einem bestimmten Termin mit einem gemeinsam vereinbarten Thema fertig zu sein. Außerdem kann es mehr Spaß machen, als immer nur alleine zu lernen.

Nachstehend sehen Sie, wie ein **individueller Lernplan** aussehen kann. Diese Abbildung ist aber lediglich ein beispielhafter Ausschnitt! Die Abfolge der Inhalte, die Menge der Wiederholungen sowie die insgesamt veranschlagte Zeit sind von Prüfling zu Prüfling verschieden – sonst wäre es kein individueller Lernplan. Sie müssen ehrlich für sich selbst entscheiden, wie Sie die Vorbereitungsphase nach Ihren Bedürfnissen gestalten. Nicht zuletzt hängt das auch davon ab, wie viel tägliche Lernzeit Sie erübrigen können, wie schnell Sie neue Inhalte erfassen und wie viele Wiederholungen Sie benötigen.

Gegenseitiges Abfragen hilft bei der Kontrolle des Kenntnisstandes und motiviert.

Wochenplan

	Montag	Dienstag	Mittwoch	Donnerstag	Freitag	Samstag	Sonntag
Vormittag		Schule Nadine u. Lara wg. Lerngruppe fragen					
Nachmittag		Schule				14:00–16:00 Wiederholung LF 5 bis einschließlich Immunsystem	15:00–17:00 Wiederholung LF 5 Blutgerinnung + Blutgruppen Check: Wo stehe ich? Nächste Lernwoche planen!
Abend	19:00–20:30 LF 5: Zusammensetzung des Blutes	18:30–20:00 LF 5: großes und kleines Blutbild	19:00–19:30 LF 5: Immunsystem	19:00–20:30 LF 5: Blutgerinnung	19:00–20:30 LF 5: Blutgruppen		

Was kann das Buch beitragen?

In diesem Buch finden Sie die prüfungsrelevanten Inhalte aus den Bereichen Behandlungsassistenz, Leistungsabrechnung, Praxisorganisation und Verwaltung sowie Wirtschafts- und Sozialkunde.

Der erste **Teil zur schriftlichen Prüfung** bietet Ihnen Aufgaben zu diesen Inhalten, die den Lernfeldern entsprechend gegliedert sind. Sie arbeiten hier in jedem Abschnitt mit Lerninhalten im Dreierpack:

- Die Teilkapitel beginnen jeweils mit Seiten, auf denen wichtige Fragestellungen mit **„Wissenspaketen"** beantwortet werden. An dieser Stelle werden elementare Inhalte für Sie in konzentrierter Form wiederholt, die Sie sich im Rahmen der Prüfungsvorbereitung einprägen sollten.
- Auf den folgenden Seiten sind Sie gefragt: Typische **Prüfungsfragen**, die Sie schriftlich beantworten sollen, ergänzen den Wissensschatz des betreffenden Themas. Mit diesen Aufgaben können Sie zeigen, was Sie über das Basiswissen hinaus schon beherrschen. Darüber hinaus werden Inhalte über die Fächergrenzen hinweg verknüpft, wenn z. B. im Kapitel zur Leistungsabrechnung die im Bereich Behandlungsassistenz dargestellten Behandlungsfälle abgerechnet werden. Zur Selbstkontrolle finden Sie die entsprechenden Antworten in einer Lösungsbox auf jeder Seite rechts unten.
- Ihr bereits vorhandenes Wissen überprüfen Sie anschließend mit verschiedenen Formen von **Multiple-Choice-Aufgaben**: programmierte Aufgaben mit zwei richtigen Lösungen aus sechs oder einer richtigen Lösung aus fünf alternativen Aussagen, Zuordnungen oder Reihenfolgen. Lesen Sie jeweils alle Antwortmöglichkeiten aufmerksam durch, bevor Sie Ihr Kreuz setzen, und beachten Sie, ob richtige oder falsche Antworten gesucht sind. Auch hier finden Sie zur Kontrolle auf jeder Seite eine Lösungsbox.

!

Lernen und wiederholen Sie mit dem Buch an **unterschiedlichen Orten**, z. B. im Wohnzimmer, im Schlafzimmer, in der Praxis, im Klassenraum, im Park.

- Gelernte Inhalte können in der Prüfung besser abgerufen werden, wenn die vorherige Lernumgebung der Prüfungsumgebung ähnelt. Da dies selten der Fall ist, verbessern Sie durch Lernen an verschiedenen Orten die Abrufleistung, weil Sie Ihr Gehirn damit „unabhängig" von einer einheitlichen Umgebung machen.
- Finden Sie für sich heraus, wie Ihr **optimaler Lernplatz** aussieht. Ein Zuviel an störenden Reizen ist lernhinderlich.

Die **Prüfungsfälle** am Ende des Buches schildern Handlungssituationen zur Vorbereitung auf die **praktische Abschlussprüfung**. Die dargestellten Handlungssituationen sollten Sie zunächst für sich selbst bearbeiten: Lesen Sie die Fälle aufmerksam durch und markieren Sie im Text die Einzelschritte, die in dieser Situation von der MFA durchgeführt werden müssen. Zur Kontrolle finden Sie unmittelbar nach der jeweiligen Handlungssituation die entsprechenden Inhalte, die Sie bei Ihrer Präsentation darstellen müssten. Diese Inhalte sind in **Module** gegliedert, die jeweils einen Handlungsschritt umfassen.

Wichtig ist das Training! Die Prüfungsfälle sollten Sie z. B. auch mit anderen Auszubildenden Ihrer Klasse entsprechend den Prüfungsmodalitäten Ihrer Kammer üben.

Lernen in verschiedenen Situationen und an unterschiedlichen Orten

2 Der Tag vor der Prüfung: Organisatorische Vorbereitung

Am Tag vor der Prüfung werden Sie aus Nervositätsgründen vermutlich nicht dazu in der Lage sein, sich neue Inhalte anzueignen. Dafür ist es dann ehrlicherweise auch zu spät. Wenn es Ihnen Sicherheit gibt, können Sie das, was Sie in den letzten Wochen gelernt haben, noch ein letztes Mal wiederholen. Was Sie aber auf jeden Fall tun sollten, ist, sich organisatorisch auf die Prüfungstage vorzubereiten.

Dazu gehört erstens, dass Sie bereitlegen, was Sie mitbringen sollen oder wollen:

- Personalausweis
- Einladungsschreiben zur Prüfung
- Taschenrechner
- Uhr (das Mobiltelefon ist kein Ersatz!)
- satt machendes Essen (lieber Brot als Schokolade!)
- durstlöschende Getränke (lieber Wasser als Kaffee!)

Zweitens sollten Sie planen, auf welchem Weg und wie Sie zum Prüfungsort gelangen und wie viel Zeit die Anfahrt kosten wird:

Nutzen Sie einen PKW und wenn ja, fahren Sie alleine oder müssen Sie sich noch einmal mit anderen absprechen? Nutzen Sie öffentliche Verkehrsmittel und wenn ja, sind im Vorfeld mögliche Verzögerungen durch Baustellen oder die Umlegung von Haltestellen bekannt?

Rechnen Sie in jedem Fall – egal, wie Sie anreisen – genügend „Pufferzeit" ein.

Wenn Sie so weit auch organisatorisch vorbereitet sind, haben Sie alles getan, um positiv in den Prüfungstag zu starten. Nutzen Sie die verbleibende Zeit, um sich noch ein wenig zu entspannen. Vermeiden Sie dabei aber Aktivitäten, die Ihre Nervosität „hochschaukeln" – es ist nicht unbedingt sinnvoll, kurz vor dem Zubettgehen noch einmal mit der Mitschülerin zu telefonieren, um abzugleichen, was man alles kann (oder eben nicht). Ebenso vermeiden sollten Sie an diesem Abend allzu exzessives Fernsehen: Es ist erwiesen, dass gelernte Inhalte davon eher überlagert werden. Gönnen Sie sich stattdessen ein wenig Ruhe und versuchen Sie, genügend Schlaf zu bekommen.

Ein gesunder Snack gibt Ihnen Energie für die Prüfung.

Der Vorabend zur Prüfung gehört der Entspannung.

3 Bereit für die Prüfung: Sich informieren und organisieren

Ein gesundes Maß an Lampenfieber hilft dabei, das Gehirn zu Höchstleistungen zu motivieren – ein Zuviel an Nervosität bewirkt aber genau das Gegenteil. Letzteres können Sie vermeiden, indem Sie versuchen, alle Unsicherheitsfaktoren, die Sie selbst beeinflussen können, auszuschalten. Dazu gehört erstens, dass Sie sich bereits im Vorfeld möglichst umfassend über den Ablauf der eigentlichen Prüfung **informieren**.

!

- Verschaffen Sie sich Kenntnis über die verschiedenen Arten der Aufgabenstellung. Dann müssen Sie in der Prüfungssituation nicht noch zusätzlich darüber nachdenken, was mit einer Frage eigentlich gemeint sein könnte.
- Informieren Sie sich über die zeitlichen Abfolgen. Welches Fach wird zuerst geprüft? Wann sind Pausen angesetzt?

So wissen Sie, welche Rahmenbedingungen Sie erwarten, und werden „nur noch" von den geforderten Prüfungsinhalten überrascht. Man hat feststellen können, dass Prüfungsängste wesentlich geringer ausfallen, wenn die Prüflinge über den Ablauf und die Rahmenbedingungen der Prüfungstage informiert sind.

Ein Ausschalten der Unsicherheitsfaktoren bedeutet zweitens aber auch, dass Sie jegliche Hektik am jeweiligen Prüfungsmorgen vermeiden und **organisiert** in den Tag starten sollten.

!

- Stehen Sie rechtzeitig auf, sodass Sie genügend Zeit für ein Frühstück haben.
- Gehen Sie nicht ohne gegessen zu haben aus dem Haus!
- Gehen Sie rechtzeitig aus dem Haus, sodass Sie auf dem Weg zum Prüfungsort nicht in Stress geraten, wenn Ihnen ein Stau oder eine Baustelle dazwischenkommt.

Ganz wichtig: Schalten Sie rechtzeitig Ihr Mobiltelefon aus, am besten bereits zu Hause, damit Sie ganz sichergehen können, dass Sie dies später in der Aufregung nicht doch vergessen. Ein klingelndes Handy wird als Täuschungsversuch gewertet. Im Ernstfall droht der Ausschluss von der Prüfung, wenigstens aber kommt es zu Diskussionen mit den Aufsichtspersonen während der Prüfungszeit. Es ist ebenso nicht erlaubt, das Mobiltelefon als Uhr zu verwenden!

Wenn Sie die Tipps für alle drei Zeitabschnitte der Prüfung – die Lernphase, den Vortag und die eigentlichen Prüfungstermine – berücksichtigen, werden Sie diese Zeit nicht nur mit einem fundierten Wissen, sondern auch gelassener durchlaufen. Beides ist unabdingbar für eine erfolgreiche Prüfung.

Und jetzt sind Sie dran. Viel Erfolg!

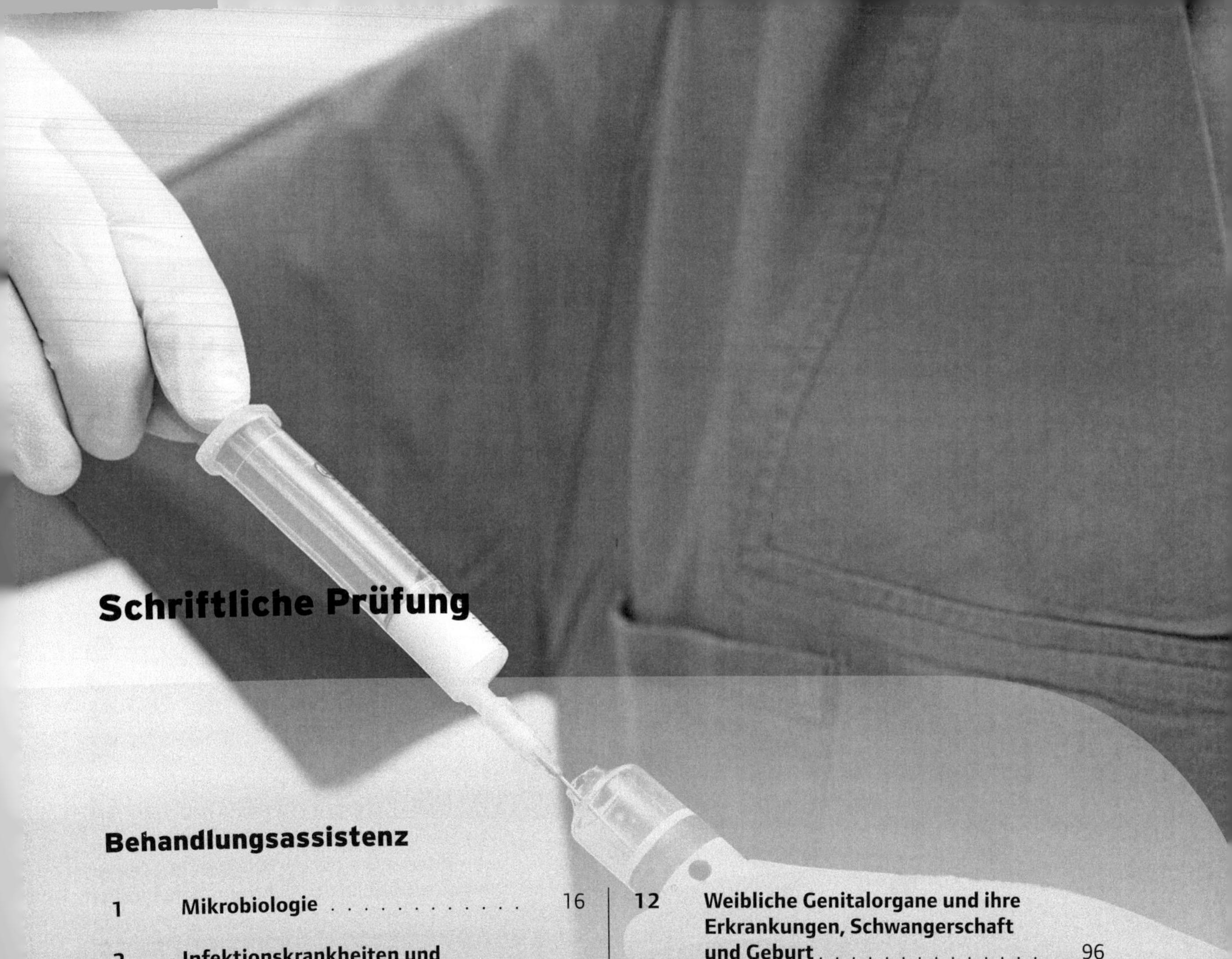

Schriftliche Prüfung

Behandlungsassistenz

1 Mikrobiologie 16

2 Infektionskrankheiten und Impfungen 24

3 Hygiene. 30

4 Bewegungsapparat 36

5 Erkrankungen des Bewegungsapparats 44

6 Physikalische Therapie, Arzneimittel und ihre Verabreichung. 52

7 Herz und Kreislauf 60

8 Atmungssystem 68

9 Blut 76

10 Harn- und Geschlechtsorgane . . . 84

11 Erkrankungen und Diagnostik der Nieren und ableitenden Harnwege 90

12 Weibliche Genitalorgane und ihre Erkrankungen, Schwangerschaft und Geburt 96

13 Männliche Genitalorgane und ihre Erkrankungen 102

14 Ernährung und Verdauungsapparat 106

15 Diagnostik und Erkrankungen des Verdauungsapparats 114

16 Stoffwechselstörungen und -erkrankungen 122

17 Hautaufbau, Hauterkrankungen und Allergien 128

18 Wundheilung, Wundversorgung und kleine Chirurgie 134

19 Prävention 140

1 Mikrobiologie

In welche vier großen Gruppen werden die krank machenden Mikroorganismen eingeteilt?

- Bakterien
- Viren
- Pilze
- Protozoen

Pathogenität ist die Fähigkeit von Mikroorganismen, Krankheiten hervorzurufen. Definieren Sie drei Stufen.

- apathogen: nicht krank machend
- fakultativ pathogen: unter Umständen krank machend
- obligat pathogen: in jedem Falle krank machend

Benennen Sie die in der Abbildung bezeichneten Anteile eines Bakteriums und deren Funktionen.

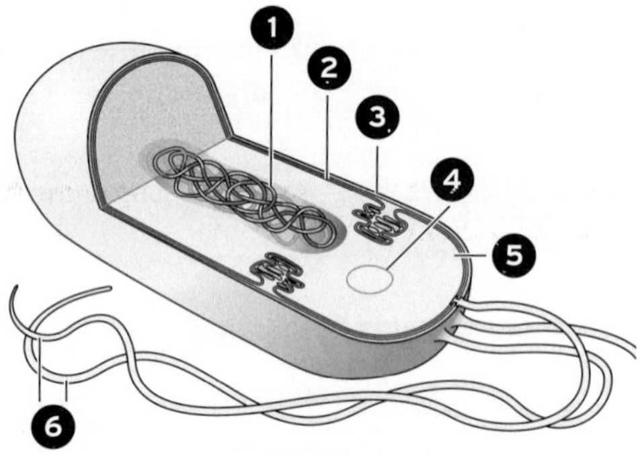

	Anteil	Funktion
1	DNA	Erbsubstanz
2	Zellmembran	Umhüllung des Zytoplasmas
3	Zellwand	Schutz
4	Plasmid	zusätzliche ringförmige DNA
5	Zytoplasma	enthält Nährstoffe und Wasser
6	Geißeln	Fortbewegung

Erklären Sie die Fachbegriffe aerob und anaerob.

Die Fähigkeit von Bakterien, nur mit Sauerstoff leben zu können, nennt man aerobe Lebensweise.
Die Fähigkeit von Bakterien, nur ohne Sauerstoff leben zu können, nennt man anaerobe Lebensweise.

Nennen Sie die wichtigsten Bakterienformen.

- Stäbchen (stäbchenförmig)
- Kokken (kugelförmig)
  - Staphylokokken (traubenförmig angeordnet)
  - Streptokokken (kettenartig angeordnet)
  - Diplokokken (paarweise angeordnet)
- Spirochäten (spiralförmig)

Benennen Sie die bezeichneten Strukturen eines Virus.

1	Außenhülle
2	Eiweißfortsätze
3	Matrixprotein
4	Kapsid (Eiweißkapsel für die Erbsubstanz)
5	RNA bzw. DNA

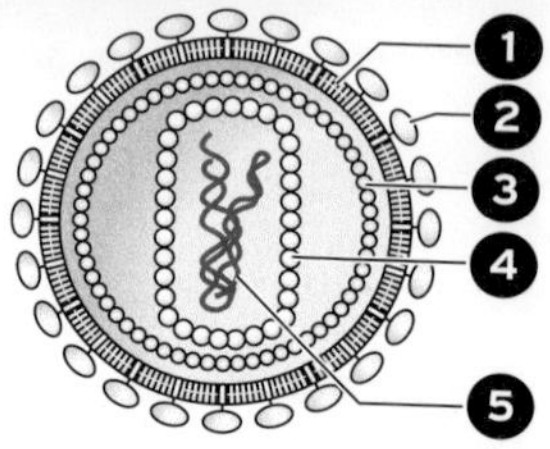

Nennen und erklären Sie die wichtigsten Phasen einer Infektionskrankheit in der richtigen Reihenfolge.

- Infektion: Eindringen und Vermehrung von Krankheitserregern in einem Organismus
- Inkubationszeit: Zeit zwischen der Infektion und dem Auftreten der ersten Symptome
- Infektionskrankheit: Symptome durch Gegenwehr des Immunsystems
- Rekonvaleszenz: Gesundungsphase

Nennen Sie wichtige Infektionswege.

- Lebensmittelinfektion
- perkutane Infektion
- Kontaktinfektion
  - Tröpfcheninfektion
  - direkte Schmierinfektion
  - indirekte Schmierinfektion
  - sexuelle Übertragung
  - vertikale Infektion

Prüfungsfall Masern: S. 373

Sie arbeiten in der Allgemeinarztpraxis von Dr. Müller. Frau Meier betritt mit ihrer zehnjährigen Tochter Marion, die in der Schule über starke Halsschmerzen klagte, die Praxis.
Auszug aus der Karteikarte:

A	B	C	D	E	F	G	H	I	J	K	L	~~M~~	N	O	P	Q	R	S	Sch	St	T	U	V	W	X	Y	Z

1 2 3 4 5 6 7 8 9 10 11 12 13 14 15 16 17 18 19 20 21 22 23 24 25 26 27 28 29 30 31 — I II III IV V VI VII VIII IX X XI XII

Geb. frei ☐ — Krankenkasse bzw. Kostenträger: AOK Hessen

Nachts ☐ — Name, Vorname des Versicherten: Meier, Marion

Sonstige ☐ — Tulpenstr. 12, 64291 Darmstadt

geb. am: 24.08.20xx

EA:
10-jährige Patientin
altersgerecht entwickelt
2011 Sinusitis maxillaris

	Kassen-Nr.	Versicherten-Nr.	Status
Unfall ☐	1234567	897654321	3000000
	Betriebsstätten-Nr.	**Arzt-Nr.**	**Datum**
Arbeits-unfall* ☐	987654321	123456789	14.10.20xx

☎ — Risiken:

14.10.20xx	Anamnese: Unwohlsein und Abgeschlagenheit, Temperatur rektal 38,3 °C, starke Schluckbeschwerden Befund: beidseits eitrige Tonsillenbeläge, Pharyngitis mit fleckigem tiefrotem Ausschlag am Gaumen, Himbeerzunge, regionäre Lymphknoten druckdolent, Streptokokken-Schnelltest: positiv Diagnose: Scharlach (Streptokokkenangina) Therapie: Penicillin 3 x tgl. für 10 Tage, Bettruhe

1. Erklären Sie den Begriff Prodromalsymptome.

2. Zu welcher Gruppe von Krankheitserregern zählt man die Erreger von Scharlach?

3. Über welchen Infektionsweg erfolgt eine Infektion mit dem Scharlacherreger?

4. Nennen Sie typische Krankheitssymptome der Infektionskrankheit Scharlach.

1. Unspezifische Krankheitszeichen (Vorläufersymptome) wie z. B. Übelkeit, Fieber, Kopfschmerzen, Abgeschlagenheit, die vor den charakteristischen Krankheitszeichen einer Erkrankung auftreten
2. Bakterien / betahämolysierende Streptokokken
3. Tröpfcheninfektion bzw. aerogene Infektion
4. Starke Schluckbeschwerden, Himbeerzunge, eitrige Entzündung (Tonsillitis) der Gaumenmandeln, Rachenentzündung (Pharyngitis), geschwollene Lymphknoten, feinfleckiger Ausschlag

5. Nennen Sie die allgemeinen Hauptsymptome einer Entzündung mit den deutschen und lateinischen Fachbegriffen.

6. Was versteht man bei einer Entzündung unter einer Hyperämie?

7. Was bedeutet die Wortendung -itis?

8. Fieber kann an verschiedenen Körperstellen gemessen werden. Erklären Sie die entsprechenden Begriffe rektal, axillar und oral.

9. Definieren Sie die folgenden Fachbegriffe: Analgetikum, Antipyretikum und Antibiotikum.

10. Welche Blutwerte sind bei einer bakteriellen Infektion im Rahmen der Entzündungsdiagnostik oft erhöht?

11. Was versteht man unter einem Antibiogramm?

12. Welche Komplikationen können nach einer Scharlachinfektion auftreten?

Abrechnung: S. 159
Prüfungsfall Grippaler Infekt: S. 347

5. Rubor - Rötung; Dolor - Schmerzen; Calor - Wärme; Tumor - Schwellung; Functio laesa - eingeschränkte Funktion
6. vermehrte Durchblutung des Gewebes
7. Es handelt sich um eine Entzündung des entsprechenden Organs, z. B. Bronchitis - Entzündung der Bronchien, Dermatitis - Entzündung der Haut.
8. rektal - Messung im Bereich des Enddarms bzw. Darmausgangs; axillar - Messung unter der Achsel; oral - Messung im Mund unter der Zunge
9. Analgetikum - Schmerzmittel; Antipyretikum - fiebersenkendes Mittel; Antibiotikum - Mittel gegen bakterielle Infektionen
10. erhöhte Leukozytenzahl (Leukozytose); erhöhte Blutkörperchensenkungsgeschwindigkeit; erhöhter CRP-Wert
11. Resistenzprüfung der Bakterien mit verschiedenen Antibiotika
12. Herzklappenentzündung, Nierenkörperchenentzündung (Niereninsuffizienz), rheumatisches Fieber

1. Welche Aussage ist richtig?

A) Apathogene Mikroorganismen machen krank.
B) Parasiten sind Lebewesen, die einem anderen Lebewesen nutzen.
C) Pilze werden auch als Protozoen bezeichnet.
D) Grampositive Bakterien werden bei der Färbung nach Gram blau angefärbt.
E) Staphylokokken werden auch als Kettenkokken bezeichnet.

2. Welche Aussage über Mikroorganismen ist richtig?

A) Bakterien benötigen immer Sauerstoff.
B) Tetanus wird durch Protozoen übertragen.
C) Bakterien sind immer pathogen.
D) Pilze sind immer apathogen.
E) Viren benötigen zur Vermehrung eine Wirtszelle.

3. Welche beiden Aussagen zu den Bakterien sind richtig?

A) Bakterien können Sporen bilden.
B) Bakterien sind nur unter dem Elektronenmikroskop sichtbar.
C) Bakterien, die Sauerstoff zum Leben benötigen, nennt man pathogen.
D) Anaerobe Bakterien benötigen Sauerstoff zum Leben.
E) Spiralförmige Bakterien nennt man Spirochäten.
F) Obligat pathogene Bakterien machen unter Umständen krank.

4. Welche Aussagekombination zu den Viren ist richtig?

1 Viren besitzen einen eigenen Stoffwechsel.
2 Virusinfektionen können auch mit Antibiotika behandelt werden.
3 Viren sind für manche Lebewesen nützlich.
4 Viren vermehren sich in Wirtszellen.
5 Viren sind kleiner als Bakterien.

A) Alle Aussagen sind richtig.
B) Nur die Aussagen 1, 2, 4 und 5 sind richtig.
C) Nur die Aussagen 2 und 3 sind richtig.
D) Nur die Aussagen 3 und 4 sind richtig.
E) Nur die Aussagen 4 und 5 sind richtig.

5. Welche Aussage ist falsch?

A) Ein Parasit schadet dem Lebewesen, in welchem er lebt.
B) Fakultative Aerobier können notfalls auch mit Sauerstoff leben.
C) Grampositive Bakterien benötigen Sauerstoff zum Leben.
D) Gramnegative Bakterien werden bei der Färbung nach Gram rot angefärbt.
E) Mit Antimykotika können Pilzerkrankungen behandelt werden.

6. Welche beiden Aussagen sind richtig?

A) Als Antipyretikum bezeichnet man ein Arzneimittel gegen Pilzinfektionen.
B) Sporen sind widerstandsfähige Dauerformen von Viren.
C) Streptokokken sind traubenartig angeordnet.
D) Kettenartig angeordnete Protozoen nennt man auch Streptokokken.
E) Bakterien sind größer als Viren.
F) Spirochäten sind spiralförmige Bakterien.

7. Welche Aussagekombination zu den Infektionswegen ist richtig?

1 Die Ursache einer perkutanen Infektion sind Bakterien in der Luft.
2 Bei einer vertikalen Infektion erfolgt die Übertragung von Tier zu Mensch.
3 Hepatitis A wird durch kontaminierte Lebensmittel übertragen.
4 Bei einer indirekten Schmierinfektion werden Erreger z. B. durch kontaminierte Untersuchungsgeräte übertragen.
5 Bei einer Tröpfcheninfektion werden die Krankheitserreger durch flüssige Lebensmittel übertragen.

A) Alle Aussagen sind richtig.
B) Nur die Aussagen 1, 2, 4 und 5 sind richtig.
C) Nur die Aussagen 2 und 3 sind richtig.
D) Nur die Aussagen 3 und 4 sind richtig.
E) Nur die Aussagen 4 und 5 sind richtig.

8. Stellen Sie die richtige Reihenfolge der Abschnitte einer Infektionskrankheit her.

A) Prodromalsymptome
B) Rekonvaleszenz
C) Inkubationszeit
D) Infektionskrankheit
E) Infektion

9. Welche Aussage ist richtig?

A) Ein unvollständiger Heilungsverlauf führt zu einer Defektheilung.
B) Prodromalsymptome sind typisch für eine bestimmte Infektionskrankheit.
C) Immunität fördert das erneute Auftreten einer Infektion mit dem gleichen Erreger.
D) Pathologie bezeichnet die Lehre der Lebensvorgänge des gesunden Organismus.
E) Organsymptome kommen erst nach der Rekonvaleszenz vor.

1. D	2. E	3. A, E
4. E	5. C	6. E, F
7. D	8. E1, C2, A3, D4, B5	9. A

10. Welche Zuordnung bezüglich der Hauptsymptome einer Entzündung ist richtig?

A Rubor → Schmerzen
B Dolor → Wärme
C Tumor → Schwellung
D Calor → Rötung
E Functio laesa → Schwellung

11. Welche beiden Aussagen zum Krankheitsverlauf sind richtig?

A) Eine akute Erkrankung tritt plötzlich auf und verläuft heftig.
B) Bei einer akuten Erkrankung treten nur Prodromalsymptome auf.
C) Eine rezidivierende Erkrankung führt zu einer lebenslänglichen Immunität.
D) Eine chronische Erkrankung verläuft weniger heftig, aber kurz.
E) Eine chronische Erkrankung verläuft meist sehr schnell.
F) Bei einem Rezidiv tritt eine Erkrankung erneut auf.

12. Welche Aussage ist richtig?

A) Zecken zählt man zu den Mikroorganismen.
B) Mikroorganismen, die Krankheiten hervorrufen, sind apathogene Lebewesen.
C) Die pathogene Bakterienbesiedlung im Darm bezeichnet man als Flora.
D) Protozoen zählt man zu den Makroorganismen.
E) Ein Parasit schädigt seinen Wirt.

13. Welche Aussage zu den Infektionskrankheiten ist richtig?

A) Bei einer Infektion dringen Makroorganismen in den Körper ein.
B) Die Zeit zwischen Infektion und dem Auftreten der ersten Symptome nennt man Rekonvaleszenz.
C) Sporen können keine Infektionen hervorrufen.
D) Scharlach wird von einer bestimmten Streptokokkenart hervorgerufen.
E) Unter einer Defektheilung versteht man die vollständige Heilung einer Infektionskrankheit.

14. Welche Aussage ist falsch?

A) Eine Körpertemperatur von 37,5 °C bezeichnet man als erhöhte Temperatur.
B) Bei der oralen Temperaturmessung erfolgt die Messung unter der Zunge.
C) Fieber steigert die Abwehrleistung des Immunsystems.
D) Die Körpertemperatur kann auch im äußeren Gehörgang gemessen werden.
E) Die axillare Fiebermessung ist als Routinemessung zu empfehlen.

15. Welche Aussagekombination zu den Prodromalsymptomen ist richtig?

1 Prodromalsymptome sind typisch für bestimmte Erkrankungen.
2 Fieber und Abgeschlagenheit sind Beispiele von Prodromalsymptomen.
3 Prodromalsymptome werden auch als Vorläufersymptome bezeichnet.
4 Prodromalsymptome treten vor einer Infektion auf.
5 Während einer Infektion zeigen die Erreger typische Prodromalsymptome.

A) Alle Aussagen sind richtig.
B) Nur die Aussagen 1, 2, 4 und 5 sind richtig.
C) Nur die Aussagen 2 und 3 sind richtig.
D) Nur die Aussagen 3 und 4 sind richtig.
E) Nur die Aussagen 4 und 5 sind richtig.

16. Welche Aussage zu den abgebildeten Krankheitserregern trifft zu?

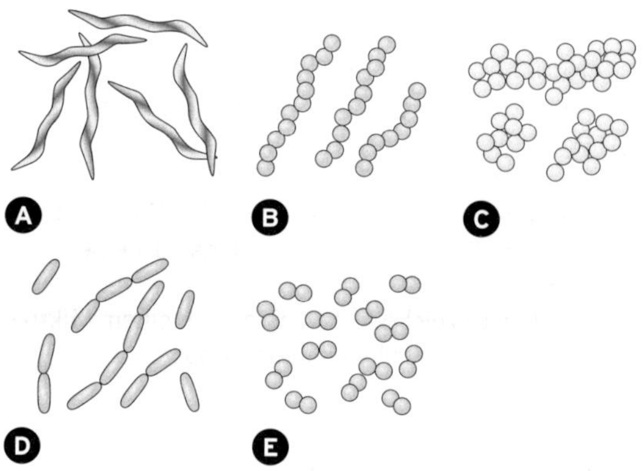

A) Buchstabe A kennzeichnet Spirochäten.
B) Buchstabe B kennzeichnet Stäbchen.
C) Buchstabe C kennzeichnet Streptokokken.
D) Buchstabe D kennzeichnet Diplokokken.
E) Buchstabe E kennzeichnet Staphylokokken.

17. Welche Aussage zur Symbiose ist richtig?

A) Bei einem Zusammenleben in Symbiose hat der Wirt den größten Vorteil.
B) Symbiose findet man nur zwischen Mikroorganismen.
C) Ein Parasit nutzt dem befallenen Organismus.
D) Das Zusammenleben zu beiderseitigem Nutzen ist eine Symbiose.
E) Symbiose beschreibt das Zusammenleben von Menschen mit pathogenen Mikroorganismen.

10. C	11. A, F	12. E
13. D	14. E	15. C
16. A	17. D	

18. Welche Aussage zur Infektionskrankheit Scharlach ist richtig?

A) Scharlach wird von Viren hervorgerufen.
B) Scharlach wird mit Virustatika behandelt.
C) Bei einer unbehandelten Scharlacherkrankung kann es zu einer Herzklappenentzündung kommen.
D) Scharlach wird durch eine perkutane Infektion hervorgerufen.
E) Die Inkubationszeit bei Scharlach beträgt 14 bis 21 Tage.

19. Welche Zuordnung ist richtig?

A	CRP	→	Polymerase-Kettenreaktion
B	BSG	→	basophile segmentkernige Granulozyten
C	Epidemie	→	weltweiter Ausbruch einer Erkrankung
D	Antibiogramm	→	Resistenzprüfung mit Antibiotika
E	PCR	→	C-reaktives Protein

20. Welche Aussage ist falsch?

A) Apathogen bedeutet nicht krank machend.
B) Symbiose ist das Zusammenleben zu beiderseitigem Nutzen.
C) Mikrobiologie ist die Lehre von den Parasiten.
D) Virulenz beschreibt die Infektionskraft eines Erregers.
E) Als Wirt bezeichnet man einen von einem Mikroorganismus befallenen Organismus.

21. Welche beiden Aussagen sind richtig?

A) Eine Leukozytose ist eine verminderte Leukozytenzahl im Blut.
B) Durch eine erhöhte Eisenzufuhr kann eine Leukozytose entstehen.
C) Die erhöhte Anzahl der Leukozyten über 10 000 pro Mikroliter nennt man Leukozytose.
D) Bei einer Leukozytose ist nur die Anzahl der Lymphozyten erhöht.
E) Bei einer Entzündung kommt es zu einer Verminderung der Leukozytenzahl.
F) Die Leukozytose ist ein Hinweis für eine Entzündung im Organismus.

22. Borreliose wird über den Stich von Zecken übertragen. Über welchen Übertragungsweg erfolgt eine solche Infektion?

A) Schmierinfektion
B) fäkal-orale Infektion
C) Tröpfcheninfektion
D) perkutane Infektion
E) vertikale Infektion

23. Welche beiden Aussagen zu der Vermehrung von Bakterien sind richtig?

A) Bakterien vermehren sich durch Zellteilung.
B) Bakterien benötigen zur Vermehrung eine Wirtszelle.
C) Die Vermehrung von Bakterien ist abhängig von der Temperatur.
D) Bakterien vermehren sich nur auf Nährböden.
E) Bakterien vermehren sich nur in Zellkulturen.
F) Die Vermehrung von Bakterien ist unabhängig vom pH-Wert.

24. Welche Aussagekombination zu den Krankheitserregern ist richtig?

1 Prionen sind Bakterien.
2 Sporen sind widerstandsfähige Dauerformen von Viren.
3 Spirochäten zählt man zu den Protozoen.
4 Die Zellwand von grampositiven Bakterien ist nach der Gram-Färbung blau angefärbt.
5 Staphylokokken sind traubenartig angeordnet.

A) Alle Aussagen sind richtig.
B) Nur die Aussagen 1, 2, 4 und 5 sind richtig.
C) Nur die Aussagen 2 und 3 sind richtig.
D) Nur die Aussagen 3 und 4 sind richtig.
E) Nur die Aussagen 4 und 5 sind richtig.

25. Ordnen Sie zu.

A	Virulenz	1	Krankheitslehre
B	Kontamination	2	Infektionskraft
C	Infektion	3	Verunreinigung
D	Pathologie	4	Ansteckung

A) A2, B1, C4, D3
B) A2, B4, C3, D1
C) A3, B2, C1, D4
D) A4, B3, C2, D1
E) A2, B3, C4, D1

26. Welche Aussage ist falsch?

A) Eine erhöhte Leukozytenzahl nennt man Leukozytose.
B) Der CRP-Wert ist besonders bei bakteriellen Infektionen erhöht.
C) Mit einem Antibiogramm wird die Empfindlichkeit der Erreger auf Antimykotika getestet.
D) Einen Krankheitsrückfall nennt man Rezidiv.
E) Als Immunologie bezeichnet man die Lehre von der Funktion des Immunsystems.

18. C	19. D	20. C
21. C, F	22. D	23. A, C
24. E	25. E	26. C

27. Welche beiden Aussagen sind richtig?
A) Den weltweiten Ausbruch einer Erkrankung nennt man Pandemie.
B) Die erhöhte Leukozytenzahl nennt man Leukopenie.
C) Einen lokal begrenzten Krankheitsausbruch nennt man Endemie.
D) Unter Resistenz versteht man die Sensibilität eines Bakteriums gegen ein Antibiotikum.
E) Die Blutkörperchensenkungsgeschwindigkeit ist bei einer Entzündung vermindert.
F) Beim Differenzialblutbild werden die Leukozytenarten unterschieden und deren Zahl in Prozent angegeben.

28. Ordnen Sie zu.

A	Diplokokken	1	spiralförmige Bakterien
B	Prionen	2	tierische Einzeller
C	Spirochäten	3	Doppelkokken
D	Protozoen	4	infektiöse Eiweißteilchen

A) A2, B1, C3, D4
B) A3, B4, C1, D2
C) A3, B2, C4, D1
D) A2, B3, C2, D4
E) A4, B2, C1, D3

29. Welche Aussage ist richtig?
A) Protozoen sind spiralförmig angeordnete Staphylokokken.
B) Kokken sind stäbchenförmige Bakterien.
C) Prionen sind pathogene Pilze.
D) Eine Pilzerkrankung wird als Mykose bezeichnet.
E) Sporen können mit Virustatika behandelt werden.

30. Welche Aussagekombination zur Entzündungspathologie und zum Fieber ist richtig?
1 Eine Entzündung ist die Reaktion des Gefäßbindegewebes auf eine Schädigung.
2 Fieber unterstützt die Wirkung der Abwehrzellen.
3 Das Entzündungszeichen Dolor bezeichnet in der Fachsprache eine Rötung der entzündeten Region.
4 Eine Leukozytose ist ein unspezifisches Entzündungszeichen.
5 Die rektale Messung der Körpertemperatur ist am genauesten.

A) Alle Aussagen sind richtig.
B) Nur die Aussagen 1, 2, 4 und 5 sind richtig.
C) Nur die Aussagen 2 und 3 sind richtig.
D) Nur die Aussagen 3 und 4 sind richtig.
E) Nur die Aussagen 4 und 5 sind richtig.

31. Welche Aussagekombination zu den Krankheitserregern ist richtig?
1 Prionen gehören zu den Protozoen.
2 Spirochäten sind Kettenkokken.
3 Anaerobier benötigen zum Leben Sauerstoff.
4 Stäbchen sind die häufigste Bakterienform.
5 Viren sind obligate Zellparasiten.

A) Alle Aussagen sind richtig.
B) Nur die Aussagen 1, 2, 4 und 5 sind richtig.
C) Nur die Aussagen 2 und 3 sind richtig.
D) Nur die Aussagen 3 und 4 sind richtig.
E) Nur die Aussagen 4 und 5 sind richtig.

32. Welche Aussage ist falsch?
A) Sprosspilze vermehren sich durch Sprossung.
B) Ein Pilzgeflecht wird auch als Myzel bezeichnet.
C) Pilzerkrankungen treten häufig bei einer Immunschwäche auf.
D) Backhefe ist ein typischer Sprosspilz.
E) Eine opportunistische Infektion wird von Schimmelpilzen hervorgerufen.

33. Welche beiden Aussagen zu den Sporen sind richtig?
A) Sporen sind obligate Zellparasiten.
B) Sporen sind widerstandsfähige Dauerformen von Bakterien.
C) Sporen benötigen zur Vermehrung eine Wirtszelle.
D) Sporen zählt man zu den Protozoen.
E) Sporen sind widerstandsfähige Viren.
F) Sporen sind die Vermehrungsformen von Sporenpilzen.

34. Welche Aussagekombination zur Entzündung ist richtig?
1 Bei einer Entzündung kommt es zu einer verminderten Durchblutung.
2 Bei einer lokalen Entzündung treten im gesamten Körper typische Entzündungszeichen auf.
3 Bei einer Entzündung werden die Erreger durch rote Blutkörperchen bekämpft.
4 Der Fachbegriff Dolor bedeutet Schmerz.
5 Das Entzündungssymptom Rubor entsteht auf Grund der vermehrten Durchblutung.

A) Alle Aussagen sind richtig.
B) Nur die Aussagen 1, 2, 4 und 5 sind richtig.
C) Nur die Aussagen 2 und 3 sind richtig.
D) Nur die Aussagen 3 und 4 sind richtig.
E) Nur die Aussagen 4 und 5 sind richtig.

27. A, F	28. B	29. D	30. B
31. E	32. E	33. B, F	34. E

35. Welche Aussagekombination zur Entzündungsdiagnostik ist richtig?

1 Bei einer Entzündungsreaktion im Körper kommt es zu einer Vermehrung der weißen Blutkörperchen.
2 Die Erhöhung der Blutsenkungsgeschwindigkeit ist ein Hinweis auf eine Entzündung.
3 Bei einer akuten Entzündung ist auch die Erythrozytenzahl erhöht.
4 Die Erhöhung des C-reaktiven Proteins erfolgt bei Entzündungen innerhalb von 12 bis 24 Stunden.
5 Eine Vermehrung der Leukozytenzahl über 10 000 pro Mikroliter bezeichnet man als Leukozytose.

A) Alle Aussagen sind richtig
B) Nur die Aussagen 1, 2, 4 und 5 sind richtig.
C) Nur die Aussagen 2 und 3 sind richtig.
D) Nur die Aussagen 3 und 4 sind richtig.
E) Nur Die Aussagen 4 und 5 sind richtig.

36. Ordnen Sie zu.

A	Titer	1	C-reaktives Protein
B	BSG	2	Immunglobulin M
C	IgM	3	Blutsenkungsgeschwindigkeit
D	CRP	4	Verdünnungsstufe

A) A2, B1, C3, D4
B) A1, B2, C3, D4
C) A3, B2, C1, D4
D) A4, B3, C2, D1
E) A4, B2, C1, D3

37. Welche beiden Aussagen sind falsch?

A) Im kleinen Blutbild wird der Anteil der Leukozyten-Untergruppen in Prozent angegeben.
B) Die normale Leukozytenzahl liegt zwischen 4 000 und 10 000 pro Mikroliter.
C) Serologie ist ein Teilgebiet der Immunologie.
D) Eine verringerte Blutsenkungsgeschwindigkeit ist ein Zeichen für eine Entzündung im Körper.
E) Bei einem Abstrich werden Erreger mit einem sterilen Wattetupfer aufgenommen.
F) Im Blutserum können Antikörper gegen einzelne Erreger gefunden werden.

38. Welche Aussage zur Pathophysiologie ist richtig?

A) Bei einer Entzündungsreaktion kommt es immer zu einer verminderten Durchblutung.
B) Einen vollständigen Heilungsverlauf bezeichnet man als Defektheilung.
C) Die Zeit zwischen Infektion und der Rekonvaleszenz bezeichnet man als Inkubationszeit.
D) Das Entzündungssymptom Rubor bedeutet Schmerz.
E) Die Pathophysiologie beschreibt die Lebensvorgänge, die bei Erkrankungen ablaufen.

39. Welche Zuordnung zu den Arzneimitteln ist richtig?

A Antibiotikum → Mittel gegen Pilzinfektionen
B Analgetikum → Mittel gegen Entzündungen
C Antimykotikum → Mittel gegen virale Infektionen
D Antipyretikum → fiebersenkendes Mittel
E Antiphlogistikum → Mittel gegen bakterielle Infektionen

40. Welche Aussage ist richtig?

A) Die Leukozytose ist ein spezifisches Entzündungszeichen.
B) Der CRP-Wert kann durch eine Untersuchung der Blutsenkungsgeschwindigkeit bestimmt werden.
C) Die rektale Fiebermessung erfolgt unter dem Arm.
D) Die Prodromalsymptome treten erst nach der Rekonvaleszenz auf.
E) Segmentkernige Granulozyten bilden die größte Gruppe innerhalb der Leukozyten.

41. Welche beiden Aussagen sind richtig?

A) Die Funktionsstörung ist ein Leitsymptom der Entzündung.
B) Beim kleinen Blutbild wird die Anzahl der basophilen Granulozyten bestimmt.
C) Sporen sind widerstandsfähige Dauerformen von Viren.
D) Eine chronische Entzündung tritt plötzlich auf und verläuft heftig.
E) Die BSG dient der Titerbestimmung.
F) Als Virulenz wird die Infektionskraft eines Erregers bezeichnet.

42. Welche Aussage ist richtig?

A) Krankheitserreger können mit einem ELISA-Test nachgewiesen werden.
B) Bei einem CRP-Test wird die Menge der Antikörper bestimmt.
C) Bei einem Menschen, der Antikörper gegen HI-Viren gebildet hat, ist der HIV-Test positiv.
D) Mit einem Antibiogramm kann die Wirksamkeit von Virustatika eingeschätzt werden.
E) Bei einem Streptokokken-Schnelltest werden Antikörper im Blut bestimmt.

35. B	36. D
37. A, D	38. E
39. D	40. E
41. A, F	42. C

2 Infektionskrankheiten und Impfungen

Nennen Sie jeweils Beispiele von Infektionskrankheiten, die von Bakterien, Viren, Pilzen oder Protozoen hervorgerufen werden.

- Bakterielle Infektionskrankheiten
  - Scharlach
  - Infektion durch Haemophilus influenzae
  - Diphtherie
  - Keuchhusten (Pertussis)
  - Wundstarrkrampf (Tetanus)
  - bakterielle Gastroenteritis
  - Borreliose
  - Tuberkulose (Tbc)
  - Chlamydieninfektionen
  - Infektionen durch Klinikkeime (MRSA)
- Virale Infektionskrankheiten
  - viraler Infekt
  - Grippe (Influenza)
  - Pfeiffersches Drüsenfieber (Mononukleose)
  - Masern
  - Mumps (Parotitis epidemica)
  - Röteln (Rubeola)
  - Windpocken (Varizellen)
  - spinale Kinderlähmung (Poliomyelitis)
  - Frühsommer-Meningoenzephalitis (FSME)
  - Aids
  - Virushepatitis
- Pilzinfektionen
  - Soor
  - Fußpilz (Interdigitalmykose)
  - Nagelpilz (Onychomykose)
- Erkrankungen durch Protozoen
  - Toxoplasmose
  - Malaria
  - Amöbenruhr

Erklären Sie die Pilzerkrankung Soor und nennen Sie Faktoren, die eine solche Infektion begünstigen.

Soor ist ein Hefepilzbefall der Schleimhäute, der häufig im Mundraum vorkommt. Typisch sind weiße wegwischbare Beläge.
Begünstigende Faktoren:
- Antibiotikatherapie
- falsch durchgeführte Cortisoninhalation bei Asthma
- altersbedingte Immunschwäche bei Säuglingen und alten Menschen, Immunschwäche durch Medikamente
- Aids-Erkrankung

Erklären Sie den Übertragungsweg der Frühsommer-Meningoenzephalitis (FSME).

Die Infektion erfolgt durch den Stich einer von dem Virus befallenen Zecke. Viren, die sich im Speichel der Zecken befinden, dringen perkutan in den Organismus ein.

Erklären Sie, unter welchen Umständen eine Erstinfektion mit Toxoplasmen gefährlich ist.

Bei Schwangeren, die nicht gegenüber Toxoplasmen immun sind, kommt es zu einer Übertragung von der Schwangeren auf das ungeborene Kind. Mögliche Folgen sind Fehlgeburt, Gehirn-, Augen- und Herzfehlbildungen.

Erklären Sie den Fachbegriff Immunisierung.

Immunisierung (Impfung) ist die künstliche Erzeugung einer Immunität durch Zuführen von ungefährlichen Antigenen oder von Antikörpern.

Nennen Sie die verschiedenen Arten von Impfungen und beschreiben Sie deren Vorgänge.

- aktive Impfung: Nach der Injektion mit ungefährlichen Antigenen bildet der Organismus aktiv eigene spezifische Antikörper und Abwehrzellen. Die Immunität gegen die echten Erreger besteht lange, ggf. lebenslang.
- passive Impfung: Nach einer wahrscheinlichen Infektion werden fremde Antikörper, d. h. Antikörper aus Plasmaspenden, injiziert. Die Immunität besteht sofort gegen die eingedrungenen Erreger, allerdings nur so lange, bis die fremden Antikörper wieder abgebaut worden sind.
- Simultanimpfung: Dies ist die gleichzeitige Durchführung von aktiver und passiver Impfung an verschiedenen Körperstellen.

Prüfungsfall Abszesseröffnung: S. 309

Sie arbeiten in der Allgemeinarztpraxis von Dr. Müller. Frau Schneider kommt mit starkem Husten und Schnupfen ohne Termin in die Praxis. Zwei ihrer Freundinnen haben sich in den vergangenen Wochen mit Keuchhusten angesteckt. Auszug aus der Karteikarte:

A B C D E F G H I J K L M N O P Q R S Sch St T U V W X Y Z

1 2 3 4 5 6 7 8 9 10 11 12 13 14 15 16 17 18 19 20 21 22 23 24 25 26 27 28 29 30 31 I II III IV V VI VII VIII IX X XI XII

Geb. frei ☐ | Krankenkasse bzw. Kostenträger: TK

Nachts ☐ | Sonstige ☐

Name, Vorname des Versicherten:
Schneider
Bettina
Frankfurter Straße 20
35392 Gießen

geb. am: 08.09.19xx

EA:
38-jährige Patientin
1994 Pneumonie
2005 Sinusitis maxillaris
2009 Otitis media

Unfall ☐	Kassen-Nr.	Versicherten-Nr.	Status
	1234567	897654321	1000000
Arbeitsunfall* ☐	**Betriebsstätten-Nr.**	**Arzt-Nr.**	**Datum**
	987654321	123456789	28.11.20xx

☎ Risiken:

28.11.20xx
Anamnese: seit fünf Tagen Schnupfen mit zunehmendem Reizhusten, Temperatur: 37,8 °C, Kopf- und Gliederschmerzen
Befund: Nasenabstrich (zum Erregernachweis im Sekret), kleines Blutbild (zur Abklärung einer Leukozytose)
Diagnose: V. a. Keuchhusten
Therapie: Erythromycin für 14 Tage (nach positivem Erregernachweis), reichliche Flüssigkeitszufuhr

1. Nennen Sie den Erreger der Infektionskrankheit Keuchhusten und geben Sie an, zu welcher Gruppe von Krankheitserregern dieser gehört.

2. Keuchhusten wird aerogen übertragen. Erläutern Sie diesen Infektionsweg.

3. Zu den Komplikationen bei Keuchhusten zählen die Otitis media und die Pneumonie. Nennen Sie die deutschen Bezeichnungen.

1. Bordetella pertussis aus der Gruppe der Bakterien
2. Die Krankheitserreger werden von einem Organismus (Infektionsquelle) über die Luft auf einen anderen Organismus (Wirt) übertragen. Dieser Infektionsweg wird häufig auch als Tröpfcheninfektion oder aerogene Infektion bezeichnet.
3. Otitis media: Mittelohrentzündung; Pneumonie: Lungenentzündung

5. Erklären Sie, warum die Verabreichung von Antibiotika bei Keuchhusten meist nicht hilft.

6. Hustenmittel sind bei Keuchhusten nicht wirksam. Wie werden sie in der Fachsprache bezeichnet?

7. Erläutern Sie den Begriff Grundimmunisierung und erklären Sie, in welchem Alter die Grundimmunisierung gegen Keuchhusten bei Kindern abgeschlossen ist.

8. Wann erfolgt die erste Auffrischimpfung gegen Keuchhusten?

9. Welche Kommission empfiehlt eine Vielzahl von Impfungen ab dem Säuglingsalter?

10. Geben Sie an, wie oft diese Empfehlungen aktualisiert werden.

11. Wie kann man feststellen, ob ein Patient eine Standardimpfung benötigt?

12. Keuchhusten ist eine meldepflichtige Erkrankung. Erklären Sie, wer die Meldung geben und wem gegenüber sie erfolgen muss.

Abrechnung: S. 159
Prüfungsfall Grippaler Infekt: S. 347,
Prüfungsfall Schnittwunde: S. 321

5. Antibiotika helfen nur in der Inkubationszeit, den Ausbruch von Keuchhusten zu verhindern. Meist erfolgt der Pertussis-Nachweis aber erst nach dem Auftreten der ersten Symptome, also nach der Inkubationszeit. In diesen Fällen ist eine Antibiotikatherapie dann nicht mehr hilfreich.
6. Hustenmittel: Antitussiva
7. Als Grundimmunisierung bezeichnet man alle Impfungen, die zur Erzeugung einer Immunität erforderlich sind. Die Grundimmunisierung gegen Keuchhusten ist (bei korrekter Umsetzung der STIKO-Empfehlungen) zwischen dem 11. und 14. Lebensmonat abgeschlossen.
8. zwischen dem 5. und 6. Lebensjahr
9. die Ständige Impfkommission am Robert Koch-Institut (STIKO)
10. Die Empfehlungen der Ständigen Impfkommission (STIKO) werden mindestens einmal jährlich aktualisiert.
11. durch einen Vergleich der Eintragungen des Impfpasses des Patienten mit dem STIKO-Impfplan
12 Die namentliche Meldung erfolgt von dem feststellenden Arzt bei Verdacht, Erkrankung oder Tod an das zuständige Gesundheitsamt.

1. Welche Aussage ist richtig?

A) Bordetella pertussis ist der Erreger des Keuchhustens.
B) Diphtherie wird über kontaminierte Lebensmittel übertragen.
C) Als Superinfektion bezeichnet man eine besonders schwere Infektion.
D) Röteln werden durch das Varicella-zoster-Virus hervorgerufen.
E) Mumps kann mit einem Breitbandantibiotikum behandelt werden.

2. Welche Aussagekombination zu den Infektionskrankheiten ist richtig?

1 FSME wird durch Stechmücken übertragen.
2 Eine aktive Impfung schützt vor Borreliose.
3 Hepatitis B wird durch kontaminierte Lebensmittel übertragen.
4 Der Infektionsweg der Mononukleose ist die Tröpfcheninfektion.
5 Der Erreger des Pfeifferschen Drüsenfiebers ist das Epstein-Barr-Virus.

A) Alle Aussagen sind richtig.
B) Nur die Aussagen 1, 2, 4 und 5 sind richtig.
C) Nur die Aussagen 2 und 3 sind richtig.
D) Nur die Aussagen 3 und 4 sind richtig.
E) Nur die Aussagen 4 und 5 sind richtig.

3. Welche beiden Aussagen zur Impfung sind richtig?

A) Bei einer passiven Impfung werden Antikörper geimpft.
B) Eine aktive Impfung dient dem Sofortschutz nach einer wahrscheinlichen Infektion.
C) Eine passive Impfung muss regelmäßig aufgefrischt werden.
D) Die gleichzeitige aktive und passive Impfung wird als Simultanimpfung bezeichnet.
E) Die passive Impfung erzeugt einen Langzeitschutz.
F) Impfungen schützen nur gegen Virusinfektionen.

4. Ordnen Sie zu.

A	Enteritis	1	Hirnhautentzündung
B	Pneumonie	2	Lungenentzündung
C	Meningitis	3	Mittelohrentzündung
D	Otitis media	4	Darmentzündung

A) A2, B1, C3, D4
B) A1, B2, C3, D4
C) A3, B2, C1, D4
D) A4, B3, C2, D1
E) A4, B2, C1, D3

5. Welche Zuordnung ist richtig?

A	Poliomyelitis	→	Windpocken
B	Varizellen	→	Wundstarrkrampf
C	Rubeola	→	Keuchhusten
D	Mononukleose	→	Pfeiffersches Drüsenfieber
E	Parotitis epidemica	→	Röteln

6. Welche Aussage ist falsch?

A) Bei der Lungentuberkulose handelt es sich um eine aerogene Infektion.
B) Herpes zoster und Varizellen werden durch das gleiche Virus hervorgerufen.
C) Das typische Symptom bei Masern ist das Exanthem.
D) Eine Entzündung der Leber wird als Hepatitis bezeichnet.
E) Klinikkeime (MRSA) sind besonders gegen Penicillin empfindlich.

7. Welche beiden Infektionskrankheiten werden von Bakterien hervorgerufen?

A) Mumps
B) Tuberkulose
C) Toxoplasmose
D) Pertussis
E) Masern
F) Malaria

8. Welche Aussagekombination zu den Schutzimpfungen ist richtig?

1 Eine Impfung führt zu einer Immunisierung des Organismus.
2 Die Impfung mit Antigenen führt zu einer Aktivierung des Immunsystems.
3 Bei der aktiven Impfung gegen Tetanus wird ein Lebendimpfstoff verwendet.
4 Antikörper werden auch als Immunglobuline bezeichnet.
5 Eine Auffrischimpfung erfolgt zum Erhalt des Langzeit-Impfschutzes.

A) Alle Aussagen sind richtig.
B) Nur die Aussagen 1, 2, 4 und 5 sind richtig.
C) Nur die Aussagen 2 und 3 sind richtig.
D) Nur die Aussagen 3 und 4 sind richtig.
E) Nur die Aussagen 4 und 5 sind richtig.

1. A	2. E	3. A, D
4. E	5. D	6. E
7. B, D	8. B	

9. Für welche beiden Infektionskrankheiten besteht eine ärztliche Meldepflicht?

A) Scharlach

B) Diphtherie

C) Borreliose

D) Mononukleose

E) Mumps

F) Soor

10. Welche Aussage zur HIV-Infektion und Aids ist falsch?

A) Küssen oder Mückenstiche führen nicht zu einer HIV-Infektion.

B) Bei einem positiven HIV-Test wurden Antikörper gegen das HI-Virus nachgewiesen.

C) Die Therapie von HIV-Infektionen erfolgt mit Virustatika.

D) Es existieren mehrere unterschiedliche HI-Virus-Typen.

E) Die Diagnose HIV-positiv hängt davon ab, wie viele HI-Viren nachgewiesen werden können.

11. Welche beiden Infektionskrankheiten werden von Viren hervorgerufen?

A) Scharlach

B) Tuberkulose

C) Amöbenruhr

D) Pertussis

E) Poliomyelitis

F) Influenza

12. Ordnen Sie zu.

A	Orchitis	1	Ohrspeicheldrüsenentzündung
B	Parotitis	2	Bindehautentzündung
C	Konjunktivitis	3	Gehirn- und Hirnhautentzündung
D	Meningoenzephalitis	4	Hodenentzündung

A) A2, B1, C4, D3

B) A4, B1, C2, D3

C) A3, B2, C1, D4

D) A4, B3, C2, D1

E) A1, B3, C4, D2

13. Welche Aussage zur Infektionskrankheit Tetanus ist richtig?

A) Tetanus wird aerogen übertragen.

B) Der Tetanuserreger ist ein anaerobes Virus.

C) Bei Tetanus führt die Erschlaffung der Atemmuskulatur zum Tod.

D) Die Prävention einer Tetanusinfektion besteht in einer Immunisierung mit regelmäßiger Auffrischung.

E) Eine Tetanusinfektion wird nur mit Antibiotika behandelt.

14. Ordnen Sie zu.

A	Enteritis	1	Gelenkentzündung
B	Myokarditis	2	Rachenentzündung
C	Pharyngitis	3	Herzmuskelentzündung
D	Arthritis	4	Darmentzündung

A) A2, B1, C4, D3

B) A2, B4, C3, D1

C) A3, B2, C1, D4

D) A4, B3, C2, D1

E) A2, B3, C4, D1

15. Welche beiden Aussagen zu Infektionen mit Hospitalkeimen sind richtig?

A) Diabetiker und Dialysepatienten zählen nicht zu den Risikogruppen.

B) Ein häufig auftretender Erreger ist der Methicillin-resistente Staphylococcus aureus (MRSA).

C) Hospitalkeime werden mit Virustatika behandelt.

D) Der häufigste Infektionsweg ist die Wasser- und Nahrungsmittelinfektion.

E) Durch eine Simultanimpfung besteht ein sicherer Schutz vor einer Infektion.

F) Infektionen mit MRSA können zu Pneumonie und Sepsis führen.

16. Welche Aussage zu den Masern ist richtig?

A) Masern treten meist in der Kindheit als bakterielle Infektion auf.

B) Masern werden perkutan übertragen.

C) Eine gefährliche Komplikation von Masern ist die Enzephalitis.

D) Gegen Masern gibt es derzeit noch keine Impfstoffe.

E) Die Inkubationszeit bei Masern beträgt wenige Stunden.

17. Welche Aussage ist falsch?

A) Die Chargen-Bezeichnung des Impfstoffs muss im Impfpass eingetragen werden.

B) Eine Impfung darf nur nach ärztlicher Indikation durchgeführt werden.

C) Bei jeder aktiven Impfung kann es zu lokalen Nebenwirkungen kommen.

D) Die vom Gesundheitsamt empfohlenen Impfungen werden mindestens einmal jährlich aktualisiert.

E) Nach einer Hepatitis-B-Immunisierung kann der Impferfolg serologisch überprüft werden.

9. B, E — 10. E
11. E, F — 12. B
13. D — 14. D
15. B, F — 16. C
17. D

18. Welche beiden Infektionskrankheiten werden von Protozoen hervorgerufen?

A) Soor
B) Mumps
C) Amöbenruhr
D) Mononukleose
E) Toxoplasmose
F) Borreliose

19. Welche Aussagekombination zur Frühsommer-Meningoenzephalitis (FSME) ist richtig?

1 FSME wird durch eine Mücke übertragen.
2 Der Infektionsweg einer FSME-Infektion ist die Tröpfcheninfektion.
3 Zecken können mit dem FSME-Virus befallen sein.
4 Gegen FSME ist keine spezifische Therapie möglich.
5 Gegen FSME kann nicht geimpft werden.

A) Alle Aussagen sind richtig.
B) Nur die Aussagen 1, 2, 4 und 5 sind richtig.
C) Nur die Aussagen 2 und 3 sind richtig.
D) Nur die Aussagen 3 und 4 sind richtig.
E) Nur die Aussagen 4 und 5 sind richtig.

20. Welche Aussage zur Postexpositionsprophylaxe (PEP) ist richtig?

A) Die Postexpositionsprophylaxe erfolgt vor einer möglichen Infektion.
B) Die Einnahme antiviraler Medikamente unmittelbar nach wahrscheinlich erfolgter HIV-Infektion ist eine Maßnahme der Postexpositionsprophylaxe.
C) Nach dem Eindringen von Krankheitserregern in den Organismus sind prophylaktische Maßnahmen nicht mehr möglich.
D) Nach jedem Patientenkontakt erfolgt eine Postexpositionsprophylaxe.
E) Die Postexpositionsprophylaxe muss innerhalb von zwei Wochen erfolgen.

21. Welche Aussagekombination zum Varicella-zoster-Virus ist richtig?

1 Varizellen sind die Erreger der Windpocken.
2 Herpes zoster ist die Fachbezeichnung für die Erkrankung Gürtelrose.
3 Eine überstandene Windpockeninfektion schützt vor Gürtelrose.
4 Das Varicella-zoster-Virus verbleibt lebenslang in Nervenknoten nahe dem Rückenmark.
5 Varizellen sind hochinfektiös und werden aerogen übertragen.

A) Alle Aussagen sind richtig.
B) Nur die Aussagen 1, 2, 4 und 5 sind richtig.
C) Nur die Aussagen 2 und 3 sind richtig.
D) Nur die Aussagen 3 und 4 sind richtig.
E) Nur die Aussagen 4 und 5 sind richtig.

22. Welche Zuordnung ist richtig?

A Tonsillitis → Rachenentzündung
B Gastroenteritis → Mittelohrentzündung
C Poliomyelitis → spinale Kinderlähmung
D Sepsis → Mandelentzündung
E Meningitis → Gehirnentzündung

23. Welche Aussagekombination zur Infektionskrankheit Mumps (Parotitis epidemica) ist richtig?

1 Mumps ist eine bakterielle Infektionskrankheit.
2 Mumps wird perkutan übertragen.
3 Eine Komplikation bei Mumps ist die Orchitis.
4 Bei Mumps kommt es zu einer schmerzhaften Entzündung der Ohrspeicheldrüsen (Parotitis).
5 Mumps wird mit Virustatika behandelt.

A) Alle Aussagen sind richtig.
B) Nur die Aussagen 1, 2, 4 und 5 sind richtig.
C) Nur die Aussagen 2 und 3 sind richtig.
D) Nur die Aussagen 3 und 4 sind richtig.
E) Nur die Aussagen 4 und 5 sind richtig.

24. Ordnen Sie zu.

A	Epstein-Barr-Virus	1	Windpocken
B	Varicella-zoster-Virus	2	Mononukleose
C	Candida albicans	3	Malaria
D	Plasmodien	4	Soor

A) A2, B1, C4, D3
B) A2, B4, C3, D1
C) A3, B2, C1, D4
D) A4, B3, C2, D1
E) A2, B3, C4, D1

25. Welche Aussage ist falsch?

A) Pilze vermehren sich optimal bei Wärme und Feuchtigkeit.
B) Pilzerkrankungen werden in der Fachsprache als Mykosen bezeichnet.
C) Bei schlechter Immunfunktion treten Pilzerkrankungen häufiger und ausgedehnter auf.
D) Die Hormone der Schwangerschaft können Vaginalmykosen begünstigen.
E) Die antimykotische Therapie erfolgt je nach Ausdehnung des Befalls mit geeigneten Antibiotika.

18. C, E	19. D
20. B	21. B
22. C	23. D
24. A	25. E

3 Hygiene

Nennen Sie Beispiele von Infektionsquellen in der Praxis.

- Hände
- Flächen (Tische, Untersuchungsliege, Türklinken)
- Untersuchungsmaterialien (Blut, Urin, Stuhl, Abstriche)
- spitze bzw. schneidende Instrumente und Materialien (Kanülen, Skalpellklingen)

Erklären Sie die Begriffe Desinfektion und Sterilisation.

- Desinfektion: Abtötung, Entfernung und/oder Inaktivierung pathogener Mikroorganismen durch chemische und/oder physikalische Verfahren
- Sterilisation: Abtötung aller Mikroorganismen und ihrer Dauerformen (Sporen) durch chemische und/oder physikalische Verfahren

Erklären Sie die Fachbegriffe bakterizid, viruzid und fungizid.

Diese Bezeichnungen werden zur Beschreibung des Wirkspektrums von Desinfektionsmitteln verwendet:
- bakterizid - Bakterien abtötend
- viruzid - Viren abtötend
- fungizid - Pilze abtötend

Definieren Sie die Gruppen der Risikoeinstufung von Medizinprodukten nach dem Medizinproduktegesetz.

- unkritisch: Medizinprodukte/Instrumente nach Kontakt mit intakter Haut
- semikritisch: Medizinprodukte/Instrumente nach Kontakt mit Schleimhaut oder erkrankter Haut
- kritisch: Medizinprodukte/Instrumente nach direktem Kontakt mit Blut, Gewebe, Wunden und/oder Durchdringung der Haut bzw. Schleimhaut

Nennen Sie verschiedene Sterilisationsverfahren.

- Dampfsterilisation
- Gassterilisation
- Sterilfiltration
- Bestrahlung
- Verbrennung

Aus welchen Arbeitsphasen besteht die Chargenzeit des Dampfsterilisators?

- Entlüftungszeit
- Steigzeit
- Sterilisationszeit (mit Ausgleichszeit)
- Trocknungszeit
- Belüftungszeit

Wie lange (reine Sterilisations- bzw. Abtötungszeit) und bei welcher Temperatur erfolgt die Sterilisation im Dampfsterilisator (Autoklav)?

- 20 min bei 121 °C
- 5 min bei 134 °C

Beschreiben Sie, woraus ein Helixtest besteht und was mit diesem überprüft wird.

Der Helix-Prüfkörper besteht aus einem Spiralschlauch, an dessen Ende sich ein Indikator-Teststreifen befindet. Dieser zeigt eine Farbänderung, wenn er von Dampf durchdrungen wird (Helixtest = Dampfdurchdringungstest). Zeigt der Indikator den typischen Farbumschlag, geht man davon aus, dass der Autoklav auch schwer durchdringbares Sterilisiergut effektiv entkeimen kann.

Erklären Sie, wie das Sterilgut nach der Freigabe der Charge gelagert wird.

Das Sterilgut wird in Schrankfächern trocken, dunkel, kühl und staubfrei gelagert.

Sie arbeiten in der Allgemeinarztpraxis von Dr. Frankenberg. Nachdem der Patient Horst Klein die Praxis verlassen hat, sollen Sie das Behandlungszimmer für den nächsten Patienten vorbereiten.
Auszug aus der Karteikarte:

A B C D E F G H I J K L M N O P Q R S Sch St T U V W X Y Z
1 2 3 4 5 6 7 8 9 10 11 12 13 14 15 16 17 18 19 20 21 22 23 24 25 26 27 28 29 30 31 I II III IV V VI VII VIII IX X XI XII

Geb. frei ☐ | Krankenkasse bzw. Kostenträger: Barmer

Nachts ☐ | Name, Vorname des Versicherten: Klein, Horst, Kaiserstr. 20, 60329 Frankfurt | geb. am: 08.09.19xx | EA: 2006 Furunkel linker Oberschenkel, 2010 Lymphangitis

Sonstige ☐

Unfall ☐	Kassen-Nr.	Versicherten-Nr.	Status
	1234567	898654921	1000000
Arbeitsunfall* ☐	**Betriebsstätten-Nr.**	**Arzt-Nr.**	**Datum**
	987654321	123456789	14.06.20xx

☎ Risiken:

14.06.20xx	Anamnese: seit drei Tagen Rötung und Schwellung der Haut an rechter Schulter, Schmerzen bei Armbewegungen Befund: eitrige Schwellung, ca. 3 cm Durchmesser; Körpertemperatur: 37,9 °C; kleines Blutbild: Leukozytose (Leukozyten: 11 600/Mikroliter) Diagnose: oberflächlicher Abszess Therapie: Inzision

1. **Was versteht man unter einem Abszess?**

2. **Welche Faktoren sind für eine erfolgreiche chemische Instrumentendesinfektion wichtig?**

3. **Nennen Sie Maßnahmen, die Sie vor Verletzungen während der Aufbereitung benutzter Instrumente schützen können.**

Abrechnung: S. 159
Prüfungsfall Abszesseröffnung: S. 309

1. Abszess: Eiteransammlung im Gewebe, d. h. in einer nicht vorgebildeten Höhle
2. Wirkspektrum des Desinfektionsmittels, Konzentration der Desinfektionslösung, Beachtung der Standzeit der Lösung, Einwirkzeit des Desinfektionsmittels, Temperatur der Desinfektionslösung, vollständiges Bedecken der Instrumente in der Wanne
3. Tragen dickwandiger Schutzhandschuhe, Schutzbrille, Kittel, sorgsames Arbeiten in Ruhe

1. Welche Aussage zur persönlichen Hygiene ist richtig?

A) Entzündungsfreie Piercings sind seitens der Berufsgenossenschaft (BGW) verboten.
B) Das Tragen von Arbeitskleidung zählt zur persönlichen Hygiene.
C) Das Ablegen von Ringen gehört zur persönlichen Hygiene.
D) Die Berufsgenossenschaft (BGW) erlaubt ausdrücklich das Tragen von Nagellack.
E) Ein kurzer Haarschnitt ist als Teil der persönlichen Hygiene im medizinischen Bereich vorgeschrieben.

2. Welche beiden Aussagen zu Schutzhandschuhen sind richtig?

A) Je länger Handschuhe getragen werden, desto weniger Keime vermehren sich dort.
B) Dickwandige Schutzhandschuhe weisen schlechte Tasteigenschaften auf.
C) Nitrilhandschuhe können mehrmals sterilisiert werden.
D) Latexhandschuhe werden bei Kontakt mit Ölen (z. B. aus Cremes oder Salben) durchlässig.
E) Sterile Vinylhandschuhe sind für operative Eingriffe geeignet.
F) Sterile Handschuhe dienen vorwiegend dem Schutz des Behandlers.

3. Welche Aussagen zur Desinfektion sind falsch?

A) Das Reinigungs- und Desinfektionsgerät desinfiziert mit einer Wassertemperatur von 121 °C.
B) Die chemische Desinfektion kann mit Alkoholen erfolgen.
C) Bei der chirurgischen Händedesinfektion werden die Unterarme bis zu den Ellenbogen desinfiziert.
D) Die Einwirkzeit kann bei einer frisch angesetzten Desinfektionslösung halbiert werden.
E) Wird die Vermehrung von Bakterien gehemmt, bezeichnet man diese Wirkung als bakteriostatisch.

4. Welche Aussagekombination zur Desinfektion und zur Sterilisation ist richtig?

1 Scheren müssen bei der chemischen Desinfektion geöffnet werden.
2 Die Sterilisation im Autoklav erfolgt bei 121 °C oder 134 °C.
3 Der Helixtest ist ein Dampfdurchdringungstest.
4 Unkritische Medizinprodukte haben nur Kontakt mit intakter Haut.
5 Bei allen Desinfektionsmaßnahmen muss die Einwirkzeit nach den Herstellerangaben erfolgen.

A) Alle Aussagen sind richtig
B) Nur die Aussagen 1, 2, 4 und 5 sind richtig.
C) Nur die Aussagen 2 und 3 sind richtig.
D) Nur die Aussagen 3 und 4 sind richtig.
E) Nur die Aussagen 4 und 5 sind richtig.

5. Ordnen Sie den Medizinprodukten A bis F die Risikostufen 1 (unkritisch), 2 (semikritisch) und 3 (kritisch) zu.

A) Spekula
B) Wundhaken
C) Blutdruckmessgerät
D) HNO-Spiegel
E) Biopsiezangen
F) EKG-Elektrode

6. Ordnen Sie zu.

A	Sterilisation	1	Abtötung aller pathogenen Mikroorganismen
B	Antisepsis	2	Infektionsverhütung durch Keimarmut (Desinfektion)
C	Desinfektion	3	Infektionsverhütung durch Keimfreiheit (Sterilität)
D	Asepsis	4	Abtötung aller Mikroorganismen einschließlich ihrer Dauerformen

A) A2, B1, C3, D4
B) A1, B2, C3, D4
C) A3, B2, C1, D4
D) A4, B3, C2, D1
E) A4, B2, C1, D3

7. Welche beiden Aussagen sind richtig?

A) Mit einem Helixtest kann Helicobacter pylori nachgewiesen werden.
B) Unter Hygiene versteht man alle Maßnahmen zur Gesunderhaltung und Infektionsvorbeugung.
C) Instrumente, die mit wenig Blut kontaminiert sind, werden in der Risikoeinstufung als semikritisch bewertet.
D) Eine chirurgische Händedesinfektion sollte vor einem und am Ende eines Arbeitstages erfolgen.
E) Bei der chemischen Instrumentendesinfektion müssen keine Handschuhe getragen werden.
F) Thermostabilität bedeutet Hitzebeständigkeit.

1. C
2. B, D
3. A, D
4. A
5. A2, B3, C1, D2, E3, F1
6. E
7. B, F

8. Welche Aussagekombination zur Desinfektion ist richtig?

1 Desinfektionsmittel mit dem Wirkspektrum viruzid und fungizid töten Viren und Pilze ab.
2 Bei der chemischen Instrumentendesinfektion müssen Scheren geöffnet werden.
3 2 Liter einer 1,5-prozentigen Desinfektionslösung enthalten 30 mL Desinfektionsmittelkonzentrat.
4 Die Standzeit einer Desinfektionslösung ist begrenzt.
5 Eine physikalische Desinfektion kann mit Gammastrahlen erfolgen.

A) Alle Aussagen sind richtig.
B) Nur die Aussagen 1, 2, 4 und 5 sind richtig.
C) Nur die Aussagen 2 und 3 sind richtig.
D) Nur die Aussagen 3 und 4 sind richtig.
E) Nur die Aussagen 4 und 5 sind richtig.

9. Stellen Sie die richtige Reihenfolge der Arbeitsphasen eines Dampfsterilisators her.

A) Steigzeit
B) Belüftungszeit
C) Trocknungszeit
D) Sterilisationszeit
E) Entlüftungszeit

10. Welche beiden Aussagen sind falsch?

A) Die Dampfsterilisation erfolgt bei 180 °C.
B) Eine Desinfektion bewirkt eine Keimreduktion um bis zu 99,999 %.
C) Verpacktes Sterilgut kann bei geschützter Lagerung in einem Zeitraum von 6 Monaten verwendet werden.
D) Das Reinigungs- und Desinfektionsgerät (RDG) arbeitet mit 93 °C heißem Wasser.
E) Die Desinfektion mit Chlor ist ein physikalisches Desinfektionsverfahren.
F) Unkritische Medizinprodukte haben nur Kontakt mit intakter Haut.

11. Welche Aussagekombination zur Dampfsterilisation ist richtig?

1 Während der Belüftungszeit entweicht die Luft aus dem Autoklav und es entsteht ein Vakuum.
2 Die Dampfsterilisation erfolgt mit doppeltem oder dreifachem Luftdruck.
3 In einem Autoklav können auch Textilien sterilisiert werden.
4 Die Sterilisierzeit beträgt bei 121 °C 20 Minuten und bei 134 °C 10 Minuten.
5 Instrumente mit Hohlräumen können im Autoklav nicht sterilisiert werden.

A) Alle Aussagen sind richtig.
B) Nur die Aussagen 1, 2, 4 und 5 sind richtig.
C) Nur die Aussagen 2 und 3 sind richtig.
D) Nur die Aussagen 3 und 4 sind richtig.
E) Nur die Aussagen 4 und 5 sind richtig.

12. Welche Aussagekombination zu den Sterilisationsverfahren ist richtig?

1 Die Sterilisation im Dampfsterilisator erfolgt bei zweifachem Luftdruck und 134 °C.
2 Die Sterilfiltration geht mit der Vernichtung des Sterilisierguts einher.
3 Bei der Dampfsterilisation zerstören Gase die Mikroorganismen und Sporen.
4 Im Autoklav erfolgt die Sterilisation mit gesättigtem und gespanntem Wasserdampf.
5 Mit Gammastrahlen können Einmalspritzen sterilisiert werden.

A) Alle Aussagen sind richtig.
B) Nur die Aussagen 1, 2, 4 und 5 sind richtig.
C) Nur die Aussagen 2 und 3 sind richtig.
D) Nur die Aussagen 3 und 4 sind richtig.
E) Nur die Aussagen 4 und 5 sind richtig.

13. Welche beiden Aussagen sind richtig?

A) Der Hygieneplan wird vom Gesundheitsamt erstellt.
B) Der Hygieneplan muss für das gesamte Personal zugänglich sein.
C) Der Hygieneplan beschreibt für alle Mitarbeiterinnen der Praxis die Maßnahmen der persönlichen Hygiene.
D) In jeder Arztpraxis muss ein den Erfordernissen angepasster Hygieneplan vorhanden sein.
E) Das Robert Koch-Institut überwacht regelmäßig die Einhaltung der Hygienepläne.
F) Der Hygieneplan gilt nicht für Auszubildende.

14. Welche Zuordnungen sind falsch?

A	bakteriostatisch	→	Bakterien abtötend
B	Prozessindikator	→	Test zur Überprüfung von Arbeitsabläufen im Autoklav
C	Standzeit	→	Zeitspanne, während der eine Desinfektionslösung wirksam ist
D	thermolabil	→	hitzebeständig
E	Wirkspektrum	→	Mikroorganismen, gegen die ein Desinfektionsmittel wirkt
F	Autoklav	→	Dampfsterilisator

8. A
9. A2, B5, C4, D3, E1
10. A, E
11. C
12. E
13. B, D
14. A, D

15. Welche Aussage zur Überprüfung der Sterilisation ist falsch?

A) Der Bowie-Dick-Test ist ein Dampfdurchdringungstest.

B) Mit einem Bioindikator (Bakteriensporen) kann die Wirksamkeit der Sterilisation überprüft werden.

C) Das Indikatorklebeband der Folienschlauchverpackung zeigt an, ob der verpackte Inhalt steril ist.

D) Der Helixtest ist ein Dampfdurchdringungstest aus Spiralschlauch und Farbtest.

E) Mit einem Prozessindikator werden Arbeitsabläufe im Autoklav überprüft.

16. Welche Aussage zum Ansetzen von 2 Litern einer 3,5-prozentigen Desinfektionslösung ist richtig?

A) Man benötigt 35 mL Desinfektionsmittelkonzentrat und 2 000 mL Wasser.

B) Es werden 70 mL Desinfektionsmittelkonzentrat mit 1 965 mL Wasser vermischt.

C) Die Desinfektionslösung besteht aus 70 mL Desinfektionsmittelkonzentrat und 1,930 L Wasser.

D) Man benötigt 35 mL Desinfektionsmittelkonzentrat und 1,965 L Wasser.

E) Es werden 70 mL Desinfektionsmittelkonzentrat mit 2 L Wasser vermischt.

17. Welche Aussage zur chemischen Instrumentendesinfektion ist richtig?

A) Das Einlegeverfahren erfolgt mit dem Reinigungs- und Desinfektionsgerät (RDG).

B) Nach der Pflege erfolgt die Desinfektion.

C) Beim Umgang mit spitzen Instrumenten schützen Latexhandschuhe vor Verletzungen.

D) Instrumente können aus der Desinfektionslösung herausragen, wenn diese danach sterilisiert werden.

E) Aufgrund der Spritzgefahr ist eine Schutzbrille zu tragen.

18. Welche Aussage zum Infektionsschutz ist richtig?

A) Der Behandler wird durch sterile Handschuhe besser vor Infektionen geschützt.

B) Bei Arbeiten mit Kontaminationsgefahr sind dickwandige Schutzhandschuhe zu tragen.

C) Unsterile Schutzhandschuhe dienen vor allem dem Schutz des Anwenders.

D) Bereichskleidung muss im Arbeitsbereich der Anmeldung getragen werden.

E) Bereichskleidung wird wöchentlich gewechselt.

19. Welche beiden Aussagen zur Abfallentsorgung sind richtig?

A) Scharfe und spitze Gegenstände gehören zur Abfallkategorie 180104.

B) Zytostatika werden als Sondermüll durch Fachunternehmen entsorgt.

C) Abfälle mit meldepflichtigen Erregern werden vor der Entsorgung mit dem Restmüll desinfiziert.

D) Organabfälle werden in durchsichtigen Spezialbehältern gesammelt.

E) Chemikalien gehören zur Abfallkategorie 180108.

F) Kanülen werden in durchstichsicheren Behältern mit Abstreifvorrichtung gesammelt.

20. Ordnen Sie zu.

A	Charge	1	Materialien und Instrumente, die sterilisiert werden sollen
B	Indikator	2	Überprüfung der Wirksamkeit und Gültigkeit eines Verfahrens
C	Validierung	3	Anzeiger, z. B. für erfolgreichen Arbeitsgang
D	Sterilgut	4	Beladung, z. B. des Autoklavs

A) A2, B1, C3, D4

B) A1, B2, C3, D4

C) A3, B2, C1, D4

D) A4, B3, C2, D1

E) A4, B2, C1, D3

21. Welche Aussagekombination zum Reinigungs- und Desinfektionsgerät (RDG) ist richtig?

1 Das RDG ist für thermolabile Materialien und Instrumente ungeeignet.

2 Das RDG ist zur Desinfektion von Hohlinstrumenten ungeeignet.

3 Medizinprodukte aus Kunststoff können nicht im RDG desinfiziert werden.

4 Die Desinfektion im RDG durch 93 °C heißes Wasser zählt man zu den physikalischen Desinfektionsverfahren.

5 Beim RDG erfolgt die Reinigung und die Desinfektion von Medizinprodukten in einem Arbeitsablauf.

A) Alle Aussagen sind richtig.

B) Nur die Aussagen 1, 2, 4 und 5 sind richtig.

C) Nur die Aussagen 2 und 3 sind richtig.

D) Nur die Aussagen 3 und 4 sind richtig.

E) Nur die Aussagen 4 und 5 sind richtig.

15. C 16. C 17. E
18. C 19. B, F 20. D
21. E

22. Welche Aussagekombination zur Sterilisation ist richtig?

1 Kritische Medizinprodukte müssen sterilisiert werden.
2 Vor der Benutzung von chirurgischen Instrumenten erfolgt die Freigabe der sterilisierten Charge.
3 Die fünf Arbeitsphasen des Autoklavs bilden zusammen die Chargenzeit.
4 Bei Typ-B-Autoklaven wird während der Entlüftungszeit mehrmals ein Vakuum erzeugt.
5 Während der Abtötungszeit ist die gewünschte Temperatur überall im Sterilisiergut erreicht.

A) Alle Aussagen sind richtig.
B) Nur die Aussagen 1, 2, 4 und 5 sind richtig.
C) Nur die Aussagen 2 und 3 sind richtig.
D) Nur die Aussagen 3 und 4 sind richtig.
E) Nur die Aussagen 4 und 5 sind richtig.

23. Stellen Sie die richtige Reihenfolge bei der chirurgischen Händedesinfektion her.

A) Hände trocknen lassen
B) Desinfektionsmittel auf Hände und Unterarme auftragen und verreiben
C) Hände abtrocknen
D) Hände waschen
E) Desinfektionsmittel nur auf die Hände auftragen und verreiben

24. Welche Zuordnung ist richtig?

A Sepsis → Infektionsverhütung durch Keimfreiheit
B Antisepsis → Infektionsverhütung durch Keimarmut
C Sterilisation → Abtötung aller pathogenen Mikroorganismen
D Desinfektion → Abtötung aller apathogenen Mikroorganismen
E Asepsis → Infektionsverhütung durch Keimarmut

25. Welche beiden Aussagen zur Sterilisation sind falsch?

A) Vakuumtests dienen der Maschinenkontrolle.
B) Die Validierung eines Autoklavs wird jährlich wiederholt.
C) Mit Bioindikatoren wird arbeitstäglich die Charge kontrolliert.
D) Die Validierung des Autoklavs erfolgt arbeitstäglich durch ausgelernte Praxismitarbeiterinnen.
E) Thermolabile Einmalmaterialien können durch Bestrahlung mit Gammastrahlen sterilisiert werden.
F) Die Entlüftungszeit ist die erste Arbeitsphase der Dampfsterilisation.

26. Welche Aussage zum Sterilisiergut ist richtig?

A) Vor dem Autoklavieren kann eine Desinfektion des Sterilisierguts entfallen.
B) Vor der Freigabe muss auch die Verpackung des Sterilisiergutes überprüft werden.
C) Als Sterilisiergut bezeichnet man Medizinprodukte, die gut sterilisiert werden können.
D) Verpacktes Sterilisiergut kann bis zu einem Jahr gelagert werden.
E) Das Sterilisiergut kann zur Sterilisation in dampfundurchlässige Folienschläuche eingeschweißt werden.

27. Welche beiden Aussagen zur Händedesinfektion sind richtig?

A) Das Händedesinfektionsmittel wird auf die trockenen Hände gegeben und verrieben.
B) Nach der Desinfektion erfolgt die gründliche Reinigung der Hände mit Wasser und Seife.
C) Eine Handpflege ist nur bei rissiger Haut wirksam.
D) Bei der chirurgischen Händedesinfektion werden zusätzlich die Ellenbogen und Oberarme desinfiziert.
E) Bei intensiver Kontamination der Hände ist die chirurgische Händedesinfektion wirksamer.
F) Die Entnahme des Desinfektionsmittels erfolgt aus einem Wandspender mit Ellenbogenbetätigung.

28. Welche Aussagekombination zur Aufbereitung von Medizinprodukten ist richtig?

1 Die Standzeit einer Desinfektionslösung ist auf dem Hygieneplan angegeben.
2 Während der Steigzeit erhöht sich der Druck innerhalb des Autoklavs um den zweifachen oder dreifachen Luftdruck.
3 Die Pflege von Medizinprodukten erfolgt nach der Sterilisation.
4 Thermolabile Materialien können z. B. mit Ethylenoxid sterilisiert werden.
5 Unkritische Medizinprodukte werden arbeitstäglich gereinigt und ggf. desinfiziert.

A) Alle Aussagen sind richtig.
B) Nur die Aussagen 1, 2, 4 und 5 sind richtig.
C) Nur die Aussagen 2 und 3 sind richtig.
D) Nur die Aussagen 3 und 4 sind richtig.
E) Nur die Aussagen 4 und 5 sind richtig.

22. A
23. A5, B3, C2, D1, E4
24. B
25. C, D
26. B
27. A, F
28. B

4 Bewegungsapparat

Wie lauten die lateinischen Fachbegriffe für die deutschen Lage- und Richtungsbezeichnungen auf der folgenden Abbildung?

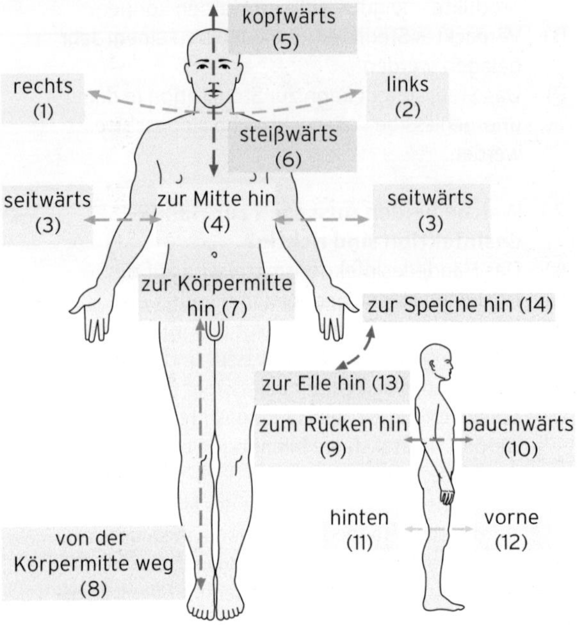

	Deutsch	Fachbegriff
1	rechts	dexter
2	links	sinister
3	seitwärts	lateral
4	zur Mitte hin	medial
5	kopfwärts	kranial
6	steißwärts	kaudal
7	zur Körpermitte hin	proximal
8	von der Körpermitte weg	distal
9	zum Rücken hin	dorsal
10	bauchwärts	ventral
11	hinten	posterior
12	vorne	anterior

Beschreiben Sie mithilfe der folgenden Abbildung Aufbau und Funktion der Teile eines Gelenks

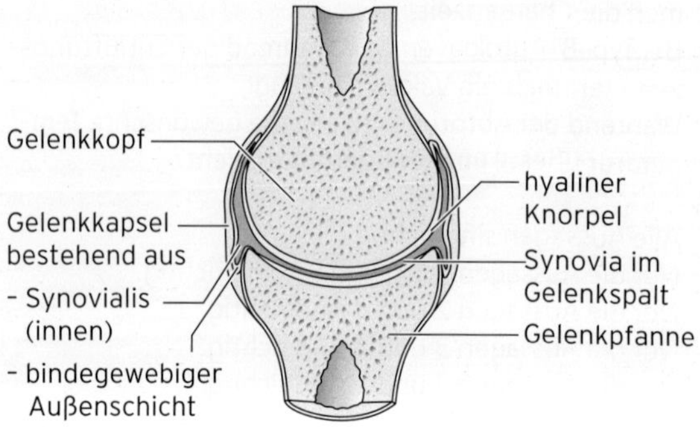

Der Gelenkkopf und die Gelenkpfanne ...
- gehören zu den Knochen, die an einem Gelenk beteiligt sind,
- sind nicht immer wie Kopf und Pfanne geformt, sondern können verschiedene Gelenkarten bilden,
- sind mit hyalinem Knorpel überzogen.

Der hyaline Knorpel ...
- sieht glasartig aus,
- hat eine sehr glatte und gleitfähige Oberfläche, federt Stöße ab und schützt den Knochen vor Abnutzung,
- wird von der Synovia im Gelenkspalt ernährt.

Die Synovia ...
- wird auch als Gelenkschmiere bezeichnet und ermöglicht dadurch den Gelenkflächen ein fast reibungsloses Gleiten,
- versorgt den hyalinen Knorpel auf Gelenkkopf und Gelenkpfanne mit Nährstoffen,
- wird von der Synovialis gebildet.

Die Synovialis ...
- bildet die innere Schicht der Gelenkkapsel,
- gibt die Synovia in den Gelenkspalt ab,
- regeneriert (erneuert) die Synovia und hält sie frisch.

Die Gelenkkapsel ...
- hat auch eine äußere Schicht aus straffem Bindegewebe,
- umschließt und schützt das Gelenk,
- macht zusammen mit dem darüberliegenden Bandapparat das Gelenk stabil.

Welche Knochen entsprechen den Zahlen auf der nachfolgenden Abbildung? Geben Sie die deutschen Bezeichnungen und, wo immer möglich, auch die lateinischen Fachbegriffe an.

	Deutsch	Fachbegriff
1	Schädel	Cranium
2	Augenhöhle	Orbita
3	Oberkiefer	Maxilla
4	Unterkiefer	Mandibula
5	Halswirbelsäule (HWS)	
6	Brustbein	Sternum
7	Rippen	Costae, Einzahl: Costa
8	Brustwirbelsäule (BWS)	
9	Hüftbein	Os coxae
10	Darmbein	Os ilium
11	Kreuzbein	Os sacrum
12	Handwurzelknochen	
13	Mittelhandknochen	
14	Fingerendglieder	
15	Fußwurzelknochen	
16	Mittelfußknochen	
17	Zehenendglieder	
18	Schlüsselbein	Clavicula
19	Schulterblatt	Scapula
20	Oberarmknochen	Humerus
21	Wirbelsäule	Columna vertebralis
22	Lendenwirbelsäule (LWS)	
23	Speiche	Radius
24	Elle	Ulna
25	Steißbein	Os coccygis
26	Sitzbein	Os ischii
27	Schambein	Os pubis
28	Oberschenkelknochen	Femur
29	Kniescheibe	Patella
30	Wadenbein	Fibula
31	Schienbein	Tibia

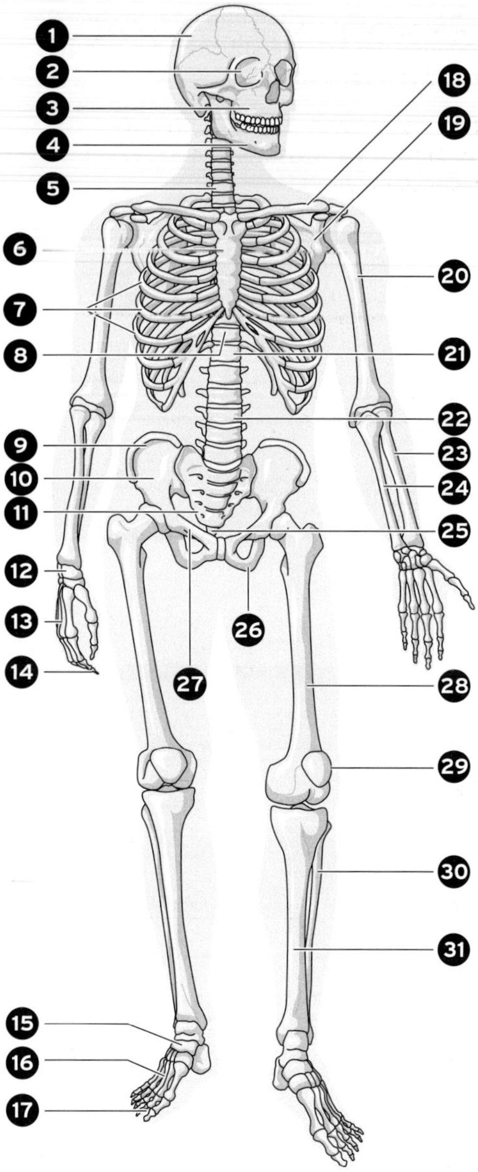

Prüfungsfall Arthrose: S. 341

1. Nennen Sie die deutschen und lateinischen Bezeichnungen der Schädelknochen auf den folgenden zwei Abbildungen.

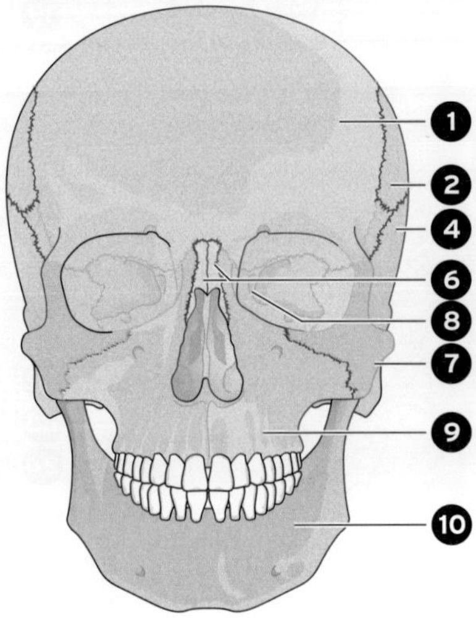

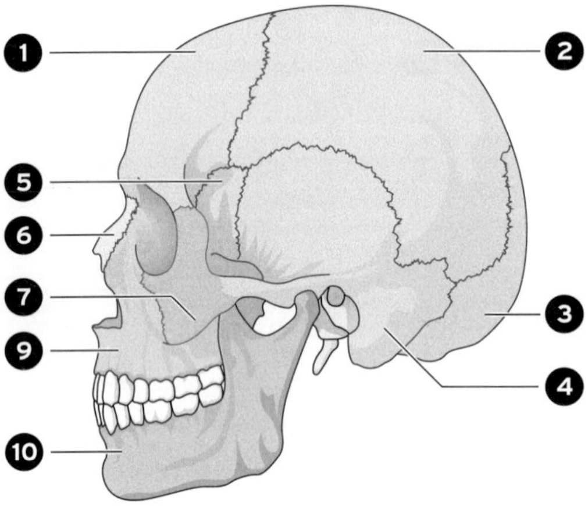

1) ______________________________

2) ______________________________

3) ______________________________

4) ______________________________

5) ______________________________

6) ______________________________

7) ______________________________

8) ______________________________

9) ______________________________

10) ______________________________

2. Welche fünf Abschnitte hat die Wirbelsäule und wie viele Wirbel befinden sich jeweils in ihnen?

1) ______________________________

2) ______________________________

3) ______________________________

4) ______________________________

5) ______________________________

3. Beschreiben Sie die geschwungene Form der Wirbelsäule. Nennen Sie die zwei Aufgaben, die diese Form erfüllt.

____

____

____

____

____

____

____

____

1. 1) Stirnbein (Os frontale), 2) Scheitelbein (Os parietale), 3) Hinterhauptbein (Os occipitale), 4) Schläfenbein (Os temporale), 5) Keilbein (Os sphenoidale), 6) Nasenbein (Os nasale), 7) Jochbein (Os zygomaticum), 8) Siebbein (Os ethmoidale), 9) Oberkiefer (Maxilla), 10) Unterkiefer (Mandibula)
2. 1) Halswirbelsäule (HWS): sieben Wirbel, 2) Brustwirbelsäule (BWS): zwölf Wirbel, 3) Lendenwirbelsäule (LWS): fünf Wirbel, 4) Kreuzbein: mehrere miteinander verwachsene Wirbel, 5) Steißbein: mehrere zusammengewachsene Wirbel
3. Geschwungene Doppel-S-Form: Diese entsteht durch Biegung der Wirbelsäule im Bereich der HWS und der LWS nach vorne (physiologische HWS-Lordose bzw. LWS-Lordose), im Bereich der BWS und des Kreuzbeins ist sie nach hinten gebogen (physiologische BWS-Kyphose bzw. Sakralkyphose). Aufgaben: Abfangen von Stößen und Erhöhung der Wirbelsäulenbelastbarkeit

4. Wo befinden sich die Bandscheiben, wie sind sie aufgebaut und welche Aufgaben haben sie?

____

____

____

____

____

5. Abgebildet ist ein Brustwirbel von oben und von der Seite. Für welche anatomischen Strukturen stehen die Zahlen?

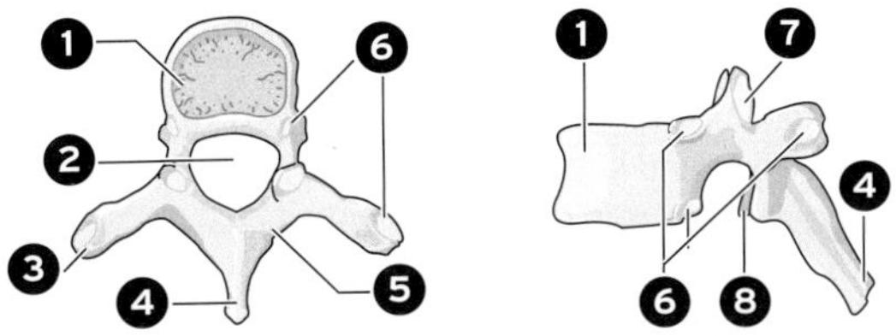

1) ______________________________

2) ______________________________

3) ______________________________

4) ______________________________

5) ______________________________

6) ______________________________

7) ______________________________

8) ______________________________

6. Nennen Sie die richtigen deutschen Bezeichnungen für die Teile des Beckengürtels und der Hüfte, wenn möglich auch die lateinischen Namen.

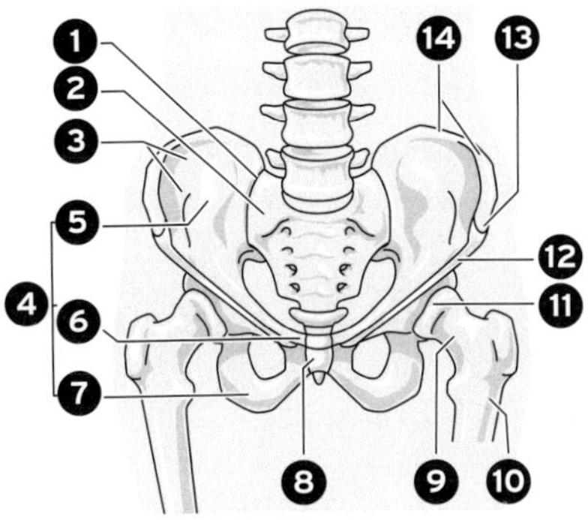

1) ______________________________

2) ______________________________

3) ______________________________

4) ______________________________

5) ______________________________

6) ______________________________

7) ______________________________

8) ______________________________

9) ______________________________

10) ______________________________

11) ______________________________

12) ______________________________

13) ______________________________

14) ______________________________

Prüfungsfall Arthrose: S. 341

4. Lage: jeweils zwischen zwei Wirbelkörpern (Ausnahme: 1. und 2. Halswirbelkörper); Aufbau: harter Fasermantel umgibt weichen, gelartigen Gallertkern; Aufgaben: federn Stöße ab und ermöglichen Bewegungen der Wirbelsäule
5. 1) Wirbelkörper, 2) Wirbelloch, 3) Querfortsatz, 4) Dornfortsatz, 5) Wirbelbogen, 6) Gelenkflächen für die Rippen, 7) oberer Gelenkfortsatz, 8) unterer Gelenkfortsatz
6. 1) Iliosakralgelenk, 2) Kreuzbein, 3) Darmbeinschaufel, 4) Hüftbein (Os coxae), 5) Darmbein (Os ilium), 6) Schambein (Os pubis), 7) Sitzbein (Os ischii), 8) Schambeinfuge (Symphyse), 9) Oberschenkelhals, 10) Oberschenkelknochen (Femur), 11) Hüftgelenk, 12) Leistenband, 13) vorderer oberer Darmbeinstachel, 14) Beckenkamm

1. Welche Aussage ist richtig? Das Hüftgelenk und das Schultergelenk sind ...

A) Sattelgelenke.
B) Radgelenke.
C) Eigelenke.
D) Kugelgelenke.
E) Scharniergelenke.

2. Welche beiden Aussagen zum Kniegelenk treffen zu?

A) Der vierköpfige Oberschenkelmuskel kann über das Kniegelenk zu einer Beugung des Unterschenkels führen.
B) Es hat vier Kreuzbänder.
C) Es hat Innenbänder, aber keine Außenbänder.
D) Je ein Innen- und ein Außenmeniskus dämpfen Stöße ab.
E) Distaler Femur, proximale Tibia und die Rückseite der Patella sind am Kniegelenk beteiligt.
F) Es ist nach allen Seiten gleich gut beweglich.

3. Welche Aussage zu den Lage- und Richtungsbezeichnungen ist richtig?

A) Adduktion bedeutet Abspreizen.
B) Pronation ist gegeben, wenn die Handfläche vom eigenen Gesicht weggedreht wird.
C) Supination ist gegeben, wenn die Fußsohle nach außen gedreht wird.
D) Die Sagittalebene entspricht der Transversalebene.
E) Die Frontalebene geht waagerecht durch den Körper.

4. Welche beiden Aussagen zum Röhrenknochen sind richtig?

A) Die Spongiosa verleiht den Knochenenden Stabilität.
B) Die Knochenenden werden auch Diaphysen genannt.
C) In der Markhöhle befindet sich das Rückenmark.
D) Der Knochenschaft wird auch Epiphyse genannt.
E) Röhrenknochen haben bei Kindern spaltartige Wachstumszonen.
F) Osteoklasten bauen Knochen auf, Osteoblasten bauen Knochen ab.

5. Welche Aussage zu den Synarthrosen ist richtig?

A) Synarthrosen sind immer behandlungsbedürftig.
B) Knöcherne Synarthrosen sind z. B. die Bandscheiben, die die Wirbelkörper miteinander verbinden.
C) Knorpelige Synarthrosen sind z. B. die kindlichen Schädelnähte.
D) Bindegewebige Synarthrosen bilden z. B. die miteinander verwachsenen Kreuzbeinwirbel.
E) Synarthrosen sind Knochenverbindungen ohne Gelenkspalt.

6. Ordnen Sie den Gelenkarten die dazu passende Anzahl der Bewegungsachsen zu: eine 1 für eine Bewegungsachse, eine 2 für zwei Bewegungsachsen und eine 3 für drei Bewegungsachsen.

A) Scharniergelenk
B) Kugelgelenk
C) Eigelenk
D) Radgelenk
E) Sattelgelenk

7. Wo wird die Synovia gebildet?

A) nur im Knorpelüberzug des Gelenkkopfes
B) nur im Knorpelüberzug der Gelenkpfanne
C) im Knorpelüberzug beider Gelenkteile
D) in der Gelenkinnenhaut
E) in den Gelenkbändern

8. Welche zwei Knochenteile bilden das Scharniergelenk im Ellenbogen?

A) proximaler Humerus und distaler Radius
B) distale Ulna und lateraler Radius
C) proximale Ulna und distaler Humerus
D) distale Ulna und proximaler Radius
E) distale Ulna und distaler Humerus

9. Wie nennt man die Wachstumszonen bei wachsenden Knochen von Kindern und Jugendlichen?

A) Metaphyse
B) Periost
C) Spongiosa
D) Kompakta
E) Epiphysenfuge

10. Welches Begriffspaar zur ärztlichen Untersuchung passt zusammen?

A) Anschauen → Palpation
B) Anamnese → Tastuntersuchung
C) Perkussion → Erhebung der Krankengeschichte
D) Inspektion → Anschauen
E) Auskultation → Reflexe prüfen

1.	D	2.	D, E
3.	B	4.	A, E
5.	E	6.	A1, B3, C2, D1, E2
7.	D	8.	C
9.	E	10.	D

11. Welche Aussage ist richtig? Aktin und Myosin bilden …

A) die Sehnen.
B) die Myofibrillen.
C) die Muskelfasern.
D) den Knorpel.
E) den Knochen.

12. Welche beiden Aussagen treffen zu?

A) Knochen wird beim Gesunden lebenslang auf- und abgebaut.
B) Die Knochenmasse eines Menschen bleibt bis zum 60. Lebensjahr immer gleich.
C) Etwa bis zum 25. Lebensjahr nimmt die Knochenmasse beim Gesunden zu.
D) Der wichtigste Mineralstoff für den Knochenaufbau ist Natrium.
E) Das wichtigste Vitamin für den Knochenaufbau ist Vitamin K.
F) Das Skelettgewicht entspricht beim Erwachsenen etwa 30 % des Körpergewichts.

13. Welche Aussage ist nicht richtig?

A) Die Stirnhöhle ist eine Nasennebenhöhle.
B) Die Kieferhöhle gehört zu den Nasennebenhöhlen.
C) Die Siebbeinzellen und die Keilbeinhöhle zählen zu den Nasennebenhöhlen.
D) Einige Nasennebenhöhlen verkleinern sich bei Kindern mit steigendem Lebensalter.
E) Der Klang der Stimme wird durch die Nasennebenhöhlen beeinflusst.

14. Wie viele Knochen hat ein gesunder Erwachsener?

A) etwa 60
B) etwa 130
C) etwa 210
D) etwa 520
E) etwa 1 060

15. Welche beiden Aussagen zu den Rippen sind richtig?

A) Die Rippen gehören zum knöchernen Thorax.
B) Der Fachausdruck für eine Rippe ist Corda.
C) Je drei Rippen auf jeder Seite haben keinen Kontakt zum Brustbein.
D) Der Raum zwischen zwei Rippen wird in Arztbriefen mit ICC abgekürzt.
E) Ein Mensch hat insgesamt 24 Rippen.
F) Die Rippen schützen Herz, Lunge und Schilddrüse.

16. Welche beiden Aussagen treffen zu?

A) Bei der Halswirbelsäule wird der oberste Wirbel Axis genannt.
B) Das Fachwort für den zweitobersten Wirbel der Halswirbelsäule ist Atlas.
C) Zwischen den obersten zwei Wirbelkörpern befindet sich keine Bandscheibe.
D) Die Halswirbelsäule hat insgesamt acht Wirbel.
E) Die Querfortsätze der Halswirbel haben die gleiche Form wie die Querfortsätze der Brust- und Lendenwirbel.
F) Ein Knochenzahn (Dens), der vom zweitobersten Halswirbel ins Wirbelloch des obersten Halswirbels zieht, erleichtert Drehungen des Kopfes.

17. Welche Aussage zur BWS ist nicht richtig?

A) Sie hat zwölf Brustwirbel.
B) Sie macht normalerweise einen Bogen nach vorne.
C) Ihre Wirbel besitzen Gelenkflächen für die Rippen.
D) Durch ihre Wirbellöcher zieht das Rückenmark.
E) Durch ihre Zwischenwirbellöcher treten die Spinalnerven aus.

18. Welche beiden Aussagen zur Lendenwirbelsäule treffen zu?

A) Sie hat keine Bandscheiben.
B) Sie ist normalerweise völlig gerade.
C) Sie befindet sich zwischen Kreuzbein und Steißbein.
D) Zu ihr gehören fünf Lendenwirbel.
E) Ihre Wirbelkörper sind größer als die der Halswirbelsäule.
F) Sie ist am Morgen kürzer als am Abend.

19. Welche beiden Aussagen zum Kreuzbein sind richtig?

A) Es ist normalerweise leicht nach vorne gebogen.
B) Es bildet mit dem Schambein das Iliosakralgelenk.
C) Es befindet sich kaudal des Steißbeins.
D) Der Fachausdruck für das Kreuzbein lautet Os crucifix.
E) Es begrenzt den knöchernen Beckenring nach dorsal.
F) Es besteht aus mehreren miteinander verwachsenen Wirbeln.

11. B	12. A, C
13. D	14. C
15. A, E	16. C, F
17. B	18. D, E
19. E, F	

20. Ordnen Sie richtig zu.

A	Krümmung der Wirbelsäule nach vorne	1	Kyphose
B	Krümmung der Wirbelsäule nach hinten	2	Skoliose
C	seitliche Verbiegung und/oder Verdrehung der Wirbelsäule	3	Lordose

A) A1, B2, C3
B) A1, B3, C2
C) A2, B1, C2
D) A2, B3, C1
E) A3, B1, C2

21. Mit welchen beiden Knochen bildet das Schulterblatt Gelenke?
A) mit dem Brustbein
B) mit dem Schlüsselbein
C) mit den Rippen
D) mit dem Oberarmknochen
E) mit dem untersten Halswirbel
F) mit dem obersten Brustwirbel

22. Wie viele Handwurzelknochen hat jede Hand?
A) zwei
B) vier
C) fünf
D) acht
E) zehn

23. Gelenke mit den Handwurzelknochen bilden …
A) nur die Mittelhandknochen.
B) nur die Elle.
C) nur die Speiche.
D) Elle und Speiche.
E) Elle, Speiche und Mittelhandknochen.

24. Welche zwei Knochen ermöglichen mit einem Radgelenk Pronation und Supination der Hand?
A) Ulna
B) Scapula
C) Radius
D) Fingerknochen
E) Handwurzelknochen
F) Humerus

25. Welche zwei Aussagen zum Darmbein treffen zu?
A) Seine Fachbezeichnung lautet Os ischii.
B) Es ist Bestandteil des Hüftbeins.
C) Es gehört zum Kreuzbein.
D) Es bildet die Gelenkpfanne für das Hüftgelenk.
E) Es grenzt nach medial an die LWS.
F) Es hat von außen tastbare Orientierungspunkte für intrakutane Injektionen.

26. Welche Aussage zum Oberschenkelknochen ist nicht richtig?
A) Er ist der längste Knochen im Skelett.
B) Er stellt den Gelenkkopf für das Kniegelenk.
C) Er stellt den Gelenkkopf für das Hüftgelenk.
D) Seine Fachbezeichnung lautet Femur.
E) Der Oberschenkelhals ist sein stabilster Teil.

27. Was gehört zum aktiven Bewegungsapparat?
A) Knochen
B) Muskeln
C) Sehnen
D) Bänder
E) Gelenke

28. Tragen Sie die passende Knorpelart ein mit einer 1 für Faserknorpel, einer 2 für hyalinen Knorpel und einer 3 für elastischen Knorpel.
A) Ohrmuschel
B) Bandscheiben
C) Gelenkflächen
D) Nasenknorpel
E) Menisken

29. Welcher Finger besitzt nur zwei anstelle von drei Fingerknochen?
A) kleiner Finger
B) Ringfinger
C) Mittelfinger
D) Zeigefinger
E) Daumen

30. Tragen Sie die passenden Zahlen ein: eine 1 für das obere Sprunggelenk, eine 2 für das untere Sprunggelenk.
A) Heben des Fußes
B) Pronation des Fußes
C) Senken des Fußes
D) Supination des Fußes
E) zwischen Sprungbein und Fersenbein
F) zwischen beiden Unterschenkelknochen und Sprungbein

20. E
21. B, D
22. D
23. E
24. A, C
25. B, D
26. E
27. B
28. A3, B1, C2, D2, E1
29. E
30. A1, B2, C1, D2, E2, F1

31. Wie viele Schichten hat die Muskulatur der Bauchwand?
A) 1
B) 2
C) 3
D) 4
E) 5

32. Welcher Muskel ist der Antagonist des zweiköpfigen Oberarmmuskels?
A) M. obliquus externus
B) M. sartorius
C) M. triceps brachii
D) M. latissimus dorsi
E) M. serratus anterior

33. Welche beiden Aussagen treffen zu?
A) Muskeln verbrauchen auch bei häufiger Betätigung nur wenig Energie.
B) Muskeln können in ihrem Inneren das Kohlenhydrat Glukagon speichern.
C) Wenn Muskeln länger nicht betätigt werden, nehmen sie an Umfang ab.
D) Bei der Skelettmuskulatur handelt es sich um sogenannte glatte Muskulatur.
E) Die Wirbelsäule ist für ihre Stabilität nicht auf die sie umgebende Muskulatur angewiesen.
F) Wenn sich Muskeln zusammenziehen, nennt man das Kontraktion.

34. Wie lautet die deutsche Bezeichnung für den Musculus pectoralis major?
A) großer Gesäßmuskel
B) großer Brustmuskel
C) Kaumuskel
D) Kapuzenmuskel
E) vorderer Sägemuskel

35. Wann ist der Muskeltonus eines Skelettmuskels vermindert?
A) bei willkürlicher Anspannung eines Muskels
B) bei einer Muskelverspannung
C) bei Muskelschmerzen
D) im Rahmen einer Narkose
E) nach längerem Muskeltraining

36. Zu welchem Muskel gehört die Achillessehne?
A) Hand- und Fingerstrecker
B) Kopfwender
C) vierköpfiger Oberschenkelmuskel
D) Deltamuskel
E) dreiköpfiger Wadenmuskel

37. Welche beiden Aussagen zum Kapuzenmuskel treffen zu?
A) Er kann beide Schultern nach oben bewegen, z. B. beim Schulterzucken.
B) Heilkundige Kapuzinermönche gaben ihm im Mittelalter seinen Namen.
C) Er liegt unter dem M. latissimus dorsi.
D) Seine Fachbezeichnung lautet M. temporalis.
E) Er ist bei Neugeborenen noch nicht vorhanden.
F) Er kann bei Verspannungen im Schulter-Nacken-Bereich Schmerzen verursachen.

38. Ein Fußballspieler trifft seinen Gegner mit dem Knie in dessen seitlichen Oberschenkel, der daraufhin sehr schmerzt. Welcher Muskel wurde verletzt?
A) der M. masseter
B) der M. triceps surae
C) der M. quadriceps femoris
D) die Muskelgruppe der Adduktoren
E) der M. gluteus minimus

39. Welche Zuordnungen sind richtig?

A	Schienbein	1	Ulna
B	Wadenbein	2	Tibia
C	Elle	3	Radius
D	Speiche	4	Femur
E	Oberschenkelknochen	5	Fibula

A) A1, B4, C2, D5, E3
B) A2, B5, C1, D3, E4
C) A3, B2, C5, D4, E1
D) A4, B5, C1, D3, E2
E) A5, B4, C1, D3, E2

40. Welches ist die deutsche Bezeichnung für Patella?
A) Kniescheibe
B) Schlüsselbein
C) Unterkieferknochen
D) Oberkieferknochen
E) Stirnbein

31. D	32. C
33. C, F	34. B
35. D	36. E
37. A, F	38. C
39. B	40. A

5 Erkrankungen des Bewegungsapparats

Erklären Sie anhand der nebenstehenden Abbildung eines Bandscheibenvorfalls, weshalb man bei einem Bandscheibenvorfall von dem Ausbreitungsgebiet der neurologischen Störungen auf den Ursprung des betroffenen Rückenmarknerven schließen kann.

An jedem Wirbelkörper verlässt das zugehörige Paar Rückenmarknerven (Spinalnerven) den Wirbelkanal.
- Nach dem Austritt aus dem Rückenmarkkanal zieht jeder Rückenmarknerv zu dem Gebiet, für dessen Versorgung er zuständig ist.
- Aus dem Hautgebiet (Dermatom) der Beschwerden, aber auch aus den zugehörigen motorischen Ausfällen, wie z. B. geminderten oder fehlenden Muskelbewegungen und/oder Reflexen, kann auf das betroffene Wirbelsäulensegment geschlossen werden.

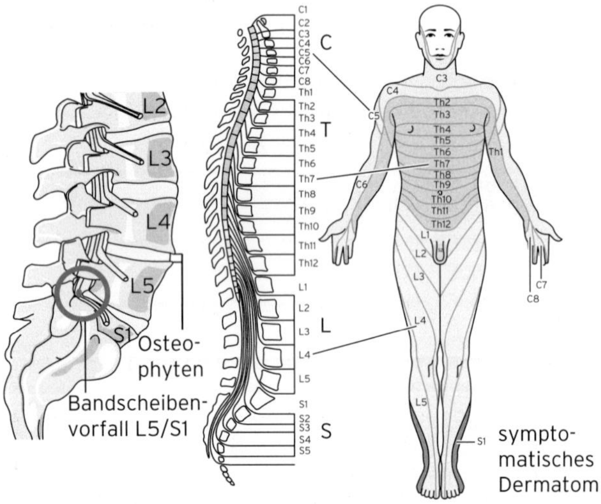

Was versteht man unter einer Osteochondrose?

Osteochondrose ist der Fachbegriff für Degenerationsvorgänge der Wirbel und der Bandscheiben.

Beschreiben Sie mit Hilfe der folgenden Abbildung die körperlichen Veränderungen bei den drei Krankheitsstadien der Osteochondrose.

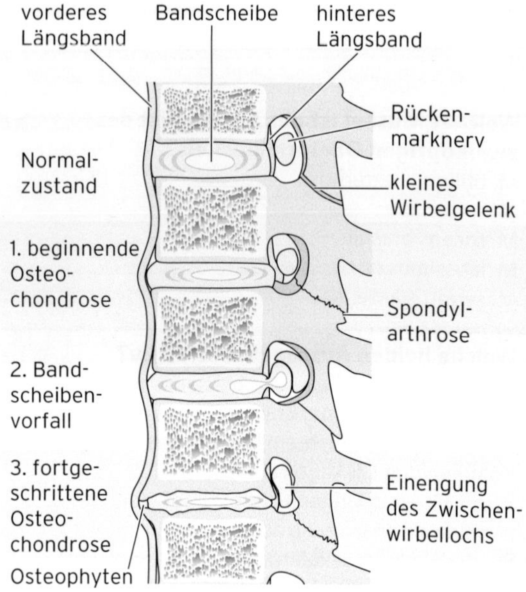

1. Stadium: Beginnende Osteochondrose
- Bandscheibe abgeflacht, Gallertkern wölbt straffen Fasermantel nach außen vor (Protrusio)
- dadurch schmerzhafter Druck auf Rückenmarknerv im Zwischenwirbelloch möglich
- abgeflachte Bandscheibe erhöht Druck auf kleine Wirbelgelenke und bewirkt auf Dauer deren Arthrose (Spondylarthrose)

2. Stadium: Bandscheibenvorfall (Diskusprolaps)
- Fasermantel der Bandscheibe eingerissen, Gallertkern tritt aus und wird in Zwischenwirbelloch gequetscht
- Fasermantel drückt dort auf Wurzel des Rückenmarknervs.
- Folge: Schmerzen und Funktionsstörungen des Nervs

3. Stadium: Fortgeschrittene Osteochondrose
- stark abgeflachte Bandscheibe ragt in Zwischenwirbelloch und bewirkt ständige Nervenreizung mit chronischen Schmerzen, Sensibilitätsstörungen und ggf. motorischen Ausfällen
- abgeflachte Bandscheibe erhöht auch Druck auf kleine Wirbelgelenke und verstärkt schmerzhafte Spondylarthrose
- Osteophytenbildung an Wirbelkörpern verengt Gelenkspalt der großen Wirbelgelenke, vermindert deren Beweglichkeit und verstärkt Druck auf Nerven und Gewebe
- Osteophytenbildung kann im Extremfall auch zu Einengung des Wirbelkanals (Spinalkanalstenose) führen; Folge: Schmerzen und ggf. Lähmungen.

Mit welchen bildgebenden Diagnoseverfahren kann ein Bandscheibenvorfall sicher erkannt werden? Welche Verfahren sind ungeeignet?

Der Nachweis eines Bandscheibenvorfalls gelingt mit einer Magnetresonanztomografie (MRT, Kernspin) oder mit einem Computertomogramm (CT) des betroffenen Wirbelsäulenabschnitts.
Ungeeignet sind Röntgen und Sonografie, da sie die Bandscheiben nicht darstellen können.

Welche drei Behandlungsmöglichkeiten gibt es bei einem Bandscheibenvorfall und was ist dabei jeweils zu beachten?

1. Medikamentöse Schmerztherapie
- oft Kombination von mehreren Medikamenten
2. Krankengymnastik
- zur Lockerung der verspannten Muskulatur
- in Kombination mit medikamentöser Schmerztherapie
3. Operation
- mit Absaugen der vorgefallenen Bandscheibenanteile, ggf. auch Einsetzen einer Bandscheibenprothese
- eventuell bei Versagen von medikamentöser Schmerztherapie und Krankengymnastik
- sofort bei Muskel- oder Blasenlähmung

Nennen Sie drei Maßnahmen, mit denen sich im Alltag beim Heben und Tragen von Lasten die Belastung der Wirbelsäule vermindern lässt, und geben Sie zu jeder dieser Maßnahmen Hilfen für deren Umsetzung an.

1. Keine schweren Gegenstände heben:
- nicht alles auf einmal heben
- ggf. Hilfe beim Tragen in Anspruch nehmen
2. Lasten verteilen und dicht am Körper halten:
- mehrere Tragetaschen mit beiden Armen oder Schultern heben
- ggf. Rucksack oder Trolley verwenden
3. Den Rücken beim Heben gerade halten:
- Vermeidung von Verkrümmungen und Verdrehungen der Wirbelsäule beim Heben
- beim Bücken mit geradem Rücken in die Hocke gehen
- Wenn eine Last nicht direkt zugänglich ist, z. B. durch ein vorgelagertes Hindernis, sollte versucht werden, die Anhebehaltung mit geradem Rücken durch einen Ausfallschritt zu ermöglichen.

Erklären Sie anhand der folgenden Zeichnung die unterschiedlichen Einteilungen von Frakturen.

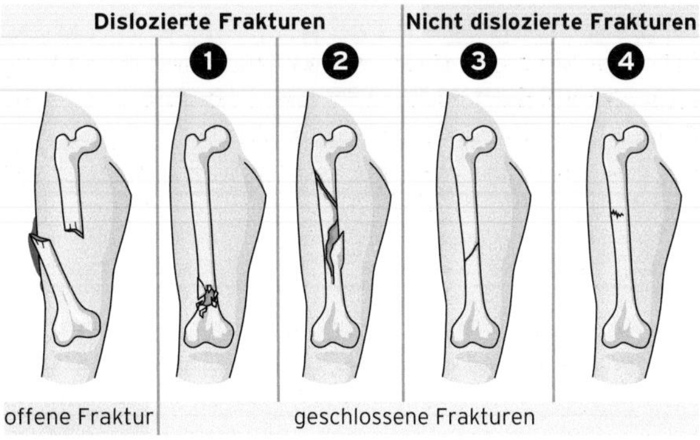

Offene/geschlossene Frakturen:
- offene Frakturen: Ein Knochenfragment durchspießt die Haut.
- geschlossene Frakturen: Die Knochenfragmente sind vollständig von Haut bedeckt.
- Unterteilung der geschlossenen Frakturen:
  1) Trümmerfraktur, 2) Spiralfraktur, 3) einfache Fraktur, 4) Grünholzfraktur

Dislozierte / nicht dislozierte Frakturen:
- dislozierte (verschobene) Frakturen: Die Knochenfragmente liegen nicht mehr aneinander.
- nicht dislozierte Frakturen: Die Knochenfragmente liegen regelrecht aneinander.

Nennen Sie die vier sicheren Frakturzeichen.

1. sichtbares, die Haut durchspießendes Knochenstück (nur bei offenen Frakturen)
2. abnorme Beweglichkeit
3. Krepitation (knirschendes Geräusch durch Reiben der Knochenfragmente aneinander)
4. Fehlstellung

Erklären Sie, was Reposition und Osteosynthese bei der Therapie von Frakturen bedeuten.

- Reposition: Die Knochenfragmente werden, meist in Narkose, wieder in eine achsengerechte Stellung gebracht, damit die Fraktur in der folgenden Ruhigstellung vollständig ausheilen kann.
- Osteosynthese: Operative Versorgung von komplizierten Frakturen, bei der die Knochenbruchstücke durch Metallteile zusammengehalten werden.

Sie arbeiten in der Praxis des Hausarztes Dr. Kempf.
Auszug aus der Karteikarte:

A	B	C	D	E	F	G	H	I	J	K	L	~~M~~	N	O	P	Q	R	S	Sch	St	T	U	V	W	X	Y	Z

1 2 3 4 5 6 7 8 9 10 11 12 13 14 15 16 17 18 19 20 21 22 23 24 25 26 27 28 29 30 31 — I II III IV V VI VII VIII IX X XI XII

Geb. frei ☐ — **Krankenkasse bzw. Kostenträger**: TK

Nachts ☐ — **Name, Vorname des Versicherten**

Sonstige ☐

Merker,
Inge

An der Viehtrift 14
60433 Frankfurt

geb. am
24.10.19xx

10/17

57-jährige Patientin
Nichtraucherin
1,65 m
87 kg

2005 Coxarthrose rechts
2010 Gonarthrose links

	Kassen-Nr.	Versicherten-Nr.	Status
Unfall ☐	12345678	12345678	1000000
	Betriebsstätten-Nr.	**Arzt-Nr.**	**Datum**
Arbeits-unfall* ☐	12345678	12345678	28.5.20xx

☎ **Risiken:**

28.5.20xx
Anamnese: Starker Ruhe- und Bewegungsschmerz li. Kniegelenk
Befund: Schonhaltung li. Kniegelenk, dort Schwellung und Überwärmung
Diagnose: Verdacht auf aktivierte Gonarthrose li. mit Ergussbildung

Rezept für Diclofenac-Tabl., AU für 1 Woche, dann Wiedervorstellung
Schonung des li. Knies durch Lagerung, später Gehhilfen (hat Pat. noch zu Hause)

1. Was versteht man unter einer Arthrose?

____

____

2. Erklären Sie die Arthroseentstehung am Beispiel des Kniegelenks.

____

____

____

____

____

____

____

3. Frau Merker hat eine Coxarthrose und eine Gonarthrose. Erklären Sie diese Begriffe.

____

____

____

1. Arthrose ist eine degenerative Gelenkerkrankung mit Gelenkverschleiß.
2. Altersvorgänge, Über- oder Fehlbelastung führen zu Schädigung des Gelenkknorpels. Schadhafter Knorpel federt Druck nicht mehr genügend ab, gelenknaher Knochen verdickt sich. Außerdem kann er dornartige Knochenanbauten (Osteophyten) an den Rändern der Gelenkpfanne bilden, die die Beweglichkeit des Gelenks zusätzlich einschränken.
3. Coxarthrose: Arthrose im Hüftgelenk; Gonarthrose: Arthrose im Kniegelenk

4. Zuerst litt Frau Merker unter einer Coxarthrose rechts, Jahre später kam die Gonarthrose links hinzu. Erklären Sie, wie beide Erkrankungen miteinander zusammenhängen können.

5. Viele Patienten befinden sich wie Frau Merker in einem „Teufelskreis" aus Übergewicht und/oder Bewegungsmangel und Arthrose. Beschreiben Sie, wie dieser Teufelskreis zu Stande kommt.

6. Bei Frau Merker besteht der Verdacht auf eine aktivierte Arthrose, die auch Arthrose-Arthritis genannt wird.
Beschreiben Sie die Vorgänge im Gelenk und nennen Sie die möglichen Symptome.

7. Nennen Sie sieben Risikofaktoren für das Entstehen einer Arthrose.

Abrechnung: S. 163
Prüfungsfall Arthrose: S. 341

4. Die Coxarthrose rechts könnte zu einer schmerzbedingten Mehrbelastung des linken Beins mit folgender Gonarthrose geführt haben.
5. Dem Übergewicht und/oder Bewegungsmangel folgen reaktive Muskelverspannungen und Bänderschrumpfungen um das Gelenk. Beides führt zu einer Fehlbelastung des Gelenks, was wiederum eine Arthrose mit Gelenkschmerzen fördert. Die Angst vor noch stärkeren Gelenkschmerzen bei Belastung hat eine Schonung der Gelenke durch Vermeidung von Bewegung und Gewichtszunahme zur Folge. Der Teufelskreis beginnt von Neuem.
6. Der durch die Arthrose aufgeraute Gelenkknorpel wird, besonders nach Belastungen, von den weißen Blutkörperchen (Leukozyten) als Fremdkörper eingestuft. Um das vermeintlich fremde Gewebe abzubauen, wird von ihnen eine Immunreaktion in Gang gesetzt, was zu einer Gelenkentzündung (Arthritis) führt. Symptome sind Rötung, Überwärmung, Schwellung (ggf. mit Gelenkerguss) und Schmerz.
7. 1) schlechte Knochensubstanz (erblich oder durch Mangelernährung), 2) Gelenkfehlstellungen, 3) Übergewicht, 4) Verletzungen mit Schäden an Gelenkknorpel und gelenknahem Knochen, 5) schwere Gelenkbelastungen durch Schwerarbeit oder Leistungssport, 6) Gelenkentzündungen durch rheumatische oder andere Erkrankungen, 7) fehlende Beanspruchung der Gelenke, z. B. durch Bettlägerigkeit oder Ruhigstellung im Gips

1. Was versteht man unter Atrophie?
A) Vergrößerung der einzelnen Zellen, z. B. durch Muskeltraining
B) Vermehrung der Zellen bei guter Ernährung
C) Größenzunahme, z. B. eines Muskels, durch gezieltes Training
D) Gewebsrückbildung durch Zellverkleinerung und/oder Abnahme der Zellzahl
E) andere Bezeichnung für Gewebsnekrose

2. Welche beiden Aussagen zur Degeneration sind richtig?
A) Man versteht darunter die vollständige Wiederherstellung des Gewebes und seiner Funktion.
B) Der Begriff steht für Abbauvorgänge mit Verschlechterung der Gewebequalität.
C) Degenerative Vorgänge sind im höheren Lebensalter normal.
D) Degenerative Vorgänge sind immer krankhaft und behandlungsbedürftig.
E) Vererbung und Ernährung haben keinen Einfluss auf das Ausmaß der Degeneration.
F) Arbeit und Sport beeinflussen degenerative Vorgänge nicht.

3. Wie lautet das Fachwort für eine Gelenkspiegelung?
A) Gastroskopie
B) Koloskopie
C) Rektoskopie
D) Zystoskopie
E) Arthroskopie

4. Welches der folgenden bildgebenden Diagnoseverfahren wird zur Diagnosesicherung und Therapiekontrolle der angeborenen Hüftdysplasie bei Neugeborenen angewandt?
A) Sonografie
B) Röntgen
C) Computertomografie (CT)
D) Magnetresonanztomografie (MRT, Kernspin)
E) Endoskopie

5. Welches der aufgeführten diagnostischen Verfahren hat die höchste Strahlenbelastung?
A) Sonografie
B) Röntgen
C) Computertomografie (CT)
D) Magnetresonanztomografie (MRT, Kernspin)
E) Endoskopie

6. Was bedeutet der Begriff Arthralgie?
A) Gelenkfehlstellung
B) Gelenkfraktur
C) Gelenkentzündung
D) Gelenkschmerz
E) Gelenkmassage

7. Welches Gelenk ist bei einer reaktiven Arthritis im Rahmen einer bakteriellen Durchfallerkrankung am häufigsten betroffen?
A) Ellenbogengelenk
B) Handgelenk
C) Iliosakralgelenk
D) Hüftgelenk
E) Kniegelenk

8. Plötzliche stärkste Schmerzen im Rahmen einer akuten Arthritis am rechten Großzehengrundgelenk bei einem 50-jährigen, übergewichtigen Mann; Verdacht auf akuten Gichtanfall: Welcher Laborwert ist typischerweise erhöht?
A) die Blutfette
B) der rote Blutfarbstoff (Hämoglobin)
C) die Harnsäure
D) das Calcium
E) das Eisen

9. Welche zwei Aussagen passen nicht zur rheumatoiden Arthritis (rA)?
A) Sie wird auch chronische Polyarthritis genannt.
B) Sie betrifft vorwiegend Männer.
C) Das Immunsystem greift körpereigenes Gewebe an.
D) Neben der Synovialis können auch Gelenkknorpel, Knochen und Sehnen betroffen sein.
E) Schäden an inneren Organen (z. B. Lunge, Leber) sind ausgeschlossen.
F) Die Erkrankung verläuft chronisch bzw. chronisch-rezidivierend.

10. Welche beiden Aussagen treffen zu?
A) Bei einer Monarthritis sind immer mehrere Gelenke betroffen.
B) Bei einer Polyarthritis ist immer ein einziges Gelenk betroffen.
C) Bei einer rheumatoiden Arthritis (rA) beweist der Nachweis des Rheumafaktors im Blut das Vorliegen der Erkrankung.
D) Gegen das Auftreten der rheumatoiden Arthritis gibt es wirksame Vorsorgemaßnahmen.
E) Die rA kann man mit nichtsteroidalen Antirheumatika wie Diclofenac oder Ibuprofen behandeln.
F) Therapeutisch wirksam bei der rA sind auch Medikamente, die das körpereigene Abwehrsystem hemmen, z. B. Cortison.

1. D	2. B, C	3. E
4. A	5. C	6. D
7. E	8. C	9. B, E
10. E, F		

11. Welche der folgenden Laborwerte können im Blut durch Entzündungen, wie z. B. einer Arthritis, erhöht sein?

1 die Blutkörperchensenkungsgeschwindigkeit (BSG/BKS)
2 die Anzahl der roten Blutkörperchen (Erythrozyten)
3 die Anzahl der weißen Blutkörperchen (Leukozyten)
4 das C-reaktive Protein (CRP)
5 die Konzentration des roten Blutfarbstoffs (Hämoglobin)

A) Nur die Aussagen 1, 2 und 3 sind richtig.
B) Nur die Aussagen 2, 4 und 5 sind richtig.
C) Nur die Aussagen 3, 4 und 5 sind richtig.
D) Nur die Aussagen 1, 3 und 4 sind richtig.
E) Nur die Aussagen 1, 2 und 5 sind richtig.

12. Wie lautet das Fachwort für Muskelschmerzen?

A) Monotonie
B) Myalgie
C) Myom
D) Mykose
E) Myositis

13. Welche beiden Aussagen treffen bei einer Myogelose zu?

A) Es handelt sich um Muskelkater.
B) Es liegt eine tastbare Verhärtung der Muskulatur vor.
C) Eine Bewegungstherapie darf nicht durchgeführt werden.
D) Die Erkrankung ist nicht heilbar.
E) Therapeutisch wird Kälte eingesetzt.
F) Örtliche Wärmeanwendungen verschaffen oft eine Linderung der Beschwerden.

14. Welche beiden Aussagen zum Muskelkater treffen zu?

A) Er kann durch eine Überbeanspruchung von Muskeln entstehen.
B) Sein gelegentliches Auftreten ist erblich bedingt.
C) Die Verletzung kleiner Muskelfasern bewirkt einen schmerzhaften Entzündungsvorgang.
D) Therapeutisch wichtig ist die möglichst völlige Ruhigstellung der betroffenen Muskulatur.
E) Die Ausstellung einer Arbeitsunfähigkeitsbescheinigung ist in der Regel unvermeidlich.
F) Ein Muskelkater, der sofort nach Belastung auftritt, heilt auch schneller wieder ab.

15. Welche Ursache kommt bei einem HWS-Syndrom nicht in Frage?

A) Schwäche der Muskulatur
B) Fehlhaltung
C) Fehlstellung der Wirbelsäule
D) Wirbelblockaden der kleinen Wirbelgelenke
E) physiologische HWS-Lordose

16. Was ist der Unterschied zwischen Lumbago und Lumbalgie?

A) Lumbago bezeichnet den akuten Rückenschmerz im Bereich der LWS, Lumbalgie die chronische Verlaufsform.
B) Lumbalgie bezeichnet den akuten Rückenschmerz im Bereich der LWS, Lumbago die chronische Verlaufsform.
C) Lumbago bezeichnet den akuten Rückenschmerz im Bereich der BWS, Lumbalgie die chronische Verlaufsform.
D) Lumbalgie bezeichnet den akuten Rückenschmerz im Bereich der BWS, Lumbago die chronische Verlaufsform.
E) Beide Begriffe bedeuten genau dasselbe.

17. Welche Aussagen zur Lumboischialgie treffen zu?

1 Die Schmerzen betreffen ausschließlich den Bereich der Lendenwirbelsäule.
2 Die Schmerzen strahlen von der Lendenwirbelsäule in den Unterleib aus.
3 Die Schmerzen ziehen von der Lendenwirbelsäule über das Gesäß in den hinteren Bereich des Beins.
4 Der Schmerz folgt dem Verlauf des Ischiasnervs.
5 Eine wirksame Prävention ist bisher nicht bekannt.
6 Injektionen von Schmerzmitteln in den Gesäßmuskel sind therapeutisch nicht wirksamer als die Einnahme von Schmerzmitteln in Tablettenform.

A) Nur die Aussagen 1, 4 und 5 sind richtig.
B) Nur die Aussagen 2, 5 und 6 sind richtig.
C) Nur die Aussagen 3, 4 und 6 sind richtig.
D) Nur die Aussagen 2, 3 und 5 sind richtig.
E) Nur die Aussagen 4, 5 und 6 sind richtig.

18. Welcher Wirbelsäulenbereich ist am seltensten von Bandscheibenvorfällen betroffen?

A) HWS
B) BWS
C) BWS/LWS-Übergang
D) LWS
E) Übergang LWS/Kreuzbeinbereich

19. Wie lautet das Fachwort für Bandscheibenvorfall?

A) HWS-, BWS- oder LWS-Syndrom
B) Spondylarthrose
C) Wirbelfraktur
D) Diskusprolaps
E) Diskusprotrusio

11. D	12. B	13. B, F
14. A, C	15. E	16. A
17. C	18. B	19. D

20. Als Folge eines Bandscheibenvorfalls kann es auch zu Lähmungen kommen. Welche beiden Aussagen treffen hier zu?
A) Die Lähmungen sind meist beidseitig.
B) Lähmungen erfordern möglichst bald nach dem Auftreten ein operatives Eingreifen.
C) Lähmungen bilden sich meist von allein zurück.
D) Eine Parese ist eine vollständige Lähmung.
E) Eine unvollständige Lähmung wird auch als Plegie bezeichnet.
F) Lähmungen können durch starken Druck des gallertartigen Bandscheibenkerns auf Nervenwurzeln der Spinalnerven ausgelöst werden.

21. Welche körperliche Veränderung liegt einer Osteoporose zu Grunde?
A) verminderte Knorpelmasse
B) verminderte Muskelmasse
C) verminderte Knochenmasse
D) erhöhter Knochenaufbau
E) allgemeiner Gewebeschwund

22. Tragen Sie bei allen Faktoren, die das Risiko für das Auftreten einer Osteoporose erhöhen, eine 1 ein, bei allen anderen eine 2.
A) jugendliches Alter
B) weibliches Geschlecht
C) Mutter und Vater haben Osteoporose.
D) früher Beginn der Wechseljahre
E) zweimal die Woche je eine Stunde schwimmen
F) dauernde Cortisoneinnahme wegen schwerem Bronchialasthma

23. Welche zwei Symptome oder Diagnoseverfahren führen oft zur Diagnose einer Osteoporose?
A) Schwindel
B) Gewichtsverlust
C) Frakturen aus geringem Anlass
D) Osteophyten im Röntgenbild
E) röntgenologische Knochendichtemessung
F) Arthroskopie

24. Welcher Mineralstoff ist bei der Osteoporose-Therapie besonders wichtig?
A) Natrium
B) Kalium
C) Eisen
D) Calcium
E) Jod

25. Welches Vitamin ist bei der Osteoporose-Therapie besonders wichtig?
A) Vitamin A
B) Vitamin B
C) Vitamin C
D) Vitamin D
E) Vitamin E

26. An welchen zwei Stellen kommt es bei Osteoporose am häufigsten zu Frakturen?
A) Rippen
B) Wirbelkörper
C) Hüftknochen
D) Schienbein
E) Schlüsselbein
F) Oberschenkelhals

27. Welches Symptom ist bei Kindern typisch für das Auftreten von Rachitis?
A) Knochenverformungen
B) gehäufte Frakturen
C) großer Durst
D) Hyperaktivität
E) Intelligenzminderung

28. Durch welche zwei Maßnahmen kann dem Entstehen einer Rachitis vorgebeugt werden?
A) ausreichende Zufuhr von Vitamin A
B) ausreichende Zufuhr von Vitamin B
C) ausreichende Zufuhr von Vitamin C
D) ausreichende Zufuhr von Vitamin D
E) Meiden von Sonnenlicht
F) häufiger Aufenthalt im Freien

29. Welche zwei Aussagen zur Osteomalazie sind nicht richtig?
A) Sie tritt überwiegend bei Kindern auf.
B) Es liegt ein Vitamin-D-Mangel vor.
C) Osteomalazie bedeutet wörtlich Knochenerweichung.
D) Bei Erwachsenen kommt es zu einer verstärkten Frakturneigung.
E) Eine Osteoporose kann durch Osteomalazie verstärkt werden.
F) Sie verläuft unbehandelt tödlich.

30. Was bedeutet Insertionstendopathie?
A) erbliche Muskelschwäche
B) Muskelfaserriss
C) Entzündung am Sehnenansatz
D) vorzeitige Abnutzung des Gelenkknorpels
E) Schleimbeutelentzündung

20. B, F	21. C
22. A2, B1, C1, D1, E2, F1	23. C, E
24. D	25. D
26. B, F	27. A
28. D, F	29. A, F
30. C	

31. Welche Behandlungsmethode sollte bei einer Insertionstendopathie wie dem Tennis- oder Golfellenbogen nicht angewendet werden?

A) Muskeltraining
B) Ruhigstellung
C) Bandage
D) Orthese
E) ggf. Operation

32. Welche Aussage trifft nicht zu?

A) Bei Entzündungen am Sehnenansatz kann oft die Achillessehne betroffen sein.
B) Sehnenscheidenentzündungen betreffen oft die Strecksehnen der Hand.
C) Das Fachwort für Sehnenscheidenentzündung lautet Tendovaginitis.
D) Zur Therapie von Entzündungen am Sehnenansatz eignen sich Bandagen und Orthesen.
E) Bei Entzündungen am Sehnenansatz sollte schnellstmöglich operiert werden.

33. Wie lautet das Fachwort für eine Prellung?

A) Kontraktion
B) Kontusion
C) Konfusion
D) Konzeption
E) Konversion

34. Durch eine Prellung kommt es zu einem Bluterguss. Wie lautet dessen Fachbezeichnung?

A) Hämoglobin
B) Hämatokrit
C) Häm
D) Hämatom
E) Hämophilie

35. Welche Aussage trifft zu?

A) Muskelzerrungen werden durch Dehnungsübungen vor der Belastung begünstigt.
B) Einem Muskelfaserriss kann man durch vorheriges Einreiben mit Sportsalbe wirksam vorbeugen.
C) Muskelzerrung und Muskelfaserriss werden akut zunächst mit Kälte behandelt.
D) In der Akutbehandlung von Muskelzerrung und Muskelfaserriss sollte die betroffene Extremität nicht hochgelagert werden.
E) Ein Muskelfaserriss lässt sich in der körperlichen Untersuchung nicht vom Muskelkater unterscheiden.

36. Welche beiden Aussagen treffen zu?

A) Bei einer Luxation verlässt der Gelenkkopf die Gelenkpfanne.
B) Von Luxationen ist am häufigsten das Hüftgelenk betroffen.
C) Bei einer Schulterluxation ist eine baldige Reposition nötig, um Gelenkschäden vorzubeugen.
D) Luxationen entstehen nur selten traumatisch.
E) Auf eine Röntgenaufnahme kann bei einer traumatischen Luxation immer verzichtet werden.
F) Die angeborene Hüftluxation beim Säugling wird in der Regel operativ behandelt.

37. Was bedeutet Osteomyelitis?

A) verzögerte Kallusbildung nach Frakturen
B) Knochenhautentzündung
C) Knorpelentzündung
D) Knochenentzündung
E) Knochenmarkentzündung

38. Welche Fraktur ist typisch für einen Sturz auf die ausgestreckte Hand?

A) proximale Humerusfraktur
B) distale Radiusfraktur
C) Fraktur des Ulnaschaftes
D) Fraktur im Ellenbogengelenk
E) Fraktur des mittleren Mittelhandknochens

39. Der Patient berichtet über eine schmerzhafte Schwellung über dem rechten Ellenbogen. Befund: überwärmte, kastaniengroße, kissenartige, prallelastische Schwellung, gering gegen den Untergrund verschieblich, keine Knochenschmerzen. Welche Ursache ist wahrscheinlich?

A) Arthritis
B) Osteoporose
C) Osteochondrose
D) Schleimbeutelentzündung (Bursitis)
E) Arthrose

40. Was passiert beim Hallux valgus?

A) Der Großzehenmittelfußknochen weicht nach medial ab.
B) Der Großzehenmittelfußknochen weicht nach lateral ab.
C) Das Fußgewölbe ist abgeplattet.
D) Der Fußballen ist verbreitert.
E) Das obere Sprunggelenk ist supiniert.

31. A	32. E	33. B
34. D	35. C	36. A, C
37. E	38. B	39. D
40. A		

6 Physikalische Therapie, Arzneimittel und ihre Verabreichung

Nennen Sie für die Wärmetherapie und für die Kältetherapie jeweils deren Wirkung, die Arten der Anwendung, Indikationen und Kontraindikationen.

Wärmetherapie
- Wirkung:
  - erweitert Blutgefäße, erhöht so Durchblutung und Stoffwechsel und unterstützt Selbstheilung
  - lockert verspannte Muskulatur
- Arten der Anwendung: Infrarotlampe, Kurz- u. Mikrowellentherapie, therapeutische Ultraschallanwendung (Erwärmung über Massageeffekt), Wärmflasche, Gelkissen, Körnerkissen, Teil- oder Vollbad, Sauna, durchblutungsfördernde Salben oder Pflaster
- Indikationen: Verspannungen der Muskulatur, chronische Entzündungen, Arthrose (außer aktivierte Arthrose)
- Kontraindikationen:
  - lokal: akute Entzündung oder Verletzung, offene Wunde, Blutung, Hauterkrankung, akute Schmerzen
  - systemisch: Herzschwäche, Kollapsneigung, Metallteile im Körper wie Osteosynthesematerial, TEP und Herzschrittmacher (könnten sich erhitzen), Patienten, bei denen eine Rückmeldung über zu große Hitze mit Gefahr von Verbrennungen nicht zu erwarten ist (z. B. bei Nervenschäden, Säuglingen, Demenz), Vorsicht bei Schwangeren (kann Wehen auslösen)

Kältetherapie
- Wirkung:
  - Gefäßverengung mit Verminderung der Durchblutung bewirkt Verringerung von Schwellung, Schmerz, Juckreiz und Blutungen
  - vermindert Entzündungsreaktionen
- Arten der Anwendung: kalte Auflagen als feuchte oder nasse Tücher oder Gelkissen (Kühlkompressen), Kältespray, Anwendungen mit kaltem Wasser (als Teilbad oder unter fließendem Wasser)
- Indikationen: Akuttherapie leichter Hautverletzungen und Hautentzündungen (Sonnenbrand, Insektenstich, Verbrühung, Verbrennung), Prellungen und Distorsionen des Bewegungsapparats
- Kontraindikationen:
  - lokal: offene Verletzungen
  - systemisch: Patienten, bei denen eine Rückmeldung über zu große Kälte mit Gefahr von Erfrierungen nicht zu erwarten ist (z. B. bei Nervenschäden, Säuglingen, Demenz)

Erklären Sie mithilfe der folgenden Abbildung, welche Angaben eine Arzneimittelpackung enthalten muss.

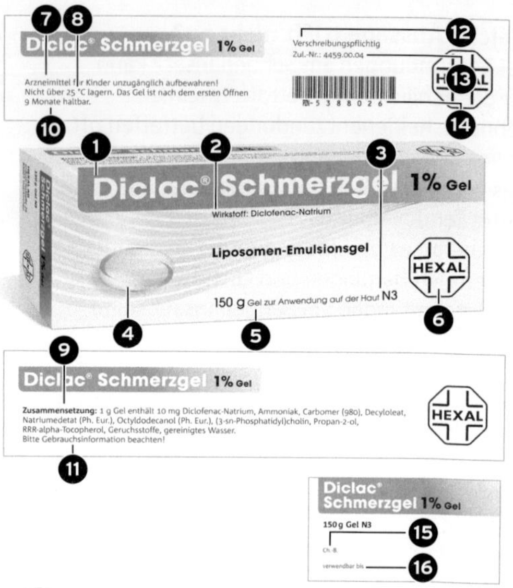

1 Name des Arzneimittels sowie bei unterschiedlichen Stärken Konzentration oder mg
2 Wirkstoff(e) mit Mengenangabe, z. B. pro Tablette oder pro Gramm Gel
3 Packungsgröße in absoluter Menge (z. B. Anzahl Tabletten) oder mit Bezeichnung N1, N2 oder N3 (Pck. für kurzfristigen, mittelfristigen oder langfristigen Therapiebedarf)
4 ggf. Präparatname in Blindenschrift
5 Arzneiform (z. B. Gel, Tabletten, Kapseln)
6 Hersteller (z. B. mit Firmenlogo)
7 Hinweis zum Kinderschutz
8 Lagerungshinweis
9 Zusammensetzung des Arzneimittels
10 Haltbarkeit nach Öffnen
11 Hinweis auf die Gebrauchsinformation
12 Abgabehinweis (Ap = apothekenpflichtig; Rp = rezeptpflichtig = verschreibungspflichtig; BtM = Vorlage eines vorschriftsmäßigen Betäubungsmittelrezeptes erforderlich)
13 Zulassungsnummer
14 bei Ärztemusterpackungen der Hinweis „unverkäufliches Muster", sonst Pharmazentralnummer (PZN), auch als Strichcode
15 Chargennummer
16 Verfallsdatum bei sachgerechter Lagerung

Nennen Sie die wichtigsten Arzneimittelgruppen und geben Sie deren Fachbezeichnung an.

Arzneimittelgruppe	Fachbezeichnung
Schmerzmittel	Analgetika
AM gegen Allergien	Antiallergika
AM gegen bakterielle Infektionen	Antibiotika
AM zur Behandlung des Diabetes mellitus (= der Zuckerkrankheit)	Antidiabetika
AM gegen Übelkeit und Erbrechen	Antiemetika
AM gegen Bluthochdruck	Antihypertensiva, Antihypertonika
AM, die die Blutgerinnung hemmen	Antikoagulanzien
AM gegen Pilzinfektionen	Antimykotika
AM gegen Entzündung und Schmerz ohne Cortison	Antiphlogistika, NSAR = Nichtsteroidale Antirheumatika
AM gegen Husten	Antitussiva
AM zum Lösen von Verkrampfungen der Bronchialmuskulatur	Bronchospasmolytika, Broncholytika
Cortison und Cortisonabkömmlinge	Kortikoide
AM zur Behandlung der Haut	Dermatika
Harntreibende AM	Diuretika
AM, die die Funktion endokriner Drüsen (z. B. Schilddrüse, Eierstöcke) beeinflussen oder ersetzen	Hormone
Schlafmittel	Hypnotika
AM zur Behandlung von Herzerkrankungen	Kardiaka
AM zur Empfängnisverhütung	Kontrazeptiva
Abführmittel	Laxantien
AM zur örtlichen Betäubung	Lokalanästhetika
AM gegen erhöhte Blutfettspiegel	Lipidsenker
AM bei Erkrankungen des Verdauungssystems	Magen-Darm-Therapeutika
AM bei Augenerkrankungen	Ophthalmika
AM bei psychischen und psychiatrischen Erkrankungen	Psychopharmaka
AM für passive Impfungen	Sera (Einzahl: Serum)
AM für aktive Impfungen	Totimpfstoffe und Lebendimpfstoffe
AM gegen Krämpfe und krampfartige Schmerzen	Spasmolytika
AM, die Verklumpung der Blutplättchen hemmen, die Blutstillung verlangsamen	Thrombozytenaggregationshemmer (TAH)
AM zur Krebstherapie	Zytostatika

Cortison und Cortisonabkömmlinge sind wichtige Medikamente für eine Vielzahl von Erkrankungen, auch solchen des Bewegungsapparats. Welche erwünschten Wirkungen hat diese Arzneimittelgruppe und welche unerwünschten Wirkungen (Nebenwirkungen) können auftreten?

erwünschte Wirkungen
- entzündungshemmende Wirkung
- abschwellende Wirkung
- immunsuppressive Wirkung

unerwünschte Wirkungen (Nebenwirkungen)
- bei kurzer systemischer Anwendung:
  - Blutzuckeranstieg
  - Blutdruckanstieg
  - Gesichtsrötung
  - Unruhe
- bei langfristiger systemischer Anwendung:
  - Immunschwäche
  - Nebennierenrindenschwäche
  - Diabetes mellitus
  - Fettsucht (Adipositas)
  - verminderte Durchblutung von Geweben (z. B. Knorpelatrophie, Knochenatrophie mit Osteoporose, Risse in Unterhaut und Blutgefäßwänden)
  - grauer Star (Trübung der Augenlinsen)
  - Depression
- bei lokaler Anwendung:
  - Pilzbefall
  - Gewebeatrophie
  - vermehrte Behaarung

Basis der Therapie für viele Erkrankungen des Bewegungsapparats sind die entzündungs- und schmerzhemmenden NSAR (nichtsteroidale Antirheumatika). Nennen Sie drei NSAR-Wirkstoffe und drei Nicht-NSAR-Wirkstoffe.

NSAR-Wirkstoffe: ASS (= Acetylsalicylsäure), Ibuprofen, Diclofenac
Nicht-NSAR-Wirkstoffe: Paracetamol, Tramadol, Metamizol

Sie arbeiten in der Praxis des Hausarztes Dr. Schmidt. Leider konnte der Arzt den folgenden Karteikarteneintrag nicht ganz fertigstellen, da er zu einem dringenden Hausbesuch gerufen wurde.
Auszug aus der Karteikarte:

A	B	C	D	E	F	G	H	I	J	K	L	M	N	O	P	Q	R	S	Sch	St	T	U	V	W	X	Y	Z

1 2 3 4 5 6 7 8 9 10 11 12 13 14 15 16 17 18 19 20 21 22 23 24 25 26 27 28 29 30 31 — I II III IV V VI VII VIII IX X XI XII

Geb. frei ☐ — Krankenkasse bzw. Kostenträger: AOK Berlin

Nachts ☐ — Name, Vorname des Versicherten:
El Mansur,
Samira
Sonstige ☐ — Bachstr. 12
10557 Berlin

geb. am: 02.04.19xx

12/17

19-jährige Patientin
Nichtraucherin
1,61 m
58 kg

2012 Appendektomie
seit 5/13 rez. Schulter-Arm-Syndrom re. bei leichter Skoliose am HWS/BWS-Übergang

Unfall ☐	Kassen-Nr.	Versicherten-Nr.	Status
	12345678	12345678	1000000
Arbeitsunfall* ☐	**Betriebsstätten-Nr.**	**Arzt-Nr.**	**Datum**
	12345678	12345678	26.05.20xx

☎ Risiken: Diclofenac-Allergie

26.05.xx

Anamnese: Nach längerer Arbeit am häuslichen PC im Rahmen der Prüfungsvorbereitung zur MFA-Abschlussprüfung seit Vortag starke Schmerzen im re. Schulter-Nacken-Bereich

Befund: Druckschmerzhafte Verhärtung im Bereich des Oberrandes des re. M. trapezius mit Ausstrahlung in re. Oberarm, seitengleiche Armreflexe

Diagnose: Myogelose des re. M. trapezius

Therapie:

1. Welche drei Methoden der physikalischen Therapie können bei der Patientin El Mansur zu einer Linderung der Beschwerden führen?

1) ______________________

2) ______________________

3) ______________________

2. Welche unerwünschten Wirkungen können nach der Anwendung von NSAR auftreten?

____

____

____

____

____

3. Welches Medikament aus der Gruppe der NSAR sollte Frau El Mansur keinesfalls verordnet bekommen? Begründen Sie Ihre Antwort.

____

____

____

1. 1) lokale Wärmeanwendungen (z. B. Rotlichtlampe), 2) Massagen des Schulter-Arm-Bereichs, 3) krankengymnastische Übungsbehandlung, 4) manuelle Therapie
2. Magenschleimhautentzündung, Magengeschwür, -blutungen, Nierenschäden (v. a. bei Langzeiteinnahme), Auslösung von Asthma bronchiale, Auslösung bzw. Verschlimmerung von Bluthochdruck und Herzschwäche
3. Sie sollte kein Diclofenac bekommen, da bei ihr eine Diclofenac-Allergie besteht.

4. Wie erfolgt die Verabreichung von Augentropfen in den Bindehautsack und was ist dabei zu beachten?

5. Erklären Sie einem Patienten die richtige Anwendung eines Dosieraerosols (DA) in sechs Schritten

1)

2)

3)

4)

5)

6)

6. Im Rahmen der systemischen Applikation von Arzneimitteln unterscheidet man die enterale Applikation von der parenteralen Applikation. Erläutern Sie, worin die Unterschiede bestehen.

7. Nennen Sie die jeweiligen Fachworte der drei enteralen Applikationsformen von Medikamenten, übersetzen Sie diese und geben Sie je ein Beispiel an.

1)

2)

3)

8. Auf welche zwei Arten, außer Injektionen, lässt sich ein Medikament parenteral applizieren?

1)

2)

Abrechnung: S. 163
Prüfungsfall Asthma bronchiale: S. 305

4. Patient nach oben schauen lassen, Unterlid herunterziehen und Augentropfen in den unteren Bindehautsack eintropfen lassen. Um eine bakterielle Kontamination des Inhalts der Augentropfenflasche zu vermeiden, darf diese dabei nicht die Wimpern berühren.
5. 1) DA schütteln und Schutzkappe vom Mundstück abziehen, 2) tief ausatmen, 3) unten befindliches Mundstück fest mit Lippen umschließen, 4) Sprühstoß auslösen und zeitgleich so tief wie möglich einatmen, 5) 5 bis 10 Sekunden lang die Luft anhalten, 6) durch die Nase oder den halb geschlossenen Mund langsam ausatmen
6. Enterale Applikation: Das Medikament wird über die Schleimhaut des Magen-Darm-Trakts (Mund, Magen und/oder Darm) ins Blut aufgenommen und von dort im ganzen Körper verteilt. Parenterale Applikation: Das Medikament wird unter Umgehung des Magen-Darm-Trakts direkt in den Blutkreislauf eingebracht.
7. 1) oral (über den Mund), z. B. als Tablette,
   2) sublingual (unter die Zunge), z. B. als Spray,
   3) rektal (über den Mastdarm), z. B. als Zäpfchen
8. 1) als Infusion, z. B. intravenös, 2) perkutan (transdermal), durch die Haut, z. B. als Medikamentenpflaster oder Gel

1. Welche Therapiemaßnahme kommt ohne den Einsatz elektromagnetischer Strahlung aus?
A) Kurzwellenbehandlung
B) Lasertherapie der Haut
C) Mikrowellentherapie
D) Rotlichtlampe (Infrarottherapie)
E) Kühlauflage

2. Welche beiden Aussagen sind richtig?
A) Die ultraviolette Strahlung der Sonne fördert die Vitamin-C-Bildung im Organismus.
B) Strahlenschäden durch ionisierende Strahlen werden in der Regel sofort bemerkt.
C) Strahlenschäden wie Krebs entstehen durch bestrahlungsbedingte DNA-Veränderungen.
D) Ultraschall-Massagen unterliegen der Strahlenschutzverordnung.
E) Je kürzer die Wellenlänge einer Strahlungsart, desto geringer ist ihre Energie.
F) Hertz (Hz) steht bei elektomagnetischer Strahlung für die Anzahl der Wellen pro Sekunde.

3. Wie wirkt eine Kurzwellenbestrahlung?
A) erzeugt Wärme in tiefen Gewebeschichten
B) kann Gelenke vereisen
C) massiert das Gewebe
D) verdampft geschädigtes Gewebe
E) löst kurzzeitig Schmerz aus und lenkt dadurch vom ursprünglichen Schmerz ab

4. Welche beiden Aussagen zu TENS treffen nicht zu?
A) Dabei kommen Klebeelektroden zum Einsatz.
B) TENS darf in Deutschland nur unter ärztlicher Aufsicht durchgeführt werden.
C) Das Verfahren kann bei chronischen, lokalisierten Schmerzen angewandt werden.
D) Zu den Kontraindikationen gehört das Tragen eines Herzschrittmachers.
E) Es handelt sich um ein therapeutisches Verfahren auf Ultraschallbasis.
F) Bei einer Schwangeren sollte TENS nicht zum Einsatz kommen.

5. Welche zwei Sätze treffen für die Fototherapie zu?
A) Sie ist ungeeignet für fotoscheue Menschen.
B) Die Strahlen moderner UV-Lampen können keinen Sonnenbrand auslösen.
C) Starke Tageslichtlampen können zur Behandlung von Depressionen eingesetzt werden.
D) Die Bestrahlung mit UV-Licht wird zur Therapie bestimmter Hautkrankheiten eingesetzt.
E) UV-Licht kann keinen Hautkrebs auslösen.
F) Sonnenlicht hat keinen Einfluss auf die menschliche Vitamin-D-Produktion.

6. Welche beiden Behauptungen zur Lasertherapie treffen zu?
A) Es handelt sich um extrem gebündeltes, sehr energiereiches Licht.
B) Jede Laser-Anwendung geht mit einem erheblichen Blutungsrisiko einher.
C) Narbenbildung nach einer Lasertherapie ist ausgeschlossen.
D) Laserstrahlung wird auch zur Verschweißung von Löchern in der Netzhaut des Auges eingesetzt.
E) Der Blick in einen Laserstrahl ist gesundheitlich in jedem Fall unbedenklich.
F) Laser eignen sich nicht zum Einsatz in der Chirurgie.

7. Was ist kein Ziel der klassischen Massage?
A) Verringerung des Muskeltonus
B) Schmerzlinderung
C) Erhöhung der Beweglichkeit
D) Stärkung der Muskulatur
E) Verbesserung der Muskeldurchblutung

8. Welche Aussage trifft für die Krankengymnastik zu?
A) Krankengymnastik ist für den Patienten weniger anstrengend als die klassische Massage.
B) Ihr therapeutischer Effekt ist bei Fortführung der Übungen zu Hause oft dauerhafter als der der klassischen Massage.
C) Krankengymnastik wird nicht zu den Heilmitteln gerechnet.
D) Krankengymnastische Übungsbehandlungen eignen sich nicht für Kinder im 1. Lebensjahr.
E) Die Krankengymnastik ist kein Zweig der Physiotherapie.

9. Welche Aussage trifft zu?
A) Bei der Chirotherapie darf keine Manipulation angewandt werden.
B) Ein Röntgenbild vor dem erstmaligen Einsatz von Chirotherapie ist in jedem Fall überflüssig.
C) Bei der Lymphdrainage handelt es sich um eine spezielle Massagetechnik.
D) Lymphdrainage darf unmittelbar nach Krebsoperationen nicht durchgeführt werden.
E) Bei der manuellen Therapie werden nur die Hände der Patienten behandelt.

1.	E	2.	C, F
3.	A	4.	B, E
5.	C, D	6.	A, D
7.	D	8.	B
9.	C		

10. Ordnen Sie den folgenden Produkten eine 1 zu, wenn für sie das Arzneimittelgesetz (AMG) gilt, eine 2, wenn sie dem Medizinproduktegesetz (MPG) unterliegen, und eine 0, wenn keines der beiden Gesetze für sie zutrifft.

A) isotonisches Sportgetränk
B) Kopfschmerztablette
C) koffeinhaltiges Erfrischungsgetränk
D) Hüftendoprothese
E) Herzschrittmacher
F) Hormonpräparat zur Empfängnisverhütung

11. Wie lange gilt der Patentschutz auf neue Medikamentenwirkstoffe, gerechnet vom Tag ihrer Zulassung (ihrer Markteinführung) an?

A) 1 Jahr
B) 2 Jahre
C) 5 Jahre
D) 10 Jahre
E) 20 Jahre

12. Welche beiden Aussagen zu den Generika treffen zu?

A) Es handelt sich um Medikamente mit neu entwickelten Wirkstoffen.
B) Es sind Medikamente mit Wirkstoffen, für die der Patentschutz abgelaufen ist.
C) Sie sind ohne Ausnahme rezeptfrei in der Apotheke erhältlich.
D) Man nennt sie auch Nachahmerpräparate.
E) Ihre Entwicklung ist teurer als die der zu Grunde liegenden Originalpräparate.
F) Es gibt mehr Originalpräparate als Generika.

13. Welche beiden Aussagen zu Suppositorien treffen zu?

A) Es handelt sich um Zäpfchen.
B) Es handelt sich um Arzneimittelpflaster.
C) Der Patient muss sie schlucken.
D) Der Patient muss sie in heißem Wasser auflösen und danach die Dämpfe inhalieren.
E) Sie dürfen nicht kühl gelagert werden, da sonst Wirkstoffverlust droht.
F) Es gibt sie zum Einführen in Mastdarm und Scheide.

14. Welche beiden Aussagen zu Retardtabletten treffen zu?

A) Sie sind mit einer Zuckerschicht überzogen, um den schlechten Wirkstoffgeschmack zu überdecken.
B) Bei ihnen wird der Medikamentenwirkstoff verzögert freigesetzt.
C) Sie dürfen nicht geteilt werden, da dies die Wirkstofffreisetzung verändern kann.
D) Man nennt sie auch Dragees.
E) Alle Brausetabletten sind Retardtabletten.
F) Sie helfen bei Entwicklungsverzögerungen.

15. Was ist ein Placebo?

A) Kombinationspräparat mit drei wirksamen Inhaltsstoffen
B) Kombinationspräparat mit zwei wirksamen Inhaltsstoffen
C) Medikament mit nur einem Wirkstoff
D) Medikament ohne Wirkstoff
E) staatliche Erlaubnis für eine Pharmafirma, ein neues Medikament in den Handel zu bringen

16. Was bedeutet das „first in, first out"-Prinzip bei der Medikamentenlagerung von Ärztemustern?

A) Die älteste Packung wird zuletzt verbraucht.
B) Die älteste Packung wird zuerst verbraucht.
C) Die kleinste Packung wird zuerst verbraucht.
D) Die größte Packung wird zuerst verbraucht.
E) Keine der genannten Möglichkeiten A bis D trifft zu.

17. Welche Aussagekombination trifft zu?

1 Salben enthalten mehr Wasser als Cremes.
2 Salben sind besonders für trockene Haut geeignet.
3 Cremes sind wasserreich und fettfrei.
4 Gele sind fettfrei und wasserreich.
5 Gele haben eine wärmende Wirkung.
6 Pasten enthalten Puder.

A) Nur die Aussagen 1, 4 und 5 sind richtig.
B) Nur die Aussagen 2, 3 und 6 sind richtig.
C) Nur die Aussagen 2, 4 und 6 sind richtig.
D) Nur die Aussagen 2, 4 und 5 sind richtig.
E) Nur die Aussagen 3, 5 und 6 sind richtig.

18. Welche beiden Aussagen treffen auf eine Suspension zu?

A) Es handelt sich um Pulver, das in einer Flüssigkeit verteilt ist.
B) Es ist eine andere Bezeichnung für Tinktur.
C) Es handelt sich eine Kapsel.
D) Es gibt nur Suspensionen zur innerlichen Anwendung.
E) Eine Suspension muss vor Anwendung geschüttelt werden.
F) Auch in geöffneter Form ist eine Suspension mehrere Jahre haltbar.

10. A0, B1, C0, D2, E2, F1	11. D
12. B, D	13. A, F
14. B, C	15. D
16. B	17. C
18. A, E	

19. Was versteht man unter Indikation?
A) die Zulassung eines Arzneimittels nach dem Arzneimittelgesetz
B) die Heilungsrate nach Einnahme eines Arzneimittels
C) Krankheit, die die Anwendung eines Medikaments oder einer medizinischen Maßnahme einschränkt, aber nicht völlig verbietet
D) Krankheit, die die Anwendung eines Medikaments oder einer medizinischen Maßnahme in jedem Fall verbietet
E) zugelassener Grund zur Anwendung eines Medikaments oder einer medizinischen Maßnahme

20. In der Gebrauchsinformation eines Arzneimittels wird für eine bestimmte Nebenwirkung die Häufigkeit mit „gelegentlich" angegeben. Welche Aussage trifft hierfür zu?
A) mindestens jeder 10. Patient betroffen
B) mindestens jeder 100. Patient betroffen
C) mindestens jeder 1 000. Patient betroffen
D) mindestens jeder 10 000. Patient betroffen
E) mindestens jeder 100 000. Patient betroffen

21. Wofür steht der Begriff Arzneimittelinteraktionen?
A) internationaler Handel mit Arzneimitteln
B) unerlaubte Werbeaktionen für Arzneimittel
C) übertriebene Selbstmedikation von Patienten
D) Wechselwirkung verschiedener Wirk- und Hilfsstoffe unterschiedlicher Arzneimittel
E) Nebenwirkungen infolge von Überdosierung eines Arzneimittels

22. Ordnen Sie die folgenden Begriffe aus dem Bereich der Arzneimitteldosierung richtig zu.

A	Einzeldosis	1	für eine gleichmäßige Wirkung regelmäßig erforderliche Dosis
B	toxische Dosis	2	im Rahmen einer Behandlung benötigte Menge
C	Gesamtdosis	3	Dosis, die Vergiftungserscheinungen bewirkt
D	Erhaltungsdosis	4	auf einmal eingenommene Dosis

A) A2, B1, C3, D4
B) A1, B2, C3, D4
C) A3, B2, C1, D4
D) A4, B3, C2, D1
E) A4, B2, C1, D3

23. Ein Patient hält sich an die Verordnungen seines Arztes und zeigt somit große Therapietreue. Welcher Fachbegriff steht dafür?
A) Adhärenz
B) Adjektiv
C) Addition
D) Adaption
E) Adoleszenz

24. Eine Ampulle besitzt einen aufgedruckten Punkt oberhalb des Ampullenhalses. Um welche Ampullenart handelt es sich?
A) Kunststoffampulle
B) Stechampulle
C) Brechampulle
D) Trinkampulle
E) keine der Antwortmöglichkeiten A bis D

25. Sortieren Sie die folgenden Kanülenarten nach ihrem Außendurchmesser von dick nach dünn anhand der Farbe ihres Spritzenansatzes. Welche Reihenfolge ist richtig?
A) grün – gelb – hellgrau – schwarz
B) schwarz – hellgrau – grün – gelb
C) gelb – grün – schwarz – hellgrau
D) hellgrau – schwarz – grün – gelb
E) hellgrau – gelb – schwarz – grün

26. Welche beiden Aussagen treffen nicht zu?
A) Bei der intramuskulären Injektion ist ein vorheriges Aspirieren nicht notwendig.
B) Die intramuskuläre ventrogluteale Injektion sollte nach der Technik von Hochstetter erfolgen.
C) Ein möglicher intramuskulärer Injektionsort ist der M. vastus lateralis im lateralen Oberschenkel.
D) Viele Impfungen wirken besser, wenn der Impfstoff in den Deltamuskel injiziert wurde.
E) Vor intramuskulären Injektionen kann auf die Hautdesinfektion beim Patienten verzichtet werden.
F) Der Spritzenabszess ist eine mögliche Komplikation nach intramuskulären Injektionen.

27. Eine Injektion wurde in das Fettgewebe der Unterhaut verabreicht. Welche Fachbezeichung trifft für diese Injektion zu?
A) intraarteriell (i.a.)
B) intramuskulär (i.m.)
C) intravenös (i.v.)
D) subkutan (s.c.)
E) intrakutan (i.c.)

19. E	20. C	21. D
22. D	23. A	24. C
25. C	26. A, E	27. D

28. Was verbleibt nach dem Legen eines Venenverweilkatheters im Inneren der Vene?

A) die Metallkanüle in ganzer Länge
B) nur die Spitze der Metallkanüle
C) der Drehverschluss
D) der Zuspritzanschluss
E) ein dünner Kunststoffschlauch

29. Bei welchen zwei Patientengruppen werden Impfungen subkutan anstatt intramuskulär verabreicht?

A) Patienten mit angeborener Blutgerinnungsstörung (Hämophilie)
B) Bluthochdruck-Patienten
C) Patienten mit Antikoagulantien-Therapie
D) Patienten mit Neigung zu Muskelkater
E) Patienten mit Immunschwäche
F) Patienten mit erhöhten Blutzuckerwerten

30. Welche beiden Aussagen passen nicht zu einer Flügelkanüle?

A) Sie eignet sich besonders zur Punktion zarter Venen, z. B. am Handrücken.
B) Sie wird ausschließlich für venöse Blutentnahmen genutzt.
C) Man kann sie auch für Infusionen verwenden.
D) Auch Injektionen sind mit ihr durchführbar.
E) Eine andere Bezeichnung für sie lautet Butterfly.
F) Sie verfügt über einen besonders großen Kanülendurchmesser.

31. Sortieren Sie die nachfolgend aufgeführten Injektionsarten nach ihrem Wirkungseintritt von schnell nach langsam.

1 intramuskuläre Injektion
2 intravenöse Injektion
3 subkutane Injektion

A) 1 – 2 – 3
B) 2 – 3 – 1
C) 3 – 1 – 2
D) 2 – 1 – 3
E) 1 – 3 – 2

32. Welche beiden Aussagen treffen zu?

A) Die Gefahr eines Spritzenabszesses ist bei einer i.v. Injektion höher als bei einer i.m. Injektion.
B) Injektionen in den Gesäßmuskel weisen weniger häufig Komplikationen auf als Injektionen in den Deltamuskel.
C) Als Recapping bezeichnet man das verbotene Wiederaufstecken der Kanülenkappe.
D) Bei subkutanen Injektionen droht kein Allergierisiko.
E) Ein Zentralvenenkatheter ist ein Zugang in eine große, herznahe Vene.
F) Venenverweilkanülen dürfen nicht länger als eine Stunde in der Vene verbleiben.

33. Was versteht man unter OTC-Medikamenten?

A) die in Apotheken ohne Rezept frei verkäuflichen Medikamente
B) alle rezeptpflichtigen Medikamente
C) alle Medikamente, für die ein Betäubungsmittelrezept erforderlich ist
D) ausschließlich Vitaminpräparate
E) keine Antwortmöglichkeit trifft zu

34. Die entzündungshemmenden und immunsuppressiven Kortikoide haben, besonders bei Langzeitverabreichung, etliche Nebenwirkungen. Welche beiden gehören nicht dazu?

A) Bluthochdruck
B) Gewichtsabnahme
C) Blutzuckererhöhung
D) Epithelatrophie (z. B. an Haut und Blutgefäßen)
E) Osteoporose
F) Gesichtsblässe

35. Bei welchen beiden Arzneimitteln ist bei Transport und Lagerung die Einhaltung einer Kühlkette zwingend erforderlich?

A) Diclofenac
B) Lebendimpfstoffe
C) Insulin
D) Acetylsalicylsäure
E) Kortikoide
F) Ibuprofen

36. Welche Aussage zur Phytotherapie trifft zu?

A) Sie darf bei Patienten mit Heuschnupfen nicht angewandt werden.
B) Phytotherapie hat keinerlei Nebenwirkungen.
C) Hier kommen Pflanzenauszüge zum Einsatz.
D) Die Phytotherapie ist für Kinder unter zwei Jahren nicht zugelassen.
E) Nur Ärzte mit der Zusatzbezeichnung Naturheilverfahren dürfen die Phytotherapie anwenden.

37. Welche Aussage zur Homöopathie trifft nicht zu?

A) ist frei von Nebenwirkungen
B) benutzt starke Verdünnungen natürlicher Stoffe
C) Ihre Arzneimittelformen sind u. a. Globuli oder Tropfen.
D) Es gibt die ärztliche Zusatzbezeichnung Homöopathie.
E) Der wissenschaftliche Wirksamkeitsnachweis steht noch aus.

28. E	29. A, C	30. B, F	31. D	32. C, E
33. A	34. B, F	35. B, C	36. C	37. A

7 Herz und Kreislauf

Benennen Sie die in der Abbildung benannten Teile des Herzens in Deutsch und mit dem Fachbegriff.

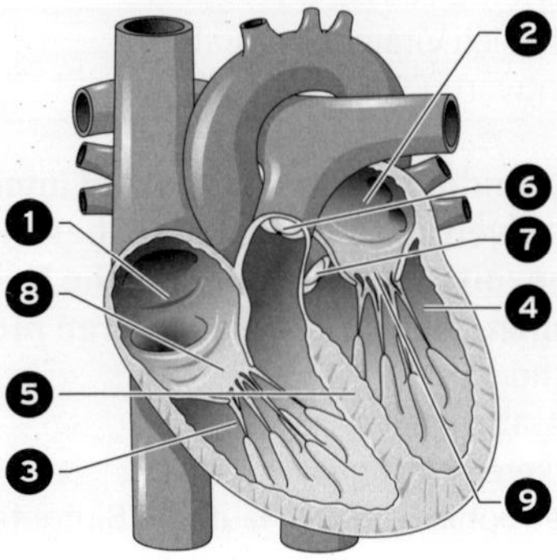

	deutsch	Fachbegriff
1	rechter Vorhof	rechtes Atrium
2	linker Vorhof	linkes Atrium
3	rechte Herzkammer	rechter Ventrikel
4	linke Herzkammer	linker Ventrikel
5	Herzscheidewand	Septum
6	Lungenarterienklappe	Pulmonalklappe
7	Hauptschlagaderklappe	Aortenklappe
8	dreizipflige Segelklappe	Trikuspidalklappe
9	zweizipflige Segelklappe	Mitralklappe

Nennen Sie die Schichten der Herzwand und des Herzbeutels von innen nach außen.

- Endokard
- Myokard
- Epikard
- Perikard

Nennen Sie die fünf Hauptabschnitte des Reizleitungssystems des Herzens in der richtigen Reihenfolge.

- Sinusknoten
- AV-Knoten
- His-Bündel
- Tawara-Schenkel
- Purkinje-Fasern

Erläutern Sie die Lage und die Aufgaben der Herzkranzgefäße.

Die Herzkranzgefäße sind die ersten arteriellen Abgänge der Aorta und verlaufen von außen kommend kranzförmig um das Herz.
Sie versorgen den Herzmuskel (Myokard) mit Sauerstoff und Nährstoffen.

Erklären Sie die Bedeutung der beiden Fachbegriffe „Arterien" und „Venen".

Arterien sind Blutgefäße, die das Blut vom Herzen wegführen.
Venen sind Blutgefäße, die das Blut zum Herzen führen.

Nennen Sie die Schichten der Gefäßwände von Arterien und Venen.

- innere Schicht (Endothel)
- mittlere Schicht (Muskelschicht)
- äußere Schicht (bindegewebige Hülle)

Benennen Sie die dargestellten Arbeitsphasen des Herzens und erläutern Sie diese.

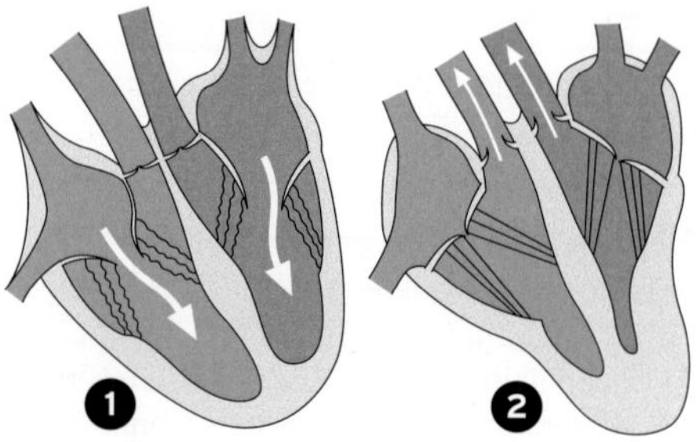

1 Diastole (= Füllungsphase): Durch den höheren Druck in den Vorhöfen werden die Segelklappen geöffnet und das Blut fließt aus den Vorhöfen in die Kammern.
2 Systole (= Austreibungsphase): Durch die Kontraktion des Myokards werden die Taschenklappen geöffnet und das Blut fließt aus den Kammern in die Arterien.

Sie arbeiten in der Praxis des Allgemeinarztes Dr. Schmidt. Herr Herzberger kommt wegen Schmerzen im Brustbereich. Auszug aus der Karteikarte:

A	B	C	D	E	F	G	H	I	J	K	L	M	N	O	P	Q	R	S	Sch	St	T	U	V	W	X	Y	Z

1 2 3 4 5 6 7 8 9 10 11 12 13 14 15 16 17 18 19 20 21 22 23 24 25 26 27 28 29 30 31 I II III IV V VI VII VIII IX X XI XII

Geb. frei ☐ — Krankenkasse bzw. Kostenträger: AOK Hessen

Nachts ☐ — Name, Vorname des Versicherten: Herzberger, Thomas, Hanauer Landstr. 84, 60314 Frankfurt/Main

Sonstige ☐

geb. am: 21.10.19xx

10/17

EA:
57-jähriger Patient
15 Zigaretten/Tag
Gewicht: 104 kg
Körpergröße: 1,74 m
Seit 2003 Diabetes mellitus Typ II
Seit 2007 Herzrhythmusstörungen
Medikation: Betablocker, ASS 100

Unfall ☐	Kassen-Nr.: 1234567	Versicherten-Nr.: 7987654321	Status: 1000000
Arbeitsunfall* ☐	Betriebsstätten-Nr.: 87654321	Arzt-Nr.: 123456789	Datum: 27.11.20xx

☎ Risiken:

27.11.20xx Anamnese: bei starker körperlicher Anstrengung anfallsartig auftretende Schmerzen im Bereich des Herzens, die in den linken Arm ausstrahlen
Befund: Puls in Ruhe 78/Min., RR 158/95 mmHg, Troponin-T-Test negativ, Ruhe-EKG unauffällig, retrosternale Schmerzen und Atemnot während der Ergometrie (125 Watt), Besserung nach Gabe von Nitrolingual-Spray (zwei Hübe)
Diagnose: Angina pectoris (Belastungsangina)
Therapie: Überweisung zum Kardiologen zur Koronarangiografie, Nitrolingual bei Bedarf

1. Erklären Sie den Fachbegriff „Puls" und nennen Sie drei Körperstellen, an denen bei Herrn Herzberger der Puls getastet werden kann.

2. Nennen Sie den Normwert des Ruhepulses bei einem Erwachsenen und erläutern Sie die Fachbegriffe, die mögliche Abweichungen beschreiben.

1. Der Puls ist eine durch die Pumpleistung des Herzens ausgelöste Druckwelle, die sich über die Arterien tasten lässt. Stellen, an denen der Puls gut getastet werden kann: am Handgelenk (A. radialis), am Hals (A. carotis) und an der Leiste (A. femoralis).
2. Ruhepuls bei Erwachsenen: 60-80 Schläge/Minute; eine Pulsverlangsamung unter 60/Minute nennt man Bradykardie, eine Pulsbeschleunigung über 100/Minute Tachykardie. Arrhythmie ist eine unregelmäßige Herzschlagfolge.

3. Erläutern Sie, in welcher Einheit die Blutdruckmessung nach Riva-Rocci angegeben wird und nennen Sie den Normwert für den Körperkreislauf.

4. Erklären Sie, wie bei der Blutdruckmessung der systolische und der diastolische Blutdruckwert ermittelt werden.

5. Nennen Sie die verschiedenen Ableitungen eines 12-Kanal-EKGs und beschreiben Sie die äußeren Bedingungen während der Aufzeichnung.

6. Erklären Sie den Begriff Koronare Herzkrankheit und nennen Sie Risikofaktoren.

7. Nennen Sie häufige Erscheinungsbilder der Angina pectoris.

8. Erläutern Sie die Definition des Myokardinfarkts.

Abrechnung: S. 167
Prüfungsfall Herzinfarkt: S. 300

3. Die Einheit der Blutdruckmessung nach Riva-Rocci ist Millimeter Quecksilbersäule (mmHg). Der Normwert für den Blutdruck des Körperkreislaufs beträgt ca. 120/80 mmHg.
4. Während der Druck der Oberarm-Manschette verringert wird, entspricht der systolische Wert dem angezeigten Druck beim ersten hörbaren Korotkow-Ton, der diastolische Wert dem Wert beim letzten deutlich hörbaren Korotkow-Ton.
5. Man unterscheidet die Brustwandableitungen nach Wilson (V1-V6) und die Extremitätenableitungen nach Einthoven (I, II, III) und nach Goldberger (aVR, aVL, aVF). Während der Aufzeichnung muss der Raum ausreichend warm sein, der Patient muss ruhig liegen und darf nicht sprechen.
6. Ursache der Koronaren Herzkrankheit (KHK): Mangeldurchblutung des Myokards durch Koronarsklerose; Risikofaktoren: arterielle Hypertonie, Hyperlipidämie, Diabetes mellitus, Nikotin, Stress, Disposition
7. Gefühl der Brustenge mit ziehenden Schmerzen, die ausstrahlen können, häufig auch Luftnot.
8. Beim Myokardinfarkt kommt es zum Absterben (Nekrose) eines Myokardbezirks durch akuten Verschluss der zuführenden Koronararterie.

1. Welche beiden Aussagen zum Krampfaderleiden (Varikosis) sind richtig?

A) Gehen verstärkt die Schädigung der Beinvenen.
B) Bei der Varikosis sind die Beinvenen so erweitert, dass die Venenklappen nicht mehr schließen.
C) Risikofaktoren sind männliches Geschlecht und Untergewicht.
D) Erweiterte Arterien werden auch als Varizen bezeichnet.
E) Das venöse Ulcus cruris ist eine Spätfolge der Varikosis.
F) Während einer Schwangerschaft kommt es zu einer Besserung der Krankheitssymptome.

2. Welche Aussage zur Herzwand ist richtig?

A) Das Endokard ist eine dünne Gewebeschicht, die dem Myokard außen aufliegt.
B) Die glatte innere Oberfläche des Herzens wird als Epikard bezeichnet.
C) Die Muskelschicht des Herzens bezeichnet man als Myokard.
D) Das Perikard bildet die innere Oberfläche der Herzklappen und der Vorhöfe.
E) Der Herzbeutel besteht aus dem Myokard und dem Epikard.

3. Welche beiden Aussagen zu den Blutgefäßen sind richtig?

A) Durch Arterien des Lungenkreislaufs fließt sauerstoffreiches Blut.
B) Venen haben eine dünnere Wand als Arterien.
C) Im Lungenkreislauf leiten Venen das Blut vom Herzen weg.
D) Arterien führen das Blut zum Herzen hin.
E) An den Kapillaren findet der Gas- und Stoffaustausch statt.
F) Die ventilartigen Klappen der Arteriolen verhindern einen Rückfluss des Blutes.

4. Ordnen Sie zu.

A	Arrhythmie	1	Pulsverlangsamung (< 60/Minute)
B	Tachykardie	2	bescheunigte und unregelmäßige Herzschlagfolge
C	Tachyarrhythmie	3	unregelmäßige Herzschlagfolge
D	Bradykardie	4	Pulsbeschleunigung (> 100/Minute)

A) A2, B1, C3, D4
B) A1, B2, C3, D4
C) A3, B2, C4, D1
D) A3, B4, C2, D1
E) A4, B2, C1, D3

5. Welche Aussagekombination zur Arteriosklerose ist richtig?

1 Bei der Arteriosklerose kommt es zu einer Einengung des Lumens der Schlagadern.
2 Arterielle Hypertonie und Hyperlipidämie zählen zu den wichtigsten Risikofaktoren.
3 Eine Arteriosklerose der Herzkranzgefäße führt zur Koronaren Herzkrankheit.
4 Ein Gefäßverschluss im Bereich des Gehirns führt zu einem Schlaganfall.
5 Durch eine Angiografie können verengte Gefäßabschnitte dargestellt werden.

A) Alle Aussagen sind richtig.
B) Nur die Aussagen 1, 2, 4 und 5 sind richtig.
C) Nur die Aussagen 2 und 3 sind richtig.
D) Nur die Aussagen 3 und 4 sind richtig.
E) Nur die Aussagen 4 und 5 sind richtig.

6. Welche Zuordnung ist richtig?

A Atrium → Herzkammer
B Myokard → Innenschicht der Herzwand
C Systole → Füllungsphase des Herzens
D Endothel → äußere Schicht der Blutgefäße
E Perikard → Herzbeutel

7. Welche Aussage zu den Herzklappen ist richtig?

A) Die Trikuspidalklappe ist die zweizipflige Segelklappe des Herzens.
B) Die Aortenklappe verhindert den Rückfluss des Blutes von der Aorta in den rechten Vorhof.
C) Die Pulmonalklappe liegt zwischen dem linken Vorhof und der Lungenarterie.
D) Die Pulmonalklappe und die Aortenklappe sind Segelklappen.
E) Die Mitralklappe liegt zwischen linkem Vorhof und linker Herzkammer.

8. Stellen Sie durch Eintragen der Ziffern 1 bis 5 die richtige Reihenfolge des Blutflusses von den Körperzellen zu den Lungenbläschen her.

A) rechter Vorhof
B) Kapillaren der Alveolen
C) Lungenarterie
D) rechte Kammer
E) untere Hohlvene

1. B, E	2. C
3. B, E	4. D
5. A	6. E
7. E	8. A2, B5, C4, D3, E1

9. Welche Aussage zur Blutdruckmessung nach Riva-Rocci ist falsch?

A) Die ambulante Langzeit-Blutdruckmessung erfolgt üblicherweise über 24 Stunden.
B) Die Blutdruckmanschette muss passend zur Dicke des Oberarms ausgewählt werden.
C) Beim Auftreten der ersten Korotkow-Töne wird am Manometer der diastolische Wert abgelesen.
D) Der Manschettendruck wird langsam (2–3 mm pro Sekunde) abgelassen.
E) Für die Blutdruckmessung benötigt man ein RR-Messgerät und ein Stethoskop.

10. Welche Aussagekombination zum Myokardinfarkt ist richtig?

1 Beim Myokardinfarkt kommt es zu einer Einblutung in das Perikard.
2 Die meisten Myokardinfarkte verlaufen symptomlos, d. h. stumm.
3 Die geschädigten Muskelbezirke werden durch neu gebildetes Muskelgewebe ersetzt.
4 Beim Myokardinfarkt kommt es im nicht mehr durchbluteten Muskelbezirk zu einer Nekrose.
5 Im EKG kann man bei einem frischen Myokardinfarkt oft eine ST-Strecken-Hebung erkennen.

A) Alle Aussagen sind richtig.
B) Nur die Aussagen 1, 2, 4 und 5 sind richtig.
C) Nur die Aussagen 1, 2 und 3 sind richtig.
D) Nur die Aussagen 3 und 4 sind richtig.
E) Nur die Aussagen 4 und 5 sind richtig.

11. Welche Zuordnung ist richtig?

A Apoplex → Verengung der Aortenklappe
B Angiografie → endoskopische Gefäßuntersuchung
C Hyperlipidämie → erniedrigte Blutfettwerte
D Aneurysma → pathologische Gefäßaussackung
E Ischämie → vermehrte Durchblutung

12. Welche Aussage zu den Herzrhythmusstörungen ist falsch?

A) Als Arrhythmie bezeichnet man Unregelmäßigkeiten der Herztätigkeit.
B) Bei Vorhofflimmern kann es zu einer Thromboembolie kommen.
C) Ein künstlicher Herzschrittmacher kann bei bradykarden Herzrhythmusstörungen indiziert sein.
D) Bei Vorhofflimmern schlagen die Vorhöfe mit einer Frequenz von 60–80 Schlägen pro Minute.
E) Eine vorzeitige Herzaktion wird als Extrasystole bezeichnet.

13. Stellen Sie durch Eintragen der Ziffern 1 bis 5 die richtige Reihenfolge her, in der die elektrischen Impulse des Reizleitungssystems durch das Herz geleitet werden.

A) AV-Knoten
B) Purkinje-Fasern
C) Sinusknoten
D) Tawara-Schenkel
E) His-Bündel

14. Ordnen Sie zu.

A	primäre Hypertonie	1	niedriger Blutdruck (< 100/60 mm Hg)
B	arterielle Hypotonie	2	Bluthochdruck durch eine Grunderkrankung
C	sekundäre Hypertonie	3	Ohnmacht, durch Erweiterung der Beinvenen und Blutdruckabfall
D	vasovagale Synkope	4	Bluthochdruck ohne ursächliche Grunderkrankung

A) A2, B1, C4, D3
B) A1, B2, C3, D2
C) A3, B4, C1, D4
D) A4, B3, C2, D1
E) A4, B1, C2, D3

15. Welche beiden Aussagen zum Blutkreislauf sind richtig?

A) Die Lungenvenen leiten sauerstoffarmes Blut von der Lunge zum linken Vorhof.
B) Die Hohlvenen leiten das sauerstoffarme Blut des Körperkreislaufs zum linken Vorhof.
C) An den Arteriolen des Körperkreislaufs erfolgt der Gasaustausch zwischen Blut und Körperzellen.
D) Im Körperkreislauf transportieren die Arterien sauerstoffreiches Blut.
E) Durch den Körperkreislauf wird das sauerstoffarme Blut zu den Körperzellen transportiert.
F) Die Lungenarterie leitet sauerstoffarmes Blut vom Herzen weg.

9. C
10. E
11. D
12. D
13. A2, B5, C1, D4, E3
14. E
15. D, F

16. Welche Aussage zur Abbildung des Herzens trifft zu?

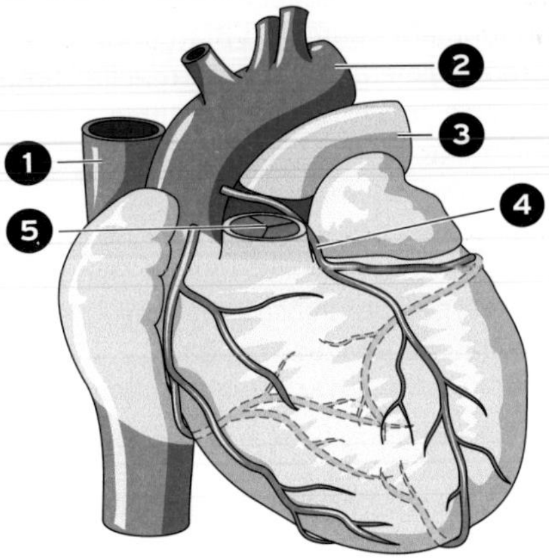

A) Ziffer 1 kennzeichnet die Aorta.
B) Ziffer 2 kennzeichnet die Lungenarterie.
C) Ziffer 3 kennzeichnet die obere Hohlvene.
D) Ziffer 4 kennzeichnet ein Herzkranzgefäß.
E) Ziffer 5 kennzeichnet die Aortenklappe.

17. Welche Aussagekombination zur Herzmuskelschwäche ist richtig?

1 Die Herzmuskelschwäche wird in der Fachsprache als Herzinsuffizienz bezeichnet.
2 Bei einer Linksherzinsuffizienz staut sich das Blut in die Lungen zurück.
3 Beinödeme sind die typische Folge einer Rechtsherzinsuffizienz.
4 Die Koronare Herzkrankheit und die Hypertonie sind die häufigsten Ursachen der Herzinsuffizienz.
5 Das Hauptsymptom einer globalen Herzinsuffizienz ist die Luftnot bei Belastung.

A) Alle Aussagen sind richtig.
B) Nur die Aussagen 1, 2, 4 und 5 sind richtig.
C) Nur die Aussagen 2 und 3 sind richtig.
D) Nur die Aussagen 3 und 4 sind richtig.
E) Nur die Aussagen 4 und 5 sind richtig.

18. Welche beiden Aussagen zu den Herzklappenerkrankungen sind falsch?

A) Bei einer Pulmonalstenose ist die Pulmonalklappe verengt.
B) Die Undichtigkeit einer Herzklappe wird als Herzinsuffizienz bezeichnet.
C) Bei einer Aortenstenose muss der linke Ventrikel vermehrt Kraft aufbringen.
D) Träger von Kunstklappen benötigen eine orale Antikoagulation zum Schutz vor Thromboembolien.
E) Stark geschädigte Herzklappen können durch künstliche Klappen ersetzt werden.
F) Herzklappenentzündungen, die von Streptokokken hervorgerufen werden, sind harmlos.

19. Ordnen Sie zu.

A	Angina pectoris	1	normaler Blutdruck
B	Ischämie	2	Schlaganfall
C	Apoplex	3	Brustenge
D	Normotonie	4	Minderdurchblutung

A) A2, B1, C3, D4
B) A3, B4, C2, D1
C) A3, B2, C1, D4
D) A4, B3, C2, D1
E) A4, B2, C1, D3

20. Welche beiden Aussagen zum Elektrokardiogramm sind richtig?

A) Bei den Extremitätenableitungen wird die rote Elektrode am linken Handgelenk fixiert.
B) Der QRS-Komplex der EKG-Kurve entspricht der elektrischen Erregung und Kontraktion der Vorhöfe.
C) Die Brustwandableitungen nach Wilson erfolgen mit sechs Elektroden.
D) Mit einem Ruhe-EKG können gelegentliche Herzrhythmusstörungen sicher erfasst werden.
E) Belastungsabhängige Störungen der Herzfunktion können mit Ergometrie diagnostiziert werden.
F) Die Aufzeichnung eines EKGs sollte immer in kühler Umgebung erfolgen.

21. Welche Aussage zu den Arbeitsphasen des Herzens ist richtig?

A) Herztöne sind pathologische Schallereignisse am schlagenden Herzen.
B) Der zweite Herzton entsteht durch den Schluss der Segelklappen.
C) Während der Diastole fließt das Blut von den Vorhöfen in die Kammern.
D) Der erste Herzton markiert den Beginn der Diastole.
E) Während der Austreibungsphase fließt das Blut von den Vorhöfen in die Arterien.

22. Ordnen Sie den Abkürzungen die Ableitungen zu: mit einer 1 für die Ableitungen nach Wilson, einer 2 für Einthoven und einer 3 für Goldberger.

A) V1
B) II
C) aVR
D) V5
E) aVF
F) III

16. D 17. A 18. B, F
19. B 20. C, E 21. C
22. A1, B2, C3, D1, E3, F2

23. Welche Aussagekombination ist richtig?

1 Eine Lymphgefäßentzündung durch bakterielle Infektion bezeichnet man als Lymphangitis.
2 Die Lymphgefäße transportieren die Lymphe vom Herzen in alle Körperregionen.
3 Als Lymphödem bezeichnet man einen Lymphstau mit Gewebeschwellung.
4 Die Lymphe enthält Wasser, Fremdstoffe und ist frei von Krankheitserregern.
5 Regionale Lymphknoten filtern die Lymphe aus einer Körperregion.

A) Alle Aussagen sind richtig.
B) Nur die Aussagen 1, 2 und 4 sind richtig.
C) Nur die Aussagen 1, 3 und 5 sind richtig.
D) Nur die Aussagen 2, 4 und 5 sind richtig.
E) Nur die Aussagen 4 und 5 sind richtig.

24. Welche beiden Aussagen zum Belastungs-EKG (Ergometrie) sind richtig?

A) Bei Erschöpfung des Patienten wird das Belastungs-EKG abgebrochen.
B) Eine Blutdruckmessung ist nur bei Atemnot und Erschöpfung des Patienten erforderlich.
C) Bei der Fahrrad-Ergometrie beginnt man mit der höchsten Belastung des Patienten.
D) Ein Belastungs-EKG bei Patienten mit Koronarsklerose ist ungefährlich.
E) Angina-pectoris-Beschwerden sind kein Grund für einen Abbruch des Belastungs-EKGs.
F) Ein Belastungs-EKG darf nur bei direkter Anwesenheit eines Arztes erfolgen.

25. Ordnen Sie zu.

A	Ventrikel	1	Herz
B	Septum	2	Herzvorhof
C	Atrium	3	Herzscheidewand
D	Cor	4	Herzkammer

A) A2, B1, C3, D4
B) A3, B4, C2, D1
C) A3, B2, C1, D4
D) A4, B3, C2, D1
E) A4, B2, C1, D3

26. Welche Aussage zu den Erstmaßnahmen bei Notfällen ist falsch?

A) Bei einer Gehirnerschütterung erfolgt die Lagerung des Patienten in stabiler Seitenlage.
B) Eine blutende Schnittwunde wird durch Kompression und Hochlagern der Extremität versorgt.
C) Die wichtigste Maßnahme bei einer Synkope ist das Hochlagern der Beine.
D) Bei einer Unterzuckerung wird Glukose oral oder intravenös verabreicht.
E) Bei einem Asthmaanfall mit Dyspnoe ist die Schocklagerung hilfreich.

27. Welche beiden Aussagen zur Thrombose sind falsch?

A) Als Thrombose bezeichnet man den Verschluss eines Blutgefäßes durch ein Blutgerinnsel.
B) Bei Vorhofflimmern kann eine arterielle Thromboembolie zu einem Schlaganfall führen.
C) Ein Risikofaktor der Thrombose ist eine bescheunigte Blutströmung.
D) Die Therapie der Beinvenenthrombose erfolgt durch Kompressionstherapie und Heparingabe.
E) Jede Beinvenenthrombose kann eine Lungenembolie zur Folge haben.
F) Erweiterte Beinvenen schützen vor einer Thrombusbildung.

28. Welche Aussagekombination zum Kreislaufschock ist richtig?

1 Der Schockindex errechnet sich aus Pulsfrequenz geteilt durch den systolischen Blutdruckwert.
2 Bei einem Schockindex von 1,5 handelt es sich um einen ausgeprägten Schock.
3 Bei einem Schock kommt es zu einer vermehrten Durchblutung der peripheren Gewebe.
4 Typisch für einen Schock ist der Anstieg des Blutdrucks und die Verlangsamung der Herzfrequenz.
5 Der allergische Schock wird auch als anaphylaktischer Schock bezeichnet.

A) Alle Aussagen sind richtig.
B) Nur die Aussagen 1, 2 und 5 sind richtig.
C) Nur die Aussagen 1, 3 und 4 sind richtig.
D) Nur die Aussagen 2, 4 und 5 sind richtig.
E) Nur die Aussagen 4 und 5 sind richtig.

29. Welche beiden Aussagen zur Arteriosklerose sind richtig?

A) Angina pectoris bezeichnet man auch als Schaufensterkrankheit.
B) Die periphere arterielle Verschlusskrankheit (pAVK) kann zum Absterben z. B. der Zehen führen.
C) Angina pectoris entsteht auf Grund einer Mangeldurchblutung des Myokards durch Koronarsklerose.
D) Die Minderdurchblutung des Myokards führt zum Schlaganfall.
E) Fettablagerungen in der Gefäßwand verhindern eine Verhärtung der Arterien.
F) Werden die Ursachen beseitigt, heilt die Arteriosklerose vollständig aus.

23. C — 24. A, F
25. D — 26. E
27. C, F — 28. B
29. B, C

30. Welche Zuordnung ist richtig?

A	Zerebral-sklerose	→	Schlaganfall
B	D-Dimere	→	Herzmuskelenzyme
C	Troponin T/I	→	Thrombusbruchstücke
D	Stenose	→	Engstelle, z. B. einer Arterie
E	Apoplex	→	Arteriosklerose der Hirngefäße

31. Welche Aussagekombination zum Blutdruck und seinen Folgen ist richtig?

1 Eine länger andauernde Hypotonie begünstigt Gefäßwandschädigungen von Arterien.
2 Die Folge einer arteriellen Hypertonie ist eine dünnere Herzmuskelschicht.
3 Die primäre Hypertonie führt im Vergleich zur sekundären Hypertonie schneller zur Arteriosklerose.
4 Ein arterieller Bluthochdruck kann langfristig zu einer Herzinsuffizienz führen.
5 Die arterielle Hypertonie erhöht das Risiko eines Schlaganfalls mit Hirnblutung.

A) Alle Aussagen sind richtig.
B) Nur die Aussagen 1, 2 und 5 sind richtig.
C) Nur die Aussagen 1, 3 und 4 sind richtig.
D) Nur die Aussagen 2, 4 und 5 sind richtig.
E) Nur die Aussagen 4 und 5 sind richtig.

32. Welche Aussage zu den bildgebenden Verfahren ist richtig?

A) Bei der Kernspintomografie werden Röntgenstrahlen zur Bilderzeugung eingesetzt.
B) Mit der Farbdoppler-Technik kann im CT die Fließrichtung des Blutes dargestellt werden.
C) Bei einem MRT des Myokards werden radioaktive Substanzen verwendet.
D) Die Echokardiografie ist ein invasives Untersuchungsverfahren.
E) Die Koronarangiografie dient der Röntgendarstellung der Herzkranzgefäße.

33. Welche Aussage zur Diagnostik des Herz-Kreislauf-Systems ist falsch?

A) Bei unregelmäßigem Puls müssen die Schläge eine volle Minute lang gezählt werden.
B) Die Einheit der arteriellen Blutdruckmessung ist mmHg.
C) Bei einem Ruhe-EKG muss der Patient ein Protokoll der Aktivitäts- und Ruhephasen erstellen.
D) Die erste Elektrode der Brustwandableitungen nach Wilson liegt im vierten ICR rechts parasternal.
E) Ein zu schneller und unregelmäßiger Puls wird als Tachyarrhythmie bezeichnet.

34. Welche beiden Aussagen zu den Blutgefäßen sind richtig?

A) Venen haben einen größeren Gefäßdurchmesser als Arterien.
B) Venen haben eine dickere Muskelschicht als Arterien.
C) Im Körperkreislauf leiten Venolen das Blut zu den Kapillaren.
D) Die Arteriolen des Lungenkreislaufs transportieren sauerstoffarmes Blut.
E) Venen sind Blutgefäße, die das Blut vom Herzen wegführen.
F) Das Endothel der Aorta ist dicker als bei kleineren Arterien.

35. Ordnen Sie zu.

A	Reanimation	1	Ansaugen fester oder flüssiger Stoffe
B	Aspiration	2	Beschränkung der Kreislauffunktion auf herznahe Organe
C	Zentralisation	3	innere Leichenschau
D	Autopsie	4	Wiederbelebung durch Herzdruckmassage und Beatmung

A) A2, B1, C4, D3
B) A2, B4, C3, D1
C) A4, B1, C2, D3
D) A4, B3, C2, D1
E) A2, B3, C4, D1

36. Welche Aussage zur kardiopulmonalen Reanimation ist richtig?

A) Die Herz-Lungen-Wiederbelebung wird in stabiler Seitenlage durchgeführt.
B) Die Reanimation beginnt, wenn kein Puls der Halsschlagader vorhanden ist.
C) Die Beatmung ist der wichtigste Teil der kardiopulmonalen Reanimation.
D) Die Herzdruckmassage sollte auf einem weichen Untergrund erfolgen.
E) Beim Erwachsenen wird nach 30-maliger Beatmung 2-mal die Herzdruckmassage durchgeführt.

30. D
31. E
32. E
33. C
34. A, D
35. C
36. B

8 Atmungssystem

Nennen Sie die richtigen Bezeichnungen für die Abschnitte der Atmungsorgane, ggf. auch die Fachbegriffe.

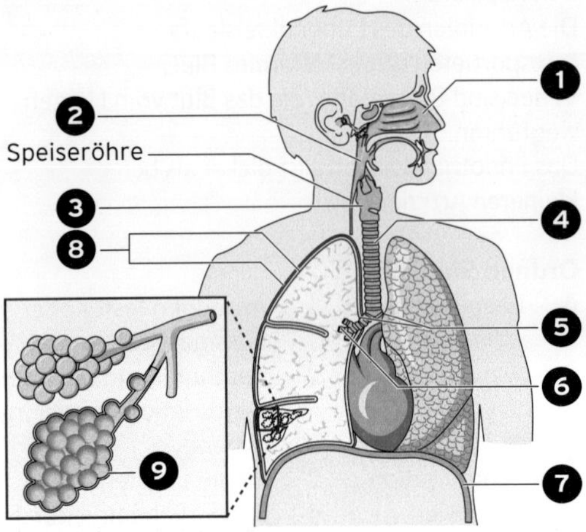

	deutsch	Fachbegriff
1	Nasenhöhle	Cavum nasi
2	Rachen	Pharynx
3	Kehlkopf	Larynx
4	Luftröhre	Trachea
5	rechter und linker Hauptbronchus	
6	Bronchien	
7	Zwerchfell	Diaphragma
8	Brustfell	Pleura
9	Lungenbläschen	Alveole

Erklären Sie den Fachbegriff „Nasennebenhöhlen" und nennen Sie die verschiedenen Nasennebenhöhlen mit der deutschen Bezeichnung.

Nasennebenhöhlen sind mit Schleimhaut ausgekleidete Knochenhöhlen, die mit der Nasenhöhle eine Luftverbindung besitzen: Stirnhöhlen, Kieferhöhlen, Siebbeinzellen, Keilbeinhöhle.

Erläutern Sie die Aufgaben der Atemwegsschleimhäute.

Die Aufgaben der Atemwegsschleimhäute sind Reinigung, Erwärmung und Befeuchtung der Atemluft sowie das Riechen und die Stimmbildung.

Nennen Sie die Abschnitte der oberen und der unteren Atemwege in der Reihenfolge von außen nach innen.

- obere Atemwege
  - Nasenhöhle
  - Rachen
- untere Atemwege
  - Kehlkopf
  - Luftröhre
  - Bronchien

Erklären Sie die beiden Bezeichnungen „innere Atmung" und „äußere Atmung".

- innere Atmung:
  Stoffwechselvorgänge zur Energiegewinnung in den Zellen unter Nutzung von Sauerstoff; dabei werden energiereiche Nährstoffe wie Fette und Kohlenhydrate zerlegt, wobei Kohlendioxid entsteht.
- äußere Atmung:
  Gasaustausch an den Kapillaren zwischen dem Blut und den Lungenbläschen; Kohlendioxid (CO_2) wird aus dem Blut in die Lungenbläschen abgegeben und Sauerstoff (O_2) aufgenommen.

Erläutern Sie die Fachbegriffe „Atemzugvolumen" und „Vitalkapazität".

- Atemzugvolumen:
  Luftmenge, die bei normaler Atmung ein- und ausgeatmet wird
- Vitalkapazität:
  Luftmenge, die nach maximaler Einatmung maximal ausgeatmet werden kann (oder umgekehrt)

Prüfungsfall COPD: S. 352

Sie arbeiten in der Praxis des Allgemeinarztes Dr. Lungemann. Herr Beck kommt wegen Atemproblemen bei körperlicher Anstrengung.
Auszug aus der Karteikarte:

A B C D E F G H I J K L M N O P Q R S Sch St T U V W X Y Z

1 2 3 4 5 6 7 8 9 10 11 12 13 14 15 16 17 18 19 20 21 22 23 24 25 26 27 28 29 30 31 I II III IV V VI VII VIII IX X XI XII

Geb. frei ☐ | Krankenkasse bzw. Kostenträger: Barmer

Nachts ☐ | Name, Vorname des Versicherten: Beck, Hans, Mainzer Landstr. 123, 60326 Frankfurt | geb. am: 15.12.19xx | 11/17 | EA: 25-jähriger Patient seit 9 Jahren Nikotinabusus

Sonstige ☐

Unfall ☐	Kassen-Nr.	Versicherten-Nr.	Status
	1234567	0987654321	1000000
Arbeitsunfall* ☐	**Betriebsstätten-Nr.**	**Arzt-Nr.**	**Datum**
	9087654321	123456789	30.04.20xx

☎ Risiken:

30.04.20xx	Anamnese: anfallsweise auftretende Atemnot meist bei Aufenthalt außerhalb der Wohnung, Pfeifen und Giemen vor allem beim Ausatmen, vermehrt Hustenanfälle Befund: spastische Atemgeräusche, FEV1 > 80 % des Sollwerts Diagnose: allergisches Asthma bronchiale Therapie: Verordnung eines Dosieraerosols (Salbutamol), Überweisung zum Allergologen

1. Was versteht man unter Asthma bronchiale?

____

____

____

2. Nennen Sie die wichtigsten und häufigsten Asthmaformen und deren jeweilige Ursache.

____

____

____

____

____

____

3. Welche weiteren Ursachen können ein Asthma bronchiale ebenfalls auslösen oder verschlimmern?

____

____

____

1. Asthma bronchiale ist eine chronisch-entzündliche Atemwegserkrankung mit anfallsartig auftretender Verengung der Atemwege und Dyspnoe.
2. Allergisches Asthma wird durch Inhalation von Allergenen verursacht.
   Infektasthma tritt während und ggf. wochenlang nach Atemwegsinfekten auf.
   Mischformen werden aus allergischem und Infektasthma verursacht.
3. Psychische Belastungen, Rauchen, Sport und Luftverschmutzung können Mitursachen sein.

4. Nennen Sie die pathologischen Veränderungen an den Bronchien, die bei Asthma bronchiale zur Atemwegsverengung führen.

1) __________

2) __________

3) __________

5. Erklären Sie den Begriff Dyspnoe.

6. Durch welche Medikamente kann die Luftnot bei obstruktiven Beschwerden behandelt werden und was bewirken diese?

7. Erklären Sie die Bedeutung des FEV_1-Wertes im Rahmen der Lungenfunktionsdiagnostik.

8. Erklären Sie, welche Spätfolgen bei Asthma bronchiale auftreten können.

9. Erklären Sie die Lungenerkrankung, die mit den Buchstaben COPD abgekürzt wird.

Abrechnung: S. 167
Prüfungsfall Asthma bronchiale: S. 305

4. 1) Entzündung der Bronchialschleimhaut
   2) Verkrampfung der Ringmuskulatur der Bronchien
   3) Bildung zähen Schleims
5. Dyspnoe bedeutet Luftnot bzw. Kurzatmigkeit.
6. Bronchospasmolytika bzw. Broncholytika lösen Verkrampfungen der Bronchialmuskulatur, vergrößern so den Durchmesser der Bronchien und bessern die Luftnot. Es gibt kurz sowie lang wirksame Broncholytika.
7. Der FEV_1-Wert wird auch als Einsekundenkapazität bezeichnet. Gemessen wird die Luftmenge, die bei maximal starker Exspiration in einer Sekunde ausgeatmet werden kann. Die Angabe erfolgt in Prozent, als Anteil des Volumens, das maximal ausgeatmet werden kann. Bei einer Obstruktion (Verengung) der Luftwege, z. B. bei Asthma bronchiale oder COPD, ist der FEV_1-Wert erniedrigt.
8. Auf Dauer kann die chronische Entzündung Umbauvorgänge der Lunge mit Bildung eines Lungenemphysems bewirken. Die übermäßige Belastung des rechten Herzens kann zu einer Rechtsherzinsuffizienz durch Lungenkrankheit (Cor pulmonale) führen.
9. COPD wird von „Chronic Obstructive Pulmonary Disease" abgeleitet. Hierbei handelt es sich um eine chronische Entzündung der Bronchialschleimhaut mit irreversibler Obstruktion, die oft zur Bildung eines Lungenemphysems führt.

1. Welche beiden Aussagen zur Ein- und Ausatmung sind richtig?

A) Bei der Bauchatmung kontrahiert sich das Zwerchfell.

B) Während der Exspiration wird der Brustraum vergrößert.

C) Die Zwischenrippenmuskeln werden auch als Diaphragma bezeichnet.

D) Bei der Bauchatmung ist während der Inspiration das Zwerchfell entspannt.

E) Durch die Atemhilfsmuskulatur werden die Atemwege offen gehalten.

F) Die Kontraktion der Zwischenrippenmuskeln hebt den Brustkorb bei der Brustatmung.

2. Welche Aussagekombination zur inneren und äußeren Atmung ist richtig?

1 Die äußere Atmung (Respiration) erfolgt an den Lungenbläschen.
2 Die innere Atmung dient der Energiegewinnung in den Zellen.
3 Bei der inneren Atmung wird CO_2 zur Energiegewinnung benötigt.
4 Die innere Atmung erfolgt an den Lungenbläschen.
5 Bei der äußeren Atmung gelangt CO_2 vom Blut in die Lungenbläschen.

A) Alle Aussagen sind richtig.

B) Nur die Aussagen 1, 2 und 5 sind richtig.

C) Nur die Aussagen 2 und 3 sind richtig.

D) Nur die Aussagen 3 und 4 sind richtig.

E) Nur die Aussagen 4 und 5 sind richtig.

3. Ordnen Sie zu.

A	Trachea	1	Kehldeckel
B	Pleura	2	Kehlkopf
C	Larynx	3	Luftröhre
D	Epiglottis	4	Brustfell

A) A2, B1, C3, D4

B) A4, B1, C3, D2

C) A3, B4, C2, D1

D) A1, B3, C4, D2

E) A4, B2, C1, D3

4. Welche Aussage zum Bronchialkarzinom ist falsch?

A) Das Bronchialkarzinom ist ein maligner Tumor des Bronchialepithels.

B) Im Verlauf einer Bronchoskopie kann eine Biopsie des veränderten Gewebes entnommen werden.

C) Der wichtigste Risikofaktor für ein Bronchialkarzinom ist das Rauchen.

D) Das Bronchialkarzinom bildet keine Tochtergeschwülste (Metastasen).

E) Fünf Jahre nach der Diagnosestellung lebt nur noch jeder siebte Patient.

5. Welche beiden Aussagen zu den Bronchien sind richtig?

A) An den Bronchien erfolgt der Gasaustausch zwischen Atemluft und Blut.

B) Die Atemluft wird von der Luftröhre in die Bronchiolen und von dort in die Bronchien weitergeleitet.

C) Die ringförmige Muskelschicht der Bronchialwand erweitert die Bronchien.

D) Die Bronchien enthalten im Gegensatz zur Luftröhre keine Knorpelspangen.

E) Die Wand der Bronchien besteht aus einer ringförmigen und einer radiären Muskelschicht.

F) Der rechte und der linke Hauptbronchus führen in den rechten bzw. linken Lungenflügel.

6. Welche Zuordnung ist richtig?

A	Rhinitis	→	Schnupfen
B	Pharyngitis	→	Brustfellentzündung
C	Sinusitis	→	Kehlkopfentzündung
D	Laryngitis	→	Nasennebenhöhlenentzündung
E	Pleuritis	→	Rachenentzündung

7. Welche Aussage zur Spirometrie ist richtig?

A) Mit einem Peak-Flow-Messgerät wird das Residualvolumen bestimmt.

B) Die Einsekundenkapazität (FEV_1) ist bei COPD erhöht.

C) Das Atemzugvolumen ist die Luftmenge, die nach maximaler Exspiration in der Lunge verbleibt.

D) Als Vitalkapazität bezeichnet man das gesamte Lungenvolumen.

E) Der Peak-Flow-Wert ist während der Verlaufskontrolle bei Asthma bronchiale wichtig.

8. Welche Aussage zu den Erkrankungen der Atemwege ist richtig?

A) Als Metastase bezeichnet man die Absiedlung eines benignen Tumors.

B) Die Verengung, z. B. der Atemwege, nennt man Obstruktion.

C) Die Ausheilung einer chronischen Erkrankung bezeichnet man als Exazerbation.

D) Das Lungenemphysem ist eine Lungenüberblähung mit einer vermehrten Bildung von Alveolen.

E) Ein Pleuraerguss ist eine Flüssigkeitsansammlung zwischen Lunge und Bauchfell.

1. A, F	2. B
3. C	4. D
5. E, F	6. A
7. E	8. B

9. Welche Zuordnung ist richtig?

A Diaphragma → Lungenbläschen
B Pharynx → Rachen
C Pleura → Lungenfell
D Epiglottis → Stimmbänder
E Alveole → Luftröhre

10. Welche Aussagekombination zum Brustfell ist richtig?

1 Die medizinische Fachbezeichnung für das Brustfell lautet Pleura.
2 Das Brustfell besteht aus dem Rippenfell und dem Lungenfell.
3 Zwischen Lungen- und Rippenfell befindet sich der Pleuraspalt.
4 Rechter und linker Lungenflügel sind vom Lungenfell überzogen.
5 Die Pleura ist eine gleitende Verschiebeschicht für die Lungenbewegungen.

A) Alle Aussagen sind richtig.
B) Nur die Aussagen 1, 2, 4 und 5 sind richtig.
C) Nur die Aussagen 1, 2 und 3 sind richtig.
D) Nur die Aussagen 3 und 4 sind richtig.
E) Nur die Aussagen 4 und 5 sind richtig.

11. Ordnen Sie zu.

A	Ventilation	1	Einatmung
B	Inspiration	2	Ausatmung
C	Respiration	3	Belüftung der Lunge
D	Exspiration	4	äußere Atmung

A) A2, B1, C4, D3
B) A2, B1, C3, D4
C) A3, B2, C1, D4
D) A4, B3, C2, D1
E) A3, B1, C4, D2

12. Welche Aussagekombination zu den Infektionskrankheiten der Atmungsorgane ist richtig?

1 Bei einer Tracheitis kommt es zu einer Sekretansammlung zwischen Rippen- und Lungenfell.
2 Heiserkeit und Husten sind typische Symptome für eine Sinusitis.
3 Die Fachbezeichnung für eine Lungenentzündung lautet Pneumonie.
4 Bei einer Sinusitis ist die Schleimhaut der Nasennebenhöhlen entzündet.
5 Typische Symptome der Tonsillitis sind trockener Husten mit Schmerzen in der Luftröhre.

A) Alle Aussagen sind richtig.
B) Nur die Aussagen 1, 2, 4 und 5 sind richtig.
C) Nur die Aussagen 2 und 3 sind richtig.
D) Nur die Aussagen 3 und 4 sind richtig.
E) Nur die Aussagen 4 und 5 sind richtig.

13. Welche beiden Aussagen zu den Aufgaben der Atemwege sind richtig?

A) Die Atemluft wird von den Alveolen vor dem Gasaustausch gereinigt.
B) Während der Einatmung erwärmt sich die Atemluft auf Körpertemperatur.
C) Die Alveolen werden durch Flimmerhärchen gereinigt.
D) Die Stimmbildung erfolgt beim Ausatmen im Bereich des Pharynx.
E) Die Bronchiolen dienen dem Gasaustausch zwischen Atemluft und Blut.
F) Während der Einatmung wird die Atemluft angefeuchtet.

14. Stellen Sie durch Eintragen der Ziffern 1 bis 5 die Reihenfolge her, in der die Atemluft die Atemwege bei der Inspiration durchströmt.

A) Nasenhöhle
B) Trachea
C) Larynx
D) Bronchiolen
E) Bronchien
F) Pharynx

15. Welche Aussage zur Abbildung der Atmungsorgane trifft zu?

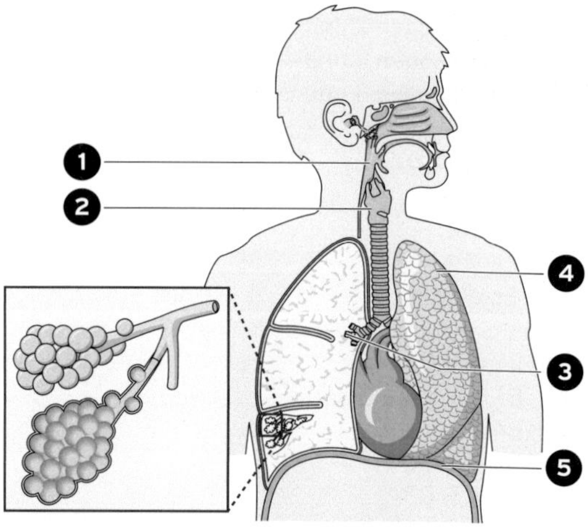

A) Ziffer 1 kennzeichnet den Kehlkopf.
B) Ziffer 2 kennzeichnet den Rachen.
C) Ziffer 3 kennzeichnet die Luftröhre.
D) Ziffer 4 kennzeichnet den rechten Lungenflügel.
E) Ziffer 5 kennzeichnet das Zwerchfell.

9. B
10. A
11. E
12. D
13. B, F
14. A1, B4, C3, D6, E5, F2
15. E

16. Welche beiden Aussagen zu den Atem- und Speisewegen sind falsch?

A) Im Rachenraum kreuzen sich Atem- und Speisewege.
B) Der Kehldeckel verschließt beim Schlucken den Kehlkopfeingang.
C) Das Ansaugen von Fremdkörpern in die Atemwege bezeichnet man als Aspiration.
D) Die Atem- und Speisewege kreuzen sich im Kehlkopf.
E) Die Nasenschleimhaut erwärmt, reinigt und befeuchtet die Atemluft.
F) Während der Inspiration ist der Kehldeckel geschlossen.

17. Welche Aussagekombination zum Asthma bronchiale ist richtig?

1 Asthma bronchiale ist eine chronisch-entzündliche Atemwegserkrankung.
2 Eine chronische Atemwegsverengung bezeichnet man als Asthmaanfall.
3 Anfallsweise auftretender Husten und Dyspnoe sind typische Symptome bei Asthma bronchiale.
4 Während eines Asthmaanfalls ist die Ringmuskulatur der Bronchien verkrampft.
5 Bei starkem Asthma bronchiale zeigt die Spirometrie eine erhöhte Einsekundenkapazität.

A) Alle Aussagen sind richtig.
B) Nur die Aussagen 1, 2 und 5 sind richtig.
C) Nur die Aussagen 1, 3 und 4 sind richtig.
D) Nur die Aussagen 2, 4 und 5 sind richtig.
E) Nur die Aussagen 4 und 5 sind richtig.

18. Ordnen Sie zu.

A	Apnoe	1	Verengung
B	Obstruktion	2	Atempause
C	Dysphonie	3	Mittelohrentzündung
D	Otitis media	4	Heiserkeit

A) A2, B1, C4, D3
B) A2, B4, C3, D1
C) A3, B2, C1, D4
D) A4, B3, C2, D1
E) A2, B3, C4, D1

19. Welche Aussage zu den Atmungsorganen ist falsch?

A) Die Bronchien verzweigen sich innerhalb der Lungenflügel.
B) Radiäre Muskelfasern erweitern die Bronchien.
C) Die Luftröhre wird durch Knorpelringe stabilisiert.
D) Bronchiolen sind die kleinsten luftleitenden Abschnitte der Atemwege.
E) Der linke Lungenflügel besteht aus drei Lungenlappen.

20. Welche Aussage zur Diagnostik bei Atemwegserkrankungen ist richtig?

A) Husten wird in der medizinischen Fachsprache als Dyspnoe bezeichnet.
B) Das bronchiale Atemgeräusch über den großen Bronchien weist auf eine Entzündung hin.
C) Dysphonie über mehr als drei Wochen ist wegen Tumorverdacht abklärungsbedürftig.
D) Störungen des Luftstroms durch Erweiterung der Atemwege sind obstruktive Ventilationsstörungen.
E) Die Vitalkapazität und das Atemzugvolumen ergeben zusammen die Totalkapazität.

21. Welche beiden Aussagen zur Atemmechanik sind richtig?

A) Bei der Brustatmung wird der Brustkorb durch die einströmende Luft angehoben.
B) Durch die Kontraktion des Zwerchfells vergrößert sich der Brustraum nach kaudal.
C) Bei außergewöhnlicher Anstrengung mit erhöhtem Sauerstoffbedarf kontrahiert sich zusätzlich das Diaphragma.
D) Die Kontraktion des Zwerchfells führt zu einer beschleunigten Exspiration.
E) Durch die Anhebung des Brustkorbs wird der Brustraum vergrößert und die Atemluft angesaugt.
F) Bei der Bauchatmung kontrahiert sich die Atemhilfsmuskulatur.

22. Welche Aussagekombination zu den ursächlichen Faktoren, die zu einer Obstruktion der Atemwege führen ist richtig?

1 Durch die Kontraktion der Zwischenrippenmuskulatur werden auch die Bronchien verengt.
2 Eine Verkrampfung der radiären Muskelfasern der Bronchien verengt die Atemwege.
3 Die Bildung von zähem Schleim trägt zur Verengung der Atemwege bei.
4 Die Verkrampfung der Ringmuskulatur der Bronchien verengt die Atemwege.
5 Auf Grund der Entzündung ist die Bronchialschleimhaut geschwollen, wodurch sich das Lumen der Bronchien verkleinert.

A) Alle Aussagen sind richtig.
B) Nur die Aussagen 1, 2, 4 und 5 sind richtig.
C) Nur die Aussagen 2 und 3 sind richtig.
D) Nur die Aussagen 3 und 4 sind richtig.
E) Nur die Aussagen 3, 4 und 5 sind richtig.

16. D, F	17. C	18. A
19. E	20. C	21. B, E
22. E		

23. Welche Zuordnung ist richtig?

A Restriktion → erhöhte Dehnfähigkeit der Lunge
B Tracheitis → Nasenrachenentzündung
C Cor pulmonale → Linksherzinsuffizienz durch Lungenerkrankung
D Hyper-reagibilität → erhöhte Reaktions-bereitschaft
E Pneumonie → Mandelentzündung

24. Welche beiden Aussagen zum Kehlkopf sind richtig?

A) Der Kehlkopf wird von verschiedenen Knorpeln gebildet.
B) Der knöcherne Kehldeckel hat eine Gelenkverbindung mit dem Schildknorpel.
C) Zwischen dem Schild- und dem Ringknorpel befinden sich die Stimmbänder.
D) Während der Ein- und Ausatmung sind die Stimmbänder geschlossen.
E) Kranial geht der Kehlkopf in die Luftröhre über.
F) Die Stimmbänder werden von den Stellknorpeln bewegt.

25. Welche Aussagekombination zur kardiopulmonalen Reanimation ist richtig?

1 Während der Beatmung liegt das Kinn des Patienten so weit wie möglich auf der Brust.
2 Die Verwendung eines Beatmungsbeutels mit Maske erschwert die Beatmung erheblich.
3 Bei der Beatmung ist darauf zu achten, dass sich die Bauchdecke sichtbar hebt.
4 Der Reanimationsrhythmus beim Erwachsenen ist die 30-malige Herzdruckmassage und nachfolgende 2-malige Beatmung.
5 Die Basismaßnahmen der kardiopulmonalen Reanimation sind Herzdruckmassage und Beatmung.

A) Alle Aussagen sind richtig.
B) Nur die Aussagen 1, 2 und 5 sind richtig.
C) Nur die Aussagen 1, 3 und 4 sind richtig.
D) Nur die Aussagen 2, 4 und 5 sind richtig.
E) Nur die Aussagen 4 und 5 sind richtig.

26. Welche Zuordnung ist falsch?

A Sinusitis maxillaris → Kieferhöhlen-entzündung
B Tuba auditiva → Ohrtrompete
C Otitis media → Innenohr-entzündung
D Sinusitis frontalis → Stirnhöhlen-entzündung
E Cavum tympani → Paukenhöhle

27. Welche Aussagekombination zum Schlafapnoe-Syndrom ist richtig?

1 Schlafapnoe-Phasen sind Atempausen während des Schlafs.
2 Das obstruktive Schlafapnoe-Syndrom betrifft überwiegend übergewichtige Männer.
3 Das Schlafapnoe-Syndrom führt zu verlängerten Tiefschlaf-Phasen.
4 Die Atempausen während der Nacht werden durch eine erhöhte Atemfrequenz am Tag ausgeglichen.
5 Alkohol verschlimmert das obstruktive Schlafapnoe-Syndrom.

A) Alle Aussagen sind richtig.
B) Nur die Aussagen 1, 2 und 5 sind richtig.
C) Nur die Aussagen 1, 3 und 4 sind richtig.
D) Nur die Aussagen 2, 4 und 5 sind richtig.
E) Nur die Aussagen 4 und 5 sind richtig.

28. Welche beiden Aussagen zur Beatmung eines Patienten sind richtig?

A) Vor der Beatmung müssen die Atemwege überprüft und ggf. freigemacht werden.
B) Die Beatmung ist der wichtigste Teil der Reanimation und leichter durchzuführen als die Herzdruckmassage.
C) Während der Reanimation darf die Beatmung nur von medizinisch ausgebildeten Personen durchgeführt werden.
D) Die Thoraxkompressionen bei der Reanimation komprimieren auch die Lungenflügel, was zur Inspiration der Atemluft führt.
E) Wenn zur Beatmung ein Beatmungsbeutel verwendet wird, kann eine Sauerstoffflasche angeschlossen werden.
F) Nach dem Wiedereinsetzen der eigenen Atmung des Patienten wird die Beatmung mit dem Beatmungsbeutel noch 30 Minuten fortgesetzt.

29. Ordnen Sie zu.

A	Choanen	1	Gaumenmandeln
B	Tonsilla pharyngea	2	Nasenhöhle
C	Cavum nasi	3	Rachenmandel
D	Tonsilla palatina	4	hintere Nasenöffnungen

A) A2, B1, C3, D4
B) A3, B4, C2, D1
C) A3, B2, C1, D4
D) A4, B3, C2, D1
E) A4, B2, C1, D3

23. D 24. A, F 25. E
26. C 27. B 28. A, E
29. D

30. Welche Aussagekombination zur Einatmung ist richtig?

1 Bei der Nasenatmung filtern Härchen des Naseneingangs grob die eingeatmete Luft.
2 Eine vergrößerte Rachenmandel führt bei Kindern häufig zur Mundatmung.
3 Bei der Mundatmung wird im Vergleich zur Nasenatmung die eingeatmete Luft weniger erwärmt.
4 Eine dauerhafte Mundatmung führt bei Kindern zu vermehrt auftretenden Infektionen vor allem der Bronchien.
5 Die Nasenmuscheln vergrößern die innere Oberfläche der Nasenschleimhaut und verbessern so die Erwärmung der Atemluft.

A) Alle Aussagen sind richtig.
B) Nur die Aussagen 1, 2 und 5 sind richtig.
C) Nur die Aussagen 1, 3 und 4 sind richtig.
D) Nur die Aussagen 2, 4 und 5 sind richtig.
E) Nur die Aussagen 4 und 5 sind richtig.

31. Welche beiden Aussagen zum Bronchialkarzinom sind richtig?

A) Besonders bei älteren Männern wirkt das Rauchen stark krebsfördernd.
B) Bei Passivrauchern ist das Risiko, an einem Bronchialkarzinom zu erkranken, nicht erhöht.
C) Die Heilungschancen des Bronchialkarzinoms sind günstig, da 80 % bereits im Frühstadium entdeckt werden.
D) Das Bronchialkarzinom hat eine günstige Prognose.
E) Anhaltender Husten und unklare Gewichtsabnahme sind mögliche erste Symptome eines Bronchialkarzinoms.
F) Mit Hilfe der Bronchoskopie können Veränderungen der Bronchialschleimhaut festgestellt werden.

32. Ordnen Sie zu.

A	Bodyplethysmografie	1	endoskopische Untersuchung des Bronchialsystems
B	Bronchoskopie	2	grafische Darstellung der Spirometrieergebnisse
C	Spirografie	3	Entnahme einer Gewebeprobe
D	Biopsie	4	besonders genaue und aussagekräftige Lungenfunktionsprüfung

A) A2, B1, C3, D4
B) A3, B4, C2, D1
C) A3, B2, C1, D4
D) A4, B3, C2, D1
E) A4, B1, C2, D3

33. Ordnen Sie den Abschnitten der Atemwege A bis F die Ziffern 1 (obere Atemwege) und 2 (untere Atemwege) zu.

A) Kehlkopf
B) Nasenhöhle
C) Luftröhre
D) Hauptbronchien
E) Rachen
F) Bronchiolen

34. Welche Aussagekombination zur Prävention bei Asthma bronchiale ist richtig?

1 Stillen im Säuglingsalter begünstigt das Auftreten von Asthma bronchiale.
2 Wegen der starken genetischen Komponente ist eine Verhinderung von Asthma bronchiale bei vorhandener Disposition nicht möglich.
3 Infekte und Impfungen schwächen zusätzlich das Immunsystem.
4 Die Grippeimpfung ist bei bestehendem Asthma bronchiale kontraindiziert.
5 Die Wohnumgebung sollte staubarm sowie frei von behaarten Haustieren und Zigarettenrauch sein.

A) Alle Aussagen sind richtig.
B) Nur die Aussagen 1, 2 und 5 sind richtig.
C) Nur die Aussagen 1, 3 und 4 sind richtig.
D) Nur die Aussagen 2 und 5 sind richtig.
E) Nur die Aussagen 4 und 5 sind richtig.

35. Welche beiden Aussagen zum Lungenemphysem sind falsch?

A) Eine Lungenüberblähung mit Alveolenverlust bezeichnet man als Lungenemphysem.
B) Das Lungenemphysem ist eine typische Spätfolge bei langjähriger COPD.
C) Die Schädigung des Lungengewebes ist bei einem Lungenemphysem irreversibel.
D) Mit weiterer Ausbreitung des Lungenemphysems entstehen zunehmend Luftnot und Sauerstoffmangel.
E) Bei bestehendem Lungenemphysem ist ein Rauchstopp nicht mehr wirksam.
F) Bei einem ausgeprägten Lungenemphysem ist der Thoraxdurchmesser verkleinert.

30. A	31. E, F
32. E	33. A2, B1, C2, D2, E1, F2
34. D	35. E, F

9 Blut

Erläutern Sie, wie viel Liter Blut ein 80 kg schwerer Mensch hat.

Der Anteil des Blutes beträgt ca. 6–8 % des Körpergewichtes. Bei einem Körpergewicht von 80 kg hat ein Mensch ungefähr 5–6 Liter Blut.

Nennen Sie die wichtigsten Funktionen des Blutes.

- Transport von
  - Gasen (O_2 und CO_2)
  - Wasser
  - Nährstoffen, Mineralstoffen, Vitaminen, Spurenelementen
  - Abbauprodukten
  - Eiweißen (Albumine, Globuline, Fibrinogen)
  - Hormonen
  - Wärme
- Immunabwehr durch
  - Abwehrzellen
  - Antikörper
- Blutgerinnung durch
  - Blutplättchen
  - Fibrinogen

Erläutern Sie, aus welchen flüssigen und festen Bestandteilen das Blut besteht.

Die festen Bestandteile des Blutes sind die Blutzellen, die ca. 45 % des Blutvolumens ausmachen.
Der flüssige Bestandteil des Blutes ist das Blutplasma, das ca. 55 % des Blutvolumens ausmacht. Das Blutplasma besteht hauptsächlich aus Wasser, in dem sich Plasmaeiweiße und gelöste Stoffe befinden, die durch das Blut transportiert werden.

Erklären Sie den Fachbegriff „Hämatokrit" und geben Sie dessen Normwert für Erwachsene an.

Der prozentuale Zellanteil am Blutvolumen wird als Hämatokrit bezeichnet.
Normbereich bei Männern: 40–52 %
Normbereich bei Frauen: 37–47 %

Was ist Blutplasma und was ist Blutserum?

Blutplasma ist der flüssige Anteil des ungeronnenen Blutes und enthält den Gerinnungsstoff Fibrinogen.
Serum ist die nach der Gerinnung überstehende Flüssigkeit des Blutes ohne den Gerinnungsstoff Fibrinogen.

Nennen Sie die Hauptgruppen der Blutzellen (deutsch/Fachbegriff) sowie deren Aufgaben.

deutsch	Fachbegriff	Aufgaben
rote Blutkörperchen	Erythrozyten	O_2- und CO_2-Transport
weiße Blutkörperchen	Leukozyten	Immunabwehr
Blutplättchen	Thrombozyten	Blutgerinnung

Erklären Sie den Fachbegriff „Hämoglobin". Erläutern Sie die Bedeutung des Spurenelements Eisen.

Hämoglobin (Hb) ist der rote eisenhaltige Blutfarbstoff in den Erythrozyten, der Sauerstoff bindet. Hämoglobin kann ohne Eisen nicht gebildet werden. Bei mangelnder Eisenzufuhr entsteht eine Eisenmangelanämie.

Erläutern Sie den grundsätzlichen Ablauf der Blutgerinnung nach einer Gefäßverletzung.

Nach der Gefäßverletzung werden die Thrombozyten aktiviert. Gleichzeitig erfolgt eine kurzzeitige Kontraktion der Gefäßmuskulatur. Danach lagern sich Thrombozyten an die verletzten Stellen des Blutgefäßes an. Die folgende Aktivierung der Gerinnungsfaktoren führt zur Bildung eines Fibrinnetzes, das mit Blutzellen die verletzte Gefäßstelle abdichtet.

Wo befinden sich beim AB0-Blutgruppensystem die jeweiligen Antigene?

Die Blutgruppenantigene A und B liegen auf der Zelloberfläche der Erythrozyten und geben der jeweiligen Blutgruppe ihren Namen. Sind keine Blutgruppenantigene vorhanden, spricht man von der Blutgruppe 0.

Sie arbeiten in der Hausarztpraxis von Dr. Roteisen. Die 16-jährige Sandra Schiller kommt in die Praxis zur Besprechung der Laborwerte und der weiteren Therapie: Ihr wurde am Vortag ohne persönlichen Arzt-Patienten-Kontakt Blut für ein kleines Blutbild, den Serum-Eisen-Wert und zur Bestimmung des Ferritinwerts in der Laborgemeinschaft abgenommen.
Auszug aus der Karteikarte:

A B C D E F G H I J K L M N O P Q R S Sch St T U V W X Y Z

1 2 3 4 5 6 7 8 9 10 11 12 13 14 15 16 17 18 19 20 21 22 23 24 25 26 27 28 29 30 31 — I II III IV V VI VII VIII IX X XI XII

Geb. frei ☐ — Krankenkasse bzw. Kostenträger: Barmer

Nachts ☐ — Name, Vorname des Versicherten: Schiller, Sandra, Ludwigstraße 23, 55246 Wiesbaden — geb. am: 15.12.19xx — 12/17

Sonstige ☐

EA:
16-jährige Patientin
168 cm, 50 kg
Blutgruppe A Rh neg.
seit 2010: vegetarische Ernährung
2003: Otitis media
2009: Scharlach

Unfall ☐	Kassen-Nr.	Versicherten-Nr.	Status
	1234567	0987654321	3000000
Arbeitsunfall* ☐	**Betriebsstätten-Nr.**	**Arzt-Nr.**	**Datum**
	9087654321	123456789	30.10.20xx

☏ Risiken:

30.10.20xx	Anamnese: Atemnot bei körperlicher Anstrengung, verminderte körperliche Leistungsfähigkeit, Schwindel besonders nach schnellem Aufstehen, während der vergangenen Wochen mehrmals auftretende kurzzeitige Ohnmacht, Ernährung vorwiegend durch Milchprodukte Befund: Blässe der Haut und Schleimhäute, RR 95/60 mmHg, Untergewicht (BMI 17,7) Labor: Hämoglobin: 10,8 g/dL (12–17 g/dL), Hämatokrit: 30% (42–50%), Erythrozytenzahl: 4,6 Mio./µL (4,5–5,5 Mio./µL), Eisen im Serum: 28 µg/dL (40–120 µg/dL), Ferritin: 20 µg/L (22–112 µg/L) Diagnose: Eisenmangelanämie, arterielle Hypotonie, orthostatische Dysregulation Therapie: Ernährungsumstellung auf eisenreiche Ernährung, vermehrt Sport, medikamentöse Behandlung (Rezept: ferro sanol® Kapseln)

1. Was versteht man unter einer Anämie?

____

____

____

2. Erklären Sie, warum die Ernährung bei der Eisenmangelanämie eine ursächliche Rolle spielen kann.

____

____

____

____

____

3. Nennen Sie neben der Eisenmangelanämie weitere Anämiearten.

____

____

____

1. Bei einer Anämie (Blutarmut) ist die Zahl der Erythrozyten und/oder der Hämoglobingehalt und/oder der Hämatokritwert erniedrigt.
2. Häufige Ursache der Eisenmangelanämie: Mangelernährung; Nahrungsbestandteile beeinflussen die Resorption von Eisen. Vitamin C fördert die Eisenaufnahme, während z. B. Hülsenfrüchte, Milchprodukte, Eier und Tee die -aufnahme hemmen.
3. Blutungsanämie, Folsäuremangelanämie, Vitamin-B_{12}-Mangel-Anämie, sekundäre Anämie bei chronischer Erkrankung

4. Erklären Sie, unter welchen Umständen die Anzahl der Retikulozyten stark ansteigt.

5. Was versteht man unter dem Rhesusfaktor?

6. Erläutern Sie den Unterschied zwischen Rhesus-positivem und Rhesus-negativem Blut.

7. Erklären Sie, unter welchen Umständen der Rhesusfaktor ein Problem darstellen kann.

Abrechnung: S. 167

4. Bei Erythrozytenmangel werden vom Knochenmark vermehrt junge, noch nicht ganz ausgereifte Erythrozyten freigesetzt, die als Retikulozyten bezeichnet werden. Während einer erfolgreichen Anämiebehandlung oder nach jedem Blutverlust steigt der Retikulozytenanteil an den Erythrozyten stark an.
5. Neben den Antigenen des ABO-Blutgruppensystems ist der Rhesusfaktor ein weiteres Antigen auf der Erythrozytenoberfläche, das bei Blutübertragungen und in der Schwangerschaft beachtet werden muss.
6. Von den Rhesusantigenen C, D und E ist D das wichtigste. Ungefähr 85 % der Europäer tragen das Antigen D auf ihren Erythrozyten; man sagt, ihr Blut ist Rhesus-positiv. Bei 15 % der Europäer ist das Antigen D nicht vorhanden, d. h., ihr Blut ist Rhesus-negativ.
7. Wenn eine Schwangere Rh-negativ und der Vater des ersten Kindes Rh-positiv ist, wird das Kind in der Regel auch Rh-positiv sein. Vor allem während der Geburt gelangen kindliche Erythrozyten in das mütterliche Blut. Das mütterliche Immunsystem hat so Kontakt mit dem Antigen D und bildet Antikörper Anti-D. Bei jeder weiteren Schwangerschaft mit einem Rhesus-positiven Kind zerstören mütterliche Anti-D-Antikörper kindliche Erythrozyten, was zu einer schweren Anämie und zum Tod des Kindes führt. Diese Abwehrreaktion der Rh-negativen Schwangeren gegen Erythrozyten des Rh-positiven Kindes bezeichnet man als Rhesusinkompabilität.

1. Welche beiden Aussagen zu den Blutgruppen sind richtig?

A) Bei der Blutgruppe B befinden sich Antikörper Anti-B im Plasma.
B) Die Blutgruppe 0 enthält keine Antikörper im Plasma.
C) Bei der Blutgruppe A befinden sich die Antigene im Plasma.
D) Die Reaktion von Antigen A mit Antikörper Anti-B führt zu einer Agglutination.
E) Das Blutgruppenantigen befindet sich auf der Zelloberfläche der Erythrozyten.
F) Im Plasma der Blutgruppe AB sind keine Antikörper enthalten.

2. Welche Aussage zu den Erythrozyten ist richtig?

A) Erythrozyten sind die größten Blutzellen.
B) Erythrozyten transportieren Hormone durch das Kreislaufsystem.
C) Die durchschnittliche Lebensdauer von Erythrozyten beträgt 120 Stunden.
D) Bei einer Anämie ist die Anzahl der Erythrozyten erhöht.
E) Noch nicht ganz ausgereifte Erythrozyten bezeichnet man als Retikulozyten.

3. Welche Aussagekombination zu den Aufgaben des Blutes ist richtig?

1 Die Thrombozyten sind an der Blutgerinnung beteiligt.
2 Erythrozyten transportieren Sauerstoff und zum Teil auch Kohlendioxid.
3 Neutrophile Granulozyten bezeichnet man auch als kleine Fresszellen.
4 Der Transport von Wärme ist eine Aufgabe des Blutplasmas.
5 Lymphozyten dienen der spezifischen Immunabwehr.

A) Alle Aussagen sind richtig.
B) Nur die Aussagen 1, 2, 4 und 5 sind richtig.
C) Nur die Aussagen 2 und 3 sind richtig.
D) Nur die Aussagen 3 und 4 sind richtig.
E) Nur die Aussagen 4 und 5 sind richtig.

4. Ordnen Sie zu.

A	Ferritin	1	Blutgerinnsel
B	Thrombus	2	Blutgerinnungsstoff
C	Hämoglobin	3	Eisenspeicherprotein
D	Fibrinogen	4	roter Blutfarbstoff

A) A2, B1, C4, D3
B) A2, B1, C3, D4
C) A3, B2, C1, D4
D) A4, B3, C2, D1
E) A3, B1, C4, D2

5. Welche Aussage zur Zusammensetzung des Blutes ist falsch?

A) Blutplasma besteht zu 90 % aus Wasser; es enthält Plasmaproteine und gelöste Stoffe.
B) Den prozentualen Zellanteil am Blutvolumen bezeichnet man als Hämatokrit.
C) Erythrozyten sind die am häufigsten vorkommenden Blutzellen.
D) Blut besteht aus Blutzellen und Blutserum.
E) Blutplasma enthält den Blutgerinnungsstoff Fibrinogen.

6. Welche Aussage zu den Zusätzen in den Probenröhrchen ist richtig?

A) Kügelchen im Serumröhrchen verhindern die Blutgerinnung.
B) EDTA bindet Wasser und beschleunigt die Blutgerinnung.
C) Das Trenngel im Serumröhrchen liegt nach dem Zentrifugieren zwischen Serum und Thrombus.
D) Fluorid fördert die Glukoseaufnahme der Erythrozyten.
E) EDTA ist der Zusatz im Serumröhrchen.

7. Welche Aussage zur Anämie ist richtig?

A) Bei der Eisenmangelanämie ist der Ferritinwert erhöht.
B) Der Hämatokritwert liegt bei einer Anämie über 50.
C) Die Verringerung des Hämoglobinwertes ist ein Kennzeichen einer Anämie.
D) Bei einem zu hohen Vitamin-B_{12}-Wert kann sich eine Anämie entwickeln.
E) Gute körperliche Leistungsfähigkeit ist ein charakteristisches Symptom einer Anämie.

8. Welche Aussage zu den Leukozyten ist richtig?

A) Leukozyten sind wichtig für die Blutstillung und Blutgerinnung.
B) Eosinophile und basophile Granulozyten bilden Antikörper.
C) Lymphozyten sind die größten Blutzellen.
D) Bei bakteriellen Infektionen ist die Anzahl der Leukozyten erniedrigt.
E) Monozyten phagozytieren Fremdkörper und Krankheitserreger.

1. E, F	2. E
3. A	4. E
5. D	6. C
7. C	8. E

9. Welche Aussagekombination zur Rhesusunverträglichkeit ist richtig?

1 Eine Rhesusunverträglichkeit besteht immer, wenn der Vater Rhesus-negativ ist.
2 Das erste Rhesus-positive Kind einer Rhesus-negativen Mutter ist besonders gefährdet.
3 Eine Rhesusunverträglichkeit besteht nach der Geburt des zweiten Rhesus-negativen Kindes.
4 Die problematische Konstellation der Rhesusunverträglichkeit liegt vor, wenn der Vater Rhesus-positiv und die Mutter Rhesus-negativ ist.
5 Nach der Geburt des ersten Rhesus-positiven Kindes bildet die Mutter Antikörper gegen den Rhesusfaktor.

A) Alle Aussagen sind richtig.
B) Nur die Aussagen 1, 2, 4 und 5 sind richtig.
C) Nur die Aussagen 2 und 3 sind richtig.
D) Nur die Aussagen 3 und 4 sind richtig.
E) Nur die Aussagen 4 und 5 sind richtig.

10. Ordnen Sie zu.

A	MCH	1	mittleres Volumen des einzelnen Erythrozyten
B	Hkt	2	mittlere Hämoglobinkonzentration im Zellanteil des Blutes
C	MCV	3	mittlerer Hämoglobingehalt des einzelnen Erythrozyten
D	MCHC	4	prozentualer Zellanteil am Blutvolumen

A) A2, B1, C4, D3
B) A2, B1, C3, D4
C) A3, B4, C1, D2
D) A4, B3, C2, D1
E) A3, B1, C4, D2

11. Welche Aussage zur Leukämie ist falsch?

A) Leukämie ist eine maligne Erkrankung des Knochenmarks.
B) Es gibt akut und chronisch verlaufende Leukämieformen.
C) Zur Diagnose wird eine Knochenmarkprobe entnommen.
D) Knochenmark eines passenden Spenders kann transplantiert werden.
E) Die Therapie erfolgt mit hoch dosierten Antibiotika.

12. Welche beiden Blutgefäße sind typische Entnahmestellen für Venenblut?

A) Oberschenkelvene
B) Ellenbeugenvene
C) Lungenvene
D) Hohlvene
E) Halsvene
F) Handrückenvene

13. Welche Aussagekombination zu den Blutgerinnungsuntersuchungen ist richtig?

1 Gerinnungshemmende Zusätze werden als Antikoagulanzien bezeichnet.
2 EDTA bindet das für die Gerinnung notwendige Calcium im Plasma.
3 Nach der Blutentnahme wird das Blutbildröhrchen leicht geschwenkt.
4 Citrat wird als Antikoagulans in Blutröhrchen verwendet.
5 Für den Gerinnungstest im Labor wird der Blutprobe Calcium wieder zugesetzt.

A) Alle Aussagen sind richtig.
B) Nur die Aussagen 1, 2, 4 und 5 sind richtig.
C) Nur die Aussagen 2 und 3 sind richtig.
D) Nur die Aussagen 3 und 4 sind richtig.
E) Nur die Aussagen 4 und 5 sind richtig.

14. Stellen Sie durch Eintragen der Ziffern 1 bis 5 die richtige Reihenfolge her, in der die Probenröhrchen gefüllt werden.

A) EDTA-Röhrchen
B) Serumröhrchen
C) Citratröhrchen
D) BSG-Röhrchen
E) Fluoridröhrchen

15. Welche Aussage zum Hämoglobin ist richtig?

A) Kohlenmonoxid (CO) kann von Hämoglobin nicht gebunden werden.
B) Bei Sauerstoffmangel wird vermehrt Hämoglobin gebildet und ins Blutplasma abgegeben.
C) Für die Bildung von Hämoglobin wird Eisen benötigt.
D) Der Zellkern der Erythrozyten besteht vollständig aus Hämoglobin.
E) Hämoglobin wird in der Gallenblase zu Bilirubin abgebaut.

16. Stellen Sie durch Eintragen der Ziffern 1 bis 5 die richtige Reihenfolge der Arbeitsschritte der Kapillarblutentnahme her.

A) zweiten Blutstropfen auf Teststreifen aufnehmen
B) Punktionsstelle mit Tupfer komprimieren
C) seitlich der Fingerbeere einstechen
D) ersten Blutstropfen mit Tupfer aufnehmen
E) Punktionsstelle desinfizieren

9. E	10. C
11. E	12. B, F
13. A	14. A4, B1, C2, D3, E5
15. C	16. A4, B5, C2, D3, E1

17. Welche beiden Aussagen zum Blutbild sind richtig?

A) Die Bestimmung des Hämatokritwerts erfolgt nur beim großen Blutbild.
B) Eine Eisenmangelanämie kann nur im großen Blutbild festgestellt werden.
C) Mit einem großen Blutbild werden auch die Leberwerte bestimmt.
D) Beim großen Blutbild erfolgt eine Differenzierung der Leukozytenarten mit Angabe des Anteils der einzelnen Leukozytenarten in Prozent.
E) In Routineuntersuchungen werden Blutbild und Differenzialblutbild manuell erstellt.
F) Mit einem kleinen Blutbild werden auch die Hämatokrit- und Hämoglobinwerte bestimmt.

18. Ordnen Sie zu.

A	Leukozytose	1	Erythrozytenzahl, Hb, Hkt erhöht
B	Thrombopenie	2	Leukozytenzahl < 4000/μL
C	Leukopenie	3	Leukozytenzahl > 10 000/μL
D	Erythrozytose	4	Thrombozytenzahl < 150 000/μL

A) A2, B1, C3, D4
B) A1, B2, C3, D4
C) A3, B2, C4, D1
D) A3, B4, C2, D1
E) A4, B2, C1, D3

19. Welche Aussage zum Rhesusfaktor ist falsch?

A) Der Rhesusfaktor ist ein Antigen der Erythrozytenoberfläche.
B) Das wichtigste Rhesusantigen ist Antigen D.
C) Sind keine Rhesusantigene C, D oder E auf der Erythrozytenoberfläche vorhanden, ist das Blut Rhesus-negativ.
D) Etwa 15 % der Europäer tragen das Antigen D auf ihren Erythrozyten.
E) Erst nach Kontakt mit dem Rhesusfaktor bilden Rhesus-negative Menschen Antikörper gegen das Antigen D.

20. Welche Aussage zu den Abwehrzellen ist richtig?

A) Monozyten sind Makrophagen bzw. große Fresszellen.
B) Lymphozyten sind Abwehrzellen der unspezifischen Abwehr.
C) T-Lymphozyten produzieren als Zellen der spezifischen Abwehr Antikörper.
D) Neutrophile Granulozyten werden auch als Killerzellen bezeichnet.
E) B-Lymphozyten können Krankheitserreger und Fremdstoffe phagozytieren.

21. Welche Aussage zur Postexpositionsprophylaxe (PEP) ist richtig?

A) Eine Postexpositionsprophylaxe wird vor jeder möglichen Nadelstichverletzung durchgeführt.
B) Die Postexpositionsprophylaxe bei Hepatitis B erfolgt mit einer Passiv- bzw. Simultanimpfung.
C) Nach einer Postexpositionsprophylaxe ist eine folgende Erkrankung ausgeschlossen.
D) Eine Postexpositionsprophylaxe bei HIV ist wegen der geringen Infektionswahrscheinlichkeit (0,3 %) nicht notwendig.
E) Eine notwendige Postexpositionsprophylaxe wird nach drei bzw. sechs Monaten durchgeführt.

22. Welche Aussagekombination zur Vitamin-B_{12}-Mangel-Anämie ist richtig?

1 Resorptionsstörungen von Vitamin B_{12} bei Magen- und Darmerkrankungen können eine Ursache sein.
2 Bei dieser Anämieform sind die Erythrozytenzahl und der Hb-Wert erniedrigt.
3 Bei einer Vitamin-B_{12}-Mangel-Ernährung kann die Vitaminzufuhr in Tablettenform erfolgen.
4 Neben dem Hämatokritwert ist auch der MCH-Wert erniedrigt.
5 Eine vegane Ernährung gleicht den Vitamin-B_{12}-Mangel aus.

A) Alle Aussagen sind richtig.
B) Nur die Aussagen 1, 2, 4 und 5 sind richtig.
C) Nur die Aussagen 1, 2 und 3 sind richtig.
D) Nur die Aussagen 3 und 4 sind richtig.
E) Nur die Aussagen 4 und 5 sind richtig.

23. Welche beiden Aussagen zur Hämophilie (Bluterkrankheit) sind richtig?

A) Bei der Hämophilie A fehlt der Blutgerinnungsfaktor VIII.
B) Patienten, die an Hämophilie erkrankt sind, bilden vermehrt Fibrinogen.
C) Bei Blutern müssen Gerinnungsfaktoren aus Plasmaspenden parenteral appliziert werden.
D) Menschen, die an Hämophilie erkrankt sind, werden mit Antikoagulanzien behandelt.
E) Bei Blutern verschließen sich Gefäßverletzungen durch dauerhafte Kontraktion der Gefäßwandung.
F) Mögliche Spätfolgen der Hämophilie sind vermehrt auftretende Thrombosen.

17. D, F
18. D
19. D
20. A
21. B
22. C
23. A, C

24. Ordnen Sie zu.

A	Agglutination	1	Blutbildungshormon, das in der Niere gebildet wird
B	Erythropoetin	2	Rhesusunverträglichkeit
C	Aggregation	3	Blutverklumpung durch Antigen-Antikörper-Reaktion
D	Rhesus-inkompatibilität	4	Zusammenballung, z. B. von Blutplättchen

A) A2, B1, C4, D3
B) A2, B1, C3, D4
C) A3, B2, C1, D4
D) A4, B3, C2, D1
E) A3, B1, C4, D2

25. Welche beiden Aussagen zum Immunsystem sind richtig?

A) T-Lymphozyten sind Zellen der unspezifischen Abwehr.
B) B-Lymphozyten bilden Antikörper und sind Teil der spezifischen Abwehr.
C) Makrophagen sind kleine Fresszellen, die Krankheitserreger phagozytieren können.
D) Antikörper sind spezifische Abwehrstoffe, die auch als Antigene bezeichnet werden.
E) Unter Resistenz versteht man die spezifische, angeborene Abwehr.
F) Bei einer Autoimmunerkrankung greift das Immunsystem den eigenen Körper an.

26. Welche Aussage zu möglichen Problemen und Fehlerquellen der Kapillarblutentnahme ist richtig?

A) Bei Antikoagulanzieneinnahme des Patienten kann es zu einer verkürzten Blutungszeit kommen.
B) Der Einstich in die Mitte der Fingerbeere bereitet dem Patienten die geringsten Schmerzen.
C) Kalte Finger verstärken den Blutfluss.
D) Wird der Blutstropfen kräftig herausgedrückt, verfälscht das vermehrt austretende Gewebswasser das Messergebnis.
E) Um Messfehler zu vermeiden, wird der zweite Blutstropfen mit einem Tupfer aufgenommen.

27. Welche Zuordnung ist richtig?

A	Lymphozyt	→	Zelle der spezifischen Abwehr
B	Immunität	→	erworbene unspezifische Abwehr
C	Monozyt	→	Mikrophage und kleinster Leukozyt
D	Antikörper	→	unspezifische Abwehrstoffe
E	Immun-globulin	→	von T-Lymphozyten gebildete Antikörper

28. Welche Aussagekombination zur Blutspende ist richtig?

1 Nach der Blutspende werden Blutzellen und Plasma für die weitere Verwendung getrennt.
2 Durch Eigenblutspenden vor geplanten Operationen können Fremdblutübertragungen eingespart werden.
3 Zur Behandlung von akutem Blutverlust verwendet man Erythrozytenkonzentrate.
4 Nach der Spende wird das in der Blutspende enthaltene Blutplasma durch Plasmaersatzmittel ersetzt.
5 Zu Herstellung der Erythrozytenkonzentrate werden den Blutspenden künstlich hergestellte Erythrozyten zugesetzt.

A) Alle Aussagen sind richtig.
B) Nur die Aussagen 1, 2, 4 und 5 sind richtig.
C) Nur die Aussagen 1, 2 und 3 sind richtig.
D) Nur die Aussagen 3 und 4 sind richtig.
E) Nur die Aussagen 4 und 5 sind richtig.

29. Welche Aussage zum Vorgehen nach einer Nadelstichverletzung ist richtig?

A) Nach der Wunddesinfektion lässt man die Wunde eine Minute lang ausbluten.
B) Nach einer Nadelstichverletzung muss die Kanüle bis zur Wundheilung aufgehoben werden.
C) Eine Nadelstichverletzung ist nur bei bekannter Infektion des Patienten gefährlich.
D) Die Ergebnisse der Blutuntersuchungen nach einer Nadelstichverletzung müssen dem Gesundheitsamt gemeldet werden.
E) Nadelstichverletzungen sind Arbeitsunfälle, die dokumentiert und der BGW gemeldet werden müssen.

30. Welche beiden Aussagen zum Blutbild sind falsch?

A) Monozyten stellen beim Erwachsenen den größten Anteil der Leukozyten dar.
B) Das Differenzialblutbild ist ein Teil des großen Blutbilds.
C) MCV und MVH sind errechnete Erythrozyten-eigenschaften.
D) Bei einem Blutbild werden auch die Werte von Hämatokrit und Hämoglobin bestimmt.
E) Beim gesunden Erwachsenen beträgt der Anteil der Lymphozyten 25–40 %.
F) Beim kleinen Blutbild wird der Anteil der Retikulozyten errechnet.

24. E
25. B, F
26. D
27. A
28. C
29. E
30. A, F

31. Welche Aussagekombination zum Immunsystem ist richtig?

1 Makrophagen nehmen Krankheitserreger auf und aktivieren über Botenstoffe die B- und T-Lymphozyten.
2 Eiter besteht aus einer Vielzahl abgestorbener Granulozyten.
3 Die spezifische Abwehr richtet sich gegen einen bestimmten Erreger.
4 Antikörper bilden mit den Erregern Antigen-Antikörper-Komplexe.
5 Immunglobuline sind genau auf die Erregerantigene passende Eiweißstoffe.

A) Alle Aussagen sind richtig.
B) Nur die Aussagen 1, 2, 4 und 5 sind richtig.
C) Nur die Aussagen 1, 2 und 3 sind richtig.
D) Nur die Aussagen 3 und 4 sind richtig.
E) Nur die Aussagen 4 und 5 sind richtig.

32. Welche Aussage zur Durchführung der Kapillarblutentnahme ist richtig?

A) Üblicherweise erfolgt die Punktion in der Mitte der Fingerbeere des Zeigefingers.
B) Nach der Blutentnahme wird die Punktionsstelle desinfiziert und mit einem Pflaster versorgt.
C) Der erste Blutstropfen wird auf den Teststreifen oder in die Probenkapillare aufgenommen.
D) Der zweite Blutstropfen enthält viel Gewebsflüssigkeit und führt daher zu falschen Messergebnissen.
E) Der erste austretende Blutstropfen wird mit einem Tupfer entfernt.

33. Ordnen Sie den Blutzellen den jeweiligen Bereich des Abwehrsystems zu: mit der Ziffer 1 für die unspezifische Abwehr und einer 2 für die spezifische Abwehr.

A) neutrophile Granulozyten
B) B-Lymphozyten
C) Makrophagen
D) T-Lymphozyten
E) Monozyten
F) Makrophagen

34. Ordnen Sie zu.

A	Blutgruppe A	1	Antikörper Anti-A im Plasma
B	Blutgruppe B	2	keine Antigene
C	Blutgruppe AB	3	Antigen A auf Erythrozytenoberfläche
D	Blutgruppe 0	4	keine Antikörper

A) A2, B1, C4, D3
B) A2, B1, C3, D4
C) A3, B2, C1, D4
D) A4, B3, C2, D1
E) A3, B1, C4, D2

35. Welche Aussagekombination zu den Materialien für eine venöse Blutentnahme ist richtig?

1 Bei Verwendung von Sicherheitskanülen kann auf das Tragen von Handschuhen verzichtet werden.
2 Die Staubinde wird nach dem Füllen des letzten Probenröhrchens gelockert.
3 Nach der Punktion wird die Wunde mit dem Hautdesinfektionsspray desinfiziert.
4 Die Probenröhrchen müssen mit dem Namen und dem Geburtsdatum beschriftet oder mit einem Strichcode versehen werden.
5 Für die Entsorgung der gesicherten Kanülen muss ein spezielles Abwurfgefäß bereitstehen.

A) Alle Aussagen sind richtig.
B) Nur die Aussagen 1, 2, 4 und 5 sind richtig.
C) Nur die Aussagen 1, 2 und 3 sind richtig.
D) Nur die Aussagen 3 und 4 sind richtig.
E) Nur die Aussagen 4 und 5 sind richtig.

36. Welche Aussage zum INR ist richtig?

A) Der INR-Normwert liegt bei 2–3.
B) Der INR ist die international übliche Messmethode der Thromboplastinzeit.
C) Bei einem INR-Wert von 1,0 dauert die Blutgerinnung 2- bis 3-mal so lange wie normal.
D) Die Überprüfung der Gerinnung mit dem INR-Wert ist weniger genau als der Quickwert.
E) Der INR gibt an, wie viel kürzer das Patientenblut zur Gerinnung braucht.

37. Welche beiden Aussagen zur Venenblutentnahme sind richtig?

A) Der Kanülenschliff sollte bei der Punktion nach unten gerichtet sein.
B) Sobald Blut fließt, wird die Staubinde gelockert.
C) Serumröhrchen müssen unmittelbar nach der Füllung zentrifugiert werden.
D) Da die Kanülen steril sind, muss die Punktionsstelle nicht desinfiziert werden.
E) Das Stauen der Vene nach dem Herausziehen der Kanüle beschleunigt die Blutstillung.
F) Röhrchen mit Antikoagulanzien werden nach der Füllung zum Vermischen leicht geschwenkt.

31. A	32. E
33. A1, B2, C1, D2, E1, F1	34. E
35. E	36. B
37. B, F	

10 Harn- und Geschlechtsorgane

Welche Organe gehören zum Harnsystem und welche Aufgaben erfüllt dieses?

Das Harnsystem besteht aus folgenden Organen:
- Nieren
- Harnleiter
- Harnblase
- Harnröhre

Seine Aufgaben sind:
- Regulation des Säuren-Basen-Haushaltes
- Regulation des Wasser- und Salzhaushaltes
- Hormonbildung, Vitamin-D-Aktivierung
- Blutdruckregulation
- Harnbildung zur Ausscheidung harnpflichtiger Substanzen

Beschreiben Sie den Aufbau eines Nephrons und gehen Sie dabei auf die Nierenrinde und das Nierenmark ein.

In der Nierenrinde befinden sich die Nierenkörperchen (Nephrone), bestehend aus
- dem arteriellen Gefäßknäuel (Glomerulus),
- der den Glomerulus umhüllenden Bowman-Kapsel.

Im Nierenmark liegen die dazugehörigen Tubuli (Harnkanälchen), bestehend aus drei Abschnitten:
- proximaler Tubulus
- Henle-Schleife
- distaler Tubulus

Erläutern Sie den Unterschied zwischen Primärharn und Sekundärharn (Endharn).

- Primärharn besteht zu 99 % aus Wasser. Es werden täglich ca. 150 L produziert.
- Die Endharnmenge beträgt nur ca. 1,5 L am Tag. Das Wasser wurde zum Großteil aus dem Primärharn rückresorbiert. Es verbleiben vor allem Gifte und Endprodukte des Eiweißstoffwechsels wie Kreatinin, Harnstoff und Harnsäure. Diese Stoffe sind harnpflichtig und müssen ausgeschieden werden.

Beschreiben Sie mit Hilfe der folgenden Abbildung den Aufbau und die Funktion der Bestandteile der Nieren.

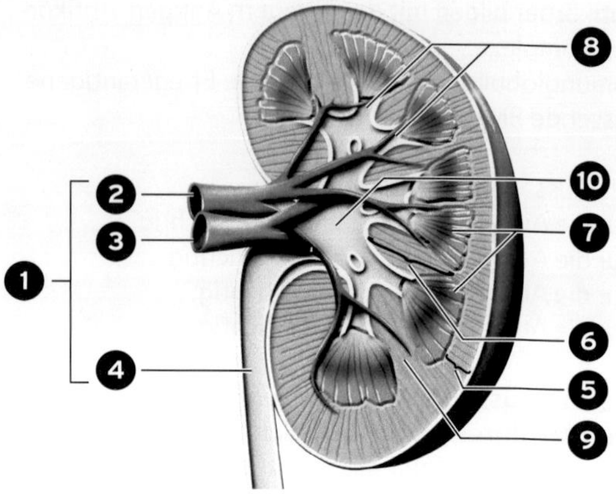

- Nierenhilus (1): Einbuchtung an der medialen Seite; dort treten
  - die Nierenarterie (2) ein und
  - Nierenvene (3) und Harnleiter (Ureter) (4) aus.
- Nierenrinde (5) : enthält die Nierenkörperchen bestehend aus
  - Glomerulus und
  - Bowman-Kapsel

  Funktion der Nierenrinde: Filterung und Reinigung des Blutes
- Nierenmark (6): enthält die
  - Tubuli (Nierenkanälchen) und
  - Sammelrohre (zusammen auch Markpyramiden genannt).
  - Diese führen in die Nierenkelche (8).
  - Zwischen den Markpyramiden (7) liegen die Nierensäulen (9): beide zusammen bilden das Nierenmark.

  Funktion des Nierenmarks: Rückresorption von Wasser aus dem Primärharn und die Bildung von Endharn
- Nierenbecken (10):

  Die Nierenkelche vereinigen sich zum Nierenbecken (Pyelon); der Endharn fließt in das Nierenbecken und vor dort weiter in den Ureter.

  Das Nierenbecken führt zu den Harnleitern (Ureter), die den Endharn in die Harnblase ableiten.

Prüfungsfall Zystitis: S. 360

1. Beschriften Sie die Abbildung zum weiblichen Beckenquerschnitt mit deutschen Bezeichnungen und Fachbegriffen.

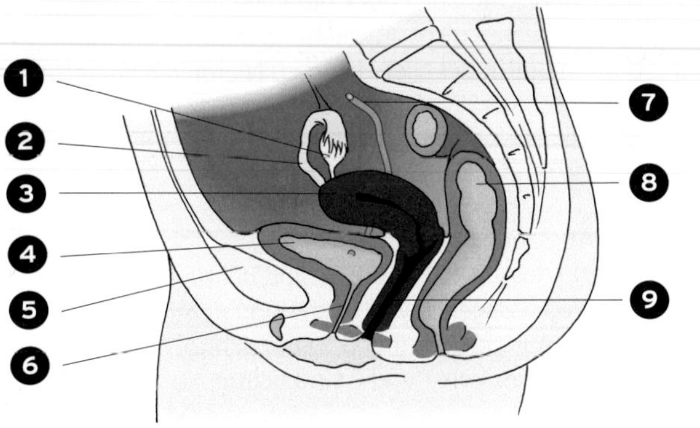

1) ____________________

2) ____________________

3) ____________________

4) ____________________

5) ____________________

6) ____________________

7) ____________________

8) ____________________

9) ____________________

2. Erklären Sie die Funktionsweise der Tubuli unter Verwendung der Begriffe Hypophyse und ADH-Ausschüttung.

3. Nennen Sie die physiologischen Bestandteile des Urins.

4. Erklären Sie, wodurch der Harndrang entsteht.

1. 1) Eierstock (Ovar), 2) Eileiter (Tube), 3) Gebärmutter (Uterus), 4) Harnblase, 5) Schambein, 6) Harnröhre (Urethra), 7) Harnleiter (Ureter), 8) Mastdarm (Rektum), 9) Scheide (Vagina)
2. Die Arbeit der Tubuli wird hormonell durch das Hormon der Hypophyse, ADH (antidiuretisches Hormon, Adiuretin), und durch das vegetative Nervensystem beeinflusst. Mangelt es dem Körper an Wasser, wird mehr ADH ausgeschüttet, wodurch die Tubuli vermehrt Wasser resorbieren. Bei Wasserüberfluss werden die ADH-Ausschüttung und die Resorption von Wasser gedrosselt.
3. Physiologische Bestandteile des Urins: organische Stoffe, u. a. Harnstoff, Kreatinin, Harnsäure; anorganische Stoffe, u. a. Salze, Wasser (95 %)
4. Die Harnblase speichert eine normale Sammelmenge von 250–500 mL Urin. Der Harndrang ist abhängig vom Füllungszustand der Harnblase und Spannungszustand, der durch psychische Faktoren wie Angst, Nervosität und von Entzündungen der Schleimhaut beeinflusst wird.

Prüfungsfall Zystitis: S. 360

1. Welche Aussage zur Abbildung der Niere trifft zu?

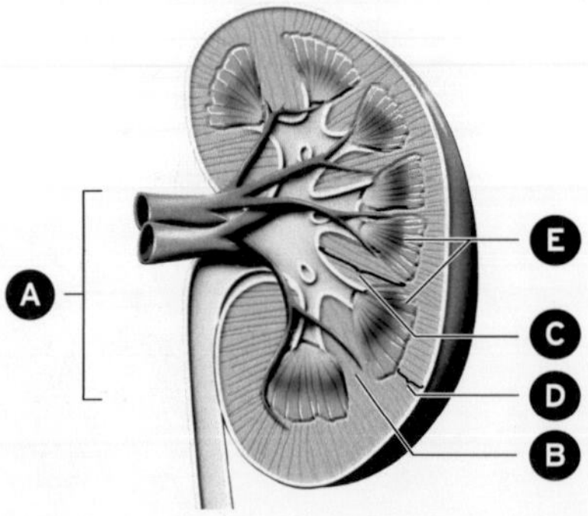

A) Buchstabe A kennzeichnet den Nierenhilus.
B) Buchstabe B kennzeichnet eine Markpyramide.
C) Buchstabe C kennzeichnet eine Nierensäule.
D) Buchstabe D kennzeichnet das Nierenmark.
E) Buchstabe E kennzeichnet die Nierenrinde.

2. Feinbau der Niere: Welche Zuordnung der anatomischen Strukturen zu den Bereichen in der Niere ist richtig?

A) Nierenmark, Henle'sche Schleife, Sammelrohr
B) Nierenmark, Glomerulus, Tubuli
C) Nierenrinde, Nierenmark, Sammelrohr
D) Henle'sche Schleife, Nierenrinde, Glomerulus
E) Nierenrinde, Sammelrohr, Glomerulus

3. Ordnen Sie die Fachbegriffe zu.

A	Ren	1	Harnleiter
B	Ureter	2	Niere
C	Urethra	3	Harnröhre
D	Vesica urinaria	4	Harnblase

A) A1, B2, C3, D4
B) A3, B2, C1, D4
C) A4, B3, C2, D4
D) A4, B2, C1, D3
E) A2, B1, C3, D4

4. Welche Bezeichnungen von Fehlbildungen der Nieren sind richtig?

A) Zwergnieren
B) Riesennieren
C) Fettnieren
D) Rüsselnieren
E) Doppelnieren
F) Hufeisennieren

5. Wann kann ein akutes Nierenversagen auftreten?

A) bei Sonnenbrand
B) bei Vergiftung, Schock und Trauma
C) bei allergischen Reaktionen
D) bei grippalen Infekten
E) bei Hypertonie

6. Welche Aussagekombination zur Funktionsfähigkeit von Nieren trifft zu?

1 Nur ein bestimmter Mindestblutdruck gewährleistet die Filterfunktion in den Glomeruli der Niere.
2 Bei einem Kreislaufschock oder Herzinsuffizienz werden die Nieren nicht ausreichend mit Blut versorgt.
3 Blutmangel in der Niere kann zu Nierenversagen führen.
4 Arterielle Hypertonie schädigt die Glomeruli.
5 Dialyse schädigt die Niere.

A) Alle Aussagen sind richtig.
B) Nur die Aussagen 1, 2 und 4 sind richtig.
C) Nur die Aussagen 1, 2, 3 und 4 sind richtig.
D) Nur die Aussagen 3, 4 und 5 sind richtig.
E) Nur die Aussagen 1 und 2 sind richtig.

7. Wie viel Liter Primärharn werden täglich ca. gebildet?

A) 20 L
B) 100 L
C) 50 L
D) 150 L
E) 500 L

8. Welche Aussage ist falsch?

A) Die Harnröhren von Frau und Mann unterscheiden sich in ihrer Länge.
B) Nieren und Harnleiter liegen retroperitoneal.
C) Die Harnleiter verbinden das Nierenbecken mit der Harnblase.
D) Alle Organe des Harnsystems sind paarig angelegt.
E) Auf den Nieren sitzen die Nebennieren kappenförmig auf.

9. Welche Aussagekombination zum ADH-Mangel trifft zu?

1 Fehlt ADH, so kommt es zum Diabetes insipidus.
2 Patienten müssen dann große Mengen trinken.
3 ADH kann mittels Nasenspray zugeführt werden.
4 Patienten scheiden übergroße Mengen Harn aus.
5 Diabetes insipidus wird auch Wasserharnruhr genannt.

A) Alle Aussagen sind richtig.
B) Nur die Aussagen 1, 2 und 4 sind richtig.
C) Nur die Aussagen 3, 4 und 5 sind richtig.
D) Nur die Aussagen 1, 3, 4 und 5 sind richtig.
E) Nur die Aussagen 1 und 2 sind richtig.

1. A	2. A
3. E	4. E, F
5. B	6. C
7. D	8. D
9. A	

10. Welches in den Nieren gebildete Hormon regt die Bildung der Erythrozyten an?
A) Adrenalin
B) Cortisol
C) Noradrenalin
D) Renin
E) Erythropoetin (EPO)

11. Welche Aussage zur Harnblase ist richtig?
A) Die Harnblase liegt im kleinen Becken.
B) Die Harnblase sammelt den Primärharn.
C) Die Harnblase hat eine gemeinsame Einmündungsstelle für beide Ureteren.
D) Die Harnblase besitzt einen Schließmechanismus, der den Reflux begünstigt.
E) Die Harnblase besteht aus Übergangsepithel.

12. Welche Aussage ist richtig?
A) Das Nierenbecken mündet in die Harnblase.
B) Die Harnblase liegt im großen Becken.
C) Die rechte Niere ist höher als die linke Niere im Körper gelegen.
D) Die Innenwand der Harnblase nennt man Parametrium.
E) Die Harnleiter verbinden die Nieren mit der Harnblase.

13. Welche Aussage ist richtig?
A) Die Nieren sind exokrine Drüsen.
B) Die Bindegewebskapsel der Nieren hat eine Ausscheidungsfunktion.
C) Die Nierenarterien entspringen der Aorta.
D) Die Nieren besitzen eine Eiweißkapsel.
E) Die Nieren regulieren den Puls.

14. Welche Aussage zur Harnblase ist richtig?
A) Sie fasst maximal 500–1000 mL.
B) Das Fassungsvermögen der Harnblase beträgt 100 mL.
C) Die Harnblase besteht aus unverhorntem Plattenepithel.
D) Die Harnblase liegt im großen Becken.
E) Eine Fettgewebskapsel umgibt die Harnblase zum Schutz.

15. Welche Aussagekombination trifft zu? Physiologischer Bestandteil des Harns ist …
1 Harnstoff.
2 Salz.
3 Zucker.
4 Kreatinin.
5 Harnsäure.

A) Alle Aussagen sind richtig.
B) Nur die Aussagen 1, 2 und 5 sind richtig.
C) Nur die Aussagen 1, 4 und 5 sind richtig.
D) Nur die Aussagen 1, 2, 4 und 5 sind richtig.
E) Nur die Aussagen 1 und 2 sind richtig.

16. Wie viel Liter Endharn scheidet ein gesunder Mensch pro Tag in etwa aus?
A) 800 mL
B) 5 000 mL
C) 3 000 mL
D) 1 500 mL
E) 500 mL

17. Welche Aussage zu den Aufgaben der Niere ist falsch?
A) Ausscheidung von harnpflichtigen Substanzen
B) Regulierung des Wasser- und Salzhaushaltes
C) Blutdruckregulation
D) Ausscheidung von Giftstoffen
E) Abbau von Hämoglobin zu Bilirubin

18. Welches Deckepithel kleidet die Harnblase aus?
A) Übergangsepithel
B) einschichtiges Plattenepithel
C) unverhorntes mehrschichtiges Plattenepithel
D) verhorntes mehrschichtiges Plattenepithel
E) Flimmerepithel

19. Wodurch werden die Nieren an ihrem Platz gehalten?
A) Die Nieren sind mit Bändern an der Wirbelsäule befestigt.
B) Die Nieren sind mit dem Bauchfell verwachsen.
C) Die Nieren werden von einer Fettkapsel gehalten.
D) Die Nieren werden nur durch die Nierenarterien und Nierenvenen gehalten und sind daher sehr stoßempfindlich.
E) Die Nieren werden von den Bauchmuskeln gehalten.

20. Welche Aussage zur Diurese ist richtig?
A) Wenn die Diurese die Flüssigkeitszufuhr unterschreitet, dann führt dies zu Wasserverlust.
B) Vermehrte Harnausscheidung führt zum Verlust von Salzen.
C) Alkohol steigert die ADH-Sekretion und die Diurese.
D) ADH-Sekretion steigert die Diurese.
E) Zu geringe Diurese kann zu Wadenkrämpfen führen.

10. E	11. A
12. E	13. C
14. A	15. D
16. D	17. E
18. A	19. C
20. B	

11 Erkrankungen und Diagnostik der Nieren und ableitenden Harnwege

Nennen Sie Steinleiden begünstigende Faktoren.

- Nebenschilddrüsenüberfunktion
- Ernährungsgewohnheiten wie vermehrter Verzehr oxalatreicher Nahrungsmittel
- zu geringe Trinkmenge
- metabolisches Syndrom
- Disposition
- Infektionen bzw. Entzündungen

Erklären Sie den Begriff Urämie.

Bei einer Urämie kommt es zu einer Anhäufung von harnpflichtigen Stoffwechselendprodukten im Blut, wie:
- Harnsäure
- Harnstoff
- Kreatinin
- Reststickstoff

Erklären Sie die Begriffe qualitativ, quantitativ und semiquantitativ.

- Qualitativ bezieht sich darauf, ob ein Stoff im Untersuchungsmaterial überhaupt vorhanden ist.
- Quantitativ bezieht sich darauf, wie viel von einer bestimmten Substanz im Untersuchungsmaterial vorhanden ist.
- Semiquantitativ bezieht sich auf die Bestimmung der ungefähren Menge eines Stoffes im Untersuchungsmaterial.

Geben Sie Möglichkeiten der bildgebenden Diagnostik bzw. Funktionstests sowie endoskopische Untersuchungsmethoden der Harnorgane an.

- bildgebende Diagnostik:
  - Sonografie von Nieren und Blase
  - Röntgendarstellungen z. B. i. v. Urogramm
  - Urethrozystografie
- urodynamische Messungen
- Spiegelung (Zystoskopie)

Erläutern Sie den Unterschied zwischen komplizierten und unkomplizierten Harnwegsinfekten.

Unkomplizierte Harnwegsinfektionen:
- Infektionen der harnableitenden Wege bei sonst gesunden Menschen klingen nach gezielter Behandlung schnell wieder ab.
- ohne weitere Komplikationen

Komplizierte Harnwegsinfektionen
- können chronisch werden; besonders gefährdet sind Patienten mit Grundleiden (wie Diabetiker).
- treten vermehrt auf bei
  - Antibiotikaresistenzen,
  - Schwangeren und immunsupprimierten Patienten,
  - Männern mit Abflussbehinderungen durch Prostatavergrößerung.
- Es entstehen u. U. schwere Nierenschäden bis hin zur Bildung von Schrumpfnieren und zum Funktionsverlust einer oder beider Nieren.

Erklären Sie den Aufbau eines Teststreifens zur Harnuntersuchung und nennen Sie typische Fehlerquellen bei der Handhabung der Teststreifen.

- Er ist aus einem Kunststoffstreifen mit einem oder mehreren Testfeldern mit saugfähigem Vlies für qualitative und semiquantitative Tests aufgebaut.
- Auf dem Vlies sind verschiedene Reagenzien aufgebracht, die mit Harnbestandteilen reagieren.
- Ablaufende chemischen Reaktionen führen zu Farbveränderungen der Testfelder, die mit der Vergleichsskala der Packung beurteilt werden.
- Fehlerquellen:
  - falsch positive Ergebnisse bei zu alten Teststreifen, bei zu lange aufbewahrtem oder falsch gewonnenem Harn, Beimischung von Menstruationsblut oder Vaginalsekret bei Frauen
  - falsch negativ bei niedrig konzentriertem Harn und bei hoher Ascorbinsäurekonzentration
  - Reaktionszeit nicht beachtet
  - Streifen falsch herum an der Skala abgelesen
  - Teststreifen falsch gelagert

Prüfungsfall Zystitis: S. 360

Sie arbeiten in der Hausarztpraxis von Dr. Bömer. Der Patient Paul Nieringer kommt mit Beschwerden beim Wasserlassen in die Praxis.
Auszug aus der Karteikarte:

A B C D E F G H I J K L M N O P Q R S Sch St T U V W X Y Z

1 2 3 4 5 6 7 8 9 10 11 12 13 14 15 16 17 18 19 20 21 22 23 24 25 26 27 28 29 30 31 I II III IV V VI VII VIII IX X XI XII

Geb. frei ☐

Krankenkasse bzw. Kostenträger
AOK Hessen

Nachts ☐

Sonstige ☐

Name, Vorname des Versicherten	geb. am	
Nieriger, Paul Birkenweg 3 65189 Wiesbaden	25.08.19xx	EA; 81-jähriger Patient Hypertonie Hypothyreose Diabetes mellitus Typ 2 seit 2008 Benignes Prostatasyndrom seit 2008

Unfall ☐

Arbeitsunfall* ☐

Kassen-Nr.	Versicherten-Nr.	Status
12365478	6789012	
Betriebsstätten-Nr.	**Arzt-Nr.**	**Datum**
123456789	123456789	11.11.20xx

☎ Risiken:

11.11.20xx	Anamnese: stechende, brennende Schmerzen beim Wasserlassen
	Labor: Harnstreifentest: pH 6, Leuko ca. 30–45, Nitrit pos., Eiweiß neg., Glukose neg., Keton neg., Ery ca. 15–20
	Urinsediment: Ery 12, Leuko 22, Bakterien massenhaft, Epithelien keine, Zylinder keine Anlage eines Uricult Diagnose: Zystitis Therapie: Ciprofloxacin 250 mg

1. **Erklären Sie den Begriff Zystitis. Gehen Sie auf Ursachen, Symptomatik, Diagnostik und Therapie ein.**

2. **Benennen Sie Laborparameter, die bei einer Zystitis von Bedeutung sind.**

1. Zystitis: Entzündung der Harnblase; Ursachen: durch Bakterien hervorgerufen, gefördert durch kurze Harnröhre bei Frauen und Restharnbildung bei Prostatahyperplasie älterer Männer; Symptome: Leitsymptom ist Algurie (Brennen beim Wasserlassen); Diagnostik: Anamnese, Harnstatus (im Harnstreifentest positiv: Leukozyten, ggf. Erythrozyten, Nitrit; oft ist im Spontanurin auch Protein positiv und das Nitrit durch Verdünnung des Urins oft falsch negativ); Therapie: Antibiotikagabe; nach der Medikamenteneinnahme Reduzieren der Trinkmenge
2. Kreatinin, Natrium, Kalium, Cystatin C

3. Erklären Sie dem Patienten die Gewinnung von Mittelstrahlurin.

4. Welche Kristalle weisen auf Nieren- und Harnwegserkrankungen im Urinsediment hin?

5. Welche Ursachen können für eine rot bis rotbraune Harnfarbe sorgen?

6. Erklären Sie den Begriff Niereninsuffizienz und geben Sie zwei Ursachen an.

7. Wie ist ein Uricult®–Nährboden aufgebaut?

8. Erklären Sie das Prinzip der künstlichen Blutwäsche bei Nierenversagen.

Abrechnung: S. 175
Prüfungsfall Zystitis: S. 360

3. Hände waschen; Urinbecher öffnen; erste Harnportion in die Toilette lassen; zweite Harnportion, der Mittelstrahl des Urins, wird aufgefangen; dritte Harnportion wird wieder in die Toilette gelassen.
4. Calciumoxalate und Cystin weisen auf mögliche Steine hin, Tripelphosphate und Cholesterin weisen auf einen möglichen Harnwegsinfekt hin.
5. Erythrozyten, Porphyrine, Myoglobin, Urate, Verzehr Roter Bete
6. Es handelt sich um eine fehlende bis eingeschränkte Fähigkeit der Nieren, harnpflichtige Substanzen aus dem Blut zu entfernen. Ursachen; Hypertonie, Diabetes mellitus.
7. Das Gefäß ist steril und hat am Deckel einen Halter, an dem sich zwei bis drei Nährböden befinden: der CLED-Agar (grün), der MacConkey-Agar (rotbraun) und ggf. zusätzlich der Enterokokken-Agar (farblos) auf der Seite des MacConkey-Agars.
8. Das Verfahren der Dialyse beruht auf Stoffaustausch mit Hilfe dünner, halb durchlässiger Membranen und spezieller Dialyseflüssigkeiten. Das Blut des Patienten wird erst aus dem Körper geleitet, über den Dialysator gereinigt und fließt dann wieder zurück in den Körper des Patienten. Der Gefäßchirurg legt am Unterarm des Patienten einen Shunt. Dieser bildet ein großlumiges Gefäß aus einer Arterie und einer Vene zum Ausleiten und Einleiten in den Dialysator. Dialyse erfolgt ca. dreimal pro Woche.

1. Welche beiden Aussagen zur Aufbewahrung des Urins für Untersuchungen sind richtig?

A) Im Kühlschrank ist das Aufbewahren bei + 4 °C 2 Stunden lang möglich.
B) Der Urin kann im Kühlschrank bis zu 3 Tage aufbewahrt werden.
C) Der Urin kann eingefroren werden.
D) Bei dunkler Lagerung und Zimmertemperatur kann der Urin 24 Stunden aufbewahrt werden.
E) Der Urin kann im Labor bis zu 10 Stunden aufbewahrt werden.
F) Urin sollte innerhalb von 2–4 Stunden untersucht werden.

2. Welche beiden Aussagen zu einer Pyelonephritis sind richtig?

A) Nahrungsbestandteile wie Calcium und Oxalsäure können die Entzündung auslösen.
B) Es entstehen Koliken, die zum Kollaps führen können.
C) Eine Harnblasenentzündung bezeichnet man als Pyelonephritis.
D) Die Entzündung kann zu Vernarbungen des Nierengewebes führen.
E) Eine Pyelonephritis ist eine Nierenbecken-entzündung mit Nierenbeteiligung.
F) Es handelt sich um eine unkomplizierte Infektion.

3. Welche Linsensysteme am Lichtmikroskop ergeben die Gesamtvergrößerung? Welche Aussage trifft zu?

A) Okulare
B) Kondensor und Okular
C) Kondensor und Blende
D) Objektive
E) Okular und Objektiv

4. Welcher Parameter der Teststreifen-Urin-untersuchung gibt den Hinweis auf einen Harnwegsinfekt?

A) Glukose
B) pH-Wert
C) Keton
D) Nitrit
E) Dichte (spez. Gewicht)

5. Welche Materialien benötigen Sie zur Durchführung einer Keimzahlbestimmung im Urin mittels Eintauchnährboden?

A) Sammelurin
B) Mittelstrahlurin
C) Brutschrank
D) Mikroskop
E) Zentrifuge
F) Zählkammer

6. Ordnen Sie zu.

A	Algurie	1	erschwertes Wasserlassen
B	Nykturie	2	Ausscheidung von Traubenzucker im Urin
C	Pollakisurie	3	schmerzhaftes Wasserlassen
D	Dysurie	4	häufiges Wasserlassen kleiner Mengen
E	Glukosurie	5	nächtliches Wasserlassen

A) A1, B2, C5, D4, E3
B) A3, B4, C1, D5, E2
C) A4, B3, C2, D4, E5
D) A3, B5, C4, D1, E2
E) A2, B5, C3, D4, E1

7. Eine Patientin soll 24-Stunden-Urin abgeben. Worauf muss sie achten?

A) Am Sammeltag nach dem Morgenurin anfangen zu sammeln.
B) Am Sammeltag auch schon den Morgenurin sammeln.
C) Am Abgabetag noch den Morgenurin mitsammeln.
D) Am Abgabetag den Morgenurin nicht mehr sammeln.
E) Am nächsten Morgen den Urin mitsammeln.
F) Die Patientin darf auch harntreibende Getränke zu sich nehmen.

8. Welche beiden Aussagen zu Harnwegs-infekten sind richtig?

A) Häufiges Wasserlassen fördert das Aufsteigen von Bakterien in die Urethra.
B) Die Selbstansteckung mit Darmbakterien ist eine häufige Ursache.
C) Harnwegsinfekte kommen bei beiden Geschlechtern gleich häufig vor.
D) Ein hoher Zuckergehalt im Urin von Diabetikern begünstigt die Keimvermehrung.
E) Für Harnwegsinfekte veranlagte Patienten empfiehlt sich eine geringe Trinkmenge.
F) Sexualkontakte haben keinen Einfluss auf Infektionen der Harnwege.

1. A, F	2. D, E
3. E	4. D
5. B, C	6. D
7. A, C	8. B, D

9. Welche Aussage zur Gewinnung von Mittelstrahlurin ist richtig?

A) Erste Portion verwerfen, zweite Portion im Becher auffangen, dritte Portion verwerfen.
B) Nur die erste Portion auffangen.
C) Nur die zweite und dritte Portion im Becher auffangen.
D) Nur die dritte Portion im Becher auffangen.
E) Nur die zweite Portion verwerfen.

10. Welche beiden Aussagen zur Harnausscheidung sind richtig?

A) Polyurie bezeichnet eine normale Harnmenge.
B) Oligurie liegt bei erhöhter Harnausscheidung vor.
C) Anurie bezeichnet eine fehlende Harnausscheidung.
D) Verminderte Harnausscheidung liegt bei Enuresis vor.
E) Eine Polyurie ist eine erhöhte Harnausscheidung.
F) Eine normale Tagesausscheidung von Harn bezeichnet man als Nykturie.

11. Welche Aussage zur Hämaturie ist richtig?

A) Im Urin sind Erythrozyten.
B) Leukozyten sind in der Harnprobe zu finden.
C) Bei einer Hämaturie ist Bilirubin vorhanden.
D) Die Harnprobe enthält auch hyaline Zylinder.
E) Oxalat-Kristalle führen zu einer Hämaturie.

12. Welche Zylinder im Harnsediment der Urinuntersuchung sind nicht pathologisch?

A) Leukozytenzylinder
B) Erythrozytenzylinder
C) Wachszylinder
D) hyaline Zylinder
E) Epithelzylinder

13. Für welche beiden Harnuntersuchungen ist Spontanurin nicht optimal geeignet?

A) Glukosenachweistest
B) Harnsedimentuntersuchung
C) Ketonkörpernachweis
D) Schwangerschaftstest
E) bakteriologische Untersuchung
F) Drogensuchttest

14. Welche Aussage zur Sicherung einer Nierentumordiagnose ist richtig?

A) Anamnese, Uricult®, Haemoccult®
B) Anamnese, Harnstatus, körperliche Untersuchung
C) Anamnese, Sammelurin, Antibiogramm
D) Anamnese, Harnstatus, Katheterurin
E) Anamnese, Harnstatus, Sonografie, Laboruntersuchung

15. Nicht zählbare Bestandteile des Harnsediments werden in Worten oder Kreuzen dokumentiert. Welche Aussage ist zutreffend?

A) Negativ bedeutet, dass der betreffende Bestandteil in der Probe nicht enthalten ist.
B) „Massenhaft" wird mit einem Kreuz angegeben.
C) Wenn die Zellen oder Kristalle vereinzelt vorliegen, werden sie mit zwei Kreuzen dokumentiert.
D) Wenn Zellen und Kristalle vermehrt zu finden sind, wird dies mit drei Kreuzen angegeben.
E) Es wird ein Kreuz in Klammern angegeben, wenn der betreffende Bestandteil reichlich vorhanden ist.

16. Ordnen Sie zu.

A	Zystitis	1	Blasenentzündung
B	Nephrolithiasis	2	Harnsteine
C	Pyelonephritis	3	Harnröhrenentzündung
D	Urolithiasis	4	Nierensteine
E	Urethritis	5	Nierenbeckenentzündung

A) A1, B2, C5, D4, E3
B) A3, B4, C1, D5, E2
C) A4, B3, C2, D4, E5
D) A1, B4, C5, D2, E3
E) A2, B5, C3, D4, E1

17. Welches Teil am Mikroskop dient der Vergrößerung?

A) Filter
B) Lichtquelle
C) Objektiv
D) Kondensor
E) Feintrieb

18. Welche beiden Sedimentbestandteile sind immer pathologisch?

A) Tripelphosphate
B) Kalziumoxalate
C) Trichomonaden
D) granulierte Zylinder
E) Plattenepithelien
F) Erythrozyten

9. A	10. C, E
11. A	12. D
13. B, E	14. E
15. A	16. D
17. C	18. C, D

19. Was weisen Sie mit dem Micraltest nach?

A) Kortison

B) Schwangerschaftshormone

C) geringe Mengen an Eiweiß

D) geringe Mengen an Zucker

E) geringe Menge an Glukose

20. Welche Zuordnung ist richtig?

A	Nieren-karzinom	→	Wasserausscheidung über die Nieren
B	Kolik	→	nächtliches Entleeren der Harnblase
C	Diurese	→	wellenförmiger starker Schmerz
D	Lithotrypsie	→	Steinzertrümmerung mit Stoßwellen
E	Nykturie	→	bösartiger Tumor der Nieren

21. Welche Aussage zum Risiko bei der Gewinnung von Blasenpunktionsurin ist richtig?

A) Die Punktion kann zur Verletzung der Genitalorgane führen.

B) Es können Lähmungen auftreten.

C) Der Darm kann verletzt werden.

D) Es treten danach im Harnsediment verstärkt Kristalle auf.

E) Die Punktion kann zu einer Bauchwand-verletzung mit Blutung führen.

22. Welche Aussage zur Hämodialyse ist zutreffend?

A) Es handelt sich um eine medizinische Nierensteinzertrümmerung.

B) Giftstoffe werden aus dem Blut entfernt.

C) Es handelt sich um eine Blutung im Urogenitaltrakt.

D) Es handelt sich um eine Elektrolytverschiebung.

E) Es handelt sich um eine medikamentöse Auflösung von Steinen.

23. Welche Aussagen sind richtig?

1 Nierensteine können Koliken verursachen.

2 Nierensteine müssen immer operativ entfernt werden.

3 Nierensteine können mit Laser zertrümmert werden.

4 Häufige Infektionen der Harnwege können zu Nierensteinen führen.

5 Nierensteine können mit Ultraschall erkannt werden.

A) Alle Aussagen sind richtig.

B) Nur die Aussagen 1, 2 und 4 sind richtig.

C) Nur die Aussagen 3, 4 und 5 sind richtig.

D) Nur die Aussagen 1, 3, 4 und 5 sind richtig.

E) Nur die Aussagen 1 und 2 sind richtig.

24. Welche beiden Aussagen zur Harninkontinenz sind richtig?

A) Bei einer Belastungsinkontinenz liegt eine Schwäche des Schließmuskels vor.

B) Harninkontinenz entsteht durch Niereninsuffizienz.

C) Eine Pyelonephritis führt zu einer Harninkontinenz.

D) Bei einer Drainageinkontinenz ist die Muskulatur der Blase inaktiv.

E) Harninkontinenz zeigt sich durch spontanen Harnabgang und/oder verstärkten Harndrang.

F) Durch hohen Blutdruck entsteht eine Harninkontinenz.

25. Welche Aussagen zur Niereninsuffizienz sind richtig?

1 Sie wird oft durch ungenügend behandelten Diabetes mellitus und Hypertonie verursacht.

2 Die Niereninsuffizienz verläuft ausschließlich chronisch.

3 NSAR zählen zu den nierenschädigenden Medikamenten.

4 Mit zunehmendem Grad der Niereninsuffizienz steigt die glomeruläre Filtrationsrate (GFR).

5 Eine leichte Form der Niereninsuffizienz stellt die Urämie dar.

A) Alle Aussagen sind richtig.

B) Nur die Aussagen 1, 2 und 4 sind richtig.

C) Nur die Aussagen 3, 4 und 5 sind richtig.

D) Nur die Aussagen 1, 3, 4 und 5 sind richtig.

E) Nur die Aussagen 1 und 3 sind richtig.

26. Ein pH-Wert des Urins unter 7 tritt auf bei …

A) Fieber.

B) einem Hungerzustand.

C) Durchfall.

D) veganer Kost.

E) einer Infektion durch Ammoniak bildende Bakterien.

19. C	20. D
21. E	22. B
23. D	24. A, E
25. E	26. B

12 Weibliche Genitalorgane und ihre Erkrankungen, Schwangerschaft und Geburt

Beschriften Sie die folgende Abbildung des weiblichen Genitales und geben Sie jeweils die Funktion der abgebildeten anatomischen Strukturen an.

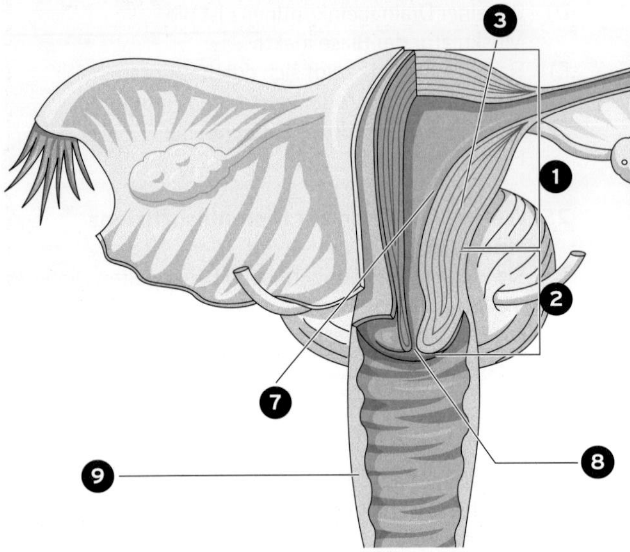

	Struktur	Funktion
1	Gebärmutterkörper (Corpus uteri)	kann den Keimling aufnehmen und ist am Aufbau der Plazenta beteiligt
2	Gebärmutterhals (Cervix uteri)	verschließt den Gebärmuttereingang mit Schleim und schützt somit vor dem Eindringen von Keimen
3	Gebärmuttermuskulatur (Myometrium)	kontrahiert sich beim Einsetzen der Wehen
4	Eileiter (Tube)	transportiert die Eizellen von den Eierstöcken zur Gebärmutterhöhle, Ort der Befruchtung der Eizelle
5	Fransentrichter	fängt die Eizelle nach der Ovulation auf und transportiert sie in Richtung Gebärmutterhöhle
6	Eierstock (Ovar)	Eizellspeicher, Ort der Eizellreifung und Hormonproduktion
7	Gebärmutterschleimhaut (Endometrium)	Schleimhaut, die während der Zyklusphasen aufgebaut wird, damit sich die befruchtete Eizelle ggf. einnisten kann
8	Muttermund (Portio)	Schutz der Gebärmutter
9	Scheide (Vagina)	Verbindungskanal für die Spermien

Benennen Sie die Untersuchungen, die im Rahmen der Mutterschaftsvorsorge durchgeführt werden, und geben Sie dabei auch die Termine für die Ultraschalluntersuchungen im Verlauf einer regulär verlaufenden Schwangerschaft an.

- Urinuntersuchung
- Hämoglobin-Bestimmung
- Körpertemperaturmessung
- Blutdruckmessung
- Bestimmung des Körpergewichts
- Ultraschalluntersuchungen (US):
  - 1. US: 9. bis 11. Schwangerschaftswoche
  - 2. US: 19. bis 23. Schwangerschaftswoche
  - 3. US: 29. bis 32. Schwangerschaftswoche
- Fundusstand und bimanuelle Palpation
- Antikörpersuchtest, ggf. Röteln-Titer-Bestimmung
- Blutgruppen- und Rhesusfaktor-Bestimmung und Hämoglobin-Bestimmung
- Lues-Serologie
- Beratung zur Jod-Prophylaxe

Beschriften Sie die Abbildung zu den Vorgängen im Ovar im Laufe des Menstruationszyklus.

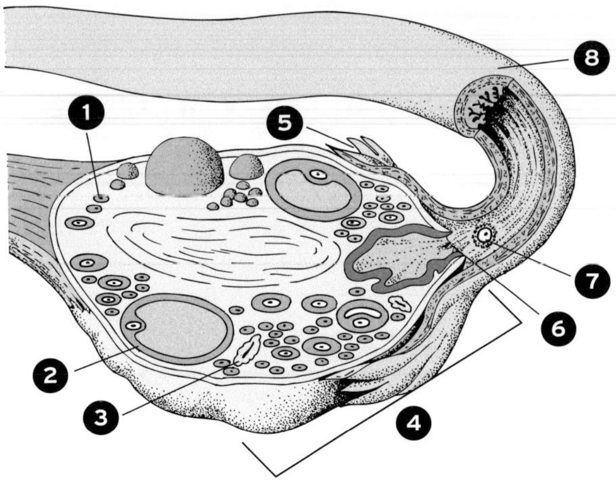

1	unreife Eizelle
2	Follikel
3	Rest eines Gelbkörpers
4	Eierstock
5	Fransentrichter
6	Eisprung
7	Eizelle
8	Eileiter

Erläutern Sie die Begriffe Menarche und Menopause.

- Die Menarche ist die erste Monatsblutung im Leben einer Frau und findet um das 12. bis 14. Lebensjahr statt.
- Die Menopause entspricht der letzten Regelblutung der Frau, meist um das 50. Lebensjahr.

Was bedeutet der Begriff Dysmenorrhoe und welche Ursachen gibt es?

- Dysmenorrhoe: Menstruation mit starken, krampfartigen Schmerzen
- Ursachen sind z. B.
  - genetisch bedingt (bei manchen Frauen ab der Pubertät),
  - organisch bedingt bei Endometriose, da sich Endometriumzellen auch außerhalb der Gebärmutterhöhle befinden können,
  - längeres Tragen von Intrauterinpessaren (IUP),
  - Entzündungen.
  - Seelische Probleme können Dysmenorrhoe auslösen und verschlimmern.

Erläutern Sie die Vorgänge der hormonellen Regulation in den weiblichen Zyklusphasen.

Menstruationsphase (Abstoßungsphase):
- beginnt mit der Regelblutung am 1. Tag des Zyklus und endet meistens um den 5. Zyklustag
- Funktionsschicht des Endometriums löst sich und fließt mit dem Menstrualblut zusammen ab

Proliferationsphase:
- ab dem 5. Zyklustag bis ca. zum 14. Tag
- FSH (Follikel stimulierendes Hormon) aus dem Hypophysenvorderlappen (HVL) stimuliert die Follikelreifung im Ovar und die Östrogenausschüttung aus dem Follikel ins Blut.
- Ovulation (Eisprung) um den 14. Tag (Zyklusmitte)
- LH (luteinisierendes Hormon) aus dem HVL und das FSH aus dem Follikel lösen zusammen den Eisprung aus.

Sekretionsphase (Progesteronphase):
- ab dem 15. Zyklustag bis ca. zum 28. Tag
- Der Follikel hat sich unter dem Einfluss von LH zum Gelbkörper umgewandelt.
- Der Gelbkörper produziert Progesteron, das eine Auflockerung der Uterusschleimhaut bewirkt.
- Die so aufgelockerte Uterusschleimhaut kann jetzt eine zuvor im Eileiter befruchtete Eizelle aufnehmen (Nidation). In diesem Fall findet keine Periodenblutung statt.

Nennen Sie das Fachwort für Brustkrebs sowie dessen Definition, Symptome, Diagnostik, Therapie, Prognose und Komplikationen.

Brustkrebs (Mammakarzinom): maligner Tumor der Brustdrüse, häufigster bösartiger Tumor bei Frauen
- Symptome: Knoten in der Brust, Lymphknotenschwellungen, Absonderungen aus der Mamille
- Diagnostik: Selbstuntersuchung, Sonografie, Mammografie, Krebsfrüherkennungsuntersuchung
- Therapie: Operation, Chemotherapie, Bestrahlung, Medikamente (z. B. Antiöstrogene)
- Prognose: gut, 5-Jahres-Überlebensrate von 80 % bei rechtzeitiger Entdeckung und Behandlung
- Risiken: z. B. familiäre Häufung, fettreiche Ernährung, frühe Menarche, Kinderlosigkeit, längere Hormontherapie

Prüfungsfall Schwangerschaft: S. 367,
Prüfungsfall Krebsfrüherkennung: S. 330

Sie arbeiten in der gynäkologischen Praxis von Dr. Barbara Kleeberg. Die schwangere Patientin Anni Schwertträger kommt heute mit Beschwerden in die Praxis.
Auszug aus der Karteikarte:

A B C D E F G H I J K L M N O P Q R S Sch St T U V W X Y Z
1 2 3 4 5 6 7 8 9 10 11 12 13 14 15 16 17 18 19 20 21 22 23 24 25 26 27 28 29 30 31 — I II III IV V VI VII VIII IX X XI XII

Geb. frei ☐
Krankenkasse bzw. Kostenträger
TKK Hessen

Nachts ☐
Sonstige ☐
Name, Vorname des Versicherten
Schwertträger, Anni
Birkenweg 3
65189 Wiesbaden

geb. am
10.11.19xx

EA
35-jährige Patientin
2002 Sectio in der 32. SSW, wegen Plazentainsuffizienz
APGAR-Score 6-9-10
Blutgruppe Kind: B Rh neg.
2002 Immunisierung gegen Röteln
2007 Spontangeburt in der 40. SSW
Blutgruppe Kind: B Rh neg.
APGAR-Score 9-10-10

Unfall ☐

Kassen-Nr.	Versicherten-Nr.	Status
1198765	0123456789	

Arbeitsunfall* ☐

Betriebsstätten-Nr.	Arzt-Nr.	Datum
55990070	123456789	24.04.20xx

Risiken:

24.04.20xx — Anamnese: 30. SSW; seit Vortag gelegentlich ziehender Schmerz im Unterleib
körperliche Untersuchung: o. B., Harnstreifenuntersuchung und Harnsediment o. B.
CTG: o. B., insbesondere kein Anhalt für vorzeitige Wehen
Vorgehen: AU für eine Woche, zunächst Bettruhe, Wiedervorstellung morgen zur Untersuchung, CTG und Ultraschall

1. Erklären Sie, für welche Untersuchung die Abkürzung CTG steht und was hierbei gemessen wird.

2. Erklären Sie die Naegele-Regel.

1. CTG: Cardiotokogramm; eine auf dem Bauch fixierte Messsonde misst die kindlichen Herztöne und die Wehentätigkeit.
2. Rechenregel: 1. Tag der letzten Menstruation minus 3 Monate plus 7 Tage plus 1 Jahr ergibt den voraussichtlichen Geburtstermin.

3. Warum ist ein Kaiserschnitt für Mutter und Kind als Risiko einzustufen? Begründen Sie kurz.

4. Nennen Sie schwangerschaftstypische Probleme, Erkrankungen und Komplikationen. Gehen Sie auch auf Präventions- und Therapiemöglichkeiten ein.

Abrechnung: S. 175
Prüfungsfall Schwangerschaft: S. 367,
Prüfungsfall V. a. Gestationsdiabetes: S. 357

3. Er kann zu Verletzungen benachbarter Organe führen. So können Verwachsungen entstehen. Außerdem können Narkosekomplikationen auftreten. Beim Kind: Risiko von Anpassungsstörungen an das extrauterine Leben; immunologische und andere Nachteile sind möglich.
4. Eisenmangelanämie: Der erhöhte Eisenbedarf im Blut wird durch die Ernährung nicht gedeckt. Dies erfordert eine Einnahme von Nahrungsergänzungsmitteln in der Schwangerschaft und Stillzeit. Varikosis: Es handelt sich um eine Erweiterung der Venen durch das Hormon Progesteron. Die Schwangeren müssen sich viel bewegen; mitunter wird auch eine Kompressionstherapie empfohlen. Extrauteringravidität: Es handelt sich um eine Schwangerschaft, die außerhalb des Uterus stattfindet. Bei der Einnistung der befruchteten Eizelle in der Tube kann diese platzen und zu lebensbedrohlichen Blutungen bei der werdenden Mutter führen. Eine laparoskopische Operation ist notwendig. Durch Ultraschall kann der Ort der Einnistung genau bestimmt werden. Gestationsdiabetes: Diabetes mellitus kann in der Schwangerschaft durch die hormonelle Umstellung ausgelöst werden. Oft werden übergewichtige Kinder geboren, dies führt gehäuft zu Komplikationen unter und nach der Geburt. Durch konsequente Ernährung (Diät), viel Bewegung und ggf. Insulingabe kann der Gestationsdiabetes therapiert werden. Zur Früherkennung wird ein Glukosetoleranztest durchgeführt. Hypertensive Schwangerschaftserkrankung (Gestose): Diese Erkrankung geht mit einer Hypertonie einher. Komplikationen entstehen durch eine Proteinurie, Ödeme, Krampfanfälle bis hin zu Leber- und Nierenversagen. Schlimmstenfalls kann auch der Tod von Mutter und Kind eintreten.

1. Welche beiden Aussagen zum Uterus sind richtig?

A) Der Uterus ist birnenförmig und meistens nach vorn geneigt.
B) Der Uterus liegt vor der Harnblase.
C) Der Uterus verbindet die Vagina und die Ovarien miteinander.
D) Der Uterus liegt zwischen der Harnblase und dem Mastdarm.
E) Der Uterus dient der Bildung der weiblichen Geschlechtshormone.
F) Der Uterus liegt im großen Becken.

2. Welche beiden Aussagen zur Gebärmutterschleimhaut sind richtig?

A) Die Gebärmutterschleimhaut ist am Aufbau der Plazenta beteiligt.
B) Die Gebärmutterschleimhaut besteht aus einer dicken Muskelschicht, die sich bei Einsetzen der Wehentätigkeit kontrahiert.
C) Die Funktionsschicht der Gebärmutterschleimhaut baut sich unter Hormoneinfluss auf und wird abgestoßen, wenn sich keine befruchtete Eizelle einnistet.
D) In der Schleimhaut der Gebärmutter findet die Hormonproduktion statt.
E) Ihr Wachstum wird als Proliferation bezeichnet.
F) Die Gebärmutterschleimhaut besteht aus Übergangsepithel.

3. Welche beiden Aussagen zu den weiblichen Geschlechtshormonen treffen zu?

A) Zu den weiblichen Hormonen gehört Testosteron.
B) Östrogene und Prolaktin sind weibliche Hormone.
C) FSH und Gestagene sind beim weiblichen Geschlecht im Blut zu finden.
D) TSH und Adrenalin sind weibliche Geschlechtshormone.
E) Adrenalin und Aldosteron werden im Uterus gebildet.
F) In den Ovarien wird ACTH gebildet.

4. Ordnen Sie zu.

A	Amenorrhö	1	zu starke Menstruation
B	Polymenorrhö	2	schwache Menstruation
C	Hypomenorrhö	3	fehlende Menstruation
D	Dysmenorrhö	4	zu häufige Menstruation
E	Hypermenorrhö	5	schmerzhafte Menstruation

A) A3, B1, C2, D4, E5
B) A1, B4, C3, D2, E5
C) A3, B4, C2, D5, E1
D) A5, B3, C4, D1, E2
E) A4, B2, C1, D3, E5

5. Welches sind zwei Phasen des weiblichen Zyklus?

A) Eröffnungsphase
B) Austreibungsphase
C) Proliferationsphase
D) Sekretionsphase
E) Abbruchphase
F) Exkretionsphase

6. Welche Aussage ist falsch?

A) Die Hypophyse steuert den weiblichen Zyklus.
B) Der Zyklus beginnt am ersten Tag der Regelblutung.
C) Nach der Ovulation sinkt die Basaltemperatur.
D) Die erste Zyklushälfte nennt man Follikelphase.
E) Die Gelbkörperphase entspricht der zweiten Hälfte des Zyklus.

7. Welche Aussage zu Fluor vaginalis trifft nicht zu?

A) Mechanische Reizungen und übertriebene Hygiene rufen die Erkrankung hervor.
B) Es handelt sich um Scheidenausfluss, der physiologisch in der Follikelphase auftritt.
C) Milchsäurebakterien der Vagina hemmen mit ihrer Milchsäure die Vermehrung pathogener Keime, die Fluor vaginalis hervorrufen können.
D) Der Scheidenausfluss ist hormonell gesteuert.
E) Ursache für Fluor vaginalis können sexuell und nicht sexuell übertragene Krankheiten sein.

8. Welche Aussage zur Nachgeburt ist richtig?

A) Absonderungen aus der Gebärmutterwunde nach der Geburt
B) Geburt der Beine des Kindes
C) Ausstoßung der Plazenta nach der Geburt
D) Ausstoßung der Eihäute nach der Geburt
E) Ausstoßung der Plazenta unter Presswehen
F) Ausstoßung der Gebärmutterschleimhaut nach der Geburt

9. Welcher pH-Wert herrscht im gesunden Scheidenmilieu?

A) pH 2
B) pH 4
C) pH 6
D) pH 8
E) pH 5

1. A, D	2. C, E
3. B, C	4. C
5. C, D	6. C
7. B	8. C, D
9. B	

10. Welche beiden Aussagen zur regelmäßigen gynäkologischen Routineuntersuchung sind richtig?

A) Es wird ein Ganzkörperstatus erhoben.
B) Es wird eine Mamillografie durchgeführt.
C) Eine vaginale Untersuchung mit Spekula oder Kolposkop ist notwendig.
D) Eine Mammografie wird durchgeführt.
E) Es kann eine Ultraschalluntersuchung zur Darstellung der Gebärmutter, der Ovarien und Eileiter durchgeführt werden.
F) Es wird Blut abgenommen.

11. Welche beiden Aussagen zu körperlichen Veränderungen lassen einen Brusttumor-Verdacht zu?

A) hohes Fieber nach wenigen Tagen
B) tastbare Knoten an Brust oder Achseln
C) plötzliche Umfangsveränderungen am ganzen Körper
D) Sekretabsonderungen aus der Brustwarze
E) Veränderung der Hormonlage
F) starke Schmerzen im Brustbereich

12. Welche beiden Aussagen zu einer Krebsvorsorgeuntersuchung bei einer Frau sind richtig?

A) Ein Harnstatus wird durchgeführt.
B) Ein Zervixabstrich gehört zur Krebsfrüherkennungsuntersuchung.
C) Die Brustuntersuchung wird vom Arzt durchgeführt.
D) Es wird eine bimanuelle Untersuchung des Rektums durchgeführt.
E) Eine Blutentnahme zur Bestimmung des PSA findet statt.
F) Eine Mammografie wird durchgeführt.

13. Welche Aussage ist richtig?

A) Eine Endometriose ist eine schmerzhafte Entzündung der Brust, die zur Tumorbildung in der Brust beiträgt.
B) Die Mammografie sollte jährlich durchgeführt werden.
C) Das Zervixkarzinom tritt nur in der Menopause auf.
D) Bei einem Mammakarzinom ist immer ein schmerzhafter Knoten zu tasten.
E) Blutungen in der Menopause und außerhalb des normalen Zyklus können Anzeichen einer bösartigen Veränderung des Endometriums sein.

14. Was bedeutet der Fachbegriff Klimakterium?

A) erste Regelblutung
B) letzte Regelblutung
C) schmerzhafte Regelblutung
D) Wechseljahre
E) schwache Regelblutung

15. Welche Aussage zur Rhesusunverträglichkeit trifft nicht zu?

A) Bei einer Fehlgeburt kann auf eine Anti-D-Prophylaxe verzichtet werden.
B) Bei einer Rhesusunverträglichkeit ist die Mutter Rhesus-negativ.
C) Die Mutter bekommt eine Anti-D-Prophylaxe in der Spätschwangerschaft und nach der Entbindung.
D) Die Anti-D-Prophylaxe verhindert die Bildung mütterlicher Anti-D-Antikörper.
E) Die Rhesusunverträglichkeit kann zum Tod des Fetus führen.

16. Welche Aussage trifft für einen störenden Einfluss, eine sogenannte Störung im Verlauf des ersten Schwangerschaftsdrittels zu?

A) Es handelt sich um eine Embryogenese.
B) Nach Einwirkung schädigender Einflüsse kann eine Embryopathie entstehen.
C) Durch eine allergische Reaktion wird eine Fetogenese begünstigt.
D) Auf eine Störung reagiert der kindliche Körper mit starkem Erbrechen.
E) Ein Schreck führt zu einer plötzlichen Störung in der kindlichen Entwicklung.

17. Welche beiden Aussagen treffen zu?

A) Die Einnistung des Embryos innerhalb der Gebärmutter wird als Extrauteringravidität bezeichnet.
B) Eine hypotensive Schwangerschaftserkrankung führt zu kindlichen Entwicklungsstörungen.
C) Bei einer Schwangerschaft wird mit Hilfe des Schwangerschaftstests das Schwangerschaftshormon Beta-HCG nachgewiesen.
D) Eine Venenerweiterung in der Schwangerschaft durch Progesteron kann zum Abort führen.
E) Bei Schwangerschaftsdiabetes ist das Kind oft untergewichtig.
F) Eine Gestose ist eine Erkrankung in der Schwangerschaft, die mit einer Hypertonie einhergeht.

10. C, E	11. B, D	12. B, C
13. E	14. D	15. A
16. B	17. C, F	

18. Welche Aussage über Arzneimittel in der Schwangerschaft trifft zu?

A) Antiemetika gegen das morgendliche Erbrechen sind nur auf ärztliche Anordnung einzunehmen.
B) Auf Antibiotika muss auch bei schweren bakteriellen Infektionen verzichtet werden, um Mutter und Kind zu schützen.
C) Schmerzmittel aus der Apotheke dürfen ohne ärztliche Rücksprache eingenommen werden.
D) Spasmolytika zur Lösung von Krämpfen können täglich eingenommen werden.
E) Arzneimittel auf Alkohol-Basis wirken sich nicht schädigend auf den kindlichen Organismus aus.

19. Welche Zuordnung ist richtig?

A Candida-Kolpitis → Entzündung der Gebärmutterschleimhaut
B Endometritis → Entzündung von Eileiter und Eierstock
C Adnexitis → Entzündung der Scheide
D Vulvitis → Entzündung des äußeren Genitales
E Kolpitis → Entzündung des Muttermunds

20. Welche Aussagekombination zur Schwangerschaftsverhütung trifft zu?

1 Die Ovulationshemmer (Pille) verhindern die Einnistung des befruchteten Eis durch Unterbrechung des hormonellen Regelkreises.
2 Kondome für Mann und Frau sind, werden sie richtig angewendet, zuverlässig in der Schwangerschaftsverhütung.
3 Spermizide in Form von Cremes und Scheidenzäpfchen sind eine sichere Verhütungsmethode.
4 Das Intrauterinpessar als hormonfreie Variante ist für Frauen, die keine Pille vertragen, evtl. geeignet.
5 Durch Scheidenspülungen lassen sich Schwangerschaften verhindern.
6 Regelmäßige Messung der Aufwachtemperatur (Basaltemperatur) ist ein Teil der natürlichen Verhütungsmethode.

A) Nur die Aussagen 1, 4 und 5 sind richtig.
B) Nur die Aussagen 1, 2, 4 und 6 sind richtig.
C) Nur die Aussagen 2, 4 und 6 sind richtig.
D) Nur die Aussagen 2, 4 und 5 sind richtig.
E) Nur die Aussagen 3, 5 und 6 sind richtig.

21. Was sind keine Ursachen von Fertilitätsstörungen?

A) Adnexitis
B) verminderte Spermienmenge bzw. -qualität
C) regelmäßiges Erbrechen
D) Einnahme der Pille
E) häufige Laparoskopien
F) jahrelanges Tragen von Intrauterinpessaren

22. Welche beiden Aussagen zum Korpuskarzinom treffen nicht zu?

A) Bauchschmerzen treten auf, der Bauchumfang nimmt zu, es kommt zu Blutungen.
B) Risikofaktoren sind Kinderlosigkeit, Alter, Langzeiteinnahme von Östrogenen und metabolisches Syndrom.
C) Es kommt im Verlauf der Erkrankung zu Spätsymptomen wie Vaginalblutungen nach der Menopause.
D) Bei den meisten Patientinnen erfolgt eine Hysterektomie.
E) Mit Hilfe einer Sonografie lässt sich der Tumor erkennen.
F) Durch eine Abrasio und Gewebeuntersuchung durch den Pathologen wird die Diagnose gesichert.

23. Welches ist die deutsche Bezeichnung für Mastopathie?

A) bakterielle Erkrankung des Mammagewebes
B) Schwellung des Brustgewebes
C) benigne, hormonabhängige Veränderung des Mammagewebes
D) maligne, hormonabhängige Veränderung im Mammagewebe
E) entzündlicher Prozess innerhalb des Mammagewebes

24. Eine andere Bezeichnung für die Untersuchung des Ungeborenen ist …

A) Fetoprognose.
B) Postnataldiagnostik.
C) Embryoprognose.
D) Schwangerschaftsvorsorge.
E) Pränataldiagnostik.

25. Welche Aussage zu schwangerschaftstypischen Beschwerden trifft zu?

A) Durch Hormonumstellung und Kreislaufbelastung tritt starke Hyperaktivität auf.
B) Die Wirkung von Progesteron fördert die Einlagerung von Wasser und Salz.
C) Hypertonie entsteht durch progesteronbedingte Gefäßerweiterung.
D) Der erhöhte Bedarf an Eisen führt immer zu einer Anämie.
E) Ein Magensäurerückfluss führt zu einer Lockerung des Speiseröhren-Schließmuskels.

18. A	19. D
20. C	21. C, D
22. A, E	23. C
24. E	25. B

26. Welche Aussagekombination zur Frühgeburt ist richtig?

1 Es handelt sich um eine Geburt vor dem Ende der 37. Schwangerschaftswoche.
2 Die Ursachen können systemische Infektionen sein.
3 Es kommt zu vorzeitigen Wehen und/oder zum Blasensprung.
4 Wehenhemmende Medikamente und Bettruhe können die Frühgeburt verzögern.
5 Bei Gefahr für Mutter und Kind muss eine Sectio vor der 37. SSW durchgeführt werden.

A) Alle Aussagen sind richtig.
B) Nur die Aussagen 1, 2, 4 und 5 sind richtig.
C) Nur die Aussagen 2 und 3 sind richtig.
D) Nur die Aussagen 3 und 4 sind richtig.
E) Nur die Aussagen 4 und 5 sind richtig.

27. Was versteht man unter dem ersten Trimenon?

A) die Schwangerschaftsmonate 7 bis 9
B) die Schwangerschaftsmonate 5 bis 6
C) die Schwangerschaftsmonate 4 bis 5
D) die Schwangerschaftsmonate 2 bis 3
E) die Schwangerschaftsmonate 1 bis 3

28. Welche beiden Aussagen zum APGAR-Score treffen zu?

A) Er bewertet die Augenbewegungen des Neugeborenen.
B) Es handelt sich um ein Screening zur Erkennung von Stoffwechselerkrankungen.
C) Es handelt sich u. a. um die Beurteilung von Atmung und Puls.
D) Aussehen, Grundtonus und Reflexe werden beurteilt.
E) Mit 5 Punkten ist das Kind gesund.
F) Bei 7 Punkten muss reanimiert werden.

29. Welche Aussagekombination zur Geburt ist richtig?

1 Das Einsetzen der Wehen und die hormonellen Vorgänge öffnen den Muttermund (Eröffnungsperiode).
2 Durch Uteruskontraktion platzt die Fruchtblase und mit Presswehen beginnt die Austreibungsperiode.
3 Die Wochenbettphase bildet den Abschluss der Geburt.
4 Nach der Geburt des Kindes beginnt die Nachgeburtsperiode.
5 Nach der Geburt bezeichnet man die Frau als Wöchnerin.

A) Alle Aussagen sind richtig.
B) Nur die Aussagen 1, 2, 4 und 5 sind richtig.
C) Nur die Aussagen 2 und 3 sind richtig.
D) Nur die Aussagen 3 und 4 sind richtig.
E) Nur die Aussagen 4 und 5 sind richtig.

30. Welche Aussagekombination zu den malignen Tumoren der weiblichen Genitalorgane ist richtig?

1 Maligne bedeutet gutartig.
2 Promiskuität erhöht das Risiko.
3 Zur Pathogenese gehört eine Infektion mit HPV.
4 Das metabolische Syndrom und Hormontherapien begünstigen das Entstehen maligner Tumore.
5 Ein maligner Tumor bildet keine Metastasen.

A) Alle Aussagen sind richtig.
B) Nur die Aussagen 1, 2, 4 und 5 sind richtig.
C) Nur die Aussagen 2, 3 und 4 sind richtig.
D) Nur die Aussagen 3 und 4 sind richtig.
E) Nur die Aussagen 4 und 5 sind richtig.

31. Welche Aussagekombination zur Selbstuntersuchung der Brust trifft zu?

1 Mit angehobenen Armen die Brust von beiden Seiten betrachten.
2 Brüste im Stehen mit drei mittleren Fingern abtasten.
3 Man beginnt im oberen äußeren Viertel und fährt im Uhrzeigersinn fort.
4 Man drückt die Brustwarze zwischen Daumen und Zeigefinger und achtet auf austretende Flüssigkeit.
5 Abtasten der Lymphknoten in den Achselhöhlen

A) Nur die Aussagen 1, 4 und 5 sind richtig.
B) Nur die Aussagen 1, 2 und 6 sind richtig.
C) Nur die Aussagen 2, 4 und 6 sind richtig.
D) Nur die Aussagen 2, 4 und 5 sind richtig.
E) Alle Aussagen treffen zu.

32. Welche beiden Aussagen zur Sterilisation bei Frauen treffen zu?

A) Es handelt sich um eine laparoskopische Unterbindung der Eileiter.
B) Die Sterilisation kann ambulant ohne Vollnarkose durchgeführt werden.
C) Dieser Vorgang kann wieder rückgängig gemacht werden.
D) Dazu ist kein Bauchhöhleneingriff notwendig.
E) Alle zwei Jahre müssen die Eileiter auf Durchgängigkeit geprüft werden.
F) Die Sterilisation der Frau ist risikoreicher als die Sterilisation des Mannes.

26. A	27. E
28. C, D	29. B
30. C	31. E
32. A, F	

13 Männliche Genitalorgane und ihre Erkrankungen

Nennen Sie die inneren Genitalorgane des Mannes und erläutern Sie deren Aufbau und Funktion.

Hoden (Testes)
- Die Hoden sind Keimdrüsen und endokrine Drüsen zugleich.
- Die Hoden sind ein paariges Organ, das von einer derben Kapsel umgeben ist und im Hodensack liegt.
- Im Innern sind die Hoden in Kammern aus Bindegewebe unterteilt, die sog. Hodenläppchen.
- Hodenläppchen enthalten Hodenkanälchen, in denen die Keimzellen (Ursamenzellen) und Fußzellen (Nährzellen für den Samen) ruhen; sie bilden die Samenzellen (Spermien).
- Zwischen den Hodenkanälchen liegen die Leydig-Zwischenzellen, die das männliche Sexualhormon (Testosteron) bilden.

Nebenhoden (Epididymis)
- Sie liegen mit den Hoden im Hodensack.
- Sie bestehen aus den Ausführungskanälchen des Hodens und dem stark geschlängelten Nebenhodengang.
- Hier werden die Spermien gespeichert und zum Transport in die Samenleiter vorbereitet.

Samenleiter (Ductus deferens)
- Die Samenleiter sind die Fortsetzung des Nebenhodengangs, sie gelangen über die Leistenkanäle in die Bauchhöhle.
- Samenleiter transportieren die Samenzellen weiter zur Urethra (Harn-Samen-Röhre).

Prostata (Vorsteherdrüse)
- Unterhalb der Harnblase umgibt sie die Harnröhre ringförmig.
- Sie besteht aus 30-50 Einzeldrüsen.
- Sie bildet ein alkalisches Drüsensekret, das während der Ejakulation dem Samen beigemischt wird.

Definieren Sie die Abkürzung STD, erklären Sie den Begriff STD-Sentinel und nennen Sie die drei häufigsten Infektionen in Deutschland.

- Bei STD handelt es sich um sexuell übertragbare Infektionen bei beiden Geschlechtern.
- Mit dem STD-Sentinel wird die Rangfolge der Häufigkeitsverteilung in Deutschland angegeben:
  - Humane Papillomviren (HPV)
  - Chlamydien
  - Humanes Immunschwäche Virus (HIV)

Nennen Sie die äußeren Genitalorgane des Mannes und erläutern Sie deren Aufbau und Funktion.

Hodensack (Skrotum)
- außerhalb der Bauchhöhle gelegen
- enthält die Hoden
- gilt als Wärmeregulator für die empfindlichen Keimdrüsen, schützt die Spermien vor zu hohen Temperaturen

männliches Glied (Penis)
- drei anatomische Abschnitte:
  - Wurzel
  - Schaft mit den Schwellkörpern
  - Eichel mit der Vorhaut (Preputium)
- erfüllt eine Doppelfunktion: ist Begattungsorgan und zugleich Ausführungsorgan der Harnwege

Nennen Sie mögliche Untersuchungsverfahren in der Urologie und gehen Sie auf deren Bedeutung ein.

rektale Untersuchung
- Tastuntersuchung des Anus, des kaudalen Rektums und der Prostata
- Tastbefund gibt Hinweise auf Veränderungen der Prostata (Größe) und Veränderungen innerhalb des Rektums (Tumore, Schließmuskeltonus und evtl. Hämorrhoiden).

Spermiogramm
- Beurteilung des Spermas durch mikroskopische Zählung der Spermien im Ejakulat
- Die Menge und Qualität (Form und Beweglichkeit) der Spermien dient der Beurteilung des Operationserfolgs bei Sterilisationen und gibt Hinweise auf evtl. Fertilitätsstörungen.

transrektale Sonografie
- Bei der Untersuchung wird der in einem Gel-Ballon eingelassene Schallkopf in das Rektum eingeführt.
- Unter Ultraschallkontrolle können ggf. Gewebeproben entnommen werden.

Prüfungsfall Krebsfrüherkennung: S. 330

1. Beschriften Sie die Abbildung zu den männlichen Geschlechtsorganen mit den deutschen Bezeichnungen und ggf. den Fachbegriffen.

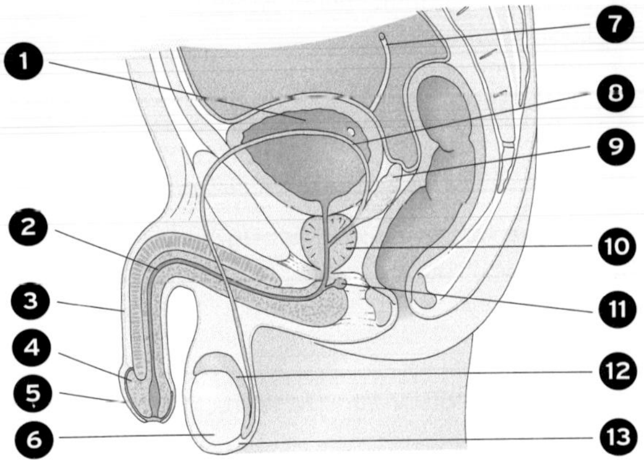

1) ______

2) ______

3) ______

4) ______

5) ______

6) ______

7) ______

8) ______

9) ______

10) ______

11) ______

12) ______

13) ______

2. Beschreiben Sie sechs Erkrankungen des Hodens und des äußeren Genitales mit ihren möglichen Ursachen, Symptomen und Therapien.

1) ______

2) ______

3) ______

4) ______

5) ______

6) ______

1. 1) Harnblase, 2) Harn-Samen-Röhre (Urethra), 3) Glied (Penis), 4) Eichel (Glans penis), 5) Vorhaut (Preputium), 6) Hoden (Testis), 7) Harnleiter (Ureter), 8) Samenleiter, 9) Bläschendrüse, 10) Vorsteherdrüse (Prostata), 11) Cowper-Drüse, 12) Nebenhoden (Epididymis), 13) Hodensack (Skrotum)
2. 1) Orchitis (Hodenentzündung): akut, schmerzhaft oder symptomlos; kann durch Viren hervorgerufen werden (Mumps); kann auch zur Sterilität führen; 2) Hodenhochstand: an einem oder beiden Hoden durch unzureichende Wanderung im Bauchraum; frühzeitige hormonelle und chirurgische Therapie; 3) Varikozele (Varizen): an einem oder beiden Hoden; durch Druck und Wärme: Fertilitätsstörungen; Therapie chirurgisch; 4) Hodenkrebs: maligner Tumor des Hodengewebes; schmerzlose Vergrößerung und Schweregefühl der Hoden; Therapie: Operation; 5) Phimose: eine Verengung der Vorhaut, häufige Entzündungen; schmerzhaft beim Zurückziehen der Vorhaut; Therapie: chirurgische Zirkumzision; 6) Hodentorsion: Drehung des Samenstrangs mit dem Hoden durch übermäßige Beweglichkeit; Hoden geschwollen, schmerzhaft; Therapie: manuelle Reposition oder operative Freilegung

1. Welche beiden Aussagen zum männlichen Geschlechtsorgan sind richtig?

A) Der Penis ist von Samenfäden durchzogen.
B) Der Harnleiter ist beim Mann gleichzeitig die Samenröhre.
C) Im Hoden erfolgt die Bildung von Testosteron.
D) In den Nebenhoden wird ein alkalisches Sekret gebildet.
E) In den Hodenkanälchen wird eine eiweißhaltige Flüssigkeit gebildet.
F) Die Prostata sondert eine Flüssigkeit ab, die die Beweglichkeit der Spermien fördert.

2. Welche beiden Aussagen zum benignen Prostatasyndrom (BPS) sind richtig?

A) Es handelt sich um eine gutartige Wucherung des Prostatagewebes um die Harnröhre.
B) Ein BPS führt zu häufigen Harnwegsinfekten.
C) Ein BPS tritt vermehrt bei jungen Männern auf.
E) Bei einem BPS handelt es sich um eine Variante des Prostatakarzinoms.
F) Ein BPS wird erfolgreich durch gesunde Ernährung behandelt.

3. Welche Aussage ist richtig?

A) Die Hoden wandern ab dem zweiten Lebensmonat in den Hodensack.
B) Die Hoden entsprechen den Tuben bei der Frau.
C) Die Hoden sind der Speicherort für Spermien.
D) Die Hoden sind endokrine Drüsen.
E) Die Hoden haben immer die Größe einer Faust.

4. Ordnen Sie den folgenden Strukturen die richtige Funktion zu.

A	Hoden	1	Bildung eines alkalischen Drüsensekrets
B	Nebenhoden	2	Transport der Samenzellen
C	Prostata	3	Bildung von Testosteron und Spermien
D	Samenleiter	4	Speicherung der Samenzellen
E	Penis	5	Ausführungs- und Begattungsorgan

A) A1, B2, C4, D5, E3
B) A3, B5, C1, D4, E2
C) A3, B4, C1, D2, E5
D) A4, B5, C3, D1, E2
E) A5, B3, C2, D4, E1

5. Welche beiden der genannten Erkrankungen können Spätfolgen von Hodenhochstand sein?

A) ein bösartiger Tumor der Prostata
B) Leistenhoden
C) Hodenentzündung
D) Prostatahyperplasie
E) Hodenkrebs
F) Unfruchtbarkeit

6. Welche Aussagen sind richtig?

A) Bei einer Phimose kann die operative Entfernung der Vorhaut notwendig sein.
B) Bei einer Hodenvergrößerung muss operiert werden.
C) Eine Hodentorsion kann zu Unfruchtbarkeit führen.
D) Eine Prostataentzündung wird nicht durch Bakterien hervorgerufen.
E) Die Nebenhoden liegen im kleinen Becken.
F) Varikozelen kommen auch bei Frauen vor.

7. Ordnen Sie zu.

A	Samenleiter	1	Penis
B	Nebenhoden	2	Ductus deferens
C	Vorsteherdrüse	3	Testis/Testes
D	Hoden	4	Epididymis
E	Glied	5	Prostata

A) A1, B4, C2, D5, E3
B) A4, B5, C1, D3, E2
C) A3, B2, C5, D4, E1
D) A2, B4, C5, D3, E1
E) A5, B3, C1, D2, E4

8. Welche Aussage zum hormonellen Einfluss auf die männliche Sexualität ist richtig?

A) LH aus dem Hypophysenvorderlappen stimuliert die Testosteron-Produktion im Hoden.
B) FSH aus dem Hypophysenvorderlappen fördert die Reifung der Spermien.
C) Testosteron aus dem Hoden ist verantwortlich für die Spermienreifung, Stimmbildung und Behaarung.
D) Prolaktin fördert die Bildung von Spermien.
E) Östrogen ist verantwortlich für die Speicherung der Samenzellen.

1. C, F	2. A, B
3. D	4. C
5. E, F	6. A, C
7. D	8. C

9. Welche Laboruntersuchung kann frühzeitig Hinweise auf ein eventuelles Prostatakarzinom liefern?

A) Schnelltest auf okkultes Blut im Stuhl
B) Bestimmung des Testosteronspiegels
C) Bestimmung des CRP-Wertes
D) PSA-Bestimmung
E) Harnröhrenabstrich auf bakterielle Keime

10. Welche Aussage zur Prostatitis ist richtig?

A) Eine Prostatitis kann durch Hepatitis-Viren entstehen.
B) Durch eine rektale Untersuchung kann eine Prostataentzündung entstehen.
C) Chlamydien können eine Entzündung der Prostata auslösen.
D) Eine Aids-Infektion kann die Ursache für eine Prostatitis sein.
E) Durch eine Ultraschalluntersuchung entsteht eine Entzündung der Prostata.

11. Welche beiden Aussagen zu einer PSA-Bestimmung im Blut sind richtig?

A) Eine PSA-Bestimmung im Blut muss immer vor der rektalen Untersuchung abgenommen werden, da durch die Palpation der PSA-Wert im Blut ansteigen kann.
B) Eine rektale Palpation gehört zu einer Krebsfrüherkennungsuntersuchung, danach sollte eine PSA-Bestimmung im Blut durchgeführt werden.
C) Bei einer PSA-Bestimmung im Labor muss der Patient nüchtern sein.
D) Eine PSA-Bestimmung muss nicht immer im gleichen Labor und mit gleichen Messverfahren durchgeführt werden.
E) Beim PSA handelt es sich um prostataspezifische Antikörper im Blut.
F) Bei der PSA-Bestimmung handelt es sich um einen Tumormarker, der bei Vorliegen eines Karzinoms erhöht sein kann.

12. Welche Aussage zum Prostatakarzinom trifft nicht zu?

A) Es handelt sich um die häufigste Tumorart bei Männern.
B) Blasenentleerungsstörungen und Hämaturie können Symptome sein.
C) Der Tumor wird durch eine rektale Tastuntersuchung oder transrektale Sonografie diagnostiziert und histologisch gesichert.
D) Eine operative Entfernung der Prostata ist bei Prostatakrebs nie notwendig.
E) Die jährliche Untersuchung zur Krebsfrüherkennung stellt eine ausreichende Prävention dar.

13. Welche Aussagen sind richtig?

A) Eine Balanitis ist eine schmerzhafte Entzündung der Brust.
B) Eine Entzündung der Samenleiter wird als Balanitis bezeichnet.
C) Das Prostatakarzinom tritt nur bei Männern auf.
D) Ein Mammakarzinom tritt nur bei Frauen auf.
E) Eine Entzündung der Eichel und inneren Vorhaut wird als Balanitis bezeichnet.
F) Eine Orchitis ist eine unvollständige Wanderung der Hoden.

14. Welche Aussage zur PSA-Bestimmung trifft zu?

A) Es handelt sich um einen Tumormarker, der bei Erkrankungen der Prostata erhöht sein kann.
B) Es handelt sich um eine Ultraschalluntersuchung der Prostata.
C) Hierbei wird das Ejakulat mikroskopisch untersucht.
D) Bei dieser Laboruntersuchung im Blut werden Erreger nachgewiesen.
E) Es handelt sich um eine Untersuchung des Stuhlgangs.

15. Welche Aussage trifft für eine sogenannte erektile Dysfunktion zu?

A) Es handelt sich um eine krankhafte Veränderung an der Vorhaut.
B) Übergewicht begünstigt Störungen der Erektion.
C) Durch eine allergische Reaktion wird eine erektile Dysfunktion begünstigt.
D) Auf eine erektile Dysfunktion reagiert der männliche Körper mit starkem Erbrechen.
E) Eine Darmentzündung führt zu einer plötzlichen Dysfunktion.

16. Welche Aussage zur Prostatahyperplasie ist richtig?

A) Es kommt zur Verkleinerung des Organs.
B) Kann zu einer Verstärkung des Harnstrahls führen.
C) Es handelt sich um das Unvermögen, die Harnblase zu entleeren.
D) Die Prostata vergrößert sich durch Zunahme der Zellzahl.
E) Es handelt sich um die vermehrte Bildung von Samenzellen.

9. D	10. C
11. A, F	12. D
13. C, E	14. A
15. B	16. D

14 Ernährung und Verdauungsapparat

Nennen Sie die Energie und Baustoffe liefernden Nährstoffe unserer Nahrung.

- Kohlenhydrate
- Eiweiße
- Fette

Erläutern Sie die Zusammensetzung der Energie und Baustoffe liefernden Nährstoffe der Nahrung.

- Kohlenhydrate (Saccharide) bestehen aus Zuckermolekülen. Saccharide kommen folgendermaßen vor:
  - einzeln als Monosaccharide (Einfachzucker)
  - zweifach als Disaccharide (Doppelzucker)
  - vielfach als Polysaccharide (Vielfachzucker)
- Eiweiße (Proteine) bestehen aus Gebilden von mindestens 100 Aminosäuren, die bei jedem Protein charakteristisch angeordnet sind.
- Fette (Lipide) kommen in der Nahrung hauptsächlich als Triglyceride vor. Dies sind Verbindungen aus drei Fettsäuren und Glycerin.

Erläutern Sie den Fachbegriff Ballaststoffe.

Ballaststoffe sind unverdauliche pflanzliche Kohlenhydrate, die eine wichtige Rolle für die Darmfunktion spielen. Sie erhöhen das Volumen des Darminhaltes, pflegen die Darmflora und verhindern Verstopfungen.

Erläutern Sie die Bedeutung der Spurenelemente Eisen, Jod und Fluor.

- Eisen ist ein notwendiger Bestandteil des roten Blutfarbstoffes Hämoglobin. Bei Eisenmangel wird weniger Hämoglobin gebildet, wodurch weniger Sauerstoff durch das Blut transportiert wird.
- Jod ist ein notwendiger Bestandteil der Schilddrüsenhormone. Jodmangel kann zur Schilddrüsenvergrößerung (Struma) und/oder Hypothyreose führen.
- Fluor ist ein Zahn- und Knochenbestandteil. Mangel führt zu Knochendefekten und einem höheren Kariesrisiko. Fluorüberschuss während der Zahnbildung führt zu weißen Flecken an den bleibenden Zähnen.

Nennen Sie fettlösliche Vitamine, die Bestandteile der Nahrung sind.

- Vitamin E
- Vitamin D
- Vitamin K
- Vitamin A

Benennen Sie die in der Abbildung bezeichneten Teile des Verdauungssystems in Deutsch und mit dem lateinischen Fachbegriff.

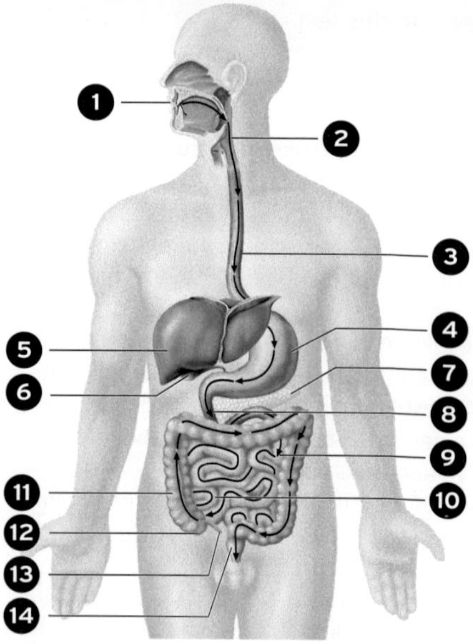

	deutsch	Fachbegriff
1	Mund	Os
2	Rachen	Pharynx
3	Speiseröhre	Ösophagus
4	Magen	Gaster, Ventriculus
5	Leber	Hepar
6	Gallenblase	Vesica fellea
7	Bauchspeicheldrüse	Pankreas
8	Zwölffingerdarm	Duodenum
9	Leerdarm	Jejunum
10	Krummdarm	Ileum
11	Dickdarm	Colon
12	Blinddarm	Caecum
13	Wurmfortsatz	Appendix vermiformis
14	Mastdarm	Rektum

In der kommenden Woche schreibt die Auszubildende Janine Schmitt eine Klassenarbeit über das Verdauungssystem. Ihre Kollegin wiederholt mit ihr noch einmal die wichtigsten anatomischen Inhalte zum Verdauungsapparat.

1. Nennen Sie die drei großen Speicheldrüsen der Mundhöhle.

____

____

____

____

2. Benennen Sie die bezeichneten Anteile des Magens mit den deutschen und lateinischen Fachbegriffen.

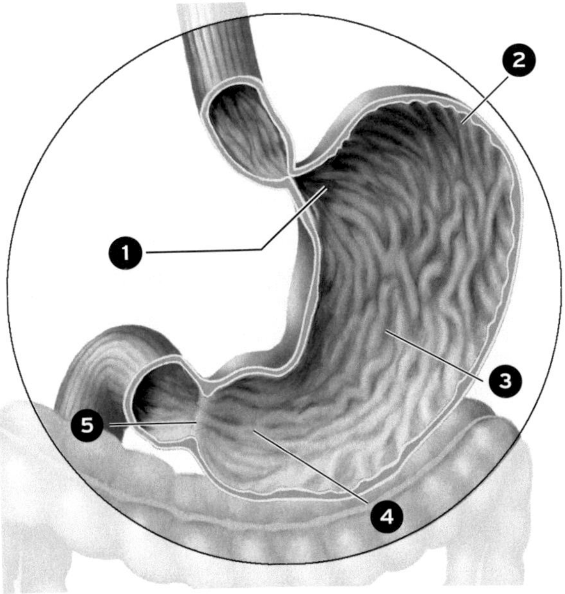

1) ______________________________

2) ______________________________

3) ______________________________

4) ______________________________

5) ______________________________

3. Nennen Sie Sekrete und Stoffe, die von Drüsenzellen der Magenschleimhaut gebildet werden, sowie deren Aufgaben.

____

____

____

____

____

____

____

4. Erklären Sie, aus welchen Abschnitten der Dünndarm besteht.

____

____

____

____

____

1. paarig vorliegende große Speicheldrüsen: Ohrspeicheldrüse, Unterkieferspeicheldrüse, Unterzungenspeicheldrüse
2. 1) Mageneingang (Kardia), 2) Magengewölbe (Fundus), 3) Magenkörper (Korpus), 4) Magenausgang (Antrum), 5) Magenpförtner (Pylorus)
3. Magensäure: zur Desinfektion der Nahrung; Schleim: zum Schutz der Magenschleimhaut; Pepsin: zur Zerkleinerung der Proteine (Beginn der Eiweißverdauung); Intrinsic-Faktor: zur Resorption von Vitamin B_{12}; Gastrin: zur Anregung der Produktion von Magensaft, Pepsin und Säure
4. Der erste Abschnitt nach dem Magen ist der Zwölffingerdarm (Duodenum), danach folgt der Leerdarm (Jejunum) und als dritter Abschnitt der Krummdarm (Ileum), der im rechten Unterbauch in den Dickdarm übergeht.

5. Erklären Sie die Fachbegriffe Verdauung und Resorption.

6. Erläutern Sie, an welchen Stellen und durch welche Enzyme Verdauungsprozesse innerhalb des Verdauungstraktes stattfinden.

7. Erläutern Sie die Bildung und Sekretion der Gallenflüssigkeit und erklären Sie deren Aufgabe.

8. Nennen Sie die Abschnitte des Dickdarms und erläutern Sie dessen Aufgaben.

5. Verdauung ist die Aufspaltung der Nährstoffe in ihre kleinsten Bausteine mit Hilfe der Verdauungsenzyme. Resorption ist die Aufnahme dieser Bausteine der Nahrung vom Darm ins Blut bzw. in das Lymphgefäßsystem.
6. In der Mundhöhle erfolgt der Beginn der Stärkespaltung durch das Enzym Amylase, das im Speichel enthalten ist. Im Magen beginnt die Proteinverdauung durch das Enzym Pepsin. Im Dünndarm werden die Kohlenhydrate, Fette und Eiweiße durch die Pankreas-Enzyme Amylase und Lipase sowie durch Proteinasen (u. a. Trypsin und Chymotrypsin) in ihre kleinsten Bausteine zerlegt.
7. Die Gallenflüssigkeit wird von der Leber gebildet und über den Lebergang in die Gallenblase oder direkt über den Gallengang in den Zwölffingerdarm geleitet. Die Gallenflüssigkeit emulgiert die Nahrungsfette, d. h., sie verteilt große Fetttropfen in sehr viele kleine Fetttröpfchen im wässrigen Nahrungsbrei. Auf diese Weise wird die Aufspaltung der Fette durch die Lipase erleichtert.
8. Der Dickdarm besteht aus dem Blinddarm (Caecum), dem Grimmdarm (Colon inkl. Sigma) und dem Mastdarm (Rektum). Aufgaben sind die Eindickung des Darminhaltes durch Resorption von Wasser, die Stuhlformung sowie die Bildung von Vitamin K durch Bakterien der Darmflora.

1. Welche Zuordnung ist richtig?

- A Kardia → Magenausgang
- B Pylorus → Magenkörper
- C Korpus → Mageneingang
- D Antrum → Magenpförtner
- E Fundus → Magengewölbe

2. Welche Aussagekombination zu den Eiweißen ist richtig?

1 Zur Bildung von Eiweißen müssen essenzielle Aminosäuren über die Nahrung aufgenommen werden.
2 Eiweiße bestehen aus mindestens 100 Aminosäuren.
3 Die verschiedenen Eiweiße unterscheiden sich in der Folge und Anordnung ihrer Aminosäuren.
4 Eiweiße werden in der Fachsprache als Proteine bezeichnet.
5 Wichtige Eiweißquellen der Nahrung sind Milchprodukte, Fleisch, Eier, Kartoffeln, Hülsenfrüchte und Getreide.

- A) Alle Aussagen sind richtig.
- B) Nur die Aussagen 1, 2, 4 und 5 sind richtig.
- C) Nur die Aussagen 2 und 3 sind richtig.
- D) Nur die Aussagen 3 und 4 sind richtig.
- E) Nur die Aussagen 4 und 5 sind richtig.

3. Welche beiden Aussagen zu den Speicheldrüsen sind richtig?

- A) Die Unterkieferspeicheldrüse liegt rechts und links unterhalb der Zunge.
- B) Der Speichel verflüssigt die Nahrung und spaltet Stärke in kleinere Saccharide auf.
- C) Die Ohrspeicheldrüse wird als Glandula parotis bezeichnet.
- D) Die drei verschiedenen großen Speicheldrüsen sind endokrine Drüsen.
- E) Das Sekret der Speicheldrüsen enthält das Verdauungsenzym Lipase.
- F) Der von den großen Speicheldrüsen gebildete Speichel besteht zum größten Teil aus Mineralstoffen.

4. Ordnen Sie zu.

A	Caecum	1	Wurmfortsatz
B	Colon descendens	2	quer verlaufender Kolonanteil
C	Colon transversum	3	Blinddarm
D	Appendix vermiformis	4	absteigender Kolonanteil

- A) A2, B1, C3, D4
- B) A1, B2, C3, D4
- C) A3, B2, C4, D1
- D) A3, B4, C2, D1
- E) A4, B2, C1, D3

5. Welche Aussage zur Verdauung ist richtig?

- A) Die enzymatische Eiweißverdauung beginnt im Magen mit Hilfe des Enzyms Pepsin.
- B) Der Fachbegriff Verdauung beschreibt die Aufnahme der Nährstoffe aus dem Darm ins Blut.
- C) Die Gallenflüssigkeit spaltet Eiweiße in Aminosäuren auf.
- D) Die Verdauung der Fette erfolgt im quer verlaufenden Dickdarm.
- E) Die verdauten Nahrungsbestandteile gelangen über den Magen in die Blutbahn.

6. Welche beiden Aussagen zur Leber sind richtig?

- A) Die Leber gibt die gebildeten Verdauungssekrete direkt in den Magen ab.
- B) In der Leber werden die Nährstoffe in ihre kleinsten Anteile aufgespalten.
- C) Die Leber wird über die Pfortader mit sauerstoffreichem Blut versorgt.
- D) Die Bildung und Absonderung der Gallenflüssigkeit ist eine der Hauptaufgaben der Leber.
- E) Die Leber speichert Glykogen, Fett und Eisen.
- F) In der Leber werden die Verdauungsenzyme Lipase, Amylase und Trypsin gebildet.

7. Welche Aussage zum Dickdarm ist richtig?

- A) Von Bakterien der Dickdarmflora wird Vitamin C gebildet.
- B) Der Dickdarm ist der längste Abschnitt des Verdauungstraktes.
- C) Im Dickdarm wird der Darminhalt durch Wasserresorption eingedickt.
- D) Der Blinddarm wird auch als Appendix vermiformis bezeichnet.
- E) Der Stuhl wird vom absteigenden Dickdarm über den quer verlaufenden zum aufsteigenden Dickdarm transportiert.

8. Welche Aussage zu den Vitaminen ist richtig?

- A) Vitamin D aktiviert die Abwehrzellen des Immunsystems.
- B) Vitamin K ist wichtig für die Blutgerinnung.
- C) Vitamin K wird von den Bakterien der Mundhöhle produziert.
- D) Vitamin C fördert die Blutbildung und beschleunigt die Blutgerinnung.
- E) Vitamin A ist wichtig für den Kalziumeinbau in den Knochen.

1. E	2. A
3. B, C	4. D
5. A	6. D, E
7. C	8. B

9. Welche Aussage zu den Kohlenhydraten ist richtig?

A) Monosaccharide sind Doppelzucker.
B) Ballaststoffe sind gut verdauliche Kohlenhydrate.
C) Disaccharide sind Vielfachzucker.
D) Glykogen ist die Speicherform der Glukose.
E) Einfachzucker werden auch als Polysaccharide bezeichnet.

10. Ordnen Sie zu.

A	Laktase	1	Stärke spaltendes Enzym aus Speicheldrüsen und Pankreas
B	Amylase	2	Milchzucker spaltendes Enzym der Dünndarmschleimhaut
C	Lipase	3	Eiweiß spaltendes Enzym
D	Protease	4	Fett spaltendes Pankreas- und Dünndarmenzym

A) A2, B1, C4, D3
B) A1, B3, C4, D2
C) A3, B2, C4, D1
D) A2, B4, C3, D1
E) A4, B2, C1, D3

11. Welche Aussagekombination zu den Aufgaben des Magens ist richtig?

1 Die Magensäure desinfiziert die aufgenommene Nahrung.
2 Die Verdauung der Kohlenhydrate beginnt im Magen mit Hilfe des Enzyms Pepsin.
3 Das vom Magen gebildete Hormon Gastrin aktiviert die Bildung von Bauchspeichel.
4 Der von der Magenschleimhaut gebildete Intrinsic-Faktor ist wichtig für die Resorption von Vitamin B_{12}.
5 Der Magenschleim schützt die Magenschleimhaut vor der schädigenden Salzsäure.

A) Alle Aussagen sind richtig.
B) Nur die Aussagen 1, 4 und 5 sind richtig.
C) Nur die Aussagen 2 und 3 sind richtig.
D) Nur die Aussagen 3 und 4 sind richtig.
E) Nur die Aussagen 4 und 5 sind richtig.

12. Welche Zuordnung ist richtig?

A Duodenum → Blinddarm
B Caecum → Zwölffingerdarm
C Ileum → Krummdarm
D Rektum → Leerdarm
E Jejunum → Mastdarm

13. Welches Verdauungsenzym ist im Speichel vorhanden?

A) Trypsin
B) Pepsin
C) Maltase
D) Lipase
E) Amylase

14. Welche Aussagekombination zu den Fetten ist richtig?

1 Fett ist nicht wasserlöslich und liefert viel Energie.
2 Triglyceride sind Verbindungen von Glycerin und drei Fettsäuren.
3 Mit der Nahrung werden auch freie Fettsäuren und Cholesterin aufgenommen.
4 Ungesättigte Fettsäuren sind gesund und wirken der Arteriosklerose entgegen.
5 Cholesterin ist ein Bestandteil der Zellmembran und Grundbaustein einiger Hormone.

A) Alle Aussagen sind richtig.
B) Nur die Aussagen 1, 4 und 5 sind richtig.
C) Nur die Aussagen 2 und 3 sind richtig.
D) Nur die Aussagen 3 und 4 sind richtig.
E) Nur die Aussagen 4 und 5 sind richtig.

15. Welche Aussage zur Resorption der Nährstoffe ist richtig?

A) Die Kohlenhydrate werden in Form von Polysacchariden resorbiert.
B) Nach der Resorption werden die Nährstoffe verdaut.
C) Fette werden von der Gallenflüssigkeit resorbiert.
D) Nach der Verdauung erfolgt die Resorption der Nährstoffe im Magen.
E) Die Hauptaufgabe des Dünndarms ist die Resorption der Nährstoffe.

16. Stellen Sie die richtige Reihenfolge der Dickdarmabschnitte her, indem Sie sie mit den Ziffern 1 bis 5 nummerieren.

A) Colon transversum
B) Colon descendens
C) Caecum
D) Colon ascendens
E) Colon sigmoideum

17. Welche Aussage zum Blinddarm ist richtig?

A) Der Blinddarm ist ein Teil des Enddarms.
B) Die Verdauungsenzyme der Bauchspeicheldüse werden in den Blinddarm abgegeben.
C) Der Blinddarm dient der Kotsammlung.
D) Am Blinddarm befindet sich der Wurmfortsatz.
E) Der Blinddarm wird in der Fachsprache als Rectum bezeichnet.

9. D	10. A
11. B	12. C
13. E	14. A
15. E	16. A3, B4, C1, D2, E5
17. D	

18. Welche Aussage zur Gallenflüssigkeit ist richtig?

A) Die Gallenflüssigkeit wird von der Gallenblase gebildet.
B) Die Gallenflüssigkeit emulgiert die Nahrungsfette.
C) Die Gallenflüssigkeit spaltet Triglyceride in Glycerin und drei Fettsäuren.
D) Die Gallenflüssigkeit gelangt über den Gallengang in den Magen.
E) Die Gallenflüssigkeit wird über die Pfortader zur Leber transportiert.

19. Welche Aussagekombination zur Lage der Leber ist richtig?

1 Die Leber liegt im rechten Oberbauch.
2 Die Leber liegt dem Zwerchfell an.
3 Die Leber liegt oberhalb der Gallenblase.
4 Die Leber liegt links des Magens.
5 Die Leber grenzt kranial an das Colon.

A) Alle Aussagen sind richtig.
B) Nur die Aussagen 1, 2, 4 und 5 sind richtig.
C) Nur die Aussagen 1, 2 und 3 sind richtig.
D) Nur die Aussagen 3 und 4 sind richtig.
E) Nur die Aussagen 4 und 5 sind richtig.

20. Welche Zuordnung ist richtig?

A Pankreas → Magen
B Hepar → Bauchspeicheldrüse
C Rektum → Leber
D Ösophagus → Speiseröhre
E Gaster → Mastdarm

21. Welche Aussage zur Speiseröhre ist falsch?

A) Die glatte Muskulatur der Speiseröhre befördert den Speisebrei in den Magen.
B) Die innere Schicht der Speiseröhre besteht aus Schleimhaut.
C) Der untere Ösophagussphinkter ist ein ringförmiger Muskel, der die Speiseröhre gegenüber dem Magen abgrenzt.
D) Die Muskelschicht des Ösophagus besteht aus willkürlich gesteuerter, quer gestreifter Muskulatur.
E) Das Zwerchfell besitzt eine Muskellücke, durch die der Ösophagus zum Magen hindurchtritt.

22. Stellen Sie die richtige Reihenfolge der Stationen des Speisebreis bis zum Magen her, indem Sie sie mit den Ziffern 1 bis 5 nummerieren.

A) Pharynx
B) Os
C) Ventriculus
D) Ösophagussphinkter
E) Ösophagus

23. Ordnen Sie zu.

A Vesica fellea — 1 Schließmuskel
B Sphinkter — 2 Magenkrümmung
C Kurvatur — 3 Mund
D Os — 4 Gallenblase

A) A2, B1, C4, D3
B) A1, B2, C3, D4
C) A3, B2, C1, D4
D) A4, B3, C2, D1
E) A4, B1, C2, D3

24. Ordnen Sie die gebildeten Stoffe den Verdauungsorganen zu: mit einer 1 für die Leber, einer 2 für den Magen und einer 3 für die Bauchspeicheldrüse.

A) Pepsin
B) Gallenflüssigkeit
C) Trypsin
D) Lipase
E) Gastrin
F) Amylase

25. Welche Aussage zu den Mineralstoffen ist richtig?

A) Chlorid ist notwendig für die Blutbildung und das Immunsystem.
B) Kalzium ist ein Baustoff für Knochen und Zähne und wichtig für die Blutgerinnung.
C) Magnesiummangel führt zu einer Entspannung der Skelettmuskulatur.
D) Ein Überschuss von Natrium führt zu einem niedrigen Blutdruck.
E) Kalium ist ein wichtiger Bestandteil des Hämoglobins.

26. Welche Zuordnung ist richtig?

A Gastrin → für die Resorption von Vitamin B_{12} erforderlicher Stoff
B Gaster → Magenschleimhaut
C Pepsin → Eiweiße bildender Stoff des Magensaftes
D Ventriculus → Magen
E Intrinsic-Faktor → Hormon, das die Produktion von Magensaft anregt

18. B
19. C
20. D
21. D
22. A2, B1, C5, D4, E3
23. E
24. A2, B1, C3, D3, E2, F3
25. B
26. D

27. Welche Aussagekombination zur Bauchspeicheldrüse ist richtig?

1 Die Bauchspeicheldrüse wird in der Fachsprache als Pankreas bezeichnet.
2 Die Bauchspeicheldrüse ist eine endokrine und exokrine Drüse.
3 Die Bauchspeicheldrüse sezerniert den Bauchspeichel in den Zwölffingerdarm.
4 Der Bauchspeichel enthält Enzyme zur Aufspaltung der Kohlenhydrate, Eiweiße und Fette.
5 Die Bauchspeicheldrüse liegt hinter dem Magen und in der C-förmigen Krümmung des Zwölffingerdarms.

A) Alle Aussagen sind richtig.
B) Nur die Aussagen 1, 2, 4 und 5 sind richtig.
C) Nur die Aussagen 2 und 3 sind richtig.
D) Nur die Aussagen 3 und 4 sind richtig.
E) Nur die Aussagen 4 und 5 sind richtig.

28. Welche beiden Aussagen zu den Aufgaben der Leber sind richtig?

A) Als exokrine Drüse bildet die Leber Verdauungsenzyme und speichert diese in der Gallenblase.
B) In der Leber wird Alkohol abgebaut.
C) Glukose wird in der Leber in Form von Glukagon gespeichert.
D) Die Leber reguliert den Elektrolythaushalt.
E) In der Leber werden die Hormone zur Regulierung des Blutzuckerspiegels gebildet.
F) In der Leber wird der Gerinnungsstoff Fibrinogen gebildet.

29. Welche Aussage zum Wurmfortsatz ist richtig?

A) Bei einer Entzündung des Wurmfortsatzes wird der Blinddarm entfernt.
B) Der Wurmfortsatz wird in der Fachsprache als Appendix vermiformis bezeichnet.
C) Im Wurmfortsatz werden Verdauungsenzyme gebildet.
D) Den letzten Abschnitt des Dünndarms bezeichnet man als Wurmfortsatz.
E) Der Wurmfortsatz befindet sich am Colon sigmoideum.

30. Welche Aussage zur Mundhöhle ist falsch?

A) In der Mundhöhle beginnt die Verdauung der Eiweiße.
B) Der Speichel befeuchtet die Schleimhaut der Mundhöhle und schützt die Zähne vor Karies.
C) Durch den Kauvorgang wird die Nahrung grob zerkleinert.
D) Die im Speichel enthaltene Amylase spaltet in der Mundhöhle Stärke in kleinere Saccharide.
E) Durch das Sekret der Speicheldrüsen wird die Nahrung verflüssigt.

31. Welche beiden Aussagen zu den Energie liefernden Nährstoffen sind richtig?

A) Vitamine und Mineralstoffe sind Nährstoffe, die Energie liefern.
B) Proteine bestehen aus Glycerin und drei Aminosäuren.
C) Die Speicherform der Kohlenhydrate und Fette bezeichnet man als Ballaststoffe.
D) Zellulose ist für den Menschen der wichtigste Energielieferant.
E) Kohlenhydrate, Eiweiße und Fette sind die Energie liefernden Nährstoffe der Nahrung.
F) Nahrungsfett dient auch der Aufnahme der fettlöslichen Vitamine E, D, K und A.

32. Welche Aussagekombination zum Dünndarm ist richtig?

1 Falten vergrößern die Oberfläche der Dünndarmschleimhaut.
2 Im Dünndarm bilden Bakterien Vitamin K.
3 Zotten sind fingerförmige Ausstülpungen der Dünndarmschleimhaut, die zur Oberflächenvergrößerung beitragen.
4 Der Dünndarm ist zur Nährstoffresorption fähig.
5 Der Dünndarm ist vom Peritoneum überzogen.

A) Alle Aussagen sind richtig.
B) Nur die Aussagen 1, 2, 4 und 5 sind richtig.
C) Nur die Aussagen 1, 3, 4 und 5 sind richtig.
D) Nur die Aussagen 1 und 3 sind richtig.
E) Nur die Aussagen 2, 3 und 4 sind richtig.

33. Ordnen Sie zu.

A	Peristaltik	1	Absonderung eines Sekrets durch eine Drüse
B	Sekretion	2	wellenförmige Bewegungen des Darms in Richtung Anus
C	Resorption	3	Aufschluss der Nahrung im Verdauungstrakt
D	Verdauung	4	Stoffaufnahme über Haut oder Schleimhaut ins Blut

A) A2, B1, C4, D3
B) A1, B2, C3, D4
C) A3, B2, C1, D4
D) A4, B3, C2, D1
E) A4, B1, C2, D3

27. A
28. B, F
29. B
30. A
31. E, F
32. C
33. A

34. Welche beiden Aussagen zum Stoffwechsel sind richtig?

A) Die Zerlegung der Nährstoffe in kleine Bestandteile bezeichnet man als Stoffwechsel.
B) Der Baustoffwechsel verwendet Nährstoffe für Wachstum und Regeneration.
C) Proteine sind der wichtigste Energielieferant des Energiestoffwechsels.
D) Die wichtigste chemische Reaktion des Baustoffwechsels ist die Umwandlung von Fetten zu Eiweiß.
E) Der Energiestoffwechsel gewinnt aus Nährstoffen Bewegungsenergie und Wärme.
F) Der Fachbegriff für Stoffwechsel lautet Meteorismus.

35. Welche Aussagekombination zur Pfortader ist richtig?

1 Die Pfortader verbindet die Bauchspeicheldrüse mit der Leber.
2 Die Pfortader transportiert die nicht mehr verwertbaren Stoffwechselprodukte von der Leber zum Dickdarm.
3 Die Pfortader transportiert die resorbierten Nährstoffe vom Gastrointestinaltrakt zur Leber.
4 Die Pfortader führt sauerstoffarmes Blut zur Leber.
5 Die Pfortader transportiert das sauerstoffarme Blut von der Leber zur unteren Hohlvene.

A) Alle Aussagen sind richtig.
B) Nur die Aussagen 1, 2, 4 und 5 sind richtig.
C) Nur die Aussagen 3, 4 und 5 sind richtig.
D) Nur die Aussagen 3 und 4 sind richtig.
E) Nur die Aussagen 4 und 5 sind richtig.

36. Welche Aussage zu den Spurenelementen ist richtig?

A) Durch Jodüberschuss kann es zu einer Vergrößerung der Schilddrüse kommen.
B) Das Spurenelement Eisen ist wichtig für den Knochenstoffwechsel.
C) Spurenelemente werden im Magen resorbiert und tragen in der Leber zur Vitaminbildung bei.
D) Das Spurenelement Jod wird zur Bildung der Schilddrüsenhormone benötigt.
E) Spurenelemente zählen zu den Energie liefernden Bestandteilen der Nahrung.

37. Welche Aussage zum Dünndarm ist richtig?

A) Die Ileozökalklappe liegt zwischen Ileum und Rektum.
B) Das Duodenum ist der längste Dünndarmabschnitt.
C) Das terminale Ileum mündet in den Blinddarm.
D) Im Dünndarm wird der Nahrungsbrei eingedickt.
E) Im Dünndarm wird der Nahrungsbrei desinfiziert.

38. Welche Aussagekombination zur Gallenblase ist richtig?

1 Nach Entfernung der Gallenblase ist auf eine kohlenhydratarme Nahrung zu achten.
2 Von den Drüsen der Gallenblase wird die Gallenflüssigkeit gebildet.
3 Die Gallenblase liegt an der Unterseite der Leber.
4 In der Gallenblase wird die Gallenflüssigkeit gesammelt und eingedickt.
5 Zur Verdauung der Fette wird die Gallenflüssigkeit von der Gallenblase über den Gallengang ins Duodenum transportiert.

A) Alle Aussagen sind richtig.
B) Nur die Aussagen 1, 2, 4 und 5 sind richtig.
C) Nur die Aussagen 3, 4 und 5 sind richtig.
D) Nur die Aussagen 3 und 4 sind richtig.
E) Nur die Aussagen 4 und 5 sind richtig.

39. Ordnen Sie zu.

A	Vitamin-D-Mangel	1	Skorbut
B	Vitamin-K-Mangel	2	Rachitis
C	Vitamin-C-Mangel	3	Anämie
D	Vitamin-B_{12}-Mangel	4	Blutungsneigung

A) A2, B1, C4, D3
B) A2, B4, C1, D3
C) A3, B4, C1, D2
D) A4, B3, C2, D1
E) A4, B1, C2, D3

40. Welche beiden Aussagen zum Enddarm sind richtig?

A) Im Enddarm erfolgen die Verdauung und die Resorption der Lipide.
B) Der Enddarm beginnt mit dem quer verlaufenden Colon und reicht bis zum Anus.
C) Der letzte Darmabschnitt, bestehend aus Sigma, Rektum und Anus, wird als Enddarm bezeichnet.
D) Im Bereich des Rektums wird die Gallenflüssigkeit in den Darm sezerniert.
E) Das über dem Schließmuskel liegende weiche Gefäßpolster bezeichnet man als Sphinkter.
F) Der Anus wird durch einen mehrschichtigen Schließmuskel verschlossen.

34. B, E
35. D
36. D
37. C
38. C
39. B
40. C, F

15 Diagnostik und Erkrankungen des Verdauungsapparates

Definieren Sie die Erkrankung Gastritis und erläutern Sie deren grundsätzliche Ursache.

Eine Gastritis ist eine Magenschleimhautentzündung, deren Ursache ein Ungleichgewicht zwischen Schleimhaut schützenden Faktoren (Magenschleim) und Schleimhaut schädigenden Faktoren (Magensäure, Pepsin) ist.

Nennen Sie die Arten der chronischen Gastritis.

- Typ A: Autoimmungastritis
- Typ B: bakteriell ausgelöste Gastritis
- Typ C: chemisch ausgelöste Gastritis

Nennen Sie den Erreger der bakteriell ausgelösten Gastritis und erläutern Sie deren Therapie.

Die Ursache ist das säureresistente Bakterium Helicobacter pylori; Therapie: Ausrottungsbehandlung (Eradikationstherapie), z. B. mit zwei Antibiotika und einem Protonenpumpenblocker (Triple-Therapie).

Erläutern Sie die Erkrankung Ulcus ventriculi und nennen Sie mögliche Komplikationen.

Das Ulcus ventriculi ist ein Magengeschwür. Hier liegt ein tiefer Gewebsdefekt der Magenschleimhaut vor. Die Magensäure hat die Schleimhaut und die darunter liegenden Gewebsschichten zerstört; mögliche Komplikationen: Blutungen, Perforation (Durchbruch) der Magenwand sowie Entstehung eines Magenkarzinoms.

Was versteht man unter einem Hämorrhoidalleiden?

Beim Hämorrhoidalleiden kommt es zu Beschwerden auf Grund von Entzündungen und Schwellungen des Hämorrhoidalgeflechts (bildet als weiches Gefäßpolster den Feinabschluss des Anus). Häufige Folgen sind Nässen, Juckreiz und Ekzeme sowie peranale Blutungen.

Erläutern Sie die Erkrankung Cholelithiasis sowie deren Therapie.

Als Cholelithiasis bezeichnet man das Gallensteinleiden. Aus gelösten Bestandteilen der Gallenflüssigkeit bilden sich hier unlösliche Kristalle, die als Gallensteine bezeichnet werden. Diese können sich innerhalb der Gallenblase bilden und zu einer Gallenblasenentzündung (Cholezystitis) führen. Verlegt ein Gallenstein den Gallengang, kommt es zu einem Verschlussikterus. Ist der Ausführungsgang der Bauchspeicheldrüse verlegt, kann es zu einer Pankreatitis kommen.
Bei einer symptomatischen Cholelithiasis besteht die Therapie in der chirurgischen Entfernung der Gallenblase (Cholezystektomie).

Nennen Sie die häufigsten Erreger der Virushepatitis und erläutern Sie deren Infektionswege.

Die Erreger der virusbedingten Leberentzündung (Virushepatitis) sind in mehr als 90 % der Fälle Hepatitisviren A, B oder C. Hepatitis-A-Viren werden durch eine Wasser- und Nahrungsmittelinfektion übertragen. Hepatitis-B- und -C-Viren werden durch sexuelle Kontakte, Blutprodukte oder perkutane Infektion (z. B. Nadelstichverletzung mit kontaminierter Kanüle) übertragen.

Beschreiben Sie die Erkrankung Appendizitis. Geben Sie mögliche Komplikationen sowie die Therapie an.

Eine Appendizitis ist eine Entzündung der Appendix vermiformis (Wurmfortsatzentzündung). Mit zunehmender Entzündungsdauer kann es durch Eiterbildung zu einer Anschwellung des Wurmfortsatzes kommen, die zu einer Perforation (Durchbruch) führen kann. Die Folge ist eine eitrige Peritonitis (Bauchfellentzündung).
Die Therapie besteht in der chirurgischen Entfernung des Wurmfortsatzes (Appendektomie).

Prüfungsfall Gallenkolik: S. 317,
Prüfungsfall Hepatitis: S. 335,
Prüfungsfall Appendizitis: S. 313

Sie arbeiten in der allgemeinmedizinischen Praxis von Dr. Müller. Herr Leber war in der vergangenen Woche wegen Verdauungsstörungen und Gewichtsverlust in der Praxis. Ihm war ein iFOB-Teströhrchen für die Stuhlentnahme mitgegeben worden, das er vor drei Tagen zur Auswertung abgegeben hat. Heute kommt Herr Leber zur Besprechung des Laborbefundes.
Auszug aus der Karteikarte:

A B C D E F G H I J K L M N O P Q R S Sch St T U V W X Y Z

1 2 3 4 5 6 7 8 9 10 11 12 13 14 15 16 17 18 19 20 21 22 23 24 25 26 27 28 29 30 31 I II III IV V VI VII VIII IX X XI XII

Geb. frei
Krankenkasse bzw. Kostenträger
Techniker Krankenkasse

Nachts
Name, Vorname des Versicherten
Leber,
Markus

geb. am
21.10.19xx

Sonstige
Ludwigstr. 10,
55116 Mainz

EA:
55-jähriger Patient
Gewicht: 67 kg
Körpergröße: 1,86 m

1977 Appendektomie
1998 Gastritis
2001 Cholezystektomie

Unfall	Kassen-Nr.	Versicherten-Nr.	Status
	1234567	74576543	1000000
Arbeitsunfall*	Betriebsstätten-Nr.	Arzt-Nr.	Datum
	879654321	123456789	12.11.20xx

Risiken:

12.11.20xx	Anamnese: Verdauungsstörungen: Stuhlkonsistenz wechselnd zwischen Obstipation und Diarrhö, vermehrt Blähungen; unbeabsichtigter Gewichtsverlust (ca. 5 kg) Befund: körperliche Untersuchung der Bauchorgane und digital-rektale Untersuchung des Enddarms ohne pathologischen Befund Therapie: Stuhlröhrchen für iFOBT mitgegeben
19.11.20xx	Laborbefund: Stuhltest auf okkultes Blut (iFOBT): pos. Diagnose: V. a. kolorektales Karzinom Therapie: Überweisung zur Koloskopie

1. Erklären Sie den Fachbegriff okkultes Blut.

2. Warum wurde bei Herrn Leber ein Stuhltest auf okkultes Blut durchgeführt?

3. Erläutern Sie mögliche Ursachen für okkulte Blutbeimengungen im Stuhl.

1. okkultes Blut: unsichtbares Blut im Stuhl
2. Der Stuhltest auf okkultes Blut wird zur Darmkrebs-Früherkennung bei Krankheitsfällen durchgeführt, bei denen (noch) keine oder nur uncharakteristische Symptome vorliegen.
3. Mögliche Blutungsquellen können Entzündungen, gutartige Schleimhautwucherungen, wie z. B. Darmpolypen oder auch ein Karzinom des Colons oder Rektums sein.

4. Beschreiben Sie den Grundaufbau eines Endoskops.

5. Nennen Sie die Namen von verschiedenen Endoskopen und die jeweiligen Anteile des Verdauungsapparates, die mit diesen Endoskopen untersucht werden können.

6. Erläutern Sie die Vorteile der Endoskopie gegenüber anderen bildgebenden Diagnoseverfahren.

7. Erläutern Sie charakteristische Merkmale benigner (gutartiger) und maligner (bösartiger) Tumoren.

Abrechnung: S. 179
Prüfungsfall Krebsfrüherkennung: S. 330

4. Ein Endoskop ist ein meist biegsames schlauchförmiges Instrument, das einen Lichtleiter (z. B. Glasfaser) und eine Lichtquelle enthält. Viele Endoskope sind mit Arbeitskanälen ausgestattet, zum Absaugen und Spülen sowie zum Einführen von kleinen Instrumenten (z. B. Biopsiezangen). Durch das Okular (oder bei Videoendoskopen auf dem Bildschirm) kann die untersuchte Körperregion des Patienten betrachtet werden.
5. Gastroskop zur Inspektion des Magens;
   Koloskop zur Inspektion des Dickdarms;
   Laparoskop zur Inspektion der Bauchhöhle;
   Rektoskop zur Inspektion des Mastdarms
6. Bei der Endoskopie ist der Patient keiner Strahlenbelastung ausgesetzt (im Vergleich zum Röntgen und zur Computertomografie), die Körperhöhlen können direkt betrachtet und beurteilt werden und es können während der Untersuchung Gewebeproben entnommen bzw. kleinere chirurgische Eingriffe durchgeführt werden.
7. Gutartige Tumoren wachsen langsam, zeigen eine weitgehende Ähnlichkeit mit dem Ursprungsgewebe, verdrängen zwar benachbarte Strukturen/Organe, bilden aber keine Metastasen.
   Bösartige Tumoren wachsen schnell, zeigen keine Ähnlichkeit mit dem Ursprungsgewebe (atypische Mitosen, ggf. mehrere Zellkerne), durchsetzen und durchdringen benachbarte Strukturen/Organe und können diese zerstören. Sie bilden Metastasen.

1. Welche Aussagekombination zum Magengeschwür ist richtig?

1 Ein Magengeschwür ist ein meist gutartiger Tumor der Magenschleimhaut.
2 Ein starkes Hungergefühl ist bei einem Magengeschwür typisch.
3 Bei einem Magengeschwür besteht Blutungsgefahr.
4 Das Magengeschwür wird in der Fachsprache als Ulcus ventriculi bezeichnet.
5 Bei einem Magengeschwür kommt es nur zu oberflächlichen Gewebedefekten.

A) Alle Aussagen sind richtig.
B) Nur die Aussagen 1, 2, 4 und 5 sind richtig.
C) Nur die Aussagen 2 und 3 sind richtig.
D) Nur die Aussagen 3 und 4 sind richtig.
E) Nur die Aussagen 4 und 5 sind richtig.

2. Ordnen Sie zu.

A	Obstipation	1	Erbrechen
B	Nausea	2	Durchfall
C	Diarrhö	3	Stuhlverstopfung
D	Emesis	4	Übelkeit

A) A2, B1, C3, D4
B) A1, B2, C4, D3
C) A3, B2, C4, D1
D) A3, B4, C2, D1
E) A4, B2, C1, D3

3. Welche Aussage zu den Divertikeln ist richtig?

A) Divertikel sind Schleimhautausstülpungen in der Wand des Dickdarms und/oder Sigmas.
B) Divertikel kommen häufig bei Kindern und Jugendlichen vor.
C) Chronisch vorliegende Diarrhö begünstigt die Entstehung von Divertikeln.
D) Als Divertikulitis bezeichnet man das Vorhandensein von zahlreichen Divertikeln.
E) Darminhalt in den Divertikeln schützt vor einer Divertikulitis.

4. Welche beiden Aussagen zur Wurmfortsatzentzündung sind richtig?

A) Bei einer Wurmfortsatzentzündung handelt es sich um eine Entzündung des Blinddarms.
B) Die Entzündung des Wurmfortsatzes wird mit Antibiotika behandelt.
C) Eine Komplikation der Appendizitis ist die eitrige Peritonitis.
D) Mit Hilfe der Röntgendiagnostik kann eine Wurmfortsatzentzündung festgestellt werden.
E) Ein Symptom bei einer Wurmfortsatzentzündung sind Schmerzen im linken Unterbauch.
F) Die chirurgische Entfernung der Appendix vermiformis wird als Appendektomie bezeichnet.

5. Welche beiden Aussagen zu den Tumoren sind richtig?

A) Bösartige Tumoren verdrängen die benachbarten Gewebe.
B) Gutartige Tumoren bilden in anderen Regionen und Organen Tochtergeschwülste.
C) Eine benigne Gewebeneubildung bezeichnet man als gutartigen Tumor.
D) Eine hohe Zellteilungsrate und schnelles Wachstum sind charakteristisch für gutartige Tumoren.
E) Bösartige Tumoren durchdringen Gewebe und bilden Metastasen.
F) Die Zellen von gutartigen Tumoren ähneln nicht mehr dem Ursprungsgewebe.

6. Welche Aussage zur Sonografie ist richtig?

A) Der diagnostisch eingesetzte Ultraschall ist für Schwangere gesundheitsschädlich.
B) Das Ultraschallgel verhindert, dass sich Luft zwischen Schallkopf und Haut befindet.
C) Vor der Sonografie sollte sich der Patient ballaststoffreich ernähren.
D) Die Sonografie ist für die Darstellung von Frakturen gut geeignet.
E) Während einer Sonografie kann die Schleimhaut des Darmes betrachtet werden.

7. Welche Aussage zur Leberzirrhose ist richtig?

A) Eine aktive Impfung schützt vor einer Leberzirrhose.
B) Bei einer Leberzirrhose wird zerstörtes Lebergewebe durch Bindegewebe ersetzt.
C) Leberzirrhose kann eine Spätfolge der Hepatitis A sein.
D) Auf Grund der Lebervernarbung tritt bei einer Leberzirrhose das Leberzellkarzinom seltener auf.
E) Eine Leberzirrhose heilt nach Beseitigung der schädigenden Ursache wieder vollständig aus.

8. Ordnen Sie den Tumoren die richtige Eigenschaft zu, mit einer 1 für benigne, einer 2 für maligne und einer 3 für semimaligne.

A) Karzinom
B) Liposarkom
C) Adenom
D) Basaliom
E) Osteosarkom
F) Lipom

1. D	2. D
3. A	4. C, F
5. C, E	6. B
7. B	8. A2, B2, C1, D3, E2, F1

9. Welche Aussagekombination zur Koloskopie ist richtig?

1 Während der Koloskopie können Darmpolypen entfernt werden.
2 Nach der Polypektomie sind Nachblutungen möglich.
3 Bei der Koloskopie wird der gesamte Dickdarm einschließlich des terminalen Ileums untersucht.
4 Bei einem positiven iFOBT ist eine Koloskopie indiziert.
5 Während einer Koloskopie können an mehreren Stellen des Darms Gewebeproben entnommen werden.

A) Alle Aussagen sind richtig.
B) Nur die Aussagen 1, 2, 4 und 5 sind richtig.
C) Nur die Aussagen 2 und 3 sind richtig.
D) Nur die Aussagen 3 und 4 sind richtig.
E) Nur die Aussagen 4 und 5 sind richtig.

10. Welche Aussage zum Hämorrhoidalleiden ist richtig?

A) Diarrhö ist eine häufige Ursache des Hämorrhoidalleidens.
B) Okkulte Blutungen weisen auf Hämorrhoiden hin.
C) Beim Hämorrhoidalleiden kommt es zu einer Degeneration des Hämorrhoidalgeflechts.
D) Die Behandlung des Hämorrhoidalleidens erfolgt durch Eradikationstherapie.
E) Entzündungen und Schwellungen des Hämorrhoidalgeflechts sind Ursache des Hämorrhoidalleidens.

11. Welche Aussagen zu Helicobacter pylori sind richtig?

A) Helicobacter pylori ist ein säuresensibles Bakterium.
B) Das Bakterium Helicobacter pylori bildet Milchsäure und führt zu einem niedrigeren pH-Wert des Magensaftes.
C) Auf Grund der Form zählt man Helicobacter pylori zu den Streptokokken.
D) Der Befall des Magens mit Helicobacter pylori kann Ursache einer Gastritis sein.
E) Eine medikamentöse Therapie der Infektion mit Helicobacter pylori ist nicht möglich.
F) Helicobacter pylori kann fäkal-oral übertragen werden.

12. Welche Zuordnung ist richtig?

A Enteritis → Dünndarmentzündung
B Divertikulitis → Entzündung von Polypen
C Appendizitis → Blinddarmentzündung
D Peritonitis → Brustfellentzündung
E Gastritis → Gallenblasenentzündung

13. Welche Aussage zur gastrointestinalen Blutung ist richtig?

A) Bei einer unteren gastrointestinalen Blutung kann es zu Bluterbrechen kommen.
B) Massive arterielle Blutungen führen zu einer Anämie.
C) Blutungen aus dem oberen Gastrointestinaltrakt können als Teerstuhl ausgeschieden werden.
D) Bei einer Leberzirrhose können Verletzungen der Dünndarmvarizen zu starken Blutungen führen.
E) Chronische Blutungen führen zu einer Erhöhung des Hämoglobingehalts im Blut.

14. Ordnen Sie zu.

A	Auskultation	1	Betrachten
B	Inspektion	2	Beklopfen
C	Perkussion	3	Tasten
D	Palpation	4	Abhören

A) A2, B1, C4, D3
B) A1, B2, C3, D4
C) A3, B2, C1, D4
D) A4, B3, C2, D1
E) A4, B1, C2, D3

15. Welche Aussage zur Gastroskopie ist falsch?

A) Vor der Gastroskopie muss der Patient 6 bis 8 Stunden nüchtern sein.
B) Die Zähne des Patienten werden durch einen Kunststoffring im Mund geschützt.
C) Das Gastroskop wird durch den Mund und die Speiseröhre in den Magen vorgeschoben.
D) Bei der Gastroskopie können wegen der Magensäure keine Biopsien entnommen werden.
E) Der Würgereiz des Patienten kann durch eine Oberflächenanästhesie der Rachenhinterwand vermindert werden.

16. Welche Aussage zum Gallensteinleiden ist richtig?

A) Nach einer Cholezystektomie muss auf eine kohlenhydratarme Kost geachtet werden.
B) Das Gallensteinleiden wird als Cholelithiasis bezeichnet.
C) Untergewichtige junge Männer haben ein hohes Risiko, an einem Gallensteinleiden zu erkranken.
D) Gallensteine werden mit einer mehrwöchigen Antibiotikatherapie behandelt.
E) Bei Normalgewicht ist das Gallensteinrisiko deutlich höher als bei Adipositas.

9. A	10. E	11. D, F	12. A
13. C	14. E	15. D	16. B

17. Ordnen Sie zu.

A	Exsikkose	1	Oberflächlicher Gewebedefekt des Epithels
B	Refluxösophagitis	2	Magenschleimhautentzündung
C	Gastritis	3	Austrocknung des Körpers
D	Erosion	4	Speiseröhrenentzündung durch Rückfluss von Mageninhalt

A) A2, B1, C3, D4
B) A1, B2, C3, D4
C) A3, B2, C4, D1
D) A3, B4, C2, D1
E) A4, B2, C1, D3

18. Welche Aussagekombination zur Bauchspeicheldrüsenentzündung ist richtig?

1 Eine akute Pankreatitis ist eine lebensbedrohliche Entzündung der Bauchspeicheldrüse.
2 Mögliche Ursachen einer Bauchspeicheldrüsenentzündung sind Alkohol oder die Verlegung des Ausführungsgangs durch einen Gallenstein.
3 Bei einer chronischen Bauchspeicheldrüsenentzündung wird Insulin auch in den Dünndarm abgegeben.
4 Bei einer akuten Pankreatitis ist der Pepsinwert im Serum erhöht.
5 Eine chronische Bauchspeicheldrüsenentzündung verläuft ohne klinische Symptome.

A) Alle Aussagen sind richtig.
B) Nur die Aussagen 1 und 2 sind richtig.
C) Nur die Aussagen 2 und 3 sind richtig.
D) Nur die Aussagen 3 und 4 sind richtig.
E) Nur die Aussagen 4 und 5 sind richtig.

19. Welche Aussage zur Endoskopie ist richtig?

A) Die Lichtquelle des Endoskops ist am Okular.
B) Die Inspektion der Bauchhöhle bezeichnet man als Gastroskopie.
C) Bei einer Rektoskopie befindet sich das Okular im Rektum.
D) Mit einem Gastroskop kann auch die Gallenblase inspiziert werden.
E) Während der Endoskopie kann eine Biopsie durchgeführt werden.

20. Welche Zuordnung ist richtig?

A Aszites → Bauchwassersucht
B Ikterus → Gallensteinleiden
C Steatosis hepatis → Leberentzündung
D Cholelithiasis → Gelbsucht
E Hepatitis → Fettleber

21. Welche Aussage zur Hepatitis B ist richtig?

A) Die Impfung gegen Hepatitis B ist meistens eine passive Immunisierung.
B) Die Inkubationszeit der Hepatitis B beträgt 2 bis 6 Tage.
C) Hepatitis B wird parenteral, d. h. sexuell, perkutan, vertikal oder durch Blutprodukte übertragen.
D) Der Infektionsweg der Hepatitis B ist die Wasser- und Nahrungsmittelinfektion.
E) Ungefähr 75 % der akuten Hepatitis-B-Erkrankungen werden chronisch.

22. Ordnen Sie zu.

A	Flatulenz	1	krampfartige, wellenförmig auftretende Bauchschmerzen
B	Koliken	2	vermehrter peranaler Gasabgang
C	Foetor ex ore	3	Rückfluss, z. B. von Magensäure in den Ösophagus
D	Reflux	4	unangenehmer Geruch der Ausatemluft

A) A2, B1, C4, D3
B) A1, B2, C3, D4
C) A3, B2, C4, D1
D) A3, B4, C2, D1
E) A4, B2, C1, D3

23. Welche beiden Aussagen zur gastroösophagealen Refluxkrankheit sind richtig?

A) Die Refluxösophagitis ist eine häufig bei jungen Menschen vorkommende Erkrankung.
B) Die Koloskopie ermöglicht die Unterscheidung zwischen Refluxkrankheit und Speiseröhrenkrebs.
C) Bei bestehender Refluxösophagitis kommt es während der Schwangerschaft häufig zu einer Besserung der Krankheitsbeschwerden.
D) Der Rückfluss von Magensäure schädigt die Schleimhaut der Speiseröhre.
E) Ursache für den Rückfluss von Mageninhalt ist häufig die Muskelschwäche des Pylorus.
F) Nikotin, Alkohol und Übergewicht sind mögliche Ursachen für den Reflux von Mageninhalt in die Speiseröhre.

17. D 18. B
19. E 20. A
21. C 22. A
23. D, F

24. Welche Aussagekombination zu den Polypen ist richtig?

1 Polypen sind Schleimhautwucherungen in das Lumen eines Hohlorgans.
2 Während einer Koloskopie kann ein Polyp mit einer Elektroschlinge abgetragen werden.
3 Die chirurgische Entfernung eines Polypen wird als Polypektomie bezeichnet.
4 Darmpolypen können sich zu einem bösartigen Tumor entwickeln.
5 Nach der Polypektomie wird das entnommene Gewebe von einem Pathologen begutachtet.

A) Alle Aussagen sind richtig.
B) Nur die Aussagen 1, 2, 4 und 5 sind richtig.
C) Nur die Aussagen 2 und 3 sind richtig.
D) Nur die Aussagen 3 und 4 sind richtig.
E) Nur die Aussagen 4 und 5 sind richtig.

25. Ordnen Sie den Tumoren das jeweilige Ursprungsgewebe zu.

A	Osteom	1	Fettgewebe
B	Karzinom	2	Epithelgewebe
C	Lipom	3	Bindegewebe
D	Fibrom	4	Knochengewebe

A) A2, B1, C3, D4
B) A1, B2, C3, D4
C) A3, B2, C4, D1
D) A3, B4, C2, D1
E) A4, B2, C1, D3

26. Welche Aussage zur Laktosemalabsorption ist richtig?

A) Bei der Laktoseintoleranz kommt es nach dem Verzehr von Laktose zur Obstipation.
B) Bei der Laktoseintoleranz handelt es sich um eine allergische Reaktion auf Milchprodukte.
C) Laktose kommt in tierischem und pflanzlichem Eiweiß vor.
D) Die Laktoseintoleranz ist eine genetisch bedingte Milchzuckerunverträglichkeit.
E) Die Laktoseintoleranz beruht auf einem Überschuss des Verdauungsenzyms Laktase.

27. Welche Aussage zur Gastritis ist richtig?

A) Eine chronische Gastritis wird durch eine Virusinfektion hervorgerufen.
B) Eine chronische Gastritis führt mit der Zeit zu einer Dickdarmentzündung.
C) Bei einer Gastritis bildet der Magen vermehrt Gastrin.
D) Die akute Gastritis kann durch Rauchen, Alkohol und Stress oder durch Infektionen entstehen.
E) Ursache der Gastritis ist die übermäßige Schleimproduktion der Magenschleimhaut.

28. Welche Aussage zur Virushepatitis ist falsch?

A) Die Infektion durch Hepatitis-A-Viren erfolgt über kontaminierte Lebensmittel.
B) Die Gelbfärbung von Haut und Schleimhäuten kann ein Symptom der Hepatitis sein.
C) Eine aktive Immunisierung ist gegen Hepatitis A und Hepatitis B möglich.
D) Die Hepatitis A verläuft häufig chronisch und kann zu einer Leberzirrhose führen.
E) Mögliche Symptome einer Hepatitis sind Müdigkeit, Übelkeit und Inappetenz.

29. Welches bildgebende Verfahren arbeitet mit Schallwellen?

A) Röntgen
B) Magnetresonanztomografie
C) Arthroskopie
D) Computertomografie
E) Sonografie

30. Welche Aussage zum kolorektalen Karzinom ist richtig?

A) Das kolorektale Karzinom ist eine benigne Veränderung der Darmschleimhaut.
B) Die wichtigste diagnostische Maßnahme beim kolorektalen Karzinom ist die Koloskopie.
C) Das kolorektale Karzinom wird mit einer Kombination von zwei Antibiotika behandelt.
D) Untergewicht und fettarme Ernährung sind Risikofaktoren des kolorektalen Karzinoms.
E) Am häufigsten tritt das kolorektale Karzinom bei Kindern und Jugendlichen auf.

31. Welche Aussagekombination zur Hepatitis A ist richtig?

1 Die Hepatitis A ist eine Erkrankung nach fäkal-oraler Infektion.
2 Ein Impfschutz gegen Hepatitis A ist möglich.
3 Bei einem Teil der Infizierten verläuft die Hepatitis A chronisch.
4 Bei Hepatitis A ist keine akute Therapie notwendig.
5 Die Hepatitis A heilt vollständig aus.

A) Alle Aussagen sind richtig.
B) Nur die Aussagen 1, 2, 4 und 5 sind richtig.
C) Nur die Aussagen 1, 2 und 5 sind richtig.
D) Nur die Aussagen 3 und 4 sind richtig.
E) Nur die Aussagen 4 und 5 sind richtig.

24. A	25. E
26. D	27. D
28. D	29. E
30. B	31. B

32. Welche Aussage zum Stuhltest auf okkultes Blut ist richtig?

A) Für die Entnahme der Stuhlprobe wird dem Patienten ein spezielles Teströhrchen für den iFOBT mitgegeben.
B) Die Auswertung erfolgt in der Praxis.
C) Vitamin C kann ein falsch positives Testergebnis bewirken.
D) Der präventive Stuhltest sollte regelmäßig ab dem 18. Lebensjahr durchgeführt werden.
E) Ein negatives Testergebnis ist der Nachweis von okkultem Blut.

33. Welche beiden Aussagen zum Zwölffingerdarmgeschwür sind richtig?

A) Das Zwöffingerdarmgeschwür ist eine gutartige Gewebeneubildung.
B) In der Fachsprache wird das Zwölffingerdarmgeschwür als Ulcus duodeni bezeichnet.
C) Beim Zwölffingerdarmgeschwür kommt es zu tiefen Gewebsdefekten in der Schleimhaut des Ileum.
D) Einen oberflächlichen Gewebsdefekt der Dünndarmschleimhaut bezeichnet man als Zwölffingerdarmgeschwür.
E) Ein Zwölffingerdarmgeschwür führt zu Einblutungen in den Magen.
F) Bei einem Zwölffingerdarmgeschwür kommt es häufig zu Schmerzen nach dem Essen, wenn der säurehaltige Mageninhalt ins Duodenum übertritt.

34. Welche Aussage zur Obstipation ist richtig?

A) Bei Obstipation muss durch eine Gastroskopie ein Tumor ausgeschlossen werden.
B) Mögliche Ursachen der Obstipation sind ein geringer Ballaststoffgehalt der Nahrung und Flüssigkeitsmangel.
C) Die Lebensweise hat keine Auswirkung auf eine bestehende Obstipation.
D) Eine Obstipation wird durch vermehrte Gasansammlung im Darm hervorgerufen.
E) Eine medikamentöse Behandlung der Obstipation ist derzeit nicht möglich.

35. Welche Aussage zur Gastroenteritis ist richtig?

A) Die wichtigste Infektionsquelle einer Gastroenteritis ist die Gastronomie.
B) Die Therapie der Gastroenteritis besteht in einer reduzierten Flüssigkeitszufuhr.
C) Die Gastroenteritis ist die Vorstufe einer chronischen Darmentzündung.
D) Die entzündliche Erkrankung des Magen-Darm-Traktes wird als Gastroenteritis bezeichnet.
E) Bei der infektiösen Gastroenteritis kommt es meist zu einer Obstipation.

36. Welche Aussagekombination zur Gelbsucht ist richtig?

1 Während der Gelbsucht ist der Stuhl dunkel gefärbt.
2 Ikterus ist der Fachbegriff für Gelbsucht.
3 Bei einer Gelbsucht auf Grund einer Virushepatitis kommt es zu einer Braunfärbung des Urins.
4 Der Bilirubinspiegel ist bei einer Gelbsucht erhöht.
5 Ursache der Gelbsucht ist stets eine Virusinfektion der Leber.

A) Alle Aussagen sind richtig.
B) Nur die Aussagen 1, 2, 4 und 5 sind richtig.
C) Nur die Aussagen 2, 3 und 4 sind richtig.
D) Nur die Aussagen 3 und 4 sind richtig.
E) Nur die Aussagen 4 und 5 sind richtig.

37. Ordnen Sie zu.

A	Ileus	1	Medikamentenbehandlung gegen Helicobacter pylori
B	Eradikations-therapie	2	Entzündung von Divertikeln
C	Divertikulitis	3	Zwerchfellbruch mit Verlagerung von Magenteilen in den Thorax
D	Hiatushernie	4	Darmverschluss bzw. eine Unterbrechung der Darmpassage

A) A2, B1, C4, D3
B) A1, B2, C3, D4
C) A3, B2, C4, D1
D) A3, B4, C2, D1
E) A4, B1, C2, D3

38. Welche Aussage zum Pankreaskarzinom ist falsch?

A) Das Pankreaskarzinom kann durch Verlegung des Drüsenausführungsgangs zu einer Pankreatitis führen.
B) Nikotinkonsum und Alkoholmissbrauch sind Risikofaktoren für ein Pankreaskarzinom.
C) Metastasen des Pankreaskarzinoms bilden sich häufig in der Leber.
D) Das Pankreaskarzinom ist ein benigner Tumor, der keine Metastasen bildet.
E) Verlegt ein Pankreaskarzinom den Gallengang, kann es zu einem schmerzlos auftretenden Ikterus kommen.

32. A
33. B, F
34. B
35. D
36. C
37. E
38. D

16 Stoffwechselstörungen und -erkrankungen

Erklären Sie den Begriff metabolisches Syndrom.

Das metabolische Syndrom ist eine Kombination der häufigsten Stoffwechselstörungen. Die vier Hauptbestandteile sind Stammadipositas, Hypertonie, Fettstoffwechselstörungen und Diabetes mellitus Typ 2. Weitere häufig vorhandene Folgen sind Gicht, Thromboseneigung sowie ein erhöhtes Arterioskleroserisiko.

Erläutern Sie die Berechnung des Body-Mass-Index (BMI) und dessen Bedeutung.

- Der Body-Mass-Index wird nach der Formel Körpergewicht (kg) : Körpergröße $(m)^2$ errechnet.
- BMI-Werte >25 kg/m^2 weisen auf Übergewicht des Patienten hin, BMI-Werte >30 kg/m^2 auf Adipositas.

Nennen Sie typische körperliche Folgen der Adipositas.

- arterielle Hypertonie
- Fettstoffwechselstörungen
- Diabetes mellitus Typ 2
- Arthrose
- Cholelithiasis
- Hyperurikämie
- Schlafapnoe-Syndrom
- erhöhtes Arterioskleroserisiko
- erhöhtes Schlaganfallrisiko
- erhöhtes Krebsrisiko

Erläutern Sie den Fachbegriff Hyperlipidämie und deren Ursache.

- Hyperlipidämie bezeichnet einen erhöhten Fettspiegel (Lipidspiegel) im Blut. Man unterscheidet drei Arten:
  - einfache Hyperlipidämie: Nur der Triglyceridspiegel ist erhöht.
  - gemischte Hyperlipidämie: Trigycerid- und Cholesterinspiegel sind erhöht.
  - Hypercholesterinämie: Nur der Cholesterinspiegel ist erhöht.
- Ursache: Überernährung, genetische Veranlagung (Disposition), Alkoholmissbrauch

Erklären Sie den Fachbegriff Hyperurikämie und beschreiben Sie mögliche Folgen der Erkrankung.

Eine Hyperurikämie liegt vor, wenn der Harnsäurespiegel des Blutes über 7 mg/dL (420 µmol/L) liegt. Treten körperliche Symptome auf, spricht man von der Stoffwechselerkrankung Gicht, bei der Harnsäurekristalle v. a. sehr schmerzhafte Entzündungen in den Gelenken verursachen. Häufig ist bei einem Gichtanfall das Großzehengrundgelenk betroffen.

Definieren Sie allgemein die Stoffwechselerkrankung Diabetes mellitus.

Diabetes mellitus ist eine Stoffwechselerkrankung mit chronisch erhöhtem Blutzuckerspiegel. Ursache sind ein absoluter oder relativer Insulinmangel und/oder eine Störung der Insulinwirkung.

Beschreiben Sie die Wirkung des Hormons Insulin und erklären Sie, wo es genau gebildet wird.

Insulin bewirkt die Aufnahme von Glukose in die Zellen. Das Insulin bindet hierfür an Rezeptoren der Zelloberfläche, woraufhin Glukosemoleküle durch spezielle Kanäle der Zellmembran ins Zellinnere aufgenommen werden. Dadurch sinkt der Blutzuckerspiegel.
Insulin wird von den β-Zellen der Langerhans-Inseln gebildet, die inselartig im Pankreasgewebe liegen.

Erklären Sie, was passiert, wenn mehr Glukose verzehrt wird, als die Zellen momentan benötigen.

Bei kohlenhydratreicher Nahrung bewirkt Insulin eine vermehrte Glukoseaufnahme in die Leber. Die Glukose wird dann in der Leber und in der Muskulatur in Form des Polysaccharids Glykogen gespeichert. Sind alle Glykogenspeicher gefüllt, wird Glukose in Fett umgewandelt und in Fettzellen gespeichert.

Sie arbeiten in der allgemeinmedizinischen Praxis von Dr. Süß. Frau Zucker ist langjährige Patientin der Praxis und kommt seit fünf Monaten regelmäßig zur Wundbehandlung einer tiefen Ulzeration des rechten Fußballens.
Auszug aus der Karteikarte:

A B C D E F G H I J K L M N O P Q R S Sch St T U V W X Y Z

1 2 3 4 5 6 7 8 9 10 11 12 13 14 15 16 17 18 19 20 21 22 23 24 25 26 27 28 29 30 31 I II III IV V VI VII VIII IX X XI XII

Geb. frei

Krankenkasse bzw. Kostenträger
AOK Hessen

Nachts

Name, Vorname des Versicherten
Zucker,
Gertrude

geb. am
21.10.19xx

Sonstige

Offenbacher Landstr. 53,
60599 Frankfurt/Main

EA:
65-jährige Patientin
Gewicht: 104 kg
Körpergröße: 1,66 m

Seit 1980 metabolisches Syndrom
Hyperlipidämie
Hypertonie
Seit 1995 Diabetes mellitus Typ 2
2005 Gonarthrose rechts

Unfall

Kassen-Nr.	Versicherten-Nr.	Status
2134567	7987673321	5000000

Arbeitsunfall*

Betriebsstätten-Nr.	Arzt-Nr.	Datum
879654321	123456789	27.07.20xx

Risiken:

27.07.20xx
Anamnese: Verlust des Temperatur- und Schmerzempfindens beider Füße, Wundheilungsstörung nach einer Bagatellverletzung des rechten Fußballens, Entwicklung einer tiefen Ulzeration (Durchmesser 2,5 cm), Wundbehandlung seit 5 Monaten
Diagnose: diabetisches Fußsyndrom
Therapie: Abtragung von Nekrosen und avitalem Gewebe, Wunddesinfektion, Wundverband

1. Erläutern Sie die Unterformen Typ 1 und Typ 2 des Diabetes mellitus.

2. Nennen Sie typische Symptome des noch unerkannten Diabetes mellitus Typ 1.

1. Typ-1-Diabetes ist eine Autoimmunkrankheit, bei der das Immunsystem die Insulin bildenden Zellen der Bauchspeicheldrüse zerstört. Die Patienten, meist Kinder, Jugendliche oder junge Erwachsene, sind von Anfang an insulinpflichtig.
   Typ-2-Diabetes tritt bei ca. 90 % der Diabetiker auf und ist meist die Folge von Überernährung und Übergewicht. Es entwickelt sich eine Insulinresistenz (nachlassende Insulinwirkung) mit Hyperglykämie. Die Patienten werden erst spät oder nie insulinpflichtig.
2. Polyurie, Polydipsie, Glukosurie, Abgeschlagenheit, Wundheilungsstörungen

3. **Erklären Sie, was man unter einem Gestationsdiabetes versteht.**

4. **Nennen Sie Diagnosekriterien für den Diabetes mellitus.**

5. **Erklären Sie die beiden Fachbegriffe Hyperglykämie und Hypoglykämie.**

6. **Nennen Sie typische Symptome einer Hypoglykämie bei Diabetikern.**

7. **Nennen Sie mögliche Gegenmaßnahmen von Diabetikern bei einer Hypoglyämie.**

Abrechnung: S. 179
Prüfungsfall Diabetes mellitus Typ 2: S. 290,
Prüfungsfall Diabetes mellitus Typ 1: S. 350,
Prüfungsfall V. a. Gestationsdiabetes: S. 357

3. Gestationsdiabetes (Schwangerschaftsdiabetes) entsteht auf Grund des hohen Hormonspiegels bei Schwangeren, die eine genetische Veranlagung für Diabetes mellitus besitzen. Der erhöhte Blutzuckerspiegel der Schwangeren führt dann zu einer Überversorgung des Fetus mit Glukose. Dessen Wachstum und Gewichtszunahme werden übermäßig angeregt. Die Neugeborenen diabetischer Mütter sind oft sehr groß und schwer.
4. Blutzucker nüchtern >126 mg/dL und/oder Zufallsblutzucker (zweimalig an verschiedenen Zeitpunkten) >200 mg/dL und/oder Blutzucker nach zwei Stunden im oralen Glukosetoleranztest (OGTT) >200 mg/dL und/oder HbA_{1c} >6,5 %
5. Der Fachbegriff Hyperglykämie bezeichnet einen erhöhten Blutzuckerspiegel. Unter Hypoglykämie versteht man einen erniedrigten Blutzuckerspiegel.
6. Müdigkeit, Schwäche- und Schwindelgefühl, Zittrigkeit, ggf. Kreislaufprobleme sowie Bewusstseinsstörungen und Koma
7. orale Kohlenhydratzufuhr (z. B. Traubenzucker), Glukoseinjektion oder -infusion oder eine Glukagoninjektion mit einer Fertigspritze in den Oberschenkelmuskel

1. Welche Aussage zur Formel des Body-Mass-Index ist richtig?

A) BMI = Körpergewicht (g) × Körpergröße $(m)^2$
B) BMI = Körpergewicht $(kg)^2$: Körpergröße (m)
C) BMI = Körpergröße $(m)^2$: Körpergewicht (kg)
D) BMI = Körpergewicht (kg) : Körpergröße $(m)^2$
E) BMI = Körpergröße (m) : Körpergewicht $(kg)^2$

2. Welche beiden Aussagen zu den diabetesbedingten Folgeerkrankungen sind richtig?

A) Als Makroangiopathie bezeichnet man die Arteriosklerose großer Arterien.
B) Bei der diabetischen Retinopathie werden die Blutgefäße der Nierenrinde geschädigt.
C) Schädigungen der Netzhaut des Auges sind Folgen der diabetischen Nephropathie.
D) Auf Grund der diabetischen Neuropathie haben Diabetiker ein erhöhtes Schlaganfallrisiko.
E) Die Mikroangiopathie führt zu Myokardinfarkt und Schlaganfall.
F) Eine häufige Spätfolge bei Diabetes mellitus ist die Niereninsuffizienz.

3. Ordnen Sie zu.

A	Polydipsie	1	vermehrte Harnausscheidung
B	Glukosurie	2	erhöhter Blutzuckerspiegel
C	Hyperglykämie	3	Glukoseausscheidung durch den Urin
D	Polyurie	4	verstärktes Durstgefühl

A) A2, B1, C3, D4
B) A4, B3, C2, D1
C) A3, B2, C4, D1
D) A3, B4, C2, D1
E) A4, B2, C1, D3

4. Welche Aussagekombination zum Diabetes mellitus Typ 2 ist richtig?

1 Diabetes mellitus Typ 2 ist die am häufigsten vorkommende Diabetesform.
2 Die meisten Typ-2-Diabetiker sind spät oder nie insulinpflichtig.
3 Diabetes mellitus Typ 2 bezeichnet man auch als juvenilen Diabetes.
4 Die häufigsten Ursachen für Diabetes mellitus Typ 2 sind neben der genetischen Veranlagung Überernährung und Übergewicht.
5 Die nachlassende Insulinwirkung wird als Insulinresistenz bezeichnet.

A) Alle Aussagen sind richtig.
B) Nur die Aussagen 1, 2, 4 und 5 sind richtig.
C) Nur die Aussagen 1, 2 und 3 sind richtig.
D) Nur die Aussagen 3 und 4 sind richtig.
E) Nur die Aussagen 4 und 5 sind richtig.

5. Welche Zuordnung ist richtig?

A	Hyperurikämie	→	erhöhter Harnsäurespiegel
B	Hyperlipidämie	→	erhöhter Cholesterinspiegel
C	Hyperglykämie	→	Glukoseausscheidung über den Urin
D	Hyperinsulinämie	→	erhöhter Blutzuckerspiegel
E	Hypercholesterinämie	→	erhöhter Blutfettspiegel

6. Welche Aussage zur Hyperurikämie ist richtig?

A) Bei einer Hyperurikämie ist der Harnstoffspiegel des Blutes erhöht.
B) Als Hyperurikämie bezeichnet man eine vermehrte Harnausscheidung mit kleinen Blutbeimengungen.
C) Bei chronischer Hyperurikämie kommt es häufig zu Entzündungen der Niere.
D) Milchprodukte sollten bei einer Hyperurikämie nur in geringen Mengen verzehrt werden.
E) Bei einer Hyperurikämie bilden sich Harnsäurekristalle, die zu schmerzhaften Entzündungen der Gelenke führen können.

7. Welche Aussage zum Gestationsdiabetes ist richtig?

A) Bei einem Gestationsdiabetes ist der Gestagenspiegel erhöht.
B) Gestationsdiabetes tritt vorwiegend bei älteren und übergewichtigen Männern auf.
C) Ein Gestationsdiabetes entwickelt sich während der Schwangerschaft.
D) Der Gestationsdiabetes ist eine Sonderform des Diabetes mellitus Typ 1.
E) Gestationsdiabetes ist eine typische Ursache für untergewichtige Neugeborene.

8. Welche Aussage zu den Fettstoffwechselstörungen ist falsch?

A) Bei einer einfachen Hyperlipidämie ist der Triglyceridspiegel des Blutes erhöht.
B) Den erhöhten Fettspiegel im Blut bezeichnet man als Hypolipidämie.
C) Ursachen der Hyperlipidämie sind Überernährung und genetische Veranlagung.
D) Die KHK ist eine typische Folge der Hyperlipidämie.
E) LDL-Cholesterin verstärkt die Bildung arteriosklerotischer Plaques.

1. D	2. A, F
3. B	4. B
5. A	6. E
7. C	8. B

9. Welche Aussagekombination zum metabolischen Syndrom ist richtig?

1 Ein Befund des metabolischen Syndroms ist die Stammadipositas.
2 Übergewicht und Adipositas sind Risikofaktoren der arteriellen Hypertonie.
3 Das metabolische Syndrom entsteht durch Überernährung und Bewegungsmangel.
4 Fettstoffwechselstörungen und Diabetes mellitus sind Folgen der Adipositas.
5 Das metabolische Syndrom ist eine häufig vorkommende Zivilisationskrankheit.

A) Alle Aussagen sind richtig.
B) Nur die Aussagen 1, 2, 4 und 5 sind richtig.
C) Nur die Aussagen 2 und 3 sind richtig.
D) Nur die Aussagen 3 und 4 sind richtig.
E) Nur die Aussagen 4 und 5 sind richtig.

10. Welche Aussagekombination zur Ernährung bei Diabetes mellitus ist richtig?

1 Vollkornprodukte und andere ballaststoffreiche Nahrungsmittel sorgen für einen gleichmäßigen Blutzuckerverlauf.
2 In der Diabetes-Schulung erlernt der Patient, welche Nahrungsmittel schnell oder langsam verfügbare Kohlenhydrate enthalten.
3 Während einer diabetesgerechten Reduktionsdiät sollte auf ein tägliches Bewegungsprogramm verzichtet werden.
4 Bestimmte Gemüse, wie z. B. Tomaten, Salat und Gurken, dürfen uneingeschränkt verzehrt werden.
5 Der Hauptanteil der Nahrung eines Diabetikers besteht aus Eiweiß.

A) Alle Aussagen sind richtig.
B) Nur die Aussagen 1, 2 und 4 sind richtig.
C) Nur die Aussagen 2 und 3 sind richtig.
D) Nur die Aussagen 3 und 4 sind richtig.
E) Nur die Aussagen 4 und 5 sind richtig.

11. Ordnen Sie zu.

A	Insulin	1	Blutzucker steigerndes Hormon der Pankreasinseln
B	Glykogen	2	erniedrigter Blutzuckerspiegel; Unterzuckerung
C	Glukagon	3	Blutzucker senkendes Hormon der Pankreasinseln
D	Hypoglykämie	4	Speicherform der Glukose; tierische Stärke

A) A2, B1, C4, D3
B) A1, B2, C3, D4
C) A3, B4, C1, D2
D) A4, B3, C2, D1
E) A4, B1, C2, D3

12. Welche Aussage zum Langzeit-Blutzuckerwert ist richtig?

A) Der HbA_{1c}-Messwert fällt bei unbehandeltem Diabetes mellitus.
B) Bei einer Hyperglykämie bildet Glukose mit einem Teil der Plasmaproteine HbA_{1c}.
C) Der HbA_{1c}-Messwert gibt Auskunft über den mittleren Blutzuckerspiegel der letzten 8–10 Tage.
D) Der HbA_{1c} ist ein wichtiger Messwert zur Beurteilung der Stoffwechsellage und damit auch der Therapietreue bei Diabetes mellitus.
E) Der HbA_{1c}-Messwert zeigt auch kurz dauernde Blutzuckeranstiege an.

13. Welche beiden Aussagen zur medikamentösen Therapie des Diabetes mellitus sind richtig?

A) Depotinsulin ist ein lang wirksames Insulin mit verzögertem Wirkungseintritt.
B) Die Verabreichung oraler Antidiabetika erfolgt parenteral.
C) Normalinsulin wird in der Regel intramuskulär injiziert.
D) Bei einem Diabetes Typ 2 kann Insulin auch oral verabreicht werden.
E) Bei der intensivierten konventionellen Insulintherapie (ICT) wird das Insulin über eine Insulinpumpe verabreicht.
F) Orale Antidiabetika sind nur für Typ-2-Diabetiker geeignet, bei denen kein absoluter Insulinmangel vorliegt.

14. Welche beiden Aussagen zum diabetischen Fußsyndrom sind richtig?

A) Die Behandlung eines Fußulkus wird normalerweise von den Patienten selbst durchgeführt.
B) Beim diabetischen Fußsyndrom liegt eine Überempfindlichkeit der Fußsohlen vor.
C) Professionelle Fußpflege führt zu einer raschen Heilung der Ulzerationen an der Fußsohle.
D) Sensibilitätsstörungen sowie Verletzungen mit schweren Wundheilungsstörungen führen zum diabetischen Fußsyndrom.
E) Zur Früherkennung des diabetischen Fußsyndroms sind regelmäßige Fußinspektionen notwendig.
F) Ursache des diabetischen Fußsyndroms ist die Schädigung der tiefen Beinvenen.

9. A	10. B	11. C
12. D	13. A, F	14. D, E

15. Welche Aussage zu den Blutfetten ist falsch?

A) Ein hoher Gesamtcholesterinspiegel fördert die Arteriosklerose.
B) HDL-Cholesterin transportiert Cholesterin zur Leber, in der es abgebaut wird.
C) LDL-Cholesterin transportiert Cholesterin in die arteriosklerotischen Plaques.
D) Für das Abschätzen des kardiovaskulären Risikos ist der LDL/HDL-Quotient wichtig.
E) Triglyceride bewirken einen Rückgang der pathologischen Veränderungen bei Arteriosklerose.

16. Welche Aussagekombination ist richtig?

1 Die Gichtarthritis tritt meistens in einem Großzehengrundgelenk auf.
2 Bei einem Gichtanfall führen Harnsäurekristalle zu schmerzhaften Entzündungen.
3 Bei langjährig unbehandelter Hyperurikämie kann es zur Bildung von Nierensteinen kommen.
4 Frauen entwickeln meist vor der Menopause eine Gicht, da Östrogene die Harnsäureausscheidung hemmen.
5 Bei bestehender Hyperurikämie kann der Harnsäurespiegel durch hohen Fleischkonsum gesenkt werden.

A) Alle Aussagen sind richtig.
B) Nur die Aussagen 1, 2, 4 und 5 sind richtig.
C) Nur die Aussagen 1, 2 und 3 sind richtig.
D) Nur die Aussagen 3 und 4 sind richtig.
E) Nur die Aussagen 4 und 5 sind richtig.

17. Welche Aussage ist richtig?

A) Zur Vorbeugung gegen Diabetes mellitus Typ 1 hilft eine zuckerarme Ernährung.
B) Diabetes mellitus Typ 1 ist eine Autoimmunerkrankung, bei der das Immunsystem die Insulin bildenden Zellen zerstört.
C) Intensive sportliche Betätigung sowie eine diabetische Diät können bei Typ-1-Diabetikern zu normalen Blutzuckerwerten führen.
D) Diabetes mellitus Typ 1 beruht auf einer Insulinresistenz.
E) Diabetes mellitus Typ 1 tritt bevorzugt bei Menschen über 65 Jahren auf und wird daher als juveniler Diabetes bezeichnet.

18. Welche Aussage zum Zuckerstoffwechsel ist richtig?

A) Glykogen erhöht den Blutzuckerspiegel.
B) Ein Blutzuckerabfall führt zu einer Insulinausschüttung.
C) Insulin bewirkt die Glukoseaufnahme in die Zellen.
D) Glukagon senkt den Blutzuckerspiegel.
E) Bei erhöhten Blutzuckerwerten wird Glukose in den Langerhans-Inseln gespeichert.

19. Welche Aussagekombination zur Prävention des Diabetes mellitus ist richtig?

1 Ein Lebensstil, der dem metabolischen Syndrom vorbeugt, kann einen Diabetes mellitus Typ 2 in den meisten Fällen verhindern.
2 Gegen Diabetes mellitus Typ 1 ist keine Prävention möglich.
3 Bei einer Veranlagung zu Diabetes mellitus Typ 2 kann die vorbeugende Einnahme von Insulin den Ausbruch der Erkrankung verhindern.
4 Durch Vermeidung von Überernährung und Übergewicht kann dem Diabetes mellitus Typ 1 vorgebeugt werden.
5 Orale Antidiabetika verhindern die Entstehung eines juvenilen Diabetes.

A) Alle Aussagen sind richtig.
B) Nur die Aussagen 1, 2 und 5 sind richtig.
C) Nur die Aussagen 1 und 2 sind richtig.
D) Nur die Aussagen 2 und 4 sind richtig.
E) Nur die Aussagen 3 und 5 sind richtig.

20. Welche beiden Aussagen zu Übergewicht und Adipositas sind richtig?

A) Bei Adipositas liegt der Wert des Body-Mass-Index über 30 kg/m^2.
B) Eine Folge von Adipositas sind Fettstoffwechselstörungen, die zu Gefäßwandschäden der Venen führen.
C) Übergewichtige und adipöse Patienten leiden häufig unter einer Hypotonie.
D) Bei Adipositas ist der HDL-Cholesterinwert erhöht.
E) Gonarthrose und Coxarthrose können Spätschäden der Adipositas sein.
F) Der Lebensstil des Patienten hat auf das Ausmaß der Adipositas keinen Einfluss.

21. Welche Aussage zur Glukosurie ist richtig?

A) Die Glukosurie ist eine mögliche Auswirkung der Hypoglykämie.
B) Bei einer Glukosurie kommt es zu einer verminderten Harnausscheidung.
C) Nur bei einer Glukosurie gelangen Glukosemoleküle in den Primärharn.
D) Eine Glukosurie entsteht durch unvollständige Rückresorption der Glukose in der Niere.
E) Die Glukosurie dient der Senkung des Blutzuckerspiegels.

15. E	16. C
17. B	18. C
19. C	20. A, E
21. D	

17 Hautaufbau, Hauterkrankungen und Allergien

Finden Sie die richtigen Beschriftungen der folgenden Abbildungen zum Querschnitt durch die Haut und dem Ausschnitt aus der Basalzellschicht der Oberhaut.

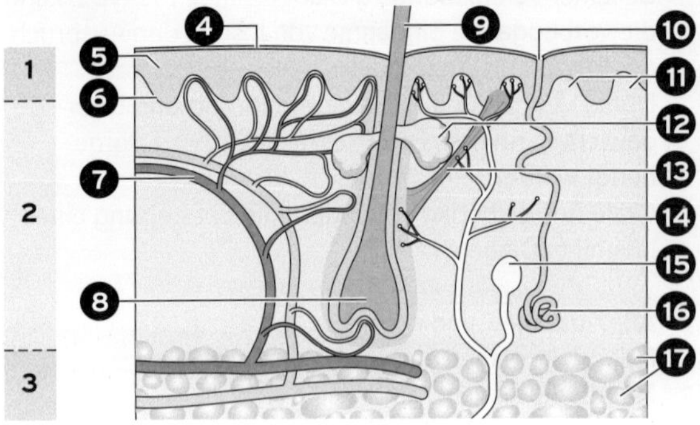

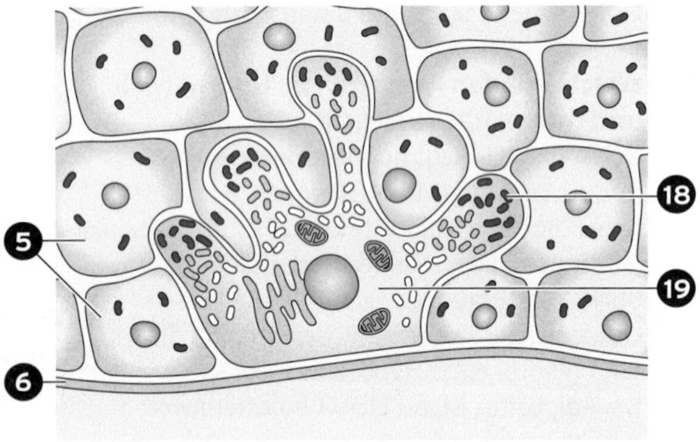

1	Epidermis (Oberhaut)
2	Dermis (Lederhaut)
3	Subkutis (Unterhaut)
4	Hornschicht
5	Basalzellschicht (Keimschicht)
6	Basalmembran
7	Blutgefäße
8	Haarwurzel
9	Haar
10	Schweißdrüsenöffnung
11	Papillen
12	Talgdrüse
13	Haarbalgmuskel
14	Nerv
15	Tastorgan
16	Schweißdrüse
17	Fettzellen
18	Melanin (dunkles Pigment)
19	Melanozyt (Pigmentzelle)

Erklären Sie mit Hilfe der folgenden Darstellung eines Querschnitts durch die Oberhaut, wie und wie schnell sich die menschliche Epidermis regeneriert.

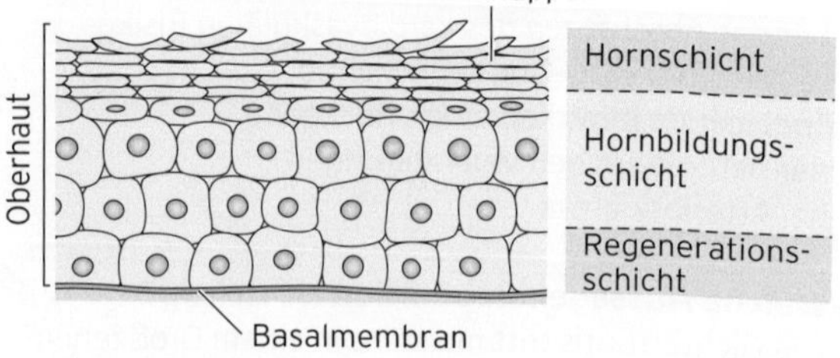

Die Epidermis regeneriert sich komplett innerhalb eines Monats:
- Es teilen sich die Basalzellen der Regenerationsschicht.
- Ältere Zellen werden nach oben in die Hornbildungsschicht geschoben.
- Die älteren Zellen gehen nach und nach zu Grunde und gelangen als Hautschuppen in die Hornschicht.
- Die Hornschuppen schilfern unbemerkt ab (ca. 1 kg pro Jahr).

Wie werden Epidermis (Oberhaut) und Dermis (Lederhaut) zusammen genannt?

Kutis (Haut)

Beschreiben Sie die Lage und das Aussehen der Papillen sowie ihre Funktion.

- Lage und Aussehen der Papillen:
  Die Papillen sind fingerförmige Ausstülpungen der Dermis (Lederhaut) in Richtung Epidermis (Oberhaut).
- Funktion der Papillen:
  Sie verhindern, dass sich die Epidermis von der Dermis abschält, und erhöhen so die Festigkeit der Haut.

Benennen Sie die rechts abgebildeten Hautrezeptoren und geben Sie an, für welche Sinneseindrücke sie jeweils zuständig sind.

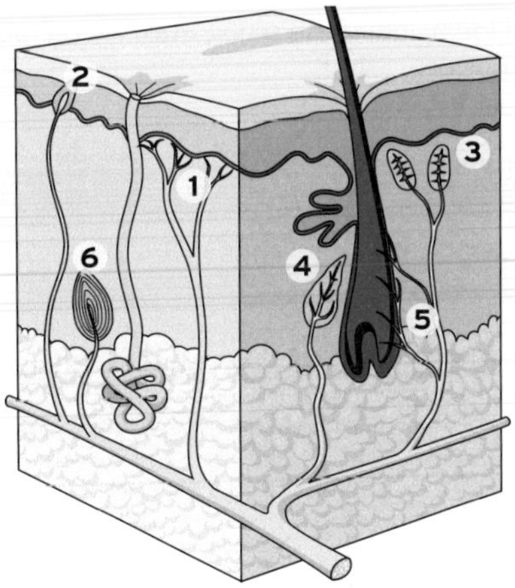

Nr.	Rezeptor	Sinneseindruck
1	freie Nervenendigung	Schmerz, Wärme, Kälte
2	Merkel-Zelle	Druck
3	Tastkörperchen	Tastempfindung
4	Ruffini-Körperchen	Druck, Hautspannung
5	Haarbalgnervengeflecht	Berührung
6	Lamellenkörperchen	Druck

Nennen Sie die Namen der wichtigsten Effloreszenzen (Formen von Hautausschlägen bzw. Hautveränderungen) und deren Beschreibung.

- Fleck (Macula): umschriebene, im Hautniveau liegende Verfärbung der Haut
- Quaddel (Urtica): stecknadel- bis handtellergroße, beetartige Hauterhebung durch ein umschriebenes Hautödem
- Knötchen oder Papel (Papula): bis erbsgroße, feste Erhabenheit der Haut
- Knoten (Nodus): mehr als erbsgroße, feste Erhabenheit der Haut
- Bläschen (Vesicula): bis erbsgroße, flüssigkeitsgefüllte Vorwölbung der Haut
- Blase (Bulla): mehr als erbsgroße, flüssigkeitsgefüllte Vorwölbung der Haut
- Pustel: mit Eiter gefülltes Bläschen
- Kruste (Crusta): Hautauflagerung durch eingetrocknetes seröses, eitriges oder blutiges Sekret
- Schuppe (Squama): Hautauflagerung durch Plättchen aus verhornten Zellen der Epidermis
- Erosion (Erosio): oberflächlicher Hautdefekt durch Abschürfung mit Abheilung ohne Narbenbildung
- Geschwür (Ulcus): tief reichender Hautdefekt, der nur unter Narbenbildung abheilen kann
- Einriss oder Schrunde (Rhagade): spaltförmiger, sehr schmerzhafter Hautdefekt
- Exanthem: Hautausschlag
- Erythem: entzündliche Rötung der Haut

Beschreiben Sie, mit welchen drei Maßnahmen sich die Haut an die zunehmende Einwirkung von UV-Licht im Sommer anpasst.

- Sofortbräunung: Das Pigment Melanin aus den Melanozyten der Basalzellschicht dunkelt nach.
- Nachbräunung: Es wird zusätzliches Melanin gebildet.
- Lichtschwiele: Die Hornschicht der Haut verdickt sich.

Empfindliche Haut reagiert bei täglichem Duschen mit Duschgel oder Seife oft mit Trockenheit und Juckreiz. Wie entstehen diese Symptome und was kann man vorbeugend tun?

- Entstehung: Entfettung der natürlichen Lipidschicht der Haut, dadurch Austrocknung und Reizung von Sinnesrezeptoren
- Vorbeugung: Verwendung milder, pH-hautneutraler Waschmittel (z. B. Syndets), Eincremen zur Rückfettung direkt nach dem Abtrocknen

Was versteht man unter Hautanhangsgebilden?

Hautanhangsgebilde sind Hautbestandteile, die nicht zum Epithel gehören:
- Haare
- Schweiß-, Talg- und Duftdrüsen
- Finger- und Fußnägel
- Brustdrüsen

Sie arbeiten in der allgemeinmedizinischen Praxis von Frau Dr. Koller.
Auszug aus der Karteikarte:

A B C D E F G H I J K L M N O P Q R S Sch St T U V W X Y Z
1 2 3 4 5 6 7 8 9 10 11 12 13 14 15 16 17 18 19 20 21 22 23 24 25 26 27 28 29 30 31 — I II III IV V VI VII VIII IX X XI XII

Geb. frei ☐ — **Krankenkasse bzw. Kostenträger**
AOK Rennstett

Nachts ☐ — **Name, Vorname des Versicherten**
Markovic,
Miroslav

geb. am
23.11.19xx

23-jähriger Patient
1,87 m
78 kg
Hobby: Schwimmen
Nichtraucher

Sonstige ☐
Hinterer Graben 23

93476 Rennstett

keine wesentlichen Vorerkrankungen

Unfall ☐

Kassen-Nr.	Versicherten-Nr.	Status
12345678	12345678	1000000

Arbeitsunfall* ☐

Betriebsstätten-Nr.	Arzt-Nr.	Datum
12345678	12345678	17.02.20xx

☎ — **Risiken:** keine

17.02.20xx

Anamnese: Seit 4 Wochen zunehmender Pruritus und Brennen im 4. Zehenzwischenraum links, Verschlimmerung nach Schwimmtraining (2 x pro Woche)

Befund: ausgeprägtes Erythem im 4. Zehenzwischenraum links mit Kratzspuren, linker Vorfuß sonst unauffällig, rechter Fuß Nägel sowie Finger/Hände ohne pathologischen Befund, sonst guter Allgemeinzustand, RR 120/80 mmHg, Puls 64/Min., Temperatur axillar 37,1 °C.

Diagnose: V. a. Mykose im 4. Zehenzwischenraum links

Therapie: Rp Terbinafinhydrochlorid 1 % Creme 30 g (N2), (Privatrezept), 2 x tgl. auftragen für 3 Wochen; in dieser Zeit täglicher Wechsel von bei 60 °C waschbaren Socken; Schwimmverbot; WV in 1 Woche

1. Zwischen welchen zwei Zehen befindet sich der vierte Zehenzwischenraum?

____

____

2. Erklären Sie, was man unter einer Mykose versteht, welche ihrer Leitsymptome bei Herrn Markovic vorliegen und zu welcher Medikamentengruppe die verordnete Creme gehört.

____

____

____

____

____

3. Mit welchen drei gesundheitlichen Folgen muss Herr Markovic rechnen, wenn er sich nicht an die ärztlichen Verordnungen hält?

1) ______________________________

2) ______________________________

3) ______________________________

____

1. zwischen zweitkleinstem und kleinstem Zeh
2. Eine Mykose ist eine Pilzerkrankung. Es liegen die Leitsymptome Jucken (Pruritus) und Brennen vor. Die Creme enthält ein Antimykotikum.
3. 1) Ausweitung u. Verschlimmerung der Mykose; 2) bakterielle Superinfektion der vorgeschädigten Haut mit Übergreifen auf den Vorfuß; 3) Sepsisgefahr

4. Zur Prophylaxe soll Herr Markovic Informationen zur Mykoseprävention allgemein und im Hallenbad bekommen. Auf welche drei Punkte soll er künftig achten?

1) ______________________

____

2) ______________________

____

3) ______________________

____

____

5. Welche Gemeinsamkeiten und welche Unterschiede zeigen die Krankheitsbilder Abszess und Phlegmone? Geben Sie auch an, welches der Krankheitsbilder schneller zu einer Sepsis führen kann.

____

____

____

____

____

____

____

____

6. Wie entsteht ein Erysipel (Wundrose) und an welchen Symptomen kann man dieses Krankheitsbild erkennen?

____

____

____

____

____

7. Was unterscheidet ein Furunkel von einem Karbunkel?

____

____

____

____

8. Um welche Erkrankung handelt es sich bei einem Panaritium und warum muss jedes Panaritium konsequent ausbehandelt werden?

____

____

____

Abrechnung S. 183
Prüfungsfall Abszesseröffnung: S. 309

4. 1) Schuhe und Strümpfe so auswählen, dass die Zehenzwischenräume trocken bleiben;
   2) im Hallenbad außerhalb des Wassers immer Badeschuhe tragen, auch beim Duschen;
   3) nach dem Schwimmen Zehenzwischenräume vor dem Anziehen der Strümpfe vollständig abtrocknen
5. Abszess und Phlegmone sind durch Eitererreger hervorgerufene Entzündungen der Haut. Bei einem Abszess bildet sich eine umschriebene, abgegrenzte Gewebseinschmelzung der Haut, bei einer Phlegmone breitet sich der Entzündungsherd flächenhaft ohne scharfe Begrenzung in das Gewebe aus. Dadurch ist die Sepsisgefahr bei einer Phlegmone größer als bei einem Abszess.
6. Bakterien, meistens Streptokokken, dringen in einen Defekt der Epidermis ein und rufen eine Hautentzündung hervor. Die betroffene Haut ist gerötet, flach erhaben und überwärmt. Zusätzlich besteht oft Fieber und ein starkes Krankheitsgefühl.
7. Ein Furunkel entsteht durch eine eitrige und nekrotisierende Haarbalgentzündung, bei einem Karbunkel handelt es sich um mehrere zusammenfließende Haarbalgentzündungen.
8. Hautentzündung an Fingern und/oder Zehen mit schmerzbedingter Bewegungseinschränkung, Hygieneproblem bei Nahrungsbereitung bei Fingerbefall, bei Immunschwäche selten auch Sepsisgefahr

1. Welche beiden Aussagen treffen zu?
A) Die Melanozyten gehören zur Epidermis.
B) Die Subkutis grenzt an die Epidermis.
C) Die Epidermis wird auch Lederhaut genannt.
D) Die Subkutis wird auch Oberhaut genannt.
E) Die Dermis enthält keine freien Nervenendigungen.
F) Die Papillen gehören zur Dermis.

2. Übersetzen Sie den Begriff Exanthem.
A) Abschürfung
B) Hautknötchen
C) Hautschuppe
D) Hautfleck
E) Hautausschlag

3. Was versteht man unter einer Pustel?
A) ein mit Eiter gefülltes Hautbläschen
B) eine Hautabschürfung
C) ein spaltförmiger Einriss der Haut
D) eine Quaddel
E) ein Hautgeschwür

4. Welche beiden Aussagen zum Allergietyp I sind richtig?
A) Symptombeginn nach wenigen Tagen
B) Symptombeginn meist innerhalb von Minuten
C) Allergietyp bei Kontaktekzem
D) Allergietyp, der durch Immunglobulin E vermittelt wird
E) ist immer angeboren
F) Heuschnupfen gehört nicht dazu.

5. Eine andere Bezeichnung für die spezifische Immuntherapie (SIT) ist …
A) sichere Immunsystem-Therapie.
B) intravenöse Allergenzufuhr.
C) intramuskuläre Allergenzufuhr.
D) Hypersensibilisierung.
E) Hyposensibilisierung.

6. Welche beiden Aussagen zur Atopie sind richtig?
A) Sie ist nicht angeboren.
B) Sie wird im Laufe des Lebens erworben.
C) Sie ist erblich bedingt.
D) Betroffene haben eine erhöhte Neigung zu Hautkrebs.
E) Betroffene haben eine erhöhte Neigung zu Asthma, Heuschnupfen, Neurodermitis und Nahrungsmittelallergien.
F) Sie ist vollständig heilbar.

7. Welche Aussage trifft für einen sogenannten Etagenwechsel im Verlauf einer allergischen Erkrankung zu?
A) Auf ein allergisches Asthma bronchiale folgt die Entstehung von Heuschnupfen.
B) Nach länger bestehendem Heuschnupfen entwickelt sich ein allergisches Asthma bronchiale.
C) Auf eine allergische Entzündung der Augenbindehaut folgt ein Angina-pectoris-Anfall.
D) Auf eine Nahrungsmittelallergie folgt eine Laktoseintoleranz.
E) Typ-I-Allergie führt zum allergischen Schock.

8. Welche beiden Aussagen zu einem allergischen Schock treffen zu?
A) Die Fachbezeichnung dafür lautet anaphylaktischer Schock.
B) Er beginnt meist erst mehrere Tage nach Kontakt mit dem auslösenden Allergen.
C) Er kann auch innerhalb von Minuten nach der intravenösen Gabe von Röntgenkontrastmitteln entstehen.
D) Nach Allergenkontakt kommt es dabei zu einer akuten Verengung der Blutgefäße.
E) Selbst nach sofort eingeleiteter Notfallbehandlung hat diese Schockform eine schlechte Prognose.
F) Eine Schocklagerung mit erhöhten Beinen ist zur Behandlung meist ausreichend.

9. Welche beiden Arzneimittelgruppen werden gezielt zur Behandlung von Allergien eingesetzt?
A) Hormone
B) Vitamine
C) Analgetika
D) Antihistaminika
E) nichtsteroidale Antirheumatika (NSAR)
F) Kortikoide

1. A, F	2. E	3. A
4. B, D	5. E	6. C, E
7. B	8. A, C	9. D, F

10. Geben Sie allen Aussagen, die zu einem Prick-Test passen, eine 1 und allen, die zu einem Epikutantest passen, eine 2.

A) Der Test wird nach 72 Stunden abgelesen.
B) Der Test wird nach 20 Minuten abgelesen.
C) Er eignet sich zur Testung auf unterschiedliche Inhalationsantigene.
D) Er eignet sich zur Testung von Stoffen, die allergische Kontaktekzeme hervorrufen können.
E) Die Hornschicht der Epidermis wird dabei mit einer Nadel durchstoßen.
F) Bevorzugter Ort für die Testung ist die Haut auf der Beugeseite des Unterarms.

11. Welche beiden Aussagen zur Sensibilisierung auf ein Allergen treffen zu?

A) Die Sensibilisierung beginnt meist schon im Mutterleib.
B) Ein Sensibilisierungsvorgang beginnt nur unmittelbar nach der Geburt.
C) Die Sensibilisierung auf ein Allergen kann jederzeit im Leben stattfinden.
D) Es handelt sich um einen Lernvorgang des Immunsystems, dessen Ergebnis eine Allergie ist.
E) Es handelt sich um einen kompletten Ausfall des Immunsystems.
F) Vor allem psychisch sensible Menschen sind betroffen.

12. Welche Aussagekombination zur Prävention des Auftretens von Allergien trifft zu?

1 Die Exposition zu Zigarettenrauch der Eltern (Passivrauchen) fördert die Entstehung allergischer Erkrankungen bei ihren Kindern.
2 Kinder, die in einer ländlichen Umgebung mit viel Kontakt zu Umweltallergenen aufwachsen, haben ein geringeres Risiko für das Auftreten von Allergien.
3 Stadtkinder aus besonders reinlichen Haushalten haben ein vermindertes Risiko für die Allergieentstehung.
4 Die Beachtung präventiver Hinweise kann das spätere Auftreten von Allergien in fast jedem Fall zuverlässig verhindern.
5 Kontaktallergien treten beim Personal einer hygienisch korrekt betriebenen Arztpraxis praktisch nicht auf.
6 MFAs, die regelmäßige Hautpflege betreiben, vermindern ihr Risiko für die Entstehung von Kontaktallergien.

A) Nur die Aussagen 1, 4 und 5 sind richtig.
B) Nur die Aussagen 1, 2 und 6 sind richtig.
C) Nur die Aussagen 2, 4 und 6 sind richtig.
D) Nur die Aussagen 2, 4 und 5 sind richtig.
E) Nur die Aussagen 3, 5 und 6 sind richtig.

13. Was ist die Ursache der Neurodermitis?

A) Virusinfekt der Haut
B) Pilzinfektion der Haut
C) bakterielle Infektion der Haut
D) Hautallergie
E) vererbte Hautfunktionsstörung mit Überempfindlichkeit der Haut

14. Welche beiden Aussagen zur Neurodermitis treffen nicht zu?

A) Hauptsymptom ist eine zunehmende Gefühllosigkeit der Haut.
B) Hauptsymptom ist der Juckreiz.
C) Es kommt im Verlauf der Erkrankung zu unterschiedlichen Ekzemformen.
D) Bei den meisten Patienten verstärken sich die Symptome im Winter.
E) Kortikoidhaltige Salben und Cremes vermindern die Symptome und sind auch als Dauertherapie ohne Nebenwirkungen einsetzbar.
F) Der sogenannte Milchschorf kann bei Kindern in den ersten Lebensmonaten das erste Zeichen für das Vorliegen der Erkrankung sein.

15. Welches ist die deutsche Bezeichnung für Psoriasis?

A) Hautpilzerkrankung
B) Sonnenbrand
C) Schuppenflechte
D) Mundschorf
E) Krätze

16. Welche Aussagekombination zur Psoriasis ist richtig?

1 Sie ist genetisch bedingt.
2 Die Regeneration der Epidermis ist stark beschleunigt.
3 Diese Erkrankung geht mit starker Schuppung und Entzündung der betroffenen Hautstellen einher.
4 Auch die Gelenke können entzündet sein, man spricht dann von Psoriasis-Arthritis.
5 Die Krankheit ist zwar nicht heilbar, jedoch lassen sich die Beschwerden durch lokale und systemische Therapien vermindern.

A) Alle Aussagen sind richtig.
B) Nur die Aussagen 1, 2, 4 und 5 sind richtig.
C) Nur die Aussagen 2 und 3 sind richtig.
D) Nur die Aussagen 3 und 4 sind richtig.
E) Nur die Aussagen 4 und 5 sind richtig.

10. A2, B1, C1, D2, E1, F1
11. C, D
12. B
13. E
14. A, E
15. C
16. A

17. Welche Aussage zur Akne vulgaris trifft nicht zu?

A) Bei jungen Männern ist die Akne oft ausgeprägter als bei jungen Frauen, da sie einen höheren Testosteronspiegel im Blut haben.
B) Die Erkrankung beginnt mit einer erhöhten Talgproduktion in den Talgdrüsen und einem Talgstau in den Haartrichtern.
C) Aus dem Talg austretende Fettsäuren verursachen Hautentzündungen.
D) Die Medikamente gegen Akne werden Komedonen genannt.
E) Die Einnahme von Substanzen zur Größenzunahme von Muskeln (Muskeldoping) kann Akne auslösen.

18. Was versteht man unter einer Onychomykose?

A) Pilzerkrankung in Hautfalten
B) Pilzerkrankung im Gesicht
C) Pilzerkrankung in einem Zehenzwischenraum
D) Fachwort für Fußpilz
E) Fachwort für Nagelpilz

19. Welche beiden Aussagen zu den aktinischen Keratosen treffen zu?

A) Sie entstehen durch zu häufigen Aufenthalt in geschlossenen Räumen.
B) Es handelt sich um eine Erkrankung der Schweißdrüsen.
C) Es handelt sich um Verhornungsstörungen an stark belichteten Hautstellen.
D) Es sind Präkanzerosen, da sie in ein Plattenepithelkarzinom übergehen können.
E) Sie sind in jedem Fall harmlos und nicht behandlungsbedürftig.
F) Gegen aktinische Keratosen stehen keine wirksamen Therapien zur Verfügung.

20. Welche Aussagekombination zum Basaliom ist richtig?

1 Es handelt sich um einen semimalignen Tumor, der bei seinem Wachstum gesundes Gewebe zerstört, aber keine Metastasen bildet.
2 Das Basaliom entsteht in den Basalzellen der Epidermis.
3 Die UV-Strahlung hat keinen Einfluss auf das Entstehen eines Basalioms.
4 Es kann knötchenartig oder flach wachsen und weist oft ein zentrales Ulkus auf.
5 Die meisten Basaliome entstehen im Bereich von Gesicht und Kopf.

A) Alle Aussagen sind richtig
B) Nur die Aussagen 1, 2, 4 und 5 sind richtig.
C) Nur die Aussagen 2 und 3 sind richtig.
D) Nur die Aussagen 3 und 4 sind richtig.
E) Nur die Aussagen 4 und 5 sind richtig.

21. Welche Aussagekombination zum malignen Melanom ist richtig?

1 Maligne bedeutet gutartig.
2 UV-Strahlung durch Sonnenlicht und Solarien erhöht das Risiko.
3 Unbehandelt ist ein malignes Melanom in der Regel tödlich.
4 Das maligne Melanom wird auch als weißer Hautkrebs bezeichnet.
5 Das maligne Melanom bildet keine Metastasen.

A) Alle Aussagen sind richtig.
B) Nur die Aussagen 1, 2, 4 und 5 sind richtig.
C) Nur die Aussagen 2 und 3 sind richtig.
D) Nur die Aussagen 3 und 4 sind richtig.
E) Nur die Aussagen 4 und 5 sind richtig.

22. Die ABCDE(S)-Regel gibt an, welche Veränderungen bei einem pigmentierten Hautmal für den Übergang in eine Krebsvorstufe sprechen. Ordnen Sie die Buchstaben der Symptome den Merkmalen zu, für welche sie jeweils stehen.

A) Es wächst deutlich tast- und sichtbar über das Hautniveau in die Höhe.
B) Es ist nicht rund oder oval, sondern weist eine unsymmetrische Form auf.
C) Es juckt oder blutet.
D) Von einer Seite zur anderen misst es mehr als einen halben Zentimeter.
E) Seine Farbe ist nicht gleichmäßig, es gibt hellere und dunklere Stellen.
F) Sein Rand ist nicht glatt, sondern weist eine unregelmäßige Begrenzung auf.

23. Welche beiden Aussagen zu der gewöhnlichen Warze (Verruca vulgaris) treffen zu?

A) Es handelt sich um eine Virusinfektion.
B) Bakterien sind die Ursache dieser Erkrankung.
C) Pilze rufen die damit verbundenen Hautveränderungen hervor.
D) Es sollte in jedem Fall eine schnelle chirurgische Entfernung angestrebt werden.
E) Der Kontakt mit Blut aus einer aufgekratzten Warze birgt kein Infektionsrisiko.
F) Diese Warzenform heilt meistens von alleine aus.

17. D	18. E
19. C, D	20. B
21. C	22. A) E, B) A, C) S, D) D, E) C, F) B
23. A, F	

24. Welche Aussagekombination zu den Feigwarzen (Condylomata acuminata) ist richtig?

1 Sie werden durch Viren verursacht.
2 Sie werden oft durch Geschlechtsverkehr übertragen.
3 Sie kommen gehäuft an den Geschlechtsteilen vor.
4 Sie können fadenförmig aussehen.
5 Sie können hahnenkamm- oder blumenkohlartig aussehen.

A) Alle Aussagen sind richtig.
B) Nur die Aussagen 1, 2, 4 und 5 sind richtig.
C) Nur die Aussagen 2 und 3 sind richtig.
D) Nur die Aussagen 3 und 4 sind richtig.
E) Nur die Aussagen 4 und 5 sind richtig.

25. Welche beiden Aussagen zu den Alterswarzen (Verrucae seniles) treffen zu?

A) Sie sind infektiös.
B) Sie sind nicht infektiös.
C) Sie sind bösartig und bilden Metastasen.
D) Es handelt sich um gemeine Warzen bei Patienten über 55 Jahren.
E) Sie wachsen wie ein Geschwür durch Haut und Unterhaut.
F) Sie sind flach, bräunlich und haben einen dünnen, oft leicht fettigen Überzug aus verhornten Zellen.

26. Während einer Erkältung bemerkt ein Patient in seinem linken Mundwinkel eine Gruppe kleiner, stark juckender Bläschen auf gerötetem Grund. Welche beiden Aussagen treffen zu?

A) Nur Rothaarige werden davon betroffen.
B) Es handelt sich um eine angeborene Abwehrschwäche der Lippenhaut.
C) Ursache ist ein Virus, das meist lebenslang im Körper bleibt.
D) Das Virus, das die Erkältung verursacht hat, bewirkt auch die Bläschenbildung.
E) Die Bläschen werden durch Herpes labialis hervorgerufen, die mit einem virustatischen Medikament behandelt werden können.
F) Es handelt sich um ein Erysipel, das eine sofortige Antibiotikatherapie erfordert.

27. Welche Aussage zur Gürtelrose ist falsch?

A) Ursache ist das Varicella-zoster-Virus.
B) Im Versorgungsgebiet eines Nervs kommt es zur Bildung von Bläschen auf gerötetem Grund.
C) Typisch sind lang anhaltende, brennende Schmerzen.
D) Ursache ist das Herpes-simplex-Virus.
E) Ungeimpfte Kinder können sich bei betroffenen Erwachsenen mit dem Windpocken-Virus infizieren.

28. Wie nennt man die Lehre von den Hautkrankheiten?

A) Urologie
B) Andrologie
C) Geriatrie
D) Dermatologie
E) Kosmetik

29. Welche beiden Strukturen der Haut bieten den besten Schutz vor UV-Strahlen?

A) das subkutane Fettgewebe
B) die Lederhaut
C) die Basalmembran
D) die aus der Basalzellschicht hervorgehenden Hautzellen
E) die in die Basalzellschicht eingebetteten Melanozyten
F) die Hornschicht der Epidermis

30. Welche Aussage zum Säureschutzmantel der Haut trifft nicht zu?

A) Er hat einen pH-Wert von 8,4.
B) Es handelt sich um eine Fett- und Feuchtigkeitsschicht an der Hautoberfläche.
C) Seine Fette sind Lipide der Talgdrüsen.
D) Sein Säuregehalt wird wesentlich von der Milchsäure aus den Schweißdrüsen bestimmt.
E) Er dient dem Infektionsschutz der Haut.

31. Welche beiden Aussagen zur Hautpflege treffen zu?

A) Tägliches Duschen ist für eine MFA mit Vollzeitstelle zur optimalen Hautpflege unverzichtbar.
B) Beim Waschen sollten flüssige Syndets, die den sauren ph-Wert der Haut schonen, klassischen Seifenstücken vorgezogen werden.
C) Häufiges Händewaschen während der Arbeit trocknet die Haut der MFA stärker aus als eine ebenso häufig durchgeführte hygienische Händedesinfektion.
D) Zur Hautpflege der Hände gehört das einmal pro Woche durchzuführende Eincremen.
E) Beim Eincremen der Hände sollte so viel Creme wie möglich aufgetragen werden.
F) Das Eincremen der Hände sollte stets vor dem Waschen erfolgen.

24. A	25. B, F
26. C, E	27. D
28. D	29. E, F
30. A	31. B, C

18 Wundheilung, Wundversorgung und kleine Chirurgie

Erklären Sie den Unterschied zwischen primärer Wundheilung (Wundheilung per primam, p.p.) und sekundärer Wundheilung (Wundheilung per secundam, p.s.). Geben Sie je ein Beispiel.

Primäre Wundheilung
- Die Wundheilung erfolgt direkt und ohne Komplikationen.
- Bsp.: Eine nicht verschmutzte Schnittwunde am Knie mit glatten Wundrändern nach primärer Versorgung mit Wundnaht heilt ohne Komplikationen unter nur minimaler Narbenbildung in 14 Tagen ab.

Sekundäre Wundheilung
- Die Wundheilung erfolgt erschwert und verzögert.
- Bsp.: Beim Hundebiss in den Finger ist die Wundheilung durch die Infektion erschwert und kann nicht von den Wundränder her erfolgen. Sie heilt erst nach zwei Monaten vom Wundgrund aus mit ausgeprägter Narbe ab.

Nennen Sie Namen und Funktion der abgebildeten chirurgischen Instrumente.

	Instrument	Funktion
1	anatomische Pinzette	Erfassen/Festhalten von Fäden und Tupfern
2	chirurgische Pinzette	sicheres Erfassen/Festhalten von Wundrändern und Geweben
3	Splitterpinzette	Entfernen von Splittern, Stacheln, Fremdkörpern
4	a) Verbandschere	Aufschneiden von Verbänden
4	b) Kleiderschere	Aufschneiden der Bekleidung
5	chirurgische Schere (abgerundet o. spitz)	Fadenschnitte, Exzisionen usw.
6	Präparierschere	gewebeschonende subkutane Schnitte
7	Nadelhalter	Festhalten/Führen der Nadel mit Faden
8	Skalpell	Schnitte, Exzisionen, Inzisionen
9	scharfer Löffel	Entfernen von Warzen, kleinen Abszessen usw.
10	Backhaus-Klemme	Tuchklemme zum Befestigen von OP-Tüchern
11	Kocher-Klemme	Erfassen/Festhalten von Gewebe
12	Kornzange	Festhalten/Führen von Tupfern

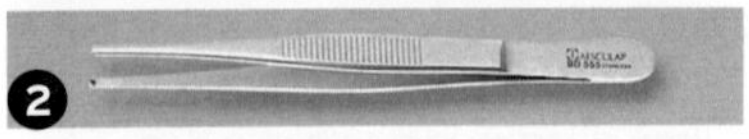

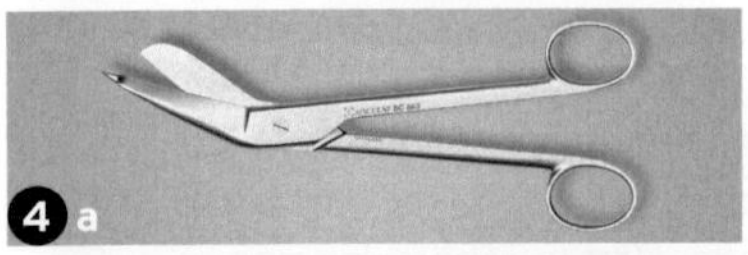

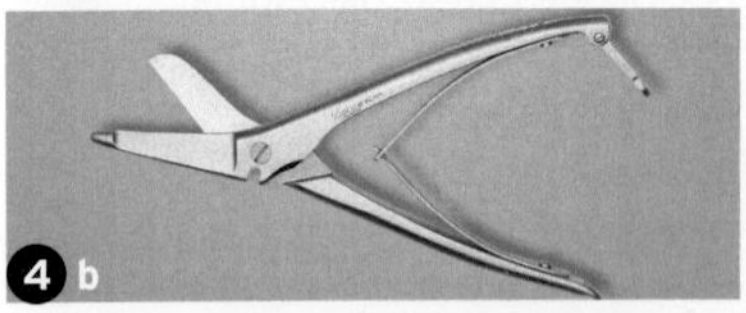

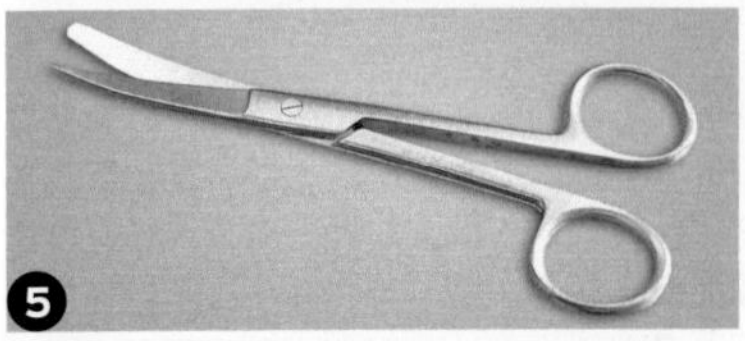

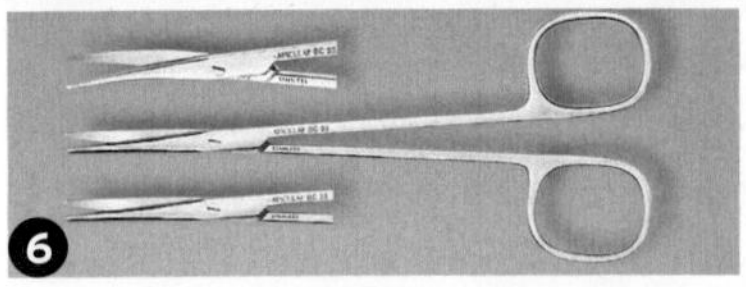

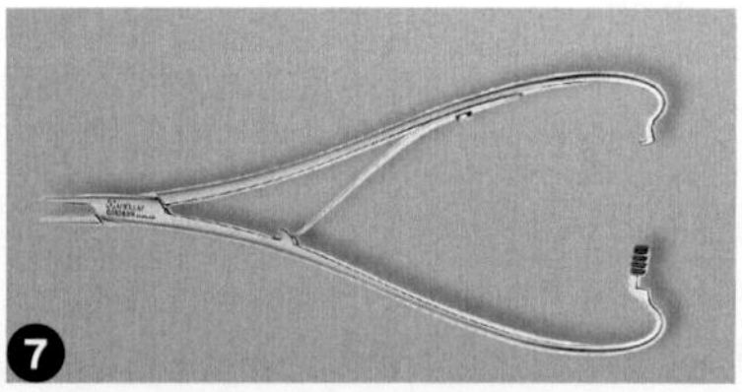

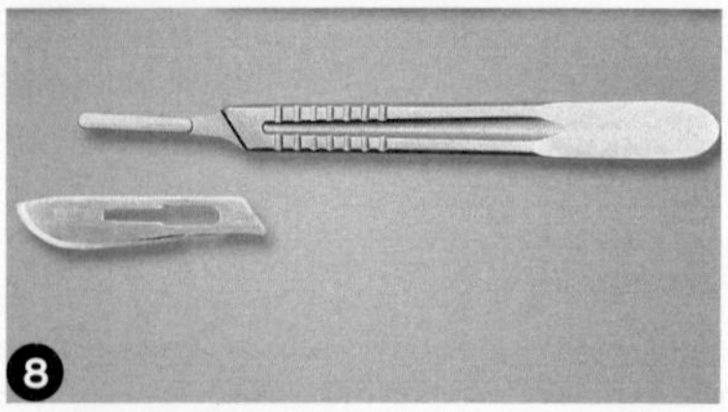

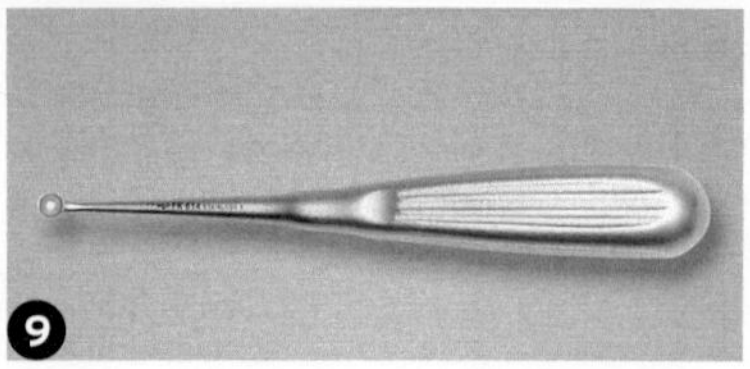

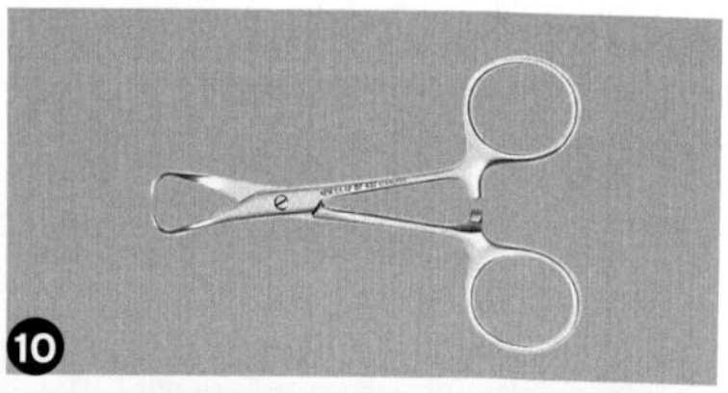

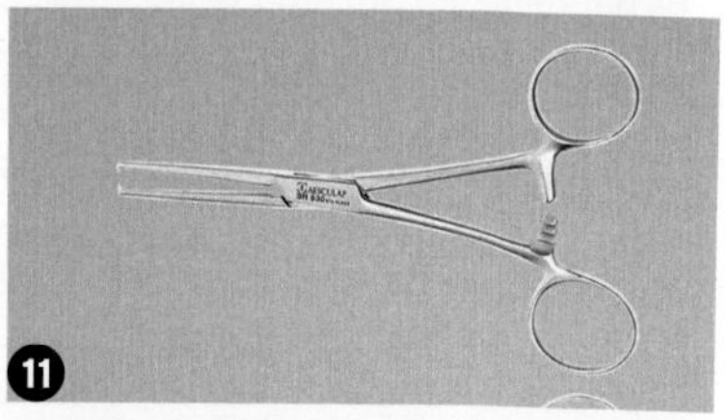

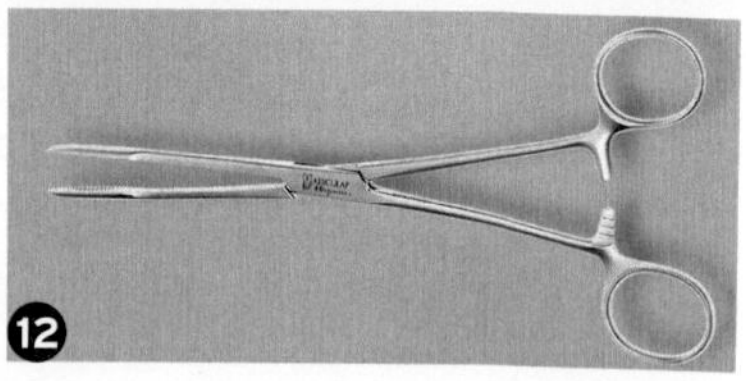

Sie arbeiten in der allgemeinmedizinischen Praxis von Herrn Dr. Merbold.
Auszug aus der Karteikarte:

A B C D E F G H I J K L M N O P Q R S Sch St T U V W X Y Z
1 2 3 4 5 6 7 8 9 10 11 12 13 14 15 16 17 18 19 20 21 22 23 24 25 26 27 28 29 30 31 I II III IV V VI VII VIII IX X XI XII

Geb. frei [X]
Krankenkasse bzw. Kostenträger: DAK

Nachts [ ]
Sonstige [ ]

Name, Vorname des Versicherten: Petroff, Kolja
geb. am: 02.12.20xx
Adlerweg 14
84354 Burgdorf

7-jähriger Patient
Hobby: Fußballspielen (Verein)

seit Jahren leichte Pollinose,
2010 Appendektomie

Unfall [X]
Arbeitsunfall* [ ]

Kassen-Nr.	Versicherten-Nr.	Status
12345678	12345678	
Betriebsstätten-Nr.	**Arzt-Nr.**	**Datum**
12345678	12345678	30.04.20xx

Risiken: keine

30.04.20xx	Anamnese: Vor 2 Stunden ohne Fremdeinwirkung mit dem Fahrrad auf Rollsplit weggerutscht und in der Nähe eines Glascontainers auf herumliegende Glasscherbe gefallen: blutete stark, von Mutter mit sterilem Verbandpäckchen verbunden; vollständiger Tetanus-Impfstatus
	Befund: 4 cm lange Schnittwunde über dem rechten Knie, weitgehend glatte Wundränder, keine Glassplitter in Wunde
	Diagnose: Schnittwunde präpatellar rechts
	Therapie: Wundreinigung und -desinfektion, Wundnaht in Infiltrationsanästhesie, steriles Pflaster, Wundkontrolle in 24 Std.

1. Nach Angaben der Mutter hat Kolja beim Kinderarzt immer termingerecht alle Tetanus-Impfungen erhalten, die der STIKO-Impfplan vorsieht. Wie viele waren dies und in welchem Lebensjahr von Kolja haben diese jeweils stattgefunden?

2. Welche Materialien und Medikamente legen Sie für die Wundnaht Koljas für Dr. Merbold bereit?

Abrechnung S. 183
Prüfungsfall Schnittwunde: S. 321

1. fünf Tetanus-Impfungen; im 3., 4., 5. u. 11.-14. Lebensmonat, zwischen 5. u. 6. Geburtstag
2. steriles Lochtuch, sterile Handschuhe, Ampulle mit Lokalanästhetikum, Spritze, zwei Kanülen, Pulsoxymeter, sterile chirurgische Pinzette, steriles Skalpell, sterile Nadeln mit Nahtmaterial, steriler Nadelhalter, sterile Tupfer und Kompressen, sterile chirurgische Schere, steriles Pflaster, Hautdesinfektionsmittel (z. B. Octenisept)

1. Bringen Sie die folgenden Phasen der Wundheilung in die richtige Reihenfolge.

1 Narbenausreifung und Narbenschrumpfung
2 Blutstillung
3 Neubildung von Bindegewebe und Epithel
4 entzündliche Wundreinigung

A) 1 – 2 – 3 – 4
B) 2 – 3 – 4 – 1
C) 2 – 4 – 3 – 1
D) 3 – 4 – 1 – 2
E) 4 – 1 – 2 – 3

2. Nach etwa welcher Zeit verändert sich eine Narbe nicht mehr?

A) 4 Wochen
B) 3 Monate
C) 6 Monate
D) 12 Monate
E) 24 Monate

3. Welche beiden Faktoren verbessern die Wundheilung?

A) junges Alter
B) Alkoholkrankheit
C) Cortisontherapie
D) Wundinfektionen
E) Diabetes mellitus (Zuckerkrankheit)
F) geringe Verletzungstiefe der Wunde

4. Eine Wunde heilt nur langsam ab. Ab welcher Krankheitsdauer spricht man von einer chronischen Wunde?

A) 3 Tage
B) 1 Woche
C) 2 Wochen
D) 4 Wochen
E) 8 Wochen

5. In welchen beiden Fällen darf keine primäre Wundnaht durchgeführt werden?

A) Platzwunde am Kopf
B) Wunde am Unterarm
C) Schnittwunde im Fingerbereich
D) Bisswunde von Tier oder Mensch
E) Wunde älter als 8 Stunden
F) Wunde älter als 24 Stunden

6. Welche beiden Materialien bzw. Methoden können als Ersatz für eine Wundnaht eingesetzt werden?

A) steriles Pflaster
B) Wundnahtstreifen
C) Gewebekleber
D) Mullbinde
E) Kompressionsverband
F) Wundschnellverband

7. Nennen Sie das Fachwort für eine saugfähige Wundauflage, die in steriler Form auch zur Blutstillung nach einer Verletzung eingesetzt werden kann.

A) Kompresse
B) Kompressor
C) Korrektor
D) Korruption
E) Korrosion

8. Wie lautet die deutsche Bezeichnung für Tetanus?

A) Wundpilzerkrankung
B) Wundstarrkrampf
C) Wundbrand
D) Gasbrand
E) Wundrose

9. Welche beiden Aussagen treffen im Rahmen einer Wundbehandlung zu?

A) Jede offene Wunde gilt als tetanusinfiziert.
B) Nur stark eiternde Wunden gelten als tetanusinfiziert.
C) Bei unklarem Impfschutz gegen Tetanus müssen eine aktive Impfung an einem Arm und zusätzlich eine passive Impfung am anderen Arm durchgeführt werden.
D) Bei unklarem Impfschutz gegen Tetanus werden Tetanusantikörper intravenös verabreicht.
E) Die Impfung kann durch die vorsorgliche Gabe von Antibiotika ersetzt werden.
F) Weder bei Kindern noch bei Erwachsenen darf der Impfstoff zur aktiven Immunisierung gegen Tetanus mit anderen Impfstoffen zur aktiven Immunisierung in einer Spritze kombiniert werden.

10. In welchen beiden Fällen ist bei einer kleinen und sauberen Wunde keine aktive Immunisierung gegen Tetanus erforderlich?

A) Patient, 62 Jahre, unklarer Tetanus-Impfstatus
B) Patientin, 72 Jahre, letzte aktive Tetanus-Impfung vor 15 Jahren
C) Patient, 34 Jahre, letzte aktive Tetanus-Impfung vor 12 Jahren
D) Patientin, 49 Jahre, letzte aktive Tetanus-Impfung vor 8 Jahren
E) Patientin, 51 Jahre, letzte aktive Tetanus-Impfung vor 4 Jahren
F) Patient, 18 Jahre, letzte aktive Tetanus-Impfung am Tag nach dem 6. Geburtstag

1. C	2. D	3. A, F	4. E
5. D, E	6. B, C	7. A	8. B
9. A, C	10. D, E		

11. Wie viele Tetanus-Impfungen sind für eine Grundimmunisierung erforderlich?

A) 1
B) 2
C) 3
D) 4
E) 5

12. Warum soll während eines Verbandwechsels das Gesicht der MFA nicht der Wunde angenähert werden?

A) Damit der MFA dabei wegen des unangenehmen Geruchs vieler Wunden nicht schlecht wird.
B) Damit sich der Patient nicht unbehaglich fühlt, wenn seine Wunde zu genau angeschaut wird.
C) Damit die MFA durch den intensiven Anblick schlecht heilender Wunden nicht psychisch zu stark belastet wird.
D) Um einer Tröpfcheninfektion der Wunde über die MFA vorzubeugen.
E) Keine der genannten Möglichkeiten trifft zu.

13. Welchen Nachteil haben farbige Hautdesinfektionsmittel bei der Desinfektion von Wunden?

A) Die Patienten könnten sich durch die Farbe beunruhigen.
B) Die MFA wird durch den Anblick der Farbe (meist Rot) unnötig unter Stress gesetzt.
C) Sie brennen generell stärker auf der Wunde als farblose Hautdesinfektionsmittel.
D) Sie sind schwächer wirksam als farblose Hautdesinfektionsmittel.
E) Während der Wundheilung auftretende behandlungspflichtige Entzündungen der Wunde und des Wundrands könnten übersehen werden.

14. Was versteht man bei der Behandlung von Wunden unter Débridement?

A) Entfernung von eingedrungenen Fremdkörpern aus der Wunde
B) Entfernung von Nekrosen aus der Wunde
C) Entfernung von Resten von Verbandmaterial aus der Wunde
D) das Auswaschen einer Wunde
E) die Wunddesinfektion

15. Auf welche zwei der genannten Arten kann abgestorbenes Gewebe aus einer Wunde entfernt werden?

A) durch mechanische (chirurgische) Maßnahmen
B) durch orale Gabe von Antibiotika
C) durch häufiges Desinfizieren der Wunde
D) durch Trockenföhnen der Wunde
E) durch Verwendung steriler Wundauflagen
F) durch enzymhaltige Wundauflagen

16. Aus welchen zwei Gründen heilen chronische Wunden besser, wenn sie feucht gehalten werden?

A) Die Thrombozyten werden bei der Blutstillung unterstützt und fördern so die Schorfbildung.
B) Die Erythrozyten lösen sich leichter auf und geben Sauerstoff frei.
C) Entzündungszellen (Leukozyten) wandern schneller und können so die Wunde besser reinigen.
D) Entstehender Eiter verdünnt sich.
E) Faserbildende Bindegewebszellen (Fibrozyten) können sich leichter bewegen und neues Bindegewebe bilden.
F) Die Frage ist unzulässig, weil chronische Wunden besser heilen, wenn sie nicht feucht gehalten werden.

17. Ordnen Sie den Nahtlokalisationen die richtige Zeit zu, nach welcher deren Fäden wieder entfernt werden können.

A	obere Extremitäten	1	4 bis 7 Tage
B	untere Extremitäten	2	9 bis 11 Tage
C	Rumpf (Bauch, Rücken, Leisten)	3	10 bis 12 Tage
D	Gesicht und Hals	4	12 bis 14 Tage

A) A1, B2, C3, D4
B) A2, B3, C4, D1
C) A3, B4, C1, D2
D) A3, B4, C2, D1
E) A4, B1, C2, D3

18. Welche Aussagen zu resorbierbarem Nahtmaterial treffen zu?

A) Es wird auf der Körperoberfläche eingesetzt.
B) Es wird im Körperinneren eingesetzt.
C) Es muss später entfernt werden.
D) Es löst sich von alleine auf.
E) Es ist meistens bunt.
F) Es muss nicht steril sein.

19. Welche Art von Verband kommt bei Varikosis zum Einsatz?

A) Salbenverband
B) Fingerverband
C) Handverband
D) Schildkrötenverband
E) Kompressionsverband

11. C	12. D
13. E	14. B
15. A, F	16. C, E
17. D	18. B, D
19. E	

19 Prävention

Was versteht man allgemein unter Prävention? Nennen Sie hierfür auch das weitere Fachwort.

- Vorbeugung
- Prophylaxe

Was versteht man unter primärer, sekundärer und tertiärer Prävention?

- Primäre Prävention: Gesunde gesund erhalten; Krankheitsentstehung soll verhindert werden
- Sekundäre Prävention: Früherkennung; hierzu Früherkennung von Risikofaktoren und/oder symptomlosen frühen Krankheitsstadien
- Tertiäre Prävention: Wiederherstellung und Schadensbegrenzung; Rehabilitation bestmögliche Wiederherstellung der Gesundheit nach einer Krankheit durch Verhinderung bzw. Verzögerung weiterer Schäden mittels Therapie und/oder Diagnostik

Erklären Sie, was man unter einem Screening versteht, ordnen Sie das Screening einer Präventionsart zu und geben Sie ein Beispiel dafür an.

- Screening: Untersuchung einer Bevölkerungsgruppe mit hoher Erkrankungswahrscheinlichkeit
- Maßnahme der Sekundärprävention
- Bsp.: Urinscreening auf Chlamydien (einmal/Jahr bei Frauen zwischen 15 und 25 Jahren)

Welche beiden Gruppen von Vorsorgeuntersuchungen werden für alle Teilnehmenden in besonderen Untersuchungsheften dokumentiert und wie lautet die korrekte Bezeichnung dieser Untersuchungshefte?

- Mutterschaftsvorsorgeuntersuchungen, dokumentiert mit dem Mutterpass
- Kindervorsorgeuntersuchungen, dokumentiert mit dem Kinder-Untersuchungsheft

Nennen Sie konkrete Beispiele für Primärprävention, Sekundärprävention und Tertiärprävention.

Beispiele für Primärprävention:
- gesunde Ernährung
- Sport treiben
- Schutzimpfungen
- Sexualaufklärung (z. B. Safer Sex)
- Stressvermeidung durch Pausen, Freizeit und Urlaub
- verbindliche Unfallverhütungsmaßnahmen der gesetzlichen Unfallversicherungsträger
- Hygienerichtlinien in der Praxis
- allgemeine gesetzliche Hygienebestimmungen (z. B. zum Umgang mit Lebensmitteln, Müll, Wasser und Abwasser)

Beispiele für Sekundärprävention:
- jährliche Zahnprophylaxe
- Mutterschaftsvorsorgeuntersuchungen
- Neugeborenen-Hörscreening
- Kinderfrüherkennungsuntersuchungen
- Jugendgesundheitsuntersuchung
- Gesundheitsuntersuchung
- Krebsfrüherkennungsuntersuchungen bei Frauen und Männern
- Mammografie-Screening
- Vorsorgeuntersuchung auf okkultes Blut im Stuhl
- Vorsorgekoloskopie

Beispiele für Tertiärprävention:
- Frühförderprogramme für Kinder mit Entwicklungsdefiziten
- Behindertensport
- Schulungsmaßnahmen für Menschen mit Diabetes mellitus, Hypertonie, Hyperurikämie und Hyperlipidämie
- regelmäßige Untersuchungen im Rahmen der Disease-Management-Programme (DMP)
- Rehabilitation nach Myokardinfarkt mit Koronarsport, Lipidsenker-, ASS- und Betablockertherapie
- Rehabilitation nach Schlaganfall mit Krankengymnastik/Ergotherapie, konsequenter Blutdruckeinstellung, Hemmung der Thrombozytenverklumpung durch ASS
- Rehabilitation bei Wirbelsäulenerkrankungen mit Bewegungstherapie und Rückenschultraining
- Rehabilitation bei Krebserkrankungen mit psychoonkologischer Betreuung und Kontrolluntersuchungen
- Rückfallprophylaxe nach Drogenentzug durch Rehabilitation, Wiedereingliederung in das Berufs- und Sozialleben
- Psychotherapie und ausreichend lang durchgeführte Antidepressivatherapie nach (mittel)schwerer Depression
- Osteoporosetherapie nach osteoporotisch bedingter Fraktur

Sie arbeiten in der Praxis für Kinder- und Jugendmedizin von Frau Dr. Sadeh.
Auszug aus der Karteikarte:

A	B	C	D	E	F	G	H	I	J	K	L	M	N	O	P	Q	R	S	Sch	St	T	U	V	W	X	Y	Z

1 2 3 4 5 6 7 8 9 10 11 12 13 14 15 16 17 18 19 20 21 22 23 24 25 26 27 28 29 30 31 — I II III IV V VI VII VIII IX X XI XII

Geb. frei [X] — Krankenkasse bzw. Kostenträger: AOK

Nachts [ ] — Name, Vorname des Versicherten: Khaled, Aischa — geb. am: 07.02.20xx — Patientin in 4. Lebenswoche, wird gestillt

Sonstige [ ] — Buchsbaumstr. 37b, 27434 Erkenstett

Spontangeburt in Klinik in 40. SSW ohne Komplikationen, APGAR-Score 9-10-10, erweitertes Neugeborenen-Screening ohne pathol. Befund, U1 und U2 mit V. a. Abspreizhemmung li. Oberschenkel

Unfall [ ]

Kassen-Nr.	Versicherten-Nr.	Status
12345678	12345678	

Arbeitsunfall* [ ]

Betriebsstätten-Nr.	Arzt-Nr.	Datum
12345678	12345678	06.03.20xx

Risiken: Verstorbene Großmutter hinkte seit 9. Lebensjahr

06.03.20xx
Anamnese: Vorstellung zur U3 bei Verdacht auf Abspreizhemmung linker Oberschenkel in U1 und U2
Befund: U3 bestätigt Abspreizhemmung linker Oberschenkel
Diagnose: Verdacht auf angeborene Hüftdysplasie links
Maßnahme: Überweisung zum Orthopäden zur Hüftsonografie

1. Nennen Sie die fünf Kriterien des APGAR-Index.

2. Bestmöglicher APGAR-Index ist 10. Ab welchem Index sind präventive Maßnahmen erforderlich?

3. Welcher anatomische Befund liegt bei einer angeborenen Hüftdysplasie vor und welcher späteren Erkrankung wird durch deren Behandlung mit einer Spreiz-Beuge-Schiene vorgebeugt?

Abrechnung S. 187
Prüfungsfall Jugendgesundheitsuntersuchung: S. 369

1. Atmung, Puls (pro Minute), Grundtonus (aktive Bewegungen), Aussehen (der Haut), Reflexe
2. präventive Maßnahmen ab 7 erforderlich
3. Der Hüftkopf sitzt nicht richtig in der Hüftpfanne, vorzeitige Hüftgelenkarthrose.

1. Welche Aussagen zur Vorbeugung einer vorzeitigen Arteriosklerose treffen zu?

A) Das Rauchen von unter fünf Zigaretten täglich erhöht das Risiko nicht.
B) Passivrauchen geht nicht mit einem erhöhten Risiko einher.
C) Tägliche Bewegung und Sport verringern das Risiko.
D) Eine ernährungsbedingte Hyperlipidämie erhöht das Risiko nicht.
E) Zu hohe Blutdruckwerte erhöhen das Risiko.
F) Ein erhöhter Body-Mass-Index vermindert das Risiko.

2. Finden Sie zwei Risikofaktoren für das spätere Auftreten eines Bronchialkarzinoms.

A) schlecht eingestellte Blutzuckerwerte bei Diabetes mellitus
B) Hypertonie
C) Hyperurikämie (Gicht)
D) Hypercholesterinämie
E) Rauchen
F) Passivrauchen

3. Was zählt nicht zu den Risikofaktoren für das Auftreten eines Kolonkarzinoms?

A) Übergewicht
B) hoher Gemüseanteil in der Ernährung
C) Zustand nach Strahlentherapie
D) Rauchen
E) familiäre Häufung der Erkrankung

4. Welche Aussagen zum Down-Syndrom (Trisomie 21) treffen zu?

A) Das Risiko des Auftretens steigt mit dem Alter der Mutter.
B) Das Risiko des Auftretens sinkt mit dem Alter des Vaters.
C) Die vorangegangene Geburt eines Kindes mit Down-Syndrom erhöht das Risiko für das nächste Kind nicht.
D) Eine Amniozentese mit Chromosomenuntersuchung zum Nachweis des Down-Syndroms ist völlig risikolos für Mutter und Kind.
E) Ein Kind mit Down-Syndrom profitiert im Lauf seiner Entwicklung von besonderen psychomotorischen Frühförderungsmaßnahmen.
F) Herzfehler treten bei Kindern mit Down-Syndrom nicht häufiger auf als bei Kindern ohne erhöhte Chromosomenzahl.

5. Welche Impfung dient der Prävention einer bei MFAs beruflich verursachten Erkrankung?

A) Tetanus-Impfung
B) Gelbfieber-Impfung
C) Typhus-Impfung
D) Hepatitis-B-Impfung
E) Cholera-Impfung

6. Welche beiden mütterlichen Erkrankungen oder Verhaltensweisen erhöhen das Risiko für Schädigungen des Kindes im Verlauf einer Schwangerschaft?

A) gelegentliches Naschen von Süßigkeiten
B) Alkoholkonsum
C) Heißhunger auf fettreiche Mahlzeiten
D) grippaler Infekt
E) Rötelnerkrankung
F) Nasennebenhöhlenentzündung

7. Welche beiden Aussagen zu dauerhaft erhöhten Blutdruckwerten treffen zu? Sie erhöhen das Krankheitsrisiko für ...

A) Mehrlingsschwangerschaften.
B) Arthrose.
C) Koronare Herzkrankheit.
D) Hautpilzerkrankungen.
E) Achillessehnenrisse.
F) Schlaganfall.

8. Welche beiden der folgenden Nahrungsbestandteile können einer Anämie vorbeugen?

A) Vitamin A
B) Vitamin B_{12}
C) Vitamin C
D) Eisen
E) Calcium
F) Magnesium

9. Welche beiden Medikamentengruppen müssen zur Prävention einer Suchtentwicklung besonders beachtet werden?

A) kodeinhaltige Präparate
B) Kontrazeptiva
C) Cortison
D) nichtsteroidale Antirheumatika (NSAR)
E) Antibiotika
F) morphinhaltige Analgetika

10. Was hilft nicht bei der Prävention von Entzündungen der Niere und der ableitenden Harnwege?

A) Wasserlassen vor dem Geschlechtsverkehr
B) Wasserlassen nach dem Geschlechtsverkehr
C) Tragen warmer Unterwäsche im Winter
D) Vermeidung kalter Füße
E) geringe Trinkmenge von maximal 1 Liter/Tag

1. C, E	2. E, F
3. B	4. A, E
5. D	6. B, E
7. C, F	8. B, D
9. A, F	10. E

Schriftliche Prüfung

Leistungsabrechnung

1 Vertragsärztliche Versorgung, gesetzliche Krankenversicherung (GKV) und sonstige Kostenträger . 144

2 Der Einheitliche Bewertungsmaßstab (EBM) 150

3 Die Gebührenordnung für Ärzte (GOÄ) und die Gebührenordnung der Unfallversicherung (UV-GOÄ) . . . 154

4 Abrechnung bei Infektionskrankheiten und Impfleistungen für gesetzlich Versicherte, Privatpatienten und nach UV-GOÄ 158

5 Abrechnung bei Erkrankungen des Bewegungsapparats (EBM und GOÄ) 162

6 Abrechnung von Behandlungen in Notfallsituationen 166

7 Sprechstundenbedarf: Verordnung und Abrechnung . . . 170

8 Abrechnung bei Erkrankungen des Urogenitalsystems (EBM und GOÄ) 174

9 Abrechnung bei Erkrankungen des Verdauungssystems (EBM und GOÄ) 178

10 Abrechnung kleinchirurgischer Behandlungen und Wundversorgungen (EBM und GOÄ) sowie von Arbeitsunfällen (UV-GOÄ) 182

11 Präventionsleistungen bei gesetzlich Versicherten (EBM) . . . 186

12 Präventionsleistungen bei Privatpatienten und individuelle Gesundheitsleistungen (GOÄ) . . . 192

1 Vertragsärztliche Versorgung, gesetzliche Krankenversicherung (GKV) und Sonstige Kostenträger

Erläutern Sie den organisatorischen Aufbau der Kassenärztlichen Vereinigung (KV).

- KV-Mitglieder sind nach ihrer Zulassung Vertragsärzte, Vertragspsychotherapeuten, zur GKV-Abrechnung ermächtigte Krankenhausärzte und angestellte Ärzte in Medizinischen Versorgungszentren.
- Jedes Bundesland hat eine eigene KV (Ausnahme: zwei KVen in Nordrhein-Westfalen - KV Nordrhein und KV Westfalen-Lippe).
- Jede der 17 Kassenärztlichen Vereinigungen auf Landesebene hat mehrere Bezirks-, Verwaltungs- bzw. Abrechnungsstellen.
- Alle Kassenärztlichen Landesvereinigungen bilden zusammen die Kassenärztliche Bundesvereinigung (KBV) in Berlin. Sie sind Körperschaften des öffentlichen Rechts.

Nennen Sie die drei Hauptaufgaben der KV und welche Tätigkeiten darunter jeweils zu verstehen sind.

1. Sicherstellungsauftrag:
- Bedarfsplanung der Vertragsarztzahlen
- Zulassung und Ermächtigung von Ärzten sowie Führen des Arztregisters
- Sicherstellung des Notfalldienstes in sprechstundenfreien Zeiten

2. Gewährleistungsauftrag:
- Kontrolle, ob die Abrechnungsregeln beachtet wurden
- Wirtschaftlichkeitskontrolle: Kontrolle, ob kostengünstig behandelt und verordnet wurde
- Genehmigung besonderer Tätigkeiten nach Qualifikationsnachweis, z. B. Röntgen, Ultraschall

3. Interessensvertretung:
- Vertretung z. B. der Leistungserbringer gegenüber Krankenkassen
- berufspolitische Vertretung, z. B. Wahrung der Freiberuflichkeit und der freien Arztwahl
- Weiterentwicklung des Systems der sozialen Sicherung: Gesetzliche Krankenkassen sollen erhalten und finanzierbar bleiben.
- Weiterentwicklung der vertragsärztlichen Versorgung, z. B. Verbesserung der Gebührenordnung, Ergänzung neuer Leistungsinhalte
- wirtschaftliche Existenzsicherung der Vertragsarztpraxis durch angemessene Arzthonorare
- Beratung und Information der Ärzte, z. B. bei Abrechnungsfragen und Wirtschaftlichkeitsprüfungen

Welche Voraussetzungen müssen Ärzte für die Zulassung als Vertragsarzt erfüllen?

- Approbation (staatliche Erlaubnis zur Berufsausübung für Ärzte)
- erfolgreiche Weiterbildung mit Erlaubnis zum Führen einer Facharztbezeichnung, z. B. Facharzt für Allgemeinmedizin
- Eintrag in das Arztregister der KV
- freier Vertragsarztsitz für die jeweilige Facharztgruppe (inkl. Facharzt für Allgemeinmedizin) am Ort der gewünschten Niederlassung
- polizeiliches Führungszeugnis
- Antrag an den Zulassungsausschuss der KV

Wie sind die Ärztekammern aufgebaut und welche Aufgaben haben Sie?

Aufbau der Ärztekammern:
- Jeder Arzt ist mit seiner Approbation Pflichtmitglied in der Landesärztekammer, in deren Bereich er arbeitet.
- Die 17 Landesärztekammern sind Körperschaften des öffentlichen Rechts und arbeiten in der Bundesärztekammer in Berlin zusammen.

Aufgaben der Ärztekammern:
- Entwicklung der Berufsordnung und Kontrolle ihrer Einhaltung
- Abnahme von ärztlichen Prüfungen, z. B. Facharztprüfungen
- Überwachung der ärztlichen Berufsausbildung
- ärztliche Fort- und Weiterbildung
- Förderung von Qualitätssicherungsmaßnahmen, z. B. beim Mammografie-Screening
- Einrichtung von Ethikkommissionen, z. B. für Genforschungsvorhaben
- Vertretung ärztlicher Berufsinteressen, z. B. bei Gesetzgebung oder im öffentlichen Gesundheitsdienst
- Gutachter- und Schlichtungskommission zur Klärung von Behandlungsfehlern und privatärztlichen Abrechnungsfragen im Bereich der Gebührenordnung für Ärzte (GOÄ)
- Organisation der MFA-Ausbildung

Welche Aufbewahrungsfristen für Dokumente in der Arztpraxis müssen im Einzelnen eingehalten werden? (Hinweis: regionale Unterschiede möglich)

30 Jahre:
- Strahlentherapie (Aufzeichnungen, Berechnungen)

15 Jahre:
- Aufzeichnungen über ein Durchgangsarztverfahren (einschließlich Röntgenbilder)

10 Jahre:
- Karteikarten und andere ärztliche Aufzeichnungen
- Arztbriefe (eigene und fremde)
- ambulante Operationen (Basisdokumentation)
- DMP-Unterlagen
- EEG-Aufzeichnungen
- EKG-Streifen und Langzeit-EKG-Auswertungen
- Heilmittelverordnungen (Muster 13, 14 oder 18)
- Jugendarbeitsschutzuntersuchung
- Kinder-Früherkennungsuntersuchungen
- Krankenkassenanfragen
- Krankenhausberichte
- Laborbefunde
- Notfall-/Vertretungsschein (Muster 19c, Durchschlag für den abrechnenden Arzt)
- sonografische Untersuchungen (Aufzeichnungen, Aufnahmen)
- Strahlendiagnostik Erwachsene (Aufzeichnungen, Bilder, Röntgenbilder oder -filme, Szintigramme)
- zytologische Präparate und Befunde von Krebsfrüherkennungsuntersuchungen

5 Jahre:
- Dokumentationsbögen von Früherkennungsuntersuchungen (Gesundheitsuntersuchung, Jugendgesundheitsuntersuchung, Krebsfrüherkennungsuntersuchungen)
- Kontrollkarte zur Qualitätssicherung im Labor und Zertifikate von Laborringversuchen

4 Jahre:
- Sicherungskopie der Abrechnungsdatei

3 Jahre:
- Betäubungsmittelrezept-Durchschrift
- Betäubungsmittel-Kartei (BtM-Kartei)

1 Jahr:
- Abrechnungs- und Überweisungsscheine, z. B. Muster 5, 6, 10 und 10a
- Notfall-/Vertretungsschein (Muster 19a, Deckblatt für Abrechnung mit KV)
- Arbeitsunfähigkeitsbescheinigung (Muster 1, Durchschlag für ausstellenden Arzt)

bis zur Vollendung des 28. Lebensjahres des Patienten:
- Strahlendiagnostik Kinder und Jugendliche bis zum vollendeten 18. Lebensjahr (Aufzeichnungen, Bilder, Filme bei Röntgen oder Szintigrammen)

Welche Regelungen gelten für den Umgang mit aufzuhebenden Unterlagen bei Praxisübernahme oder Praxisaufgabe?

- Bei einer Praxisübernahme dürfen die Ärzte alte Aufzeichnungen über Patienten nur mit deren Genehmigung einsehen oder weitergeben.
- Die Aufbewahrungsfristen gelten auch nach Praxisaufgabe.

Nennen Sie sechs weitere ärztliche Pflichten und erklären Sie diese.

- Sorgfaltspflicht: Ärzte müssen sorgfältig nach den Regeln der ärztlichen Kunst arbeiten und sich dazu auch fortbilden.
- Aufklärungspflicht: Ärzte müssen vor ärztlichen Maßnahmen (OP, Diagnostik) über das Verfahren und seine Chancen und Risiken aufklären.
- Einwilligungspflicht: Erst nach der Einwilligung des Patienten darf eine ärztliche Maßnahme durchgeführt werden.
- Schweigepflicht: Ärzte sind über Diagnosen und die persönlichen Lebensumstände des Patienten zum Schweigen verpflichtet, solange sie dieser nicht ausdrücklich von der Schweigepflicht entbindet oder ein Arzt durch das Brechen der Schweigepflicht ein schweres Verbrechen verhindern kann. Auch die ärztlichen Mitarbeiter sind in die Schweigepflicht eingebunden. Die Schweigepflicht gilt auch nach dem Tod des Patienten.
- Meldepflicht: Ärzte müssen verschiedene ansteckende Erkrankungen (z. B. Masern, Hepatitis oder Salmonellen-Darminfekt) nach dem Infektionsschutzgesetz dem Gesundheitsamt melden, je nach Erkrankung mit Namen oder ohne Namensnennung. Geburten und Todesfälle unterliegen der Meldepflicht an das Standesamt.
- Dokumentationspflicht: Ärzte sind verpflichtet, alle erhobenen Befunde, Behandlungsmethoden und Krankheitsverläufe für jeden Patienten genau aufzuzeichnen.

Sie arbeiten in der Praxis der Hausärztin Frau Dr. Lambert.
Auszug aus der Karteikarte:

A B C D E F G H I J K L M N O P Q R S Sch St T U V W X Y Z
1 2 3 4 5 6 7 8 9 10 11 12 13 14 15 16 17 18 19 20 21 22 23 24 25 26 27 28 29 30 31 I II III IV V VI VII VIII IX X XI XII

Geb. frei ☐ | Krankenkasse bzw. Kostenträger: AOK Wiesbaden SVA

Nachts ☐ | Name, Vorname des Versicherten: van Delft, Erik | geb. am: 04.11.19xx | 34-jähriger Patient, 1,85 m, 80 kg

Sonstige ☒ | Weteringschans 311, NL-1017 SG Amsterdam

	Kassen-Nr.	Versicherten-Nr.	Status
Unfall ☐	12345678	12345678	
	Betriebsstätten-Nr.	**Arzt-Nr.**	**Datum**
Arbeitsunfall* ☐	12345678	12345678	22.07.20xx

Risiken: Penicillinallergie

22.07.20xx	Anamnese: Patient stürzte am Morgen über Türschwelle seiner Unterkunft, seitdem schmerzt li. Knie; kommt aus den Niederlanden und befindet sich derzeit auf privater Urlaubsreise im Rheingau. Befund: guter Allgemein- und Ernährungszustand, RR 125/80 mmHg, Puls 84/Min., schmerzhaftes Hämatom über linker Kniescheibe, schmerzbedingt geringe Bewegungseinschränkung beim Beugen des li. Kniegelenks, Gehfähigkeit ohne Gehhilfe verlangsamt, aber erhalten, kein Anhalt für Verletzungen des Kapsel-Band-Apparates im Bereich des li. Kniegelenks, kein Anhalt für Frakturen; orientierender Neurostatus ohne pathologischen Befund. Diagnose: Hämatom präpatellar links nach Sturz Therapie: Rezept Heparin 50 000 Gel 100,0, Ibuprofen 600 mg Tbl.S. 2 x 1

1. Herr van Delft legt in der Praxis seine Europäische Krankenversicherungskarte (EHIC) vor sowie als Identitätsnachweis seinen Personalausweis. Was ist zu beachten, bevor die erbrachten Leistungen über die ausgewählte gesetzliche Krankenkasse abgerechnet werden können?

2. Wie ist zu verfahren, wenn nur eine provisorische Ersatzbescheinigung (PEB) vorgelegt wird?

1. Ablaufdatum der EHIC überprüfen, Identität mit Personalausweis oder Reisepass überprüfen, EHIC 2 x kopieren und Kopien mit Datum, ärztlicher Unterschrift und Praxisstempel versehen, Patientenerklärung Europäische Krankenversicherung ergänzen und vom Patienten unterschreiben lassen, Original der Patientenerklärung und eine EHIC-Kopie an ausgewählte Krankenkasse schicken, Durchschlag der Patientenerklärung und zweite EHIC-Kopie 2 Jahre aufbewahren, Aufnahme als Kassenpatient mit Versichertenstatus 17 in Praxis-Computersystem, Abrechnung am Quartalsende mit EBM über die KV
2. Vorgehen wie bei Antwort 1, nur dass jetzt die PEB die EHIC ersetzt.

1. Woher bekommt die Kassenärztliche Vereinigung (KV) das Geld für die Honorarzahlung an die Vertragsärzte?

A) von ihren Mitgliedern aus deren Beiträgen
B) von der Ärztekammer
C) vom Bundesgesundheitsministerium
D) von den gesetzlichen Krankenkassen
E) von den privaten Krankenkassen

2. Wer legt fest, welche Leistungen von allen gesetzlichen Krankenkassen zu übernehmen sind?

A) der Gemeinsame Bundesausschuss (G-BA)
B) die Kassenärztliche Bundesvereinigung (KBV)
C) die Landesärztekammern
D) die Bundesärztekammer
E) das Bundesgesundheitsministerium

3. Mit welchen zwei Organisationen hat die Kassenärztliche Bundesvereinigung (KBV) Bundesmantelverträge abgeschlossen?

A) mit den Kassenärztlichen Vereinigungen der Bundesländer
B) mit dem Verband der privaten Krankenversicherer
C) mit dem Bundesverband der Primärkassen
D) mit dem Bundesverband der Ersatzkassen
E) mit den Landesärztekammern
F) mit der Bundesärztekammer

4. Finden Sie zwei Bereiche, die in den Bundesmantelverträgen geregelt sind.

A) vertragsärztliche Vordrucke
B) die Zulassung als Vertragsarzt
C) die Gebührenordnung für Ärzte (GOÄ)
D) der Einheitliche Bewertungsmaßstab (EBM)
E) die Rentenhöhe ehemaliger Vertragsärzte
F) die Tarifverträge für MFAs

5. Mit welchen zwei Vertragspartnern werden von den Kassenärztlichen Vereinigungen der Bundesländer Gesamtverträge abgeschlossen?

A) mit den Landesärztekammern
B) mit den Landesverbänden der gesetzlichen Krankenkassen
C) mit den Sozialministerien der Bundesländer
D) mit den Landesvertretungen der Ärzteverbände (z. B. Marburger Bund, Hartmannbund)
E) mit dem Verband medizinischer Fachberufe auf Landesebene
F) mit den Krankenhausgesellschaften der Bundesländer

6. Welche Krankenkasse ist eine Ersatzkasse?

A) AOK
B) SVLFG
C) IKK
D) BKK
E) TK

7. Bei welcher Krankenkasse handelt es sich um eine Primärkasse?

A) Hanseatische Krankenkasse
B) Barmer
C) Knappschaft-Bahn-See
D) Deutsche Angestellten-Krankenkasse
E) Kaufmännische Krankenkasse

8. Welche dauerhaft in Deutschland lebende Personengruppe ist von der Versicherungspflicht in einer gesetzlichen oder privaten Kranken- und Pflegeversicherung befreit?

A) Landwirte
B) Künstler
C) Studenten
D) Beamte
E) keine dauerhaft in Deutschland lebende Personengruppe

9. Welche zwei Aussagen treffen auf Versicherte der gesetzlichen Krankenversicherung zu, wenn deren Gehalt dauerhaft über der Pflichtversicherungsgrenze liegt?

A) Sie können als freiwillig Versicherte in ihrer bisherigen gesetzlichen Krankenversicherung bleiben.
B) Sie haben Anspruch auf eine Beitragsrückerstattung ihrer gesetzlichen Krankenkasse.
C) Sie bekommen den Arbeitgeberanteil zur gesetzlichen Krankenversicherung ausgezahlt.
D) Ihr Arbeitnehmeranteil an der gesetzlichen Krankenversicherung wird vermindert.
E) Sie müssen nicht mehr krankenversichert sein.
F) Sie können zu einer privaten Krankenversicherung wechseln.

10. Welche beiden Aussagen zur Familienversicherung in der gesetzlichen Krankenversicherung treffen nicht zu?

A) Sie gilt für einen Ehepartner mit einem Einkommen unter der Geringfügigkeitsgrenze.
B) Sie gilt für erwerbslose Kinder bis zum vollendeten 23. Lebensjahr.
C) Sie gilt für Kinder in Schul- oder Hochschulausbildung bis zum vollendeten 28. Lebensjahr.
D) Sie gilt auch für Ehepartner, die nicht erwerbstätig sind.
E) Sie gilt nicht für im Ausland lebende Ehepartner.
F) Kinder bis zum 18. Lebensjahr werden in jedem Fall über die gesetzliche Krankenversicherung der Mutter familienversichert.

1. D	2. A	3. C, D	4. A, D
5. B, F	6. E	7. C	8. E
9. A, F	10. C, F		

11. Welche der folgenden Informationen müssen auf der elektronischen Gesundheitskarte gespeichert sein?

1 Name und Ort der Krankenkasse
2 Anschrift des Versicherten
3 Geburtstag des Versicherten
4 Geburtsort des Versicherten
5 Steuernummer des Versicherten

A) Nur die Aussagen 1, 2 und 3 sind richtig.
B) Nur die Aussagen 2, 4 und 5 sind richtig.
C) Nur die Aussagen 3, 4 und 5 sind richtig.
D) Nur die Aussagen 1, 3 und 4 sind richtig.
E) Nur die Aussagen 1, 2 und 5 sind richtig.

12. Welche Aussagen zum Ersatzverfahren treffen zu?

1 Rezepte und Überweisungen können damit nicht ausgestellt werden.
2 Es kann mit dem Abrechnungsschein (Muster 5) durchgeführt werden, der Patient muss dann aber darauf unterschreiben.
3 Wenn es im Notdienst mit dem Notfall-/Vertretungsschein (Muster 19) durchgeführt wird, muss der Patient darauf nicht unterschreiben.
4 Es darf nicht durchgeführt werden, wenn die elektronische Gesundheitskarte vorliegt, das Kartenlesegerät aber defekt ist.
5 Es handelt sich um ein handschriftliches Verfahren.
6 Es ist für Familienversicherte nicht zulässig.

A) Nur die Aussagen 1, 4 und 5 sind richtig.
B) Nur die Aussagen 2, 5 und 6 sind richtig.
C) Nur die Aussagen 3, 4 und 6 sind richtig.
D) Nur die Aussagen 2, 3 und 5 sind richtig.
E) Nur die Aussagen 4, 5 und 6 sind richtig.

13. Für welche zwei Personengruppen gilt die Befreiung von Zuzahlungen bei Verordnungen?

A) für alle Patienten unter 18 Jahren
B) für gesetzlich Krankenversicherte, die im Vorjahr einen Befreiungsausweis vorlegen konnten
C) für Schwangere bei Verordnungen im Zusammenhang mit der Schwangerschaft
D) für alle chronisch kranken Patienten
E) für alle Familienversicherten
F) für alle gesetzlich krankenversicherten Rentner

14. Wer stellt Zuzahlungsbefreiungen aus?

A) die privaten Krankenkassen
B) alle gesetzlichen Krankenkassen
C) die Kassenärztlichen Vereinigungen
D) die Ärztekammern
E) die Apotheke
F) die gesetzlichen Unfallversicherungen

15. Welche beiden Aussagen zu den Zuzahlungen für verordnete Arzneimittel treffen nicht zu?

A) Bei einem Medikamentenpreis von 5,00 € ist dieser Betrag als Zuzahlung zu leisten.
B) Kostet ein Medikament 7,30 €, beträgt die Zuzahlung 7,3 Cent.
C) 10,00 € beträgt die Zuzahlung bei einem Medikamentenpreis von 120,00 €.
D) Bei einem Arzneimittelpreis von 100,00 € beträgt die Zuzahlung 10,00 €.
E) Bei Arzneimitteln unter 5,00 € entfällt die Zuzahlung.
F) Für Arzneimittel, bei denen die Krankenkasse mit dem Hersteller einen Rabattvertrag ausgehandelt hat, entfällt in der Regel die Zuzahlung.

16. Ein Patient erhält ein Heilmittelrezept auf Muster 13 für Krankengymnastik. Welchen Betrag muss er zuzahlen?

A) Für Heilmittelrezepte ist keine Zuzahlung vorgesehen.
B) 5 % der Kosten der Anwendung
C) 10 % der Kosten der Anwendung
D) 10 % der Kosten der Anwendung und zusätzlich 10,00 € je Verordnung
E) 10 % der Kosten der Anwendung und zusätzlich 20,00 € je Verordnung

17. Wie viel Prozent seines jährlichen Bruttoeinkommens muss ein gesetzlich Krankenversicherter ohne Zuzahlungsverminderung höchstens an Zuzahlungen leisten?

A) 1 %
B) 2 %
C) 5 %
D) 10 %
E) 20 %

18. Welche Aussage zum Krankengeld trifft zu?

A) Es wird im Fall einer Erkrankung mit Arbeitsunfähigkeit bereits während der Lohnfortzahlungsphase ausgezahlt.
B) Es entspricht 50 % des Bruttoverdienstes.
C) Es wird für dieselbe Erkrankung höchstens 78 Wochen in 3 Jahren bezahlt.
D) Es handelt sich um eine Geldleistung an den gesetzlich krankenversicherten Beschäftigten, zu der der Arbeitgeber verpflichtet ist.
E) Es kann nicht bei Erkrankung und dadurch notwendiger Pflege eines Kindes an den pflegenden Elternteil gezahlt werden.

11. A	12. D	13. A, C	14. B
15. B, E	16. D	17. B	18. C

19. Welche beiden Aussagen zum Mutterschaftsgeld treffen nicht zu?

A) Es handelt sich um eine Geldleistung der gesetzlichen Krankenkassen, die auch dort von der Versicherten beantragt wird.
B) Es wird ab 6 Wochen vor dem erwarteten Geburtstermin ausgezahlt.
C) Der erwartete Geburtstermin muss zuvor von Arzt oder Hebamme auf dem Vordruck Muster 3 eingetragen und unterschrieben werden.
D) Es wird bei Frühgeburten (vor der 37. Schwangerschaftswoche) nach der Geburt noch 10 Wochen weiterbezahlt.
E) Es wird im Normalfall nach der Geburt noch 8 Wochen weiterbezahlt.
F) Es wird bei Mehrlingsgeburten noch 16 Wochen nach der Geburt weiterbezahlt.

20. Welche beiden der folgenden Leistungen sind Ermessensleistungen der gesetzlichen Krankenkassen?

A) Hubschrauberrettung nach Sturz mit Beinbruch bei Bergtour in den deutschen Alpen
B) Behandlung in Tropenklinik in Deutschland nach Malaria-Infektion im Urlaub in Kenia
C) Zuschuss zu Gymnastik-Kurs der örtlichen Volkshochschule
D) Impfung gegen Wundstarrkrampf
E) Reiseimpfung
F) Impfung eines Kindes gegen Hepatitis B

21. Welche Aussage zur vertragsärztlichen Abrechnung trifft zu?

A) Es wird am Anfang jeden Quartals abgerechnet.
B) Es gibt pro Jahr zwei Abrechnungen.
C) Die Daten für die Abrechnung werden an die jeweilige Krankenkasse übermittelt.
D) Die Ärztekammer ist für die vertragsärztliche Abrechnung nicht zuständig.
E) Bei Rechtsstreitigkeiten in Bezug auf die vertragsärztliche Abrechnung ist das Arbeitsgericht zuständig.

22. Geben Sie allen Patienten, die mittels EBM abgerechnet werden, eine 1, und allen, die mit der GOÄ abgerechnet werden, eine 2.

A) Schwerbeschädigte mit anerkannter Schädigung nach dem Bundesversorgungsgesetz (BVG)
B) Versicherte der Krankenversorgung der Bundesbahnbeamten (KVB)
C) Versicherte der Postbeamtenkrankenkasse Gruppe A
D) Versicherte der Postbeamtenkrankenkasse Gruppe B
E) Patienten mit anerkanntem verfolgungsbedingtem Leiden nach dem Bundesentschädigungsgesetz (BEG)

23. Welche Merkmale muss eine ärztliche Leistung haben, damit sie einer Wirtschaftlichkeitsprüfung im Rahmen der vertragsärztlichen Abrechnung standhält?

1 Sie muss ausreichend sein.
2 Sie muss modern sein.
3 Sie muss zweckmäßig sein.
4 Sie muss auf ausdrücklichen Patientenwunsch zu Stande gekommen sein.
5 Sie darf das Maß des zur Behandlung Notwendigen nicht übersteigen.
6 Sie muss zur optimalen Geräteauslastung des Arztes beitragen.

A) Nur die Aussagen 1, 3 und 5 sind richtig.
B) Nur die Aussagen 1, 4 und 6 sind richtig.
C) Nur die Aussagen 2, 3 und 6 sind richtig.
D) Nur die Aussagen 3, 4 und 5 sind richtig.
E) Nur die Aussagen 4, 5 und 6 sind richtig.

24. Welche zwei Versichertengruppen müssen keine Zuzahlungen leisten?

A) Mitglieder der Postbeamtenkrankenkasse Gruppe A
B) chinesische Touristen
C) Besitzer einer Europäischen Krankenversichertenkarte (EHIC)
D) Beschäftigte im Bundesfreiwilligendienst (BFD)
E) MFAs für Verordnungen im Rahmen der Behandlung eines Unfalls bei ihnen zu Hause
F) Angehörige der Freien Arzt- und Medizinkasse (FAMK)

25. Welche Aussagekombination trifft zu?

1 Arbeitsunfälle werden über die gesetzlichen Unfallversicherungsträger abgerechnet.
2 Kindergarten- und Schulunfälle werden nach dem EBM abgerechnet.
3 Angehörige der Bundespolizei müssen keine Zuzahlungen leisten.
4 Sozialhilfeberechtigte können ihre Krankenversicherung mit einer Versichertenkarte nachweisen.
5 Krankenscheine des Sozialamtes für Sozialhilfeberechtigte sind in jedem Fall unzulässig.
6 Schulunfälle werden über die KV abgerechnet.

A) Nur die Aussagen 1, 2 und 5 sind richtig.
B) Nur die Aussagen 1, 3 und 4 sind richtig.
C) Nur die Aussagen 2, 3 und 5 sind richtig.
D) Nur die Aussagen 2, 4 und 5 sind richtig.
E) Nur die Aussagen 4, 5 und 6 sind richtig.

19. D, F   20. C, E   21. D
22. A1, B2, C1, D2, E1   23. A   24. B, F
25. B

2 Der Einheitliche Bewertungsmaßstab (EBM)

Die ärztlichen Leistungen für gesetzlich Krankenversicherte werden nach dem Einheitlichen Bewertungsmaßstab (EBM) abgerechnet. Stellen Sie den EBM-Aufbau in sechs Bereiche und die Untergliederung der Bereiche II und IIIa dar.

EBM-Bereich I: Allgemeine Bestimmungen
- enthält grundlegende Vorschriften und Definitionen, die für die Abrechnung wichtig sind und die für alle Ärzte gelten

EBM-Bereich II: Arztgruppenübergreifende allgemeine Leistungen
- Die hier aufgeführten Leistungen sind von allen Vertragsärzten abrechenbar.
  - Kapitel 1.1: Besondere Inanspruchnahmen
  - Kapitel 1.2: Leistungen im Notfall und im organisierten Notdienst
  - Kapitel 1.3: Grundpauschalen für ermächtigte Ärzte, Krankenhäuser und Institute
  - Kapitel 1.4: Besuche, Visiten, Prüfung der häuslichen Krankenpflege, Verwaltungskomplex, tel. Beratung, Konsultationspauschale, Verweilen
  - Kapitel 1.5: Ambulante praxisklinische Betreuung und Nachsorge
  - Kapitel 1.6: Schriftliche Mitteilungen, Gutachten
  - Kapitel 1.7: Gesundheits- u. Früherkennungsuntersuchungen, Mutterschaftsvorsorge, Empfängnisregelung u. Schwangerschaftsabbruch
  - Kapitel 1.8: Substitutionsbehandlung Drogenabhängiger
  - Kapitel 2.1: Infusionen, Transfusionen, Programmierung von Medikamentenpumpen
  - Kapitel 2.2: Tuberkulintestung
  - Kapitel 2.3: Kleinchirurgische Eingriffe
  - Kapitel 2.4: Diagnostische Verfahren (z. B. Atemtests bei Verdacht auf Laktoseintoleranz)
  - Kapitel 2.5: Physikalisch-therapeutische Gebührenordnungspositionen (z. B. Heißlufttherapie)

EBM-Bereich III: Arztgruppenspezifische Gebührenordnungspositionen
- Diese Gebührenordnungspositionen dürfen nur von bestimmten Ärzten oder Fachärzten abgerechnet werden.

EBM-Bereich IIIa: Hausärztlicher Versorgungsbereich
- Die hier aufgeführten Leistungen dürfen nur Hausärzte und Fachärzte für Kinder- und Jugendmedizin abrechnen.
  - Kapitel 3.2.1: Hausärztliche Versichertenpauschalen und versorgungsbereichsspezifische Vorhaltung
  - Kapitel 3.2.2: Chronikerpauschalen, Gesprächsleistung
  - Kapitel 3.2.3: Besondere Leistungen
  - Kapitel 3.2.4: Palliativmedizinische Versorgung
  - Kapitel 4: Versorgungsbereich der Kinder- und Jugendmedizin

EBM-Bereich IIIb: Fachärztlicher Versorgungsbereich
- Leistungen, die nur von einzelnen Facharztgruppen abgerechnet werden dürfen

EBM-Bereich IV: Arztgruppenübergreifende spezielle Gebührenordnungspositionen
- Leistungen, die nur von Ärzten mit speziellen Fachkundenachweisen (z. B. Allergologie) und/oder besonderer Praxisausstattung (z. B. Ultraschall, Röntgen) abrechenbar sind

Bereich V: Kostenpauschalen
- Pauschalerstattungen, z. B. für Postversandkosten, Fotokopierkosten oder Wegegelder

Bereich VI: Anhänge
- Anhang 1: Verzeichnis aller Leistungen, die nicht für sich allein abgerechnet werden dürfen, weil sie Bestandteil einer Pauschale sind, z. B. Blutdruckmessung
- Anhang 2: Zuordnung von Operationsverfahren zu Gebührenordnungspositionen
- Anhang 3: Angaben für den zur Leistungserbringung erforderlichen ärztlichen Zeitaufwand (wichtig für KV-Abrechnungsüberprüfung)
- Anhang 4: Verzeichnis nicht mehr berechnungsfähiger Leistungen

Bereich VII: Ausschließlich im Rahmen der ambulanten spezialfachärztlichen Versorgung (ASV) berechnungsfähige Gebührenordnungspositionen
- regelt nach § 116b SGB V die ambulante Behandlung genau festgelegter schwerer Erkrankungen wie z. B. Tuberkulose oder Krebs in Arztpraxen, medizinischen Versorgungszentren und Krankenhäusern

1. Erklären Sie am Beispiel der Gebührenordnungsposition (GOP) 01410 (Besuch eines Kranken), wie sich die fünf Stellen einer Gebührenordnungsposition zusammensetzen.

2. Definieren Sie die Begriffe Behandlungsfall, Krankheitsfall, Betriebsstättenfall und Arztfall.

3. Welche Unterschiede bestehen zwischen den obligaten und den fakultativen Leistungsinhalten einer Gebührenordnungsposition?

1. 1. u. 2. Stelle: Kapitel (hier 01: Allgemeine Gebührenordnungspositionen); 3. Stelle: Abschnitt (hier 4: Besuche, Visiten, ...); 4. u. 5. Stelle: Nummer (hier 10: Besuch eines Kranken)
2. Behandlungsfall: gesamte Behandlung eines Patienten in derselben Praxis in einem Quartal zu Lasten derselben Krankenkasse
   Krankheitsfall: das aktuelle und die folgenden drei Quartale, in denen auf dieselbe Krankheit bezogene Leistungen erbracht werden
   Betriebsstättenfall: Behandlung desselben Versicherten in einem Quartal in derselben Betriebsstätte oder Nebenbetriebsstätte durch einen oder mehrere Ärzte zu Lasten derselben Krankenkasse
   Arztfall: Behandlung durch denselben Vertragsarzt in einem Quartal zu Lasten derselben Krankenkasse
3. Obligate Leistungsinhalte müssen alle unbedingt erbracht werden, sonst darf die GOP nicht abgerechnet werden. Fakultative Leistungsinhalte sind Teilleistungen einer bestimmten GOP, die für deren Abrechenbarkeit nicht zwingend erbracht werden müssen. Ist der Arzt aber nicht in der Lage, im Bedarfsfall alle fakultativen Leistungen zu erbringen, z. B. weil dafür ein Gerät fehlt, darf die gesamte GOP nicht abgerechnet werden, auch wenn alle obligaten Leistungen erbracht wurden.

1. Welche beiden EBM-Altersdefinitionen treffen zu?

A) Erwachsener: ab 18. Lebensjahr
B) Neugeborenes: bis vollendetem 7. Lebenstag
C) Kleinkind: vom 1. bis zum 3. Geburtstag
D) Jugendlicher: ab 12. bis zum 17. Geburtstag
E) Säugling: ab 29. Lebenstag bis zum vollendeten 12. Lebensmonat
F) Kind: ab Beginn des 4. bis zum vollendeten 11. Lebensjahr

2. In welchen zwei Fällen liegt nach den Kriterien des EBM ein persönlicher Arzt-Patienten-Kontakt (APK) vor?

A) Ein Arzt und ein Patient telefonieren wegen dessen Erkrankung miteinander.
B) Ein Arzt spricht bei einem Hausbesuch mit der Mutter eines erkrankten Säuglings.
C) Die Angehörigen eines berufstätigen Patienten vereinbaren für diesen einen Termin in der Praxis.
D) Ein Arzt gibt zwischen zwei Behandlungen dem Patienten an der Anmeldung sein Wiederholungsrezept und erkundigt sich dabei nach dessen Befinden.
E) Ein Arzt erstellt am Wochenende einen ausführlichen Diätplan für einen Patienten und sendet ihm diesen per E-Mail zu.
F) Ein Arzt schickt seinem Patienten wichtige Informationen über dessen neu diagnostizierte chronische Erkrankung per Fax zu.

3. Welche Aussage trifft zu?

A) Versichertenpauschalen gibt es nur im hausärztlichen Versorgungsbereich.
B) Versichertenpauschalen gibt es nur im pädiatrischen Versorgungsbereich.
C) Grundpauschalen gibt es für alle Fachärzte.
D) Konsiliarpauschalen werden nur von hausärztlich tätigen Internisten abgerechnet.
E) Die Konsultationspauschale (GOP 01436) ist eine Pauschale bei der Ausführung von Überweisungen mit Auftragsleistung.

4. Welche beiden Aussagen zur Versichertenpauschale (GOP 03000) treffen zu?

A) Sie kann zweimal im Behandlungsfall abgerechnet werden.
B) Sie ist nur bei kurativen Behandlungsfällen abrechenbar.
C) Sie ist auch bei präventiven Behandlungsfällen abrechenbar.
D) Sie ist nur für Erwachsene abrechenbar.
E) Obligat ist ein persönlicher Arzt-Patienten-Kontakt.
F) In der Versichertenpauschale sind Betreuung, Behandlung und Gespräch von bis zu 20 Minuten Dauer fakultativ enthalten.

5. In welchen beiden Fällen ist die Abrechnung der Versichertenpauschale (GOP 03000) am Behandlungstermin zulässig?

A) Erster persönlicher APK im Quartal mit Beratung wegen erhöhter Blutdruckwerte
B) Wie A), jedoch zweiter persönlicher APK im Behandlungsfall
C) Erster persönlicher APK im laufenden Kalenderjahr wegen Impfberatung vor geplantem Tropenaufenthalt
D) Patient spricht Arzt am Samstag beim Einkaufen an und lässt sich wegen seiner Magenbeschwerden beraten, erster APK im Quartal
E) Patient bestellt morgens telefonisch ein Wiederholungsrezept und holt es am Nachmittag in der Praxis ab, kein APK im ganzen Quartal
F) Einziger APK im Quartal: Der Patient benötigt ein Gesundheitszeugnis für eine Lebensversicherung und lässt sich dazu vom Arzt untersuchen.

6. Welche Aussage zur Versichertenpauschale bei unvorhergesehener Inanspruchnahme (GOP 03030) trifft nicht zu?

A) Die GOP darf im Behandlungsfall höchstens zweimal abgerechnet werden.
B) Ihre Abrechnung neben der Versichertenpauschale GOP 03000 ist in demselben Behandlungsfall nicht zulässig.
C) Ihre Abrechnung neben der Versichertenpauschale GOP 03010 ist in demselben Behandlungsfall nicht zulässig.
D) Sie darf auch im Zusammenhang mit dringenden Hausbesuchen (GOP 01411, 01412 und 01415) abgerechnet werden.
E) Bei ihrer Abrechnung zahlt die KV nach Einteilung des Patienten in eine von fünf Altersgruppen unterschiedliche Eurobeträge.

7. Welche beiden Aussagen zu den Chronikerpauschalen GOP 03220 und 03221 treffen zu?

A) Voraussetzung für ihre Abrechnung ist jeweils die Abrechnung der Versichertenpauschale GOP 03000 in demselben Behandlungsfall.
B) Beide GOPs können von ausschließlich fachärztlich tätigen Internisten abgerechnet werden.
C) Beide GOPs sind nebeneinander im Behandlungsfall abrechenbar.
D) Beide GOPs unterscheiden sich durch die Anzahl obligater persönlicher Arzt-Patienten-Kontakte.
E) Voraussetzung für die Abrechnung ist das Vorliegen eines Pflegegrads der Pflegeversicherung.
F) Es gilt für beide GOPs ein Patientenmindestalter.

1. C, E	2. B, D	3. E
4. B, E	5. A, D	6. E
7. A, D		

8. Welche Aussagekombination zum problemorientierten ärztlichen Gespräch (GOP 03230) trifft zu?

1 Die Leistung kann höchstens fünfmal im Behandlungsfall abgerechnet werden.

2 Wird die Leistung beim gleichen Arzt-Patienten-Kontakt neben der Versichertenpauschale GOP 03000 berechnet, dann muss die Arzt-Patienten-Kontaktzeit mindestens 10 Minuten betragen.

3 Die Leistung kann beim gleichen Art-Patienten-Kontakt neben der Versichertenpauschale GOP 03010 berechnet werden, wenn alle obligaten Leistungen erbracht wurden.

4 Es gibt keine Höchstmenge für die Abrechnung dieser GOP pro Praxis.

5 Die GOP ist im organisierten Notfalldienst nicht berechnungsfähig.

A) Nur die Aussagen 1, 2 und 3 sind richtig.
B) Nur die Aussagen 2, 3 und 5 sind richtig.
C) Nur die Aussagen 3, 4 und 5 sind richtig.
D) Nur die Aussagen 1, 3 und 4 sind richtig.
E) Nur die Aussagen 1, 2 und 5 sind richtig.

9. Welche Aussagekombination trifft zu?

1 Das hausärztlich-geriatrische Basisassessment (GOP 03360) ist höchstens einmal im Krankheitsfall berechnungsfähig.

2 Der hausärztlich-geriatrische Betreuungskomplex (GOP 03362) darf im Behandlungsfall nicht neben der Versichertenpauschale (GOP 03000) abgerechnet werden.

3 Die palliativmedizinische Ersterhebung des Patientenstatus mit Behandlungsplan (GOP 03370) ist nur einmal im Krankheitsfall berechnungsfähig.

4 Der Zuschlag zu der Versichertenpauschale 03000 für die palliativmedizinische Betreuung des Patienten in der Arztpraxis (GOP 03371) hat einen obligaten persönlichen Arzt-Patienten-Kontakt von mindestens 15 Minuten Dauer.

5 Für reguläre und dringende Hausbesuche bei palliativmedizinischen Patienten sind besondere Zuschläge abrechenbar.

A) Nur die Aussagen 1, 2 und 3 sind richtig.
B) Nur die Aussagen 2, 3 und 5 sind richtig.
C) Nur die Aussagen 3, 4 und 5 sind richtig.
D) Nur die Aussagen 1, 3 und 4 sind richtig.
E) Nur die Aussagen 1, 2 und 5 sind richtig.

10. Welche Aussage zur Inanspruchnahme des Arztes (GOP 01102) trifft zu?

A) Sie kann nicht telefonisch erbracht werden.
B) Sie gilt nur sonntags von 7:00 bis 14:00 Uhr.
C) Sie gilt nur außerhalb der Sprechstunde.
D) Sie gilt nicht bei Einbestellung von Patienten.
E) Sie gilt nicht im organisierten Notdienst.

11. Tragen Sie für die unvorhergesehene Inanspruchnahme GOP 01100 eine 1 ein, für die unvorhergesehene Inanspruchnahme GOP 01101 eine 2.

A) Montag, 21:30 Uhr
B) Donnerstag, 23:30 Uhr
C) Freitag, 6:30 Uhr
D) Samstag, 16:30 Uhr
E) Sonntag, 2:15 Uhr
F) Montag, 01.01., 18:15 Uhr

12. Welche zwei Aussagen zu den EBM-Hausbesuchen treffen nicht zu?

A) Ein Besuch nach GOP 01410 ist abrechenbar, wenn der Patient krankheitsbedingt nicht in der Lage ist, in die Praxis zu kommen, oder wenn er an einer ansteckenden Krankheit leidet.
B) Das Verweilen außerhalb der Praxis ohne Erbringung weiterer abrechnungsfähiger Leistungen nach GOP 01440, z.B. beim Hausbesuch, ist je vollendete 30 Minuten abrechenbar.
C) Für den Besuch im organisierten Notdienst nach GOP 01418 gelten keine zeitlichen Einschränkungen.
D) Der dringende Besuch eines Patienten in Betreuungseinrichtungen mit Pflegepersonal nach GOP 01415 muss unmittelbar nach dessen Bestellung erfolgen.
E) Für den dringenden Besuch GOP 01412 gelten keine zeitlichen Einschränkungen, wenn dafür die Sprechstundentätigkeit unterbrochen wird.
F) Die ärztliche Begleitung eines Kranken beim Transport zur unmittelbar erforderlichen stationären Behandlung nach GOP 01416 ist je vollendete 30 Minuten abrechenbar.

13. Welche beiden Aussagen zum Verwaltungskomplex (GOP 01430) treffen zu?

A) Er ist abrechenbar für das Ausstellen von Überweisungen mit persönlichem Arzt-Patienten-Kontakt.
B) Er ist abrechenbar für die Übermittlung ärztlicher Befunde oder Anordnungen durch nicht ärztliche Mitarbeiter der Praxis im Auftrag des Arztes.
C) Er kann nicht per Brief, per E-Mail oder per Fax durch das Praxispersonal erbracht werden.
D) Er kann telefonisch, aber nur durch den Arzt erbracht werden.
E) Er ist im Arztfall nur einmal an demselben Tag berechnungsfähig, aber beliebig oft im Quartal.
F) Eine gemeinsame Abrechnung mit Versichertenpauschalen oder anderen Leistungen im Behandlungsfall ist zulässig.

8. B	9. C	10. E
11. A1, B2, C2, D1, E2, F1	12. D, F	13. B, E

3 Die Gebührenordnung für Ärzte (GOÄ) und die Gebührenordnung der Unfallversicherung (UV-GOÄ)

In welchen Fällen gilt die Gebührenordnung für Ärzte (GOÄ) und in welchen Fällen die Gebührenordnung der Unfallversicherung (UV-GOÄ)? An wen wird jeweils die Rechnung geschickt?

Abrechnung nach GOÄ bei:
- Selbstzahler (ausländische Patienten, die keiner Krankenversicherung angehören, z. B. Touristen aus China oder USA)
- gesetzlich Versicherte, die Individuelle Gesundheitsleistungen (IGeL) in Anspruch nehmen
- gesetzlich Versicherte, die eine private Zusatzversicherung (für ambulante Leistungen) abgeschlossen haben
- Rechnung an den Patienten

Abrechnung nach UV-GOÄ bei:
- Arbeitsunfällen, Wegeunfällen und Berufskrankheiten
- Rechnung an den gesetzlichen Unfallversicherungsträger

Erklären Sie den Aufbau der GOÄ.

Gesetzliche Grundlagen (Paragrafenteil):
- In zwölf Paragrafen wird die Anwendung der GOÄ geregelt, z. B. die Wegegelder bei Hausbesuchen.

Gebührenverzeichnis:
- ist in die Abschnitte A bis P gegliedert
  - A. Gebühren in besonderen Fällen, z. B. Ausstellung von Wiederholungsrezepten
  - B. Grundleistungen und allgemeine Leistungen, z. B. Beratungen, Untersuchungen
  - C. Nichtgebietsbezogene Sonderleistungen, z. B. Verbände, Blutentnahmen
  - D. bis O.: Leistungen einzelner ärztlicher Fachgruppen
  - P. Sektionsleistungen, z. B. Leichenschau

Erläutern Sie den Begriff der „Abweichenden Vereinbarung" nach § 2 GOÄ.

- Vereinbarung von Arzt und Patient vor Beginn der Behandlung, in der Überschreitungen von Höchstsätzen vereinbart werden
- auch Honorarvereinbarung oder Abdingung genannt

Geben Sie an, wie in der GOÄ der einfache Gebührensatz zu Stande kommt, und erläutern Sie, was der Schwellenwert und was der Höchstsatz ist.

Der einfache Gebührensatz
- ergibt sich aus der Multiplikation der in der GOÄ angegebenen Punktzahl für eine Leistung und dem festen Punktwert von 5,82873 Cent pro Punkt.

Der Schwellenwert
- ist der Steigerungssatz, bis zu dem der einfache Gebührensatz innerhalb der Regelspanne ohne Begründung multipliziert werden darf. Er ist der übliche Steigerungssatz, wenn keine Besonderheit in der Leistungserbringung vorliegt. Wird er überschritten, muss die Rechnung eine besondere Begründung enthalten (z. B. erschwerende Umstände bei der Ausführung der Leistung).

Der Höchstsatz
- ist der höchste Satz, der innerhalb des Gebührenrahmens für eine Leistung mit entsprechender Begründung berechnet werden darf.

Welche Schwellenwerte und Höchstsätze gelten in der GOÄ für allgemein Privatversicherte?

- persönliche ärztliche Leistungen: 2,3 bzw. 3,5
- technische Leistungen: 1,8 bzw. 2,5
- Laborleistungen: 1,15 bzw. 1,3

Was versteht man in der GOÄ unter einem Behandlungsfall und was ist dabei zu beachten?

- Ein Behandlungsfall in der GOÄ gilt für die Behandlung derselben Krankheit innerhalb eines Monats nach der ersten Inanspruchnahme des Arztes.
- Ein neuer Behandlungsfall liegt vor,
  - wenn sich bei derselben Erkrankung der Monatsname ändert und sich das Tagesdatum um eins erhöht hat, z. B. erster Behandlungsfall vom 23.10. bis 23.11., zweiter Behandlungsfall vom 24.11. bis 24.12.
  - wenn eine neue Erkrankung hinzukommt.

1. Nennen Sie die Angaben, die eine Privatrechnung (Liquidation) nach § 12 der GOÄ enthalten muss.

2. Weshalb ist es ratsam, die Diagnose(n) auf der Liquidation anzugeben, auch wenn dies von der GOÄ nicht gefordert wird?

3. Wie ist ein Behandlungsfall in der UV-GOÄ definiert?

4. Was versteht man in der UV-GOÄ unter allgemeiner und besonderer Heilbehandlung?

5. Weshalb gibt es in der UV-GOÄ keine Steigerungssätze?

1. das Datum der Leistungserbringung jeder Leistung, deren GOÄ-Ziffer und Leistungsbeschreibung (Leistungstext), Steigerungssatz und Abrechnungsbetrag, bei Überschreiten des Schwellenwertes mit Begründung, Minderungsbeträge für voll- oder teilstationäre bzw. vor- oder nachstationäre Leistungen, Beträge für Entschädigungen und Auslagen
2. Ohne Angabe einer Diagnose wird die private Krankenversicherung des Patienten ihm den von ihm an den Arzt bezahlten Rechnungsbetrag nicht erstatten, da der Grund dafür unklar bleibt.
3. die gesamte ambulante Versorgung eines Patienten durch denselben Arzt innerhalb von drei Monaten nach der ersten Inanspruchnahme zu Lasten desselben gesetzlichen Unfallversicherungsträgers
4. Die allgemeine Heilbehandlung darf der Hausarzt durchführen, wenn der Patient nicht länger als am Unfalltag selbst arbeitsunfähig ist , kein Heil-/Hilfsmittelrezept erforderlich ist und die Behandlung voraussichtlich nicht länger als eine Woche dauert. Ist das nicht der Fall, dann erfolgt die Behandlung durch Fachärzte wie unfallchirurgische oder orthopädische D-Ärzte, Haut-, Augen- oder HNO-Ärzte im Rahmen der besonderen Heilbehandlung.
5. In der UV-GOÄ wird nach Festpreisen für jede Leistung abgerechnet, getrennt nach allgemeiner und besonderer Heilbehandlung.

1. Wer erstattet einem Privatpatienten die von ihm bezahlten Arztrechnungen nach deren Überprüfung?

A) die örtliche AOK
B) seine private Krankenversicherung
C) die KV
D) die Ärztekammer
E) sein Arbeitgeber

2. Welche Aussage beschreibt das Äquivalenzprinzip der privaten Krankenversicherungen?

A) Die Versicherungsbeiträge sind umso höher, je mehr der Versicherte verdient.
B) Die Versicherungsbeiträge sinken mit steigendem Lebensalter des Versicherten.
C) Mit höheren Beiträgen können höhere Leistungsansprüche einhergehen.
D) Je niedriger der Versicherungsbeitrag, desto höher ist der Leistungsanspruch.
E) Die Versicherungsbeiträge sind für alle Versicherten einer privaten Krankenversicherung gleich.

3. Welche beiden Aussagen zum Wegegeld nach § 8 GOÄ treffen zu?

A) Es gibt insgesamt vier Entfernungsbereiche.
B) Maßgebend für die Entfernungsbereiche ist immer der Radius um die Praxisstelle des Arztes.
C) Maßgebend für die Entfernungsbereiche ist immer der Radius um die Wohnung des Arztes.
D) Maßgebend für die Entfernungsbereiche ist entweder der Radius um die Praxisstelle des Arztes oder der um die Wohnung des Arztes.
E) Der Zeitraum für die höheren nächtlichen Wegegelder beginnt um 19:00 Uhr.
F) Der Zeitraum für die höheren nächtlichen Wegegelder endet um 7:00 Uhr.

4. Welche Behauptung zur Reiseentschädigung nach § 9 GOÄ trifft nicht zu?

A) Es gibt eine Kilometerpauschale bei Pkw-Benutzung.
B) Kosten für Bahntickets sind abrechenbar, wenn kein Pkw benutzt wurde.
C) Übernachtungskosten sind abrechenbar.
D) Abwesenheitsentschädigungen sind zeitlich gestaffelt abrechenbar.
E) Sie gilt ab 50 Kilometer Entfernung.

5. Auslagen können in der Liquidation in Rechnung gestellt werden. Bei Überschreitung welchen Betrages sind dazu nach § 12 GOÄ Belege beizufügen?

A) 10,00 €
B) 15,00 €
C) 20,00 €
D) 25,56 €
E) 47,28 €

6. Welche für GKV-Patienten nicht gesondert abrechenbare Leistung ist bei Privatpatienten berechnungsfähig?

A) ein Ruhe-EKG
B) ein Belastungs-EKG
C) ein Hausbesuch
D) der Besuch eines zweiten Kranken derselben sozialen Gemeinschaft
E) die Entnahme von Venenblut für laborchemische Untersuchungen

7. Welche Aussagekombination steht in Zusammenhang mit dem Risikoprinzip der privaten Krankenversicherung?

1 Wer in höherem Lebensalter Mitglied einer privaten Krankenversicherung wird, bezahlt mehr Beitrag als Mitglieder, die in jungen Jahren eingetreten sind.
2 Wer mehr verdient, bezahlt mehr Beitrag für die private Krankenversicherung.
3 Der Beitrag der privaten Krankenversicherung orientiert sich am individuellen Krankheitsrisiko.
4 Neumitglieder mit schweren Vorerkrankungen zahlen höhere Beiträge als solche ohne schwere Vorerkrankungen.
5 Für Behinderte gelten in der privaten Krankenversicherung reduzierte Beitragssätze.

A) Nur die Aussagen 1, 2 und 3 sind richtig.
B) Nur die Aussagen 2, 3 und 5 sind richtig.
C) Nur die Aussagen 3, 4 und 5 sind richtig.
D) Nur die Aussagen 1, 3 und 4 sind richtig.
E) Nur die Aussagen 1, 2 und 5 sind richtig.

8. Wie viele Leistungsarten werden bei den GOÄ-Schwellenwerten und Höchstsätzen unterschieden?

A) keine
B) eine
C) zwei
D) drei
E) vier

9. Welche Mindestgesprächszeit gilt für die GOÄ-Ziffer 3 (eingehende, das gewöhnliche Maß übersteigende Beratung auch mittels Fernsprecher)?

A) 2 Minuten
B) 5 Minuten
C) 10 Minuten
D) 15 Minuten
E) 30 Minuten

1. B	2. C	3. A, D
4. E	5. D	6. E
7. D	8. D	9. C

10. Ein 28-jähriger Privatversicherter trifft seinen Arzt beim Einkaufen am Samstag um 7:30 Uhr beim Bäcker und fragt ihn um Rat wegen seiner Kopfschmerzen. Welcher Zuschlag oder welche Zuschläge sind dafür neben der Beratungsziffer abrechenbar?

A) A
B) B
C) C
D) D
E) B und D

11. Welche zwei Leistungen sind in der GOÄ-Ziffer 50 (Besuch) bereits enthalten?

A) die symptombezogene Untersuchung nach GOÄ-Ziffer 5
B) der Erhebung des Ganzkörperstatus nach GOÄ-Ziffer 8
C) die vollständige Untersuchung eines Organsystems nach GOÄ-Ziffer 6
D) die vollständige Untersuchung eines Organsystems nach GOÄ-Ziffer 7
E) die Arbeitsunfähigkeitsbescheinigung nach GOÄ-Ziffer 70
F) die Beratung, auch telefonisch durchgeführt, nach GOÄ-Ziffer 1

12. Welche beiden Leistungen dürfen nur einmal im Behandlungsfall neben Ziffern der Kapitel C bis O (GOÄ-Ziffern ab 200) abgerechnet werden?

A) GOÄ-Ziffer 1 (Beratung)
B) GOÄ-Ziffer 3 (eingehende Beratung)
C) GOÄ-Ziffer 4 (Fremdanamnese)
D) GOÄ-Ziffer 5 (symptombezogene Untersuchung)
E) GOÄ-Ziffer 6 oder 7 (Untersuchung eines Organsystems)
F) GOÄ-Ziffer 8 (Ganzkörperstatus)

13. Der Arzt kommt am Donnerstagabend um 20:30 Uhr nach der Sprechstunde zum Hausbesuch bei einem privatversicherten Erwachsenen. Welcher Zuschlag ist abrechenbar?

A) E
B) F
C) G
D) H
E) J

14. In welchen Fällen müssen alle Privatversicherten bei Leistungserbringern Zuzahlungen leisten?

A) nur bei Arzneimittelverordnungen
B) nur bei Verordnungen von Massagen
C) nur bei Verordnung von Krankengymnastik
D) nur bei Verordnung von Ergotherapie
E) in keinem der genannten Fälle

15. Welche Aussagekombination zur UV-GOÄ trifft zu?

1 Unfälle im privaten Umfeld werden nicht nach der UV-GOÄ abgerechnet.
2 Die Leistungsinhalte von UV-GOÄ-Ziffern unterscheiden sich zum Teil von denen der GOÄ-Ziffern mit der gleichen Nummer.
3 Für gleiche Leistungen erhalten die unterschiedlichen Arztgruppen nach der UV-GOÄ alle die gleiche Vergütung.
4 Bei Dienstunfällen von Bundesbahnbeamten wird mit der UV-GOÄ abgerechnet, falls es sich um Lokführer handelt.
5 Die Behandlung von Dienstunfällen von Postbeamten wird mit der UV-GOÄ mit Rechnung an den Patienten abgerechnet.
6 Ein Arbeitsunfall einer MFA in der Arztpraxis wird nach der UV-GOÄ abgerechnet.

A) Nur die Aussagen 1, 4 und 5 sind richtig.
B) Nur die Aussagen 1, 2 und 6 sind richtig.
C) Nur die Aussagen 2, 4 und 5 sind richtig.
D) Nur die Aussagen 2, 4 und 6 sind richtig.
E) Nur die Aussagen 3, 5 und 6 sind richtig.

16. Welche GOÄ-Ziffern dürfen in gleicher Sitzung nicht nebeneinander abgerechnet werden?

1 GOÄ-Ziffer 1 (Beratung) und GOÄ-Ziffer 3 (eingehende Beratung)
2 GOÄ-Ziffer 1 (Beratung) und GOÄ-Ziffer 4 (Fremdanamnese) für Gespräch mit Mutter bei Erkrankung eines Säuglings
3 GOÄ-Ziffer 1 (Beratung) und GOÄ-Ziffer 5 (symptombezogene Untersuchung)
4 GOÄ-Ziffer 3 (eingehende Beratung) und GOÄ-Ziffer 7 (Organsystemuntersuchung), hier für vollständige Hautuntersuchung
5 GOÄ-Ziffer 3 (eingehende Beratung) und GOÄ-Ziffer 8 (Ganzkörperstatus)
6 GOÄ-Ziffer 6 (Organsystemuntersuchung), hier für Untersuchung des HNO-Bereichs, und GOÄ-Ziffer 7 (Organsystemuntersuchung), hier für alle Brustorgane

A) Nur die Aussagen 1, 4 und 5 sind richtig.
B) Nur die Aussagen 1, 2 und 6 sind richtig.
C) Nur die Aussagen 2, 4 und 5 sind richtig.
D) Nur die Aussagen 2, 4 und 6 sind richtig.
E) Nur die Aussagen 3, 5 und 6 sind richtig.

10. E	11. A, F
12. A, D	13. B
14. E	15. B
16. B	

4 Abrechnung bei Infektionskrankheiten und Impfleistungen für gesetzlich Versicherte, Privatpatienten und nach UV-GOÄ

Erläutern Sie die rechtlichen Grundlagen zur Abrechnung von Impfleistungen.

- Nach Sozialgesetzbuch V (§ 92 Abs. 1 Satz 2 Nr. 15) haben alle Versicherten einen Anspruch auf Leistungen für Schutzimpfungen.
- Impfleistungen für gesetzlich Versicherte:
  - Die Abrechnung richtet sich nach den Richtlinien des gemeinsamen Bundesausschusses (G-BA).
  - Der G-BA regelt die Einzelheiten zu Voraussetzungen, Art und Umfang der Leistungen für Schutzimpfungen mit seiner Schutzimpfungsrichtlinie (SI-RL).
- Impfleistungen bei Privatversicherten werden nach GOÄ abgerechnet.

Unterscheiden Sie Standard- und Indikationsimpfungen.

- Standardimpfungen: Grundlage hierfür sind die Empfehlungen der Ständigen Impfkommission (STIKO) beim Robert Koch-Institut für alle Altersgruppen.
- Indikationsimpfungen: Impfungen für eine spezielle Klientel, z. B. Grippeschutzimpfungen für chronisch Kranke oder FSME-Impfungen bei häufigem/ständigem Aufenthalt in Risikogebieten

Nennen Sie die Einzelleistungen, die eine Impfleistung nach der Schutzimpfungsrichtlinie umfasst.

- Impfberatung
  - Informieren des Patienten über Nutzen der Impfung und die zu verhütende Krankheit
  - Erhebung einer Impfanamnese
- Hinweise auf Nebenwirkungen: Kontraindikationen und evtl. Komplikationen werden besprochen.
- Empfehlungen über Verhaltensmaßnahmen: Verhalten im Anschluss an die Impfungen wird besprochen.
- Informationen zur Impfwirkung: Die Wirkungsdauer des Impfschutzes und die Zeitintervalle zu den Auffrischungsimpfungen werden besprochen.
- Dokumentation der Impfung im Impfbuch:
  - Impfdatum, Name der Krankheit
  - Chargennummer und Name des Impfstoffes
  - Impfdosis
  - Unterschrift des impfenden Arztes

Welche Bestimmungen müssen bei der Abrechnung von Impfleistungen für Privatpatienten nach GOÄ beachtet werden?

- Impfziffern, z. B. 375 (Schutzimpfung), sind in den Nichtgebietsbezogenen Sonderleistungen, Kapitel C V der GOÄ aufgeführt.
- Da es keine Sprechstundenbedarfsvereinbarung gibt, muss der Impfstoff auf Privatrezept verordnet oder dem Patienten in Rechnung gestellt werden.
- Die Untersuchung auf Impffähigkeit vor der Impfung ist mit Ziffer 5, ggf. mit Ziffer 6 berechnungsfähig.
- Neben Ziffer 375 (Schutzimpfung) kann die Ziffer 1 für eine Impfberatung berechnet werden.
- Neben den Ziffern 376–378 sind Ziffer 1 und 2 und Impfpasseintrag nicht gesondert berechnungsfähig.
- Erfolgen zwei Einzelimpfungen, wird die Ziffer 375 nicht doppelt berechnet, sondern die Ziffern 375 und 377 (Zusatzinjektion bei Parallelimpfung). Die Ziffer 1 wird daneben nicht berechnet.
- Nachbeobachtungen sind in den Leistungssätzen enthalten und nicht gesondert berechnungsfähig.

Erklären Sie, wie Schutzimpfungen der GKV in der Praxis abrechnungstechnisch unterschieden werden.

Schutzimpfung als präventive Leistung:
- Bei einer präventiven Leistung ist die Impfleistung eine alleinige Leistung; Grund und- Versichertenpauschalen werden nicht abgerechnet.
- Eine Schutzimpfung gilt auch dann als präventive Maßnahme, wenn sie gegen verschiedene Infektionskrankheiten erfolgt.

Schutzimpfungen im Zusammenhang mit einer Verletzung:
- Schutzimpfungen, die in unmittelbarem Zusammenhang mit einer Verletzung stehen, wie Tetanus oder Tollwut, sowie Passivimpfungen sind mit der Versicherten-/Grundpauschale abgegolten.
- Ausnahme: z. B. die Regelung der KV-Hessen (Hier wird die aktive Tetanus-Impfung zusätzlich mit GOP 89124 abgerechnet. Spätere Auffrischungen werden mit der entsprechenden Impfpauschale abgerechnet.)

Schutzimpfung bei Schul-, Wege- und Arbeitsunfällen:
- Impfungen bei Arbeitsunfällen werden nach UV-GOÄ mit den gleichen Ziffern wie nach GOÄ, aber mit festen Eurobeträgen abgerechnet.

1. **Rechnen Sie die ärztlichen Leistungen für Marion Meier (s. Karteikarte S. 17) ab, die der Arzt zur Diagnosesicherung durchgeführt hat. Welche GOPs können Sie über die KV abrechnen?**

2. **Bei Bettina Schneider (s. Karteikarte S. 25), bei der TK versichert, besteht der Verdacht auf Keuchhusten. Für die Befunderhebung wurden ein Nasenabstrich und ein kleines Blutbild von der Laborgemeinschaft angefertigt. Wie rechnen Sie ab?**

3. **Der Arzt stellt bei Frau Schneider einen unvollständigen Impfschutz für Tetanus und Diphtherie fest. Sie erhält nach Abklingen der Beschwerden eine Auffrischimpfung. Rechnen Sie ab.**

4. **Wie würden Sie die Impfung abrechnen, wenn Frau Schneider Privatpatientin wäre?**

5. **Welche Leistungen können für Herrn Horst Klein (s. Karteikarte S. 31) abgerechnet werden, wenn nach der Untersuchung und der Erstellung eines kleinen Blutbilds in der Praxis eine Exzision des 3 cm großen Furunkels an der Schulter durchgeführt wird?**

1. EBM: 32152 Orientierender Schnelltest auf A-Streptokokken-Gruppenantigen bis zum 16. Lebensjahr; 03000 Versichertenpauschale (beinhaltet die Rezeptausstellung); Altersdifferenzierung für die Versichertenpauschale durch die KV
2. EBM: 03000 Versichertenpauschale; 32120 Kleines Blutbild und 32151 Kulturelle bakteriologische Untersuchung (Verwendung eines Standardnährbodens…) werden von der Laborgemeinschaft abgerechnet.
3. Impfung Tdap Dokumentationsnummer 89303R (Kürzel R wird für die Auffrischimpfung angefügt); die Versichertenpauschale kann bei dieser präventiven Leistung nicht berechnet werden.
4. GOÄ: 1 Beratung; 375 Schutzimpfung (i. m., s. c.); Auslage für den Impfstoff
5. EBM: 03000 Versichertenpauschale; 32120 Kleines Blutbild (Bestimmung von mindestens zwei Parametern: Erythrozytenzahl, Leukozytenzahl, Thrombozytenzahl, Hämoglobin, Hämatokrit); 02301 Kleinchirurgischer Eingriff II und/oder primäre Wundversorgung mittels Naht (obligater Leistungsinhalt: Primäre Wundversorgung mittels Naht und/oder Gewebekleber … und/oder Eröffnung eines Abszesses oder Exzision eines Furunkels)

1. Die Abrechnung von Impfleistungen erfolgt über Pauschalen mit der zuständigen KV. Welche Aussage trifft zu?

A) Die STIKO legt bundeseinheitlich Nummern fest.
B) Der G-BA hat bundeseinheitliche Dokumentationsnummern bestimmt.
C) Bei Kombinationsimpfungen müssen keine Zusatzbuchstaben ergänzt werden.
D) Impfungen sind für die Altersgruppen zu kennzeichnen.
E) Den Pauschalen sind die Zusatzbuchstaben A, B und C anzufügen.

2. In welchem Alter kann ein Kind zum ersten Mal auf Kosten der gesetzlichen Krankenkasse geimpft werden? Welche Aussage ist richtig?

A) zwischen der 4. und 6. Lebenswoche
B) zwischen der 6. und 8. Lebenswoche
C) zwischen dem 2. und 4. Lebensmonat
D) ab dem 4. Lebensmonat
E) zwischen dem 12. und 13. Lebensmonat

3. Wann dürfen Indikationsimpfungen als GKV-Leistung abgerechnet werden? Welche beiden Aussagen treffen zu?

A) bei Mitgliedern der Bundespolizei
B) in Risikogebieten (Tollwut)
C) bei chronisch kranken Patienten
D) bei älteren Patienten ab dem fünften Lebensjahrzehnt
E) für medizinisches Personal
F) für Mitglieder der GKV

4. Welche Aussage trifft zu: Wann dürfen bei Impfungen Versicherten- oder Grundpauschalen abgerechnet werden?

A) grundsätzlich bei allen Passivimpfungen
B) bei Schutzimpfungen in zeitlichem Zusammenhang mit der Behandlung einer privaten Verletzung
C) bei Indikationsimpfungen
D) wenn zusätzlich eine präventive Leistung erfolgt
E) wenn eine Mehrfachfachimpfung als einzige Leistung erfolgt

5. Frau Mey (versichert bei der Barmer) plant eine Reise nach Venezuela und lässt sich bei ihrem Hausarzt gegen Typhus impfen. Welche Aussage ist richtig?

A) Die Abrechnung erfolgt als die Pflichtleistung über die GKV.
B) Die Impfung kann bei der Barmer abgerechnet werden.
C) Die Abrechnung muss privat nach GOÄ erfolgen.
D) Die Reiseimpfung kann über Sprechstundenbedarf abgerechnet werden.
E) Die Abrechnung der Reiseimpfung erfolgt als besondere Heilbehandlung.

6. Welche Aussage trifft nicht zu? Der Gemeinsame Bundesausschuss (G-BA) ist zuständig für:

A) Privatabrechnungen
B) Hausärzte
C) Fachärzte
D) Krankenhäuser
E) gesetzliche Krankenkassen

7. Welche beiden Aussagen treffen auf Impfungen für Versicherte der GKV zu, wenn deren Aufenthalt aus beruflichen Gründen im Ausland liegt?

A) Bei Auslandsaufenthalt aus beruflichen Gründen übernimmt der jeweilige Arbeitgeber die Impfkosten.
B) Bei beruflichen Auslandsreisen zahlt die gesetzliche Krankenkasse die Reiseimpfung.
C) Spezielle Impfungen müssen vom Patienten wie bei Privatpatienten selbst nach GOÄ getragen werden.
D) Die GKV übernimmt die von der STIKO empfohlenen Impfungen.
E) Die Reiseimpfung wird für die mitreisenden Familienversicherten von der GKV übernommen.
F) Die Impfung aus beruflichen Gründen zählt nicht als Reiseimpfung.

8. Welche Aussage zu den von der STIKO zugelassenen Impfungen trifft zu?

A) Die Impfungen werden nach UV-GOÄ abgerechnet.
B) Impfstoffe für Künstler sind über die KV abzurechnen.
C) Studenten rechnen Impfungen nach GOÄ ab.
D) Impfungen bei Unfällen werden nach GOÄ abgerechnet.
E) Für Mitglieder der GKV, der Bundeswehr und der Bundespolizei wird der Impfstoff über Sprechstundenbedarf bezogen.

9. Vor 12 Jahren erhielt Frau Miou (55 Jahre) die erste Tetanus-Schutzimpfung mit nachfolgender Grundimmunisierung. Wie muss ihre heutige Auffrischimpfung bei der Abrechnung gekennzeichnet werden?

A) GOP-Dokumentationsnummer 89124
B) GOP 89124A als erste Dosis eines Impfzyklusses
C) GOP 89124B als letzte Dosis eines Impfzyklusses
D) GOP 89200
E) GOP 89124R als Auffrischung

1. B	2. C	3. C, E
4. B	5. C	6. A
7. A, D	8. E	9. E

10. Die Praxis beschafft mittels Muster 16 für einen Patienten Impfstoff für eine Indikationsimpfung. Welche Feldkennung ist richtig?

A) Feldkennung 8 Impfstoff
B) Feldkennung 9 Sprechstundenbedarf
C) Feldkennung 7 Hilfsmittel
D) Feldkennung 8 Impfstoff und Feldkennung 9 Sprechstundenbedarf
E Feldkennung 6 BVG und Feldkennung 7 Hilfsmittel

11. Welche Aussagekombination zur Abrechnung von Impfungen bei gesetzlich Versicherten trifft zu?

1 Impfungen im Zusammenhang mit Arbeitsunfällen sind von der Zuständigkeit der BG ausgenommen.
2 Die Impfberatung ist in der Impfpauschale enthalten.
3 Die Abrechnung erfolgt über die Ärztekammer.
4 Impfungen werden nicht quartalsweise abgerechnet, sondern können jederzeit berechnet werden.
5 Impfungen liegen außerhalb der budgetierten Gesamtvergütung.

A) Nur die Aussagen 1, 4 und 5 sind richtig.
B) Nur die Aussagen 1 und 3 sind richtig.
C) Nur die Aussagen 2 und 5 sind richtig.
D) Nur die Aussagen 2, 3 und 5 sind richtig.
E) Nur die Aussagen 1, 4 und 5 sind richtig.

12. Die Krankenkassen übernehmen für bestimmte Patienten die Kosten für die Influenza-Impfung. Welche Aussage ist falsch?

A) für alle Patienten unter 18 Jahren
B) für gesetzlich Krankenversicherte, die im Vorjahr einen Befreiungsausweis vorlegen konnten
C) für Schwangere bei Verordnungen im Zusammenhang mit der Schwangerschaft
D) für alle chronisch kranken Patienten
E) für alle Rentner, gesetzlich oder privat versichert

13. Welche beiden Aussagen zur Abrechnung der passiven Tetanus-Impfung bei gesetzlich Versicherten treffen zu?

A) Die Impfung ist Bestandteil der Versichertenpauschale und wird nicht gesondert abgerechnet.
B) Sie wird als präventive Leistung abgerechnet.
C) Sie wird über die Gebührenordnung für Ärzte (GOÄ) berechnet.
D) Den Impfstoff rechnet man über den Sprechstundenbedarf ab.
E) Sie kann nur zusammen mit der aktiven Tetanus-Impfung abgerechnet werden.
F) Sie wird immer als Kombinationsimpfung abgerechnet.

14. Es wird eine Impfung im Zusammenhang mit einem Wegeunfall abgerechnet. Welche beiden Aussagen treffen zu?

A) Die Impfleistung wird über GOÄ abgerechnet.
B) Impfleistungen in Zusammenhang mit dieser Verletzung sind keine Kassenleistung und werden über die BG abgerechnet.
C) Die Impfleistung wird über die regionale KV abgerechnet.
D) Die Impfleistung wird über den Arbeitgeber abgerechnet.
E) Bei Verordnungen von Impfstoffen zu Lasten der BG bleibt die Verordnung gebührenfrei.
F) Bei Verordnungen von Impfleistungen nach Wegeunfall werden Gebühren erhoben.

15. Welche Aussagekombination zur von der STIKO empfohlenen HPV-Impfung ist richtig?

1 Die STIKO-Empfehlung für die HPV-Impfung gilt für Mädchen und Jungen ab 9 Jahren.
2 Je nach Alter sind zwei bis drei Impfdosen erforderlich.
3 Die Impfung sollte möglichst vor dem ersten Geschlechtsverkehr abgeschlossen sein.
4 Gegen HPV wird mit einem Kombinationsimpfstoff mit Tetanus und Diphtherie geimpft.
5 Es können auch Mädchen und Jungen vor der Einschulung zu Lasten der KV gegen HPV geimpft werden.

A) Nur die Aussagen 1, 2 und 3 sind richtig.
B) Nur die Aussagen 2, 4 und 5 sind richtig.
C) Nur die Aussagen 3, 4 und 5 sind richtig.
D) Nur die Aussagen 1, 3 und 4 sind richtig.
E) Nur die Aussagen 1, 2 und 5 sind richtig.

16. Ein privat Krankenversicherter hat sich zu Hause verletzt und muss aktiv und passiv gegen Tetanus geimpft werden. Welche Aussage zur Abrechnung der Impfleistung trifft zu?

A) Es werden beide Impfungen mit Ziffer 375, die Impfberatung mit Ziffer 1 und der Impfstoff berechnet.
B) Es werden die Impfung mit Ziffer 378, die Untersuchung mit Ziffer 5 und der Impfstoff berechnet.
C) Der Arzt berechnet Ziffer 378 für die Impfung, Ziffer 1 für die Impfberatung und den Impfstoff.
D) Es können die Ziffern 375 und 377 für die Impfungen, Ziffer 1 für die Beratung und der Impfstoff berechnet werden.
E) Der Arzt rechnet Ziffer 375 für die Impfung und Ziffer 5 für die Untersuchung ab.

10. D	11. C	12. E	13. A, D
14. B, E	15. A	16. B	

5 Abrechnung bei Erkrankungen des Bewegungsapparats (EBM und GOÄ)

Erklären Sie, in welchen Fällen die gekennzeichneten Felder 1 bis 6 auf dem abgebildeten Arzneiverordnungsblatt (Muster 16) anzukreuzen sind.

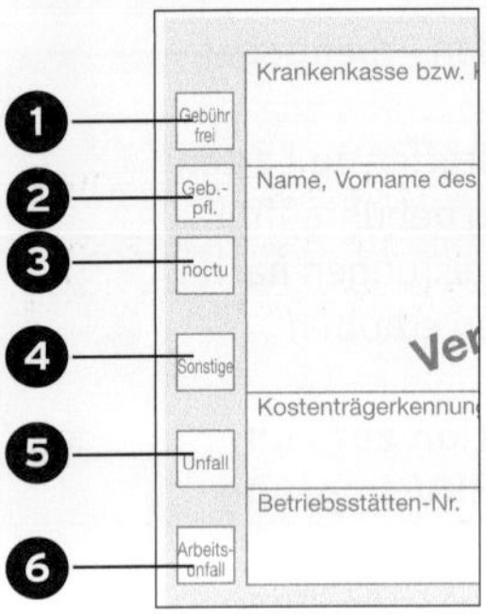

- Gebührenfrei (Feld 1):
  - bei Versicherten vor dem 18. Geburtstag
  - bei belegter Zuzahlungsbefreiung
  - bei Bezug zu Schwangerschaft oder Entbindung
  - bei Arbeits- oder Wegeunfall
  - bei Patienten Sonstiger Kostenträger
- Gebührenpflichtig (Feld 2):
  - immer ankreuzen, wenn kein Befreiungsgrund
- noctu (Feld 3):
  - Bei Ankreuzen entfällt Apotheken-Nachttaxe zwischen 20:00 und 7:00 Uhr.
- Sonstige (Feld 4):
  - bei Patienten Sonstiger Kostenträger
- Unfall (Feld 5):
  - bei Verordnungen nach privatem Unfall
- Arbeitsunfall (Feld 6):
  - bei Verordnungen nach Arbeits-, Wege- oder Schulunfall oder Berufskrankheit
  - zusätzlich immer „Gebühr frei" ankreuzen

In welchen Fällen werden die Felder 7 bis 10 auf dem abgebildeten Arzneiverordnungsblatt markiert und was muss dabei jeweils beachtet werden?

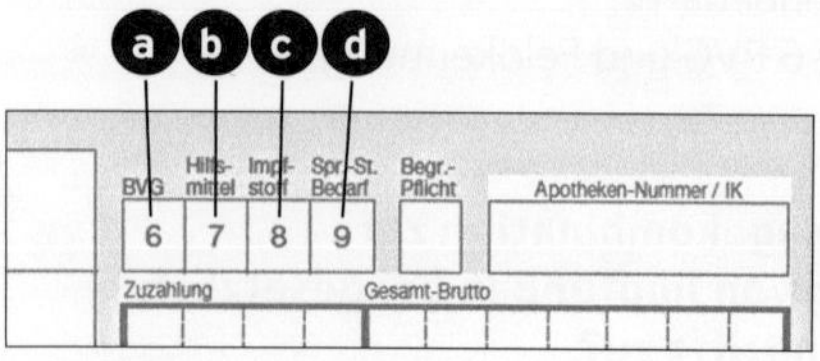

- BVG (Feld a):
  - ankreuzen oder in das Feld eine 6 eintragen bei Patienten, die nach dem Bundesversorgungsgesetz (BVG) oder dem Bundesentschädigungsgesetz (BEG) anspruchsberechtigt sind
  - zusätzlich „Gebühr frei" ankreuzen
- Hilfsmittel (Feld b):
  - ankreuzen oder in das Feld eine 7 eintragen bei Hilfsmittelverordnung
  - zusätzlich zur Verordnung auch die unverschlüsselte Diagnose eintragen
- Impfstoff (Feld c):
  - ankreuzen oder in das Feld eine 8 eintragen bei Verordnungen von Impfstoffen im Rahmen der gültigen Impfvereinbarung
  - Sollen Impfstoffe für den Sprechstundenbedarf bezogen werden, dann müssen zusätzlich das Feld 9 und das Feld „Gebühr frei" angekreuzt werden.
- Sprechstundenbedarf (Feld d):
  - bei Verordnung von Sprechstundenbedarf dieses Feld ankreuzen oder in das Feld eine 9 eintragen
  - zusätzlich „Gebühr frei" ankreuzen
  - zusätzlich Kostenträger für Sprechstundenbedarf der zuständigen Landes-KV eintragen

Was muss bei einem Arbeitsunfall zusätzlich auf dem Arzneiverordnungsblatt eingetragen werden?

- Unfalltag und Unfallbetrieb
- eine gesetzliche Unfallversicherung als Kostenträger

Erklären Sie, was die mit „aut idem" beschrifteten Felder auf einem Arzneiverordnungsblatt bedeuten.

Das „aut idem" Feld vor einer Verordnung muss angekreuzt oder durchgestrichen werden, wenn der Apotheker nur genau das verordnete Medikament desselben Herstellers herausgeben soll.

Prüfungsfall Asthma bronchiale: S. 305

1. Welche EBM-Gebührenordnungsposition(en) kann bzw. können für die ärztlichen Leistungen für Frau Mansur (s. Karteikarte S. 54) abgerechnet werden? Welcher Leistungsinhalt war dafür obligat?

2. Nach Anamnese und Untersuchung von Frau Merker (s. Karteikarte S. 46) berät Dr. Kempf die Patientin noch 20 Minuten über die Schonung des Knies im Alltag. Dauer des Arzt-Patienten-Kontaktes insgesamt 25 Minuten. Was kann abgerechnet werden?

3. Für welche Versichertengruppen müssen im Bedarfsfall Betäubungsmittel-Rezepte (BtM-Rezepte) verwendet werden und woher können Ärzte sie beziehen?

4. Wofür sind die verschiedenen Teile eines BtM-Rezepts? Geben Sie auch an, wo die Abgabe von BtM aus dem Sprechstundenbedarf dokumentiert werden muss und welche Aufbewahrungspflichten zu beachten sind.

5. Was ist zu beachten, wenn ein Betäubungsmittel im Notdienst ausnahmsweise auf einem Arzneiverordnungsblatt (Muster 16) rezeptiert werden muss?

Prüfungsfall Asthma bronchiale: S. 305

1. EBM: 03000 Versichertenpauschale, obligat ist ein persönlicher Arzt-Patienten-Kontakt in einem kurativen Behandlungsfall.
2. die Versichertenpauschale 03000 sowie zweimal das problemorientierte ärztliche Gespräch, das aufgrund der Art und Schwere der Erkrankung erforderlich ist, 03230
3. BtM-Rezepte sind im Bedarfsfall für alle Patienten zu verwenden, gesetzlich wie privat krankenversichert; Bezug über das Bundesinstitut für Arzneimittel und Medizinprodukte - Bundesopiumstelle - in Bonn.
4. Blatt 1 (Teil II) ist für die Apotheke zur Verrechung. Blatt 2 (Teil III) ist zum Verbleib in der Praxis und Blatt 3 (Teil I) ist zum Verbleib für die Apotheke mit einer Aufbewahrungspflicht von je drei Jahren. Die Abgabe von BtM aus dem Sprechstundenbedarf muss in einer BtM-Abgabe-Kartei dokumentiert werden, für die ebenfalls eine Aufbewahrungspflicht von drei Jahren nach Abgabe jedes Betäubungsmittels gilt.
5. Das Arzneiverordnungsblatt (Muster 16) muss mit dem Vermerk „Notfallverschreibung" versehen werden. Das BtM-Rezept wird mit dem Zusatz „N" umgehend in der Apotheke nachgereicht.

1. Welche beiden ärztlichen Leistungen bei Erkrankungen des Bewegungsapparats sind nicht Bestandteil der hausärztlichen Versichertenpauschale (GOP 03000)?

A) körperliche Untersuchung
B) Wärmetherapie
C) Erhebung der Anamnese
D) Bestimmung der Harnsäure im Serum
E) Ausstellen der Arbeitsunfähigkeitsbescheinigung (Muster 1)
F) Verschreibung eines Medikaments auf einem Arzneiverordnungsblatt (Muster 16)

2. Welche zwei der folgenden ärztlichen Leistungen darf ein Hausarzt nur im organisierten Notdienst gesondert abrechnen?

A) intramuskuläre und intravenöse Injektionen
B) Infusionen
C) Verordnung eines Hilfsmittels
D) Verordnung von nichtsteroidalen Antirheumatika (NSAR)
E) Verordnung von Betäubungsmitteln
F) Anlegen eines fixierenden Verbands

3. Welche Aussagekombination zum Abrechnungsschein (Muster 5) trifft zu?

1 Er wird nicht für Privatversicherte benutzt.
2 Er wird im sogenannten Ersatzverfahren benutzt: Der Patient muss dazu auf dem Vordruck eine Unterschrift leisten.
3 Die Diagnose ist immer unverschlüsselt im Klartext einzutragen.
4 Das Eintragen des Quartals ist nicht erforderlich.
5 Er kann bei Verlust oder Beschädigung der Versichertenkarte auch zur Abrechnung belegärztlicher Leistungen benutzt werden.

A) Nur die Aussagen 1, 2 und 3 sind richtig.
B) Nur die Aussagen 2, 3 und 5 sind richtig.
C) Nur die Aussagen 3, 4 und 5 sind richtig.
D) Nur die Aussagen 1, 3 und 4 sind richtig.
E) Nur die Aussagen 1, 2 und 5 sind richtig.

4. Welche beiden Aussagen zur Arbeitsunfähigkeitsbescheinigung (Muster 1) treffen zu?

A) Das Muster 1a ist zur Vorlage bei der Krankenkasse bestimmt.
B) Das Muster 1a enthält keine Diagnose.
C) Das Muster 1b ist zur Vorlage beim Arbeitgeber bestimmt.
D) Das Muster 1d muss vom ausstellenden Arzt drei Jahre aufgehoben werden.
E) Folgebescheinigungen sind unzulässig.
F) Die MFA darf diesen Vordruck im Auftrag des Arztes unterschreiben.

5. Wie lange darf eine Arbeitsunfähigkeitsbescheinigung (Muster 1) höchstens rückwirkend ausgestellt werden?

A) darf in keinem Fall rückwirkend ausgestellt werden
B) einen Tag
C) zwei Tage
D) drei Tage
E) eine Woche

6. Welche Aussagekombination zu den Heilmittelverordnungen für GKV-Patienten ist richtig?

1 Massagen zählen zur physikalischen Therapie und werden auf Muster 13 verordnet.
2 Stimm-, Sprech- und Sprachtherapie werden auf Muster 19 verordnet.
3 Ergotherapie wird auf Muster 18 verordnet.
4 Auf der Rückseite von Heilmittelverordnungen müssen Patienten mit ihrer Unterschrift die durchgeführte Leistung bestätigen.
5 Die Angabe der ICD-10-codierten Diagnose(n) ist bei GKV-Heilmittelrezepten auf keinen Fall erforderlich.

A) Nur die Aussagen 1, 2 und 3 sind richtig.
B) Nur die Aussagen 2, 3 und 5 sind richtig.
C) Nur die Aussagen 3, 4 und 5 sind richtig.
D) Nur die Aussagen 1, 3 und 4 sind richtig.
E) Nur die Aussagen 1, 2 und 5 sind richtig.

7. Wie viele unterschiedliche Vordrucke gibt es für Heilmittelverordnungen für GKV-Patienten?

A) 1
B) 2
C) 3
D) 4
E) 5

8. Welche beiden Aussagen treffen nicht zu?

A) Eine Arzneiverordnung auf einem Arzneiverordnungsblatt (Muster 16) ist vier Wochen gültig.
B) Ein Privatrezept ist drei Monate gültig, wenn nichts anderes darauf vermerkt wurde.
C) Eine Überweisung (Muster 6) gilt immer nur in dem Quartal, in dem sie ausgestellt wurde.
D) Ein BtM-Rezept ist einschließlich des Tages, an dem es ausgestellt wurde, acht Tage gültig.
E) Bei der Rezeptierung von Betäubungsmitteln sind Verschreibungshöchstmengen in einem Zeitraum von 30 Tagen zu beachten.
F) Für Privatpatienten müssen Heilmittel immer auf den GKV-Vordrucken rezeptiert werden.

1. B, D	2. B, F	3. E	4. A, C
5. D	6. D	7. C	8. C, F

9. Welche Aussagekombination zur Überweisung (Muster 6) trifft zu?

1 Bei der Überweisung für eine Röntgenaufnahme des Knies ist „kurativ" sowie „Ausführung von Auftragsleistungen" anzukreuzen.
2 Bei der Überweisung für eine Röntgenaufnahme der Halswirbelsäule ist „präventiv" sowie „Ausführung von Auftragsleistungen" anzukreuzen.
3 Alle Verdachtsdiagnosen auf der Überweisung müssen ICD-10-codiert sein.
4 Wenn „Konsiliaruntersuchung" angekreuzt wurde, dann darf der Arzt, an den überwiesen wurde, keine Therapie durchführen.
5 Sie muss von dem Arzt, der sie erhält, mindestens ein Jahr aufbewahrt werden.
6 Zur Abrechnung der erbrachten Leistungen wird der Überweisungsvordruck bei der KV eingereicht.

A) Nur die Aussagen 1, 4 und 5 sind richtig.
B) Nur die Aussagen 1, 2 und 6 sind richtig.
C) Nur die Aussagen 2, 4 und 5 sind richtig.
D) Nur die Aussagen 2, 4 und 6 sind richtig.
E) Nur die Aussagen 3, 5 und 6 sind richtig.

10. Wann wird auf Muster 6 „Behandlung gemäß § 116b SGB V" angekreuzt?

A) bei bestehender Arbeitsunfähigkeit
B) bei Familienversicherten
C) bei ambulanter spezialfachärztlicher Versorgung
D) bei bestehenden Allergien des Patienten
E) wenn eine Kur geplant ist

11. Warum haben Leistungen der physikalischen Medizin in der GOÄ ein Sternchen hinter der Ziffer (z. B. die Infrarotbehandlung GOÄ-Ziffer 538*)?

A) weil sich die so gekennzeichneten GOÄ-Ziffern kürzlich geändert haben
B) weil für diese Leistungen ein reduzierter Gebührenrahmen gilt
C) weil für diese Leistungen eine besondere Honorarvereinbarung mit dem Patienten getroffen werden muss
D) weil diese Leistungen Risiken beinhalten, über die der Patient vorher aufgeklärt werden muss
E) weil diese Leistungen im Notdienst nicht abrechenbar sind

12. Welche zwei Aussagen zum Privatrezept treffen zu?

A) Es darf keinen Kassenarztstempel haben.
B) Es dürfen pro Rezept höchstens drei Medikamente rezeptiert werden.
C) Es ist immer gelb.
D) Es ist immer grün.
E) Die Farbe darf vom Arzt frei gewählt werden.
F) Hilfsmittel dürfen darauf nicht verordnet werden.

13. Welche Aussagekombination zur fachärztlichen KV-Abrechnung trifft zu?

1 Der Facharzt kann bei einer Überweisung zur Mit-/Weiterbehandlung die Grundpauschale berechnen.
2 Bei einer Überweisung zu einer Auftragsleistung rechnet der Facharzt neben der Leistung noch die Konsultationspauschale (EBM 01436) ab.
3 Ist die angeforderte Leistung bei einer Überweisung zur Auftragsleistung im EBM-Anhang 1 in der Spalte GP aufgeführt, kann statt der Konsultationspauschale die halbe Grundpauschale berechnet werden.
4 Die EBM hat für Orthopäden mehrere Zusatzpauschalen für Diagnostik und/oder Therapie bestimmter Erkrankungen des Bewegungsapparats.
5 Einige orthopädische Zusatzpauschalen erfordern die Kenntnis der EBM-Altersklassen.

A) Alle Aussagen sind richtig.
B) Nur die Aussagen 1, 2, 4 und 5 sind richtig.
C) Nur die Aussagen 2 und 3 sind richtig.
D) Nur die Aussagen 3 und 4 sind richtig.
E) Nur die Aussagen 4 und 5 sind richtig.

14. Wie viele Medikamente dürfen auf einem Arzneiverordnungsblatt (Muster 16) höchstens verschrieben werden?

A) eins
B) zwei
C) drei
D) vier
E) fünf

15. Welche Aussagenkombination trifft zu?

1 Das angekreuzte Feld „noctu" auf einem Arzneiverordnungsblatt (Muster 16) befreit von der Medikamentenzuzahlung.
2 Ein BtM-Rezept ist immer zuzahlungsbefreit.
3 Das BtM-Rezept ist gleichermaßen für Privatversicherte und gesetzlich Versicherte zu verwenden.
4 Die Arbeitsunfähigkeitsbescheinigung für Privatversicherte kann auf einem Privatrezept erfolgen.
5 Die Hilfsmittelverordnung für einen Privatversicherten auf einem Privatrezept ist zulässig.
6 Werden nach einem Arbeitsunfall Medikamente verordnet, so wird dafür bei Privatversicherten ein Privatrezept benutzt.

A) Nur die Aussagen 1, 3 und 5 sind richtig.
B) Nur die Aussagen 1, 2 und 6 sind richtig.
C) Nur die Aussagen 2, 3 und 4 sind richtig.
D) Nur die Aussagen 3, 4 und 5 sind richtig.
E) Nur die Aussagen 3, 5 und 6 sind richtig.

9. A	10. C	11. B	12. A, E
13. A	14. C	15. D	

6 Abrechnung von Behandlungen in Notfallsituationen (EBM und GOÄ)

In welchen Fällen werden Behandlungen auf dem Notfall-/Vertretungsschein (Muster 19) abgerechnet, welche Ankreuzfelder sind dabei jeweils zu markieren, was ist beim Eintragen der Diagnose zu beachten und wer erhält welche Durchschläge?

- Der Notfall-Vertretungsschein (Muster 19) wird zur Abrechnung der Leistungen für gesetzlich Krankenversicherte in folgenden Fällen benutzt:
  - im ärztlichen (organisierten) Notfalldienst; Feld „Ärztlicher Notfalldienst" ist anzukreuzen (Abrechnung immer mit Uhrzeitangabe bei der GOP)
  - bei Urlaubs- und Krankheitsvertretungen; Feld „Urlaubs- bzw. Krankheitsvertretung" ist anzukreuzen
  - im Notfall (Behandlung von Notfällen außerhalb des organisierten Notfalldienstes, bei Patienten anderer Ärzte); Feld „Notfall" ist anzukreuzen
- Bei Geschlecht nicht mehr die Felder W oder M ankreuzen, sondern, bis zum Erscheinen neu gestalteter Notfall-/Vertretungsscheine, in das rechte M-Feld „M" für männlich, „W" für weiblich, „D" für divers, „X" für unbestimmt eintragen.
- Das Feld „Unfall/Unfallfolgen" muss zusätzlich bei einem privaten Unfall angekreuzt werden, nicht bei Arbeits- und Schülerunfällen, Berufskrankheiten.
- Die Diagnose ist ICD-10-verschlüsselt einzutragen.
- Dreiteiliges Formular im Durchschreibeverfahren:
  - Muster 19a dient der Abrechnung mit der KV.
  - Muster 19b dient der Mitteilung an den weiterbehandelnden Arzt.
  - Muster 19c verbleibt beim abrechnenden Arzt.

Wie werden Hausbesuche für gesetzlich Krankenversicherte im organisierten ärztlichen Notfalldienst abgerechnet?

- Besuchsabrechnung immer mit der GOP 01418, unabhängig von Wochentag oder Uhrzeit
- Anstelle eines Wegegeldes werden die tatsächlich zurückgelegten Kilometer mit einer Nachkommastelle auf Muster 19 eingetragen; die Vergütung erfolgt über eine Kilometerpauschale, abweichende regionale KV-Regelungen sind zu beachten

Wann werden im organisierten Notdienst die einzelnen Notfallpauschalen, Notfallkonsultationspauschalen und Schweregradzuschläge abgerechnet?

Erster persönlicher Arzt-Patient-Kontakt im Quartal im organisierten Notdienst
- Ärztl. Entscheidung, dass weder Notfalldiagnostik noch Notfalltherapie erforderlich ist
  - Notfallpauschale 1 (GOP 01205): Mo-Fr 7-19 Uhr
  - Notfallpauschale 2 (GOP 01207: Mo-Fr 19-7 Uhr, Sa, So, Feiertag, 24. u. 31.12. ganztags
- Ärztl. Entscheidung, dass Notfalldiagnostik und/oder Notfalltherapie erforderlich ist
  - Notfallpauschale 3 (GOP 01210): Mo-Fr 7-19 Uhr
  - Notfallpauschale 4 (GOP 01212): Mo-Fr 19-7 Uhr, Sa, So, Feiertag, 24. u. 31.12. ganztags

Weitere persönliche oder andere (z. B. telefonische) Arzt-Patient-Kontakte im Quartal im organisierten Notdienst
- Notfallkonsultationspauschale I (GOP 01214): Mo-Fr 7-19 Uhr
- Notfallkonsultationspauschale II (GOP 01216): Mo-Fr 19-22 Uhr, Sa, So, Feiertag, 24. u. 31.12. 7-19 Uhr
- Notfallkonsultationspauschale III (GOP 01218): Mo-Fr 22-7 Uhr, Sa, So, Feiertag, 24. u. 31.12. 19-7 Uhr

Schweregradzuschläge

Erforderlich ist immer die korrekte ICD-10-GM-Kodierung mit Zusatzkennzeichen für die Diagnosesicherheit (z. B. G für gesicherte Diagnose). Es kann im Behandlungsfall insgesamt immer nur ein Schweregradzuschlag abgerechnet werden.
- Schweregradzuschläge für Patienten mit erhöhtem Behandlungsaufwand. Voraussetzung z. B. gesicherte Diagnose einer Fraktur proximal der Mittelhand, Schädel-Hirn-Trauma mit Bewusstlosigkeit, akute tiefe Beinvenenthrombose, Angina pectoris, Pneumonie, akute Divertikulitis.
  - Schweregradzuschlag zur GOP 01210 (GOP 01223)
  - Schweregradzuschlag zur GOP 01212 (GOP 01224)
- Schweregradzuschlag für Patienten mit krankheitsbedingt erschwerter Kommunikation. Anwendbar z. B. bei Neugeborenen, Säuglingen, Kleinkindern, Krankheitsbildern mit komplexen kognitiven, emotionalen oder verhaltensbezogenen Beeinträchtigungen (jedoch nicht infolge psychotroper Substanzen), Demenz, schwerem Parkinson-Syndrom.
  - Schweregradzuschlag zur GOP 01210 (GOP 01226).

Der Schweregradzuschlag GOP 01226 ist im Behandlungsfall nicht neben dem Schweregradzuschlag GOP 01224 berechnungsfähig.

1. **Ein Allgemeinarzt wird aus der Sprechstunde heraus am Montagmorgen um 10:15 Uhr zu einem privatversicherten Patienten mit starken Brustschmerzen gerufen (Entfernung Praxis – Patientenwohnung Luftlinie 1,8 km, Fahrstrecke 2,3 km). Der Arzt untersucht Herz und Lunge, misst Puls und Blutdruck und führt ein Notfall-EKG mit Herzrhythmuskontrolle durch. Wegen des Verdachts auf einen Myokardinfarkt ruft er danach sofort einen Notarztwagen, legt einen venösen Zugang in den rechten Arm des Patienten und verabreicht ihm hierüber eine intravenöse Injektion. Plötzlich kommt es zum Herzstillstand. Der Arzt beginnt eine kardiopulmonale Reanimation, lässt den Defibrillator aus dem Wagen holen und defibrilliert den Patienten, bis dessen Herz wieder schlägt. Darauf trifft der Notarztwagen ein. Rechnen Sie die Leistungen des Arztes nach der GOÄ zu den zulässigen Schwellenwerten ab.**

2. **Rechnen Sie die ärztlichen Leistungen für Herrn Herzberger (s. Karteikarte S. 61) ab.**

3. **Rechnen Sie die für Herrn Beck (s. Karteikarte S. 69) erbrachten Leistungen ab.**

4. **Rechnen Sie die Leistungen für Frau Schiller (s. Karteikarte S. 77) vom 30.10. ab.**

1. GOÄ: 50 Besuch, 2,3-fach, 42,90 €; E Zuschlag für dringend angeforderte und unverzüglich erfolgte Ausführung, 1,0-fach, 9,33 €; Wegegeld bis zu 2 km Radius bei Tag (8 bis 20 Uhr), 1,0-fach, 3,58 €; 7 Untersuchung Brustorgane, 2,3-fach, 32,64 €; 650 Notfall-EKG, 1,8-fach, 15,95 €; 253 i.v. Injektion, 2,3-fach, 9,38 €; Auslage für die injizierte Substanz; 429 Wiederbelebungsversuch einschließlich künstlicher Beatmung und extrathorakaler indirekter Herzmassage, 2,3-fach, 53,62 €; 430 Extra- oder intrathorakale Elektro-Defibrillation und/oder -Stimulation des Herzens, 2,3-fach, 53,62 €
2. EBM: 03000 Versichertenpauschale; 03220 Chronikerpauschale bei einem persönlichen Arzt-Patienten-Kontakt; 03230 Problemorientiertes ärztliches Gespräch (je einmal pro vollendete 10 Minuten); 32150 Troponin-T-Test; 03321 Belastungs-EKG
3. EBM: 03000 Versichertenpauschale; 03230 Problemorientiertes ärztliches Gespräch (je einmal pro vollendete 10 Minuten); 03330 Spirografische Untersuchung
4. EBM: 03000 Versichertenpauschale; 03230 Problemorientiertes ärztliches Gespräch (je einmal pro vollendete 10 Minuten); Abrechnung durch die Laborgemeinschaft: 32120 kleines Blutbild, 32085 Eisen (im Serum), 32325 Ferritin.

1. Welche beiden Gebührenordnungspositionen dürfen im Rahmen einer Tätigkeit im organisierten ärztlichen Notfalldienst abgerechnet werden?

A) Versichertenpauschale (GOP 03000)
B) Besuch (GOP 01418)
C) Unvorhergesehene Inanspruchnahme (GOP 01100)
D) Infusion (GOP 02100)
E) Inanspruchnahme an Samstagen (GOP 01102)
F) Dringender Besuch im Pflegeheim (GOP 01415)

2. Eine gesetzlich krankenversicherte Patientin wird zu Beginn des Quartals wegen eines Asthma-Anfalls am Sonntag um 10:00 Uhr vom Arzt im organisierten ärztlichen Notdienst behandelt. Sie möchte am darauffolgenden Montag zu ihm als Hausarzt wechseln und kommt deshalb um 8 Uhr zur Kontrolluntersuchung in die Praxis; kein weiterer Arzt-Patienten-Kontakt im Quartal. Welche zwei Aussagen treffen zu?

A) Der Arzt kann einmal die Versichertenpauschale (GOP 03000) abrechnen.
B) Der Arzt kann die Versichertenpauschale (GOP 03000) zweimal abrechnen.
C) Der Arzt kann die Notfallpauschale (GOP 01212) einmal abrechnen.
D) Der Arzt kann einmal die Notfallkonsultationspauschale I (GOP 01214) abrechnen.
E) Der Arzt kann einmal die Notfallkonsultationspauschale II (GOP 01216) abrechnen.
F) Der Arzt kann einmal die Notfallkonsultationspauschale III (GOP 01218) abrechnen.

3. Welche Aussagekombination zum Notfall-/Vertretungsschein (Muster 19) trifft zu?

1 Er kann nur zur Abrechnung von Leistungen für GKV-Patienten benutzt werden, eine Abrechnung für Privatpatienten mit diesem Vordruck ist unzulässig.
2 Die Diagnose muss ICD-10-codiert sein, sonst kann der Vordruck nicht zur Abrechnung erbrachter Leistungen verwendet werden.
3 Bei der Behandlung eigener Patienten im organisierten Notfalldienst muss das Feld „Notfall" angekreuzt werden.
4 Die Anwendung des Ersatzverfahrens bei verlorener oder aktuell unauffindbarer Versichertenkarte ist bei diesem Vordruck unzulässig.
5 Falls eine Weiterbehandlung erforderlich ist, sollte der weiterbehandelnde Arzt auf dem Vordruck eingetragen werden.

A) Nur die Aussagen 1, 2 und 3 sind richtig.
B) Nur die Aussagen 2, 3 und 5 sind richtig.
C) Nur die Aussagen 3, 4 und 5 sind richtig.
D) Nur die Aussagen 1, 3 und 4 sind richtig.
E) Nur die Aussagen 1, 2 und 5 sind richtig.

4. Welche Aussagekombination zur Verordnung von Krankenhausbehandlung (Muster 2) trifft zu?

1 Die Durchschläge von Krankenhauseinweisungen sind bei der Quartalsabrechnung des einweisenden Arztes mit der KV beizulegen.
2 Die Einweisungsdiagnose kann im Klartext eingetragen werden.
3 Alle Verdachtsdiagnosen auf der Einweisung müssen ICD-10-codiert sein.
4 Wird der Vordruck zur Krankenhauseinweisung bei einer geplanten Operation benutzt, dann muss die Krankenkasse die Krankenhauseinweisung des Patienten vorab auf der Rückseite des obersten Vordruckblattes genehmigen.
5 Die erforderliche Genehmigung der Krankenkasse entfällt bei geplanten Herzoperationen.
6 Die erforderliche Genehmigung der Krankenkasse entfällt bei Entbindungen.

A) Nur die Aussagen 1, 4 und 5 sind richtig.
B) Nur die Aussagen 1, 2 und 6 sind richtig.
C) Nur die Aussagen 2, 4 und 5 sind richtig.
D) Nur die Aussagen 2, 4 und 6 sind richtig.
E) Nur die Aussagen 3, 5 und 6 sind richtig.

5. Welche Aussagekombination zu der Verordnung einer Krankenbeförderung (Muster 4) trifft zu?

1 Das Beförderungsmittel muss bei der Verordnung genau angegeben werden.
2 Das Beförderungsmittel wird vom transportausführenden Unternehmen und seinen Fahrern ausgesucht.
3 Taxiunternehmen sind als Leistungserbringer für die Ausführung von Verordnungen für Krankenbeförderungen nicht zugelassen.
4 Auf der Rückseite des Vordrucks muss der Patient, außer bei Notfällen, durch seine Unterschrift bestätigen, dass der Krankentransport auch stattgefunden hat.
5 Außer bei Notfällen muss die Krankenkasse des Patienten den Transport vorab genehmigen.
6 Eine Genehmigung der Verordnung durch die Krankenkasse des Patienten kann bei geplanten Fahrten immer auch nachträglich erfolgen, wenn der Patient das wünscht.

A) Nur die Aussagen 1, 4 und 5 sind richtig.
B) Nur die Aussagen 1, 2 und 6 sind richtig.
C) Nur die Aussagen 2, 4 und 5 sind richtig.
D) Nur die Aussagen 2, 4 und 6 sind richtig.
E) Nur die Aussagen 3, 5 und 6 sind richtig.

1. B, D 2. A, C 3. E
4. D 5. A

6. Welche Aussage im Zusammenhang mit der Notfallbehandlung von Privatversicherten trifft nicht zu?

A) Bei Hausbesuchen können ggf. Zuschläge abgerechnet werden.
B) Für die Behandlung von Kindern können ggf. eigene Zuschläge abgerechnet werden.
C) Abgerechnet wird mit speziellen GOÄ-Notfallziffern aus dem GOÄ-Notfallkapitel.
D) Die Überschreitung der Schwellenwerte kann mit Begründung auf der Privatliquidation bis maximal zum Höchstwert erfolgen.
E) Für dringende Besuche bei Notfällen und geplante Hausbesuche gelten in der GOÄ jeweils die gleichen Wegegelder.

7. Welche beiden Leistungen sind jeweils für sich allein oder zusammen obligater Bestandteil des Reanimationskomplexes (GOP 01220)?

A) präkordialer Faustschlag
B) extrathorakale Herzmassage
C) Ableitung eines Elektrokardiogramms
D) künstliche Beatmung
E) Patient in stabile Seitenlage drehen
F) Ausstellung eines Leichenschauscheines

8. Welche Aussagekombination zum Reanimationskomplex (GOP 01220) trifft zu?

1 Die Infusion nach GOP 02100 gehört zu den fakultativen Leistungsinhalten.
2 Das Einführen einer Magenverweilsonde (GOP 02320) ist fakultativer Leistungsinhalt.
3 Die fakultativen Leistungsinhalte des Reanimationskomplexes dürfen nicht in gleicher Sitzung zusammen mit ihm abgerechnet werden.
4 Die Leistung Notfall-Luftröhrenschnitt zwischen Schild- und Ringknorpel (Koniotomie) kann zusätzlich zum Reanimationskomplex in gleicher Sitzung neben diesem abgerechnet werden.
5 Die Elektrodefibrillation und/oder Elektrostimulation des Herzens kann als Zuschlag zum Reanimationskomplex in gleicher Sitzung abgerechnet werden.

A) Alle Aussagen sind richtig.
B) Nur die Aussagen 1, 2, 4 und 5 sind richtig.
C) Nur die Aussagen 2 und 3 sind richtig.
D) Nur die Aussagen 3 und 4 sind richtig.
E) Nur die Aussagen 4 und 5 sind richtig.

9. Die Verordnung von Krankenhausbehandlung (Muster 2) hat ... Vordruckblätter:

A) eins
B) zwei
C) drei
D) vier
E) fünf

10. Die Krankenbeförderung eines GKV-Patienten zur vorab geplanten Krankenhausbehandlung hat stattgefunden. Bei wem verbleibt die vollständig ausgefüllte Verordnung der Krankenbeförderung (Muster 4)?

A) bei dem ausstellenden Arzt
B) bei dem beförderten Patienten
C) beim Krankenhaus
D) bei der transportausführenden Firma
E) bei der Ärztekammer

11. Welche Aussagekombination zum privatärztlichen Wiederbelebungsversuch (GOÄ-Ziffer 429) trifft zu?

1 Diese GOÄ-Ziffer darf nur dreimal im Behandlungsfall abgerechnet werden.
2 Die Mindestzeit für diese GOÄ-Ziffer beträgt 20 Minuten.
3 Die künstliche Beatmung gehört zu den obligaten Bestandteilen.
4 Injektionen während des Wiederbelebungsversuchs sind in gleicher Sitzung nicht abrechenbar.
5 Die extrathorakale indirekte Herzmassage gehört zu den obligaten Bestandteilen.
6 Die Intubation ist ein fakultativer Bestandteil dieser GOÄ-Ziffer.

A) Nur die Aussagen 1, 3 und 5 sind richtig.
B) Nur die Aussagen 1, 2 und 6 sind richtig.
C) Nur die Aussagen 2, 3 und 4 sind richtig.
D) Nur die Aussagen 3, 4 und 5 sind richtig.
E) Nur die Aussagen 3, 5 und 6 sind richtig.

12. Welche beiden Aussagen zur Todesfeststellung treffen zu?

A) Sie wird auch für zu Lebzeiten gesetzlich Krankenversicherte nach der GOÄ abgerechnet.
B) Für verstorbene GKV-Patienten kann die Todesfeststellung über die KV abgerechnet werden.
C) Für die Erbringung und Abrechnung dieser Leistung ist eine besondere Genehmigung der KV erforderlich.
D) Neben dieser Leistung dürfen für GKV-Patienten niemals ein Besuch und Wegegelder abgerechnet werden.
E) Neben dieser Leistung dürfen für Privatversicherte niemals ein Besuch und Wegegelder abgerechnet werden.
F) Zu den obligaten Bestandteilen dieser Leistung gehört auch die Ausstellung eines Leichenschauscheines.

6. C	7. B, D	8. A	9. C
10. D	11. E	12. A, F	

7 Sprechstundenbedarf: Verordnung und Abrechnung

Was versteht man unter Sprechstundenbedarf?

Zum Sprechstundenbedarf zählen Arzneimittel, Verbandmittel, Instrumente und Hilfsmittel,
- die ihrer Art nach bei mehr als einem Versicherten der gesetzlichen Krankenversicherung angewendet werden,
- die im Zusammenhang mit einem ärztlichen Eingriff bei mehr als einem Patienten zur Verfügung stehen müssen,
- die bei Notfällen benötigt werden,
- die in der Sprechstundenbedarfsvereinbarung der zuständiger KV gelistet ist.

In welche neun Gruppen kann der Sprechstundenbedarf unterteilt werden?

- Verband- und Nahtmaterial
- Mittel zur Narkose und örtlichen Betäubung
- Reagenzien und Schnelltests (nur, wenn nach dem EBM hierfür kein Honorar berechnungsfähig ist)
- Desinfektionsmittel zur Anwendung am Körper des Patienten
- diagnostische und therapeutische Hilfsmittel
- Salben, Puder und Pulver
- Arzneimittel für Notfälle und Sofortanwendung
- Kontrastmittel (nur wenn nach dem EBM hierfür kein Honorar berechnungsfähig ist)
- Impfstoffe (sofern von der STIKO empfohlen)

Nennen Sie Beispiele für Materialien aus der Praxis, die nicht zum Sprechstundenbedarf gehören.

- Einmalhandschuhe, Einmalspritzen, Einmalrasierer, Kanülen
- Desinfektionsmittel für Flächen, Instrumente, Praxisinventar sowie für ärztliches und nichtärztliches Personal
- Instrumente
- Fieberthermometer
- EKG-Elektroden
- Laken
- Abdecktücher

Welche Kostenträger sind an der Erstattung des Sprechstundenbedarfs beteiligt?

- Primärkassen
- Ersatzkassen
- Bundeswehr
- Bundespolizei
- Sozialämter (für Patienten mit elektronischer Gesundheitskarte)

Auf welchen Vordrucken und wann wird Sprechstundenbedarf verordnet und was ist dabei jeweils zu beachten?

- Die Verordnung erfolgt auf Arzneiverordnungsblättern (Muster 16), im Fall von Betäubungsmitteln auf Betäubungsmittelrezepten.
- Die Verordnung erfolgt einmal im Quartal (zwischen dem 10. und dem 20. Tag des letzten Monats im Quartal), bei Impfstoffen aber jederzeit.
- Es dürfen höchstens drei Artikel auf einem Rezeptblatt verordnet werden.
  - Für die Verordnung von Impfstoffen, Hilfsmitteln und sonstigem Sprechstundenbedarf müssen jeweils eigene Rezepte ausgestellt werden.
  - Wegen des Wirtschaftlichkeitsgebots sind Festbetragsregelungen zu beachten.
- „Gebühr frei" wird angekreuzt.
- Unter „Krankenkasse bzw. Kostenträger" wird die Stelle eingetragen, über die in der Region die Abrechnung des Sprechstundenbedarfs geregelt ist (z. B. die AOK in Hessen).
- In das Personalienfeld wird „Sprechstundenbedarf" eingetragen.
- Kassen-Nummer, Betriebsstätten-Nummer, Arzt-Nummer und Datum werden eingetragen.
- Auf allen Rezepten muss immer das Statusfeld 9 (Sprechstundenbedarf) deutlich mit einer „9" überschrieben werden.
- Auf dem Arzneiverordnungsblatt (Muster 16) ist zusätzlich zu beachten:
  - Bei Impfstoff-Verordnungen muss immer zusätzlich das Statusfeld 8 (Impfstoff) deutlich mit einer „8" überschrieben werden.
  - Bei Hilfsmittel-Verordnungen muss immer zusätzlich das Statusfeld 7 (Hilfsmittel) deutlich mit einer „7" überschrieben werden.

1. Nennen Sie Beispiele für Kostenträger, die sich nicht an der Erstattung des Sprechstundenbedarfs beteiligen.

2. Welche Bestimmungen gelten, wenn in der Praxis Artikel aus dem Sprechstundenbedarf für einen Privatpatienten benötigt werden?

3. Bei der Behandlung eines Schulunfalles in einer allgemeinmedizinischen Praxis sind Materialien aus dem Sprechstundenbedarf im Rahmen einer allgemeinen (berufsgenossenschaftlichen) Heilbehandlung erforderlich. Mit wem und wie sind diese abzurechnen?

4. Welche Informationen müssen unbedingt bei der Abgabe von Betäubungsmitteln aus dem Sprechstundenbedarf, z. B. im Rahmen des ärztlichen Notdienstes, im Betäubungsmittel-Abgabe-Buch erfasst werden und welche Aufbewahrungsfrist gilt für diese Eintragungen?

1. private Krankenversicherungen; Postbeamtenkrankenkasse A; Freie Arzt- und Medizinkasse (FAMK); Sozialämter, die für die von ihnen Betreuten Behandlungsscheine ausgeben; Berufsgenossenschaften; Unfallversicherungsträger der öffentlichen Hand
2. Da es für Privatpatienten keine Vereinbarung über Sprechstundenbedarf gibt, muss die Praxis die Kosten dafür zunächst selbst tragen. Sie kann sie jedoch auf den Namen des Privatpatienten auf einem Privatrezept rezeptieren und sich von diesem wieder in die Praxis bringen lassen oder die Kosten dafür nach § 10 GOÄ als Auslage in der Privatliquidation berechnen. Übersteigt der in einer Privatliquidation abgerechnete Ersatz für eine einzelne Auslage den Betrag von 25,56 €, dann muss dieser darüber nach §12 GOÄ ein Beleg oder sonstiger Nachweis beigefügt werden.
3. Die Kosten für die Verbandmaterialien sind zunächst von der Praxis selbst zu tragen. Die Abrechnung erfolgt mit dem für Schulen in Ihrem Bundesland zuständigen gesetzlichen Unfallversicherungsträger auf der Ärztlichen Unfallmeldung (Vordruck F 1050) nach den festen Erstattungssätzen des berufsgenossenschaftlichen Nebenkostentarifs (BG-NT).
4. Abgabedatum, Name des Medikaments, Abgabemenge und Personalien des Patienten müssen erfasst werden; Aufbewahrungsfrist für diese Eintragungen: drei Jahre nach der Eintragung.

1. Mit welchem der folgenden Kostenträger gibt es keine Vereinbarung über die Erstattung des Sprechstundenbedarfs?

A) Barmer
B) DAK
C) AOK Berlin
D) Debeka
E) Bundespolizei

2. Wer bezahlt bei der Neugründung einer Vertragsarztpraxis die Erstausstattung mit Sprechstundenbedarf?

A) die Kassenärztliche Vereinigung
B) die zuständige Landesärztekammer
C) das zuständige Gesundheitsamt
D) die nächste ärztliche Verrechnungsstelle
E) der Vertragsarzt

3. Welche beiden der folgenden Aussagen treffen auf Materialien aus dem Sprechstundenbedarf nicht zu?

A) Sie können ihrer Art nach im Routinebetrieb einer Praxis bei mehr als einem gesetzlich Krankenversicherten angewendet werden.
B) Die Erstausstattung mit Sprechstundenbedarf müssen Ärzte selbst bezahlen.
C) Die Entnahme von Materialien aus dem Sprechstundenbedarf bei Behandlung von Patienten des Sozialamtes mit Versichertenkarte ist immer zulässig.
D) Sie werden für Notfälle bei GKV-Patienten eingesetzt.
E) Impfstoffe für Reiseimpfungen gehören auch zum Sprechstundenbedarf.
F) Sprechstundenbedarf ist mit den allgemeinen Praxiskosten gleichzusetzen.

4. Bei welchem der folgenden Materialien handelt es sich um Sprechstundenbedarf?

A) Adrenalinampulle
B) sterile Einmalspritzen
C) sterile Kanülen
D) keimarme Handschuhe
E) sterile Handschuhe

5. Wann soll Sprechstundenbedarf nachbestellt werden? Welche beiden Aussagen sind richtig?

A) im ersten Monat des laufenden Quartals
B) im zweiten Monat des laufenden Quartals
C) im dritten Monat des laufenden Quartals
D) zwischen dem 1. und dem 10. Tag des Monats
E) zwischen dem 10. und dem 20. Tag des Monats
F) zwischen dem 20. Tag des Monats und dem Monatsende

6. Welche beiden Aussagen zur Erstattung verbrauchter Materialien des Sprechstundenbedarfs nach der Verwendung für Privatpatienten treffen zu?

A) Die Kosten dafür muss der behandelnde Arzt selbst tragen.
B) Ein Ersatz durch die Rezeptierung der verbrauchten Artikel auf einem Privatrezept für den Patienten ist zulässig.
C) Die Kosten werden durch den behandelnden Arzt mit der privaten Krankenkasse des Patienten direkt verrechnet.
D) Die Kosten dafür können dem Patienten als Auslagen auf der Privatliquidation in Rechnung gestellt werden.
E) Der Patient ist verpflichtet, die Kosten dafür sofort in bar gegen Quittung zu begleichen.
F) Die Erstattung erfolgt zu Lasten derselben Krankenkasse wie beim Sprechstundenbedarf für gesetzlich Krankenversicherte.

7. Bei welchen der folgenden Artikel handelt es sich um Sprechstundenbedarf? Welche Aussagekombination ist richtig?

1 kombinierte Desinfektions- und Reinigungslösung zur Verwendung in Ultraschallreinigungsgeräten
2 Flächendesinfektionsmittel
3 Hautdesinfektionsmittel zur Anwendung am Patienten
4 keimarme Mulltupfer
5 Heftpflaster

A) Nur die Antworten 1, 2 und 3 sind richtig.
B) Nur die Antworten 2, 3 und 5 sind richtig.
C) Nur die Antworten 3, 4 und 5 sind richtig.
D) Nur die Antworten 1, 3 und 4 sind richtig.
E) Nur die Antworten 1, 2 und 5 sind richtig.

8. Welche beiden Impfstoffe gehören zum Sprechstundenbedarf?

A) MMRV-Kombinationsimpfstoff
B) Gelbfieber-Impfstoff
C) Typhus-Impfstoff
D) Cholera-Impfstoff
E) Pocken-Impfstoff
F) Tdap-Impfstoff

1. D	2. E
3. E, F	4. A
5. C, E	6. B, D
7. C	8. A, F

9. Welcher der folgenden Artikel gehört nicht zum Sprechstundenbedarf?

A) Mittel zur Lokal- und Leitungsanästhesie
B) Handdesinfektionsmittel für den Wandspender zur Benutzung für Ärzte und MFA
C) elastische Binden
D) Holzspatel zur Untersuchung
E) Salbutamol-Dosieraerosol

10. Wie viele unterschiedliche Hilfsmittel für den Sprechstundenbedarf dürfen auf Muster 16 höchstens rezeptiert werden?

A) 1
B) 2
C) 3
D) 4
E) 5

11. Rezeptierung von Sprechstundenbedarf auf einem Betäubungsmittelrezept: Welche beiden Aussagen treffen zu?

A) Für den Durchschlag des Arztes gilt eine Aufbewahrungspflicht von drei Jahren.
B) Die Rezeptvordrucke sind über die Firma Systemform erhältlich.
C) Das Führen eines Betäubungsmittel-Abgabe-Buches ist nur für GKV-Patienten Pflicht, nicht für Privatpatienten.
D) Die „aut idem"-Felder haben bei der Rezeptierung von Betäubungsmitteln für den Sprechstundenbedarf keine Bedeutung.
E) Die Felder „Gebühr frei" und „SprStBedarf" sind immer anzukreuzen.
F) Das Feld „BVG" ist bei jedem Betäubungsmittelrezept immer zusätzlich anzukreuzen.

12. Welche beiden Aussagen treffen für die Verordnung von Sprechstundenbedarf auf einem Arzneiverordnungsblatt (Muster 16) zu?

A) Das Feld „noctu" ist anzukreuzen.
B) Das Feld „Sonstige" ist anzukreuzen.
C) In das Adressfeld muss der Name der zuständigen Landesärztekammer eingetragen werden.
D) Impfstoffe müssen auf einem eigenen Rezept aufgeführt werden.
E) Impfstoffe können auf einem Rezept zusammen mit anderen Medikamenten rezeptiert werden.
F) Hilfsmittel müssen immer auf einem eigenen Rezept aufgeführt werden.

13. Wie viele Impfstoffe für den Sprechstundenbedarf dürfen auf einem BtM-Rezept höchstens stehen?

A) keine
B) 1
C) 2
D) 3
E) 5

14. Für den Sprechstundenbedarf wurden Arzneimittel auf einem Arzneiverordnungsblatt (Muster 16) verordnet. Welche beiden Aussagen treffen zu?

A) Es dürfen nur Arzneimittel zum Auffüllen des Notfallkoffers verordnet werden.
B) Wenn mit der Verordnung der Notfallkoffer aufgefüllt werden soll, dann muss zusätzlich das Feld „Unfall" angekreuzt werden.
C) Bei der Überschreitung von Festbeträgen für einzelne Arzneimittel kann der Arzt von der KV in Regress genommen werden.
D) Bei der Überschreitung von Festbeträgen für einzelne Arzneimittel muss das Feld Begründungspflicht („Begr.-Pflicht") angekreuzt werden.
E) Die „aut idem"-Felder haben bei der Verordnung von Sprechstundenbedarf auf einem Arzneiverordnungsblatt keine Bedeutung.
F) Auch bei der Verordnung von Sprechstundenbedarf ersetzt der digitale Praxisstempel auf dem Arzneiverordnungsblatt nicht die persönliche Unterschrift des Arztes.

15. Ein AOK-Patient wurde nach einem Arbeitsunfall im Rahmen der allgemeinen Heilbehandlung von seinem Hausarzt behandelt. Dabei wurde Material aus dem Sprechstundenbedarf benötigt. Welche Aussagekombination trifft für diesen Fall zu?

1 Die Erstattung verbrauchter Materialien über die Nachbestellung des Sprechstundenbedarfs für GKV-Patienten ist unzulässig.
2 Die Abrechnung erfolgt nicht nach dem tatsächlichen Preis der verbrauchten Materialien, sondern nach dem berufsgenossenschaftlichen Nebenkostentarif.
3 Die Kosten für den verbrauchten Sprechstundenbedarf werden von der Krankenversicherung des Patienten übernommen.
4 Die Kosten für den verbrauchten Sprechstundenbedarf werden dem Patienten als Individuelle Gesundheitsleistung in Rechnung gestellt.
5 Der Ersatz kann über ein Arzneiverordnungsblatt (Muster 16) oder ein Betäubungsmittelrezept mit der AOK als Kostenträger erfolgen.
6 Die Abrechnung erfolgt direkt mit dem zuständigen gesetzlichen Unfallversicherungsträger.

A) Nur die Aussagen 1, 4 und 5 sind richtig.
B) Nur die Aussagen 1, 2 und 6 sind richtig.
C) Nur die Aussagen 2, 4 und 5 sind richtig.
D) Nur die Aussagen 2, 4 und 6 sind richtig.
E) Nur die Aussagen 3, 5 und 6 sind richtig.

9. B	10. C	11. A, E	12. D, F
13. A	14. C, F	15. B	

8 Abrechnung bei Erkrankungen des Urogenitalsystems (EBM und GOÄ)

Wo in der GOÄ finden sich die Laborleistungen und wer darf welche Laborleistungen abrechnen?

Laborleistungen finden sich im GOÄ-Abschnitt M:
- M I Vorhalteleistungen in der eigenen niedergelassenen Praxis (Untersuchungen müssen direkt oder bis spätestens vier Stunden nach Probenahme oder -übergabe erfolgen; Abrechnung durch den durchführenden Arzt)
- M II Basislabor (Untersuchungen können sowohl in der eigenen Praxis als auch in der Laborgemeinschaft erfolgen; Abrechnung durch den durchführenden oder beauftragenden Arzt)
- M III Untersuchungen von körpereigenen und körperfremden Substanzen und körpereigenen Zellen, M IV Untersuchungen zum Nachweis und zur Charakterisierung von Krankheitserregern (Untersuchungen in Spezial-/Fremdlaboren, die direkt mit dem Patienten abrechnen)

Erläutern Sie, wo Laboruntersuchungen durchgeführt werden und von wem Laborleistungen für gesetzlich Krankenversicherte abgerechnet werden können. Nennen Sie auch die erforderlichen Vordrucke.

Laboruntersuchungen in der eigenen Praxis:
- quartalsweise Abrechnung über die KV

Laboruntersuchung in der Laborgemeinschaft:
- bei Untersuchungen, die der Arzt nicht selbst in der eigenen Praxis durchführen kann
- Beauftragung der Laboruntersuchung mit dem Anforderungsschein für Laboratoriumsuntersuchungen bei Laborgemeinschaften (Muster 10A)
- Abrechnung der Laborziffern durch die Laborgemeinschaft mit der KV

Laboruntersuchung im Fremdlabor:
- bei Untersuchungen, die der Arzt nicht selbst in der eigenen Praxis durchführen kann, oder wenn der Arzt keiner Laborgemeinschaft angehört oder die angeforderten Untersuchungen nicht von der Laborgemeinschaft angeboten werden
- Beauftragung der Laboruntersuchung mit dem Überweisungsschein für Laboratoriumsuntersuchungen als Auftragsleistung (Muster 10)
- Abrechnung durch den Laborarzt über die KV

Erklären Sie die Begriffe Laborbudget und Wirtschaftlichkeitsbonus sowie die in diesem Zusammenhang verwendeten Kennziffern.

Laborbudget:
- finanzielle Obergrenze für die Laborkosten, die durch einen Arzt in einem Quartal entstanden sein dürfen (hängt ab von der Anzahl aller Patienten im Quartal und deren Verteilung auf Mitglieder und Rentner)
- zu den Laborkosten zählen:
  - Kosten nach Abrechnung selbst durchgeführter Untersuchungen
  - Kosten für beauftragte Untersuchungen über eine Laborgemeinschaft
  - Kosten für beauftragte Untersuchungen über ein Fremdlabor
- Die Überschreitung des Laborbudgets in einem Quartal wird vom auszuzahlenden Wirtschaftlichkeitsbonus abgezogen.

Wirtschaftlichkeitsbonus (GOP 32001):
- Bonuszahlung in Abhängigkeit von der Arztgruppe und der Patientenanzahl, die die KV automatisch bei der Abrechnung überweist
- Wurde das Laborbudget nicht überschritten, dann wird dieser Bonus in voller Höhe ausgezahlt.
- Bei einer Laborbudget-Überschreitung vermindert sich der Wirtschaftlichkeitsbonus in gleicher Höhe.

Kennziffern:
- fünfstellige Ziffern für Erkrankungen, die mit einem erhöhten Bedarf an Laboruntersuchungen einhergehen, z. B. 32022 bei Diabetes mellitus
- Durch das Eintragen der Kennziffer in dem dafür vorgesehenen Feld auf den Laborüberweisungsscheinen (Muster 10 und 10A) wird die veranlasste Laboruntersuchung nicht auf das Laborbudget angerechnet und beugt so einer Überschreitung des Laborbudgets und einer entsprechenden Minderung des Wirtschaftlichkeitsbonus vor.

Welche Blutentnahmen sind nach GOÄ abrechenbar?

- venöse Blutentnahme (GOÄ-Ziffer 250)
- Kapillarblutentnahme bis zum vollendeten 8. Lebensjahr (GOÄ-Ziffer 250a)
- arterielle Blutentnahme (GOÄ-Ziffer 251)

1. Rechnen Sie die für Herrn Nieriger (s. Karteikarte S. 89) erbrachten Leistungen ab. Bei diesem ersten Arzt-Patienten-Kontakt im Quartal wurde 10 Minuten gesprochen.

2. Nehmen Sie jetzt an, dass Herr Nieriger privat krankenversichert wäre, und rechnen Sie die erbrachten ärztlichen Leistungen zu den jeweils zulässigen Schwellenwerten ab.

3. Rechnen Sie die Leistungen für Frau Schwertträger (s. Karteikarte S. 96) ab. Sie war in diesem Quartal bereits zuvor zur regulären Schwangerenvorsorge in der Praxis.

4. Erstellen Sie jetzt die Abrechnung für Frau Schwertträger für den Fall, dass sie privatversichert wäre, zu den jeweils zulässigen Schwellenwerten.

1. EBM: 03000 Versichertenpauschale; 32030 Orientierende Untersuchung; 32031 Mikroskopische Untersuchung des Harns auf morphologische Bestandteile; 32151 Kulturelle bakteriologische u./o. mykologische Untersuchung; 03230 Problemorientiertes ärztliches Gespräch; 03220 Chronikerpauschale bei einem persönlichem Arzt-Patienten-Kontakt
2. GOÄ: 3 eingehende, das gewöhnliche Maß übersteigende Beratung, 2,3-fach, 20,11 €; 6 vollständige körperliche Untersuchung eines Organsystems, hier der Nieren und ableitenden Harnwege, 2,3-fach, 13,41 €; 3511 Untersuchung eines Körpermaterials mit vorgefertigten Reagenzträgern oder Reagenzzubereitungen und visueller Auswertung, 1,15-fach, 3,35 €; 3531 Urinsediment, 1,15-fach, 4,69 €; 4605 Untersuchung zur Bestimmung der Keimzahl mittels Eintauchobjektträgerkultur, 1,15-fach, 4,02 €
3. EBM: 08211 Grundpauschale ab Beginn des 6. bis zum vollendeten 59. Lebensjahr; 32030 Orientierende Untersuchung; 32031 Mikroskopische Untersuchung des Harnsediments; 01786 externe kardiotokografische Untersuchung
4. GOÄ: 24 Untersuchung im Schwangerschaftsverlauf, 2,3-fach, 26,81 €; 1002 externe kardiotokografische Untersuchung, 2,3-fach, 20,98 €; 70 AU 2,3-fach, 5,36 €

1. Welche beiden Aussagen treffen für den Bereich der Vertragsärzte zu?

A) Urologen können Grundpauschalen abrechnen.
B) Urologen können Versichertenpauschalen abrechnen.
C) Urologen können bei Überweisung zur Ausführung von Auftragsleistungen eine Konsultationspauschale abrechnen.
D) Gynäkologen können Versichertenpauschalen abrechnen.
E) Gynäkologen können Konsiliarpauschalen abrechnen.
F) Gynäkologen können keine Grundpauschalen abrechnen.

2. Welche beiden Aussagen über den Anforderungsschein für Laboratoriumsuntersuchungen bei Laborgemeinschaften (Muster 10A) treffen nicht zu?

A) Die Felder „kurativ" und „präventiv" schließen einander aus.
B) Die Angabe von Diagnosen muss ICD-10-codiert werden.
C) Im Bedarfsfall kann „Befund eilt" markiert werden.
D) Die Angabe einer krankheitsbezogenen Kennziffer im Kennzifferfeld muss in jedem Fall erfolgen.
E) Das Abnahmedatum muss eingetragen werden.
F) Die Abnahmezeit muss eingetragen werden.

3. Welche Aussage zum Überweisungsschein für Laboratoriumsuntersuchungen als Auftragsleistung (Muster 10) trifft zu?

A) Die Verdachtsdiagnose muss immer im ICD-Code verschlüsselt angegeben werden.
B) Dieser Überweisungsschein kann auch für die Überweisung an Laborgemeinschaften genutzt werden.
C) Die auf ihm in Auftrag gegebenen Laboruntersuchungen können vom auftraggebenden Arzt abgerechnet werden.
D) Hierfür gilt eine Aufbewahrungspflicht von einem Jahr.
E) Eine Weiterleitung dieser Überweisung von einem Laborarzt zu einem anderen Laborarzt ist auch dann unzulässig, wenn der erste Laborarzt die angeforderte Untersuchung nicht erbringen kann.

4. Bis zu welchem Geburtstag einer Versicherten können verordnungspflichtige Mittel zur Empfängnisverhütung wie die Antibabypille zu Lasten gesetzlicher Krankenkassen verordnet werden?

A) bis zum 16. Geburtstag
B) bis zum 17. Geburtstag
C) bis zum 18. Geburtstag
D) bis zum 19. Geburtstag
E) bis zum 20. Geburtstag

5. Welche Aussagekombination zu Ultraschalluntersuchungen trifft zu?

1 Vertragsärzte benötigen dafür eine Genehmigung der Ärztekammer.
2 Für Vertragsärzte ist dafür eine Genehmigung der Kassenärztlichen Vereinigung erforderlich.
3 Fachärzte benötigen keine Genehmigungen zur Durchführung dieser Untersuchungen.
4 Jedes untersuchte Organ ist auf der Privatliquidation mit festgelegten Buchstabenkürzeln anzugeben.
5 Der GOÄ-Schwellenwert dafür liegt beim 2,3-fachen Gebührensatz.
6 Der GOÄ-Schwellenwert dafür liegt beim 1,8-fachen Gebührensatz.

A) Nur die Aussagen 1, 4 und 5 sind richtig.
B) Nur die Aussagen 1, 2 und 6 sind richtig.
C) Nur die Aussagen 2, 4 und 5 sind richtig.
D) Nur die Aussagen 2, 4 und 6 sind richtig.
E) Nur die Aussagen 3, 5 und 6 sind richtig.

6. Welche Aussagekombination zur Abrechnung privatärztlicher Ultraschalluntersuchungen nach der GOÄ trifft zu?

1 Bei paarigen Organen, wie z. B. den Nieren oder den Ovarien, kann auf eine Seitenangabe in der Privatliquidation verzichtet werden.
2 Bis zur Untersuchung von drei Organen pro Sitzung wird die Untersuchung jedes Organs einzeln vergütet.
3 Bis zur Untersuchung von vier Organen pro Sitzung wird die Untersuchung jedes Organs einzeln vergütet.
4 Von einem Organ sind im Behandlungsfall höchstens drei Ultraschalluntersuchungen berechnungsfähig.
5 Wird mehr als eine bestimmte Anzahl an Organen während einer Sitzung untersucht, dann kann der Mehraufwand dafür nur noch über den Steigerungsfaktor der GOÄ-Ziffer geltend gemacht werden.
6 In der Privatrechnung ist eine Überschreitung des Höchstsatzes auch bei GOÄ-Ziffern für Ultraschalluntersuchungen ohne vorherige Honorarvereinbarung unzulässig.

A) Nur die Aussagen 1, 4 und 5 sind richtig.
B) Nur die Aussagen 1, 2 und 6 sind richtig.
C) Nur die Aussagen 2, 4 und 5 sind richtig.
D) Nur die Aussagen 2, 4 und 6 sind richtig.
E) Nur die Aussagen 3, 5 und 6 sind richtig.

1. A, C	2. B, D
3. D	4. E
5. C	6. E

7. Welche Aussagekombination zu den Höchstwerten H1 bis H4 für GOÄ-Laborziffern trifft zu?

1 Sie sind mit den Höchstsätzen gleichzusetzen.
2 Damit werden Laborwerte gekennzeichnet, für die bestimmte Abrechnungssummen pro Tag nicht überschritten werden dürfen.
3 Betroffene Laborwerte werden durch den Zusatz von H1, H2, H3 oder H4 hinter der GOÄ-Ziffer kenntlich gemacht.
4 Es gibt keine Höchstsumme für die Abrechnung dieser GOÄ-Ziffern pro Tag im Behandlungsfall.
5 Auch nicht berechnungsfähige, aber durchgeführte Laboruntersuchungen müssen in der Privatrechnung genannt werden.

A) Nur die Aussagen 1, 2 und 3 sind richtig.
B) Nur die Aussagen 2, 3 und 5 sind richtig.
C) Nur die Aussagen 3, 4 und 5 sind richtig.
D) Nur die Aussagen 1, 3 und 4 sind richtig.
E) Nur die Aussagen 1, 2 und 5 sind richtig.

8. Welche Aussagekombination zu Leistungen im Zusammenhang mit der Empfängnisregelung trifft zu?

1 Für die Verschreibungsfähigkeit von Antibabypillen gibt es bei Privatpatientinnen keine Altersbeschränkungen.
2 Die GOP 01822 Beratung, ggf. einschließlich Untersuchung im Rahmen der Empfängnisregelung, kann auch von Hausärzten abgerechnet werden
3 Die GOP 01821 Beratung im Rahmen der Empfängnisregelung kann auch von Hausärzten abgerechnet werden.
4 Die GOP 01822 Beratung, ggf. einschließlich Untersuchung im Rahmen der Empfängnisregelung, kann nur von Fachärzten für Gynäkologie abgerechnet werden.
5 Die GOP 01821 Beratung im Rahmen der Empfängnisregelung kann nur von Fachärzten für Gynäkologie abgerechnet werden.

A) Nur die Aussagen 1, 2 und 3 sind richtig.
B) Nur die Aussagen 2, 3 und 5 sind richtig.
C) Nur die Aussagen 3, 4 und 5 sind richtig.
D) Nur die Aussagen 1, 3 und 4 sind richtig.
E) Nur die Aussagen 1, 2 und 5 sind richtig.

9. Bis zu welchem Geburtstag einer gesetzlich Versicherten ist ein jährlicher Urintest auf Chlamydia trachomatis nach GOP 01840 abrechenbar?

A) bis zum 18. Geburtstag
B) bis zum 20. Geburtstag
C) bis zum 25. Geburtstag
D) bis zum 30. Geburtstag
E) bis zum 50. Geburtstag

10. Welche Aussage zur Abrechnung der Urinuntersuchung mit Teststreifen (GOP 32030 und GOÄ-Ziffer 3511) trifft immer zu?

A) kann pro Testfeld auf dem Teststreifen je einmal abgerechnet werden
B) ist nur einmal pro Untersuchungstag abrechenbar
C) ist nur beim Hausarzt abrechenbar
D) ist auch bei Verwendung mehrerer Testfelder nur einmal pro Untersuchung abrechenbar
E) ist nur bei Verwendung von Mittelstrahlurin abrechenbar

11. Welche beiden Aussagen treffen im EBM für fachärztliche Grundpauschalen wie die urologische und die gynäkologische Grundpauschale zu?

A) Sie sind einmal im Behandlungsfall abrechenbar.
B) Sie sind bis zu zweimal im Behandlungsfall abrechenbar.
C) Sie sind einmal im Krankheitsfall abrechenbar.
D) Sie können auch abgerechnet werden, wenn Arzt und Patient im Abrechnungszeitraum lediglich miteinander telefoniert haben.
E) Sie können auch bei ausschließlicher Erbringung rein präventiver Leistungen abgerechnet werden.
F) Eine der Abrechnungsvoraussetzungen ist das Vorliegen eines kurativen Behandlungsfalls.

12. Welche zwei Aussagen treffen nicht zu?

A) Die venöse Blutentnahme ist auch für privatversicherte Kinder berechnungsfähig.
B) Die kapillare Blutentnahme ist für erwachsene Privatversicherte nicht berechnungsfähig.
C) Die GOÄ besitzt keine eigene GOÄ-Ziffer für die Abrechnung des Harnsediments.
D) Der EBM hat keine eigene GOP für die Abrechnung des Harnsediments, da diese Untersuchung Bestandteil der Versicherten- bzw. Grundpauschalen ist.
E) Ein Wirtschaftlichkeitsbonus wird nur für gesetzlich Krankenversicherte ausgezahlt.
F) Der Wirtschaftlichkeitsbonus wird nur dann in voller Höhe ausgezahlt, wenn das Laborbudget nicht überschritten wurde.

7. B	8. A
9. C	10. D
11. A, F	12. C, D

9 Abrechnung bei Erkrankungen des Verdauungssystems (EBM und GOÄ)

Erläutern Sie, was man unter DMP versteht.

DMP: Disease-Management-Programm;
- DMP sind strukturierte Behandlungsprogramme für chronisch kranke, gesetzlich Krankenversicherte mit kontinuierlicher Betreuung und Behandlung.
- Ziel: Verbesserung der Krankenversorgung chronisch Kranker, um Komplikationen und/oder Folgeerkrankungen zu vermeiden oder zu verzögern

Bei Vorliegen welcher Erkrankungen haben Patienten die Möglichkeit, an Disease-Management-Programmen teilzunehmen?

- Diabetes mellitus Typ 1, Diabetes mellitus Typ 2
- Koronare Herzkrankheit (KHK)
- Brustkrebs
- Asthma bronchiale
- chronisch obstruktive Lungenerkrankung (COPD)

Wie können Patienten an einem Disease-Management-Programm teilnehmen?

- Voraussetzung: Eine chronische Erkrankung für ein (oder mehrere) DMP ist eindeutig diagnostiziert.
- Patienten wenden sich an ihren behandelnden Arzt und geben dort eine Teilnahme- und Einwilligungserklärung ab.
- Der Arzt leitet diese Erklärung an die gesetzliche Krankenkasse des Patienten weiter.

Was ist bei der Abrechnung der ärztlichen Leistungen für Patienten, die an Disease-Management-Programmen teilnehmen, zu beachten?

- Ärztliche Leistungen, wie Untersuchungen und Behandlungen, werden regulär nach dem EBM über die KV abgerechnet.
- Zusätzliche Leistungen, wie z. B. die Erst- und Folgedokumentationen und Schulungsmaßnahmen, werden mit eigenen Symbolnummern der jeweils zuständigen KV abgerechnet.

Welche Stelle gibt Ärzten die Erlaubnis zur Durchführung von Disease-Management-Programmen?

Die Zulassung zur Durchführung von DMP erhalten Ärzte auf Antrag von der für sie zuständigen Kassenärztlichen Vereinigung.

Erklären Sie am Beispiel des DMP Diabetes mellitus Typ 2, welche besonderen Aufgaben Ärzte übernehmen, die DMP für ihre Patienten durchführen.

- Annahme und Weiterleitung der Teilnahme- und Einwilligungserklärung des Patienten an die Krankenkasse oder eine von ihr benannte Datenstelle
- Erstellung und Weiterleitung von elektronischen Dokumentationsbögen mit Erst- und Folgedokumentationen, die den Behandlungsverlauf gegenüber der Krankenkasse dokumentieren
- Erstellung und Koordination eines individuellen Therapieplans, z. B. mit
  - medikamentöser Therapie, ggf. inklusive Anleitung zur Injektion von Insulin
  - Schulungen zur Ernährung bei Diabetes mellitus und ggf. zur Blutdruckmessung

Welche endoskopische Untersuchung des Verdauungstraktes kann für gesetzlich Krankenversicherte auch von Hausärzten vorgenommen und abgerechnet werden? Nennen Sie auch mögliche Zuschläge und obligate Leistungsinhalte beider Leistungen.

GOP 03331 Prokto-/Rektoskopischer Untersuchungskomplex
- obligat:
  - Information zu vorbereitenden Maßnahmen
  - Patientenaufklärung
  - rektale Untersuchung
  - Proktoskopie und/oder Rektoskopie
  - Nachbeobachtung und Betreuung

GOP 03332 Zuschlag zur GOP 03331 für die Polypenentfernung(en)
- obligat:
  - vollständige Entfernung eines oder mehrerer Polypen mittels Hochfrequenzdiathermieschlinge
  - Veranlassung einer histologischen Untersuchung

1. **Rechnen Sie die für Herrn Leber (s. Karteikarte S. 115) die an beiden Behandlungstagen erbrachten ärztlichen Leistungen ab.**

2. **Lösen Sie Aufgabe 1 für den Fall, dass Herr Leber privat krankenversichert wäre. Verwenden Sie die zulässigen Schwellenwerte.**

3. **Rechnen Sie die Leistungen für Frau Zucker (s. Karteikarte S. 123) ab. Dr. Süß hat die Genehmigung zur Behandlung des diabetischen Fußes.**

4. **Nehmen Sie jetzt an, dass Frau Zucker privat krankenversichert wäre und rechnen Sie zu den zulässigen Schwellenwerten ab.**

1. EBM: 12.11.: 03000 Versichertenpauschale (Die GOP 01731 Untersuchung zur Früherkennung von Krebserkrankungen beim Mann wurde nicht abgerechnet, da der Patient Beschwerden hat und somit ein kurativer Behandlungsfall vorliegt.)
   19.11.: Keine Abrechnungsmöglichkeit, da die GOP 01737 (Ausgabe und Weiterleitung eines Stuhlprobeentnahmesystems, iFOBT, inkl. Beratung) nur im präventiven Behandlungsfall abrechenbar ist. Im vorliegenden kurativen Behandlungsfall ist diese Leistung jedoch Bestandteil der Versichertenpauschale 03000 (bereits am Vortag abgerechnet). Die mit Muster 10 beauftragte Laborpraxis rechnet die Auswertung des iFOBT im kurativen Behandlungsfall mit der GOP 32457 ab, im präventiven Behandlungsfall hingegen mit der GOP 01738.
2. GOÄ: 12.11.: 1 Beratung, 2,3-fach, 10,73 €; 7 vollständige körperliche Untersuchung der Bauchorgane, 2,3-fach, 21,45 €; 11 Digitaluntersuchung des Mastdarms u./o. der Prostata, 2,3-fach, 8,04 €
   19.11.: 3 eingehende, das gewöhnliche Maß übersteigende Beratung, 2,3-fach, 20,11 €; die mit der Auswertung des iFOBT beauftragte Laborpraxis rechnet dies mit der GOÄ-Ziffer A 3756, 1,15-fach, 13,41 €, mit dem Patienten ab.
3. EBM: 03000 Versichertenpauschale und 03220 Chronikerpauschale 1 (erster Arzt-Patienten-Kontakt im Quartal; sonst kann nicht noch einmal 03000 berechnet werden und es ist stattdessen 03221 Chronikerpauschale 2 abzurechnen); 02311 Behandlung des diabetischen Fußes, je Bein, je Sitzung
4. GOÄ: 1 Beratung, 2,3-fach, 10,73 €; 5 symptombezogene Untersuchung, 2,3-fach, 10,73 €; 2006 Behandlung einer Wunde, die nicht primär heilt oder Eiterungen aufweist – auch Abtragung von Nekrosen an einer Wunde, 2,3-fach, 8,45 €; 200 Verband, 2,3-fach, 6,03 €; Auslagen für Verbandmaterial

1. Welche beiden Aussagen zur Abrechnung von Ultraschalluntersuchungen bei privat Krankenversicherten treffen zu?

A) Bei einer Ultraschalluntersuchung kann immer nur die Untersuchung eines Organs abgerechnet werden.

B) Bei einer Ultraschalluntersuchung kann die Untersuchung von bis zu zwei Organen abgerechnet werden.

C) Bei einer Ultraschalluntersuchung kann die Untersuchung von bis zu vier Organen abgerechnet werden.

D) In der Privatliquidation gelten für Ultraschalluntersuchungen die Schwellen- und Höchstwerte für technische ärztliche Leistungen.

E) Die Privatliquidation muss bei der Abrechnung von GOÄ-Ziffern für Ultraschalluntersuchungen die untersuchten Organe im Klartext enthalten.

F) Bei privatärztlicher Abrechnung von GOÄ-Ziffern für Ultraschalluntersuchungen wird zu jedem untersuchten Organ ein bestimmtes Kürzel angegeben.

2. Bei einem privat Krankenversicherten wird der HbA_{1c}-Wert zur Kontrolle seiner Therapie bei Diabetes mellitus nach GOÄ-Ziffer 3561 bestimmt. Welcher der folgenden Werte entspricht dem maximal zulässigen Schwellenwert?

A) 1-fach

B) 1,15-fach

C) 1,3-fach

D) 1,8-fach

E) 3,5-fach

3. Welche beiden Aussagen treffen für die Abrechnung einer Koloskopie für gesetzlich Krankenversicherte zu?

A) Auch Hausärzte können Koloskopien auf Antrag bei ihrer Kassenärztlichen Vereinigung abrechnen, wenn sie einen entsprechenden einwöchigen Kurs mit Erfolg absolviert haben.

B) Es gibt unterschiedliche Gebührenordnungspositionen für Koloskopien zur Abklärung von Symptomen oder Befunden und für Vorsorge-Koloskopien zur Darmkrebsvorsorge.

C) Bei der Durchführung einer Koloskopie nach GOP 13421 gehört das Vorhalten einer geeigneten Notfallausstattung zu den obligaten Leistungen.

D) Foto- und Videodokumentationen gehören nur zu den obligaten Leistungen für die Ösophago-Gastro-Duodenoskopie nach GOP 13400, nicht jedoch zu der Koloskopie nach GOP 13421.

E) Eine Koloskopie nach GOP 13421 ist höchstens einmal im Behandlungsfall abrechnungsfähig.

F) Eine Koloskopie nach GOP 13421 darf höchstens zweimal im Krankheitsfall abgerechnet werden.

4. Hausärztliche Überweisung mit Überweisungsschein (Muster 6) zur Abklärung von rezidivierenden Oberbauchbeschwerden: Angekreuzt ist das Feld „Konsiliaruntersuchung". Welche Aussage ist richtig?

A) Der Arzt, der die Überweisung annimmt, soll vor der Einleitung diagnostischer Maßnahmen erst einmal beim überweisenden Arzt anrufen.

B) Der Arzt, der die Überweisung annimmt, ist in der Wahl seiner diagnostischen Maßnahmen frei, darf jedoch selbst keine Behandlung einleiten.

C) Der Arzt, der die Überweisung annimmt, ist in der Wahl seiner diagnostischen Maßnahmen frei und darf eine Behandlung einleiten.

D) Der Arzt, der die Überweisung annimmt, ist in der Wahl seiner diagnostischen Maßnahmen frei, darf eine Behandlung einleiten und kann den Patienten dann alleine weiterbehandeln.

E) Keine der Aussagen A) bis D) trifft zu.

5. Welche Aussagekombination zur Abrechnung der körperlichen Untersuchung bei Beschwerden im Bereich des Abdomens ist richtig?

1 Die körperliche Untersuchung der Bauchorgane durch den Hausarzt ist bei einem gesetzlich krankenversicherten Patienten mit der Versichertenpauschale abgegolten.

2 Die körperliche Untersuchung der Bauchorgane durch einen Internisten wird für dessen eigene, gesetzlich krankenversicherte Patienten mit der internistischen Grundpauschale abgerechnet.

3 Die körperliche Untersuchung der Bauchorgane bei privat krankenversicherten Patienten nach GOÄ-Ziffer 7 wird im Regelfall mit dem 2,3-fachen Gebührensatz abgerechnet.

4 Das bei der körperlichen Untersuchung der Bauchorgane als Liegenauflage benutzte Papier kann für privat Krankenversicherte als Auslage anteilig in Rechnung gestellt werden.

5 Das bei der körperlichen Untersuchung der Bauchorgane als Liegenauflage benutzte Papier kann für gesetzlich Krankenversicherte über den Sprechstundenbedarf ersetzt werden.

A) Nur die Aussagen 1, 2 und 3 sind richtig.

B) Nur die Aussagen 2, 3 und 5 sind richtig.

C) Nur die Aussagen 3, 4 und 5 sind richtig.

D) Nur die Aussagen 1, 3 und 4 sind richtig.

E) Nur die Aussagen 1, 2 und 5 sind richtig.

1. C, F	2. B
3. B, C	4. B
5. A	

6. Der immunologische Test auf Blut im Stuhl (iFOBT) wird nach der GOÄ-Ziffer A 3571 abgerechnet. Welche beiden Aussagen treffen zu?

A) Das „A" wird GOÄ-Ziffern vorangesetzt, die den üblichen Kostenrahmen um ein Vielfaches übersteigen.
B) Das „A" vor der GOÄ-Ziffer bedeutet, dass dem Patienten die Kosten für die dieser GOÄ-Nummer zu Grunde liegenden Leistung nicht von allen privaten Krankenversicherungen erstattet werden.
C) Das „A" bedeutet, dass es sich um eine Leistung aus dem Verzeichnis der Analogen Bewertungen (GOÄ) der Bundesärztekammer handelt.
D) Das „A" bedeutet, dass auch gesetzlich krankenversicherte Patienten einen Anspruch auf Kostenerstattung dieser Leistung durch ihre gesetzliche Krankenversicherung haben.
E) Der iFOBT ist eine Pflichtleistung der gesetzlichen Krankenkassen.
F) Diese Leistung kann für Privatversicherte stets nur mit dem einfachen Gebührensatz abgerechnet werden.

7. Für welche beiden Erkrankungen gibt es kein Disease-Management-Programm?

A) Koronare Herzkrankheit
B) Apoplex (Schlaganfall)
C) Mamma-Karzinom
D) Bronchialasthma
E) Zuckerkrankheit
F) periphere arterielle Verschlusskrankheit

8. Welche Aussagekombination zur Abrechnung der Diagnostik und Therapie von Erkrankungen der Verdauungsorgane trifft zu?

1 GOÄ-Laboruntersuchungen, deren Ziffer ein H1, H2, H3 oder H4 angehängt ist, sind von Abrechnungsbeschränkungen ausgenommen.
2 Für die Abrechnung von Koloskopien stehen in der GOÄ je nach erreichter Untersuchungstiefe vier verschiedene GOÄ-Ziffern zur Verfügung.
3 Für gesetzlich Krankenversicherte gibt es zwei unterschiedliche Vordrucke für Laborüberweisungen.
4 Die Aufbewahrungspflichten für Befunde und Behandlungsdaten gelten auch für die Befunde und Behandlungsdaten von Privatpatienten.
5 Verordnungen für Windeln bei Stuhlinkontinenz dürfen für GKV-Patienten nicht auf dem Arzneiverordnungsblatt rezeptiert werden.

A) Alle Aussagen sind richtig.
B) Nur die Aussagen 1, 2, 4 und 5 sind richtig.
C) Nur die Aussagen 2 und 3 sind richtig.
D) Nur die Aussagen 3 und 4 sind richtig.
E) Nur die Aussagen 4 und 5 sind richtig.

9. Welche Aussagekombination zur ärztlichen Abrechnung im Zusammenhang mit Erkrankungen des Verdauungstrakts trifft zu?

1 Eine Beratung nach GOÄ-Ziffer 1 darf beim gleichen Termin neben einem oralen Glukosetoleranztest nach GOÄ-Ziffer 3613 abgerechnet werden.
2 Mit der Vergütung der GOÄ-Ziffer 250 für die venöse Blutentnahme sind die Untersuchungskosten für viele Laborwerte abgegolten.
3 Die venöse Blutentnahme ist für gesetzlich Krankenversicherte bei ihrem Hausarzt Bestandteil der hausärztlichen Versichertenpauschale.
4 Intravenöse Injektionen bei Privatversicherten werden im Regelfall mit dem GOÄ-Höchstsatz abgerechnet.
5 Das problemorientierte ärztliche Gespräch nach GOP 03230 kann auch im Rahmen der Erstdiagnose eines Diabetes mellitus je vollendete 10 Minuten einmal abgerechnet werden.
6 Das problemorientierte ärztliche Gespräch nach GOP 03230 darf nicht in gleicher Sitzung neben hausärztlichen Versichertenpauschalen abgerechnet werden.

A) Nur die Aussagen 1, 3 und 5 sind richtig.
B) Nur die Aussagen 1, 2 und 6 sind richtig.
C) Nur die Aussagen 2, 3 und 4 sind richtig.
D) Nur die Aussagen 3, 4 und 5 sind richtig.
E) Nur die Aussagen 3, 5 und 6 sind richtig.

10. Ein Allgemeinarzt im organisierten ärztlichen Notfalldienst gibt einem ihm bis dahin unbekannten GKV-Patienten mit einer Gallenkolik im Rahmen eines Hausbesuchs am Sonntagnachmittag eine intravenöse Injektion und weist ihn danach in ein Krankenhaus ein. Welche beiden Aussagen treffen zu?

A) Die intravenöse Injektion ist als Bestandteil der Notfallpauschale GOP 01212 nicht gesondert abrechenbar.
B) Bei der intravenösen Injektion handelt es sich in diesem Fall um eine Individuelle Gesundheitsleistung.
C) Eine Infusion ist laut EBM im organisierten Notfalldienst nicht abrechenbar.
D) Die Einweisung ins Krankenhaus erfolgt formlos auf einem Privatrezept.
E) Die Abrechnung der erbrachten Leistungen erfolgt auf einem Abrechnungsschein (Muster 5).
F) Die Abrechnung für das Wegegeld für den Hausbesuch erfolgt nach den tatsächlich zurückgelegten Kilometern auf eine Nachkommastelle genau (regionale KV-Regelungen können abweichen).

6. C, E
7. B, F
8. D
9. A
10. A, F

10 Abrechnung kleinchirurgischer Behandlungen und Wundversorgungen (EBM und GOÄ) sowie von Arbeitsunfällen (UV-GOÄ)

Nennen Sie alle Kriterien für große Wunden in der Abrechnung mit EBM und GOÄ.

Eine Wunde gilt dann als groß, wenn mindestens eines der folgenden Kriterien erfüllt ist:
- Wunde länger als 3 cm
- Wunde größer als 4 cm^2
- Wunde größer als 1 cm^3
- Wunde am Hals oder Kopf
- Wunde an Handgelenken oder Händen
- Wunden bei Kindern bis 6 Jahren

Welche gemeinsamen Abrechnungsbestimmungen sind im EBM für die GOP 02300, 02301 und 02302 (kleinchirurgische Eingriffe I bis III und/oder primäre Wundversorgung) zu beachten?

- An derselben Körperstelle kann pro Behandlungstag nur eine der drei GOPs abgerechnet werden.
- Bei mehreren offenen Wunden sind die drei GOPs insgesamt höchstens fünfmal pro Behandlungstag abrechenbar (unterschiedliche Wundlokalisationen im ICD-10-Code angeben).

Nennen Sie die obligaten Leistungsinhalte der GOP 02310 (Behandlung einer / von sekundär heilenden Wunde(n) und/oder Dekubitalulcus/-ulcera) und weitere wichtige Abrechnungsbestimmungen dazu.

Obligate Leistungsinhalte:
- Abtragung von Nekrosen und/oder
- Wunddébridement und/oder
- Anlage und/oder Wechsel eines Kompressionsverbandes und/oder
- Einbringung und/oder Wechsel einer Wundtamponade
- mindestens drei persönliche Arzt-Patienten-Kontakte im Behandlungsfall

Weitere wichtige Abrechnungsbestimmungen:
- im Behandlungsfall nicht neben GOP 02300, 02301 und 02302 berechnungsfähig
- nicht beim diabetischen Fuß berechnungsfähig
- nicht bei chronischen Ulcera cruris abrechenbar
- bei Versorgung mehrerer chronischer Wunden/Dekubitalulcera nur einmal im Behandlungsfall abrechenbar

Welche Bestimmungen sind bei der Abrechnung der primären Wundversorgung mit den GOÄ-Ziffern 2000 bis 2005, auch bei gleichzeitigem Vorliegen mehrerer Wunden, zu beachten?

- Unabhängig von der Anzahl der Wunden kann jede Wunde einzeln unter Angabe der Körperstelle abgerechnet werden.
- Lokalanästhesien sind kein Leistungsbestandteil und somit gesondert nach den GOÄ-Ziffern 490, 491 und 493 berechnungsfähig.
- Die Entfernung von Fäden oder Klammern ist kein Leistungsbestandteil und deshalb gesondert nach GOÄ-Ziffer 2007 berechnungsfähig.
- Es gibt keine Abrechnungsausschlüsse bei gleichzeitigem Vorliegen von primär und sekundär heilenden Wunden in einem Behandlungsfall.

Wie können Verbände und Verbandmittel bei der Wundversorgung mit dem EBM und der GOÄ abgerechnet werden?

EBM: Verbände und Verbandmittel
- Verbände und Verbandwechsel sind nicht gesondert abrechnungsfähig; sie sind entweder in der jeweiligen GOP enthalten oder mit der Versicherten- bzw. Grundpauschale abgegolten.
- Verbandmittel sind Bestandteil des Sprechstundenbedarfs.

GOÄ: Verbände und Verbandmittel
- Verbände sind als Bestandteil der primären Wundversorgung und kleiner operativer Leistungen (GOÄ-Ziffern 2000 bis 2005) nicht in gleicher Sitzung neben diesen GOÄ-Ziffern berechnungsfähig.
- Im Rahmen eines Verbandwechsels kann das Anlegen eines Verbandes nach GOÄ-Ziffer 200 abgerechnet werden.
- Außerhalb der primären Wundversorgung, z. B. bei der Behandlung nicht primär heilender Wunden nach GOÄ-Ziffer 2006, ist das Anlegen von Verbänden nach GOÄ-Ziffer 200 und/oder als Kompressionsverband nach GOÄ-Ziffer 204 abrechenbar.
- Die Auslagen für das Verbandmaterial sind in jedem Fall berechenbar (auch in gleicher Sitzung neben der GOÄ-Ziffer 2000 bis 2005).

1. Rechnen Sie die ärztlichen Leistungen für Herrn Markovic (s. Karteikarte S. 130) ab. Der Arzt-Patienten-Kontakt dauerte insgesamt 15 Minuten und beinhaltete auch ein 10-minütiges Gespräch über Therapie und Prophylaxe von Pilzerkrankungen.

2. Mit welchen GOÄ-Ziffern, Steigerungssätzen und Eurobeträgen könnten Sie die Leistungen für Herrn Markovic abrechnen, wenn er privat versichert wäre?

3. Welche Leistungen können für Kolja Petroff (s. Karteikarte S. 137) abgerechnet werden, wenn ihn die Mutter nach der Sprechstunde um 21:30 Uhr zu Hausarzt Dr. Merbold bringt?

4. Was könnte für den 30.04. abgerechnet oder als Auslage geltend gemacht werden, wenn Kolja Petroff privat krankenversichert wäre? Nennen Sie GOÄ-Ziffern, Steigerungssätze und Eurobeträge.

5. In welchen vier Fällen muss der Hausarzt einen Patienten nach einem Arbeitsunfall bei einem D-Arzt vorstellen?

Prüfungsfall Schnittwunde: S. 321,
Prüfungsfall Bisswunde: S. 326,
Prüfungsfall Kopfplatzwunde: S. 348,
Prüfungsfall Ulcus cruris: S. 355

1. EBM: 03000 Versichertenpauschale, 03230 problemorientiertes ärztliches Gespräch
2. GOÄ: 3 Eingehende Beratung, 2,3-fach, 20,11 €; 5 symptombezogene Untersuchung, 2,3-fach, 10,72 €
3. EBM: 01100 unvorhergesehene Inanspruchnahme, 03030 Versichertenpauschale, 02302 kleinchirurgischer Eingriff III und/oder primäre Wundversorgung mittels Naht bei Säuglingen, Kleinkindern und Kindern
4. GOÄ: 1 Beratung, 2,3-fach, 10,72 €; 5 symptombezogene Untersuchung, 2,3-fach, 10,72 €; B Zuschlag für in der Zeit zwischen 20:00 und 22:00 Uhr oder 06:00 und 08:00 Uhr außerhalb der Sprechstunde erbrachte Leistungen, 1,0-fach, 10,49 €; 491 Infiltrationsanästhesie großer Bezirke, 2,3-fach, 16,22 €; 2004 Versorgung einer großen Wunde einschließlich Naht, 2,3-fach, 32,18 €; Auslagen für Lokalanästhetikum für Infiltrationsanästhesie
5. wenn der Patient über den Unfalltag hinaus arbeitsunfähig ist, die Behandlung voraussichtlich länger als eine Woche dauert, eine Heil- oder Hilfsmittelverordnung notwendig ist oder bei Wiedererkrankung nach einem Arbeits- oder Wegeunfall

1. Bei welchen zwei der folgenden Wunden von Patienten handelt es sich nach der Wundgrößendefinition für EBM und GOÄ um kleine Wunden?

A) 28-Jährige mit 2 cm^3 tiefer Wunde am linken Gesäß nach Spritzenabszess
B) 5-Jähriger mit 1 cm^2 großer Hautabschürfung am rechten Knie
C) 63-Jähriger mit 2 cm langer Schnittwunde am linken Handrücken
D) 85-Jährige mit handtellergroßem Dekubitus
E) 35-Jähriger mit 4 cm langer Kopfplatzwunde
F) 48-Jährige mit 3 cm^2 großer Schürfwunde am linken Ellenbogen

2. Welche der folgenden Leistungen gehört nicht zu den obligaten Leistungsinhalten der GOP 02301 (kleinchirurgischer Eingriff II und/oder primäre Wundversorgung mittels Naht)?

A) Abszesseröffnung bei Erwachsenem
B) primäre Wundversorgung mit Naht bei Erwachsenem
C) primäre Wundversorgung ohne Naht bei sechs Monate altem Säugling
D) primäre Wundversorgung ohne Naht bei zweijährigem Kleinkind
E) primäre Wundversorgung mit Naht bei zehnjährigem Kind

3. Wie oft können die GOPs 02300 bis 02302 (kleinchirurgische Eingriffe I bis III und/oder primäre Wundversorgung) bei einem Patienten pro Behandlungstag zusammen für dieselbe Körperstelle höchstens abgerechnet werden?

A) höchstens einmal
B) höchstens zweimal
C) höchstens dreimal
D) höchstens viermal
E) höchstens fünfmal

4. Wie oft können die GOPs 02300, 02301 und 02302 bei einem Patienten pro Behandlungstag für verschiedene Körperstellen höchstens abgerechnet werden?

A) höchstens zweimal
B) höchstens viermal
C) höchstens fünfmal
D) höchstens zehnmal
E) höchstens zwölfmal

5. Wie wird die passive Tetanusimmunisierung nach einer Verletzung bei gesetzlich Versicherten abgerechnet?

A) Sie wird privat nach der GOÄ abgerechnet.
B) Sie ist Bestandteil der Versichertenpauschale.
C) mit GOP 02300 (Leistungstext s. Frage 3)
D) mit GOP 02301 (Leistungstext s. Frage 3)
E) mit GOP 02302 (Leistungstext s. Frage 3)

6. Für die Behandlung welcher zwei Arten von chronischen Wunden gibt es im EBM jeweils eigene GOPs mit Nennung der Erkrankung im Leistungstext?

A) chronische Interdigitalmykose
B) chronische Nagelmykose
C) chronischer Lippenherpes
D) diabetischer Fuß
E) chronisch venöses Ulcus cruris
F) Impetigo contagiosa (Eiterflechte) im Gesicht

7. Welche beiden Aussagen zur Abrechnung der Wundbehandlung für gesetzlich Krankenversicherte treffen zu?

A) Lokalanästhesien sind nicht gesondert abrechenbar.
B) Leitungsanästhesien sind gesondert abrechenbar.
C) Lokal- und Leitungsanästhesien sind als IGeL-Leistungen privat zu bezahlen.
D) Die Wundkontrolle nach einer Naht ist als eigenständige Leistung abrechenbar.
E) Das Ziehen der Fäden nach einer Naht kann gesondert abgerechnet werden.
F) Verbände und Verbandwechsel sind nicht als eigenständige Leistungen abrechenbar.

8. Welche zwei Aussagen zur GOP 02310 (Behandlung einer / von sekundär heilenden Wunde(n) ...) treffen zu?

A) darf im Behandlungsfall je Wunde einmal abgerechnet werden
B) darf unabhängig von der Anzahl der zu behandelnden Wunden nur einmal im Behandlungsfall abgerechnet werden
C) Anlage und/oder Wechsel eines Kompressionsverbandes können damit abgerechnet werden
D) darf im Behandlungsfall nicht neben GOP 02300 (Leistungstext s. Frage 3) abgerechnet werden
E) darf im Behandlungsfall nicht neben GOP 02301 (Leistungstext s. Frage 3) abgerechnet werden
F) darf im Behandlungsfall nicht neben GOP 02302 (Leistungstext s. Frage 3) abgerechnet werden

9. Wie viele persönliche Arzt-Patienten-Kontakte sind im Behandlungsfall für die GOP 02310 (Leistungstext s. Frage 8) obligat?

A) ein persönlicher Kontakt
B) zwei persönliche Kontakte
C) drei persönliche Kontakte
D) vier persönliche Kontakte
E) fünf persönliche Kontakte

1. C, F	2. E	3. A
4. C	5. B	6. D, E
7. A, F	8. B, C	9. C

10. Welche Aussagekombination zur Abrechnung der Tetanus-Impfung bei privat Krankenversicherten trifft zu?

1 Dem Patienten werden die Impfstoffkosten als Ersatz von Auslagen in Rechnung gestellt.
2 Die Kosten für den Impfstoff sind Bestandteil der GOÄ-Ziffer für die Impfleistung.
3 Die aktive Immunisierung ist gesondert abrechenbar.
4 Die Simultanimpfung ist gesondert abrechenbar.
5 Aktive und passive Tetanus-Impfung sind Bestandteil der jeweiligen GOÄ-Wundbehandlungsziffer.

A) Nur die Aussagen 1, 2 und 3 sind richtig.
B) Nur die Aussagen 2, 3 und 5 sind richtig.
C) Nur die Aussagen 3, 4 und 5 sind richtig.
D) Nur die Aussagen 1, 3 und 4 sind richtig.
E) Nur die Aussagen 1, 2 und 5 sind richtig.

11. Welche Aussagekombination zur Abrechnung der Wundbehandlung mit der GOÄ trifft zu?

1 Die Anlage eines Kompressionsverbandes ist gesondert abrechenbar.
2 Infiltrations- und Leitungsanästhesien sind gesondert abrechenbar.
3 Auch bei Vorliegen mehrerer Wunden wird die Wundversorgung pro Behandlungstag für alle Wunden zusammen immer nur einmal abgerechnet.
4 Das Entfernen von Fäden nach einer Wundnaht ist nicht gesondert abrechenbar.
5 Das großflächige Auftragen von Externa wie z. B. Salben oder Cremes ist mit eigener GOÄ-Ziffer je Sitzung abrechenbar.

A) Nur die Aussagen 1, 2 und 3 sind richtig.
B) Nur die Aussagen 2, 3 und 5 sind richtig.
C) Nur die Aussagen 3, 4 und 5 sind richtig.
D) Nur die Aussagen 1, 3 und 4 sind richtig.
E) Nur die Aussagen 1, 2 und 5 sind richtig.

12. Welche beiden Aussagen zur GOÄ-Ziffer 200 (Verband) treffen zu?

A) Sie kann in gleicher Sitzung jeweils neben den GOÄ-Ziffern 2000 bis 2005 für die primäre Wundversorgung abgerechnet werden.
B) Sie kann beim Verbandwechsel abgerechnet werden.
C) Sie ist in gleicher Sitzung nicht neben einem Kompressionsverband berechnungsfähig.
D) Sie ist auch bei mehreren Wunden insgesamt höchstens dreimal pro Behandlungstag abrechnungsfähig.
E) Die Kosten für die Verbandmittel sind daneben nicht berechnungsfähig.
F) Sie kann in gleicher Sitzung neben der Behandlung chronischer Wunden nach GOÄ-Ziffer 2006 abgerechnet werden.

13. Welche zwei Arztgruppen dürfen nach einem Arbeitsunfall die allgemeine Heilbehandlung durchführen?

A) D-Arzt
B) Hautarzt
C) Hausarzt
D) Augenarzt
E) HNO-Arzt
F) hausärztlich tätiger Internist

14. Welche Aussage zur allgemeinen Heilbehandlung eines Arbeits- oder Wegeunfalls trifft nicht zu?

A) Teil 1 der Unfallmeldung muss spätestens am Tag nach der Behandlung an den Unfallversicherungsträger geschickt werden.
B) Für die Unfallmeldung muss der Vordruck F 1050 benutzt werden.
C) Auf Teil 3 der Unfallmeldung kann nach Ende der Behandlung abgerechnet werden.
D) Der Vordruck F 2900 gilt für Überweisungen.
E) Leistungsabrechnung erfolgt nach GOÄ.

15. Welche Aussagekombination zur besonderen Heilbehandlung trifft zu?

1 Durchgangsärzte sind meist Unfallchirurgen oder Orthopäden.
2 Der Durchgangsarztbericht wird auf dem Vordruck F 1000 erstellt.
3 Bei bestimmten Verletzungen werden Ergänzungsberichte erstellt.
4 Der Abschluss der besonderen Heilbehandlung wird dem zuständigen Unfallversicherungsträger auf dem Vordruck F 2222 mitgeteilt.
5 Das Ausfüllen der Vordrucke und die Bescheinigung zum Nachweis der Arbeitsunfähigkeit werden jeweils als eigene Leistung in Rechnung gestellt.

A) Alle Aussagen sind richtig.
B) Nur die Aussagen 1, 2, 4 und 5 sind richtig.
C) Nur die Aussagen 2 und 3 sind richtig.
D) Nur die Aussagen 3 und 4 sind richtig.
E) Nur die Aussagen 4 und 5 sind richtig.

16. Wer erhält nach dem Arbeitsunfall einer MFA die Rechnung der ärztlichen Behandlung?

A) die MFA selbst
B) die Kassenärztliche Vereinigung
C) die Krankenkasse der MFA
D) das Gesundheitsamt
E) die Berufsgenossenschaft für Gesundheitsdienst und Wohlfahrtspflege

10. D	11. E	12. B, F	13. C, F
14. E	15. A	16. E	

11 Präventionsleistungen bei gesetzlich Versicherten (EBM)

Beschreiben Sie altersgestaffelt die obligaten Leistungsinhalte der Krebsfrüherkennungsuntersuchung der Frau (GOP 01730).

ab dem vollendeten 20. Lebensjahr:
- gezielte Anamnese
- Spiegeleinstellung der Portio
- Entnahme von Untersuchungsmaterial (per Abstrich) von der Portio-Oberfläche und aus dem Zervikalkanal
- Fixierung des Untersuchungsmaterials für die zytologische Untersuchung
- bimanuelle gynäkologische Untersuchung

ab dem vollendeten 30. Lebensjahr zusätzlich:
- Abtasten der Brustdrüsen
- Abtasten der regionären Lymphknoten
- Anleitung zur regelmäßigen Selbstuntersuchung

ab dem vollendeten 50. Lebensjahr zusätzlich:
- Tastuntersuchung des Rektums

Welche Leistungen sind für die Krebsfrüherkennungsuntersuchung beim Mann (GOP 01731) bezogen auf das jeweilige Alter obligat und wie werden die Untersuchungsbefunde dokumentiert?

ab vollendetem 45. Lebensjahr:
- gezielte Anamnese
- Inspektion und Palpation des äußeren Genitales
- Abtasten der Prostata vom Rektum aus
- Palpation regionärer Lymphknoten

ab vollendetem 50. Lebensjahr zusätzlich:
- digitale Untersuchung des Rektums

Dokumentation:
- auf Muster 40 (Krebsfrüherkennung Männer)

Erläutern Sie das Vorgehen bei der Krebsfrüherkennungsuntersuchung der Frau (GOP 01730): Geben Sie an, wie und von wem die erbrachten Leistungen abgerechnet werden und was bei der Verwendung der drei Teile des Dokumentationsbogens Krebsfrüherkennung Frauen (Muster 39) zu beachten ist

- Gynäkologe:
  - dokumentiert die Untersuchung auf Muster 39b
  - füllt Muster 39a (Überweisungsschein zur präventiven zytologischen Untersuchung) aus
  - schickt Muster 39a, b und d zusammen mit den zytologischen Präparaten zum Zytologen
  - erhält vom Zytologen Muster 39b mit dem zytologischen Befund, vervollständigt seine Eintragungen (Aufbewahrung: 5 Jahre), Onlineabrechnung mit der KV
- Zytologe:
  - trägt seinen Befund auf Muster 39b ein, schickt es zurück an den Gynäkologen
  - behält die Überweisung (Aufbewahrung: 1 Jahr) und Muster 39d mit dem Durchschlag seines Befundes (Aufbewahrungsfrist für Befunde und Präparate: 10 Jahre)
  - Onlineabrechnung mit der KV: GOP 01733 für die zytologische Untersuchung der Zellabstriche, GOP 40100 Kostenersatz für Versandmaterial, Versandkosten und Befundmitteilung

Wie oft kann die Krebsfrüherkennungsuntersuchung der Frau (GOP 01730), die Krebsfrüherkennungsuntersuchung beim Mann (GOP 01731) und die Gesundheitsuntersuchung (GOP 01732) jeweils abgerechnet werden?

- Krebsfrüherkennungsuntersuchung bei Frau und Mann: Abrechnung einmal im Kalenderjahr
- Gesundheitsuntersuchung: einmal zwischen dem vollendeten 18. und 35. Lebensjahr, danach jedes dritte Kalenderjahr

1. **Rechnen Sie die ärztlichen Leistungen ab, die die Kinderärztin Frau Dr. Sadeh für Aischa Khaled (s. Patientenkartei S. 141) erbracht hat.**

2. **Der Orthopäde erhält eine Überweisung (Muster 6) zur Ausführung der Auftragsleistung einer Hüftsonografie, die den Verdacht der angeborenen Hüftdysplasie links bestätigt. Er informiert Aischas Mutter und lässt Frau Dr. Sadeh den Befundbericht zukommen. Was rechnet der Orthopäde dafür ab?**

3. **Am 20.03. hat Aischa Khaled mit ihrer Mutter wieder einen Termin bei Frau Dr. Sadeh, bei dem der Befund der Hüftsonografie und das weitere Vorgehen besprochen werden. Frau Dr. Sadeh verschreibt eine Spreizhose, die Aischa jetzt für mehrere Wochen bis zur nächsten sonografischen Kontrolle tragen soll und erklärt Aischas Mutter die Notwendigkeit des konsequenten Tragens der Spreizhose (Gesprächsdauer 25 Minuten). Was rechnet die Ärztin am 20.03. ab?**

4. **Welche Altersspanne im Leben eines Kindes decken die Kindervorsorgeuntersuchnungen U1 bis U9 inklusive der Toleranzgrenze für die U9 insgesamt ab?**

5. **In welcher Altersspanne kann eine Jugendgesundheitsuntersuchung (J1, GOP 01720) abgerechnet werden und was ist bei der Dokumentation der Untersuchungsergebnisse zu beachten?**

1. EBM: 04000 Pädiatrische Versichertenpauschale, 01713 Untersuchung in der 4. bis 5. Lebenswoche (U3), Toleranzzeit 3. bis 8. Lebenswoche
2. EBM: 01436 Konsiliarpauschale, 01722 Sonografische Untersuchung der Säuglingshüften
3. EBM: 2-mal 04230 Problemorientiertes ärztliches Gespräch, das aufgrund der Art und Schwere der Erkrankung erforderlich ist (je einmal pro vollendete 10 Minuten)
4. Die Altersspanne zwischen der U1 und der U9 beginnt unmittelbar nach der Geburt und reicht einschließlich der Toleranzgrenze für die U9 bis zum 66. Lebensmonat.
5. Die Untersuchung findet zwischen dem vollendeten 13. und 14. Lebensjahr statt mit einer Toleranzzeit ab dem vollendeten 12. Lebensjahr und bis zum vollendeten 15. Lebensjahr. Die Dokumentation erfolgt auf dem Vordruck für die Jugendgesundheitsuntersuchung, dessen Aufbewahrungspflicht 5 Jahre beträgt.

6. Erklären Sie, wann und wie oft die Ausgabe und Weiterleitung des immunologischen Stuhltests auf okkultes Blut (iFOBT), inklusive Beratung, nach GOP 01737 im präventiven Behandlungsfall abgerechnet werden darf.

7. Woher erhält die ausgebende Praxis das iFOBT-Stuhlprobenentnahmesystem, das sie den Patienten mitgibt?

8. Ein zu Präventionszwecken ausgegebener immunologischer Test auf okkultes Blut im Stuhl (iFOBT) wurde vom Patienten zurückgebracht und soll jetzt ausgewertet werden. Welche Überweisung müssen Sie dafür vorbereiten?

9. Nennen Sie die beratende Präventionsleistung durch einen Arzt, mit der der Patient ausführlich und unverbindlich über die Vorsorgekoloskopie informiert wird. Wann und wie oft hat der Patient Anspruch auf diese Beratung?

10. Durch wen, ab welchem Alter und wie oft kann eine Vorsorgekoloskopie nach GOP 01741 (koloskopischer Komplex) gemäß den Krebsfrüherkennungsrichtlinien abgerechnet werden? Was ist bei der Dokumentation der Befunde zu beachten?

11. In welcher Altersspanne und wie oft kann das Mammografie-Screening nach GOP 01750 abgerechnet werden?

Prüfungsfall Krebsfrüherkennung: S. 330

6. vom vollendeten 50. bis zum vollendeten 55. Lebensjahr einmal jährlich; wenn keine Früherkennungskoloskopie (nach GOP 01741) abgerechnet wird, kann dafür ab dem vollendeten 55. Lebensjahr jedes zweite Jahr der Test auf Blut im Stuhl nach GOP 01737 abgerechnet werden. Erfolgt eine Früherkennungskoloskopie, kann erst 10 Jahre später jedes zweite Kalenderjahr wieder ein präventiver iFOBT nach GOP 01737 abgerechnet werden, aber auch nur, wenn dann nicht eine erneute Früherkennungskoloskopie erfolgt. Nach einer erneuten Vorsorgekoloskopie kann erst 10 Jahre später wieder jedes zweite Jahr ein präventiver iFOBT abgerechnet werden.
7. von der mit der Auswertung des Tests beauftragten Laborpraxis
8. Überweisungsschein für Laboratoriumsuntersuchungen als Auftragsleistung (Muster 10)
9. GOP 01740 Beratung zur Früherkennung des kolorektalen Karzinoms, einmal ab dem vollendeten 50. Lebensjahr
10. Alle Ärzte mit spezieller Genehmigung durch die KV dürfen diese Untersuchung abrechnen; abgerechnet werden kann die Untersuchung für Männer ab dem vollendeten 50., für Frauen ab dem vollendeten 55. Lebensjahr, danach noch einmal im Abstand von zehn Jahren; Dokumentation über die Praxis-EDV, Aufbewahrungspflicht 10 Jahre.
11. zwischen dem vollendeten 50. und 70. Lebensjahr, alle zwei Jahre

1. Welche Institution bestimmt die Leistungen, die bei Vorsorge- und Früherkennungsuntersuchungen zu erbringen sind?

A) die Bundesärztekammer (BÄK)
B) die Landesärztekammern (LÄK)
C) die Kassenärztliche Bundesvereinigung (KBV)
D) die Kassenärztlichen Vereinigungen auf Landesebene (Landes-KV)
E) der Gemeinsame Bundesausschuss der Ärzte und Krankenkassen (G-BA)

2. Welche Aussage über die Mutterschaftsvorsorgeuntersuchungen trifft nicht zu?

A) Sie sollen bei komplikationslosem Schwangerschaftsverlauf in den ersten 32 Schwangerschaftswochen alle vier Wochen erfolgen.
B) Sie sollen bei komplikationslosem Schwangerschaftsverlauf in den letzten acht Schwangerschaftswochen alle zwei Wochen erfolgen.
C) Die Befunde werden im sogenannten Mutterpass dokumentiert.
D) Die GOP 01770 (Betreuung einer Schwangeren) kann im Behandlungsfall nach jedem Arzt-Patienten-Kontakt abgerechnet werden.
E) Die ausschließliche Erbringung der Mutterschaftsvorsorge nach GOP 01770 darf im Behandlungsfall nicht neben der gynäkologischen Grundpauschale abgerechnet werden.

3. Wie viele Ultraschall-Screeninguntersuchungen gehören nach den Mutterschaftsrichtlinien bei der komplikationslosen Schwangerschaft zur GOP 01770 Betreuung einer Schwangeren?

A) eine
B) zwei
C) drei
D) vier
E) fünf

4. Welche der folgenden Untersuchungen gehört nicht zur Mutterschaftsvorsorge?

A) Cervixabstrich auf Chlamydia trachomatis
B) Gesamtcholesterinbestimmung im Serum
C) Blutgruppen- und Rhesusfaktorbestimmung bei Erstgebärenden
D) Hämoglobinbestimmung im Blut
E) Urinuntersuchung auf Eiweiß und Glukose

5. Wer darf die GOP 01770 (Betreuung einer Schwangeren) abrechnen?

A) alle Gynäkologen
B) alle Gynäkologen mit KV-Genehmigung für Schwangerschafts-Ultraschalluntersuchungen
C) alle Hausärzte
D) alle Hausärzte und alle Gynäkologen
E) alle Gynäkologen und Hausärzte mit KV-Genehmigung für Ultraschalluntersuchungen

6. Welche beiden Aussagen zu den Kindervorsorgeuntersuchungen treffen zu?

A) Von der U1 bis zur U9 gibt es zehn Kindervorsorgeuntersuchungen.
B) Die U10 gehört zu den Pflichtleistungen aller gesetzlichen Krankenversicherungen.
C) Die U11 gehört zu den Pflichtleistungen aller gesetzlichen Krankenversicherungen.
D) Die U1 erfolgt frühestens drei Tage nach der Geburt.
E) Bei der U1 wird das Kind nach dem Apgar-Schema beurteilt.
F) Ärztliche Hausbesuche im Rahmen der Kinder-Früherkennungsuntersuchungen U1 oder U2 sind nicht gesondert abrechenbar.

7. Welche beiden Aussagen zum erweiterten Neugeborenen-Screening nach GOP 01707 treffen zu?

A) Das Untersuchungsmaterial ist Urin.
B) Es handelt sich um eine Stuhlprobe.
C) Das Untersuchungsmaterial ist Blut.
D) Die Gewinnung des Probenmaterials ist gesondert abrechenbar.
E) Es ist viermal im Krankheitsfall abrechenbar.
F) Damit sollen angeborene Stoffwechseldefekte und/oder endokrine Störungen erkannt werden.

8. Welche beiden Aussagen zur Jugendgesundheitsuntersuchung (J1) treffen zu?

A) In einigen Bundesländern besteht für diese Untersuchung eine Untersuchungspflicht.
B) Sie umfasst auch die Messung von Körpergröße, Gewicht und Blutdruck.
C) Sie ist Voraussetzung für die Aufnahme eines Ausbildungsverhältnisses.
D) Sie kann ab dem zwölften Geburtstag bis zum 15. Geburtstag abgerechnet werden.
E) Es handelt sich um eine Ermessensleistung der gesetzlichen Krankenkassen.
F) Die Kontrolle des Impfstatus gehört nicht zum Untersuchungsinhalt.

9. Wo müssen die Ergebnisse der U1 bis U9 eingetragen werden?

A) nur in der elektronischen oder analogen Karteikarte
B) im Mutterpass
C) im Kinder-Untersuchungsheft
D) im Impfpass
E) Keine der Lösungen A) bis D) trifft zu.

1. E	2. D	3. C
4. B	5. B	6. A, E
7. C, F	8. B, D	9. C

10. Welche Aussagekombination zur Krebsfrüherkennungsuntersuchung bei der Frau nach GOP 01730 trifft zu?

1 Ab dem 20. Geburtstag ist die Spiegeleinstellung der Portio obligat.
2 Ab dem 30. Geburtstag ist das Abtasten der Brustdrüsen obligat.
3 Ab dem 30. Geburtstag ist die Entnahme von Abstrichmaterial von der Portio-Oberfläche und aus dem Zervikalkanal obligat.
4 Ab dem 50. Geburtstag ist die Untersuchung auf okkultes Blut im Stuhl mit einem immunologischen Stuhltest (iFOBT) obligat.
5 Ab dem 50. Geburtstag ist die Tastuntersuchung des Rektums obligat.

A) Nur die Aussagen 1, 2 und 3 sind richtig.
B) Nur die Aussagen 2, 3 und 5 sind richtig.
C) Nur die Aussagen 3, 4 und 5 sind richtig.
D) Nur die Aussagen 1, 3 und 4 sind richtig.
E) Nur die Aussagen 1, 2 und 5 sind richtig.

11. Beurteilen Sie die folgenden Aussagen zur Krebsfrüherkennungsuntersuchung beim Mann nach GOP 01731 auf ihre Richtigkeit.

1 Sie muss vorher vom Patienten bei der Krankenkasse beantragt werden.
2 Sie ist ab dem vollendeten 45. Lebensjahr abrechenbar.
3 Die immunologische Untersuchung auf okkultes Blut im Stuhl (iFOBT) gehört nicht dazu.
4 Ab dem vollendeten 50. Lebensjahr gehört auch eine rektale Ultraschalluntersuchung zu den obligaten Leistungen.
5 Der Abstand zwischen zwei Untersuchungen muss nicht 12 Monate betragen.

A) Nur die Aussagen 1, 2 und 3 sind richtig.
B) Nur die Aussagen 2, 3 und 5 sind richtig.
C) Nur die Aussagen 3, 4 und 5 sind richtig.
D) Nur die Aussagen 1, 3 und 4 sind richtig.
E) Nur die Aussagen 1, 2 und 5 sind richtig.

12. Welche Aussage zu den Krebsfrüherkennungsuntersuchungen bei der Frau nach GOP 01730 trifft zu?

A) Der durchführende Gynäkologe darf die zytologische Untersuchung nach GOP 01733 selbst durchführen und abrechnen, wenn er eine KV-Genehmigung dafür hat.
B) Die zytologische Untersuchung bleibt immer dem Facharzt für Pathologie vorbehalten.
C) Die Krebsfrüherkennungsuntersuchung darf nur von Gynäkologen durchgeführt werden.
D) Auch alle Urologen dürfen die Krebsfrüherkennungsuntersuchung abrechnen.
E) Der Dokumentationsbogen Muster 39b muss vom Untersucher zehn Jahre aufbewahrt werden.

13. Wann kann bei einem Patienten mit einer Krebsfrüherkennungsuntersuchung nach GOP 01731 am 28.09. dieses Jahres frühestens wieder dieselbe GOP abgerechnet werden?

A) am 29.09. in fünf Jahren
B) am 29.09. in drei Jahren
C) am 29.09. in zwei Jahren
D) am 02.01. des nächsten Jahres
E) am 28.10. dieses Jahres

14. Ab welchem Geburtstag kann im Rahmen der Prävention bei GKV-Patienten erstmals der immunologische Test auf Blut im Stuhl (iFOBT) ausgegeben werden?

A) ab dem 20. Geburtstag
B) ab dem 30. Geburtstag
C) ab dem 35. Geburtstag
D) ab dem 45. Geburtstag
E) ab dem 50. Geburtstag

15. Welche Aussagekombination zur präventiven Ausgabe und Weiterleitung eines Stuhlprobenentnahmesystems (iFOBT) nach GOP 01737 trifft zu?

1 Abrechnungsvoraussetzung ist, dass der Patient den Test mit der Stuhlprobe wieder an die ausgebende Praxis zurückgibt.
2 Die GOP beinhaltet auch eine ärztliche Beratung, wenn das Testergebnis vorliegt.
3 Die GOP ist auch im kurativen Behandlungsfall abrechenbar.
4 Die Auswertung des Tests erfolgt nicht in der Hausarztpraxis.
5 Die GOP kann zwischen dem 50. und 55. Geburtstag des Patienten in jedem Kalenderjahr einmal abgerechnet werden.

A) Alle Aussagen sind richtig.
B) Nur die Aussagen 1, 2, 4 und 5 sind richtig.
C) Nur die Aussagen 2 und 3 sind richtig.
D) Nur die Aussagen 3 und 4 sind richtig.
E) Nur die Aussagen 4 und 5 sind richtig.

16. Ein 58-jähriger Patient entscheidet sich für eine Vorsorgekoloskopie nach GOP 01741. Wann kann danach frühestens eine präventive Untersuchung auf Blut im Stuhl nach GOP 01737 abgerechnet werden?

A) nie mehr
B) nach 15 Jahren
C) nach 10 Jahren
D) nach 5 Jahren
E) übernächstes Jahr

10. E	11. B	12. A	13. D
14. E	15. B	16. C	

17. Welche Aussagekombination zum koloskopischen Komplex gemäß den Früherkennungsrichtlinien (Vorsorge-Koloskopie) nach GOP 01741 trifft zu?

1 Er kann bei Frauen frühestens ab dem vollendeten 55. Lebensjahr abgerechnet werden.
2 Jeder Facharzt für innere Medizin darf diese Untersuchung durchführen.
3 Er muss mit dem Test auf Blut im Stuhl nach GOP 01737 in gleicher Sitzung kombiniert werden.
4 Es handelt sich dabei um eine vollständige Spiegelung des Dickdarms.
5 Die GOP 01741 kann einmal nach 10 Jahren erneut abgerechnet werden.
6 Für die Datensätze mit den Untersuchungsergebnissen gilt eine Aufbewahrungspflicht von 15 Jahren.

A) Nur die Aussagen 1, 4 und 5 sind richtig.
B) Nur die Aussagen 1, 2 und 6 sind richtig.
C) Nur die Aussagen 2, 4 und 5 sind richtig.
D) Nur die Aussagen 2, 4 und 6 sind richtig.
E) Nur die Aussagen 3, 5 und 6 sind richtig.

18. Wann ist frühestens eine Früherkennungsuntersuchung auf Hautkrebs nach GOP 01745 abrechenbar?

A) ab dem 20. Geburtstag
B) ab dem 30. Geburtstag
C) ab dem 35. Geburtstag
D) ab dem 45. Geburtstag
E) ab dem 55. Geburtstag

19. Welche Aussagekombination zur Früherkennungsuntersuchung auf Hautkrebs nach GOP 01745 trifft zu?

1 Dazu gehört eine Ganzkörperinspektion der gesamten Haut einschließlich des behaarten Kopfes sowie aller Hautfalten.
2 Sie kann jedes zweite Kalenderjahr wiederholt werden.
3 Eine Kombination mit anderen Krebsvorsorgeuntersuchungen in gleicher Sitzung wird von der KV nicht gestattet.
4 Auch wenn die Früherkennungsuntersuchung auf Hautkrebs nach GOP 01745 als alleinige Leistung im Behandlungsfall erbracht wird, ist daneben die Abrechnung einer Versicherten- oder Grundpauschale zulässig.
5 Bei gleichzeitiger Durchführung einer Gesundheitsuntersuchung nach GOP 01732 darf die Hautkrebsfrüherkennung nicht mit der GOP 01745 abgerechnet werden.

A) Nur die Aussagen 1, 2 und 3 sind richtig.
B) Nur die Aussagen 2, 3 und 5 sind richtig.
C) Nur die Aussagen 3, 4 und 5 sind richtig.
D) Nur die Aussagen 1, 3 und 4 sind richtig.
E) Nur die Aussagen 1, 2 und 5 sind richtig.

20. Welche Aussagekombination zur Untersuchung zur Früherkennung von Krankheiten gemäß den Gesundheitsuntersuchungsrichtlinien nach GOP 01732 trifft für einen 35-jährigen Untersuchten zu?

1 Bei der körperlichen Untersuchung ist das Abhören von Herz und Lunge ausreichend.
2 Die Untersuchung dient allein der Krebsfrüherkennung.
3 Die Blutuntersuchung auf Gesamtcholesterin, HDL- u. LDL-Cholesterin, Triglyceride sowie Plasma-Glukose ist obligat.
4 Die Durchführung eines Elektrokardiogramms gehört nicht zu den Leistungsinhalten.
5 Eine Blutdruckmessung ist nicht erforderlich, wenn der Patient einen gesunden Eindruck macht.

A) Alle Aussagen sind richtig.
B) Nur die Aussagen 1, 2, 4 und 5 sind richtig.
C) Nur die Aussagen 2 und 3 sind richtig.
D) Nur die Aussagen 3 und 4 sind richtig.
E) Nur die Aussagen 4 und 5 sind richtig.

21. Wann darf eine Gesundheitsuntersuchung nach GOP 01732 erstmals abgerechnet werden?

A) ab dem 18. Geburtstag
B) ab dem 30. Geburtstag
C) ab dem 35. Geburtstag
D) ab dem 50. Geburtstag
E) ab dem 55. Geburtstag

22. Welche Aussagekombination zur Gesundheitsuntersuchung nach GOP 01732 trifft zu?

1 Kann jedes zweite Kalenderjahr wiederholt werden.
2 Für die Abrechnung der erforderlichen Laboruntersuchungen sind gesonderte GOPs vom jeweiligen ärztlichen Leistungserbringer zu verwenden.
3 Die Aufbewahrungspflicht für den Berichtsvordruck bzw. dessen Daten beträgt 10 Jahre.
4 Zu den Laboruntersuchungen gehört die Testung des Harns auf Bilirubin mit Teststreifen.
5 Abrechnung der Untersuchung auf Blut im Stuhl (GOP 01737) in gleicher Sitzung ist stets unzulässig.
6 Bei zusätzlicher Durchführung einer Früherkennungsuntersuchung auf Hautkrebs im Behandlungsfall wird diese als Zuschlag zur Gesundheitsuntersuchung mit der GOP 01746 abgerechnet.

A) Nur die Aussagen 1, 3 und 5 sind richtig.
B) Nur die Aussagen 1, 2 und 6 sind richtig.
C) Nur die Aussagen 2, 3 und 4 sind richtig.
D) Nur die Aussagen 3, 4 und 5 sind richtig.
E) Nur die Aussagen 3, 5 und 6 sind richtig.

17. A 18. C 19. E
20. D 21. A 22. B

12 Präventionsleistungen bei Privatversicherten und Individuelle Gesundheitsleistungen (GOÄ)

Erklären Sie, was man unter Individuellen Gesundheitsleistungen (IGeL) versteht, und geben Sie drei Beispiele dafür an.

- Es handelt sich um Leistungen der Vorsorge- und Servicemedizin für gesetzlich Versicherte, die nicht zu den Pflichtleistungen der gesetzlichen Krankenkassen gehören und die nach der GOÄ abgerechnet werden.
- Beispiele: Reiseimpfungen, z. B. gegen Hepatitis A oder Gelbfieber, vorzeitig durchgeführte Vorsorge- und Früherkennungsuntersuchungen, präventive Messung des Augeninnendrucks

Erläutern Sie, was vor der Durchführung von IGeL zu beachten ist und wie diese abgerechnet werden.

- Der Arzt darf über angebotene IGeL in der Praxis mit Broschüren und Aushängen unter objektiver und sachlich richtiger Darstellung der Vorteile informieren.
- Nach Aufklärung des Patienten über Kosten und Nutzen einer IGeL muss ein schriftlicher Vertrag (Honorarvereinbarung) über die Leistung zwischen Arzt und Patient geschlossen werden.
- Der Vertrag enthält die Leistung und die voraussichtlichen Kosten sowie eine Erklärung des Patienten über seine Kenntnis darüber, dass die Leistung nicht durch seine gesetzliche Krankenkasse erstattungsfähig ist.

Wodurch unterscheidet sich die Abrechnung der Mutterschaftsvorsorge für Privatversicherte von der für gesetzlich Versicherte?

- Die Untersuchungsintervalle der Mutterschaftsrichtlinie sind nicht bindend; individuelle Abstände zwischen den Untersuchungen sind möglich.
- Nach der ersten Vorsorgeuntersuchung in der Schwangerschaft nach GOÄ-Ziffer 23 kann ohne Mengenbegrenzung jede weitere mit der GOÄ-Ziffer 24 abgerechnet werden.
- Sonografien, Kardiotokografien und Laboruntersuchungen sind, mit Ausnahme der Hämoglobinbestimmung bei der GOÄ-Ziffer 23, gesondert abrechenbar.

Wie werden die Präventionsuntersuchungen bei Kindern und Jugendlichen mit der GOÄ abgerechnet und welche Bestimmungen sind dabei zu beachten?

- Es gibt für Präventionsuntersuchungen bis zum vollendeten 14. Lebensjahr nur zwei GOÄ-Ziffern:
  - GOÄ-Ziffer 25: Neugeborenen-Erstuntersuchung - ggf. einschließlich Beratung der Bezugsperson(en)
  - GOÄ-Ziffer 26: Untersuchung zur Früherkennung von Krankheiten bei einem Kind bis zum vollendeten 14. Lebensjahr - ggf. einschließlich Beratung der Bezugsperson(en)
- Es sind keine festen Untersuchungsintervalle vorgeschrieben. Der Arzt orientiert sich jedoch in den ersten zwei Lebensjahren meist an den Untersuchungsintervallen der G-BA-Kinderrichtlinien.
- Ab dem vollendeten 2. Lebensjahr darf die GOÄ-Ziffer 26 nur einmal je Kalenderjahr abgerechnet werden.
- Neben der GOÄ-Ziffer 26 sind weitere Leistungen, die nicht im Leistungstext aufgeführt sind, abrechenbar, z. B. Laboruntersuchungen, Hüftgelenksonografien, Hörtests oder Impfungen.
- Eine präventive Untersuchung von Jugendlichen nach dem 14. Geburtstag ist zulässig, kann jedoch nicht über die GOÄ-Ziffer 26 abgerechnet werden.

Nennen Sie die Unterschiede zwischen der Gesundheitsuntersuchung nach GOÄ-Ziffer 29 gegenüber der Gesundheitsuntersuchnung nach EBM-GOP 01732.

- Es gibt für GOÄ-Ziffer 29 kein Mindestalter, sodass sie für jeden Erwachsenen (ab dem vollendeten 18. Lebensjahr) einmal im Jahr abgerechnet werden kann.
- Es gibt keine vorgegebenen Untersuchungsintervalle.
- Laborleistungen (Blutuntersuchung auf Gesamtcholesterin, HDL- u. LDL-Cholesterin, Triglyceride und Plasma-Glukose sowie Urinuntersuchungen mit Teststreifen auf Eiweiß, Glukose, Erythrozyten/Hämoglobin, Leukozyten und Nitrit) sind zusätzlich mit den allgemein gültigen GOÄ-Laborziffern abrechenbar.
- Weitere Laborleistungen können ggf. zusätzlich abgerechnet werden.
- Ergänzende Untersuchungen (z. B. EKG, Ultraschalluntersuchungen, Lungenfunktionsprüfungen) können zusätzlich abgerechnet werden.

1. Gehen Sie davon aus, dass Aischa Khaled (s. Patientenkartei S. 141) privatversichert ist. Ihre Mutter wird beim zweiten Termin bei Frau Dr. Sadeh am 20.03. von dieser 15 Minuten lang zum Umgang mit der Hüftdysplasie ihrer Tochter beraten.
Rechnen Sie die ärztlichen Leistungen beider Termine bei Frau Dr. Sadeh sowie für den Termin beim Orthopäden zur Hüftsonografie nach der GOÄ ab. Geben Sie dabei für jeden Behandlungstermin die GOÄ-Ziffer(n), den jeweiligen Leistungstext, den zugehörigen Steigerungssatz zum zulässigen Schwellenwert und den resultierenden Eurobetrag an.

2. Nennen Sie die ärztlichen Leistungen, die für die Krebsvorsorgeuntersuchung einer Frau nach GOÄ-Ziffer 27 nach deren Leistungstext unbedingt erbracht werden müssen, damit diese GOÄ-Ziffer abgerechnet werden darf.

3. Nennen Sie die ärztlichen Leistungen, die für die Krebsvorsorgeuntersuchung eines Mannes (GOÄ-Ziffer 28) nach deren Leistungstext erbracht werden müssen, damit diese GOÄ-Ziffer abgerechnet werden darf.

4. Welches Mindestalter gilt für die privatärztliche Krebsvorsorgeuntersuchung bei Frauen (GOÄ-Ziffer 27) und Männern (GOÄ-Ziffer 28) und welche Untersuchungsintervalle gelten?

Prüfungsfall Krebsvorsorgeuntersuchung: S. 330

1. GOÄ: 06.03.: 26 Untersuchung zur Früherkennung von Krankheiten bei einem Kind bis zum vollendeten 14. Lebensjahr, 2,3-fach, 60,33 €; 20.03.: 3 Eingehende, das gewöhnliche Maß übersteigende Beratung – auch mittels Fernsprecher, 2,3-fach, 20,11 €. Abrechnung des Orthopäden: 1 Beratung – auch mittels Fernsprecher, 2,3-fach, 10,73 €, 7 Vollständige körperliche Untersuchung der Stütz- und Bewegungsorgane, 2,3-fach, 21,45 €, 413 Ultraschalluntersuchung der Hüftgelenke bei einem Säugling (...), 2,3-fach, 37,54 €, 75 Ausführlicher ärztlicher Krankheits- und Befundbericht, 2,3-fach, 17,43 € sowie aktuelles Briefporto
2. Erhebung der Anamnese; Untersuchung der Brust, des Genitales, des Rektums und der Haut; Abstrichentnahme zur zytologischen Untersuchung; Untersuchung auf Blut im Stuhl; Urinuntersuchung auf Eiweiß, Zucker und Erythrozyten; Beratung
3. Anamnese; Untersuchung des Rektums, der Prostata, des äußeren Genitales und der Haut; Untersuchung auf Blut im Stuhl; Urinuntersuchung auf Eiweiß, Zucker und Erythrozyten; Beratung
4. Die Untersuchungen sind für Erwachsene und deshalb ab dem 18. Geburtstag abrechenbar, Untersuchungsintervalle sind nicht festgelegt.

1. Welche Aussage trifft für Privatversicherte zu?

A) Die Gesundheitsuntersuchung (GOÄ-Ziffer 29) muss auf dem offiziellen Berichtsvordruck (Muster 30) dokumentiert werden.
B) Zur ersten Vorsorgeuntersuchung in der Schwangerschaft nach GOÄ-Ziffer 23 gehört das Anlegen des Mutterpasses.
C) Das Eintragen von Impfungen in den Impfpass gehört nicht zu den Impfleistungen.
D) Die Durchführung einer Koloskopie als Krebsvorsorgeuntersuchung ist unzulässig, wenn keinerlei Symptome bestehen.
E) Die Vorsorge-Mammografie wird vom Staat bezahlt.

2. Wie viele unterschiedliche GOÄ-Ziffern gibt es für die Mutterschaftsvorsorge?

A) eine
B) zwei
C) drei
D) vier
E) fünf

3. Welche der folgenden Leistungen darf in gleicher Sitzung neben der Untersuchung im Schwangerschaftsverlauf nach GOÄ-Ziffer 24 abgerechnet werden?

A) GOÄ-Ziffer 1: Beratung
B) GOÄ-Ziffer 3: Eingehende, das gewöhnliche Maß übersteigende Beratung
C) GOÄ-Ziffer 5: Symptombezogene Untersuchung
D) GOÄ-Ziffer 8: Ganzkörperstatus
E) GOÄ-Ziffer 3550: Blutbild

4. Bis zu welchem Geburtstag darf die GOÄ-Ziffer 26 Untersuchung zur Früherkennung von Krankheiten abgerechnet werden?

A) bis zum 1. Geburtstag
B) bis zum 5. Geburtstag
C) bis zum 10. Geburtstag
D) bis zum 14. Geburtstag
E) bis zum 18. Geburtstag

5. Welche beiden Aussagen zur Krebsvorsorgeuntersuchung der Frau nach GOÄ-Ziffer 27 treffen zu?

A) Sie ist ab dem 18. Geburtstag abrechenbar.
B) Sie ist erst ab dem 20. Geburtstag abrechenbar.
C) Sie schließt eine Untersuchung auf Blut im Stuhl mit Stuhlbriefchen ein.
D) Zusätzlich ist stets eine Beratung nach GOÄ-Ziffer 1 in gleicher Sitzung abrechenbar.
E) Zusätzlich abrechenbar ist in gleicher Sitzung die vollständige Untersuchung des weiblichen Genitaltrakts nach GOÄ-Ziffer 7.
F) Zusätzlich berechnungsfähig in gleicher Sitzung ist ein Ganzkörperstatus nach GOÄ-Ziffer 8.

6. Welche beiden Aussagen zur Krebsvorsorgeuntersuchung beim Mann (GOÄ-Ziffer 28) treffen zu?

A) Es gibt keine festgelegten Untersuchungsintervalle.
B) Sie darf jedes zweite Kalenderjahr durchgeführt werden.
C) Zusätzlich ist eine Urinuntersuchung auf Eiweiß, Zucker und Erythrozyten abrechenbar.
D) Der Patient muss sein 35. Lebensjahr vollendet haben.
E) Der Patient muss sein 50. Lebensjahr vollendet haben.
F) Diese Leistung darf in gleicher Sitzung nicht zusammen mit der vollständigen Untersuchung der Harnwege und männlichen Geschlechtsorgane nach GOÄ-Ziffer 6 abgerechnet werden.

7. Welche beiden Aussagen zu der Jugendarbeitsschutzuntersuchung nach GOÄ-Ziffer 32 treffen zu?

A) Sie ist nur für privatversicherte Jugendliche abrechenbar.
B) Die Jugendarbeitsschutzuntersuchung wird in ganz Deutschland mit der GOÄ-Ziffer 32 abgerechnet.
C) Jugendliche müssen dazu nur ihren Personalausweis in der Praxis vorlegen.
D) Liegt dem Arbeitgeber keine Bescheinigung über die Untersuchung vor, dann tritt ein Beschäftigungsverbot für den Jugendlichen ein.
E) Die Erstuntersuchung muss in den 14 Monaten vor Beschäftigungsbeginn stattgefunden haben.
F) Die GOÄ-Ziffer 32 darf bei öffentlichen Kostenträgern (z. B. Gewerbeaufsichtsamt) mit dem 2,3-fachen Gebührensatz abgerechnet werden.

8. Welche beiden Aussagen zu Individuellen Gesundheitsleistungen treffen zu?

A) Es handelt sich ausschließlich um schönheitschirurgische Eingriffe.
B) Es sind Leistungen für gesetzlich Versicherte, die nicht zu den Pflichtleistungen der gesetzlichen Krankenkassen gehören.
C) Sie werden nach der UV-GOÄ abgerechnet.
D) Die Rechnung geht an die zuständige Berufsgenossenschaft.
E) Die Kosten dafür trägt allein der Patient.
F) Eine vorherige schriftliche Zustimmung des Patienten ist meistens nicht erforderlich.

1. B	2. B
3. E	4. D
5. A, C	6. A, F
7. D, E	8. B, E

Schriftliche Prüfung

Praxisorganisation und Verwaltung

1 Ausbildung zur Medizinischen Fachangestellten, Gesundheitswesen 196

2 Der Behandlungsvertrag 200

3 Datenverwaltung und -verarbeitung in der Arztpraxis . . 206

4 Bestell- und Lagerorganisation . . 210

5 Rechnungsstellung und Überwachung der Zahlungsvorgänge, Belege in der Praxis 214

6 Qualitätsmanagement. 220

7 Terminvergabe und Personaleinsatzplanung 226

8 Organisation der Fernkommunikation 232

9 Bewerbung, Fort- und Weiterbildung 238

1 Ausbildung zur Medizinischen Fachangestellten, Gesundheitswesen

Welche Tätigkeitsfelder muss eine Medizinische Fachangestellte abdecken können?

Zu den Tätigkeitsfeldern der MFA gehören ...
- Patientenbetreuung,
- Assistenz,
- Management,
- Verwaltung.

Erklären Sie, was man unter Schlüsselqualifikationen versteht, nennen Sie Schlüsselqualifikationen einer MFA und geben Sie Beispiele.

Schlüsselqualifikationen sind persönliche Qualifikationen, die eine MFA haben sollte, um im Beruf erfolgreich zu sein.

Arbeitsplanung	Koordinationsfähigkeit, Genauigkeit
Methodenkompetenz	rationelles Arbeiten, Umsetzung theoretischer Grundlagen in praktische Arbeit
Selbstständigkeit	Entscheidungsfähigkeit, Mitdenken
physische und psychische Beanspruchbarkeit	Aufmerksamkeit, Konzentration
Sozialkompetenz	patientengerechtes Verhalten, Teamfähigkeit

Erklären Sie, was unter Gesundheitswesen verstanden wird und welche Aufgaben dieses erfüllt.

Die gesundheitliche Versorgung aller Menschen eines Staatsgebietes muss gewährleistet sein. Aufgaben des Gesundheitswesens:
- Gesundheitsschutz
- Gesundheitspflege
- kurative Medizin

In welche Teile ist das Gesundheitswesen in Deutschland aufgebaut?

Teile des Gesundheitswesens:
- ambulante Versorgung (Arztpraxen)
- stationäre Versorgung (Krankenhäuser)
- öffentliches Gesundheitswesen (Ämter, BZgA)
- Sonstige (z. B. Heilpraktiker)

Stellen Sie den Weg eines Arztes vom Abitur bis zur Praxisschließung dar.

Abitur → Studium (12 Semester) → Staatsexamen → Approbation → fachärztliche Weiterbildung (5 Jahre) → Facharztbezeichnung → Eintragung ins Arztregister und Zulassung → Ausübung des Berufs, z. B. bis zum Ruhestand

Nennen Sie die verschiedenen Praxisarten und stellen Sie deren Merkmale in der Tabelle dar.

Praxisgemeinschaft	Gemeinsames Personal und Einrichtungen werden von mind. zwei Ärzten genutzt, die Ärzte sind wirtschaftlich voneinander unabhängig.
Berufsausübungsgemeinschaft (sog. Gemeinschaftspraxis)	Zwei oder mehrere Ärzte arbeiten zusammen, erhalten einen gemeinsamen Honorarbescheid von der KV, der Behandlungsvertrag besteht zwischen einem Patienten und der Berufsausübungsgemeinschaft, d.h., der Patient kann von jedem Arzt behandelt werden.
Apparategemeinschaft	Mehrere Ärzte nutzen Geräte gemeinsam, üben aber sonst ihre Praxistätigkeit einzeln aus.
Partnerschaft	Zusammenschluss von Ärzten, flexiblerer Personaleinsatz ist möglich
Medizinisches Versorgungszentrum	fachübergreifende, ärztlich geleitete Einrichtung

Prüfungsfall Oberbauchbeschwerden: S. 375

Betül Yilmaz, Sarah Schmidt und Denise Westphal treffen sich alle am ersten Schultag in der Berufsschule. Alle wollen eine Ausbildung zur Medizinischen Fachangestellten absolvieren. Betül Yilmaz arbeitet in einer allgemeinmedizinischen Praxis, die der Bezirksärztekammer Stuttgart zugeordnet ist, Sarah Schmidt arbeitet in einer Berufsausübungsgemeinschaft und Denise Westphal hat einen Ausbildungsplatz in einem Medizinischen Versorgungszentrum. Beide Ausbildungsstätten sind der Bezirksärztekammer Reutlingen zugeordnet. Sarah erzählt, dass in ihrer Ausbildungspraxis immer viel Werbung betrieben wird, während Denise über den sehr großen Bereich ihrer Praxis erzählt.

1. Welchem Ausbildungssystem können alle drei Auszubildenden zugeordnet werden?

____

2. Erklären Sie die Praxisarten, in denen die Auszubildenden tätig sind.

____

____

____

____

____

____

____

____

____

____

3. Welche Aufgaben erfüllen die Bezirksärztekammern bei den drei Auszubildenden?

____

____

____

4. Welche Voraussetzungen muss der Chef von Betül Yilmaz erfüllen, um seine Kassenarztpraxis führen zu dürfen?

____

____

5. Erklären Sie, was zum internen Bereich, zum Kommunikationsbereich und zum öffentlichen Bereich einer Arztpraxis gehört.

____

____

____

____

____

____

____

1. Duales System: Berufsschule + betriebliche Ausbildung
2. Allgemeinmedizinische Einzelpraxis: Ein Arzt als Praxisinhaber, Behandlungsverträge werden zwischen dem Arzt und den Patienten geschlossen; Berufsausübungsgemeinschaft: Mehrere Ärzte haben sich zusammengeschlossen, der Behandlungsvertrag kommt zwischen dem Patienten und der Berufsausübungsgemeinschaft zu Stande, d.h., der Patient kann von jedem Arzt der Praxis behandelt werden; Medizinische Versorgungszentren: Es handelt sich um fachübergreifende medizinische Einrichtungen, Ärzte sind Vertragsärzte oder angestellt und eigenverantwortlich.
3. Überwachung der Ausbildung, Zulassung zu den Prüfungen, Durchführung der Prüfungen, Erlass der Prüfungsordnungen, Einrichtung des Prüfungsausschusses
4. Facharztbezeichnung, Eintragung im Arztregister, Führungszeugnis
5. Interner Bereich: Aufenthaltsraum für das Personal, Arztraum, um Besuche zu empfangen, Praxisbüro, Personal-WC; Kommunikationsbereich: Anmeldung, ärztliche Behandlungszimmer, Funktionsräume, Labor, Lager, Arztbüro; öffentlicher Bereich: Wartezimmer, Patienten-WC, Garderobe

1. Welche Aussage ist richtig?
Folgende Tätigkeiten darf ein Arzt an eine Auszubildende delegieren:
A) Blutdruckmessung
B) Belastungs-EKG
C) Hautnaht
D) intravenöse Injektion
E) Medikamentenverordnung

2. Welche Aussage ist richtig?
Zum Gesundheitsschutz als Aufgabe des Gesundheitswesens gehören:
A) Rehabilitation
B) Hygiene
C) Infarktsportgruppe
D) Operation
E) Anschlussheilbehandlung

3. Welche beiden Aussagen sind richtig?
Zu den Schlüsselqualifikationen einer MFA gehören:
A) Zuverlässigkeit
B) Weiterbildungsbereitschaft
C) Sprechen mehrerer Sprachen
D) asoziales Verhalten
E) historisches Grundwissen
F) Verkaufsstrategien

4. Welche Aussage ist falsch?
Zu den großen Tätigkeitsfeldern einer MFA gehören:
A) Patientenbetreuung
B) Assistenz
C) Praxisverwaltung, EDV
D) Wäscherei
E) Patientenmanagement

5. Welche Aussage ist richtig?
Zur Ausübung des Arztberufs wird Folgendes benötigt:
A) Promotion
B) Dissertation
C) Approbation
D) Diplom
E) Habilitation

6. Welche Aussage ist richtig?
A) Facharztanerkennungen werden von der KV erteilt.
B) Fortbildungen für MFAs werden immer von der KV organisiert.
C) Die KV erlässt Prüfungsordnungen für Medizinische Fachangestellte.
D) Die Ärztekammer unterstützt alle Zahn- und Tierärzte.
E) Bei Streitigkeiten zwischen Arzt und Patient schlichtet die Ärztekammer.

7. Welche Aussagekombination ist richtig?
1 Eine MFA muss für delegierbare Aufgaben in der Praxis die erforderlichen Qualifikationen besitzen.
2 Ein Arzt muss die Tätigkeiten einer Angestellten nicht überwachen.
3 Ein Arzt lässt sich delegierbare Leistungen von seiner Auszubildenden vorführen.
4 Die Durchführung nicht delegierbarer Leistungen kann bestraft werden.
5 Ein Arzt darf delegierbare Leistungen nicht kontrollieren.

A) Alle Aussagen sind richtig.
B) Nur die Aussagen 2, 4 und 5 sind richtig.
C) Nur die Aussagen 1, 3 und 4 sind richtig.
D) Nur die Aussagen 2 und 4 sind richtig.
E) Nur die Aussagen 4 und 5 sind richtig.

8. Welche Aussage ist falsch?
Hauptaufgaben der WHO sind:
A) Arzneimittelherstellung
B) Seuchenbekämpfung
C) Forschung
D) Erstellung von Statistiken
E) Heilmittelstandardisierung

9. Welche Aussagekombination ist richtig?
1 In allgemeinen Krankenhäusern werden nur Privatpatienten behandelt.
2 Zu den Fachkrankenhäusern gehört das Kreiskrankenhaus.
3 Ein Kurklinikum zählt zu den Sonderkrankenhäusern.
4 In Universitätskliniken wird neben der Patientenversorgung auch Forschung betrieben.
5 Universitätskliniken sind Krankenhäuser der Minimalversorgung.

A) Alle Aussagen sind richtig.
B) Nur die Aussagen 2, 4 und 5 sind richtig.
C) Nur die Aussagen 1, 3 und 4 sind richtig.
D) Nur die Aussagen 3 und 4 sind richtig.
E) Nur die Aussagen 4 und 5 sind richtig.

1. A	2. B
3. A, B	4. D
5. C	6. E
7. C	8. A
9. D	

10. Welche Aussage ist richtig?
A) Die KV hat standespolitische Aufgaben.
B) Die Ärztekammer überwacht die vertragsärztlichen Pflichten der Mitglieder.
C) Die Ärztekammer stellt die vertragsärztliche Versorgung sicher.
D) Die Ärztekammer schließt Verträge mit den Krankenkassen ab.
E) Für die Honorarabrechnung der Ärzte sorgt die Ärztekammer.

11. Welche der folgenden Werbemaßnahmen sind erlaubt (zwei Angaben)?
A) Tag der offenen Tür
B) Werbung auf Fahrzeugen
C) Postwurfsendungen
D) Kultursponsoring
E) Plakatierung
F) Bandenwerbung

12. Welche Aussagekombination ist richtig?
1 Corporate Communication ermöglicht den Ärzten eine bessere Kommunikation untereinander.
2 Die Corporate Culture kennzeichnet den Führungsstil einer Praxis.
3 Farben und Formen, Schriften und Gestaltungen spielen beim Corporate Design eine Rolle.
4 Elemente der Gestaltung kommen nur im Bereich der Anmeldung zum Tragen.
5 Die Corporate Identity kennzeichnet die Eigenart einer Praxis.

A) Alle Aussagen sind richtig.
B) Nur die Aussagen 1 und 2 sind richtig.
C) Nur die Aussagen 1, 2 und 5 sind richtig.
D) Nur die Aussagen 2, 3 und 5 sind richtig.
E) Nur die Aussagen 2 und 3 sind richtig.

13. Welche beiden Zuordnungen sind falsch?
A) Praxisgemeinschaft → Patient hat keinen Anspruch zu entscheiden, welcher Arzt ihn behandelt
B) Apparategemeinschaft → Nutzung gemeinsamer Geräte
C) Berufsausübungsgemeinschaft → gemeinsamer Honorarbescheid der KV
D) MVZ → selbstständig tätige Ärzte
E) Organisationsgemeinschaft → Behandlungsvertrag zwischen Patient und Arzt
F) Teilberufsausübungsgemeinschaft → Teile der medizinischen Leistungen werden gemeinsam erfüllt

14. Ordnen Sie zu.

A	Pflegeberuf	1	Apotheker
B	therapeutisch-rehabilitativer Beruf	2	PKA
C	diagnostisch-technischer Beruf	3	Physiotherapeut
D	Heilberuf	4	Altenpfleger

A) A3, B4, C1, D2
B) A2, B1, C4, D3
C) A1, B4, C2, D3
D) A4, B3, C2, D1
E) A2, B4, C1, D3

15. Welche Zuordnung ist falsch?
A) Ausbildungsordnung → Ausbildungsdauer wird beschrieben
B) Rahmenlehrplan → enthält die Lernfelder
C) Rahmenlehrplan → praktische Tätigkeiten werden beschrieben
D) Ausbildungsordnung → enthält grammatikalische Grundbegriffe
E) Ausbildungsordnung → enthält die Prüfungsordnung

16. Welche Aussagekombination ist richtig?
1 Ärzte können freiwillige Mitglieder der Landesärztekammer sein.
2 Ärztekammern sind gesetzlich verpflichtet, bestimmte Aufgaben zu erfüllen.
3 Die KV überwacht die Ausbildung der Medizinischen Fachangestellten.
4 Bei der Ärztekammer wird ein Verzeichnis aller Berufsausbildungsverhältnisse geführt.
5 Abschlussprüfungen der Auszubildenden werden von der KV organisiert.

A) Alle Aussagen sind richtig.
B) Nur die Aussagen 1 und 2 sind richtig.
C) Nur die Aussagen 1, 2 und 5 sind richtig.
D) Nur die Aussagen 2, 3 und 4 sind richtig.
E) Nur die Aussagen 2 und 4 sind richtig.

10. A
11. A, D
12. D
13. A, D
14. D
15. D
16. E

2 Der Behandlungsvertrag

Wodurch kommt ein Behandlungsvertrag zu Stande?

Durch zwei übereinstimmende Willenserklärungen, z. B.:
- Patient bittet um Behandlung, Arzt führt die Behandlung durch.
- Arzt erklärt die Behandlung, Patient duldet die Behandlung.

Erklären Sie, um welche Vertragsart es sich bei einem Behandlungsvertrag handelt.

Es handelt sich um einen Dienstvertrag, d. h., der Arzt muss seine Dienste nach bestem Wissen und Gewissen erbringen (ohne Erfolgsgarantie).

Was versteht man unter Individuellen Gesundheitsleistungen (IGeL) und wie sind diese vertraglich geregelt?

Es handelt sich um Leistungen, die von den Patienten gewünscht und von den Ärzten empfohlen werden, aber von den gesetzlichen Krankenkassen nicht bezahlt werden.
Für diese Leistungen muss ein eigener Behandlungsvertrag zwischen dem Arzt und dem Patienten geschlossen werden.

Geben Sie die Rechte und Pflichten aus dem Behandlungsvertrag für den Arzt und für den Patienten an.

Pflichten des Arztes = Rechte des Patienten	Pflichten des Patienten = Rechte des Arztes
Behandlungspflicht	Mitwirkungspflicht
Aufklärungspflicht	Bezahlungspflicht
Schweigepflicht	
Dokumentationspflicht	
Aufbewahrungspflicht	

Nennen Sie wichtige Unterlagen der Praxis und geben Sie deren Aufbewahrungsdauer an.

Durchschriften von AU-Bescheinigungen	1 Jahr
Durchschriften von BtM-Rezepten	3 Jahre
Sicherungskopie der Abrechnung	4 Jahre
Ärztliche Aufzeichnungen	10 Jahre nach Abschluss der Behandlung
Dokumentation Strahlendiagnostik (Erwachsene)	10 Jahre
Dokumentation der Behandlung mit Röntgen- und radioaktiven Strahlen	30 Jahre
Zytologische Abstriche	10 Jahre
Bericht über Früherkennungsuntersuchungen	5 Jahre
Stammblätter für Geschlechtskrankheiten (Behandlung)	5 Jahre
Durchschrift über Jugendarbeitsschutzuntersuchung	10 Jahre
Buchungsbelege	10 Jahre
Geschäftsbücher	10 Jahre

Was versteht man unter Haftung?

Unter Haftung versteht man, dass eine Person, die einen Schaden verursacht hat, für diesen einstehen muss.

Nennen Sie Haftungsarten und erklären Sie diese.

vertragliche Haftung	Durch einen Vertrag verpflichtet sich jemand, für einen eventuellen Schaden einzutreten, z. B. durch Gewährung einer Garantie.
Haftung aus schuldhafter Vertragsverletzung	Vertragspflichten werden schuldhaft nicht erfüllt; z. B. Waren werden mit arglistig verschwiegenen Mängeln geliefert.
Haftung aus unerlaubter Handlung	Handlungen, die gegen das Gesetz verstoßen, z. B. bei Körperverletzung

Prüfungsfall Krebsfrüherkennung: S. 330

Tugba Yilmaz ist im 1. Ausbildungsjahr in der allgemeinmedizinischen Praxis von Dr. Uhl beschäftigt. Ihr ehemaliger Klassenlehrer, Fridolin Schenkel, ist privatversicherter Patient der Praxis. Tugba erfährt, dass Herr Schenkel zurzeit nicht unterrichten kann, da er an einer schweren Psychose leidet. Maike Reischmann ist ebenfalls bei Dr. Uhl beschäftigt: Da sie bereits im 3. Ausbildungsjahr ist, darf sie bei den Patienten Blut abnehmen und i.m. und s.c. Spritzen verabreichen. Der gesetzlich versicherten Patientin Rita Hägele hat Dr. Uhl zunächst eine i.m. Injektion verordnet, welche Maike der Patientin verabreicht. Später soll sich Frau Hägele einer kleinen Operation unterziehen, die Dr. Uhl ambulant durchführen wird.

1. Wie sind die Vertragsverhältnisse hinsichtlich der beiden Patienten, Herr Schenkel und Frau Hägele?

2. Auf einem Klassentreffen würde Tugba gern von der Psychose ihres damaligen Klassenlehrers erzählen. Beurteilen Sie diesen Sachverhalt: Wer unterliegt in der Praxis der Schweigepflicht?

3. Wann kann die Schweigepflicht aufgehoben werden?

4. Welche Informationen über einen Patienten werden von der Schweigepflicht erfasst?

1. Ein Privatpatient wie Herr Schenkel schließt mit Dr. Uhl einen Behandlungsvertrag und muss das Honorar an Dr. Uhl bezahlen und selbst mit seiner PKV abrechnen. Da Frau Hägele gesetzlich versichert ist, wird das Honorar nach der Quartalsabrechnung von der KV an Dr. Uhl bezahlt. Frau Hägele bezahlt ihrer Krankenkasse monatlich ihren Versicherungspflichtbeitrag.
2. Schweigepflicht gilt für alle, die in der Praxis tätig sind: Arzt, Assistenten, Medizinische Fachangestellte, Praktikanten, Reinigungspersonal.
3. Aufhebung der Schweigepflicht: bei Schweigepflichtentbindung durch den Patienten, z. B. bei Nachfragen von Lebensversicherungen oder Auskunft gegenüber anderen Personen oder Angehörigen; bei gesetzlichem Gebot, z. B. Auskunft gegenüber Sozialversicherungsträgern; bei Gefährdung höherwertiger Rechtsgüter, z. B. zur Verhinderung einer Straftat oder von Ansteckungsgefahren; bei meldepflichtigen Erkrankungen; im Interesse des Arztes, z. B. zur Durchsetzung von Ansprüchen
4. Es werden sowohl die Diagnose des Patienten und die Art der Behandlung als auch persönliche Mitteilungen und Verhältnisse des Patienten sowie der Praxisbesuch von der Schweigepflicht erfasst.

5. Maike Reischmann soll Frau Hägele bezüglich der geplanten kleinen Operation aufklären. Erläutern Sie diesen Sachverhalt und nennen Sie weitere Bestimmungen zur Aufklärungspflicht.

6. Welche Aufklärungsarten gibt es für die Aufklärungspflicht des Arztes?

7. Wie wird der Behandlungsvertrag beendet?

8. Erklären Sie den Unterschied zwischen einer Erfüllungsgehilfin und einer Verrichtungsgehilfin in Bezug auf die Haftung des Arztes.

9. Maike Reischmann hat bei Frau Hägele die verordnete i.m. Injektion durchgeführt. Die Patientin erlitt einen Spritzenabszess. Wer haftet in diesem Fall?

10. Wie kann ein Arzt bei Pflichtverletzungen des Behandlungsvertrags zur Haftung herangezogen werden?

5. Der Arzt selbst muss vor jeder Art von Behandlung den Patienten aufklären, eine MFA darf die Aufklärung nicht übernehmen. Da es sich um eine kleine Operation handelt, ist die Aufklärung am Tag des Eingriffs ausreichend.
6. Verlaufsaufklärung, Risikoaufklärung, Diagnoseaufklärung, Sicherungsaufklärung, Selbstbestimmungsaufklärung
7. Der Vertrag wird beendet durch Abschluss der Behandlung, Tod eines Vertragspartners oder eine Kündigung, z. B. bei gestörtem Vertrauensverhältnis.
8. Erfüllungsgehilfin: Der Arzt erfüllt den Behandlungsvertrag mit Hilfskräften (MFAs, die delegierbare Leistungen durchführen). Verrichtungsgehilfin: Hilfskräfte begehen unerlaubte Handlungen während ihrer Beschäftigung.
9. Da es sich um eine delegierbare Leistung handelt und Maike als Erfüllungsgehilfin von Dr. Uhl gehandelt hat, haftet Dr. Uhl.
10. Es kann sowohl zur zivilrechtlichen als auch zur strafrechtlichen Klage kommen.

1. Welche Aussage ist richtig? Beim Behandlungsvertrag handelt es sich um einen ...

A) Werkvertrag.
B) Dienstvertrag.
C) Darlehensvertrag.
D) Wartungsvertrag.
E) Werklieferungsvertrag.

2. Welche Aussage ist richtig? Ein Arzt kann von der Schweigepflicht entbunden werden durch ...

A) die Ehefrau eines Patienten.
B) die MFA.
C) die gesetzliche Meldepflicht.
D) die Kinder, die nicht Betreuer eines dementen Patienten sind.
E) die Ärztekammer.

3. Welche beiden Aussagen sind richtig? Die Schweigepflicht besteht gegenüber ...

A) Ärzten, die an der Behandlung teilnehmen.
B) dem Arbeitgeber des Patienten.
C) den Sozialversicherungen.
D) dem Ehemann einer Patientin.
E) dem Gesundheitsamt bei Patienten, die an Hepatitis erkrankt sind.
F) der Polizei bei Kindesmisshandlung.

4. Welche Aussage ist falsch? Beim Behandlungsvertrag kann einer der beiden Vertragspartner sein:

A) die GKV
B) die KV
C) die BG
D) der Arzt
E) der Patient

5. Welche Aussage ist falsch? Ärztliche Aufzeichnungen sollten Folgendes enthalten:

A) Diagnose
B) Befund
C) Therapie
D) Aufklärung
E) Personalnummer des Patienten

6. Welche Aussage ist richtig?

A) Aufklärungen vor Operationen können von den MFAs durchgeführt werden.
B) Eine therapeutische Aufklärung wird von der Physiotherapeutin durchgeführt.
C) Bei einer Selbstbestimmungsaufklärung kann der Patient selbst entscheiden, ob er der Behandlung zustimmt.
D) Ältere Patienten müssen nicht aufgeklärt werden, da sie alle Behandlungen schon kennen.
E) Ist eine große Operation geplant, soll der Patient unmittelbar davor aufgeklärt werden.

7. Welche Aussagekombination ist richtig?

1 Durch Formulare können lange Aufklärungsgespräche umgangen werden.
2 Bei Patienten, die die deutsche Sprache nicht verstehen, soll zur Aufklärung ein Dolmetscher herangezogen werden.
3 Wird ein Patient über mögliche Komplikationen aufgeklärt, spricht man von einer Risikoaufklärung.
4 Eine Diagnoseaufklärung ist nur bei heilbaren Krankheiten möglich.
5 Bei einer Verlaufsaufklärung erklärt die MFA dem Patienten die Zeitdauer der Behandlung.

A) Alle Aussagen sind richtig.
B) Nur die Aussagen 2, 4 und 5 sind richtig.
C) Nur die Aussagen 1, 3 und 4 sind richtig.
D) Nur die Aussagen 2 und 3 sind richtig.
E) Nur die Aussagen 4 und 5 sind richtig.

8. Welche Aussage ist richtig? Der Behandlungsvertrag kann beendet werden durch ...

A) ein fehlendes Vertrauensverhältnis.
B) die Quartalsabrechnung.
C) einen Kuraufenthalt des Patienten.
D) eine medizinische Notlage.
E) Überlastung des Arztes.

9. Welche Aussagekombination ist richtig? In welchen Fällen wurde die Schweigepflicht gebrochen?

1 Zwei Ärzte unterhalten sich über die Krebstherapie eines gemeinsamen Patienten, der der Informationsweitergabe nicht schriftlich zugestimmt hat.
2 MFA Dina erzählt der MFA Kerstin von den Diagnosen ihrer Berufsschullehrerin, die Patientin in Dinas Praxis ist.
3 Dr. Lang gibt dem Gesundheitsamt Bescheid, dass sein Patient Georg Friedel an Meningitis leidet.
4 Eine MFA erzählt ihrem Freund, dass ihr Chef bei einer Operation einen Nerv durchtrennt hat.
5 Die Putzfrau einer Arztpraxis erfährt vom Kontostand der Praxis und erzählt davon ihrer Mutter.

A) Alle Aussagen sind richtig.
B) Nur die Aussagen 1, 2, 4 und 5 sind richtig.
C) Nur die Aussagen 1, 3 und 4 sind richtig.
D) Nur die Aussagen 2 und 4 sind richtig.
E) Nur die Aussagen 4 und 5 sind richtig.

1. B	2. C
3. B, D	4. C
5. E	6. C
7. D	8. A
9. B	

10. Welche Aussage ist falsch? Die Schweigepflicht eines Arztes kann verletzt werden, …

A) wenn der Arzt dadurch einen Mord verhindert.
B) wenn ein wissenschaftliches Buch angefertigt wird.
C) wenn der Arzt von einer Geiselnahme erfährt.
D) wenn der Arzt nach einem Schusswechsel dem Verbrecher eine Kugel entfernt.
E) wenn der Arzt ein misshandeltes Kind behandelt.

11. Welche beiden Pflichten zählen zu den Pflichten des Patienten?

A) Fürsorgepflicht
B) Mitwirkungspflicht
C) Vergütungspflicht
D) Zahlungspflicht
E) Schweigepflicht
F) Zeugnispflicht

12. Welche Aussagekombination ist richtig?

1 Patientenaufzeichnungen sollen übersichtlich geführt werden.
2 Es werden für die Abrechnung nur manuelle Aufzeichnungen anerkannt.
3 Praxisinterne Kürzel sollen aus Platzspargründen verwendet werden.
4 Alle Eintragungen sollen chronologisch sein.
5 Auf Grund der Rechenschaftspflicht des Arztes müssen Aufzeichnungen durchgeführt werden.

A) Alle Aussagen sind richtig.
B) Nur die Aussagen 1 und 2 sind richtig.
C) Nur die Aussagen 1, 4 und 5 sind richtig.
D) Nur die Aussagen 2, 3 und 5 sind richtig.
E) Nur die Aussagen 2 und 3 sind richtig.

13. Ordnen Sie zu.

A	Schweigepflicht	1	Der Therapieplan eines Patienten wird vom Arzt notiert.
B	Behandlungspflicht	2	Ein Arzt erklärt einer Patientin, dass sie an einem Pankreas-Ca leidet.
C	Aufklärungspflicht	3	Ein stark alkoholisierter Patient braucht ärztliche Hilfe.
D	Dokumentationspflicht	4	Eine MFA erfährt, dass ihre Nachbarin an Lues leidet.

A) A3, B4, C1, D2
B) A2, B1, C4, D3
C) A1, B4, C2, D3
D) A4, B3, C2, D1
E) A2, B4, C1, D3

14. Welche Zuordnung ist richtig?

A Risikoaufklärung → Aufklärung über Heilungschancen
B Verlaufsaufklärung → Mitteilung über die genaue Diagnose
C Diagnoseaufklärung → Aufklärung über mögliche Komplikationen
D Sicherungsaufklärung → Der Patient erhält Ratschläge, wie er sich nicht gefährdet.
E Selbstbestimmungsaufklärung → Der Arzt bestimmt selbst, was mit dem Patienten passiert.

15. Welche beiden Zuordnungen über die Aufbewahrungsfristen sind richtig?

A Buchungsbelege → 5 Jahre
B AU-Durchschriften → 2 Jahre
C Behandlung mit Röntgenstrahlen → 30 Jahre
D Durchschriften der BtM-Rezepte → 2 Jahre
E Zytologische Abstriche → 5 Jahre
F Befundberichte → 10 Jahre

16. Welche Aussagekombination ist richtig?

1 Nach erfolgter Aufklärung kann ein Patient immer seine Einwilligung zur Behandlung widerrufen.
2 Bei Jugendlichen zwischen 14 und 18 Jahren kann der Arzt sich im Zweifel vor einem ärztlichen Eingriff an die Eltern wenden.
3 In einem Aufklärungsgespräch muss der Patient einsichtsfähig sein.
4 Nur der Arzt selbst kann in einem Gespräch den Patienten aufklären.
5 Dem Patienten sollte genügend Bedenkzeit nach der Aufklärung gegeben werden.

A) Alle Aussagen sind richtig.
B) Nur die Aussagen 1 und 2 sind richtig.
C) Nur die Aussagen 1, 2 und 5 sind richtig.
D) Nur die Aussagen 2, 3 und 4 sind richtig.
E) Nur die Aussagen 2 und 4 sind richtig.

10. D
11. B, D
12. C
13. D
14. D
15. C, F
16. A

17. Welche Aussage ist richtig? Der Behandlungsvertrag ist beendet, ...

A) wenn das Honorar bezahlt ist.
B) wenn die Versichertenkarte nicht vorgelegt wurde.
C) wenn ein Vertragspartner stirbt.
D) wenn der Patient zu einem Facharzt überwiesen wird.
E) wenn ein verordnetes Antibiotikum eingenommen wurde.

18. Welche Aussage ist richtig? Eine namentliche Meldung muss bei folgendem Krankheitsverdacht, folgender Erkrankung oder Tod erfolgen:

A) Masern
B) Aids
C) Syphilis
D) Salmonellose
E) MRSA

19. Welche Aussage ist richtig? Zur Aufklärung vor Eingriffen braucht der Arzt ...

A) bei Minderjährigen unter 14 Jahren immer die Einwilligung beider Elternteile.
B) bei bewusstlosen Patienten die richterliche Zustimmung.
C) bei Jugendlichen unter 18 Jahren immer die Zustimmung eines Elternteils.
D) die Zustimmung vom Vormundschaftsgericht, wenn Jugendliche einen notwendigen Eingriff ablehnen.
E) bei Kleinkindern immer die Zustimmung eines Pflegers.

20. Welche beiden Aussagen zur Meldung einer ansteckenden Krankheit sind richtig?

A) Die Meldung einer ansteckenden Krankheit muss innerhalb von 24 Stunden erfolgen.
B) Für die Meldung liegt in allen Bundesländern ein landeseinheitlicher Meldebogen vor.
C) Die Meldung erfolgt an das Veterinäramt.
D) Der Pilot eines Flugzeugs oder der Kapitän eines Seeschiffs sind zur Meldung verpflichtet.
E) Alle Infektionskrankheiten müssen namentlich gemeldet werden.
F) Bei Unterlassung der Meldung und Ausbreitung der Krankheit kann eine Freiheitsstrafe von bis zu 20 Jahren erfolgen.

21. Welche Aussage ist falsch? Ein Arzt haftet im Behandlungsvertrag für ...

A) seine eigenen Fehler.
B) die Fehler einer MFA.
C) die Fehler von ärztlichen Vertretern.
D) die Fehler von Kollegen einer Praxisgemeinschaft.
E) die Fehler seiner Assistenzärzte.

22. Welche Aussage ist richtig? Die Gutachterkommission für Fragen ärztlicher Haftung ...

A) ist bei der Bundesärztekammer eingerichtet.
B) ist nur für die Patientenfragen zuständig.
C) besteht aus drei Juristen und einem Arzt.
D) erstellt ein schriftliches Gutachten.
E) besteht aus einem Juristen und drei Ärzten.

23. Welche Aussagekombination ist richtig?

1 Durch den Behandlungsvertrag verpflichtet sich der Arzt zur Sorgfalt.
2 Ein Kunstfehler kann auftreten, wenn der Arzt seine Sorgfaltspflicht nicht erfüllt.
3 Fahrlässigkeit bedeutet, dass der Arzt den Patienten bewusst schädigen möchte.
4 Ein Arzt handelt vorsätzlich, wenn er die erforderliche Sorgfalt außer Acht lässt.
5 Ein Arzt haftet nicht für einen unglücklichen Krankheitsverlauf.

A) Alle Aussagen sind richtig.
B) Nur die Aussagen 2, 4 und 5 sind richtig.
C) Nur die Aussagen 1, 2 und 5 sind richtig.
D) Nur die Aussagen 2 und 3 sind richtig.
E) Nur die Aussagen 4 und 5 sind richtig.

24. Welche Aussagekombination ist richtig? In welchen Fällen muss der Arzt haften?

1 Eine MFA führt bei einem Patienten ein vom Arzt angeordnetes Belastungs-EKG durch, der Patient erleidet einen Herzinfarkt.
2 Ein Patient bittet eine MFA um eine Grippeschutzimpfung, welche ohne ärztliche Anordnung durch die MFA durchgeführt wird; der Patient erleidet einen Spritzenabszess.
3 Eine MFA verabreicht selbstständig einem Patienten eine Spritze intravenös, worauf der Patient einen anaphylaktischen Schock erleidet.
4 Ein Patient bekommt von einer MFA einen vom Arzt verordneten Hydrokolloidverband angelegt und reagiert allergisch.
5 Eine Patientin kollabiert, als eine MFA einen vom Arzt verordneten Allergietest durchführt.

A) Alle Aussagen sind richtig.
B) Nur die Aussagen 1, 4 und 5 sind richtig.
C) Nur die Aussagen 1, 3 und 5 sind richtig.
D) Nur die Aussagen 3 und 4 sind richtig.
E) Nur die Aussagen 4 und 5 sind richtig.

17. C	18. A
19. A	20. A, D
21. D	22. D
23. C	24. B

3 Datenverwaltung und -verarbeitung in der Arztpraxis

Erklären Sie den Unterschied zwischen Stamm- und Bewegungsdaten.

Stammdaten bleiben längere Zeit unverändert (z. B. der Name des Patienten), während Bewegungsdaten ständig geändert werden (z. B. Medikamentenverabreichung).

Geben Sie an, welche Daten in der Arztpraxis vorkommen.

- Patientendaten
- medizinische Dokumentationen
- Material- und Maschineninformationen
- Abrechnung
- Buchführung
- Textverarbeitung

Welche verschiedenen Ordnungssysteme gibt es?

- alphabetische Ordnung
- numerische Ordnung
- alphanumerische Ordnung
- chronologische Ordnung
- sachliche Ordnung

Welche Aufgaben hat eine Patientenkartei?

Gedächtnisstütze, Beweismittel bei Streitigkeiten, Abrechnungsgrundlage, Unterlage für Vertretungen und spätere Behandlungen, Personenidentifizierung, Querverbindung zur Buchführung

Wie kann eine laufende Kartei sortiert sein?

- Patienten in Behandlung
- Patienten nicht in Behandlung
- Patienten sortiert nach Kostenträger

Wie kann eine Patientenkartei in der Arztpraxis unterteilt sein?

Archiv - Altkartei - Röntgenkartei - laufende Kartei - Notfallkartei - Mahnkartei - Recall-Kartei

Welche Einsatzbereiche gibt es in der Arztpraxis für einen Computer?

Terminplanung, Bild-Dokumentenarchiv, Quartalsabrechnung, Verwaltung von Patientendaten, Kommunikation im Team

Nennen Sie Möglichkeiten zum Schutz analoger und digitaler Daten in einer Arztpraxis.

- organisatorisch: Sicherheitskopien erstellen, Zutrittskontrollsysteme, Protokollierung durch Aufzeichnung aller Aktivitäten, Datenträgertransport (muss namentlich festgelegt werden), Datenschutzbeauftragter (Kontrolle der Einhaltung der Datenschutzgesetze), Raumschutz (Temperaturkontrolle)
- technisch: z. B. Einbau von Alarmanlagen, Türsicherungen, Notstromaggregaten
- programmtechnische Maßnahmen: Passwortverwendung, Kopierschutz, Virenschutz

Nennen Sie Beispiele für Hard- und Software.

Hardware	Software
Tastatur Kartenlesegerät Maus Bildschirm Drucker Rechenwerk interner Speicher Schnittstellen Festplatten Speicherkarten USB-Sticks	Systemprogramme Anwenderprogramme, z. B. Medistar, Turbomed, Albis, Elefant

In der Praxis von Herrn Dr. Uhl sind sehr viele Karteikarten nicht zeitgerecht einsortiert worden, da viele Notfälle zu behandeln waren. Tugba Yilmaz soll nun verschiedene Karteikarten einsortieren.

1. Was muss Tugba bei Umlauten und beim ß bedenken?

2. Tugba muss ebenso die Karteikarten von Hans Schneider sen. und Hans Schneider jun. einsortieren. Welche weiteren Ordnungskriterien bieten sich hier an?

3. Was versteht man unter einer alphanumerischen Ordnung?

4. Bei Dr. Uhl gibt es für die Patientenkartei zwei verschiedene Schränke. Erklären Sie, warum sich nicht alle Karteikarten in einem Schrank befinden.

5. Dr. Uhl hat seine Erstkraft zur Datenschutzbeauftragen ernannt. Erklären Sie, warum dies erfolgen muss.

6. Wozu und wie werden Datensicherungen in einer Praxis durchgeführt?

Prüfungsfall Appendizitis: S. 313

1. Die Umlaute ä, ö und ü müssen wie ae, oe oder ue behandelt werden, β wird wie ss einsortiert.
2. Nach dem Namen gilt als nächstes Ordnungskriterium die Straβe und der Ort, bei Gleichheit wird nach dem Geburtsdatum sortiert.
3. Es handelt sich um eine Kombination von alphabetischer und numerischer Ordnung, z. B. Klassenbezeichnungen G1MF3 oder Autokennzeichen.
4. Für die Praxisarbeit ist es übersichtlicher, die Patientenkartei neben der alphanumerischen Ordnung nochmals zu unterteilen, z. B. nach Kassenzuordnung, und in verschiedene Schränke einzusortieren.
5. In Arztpraxen mit mehr als zwanzig Mitarbeitern und einer EDV-Anlage muss ein Datenschutzbeauftragter ernannt werden, der sich mit der Einhaltung und Kontrolle des Datenschutzgesetzes befasst.
6. Datensicherung ist notwendig, damit alle eingegebenen Daten, v. a. bei Praxen, die keine Kartei führen, gesichert sind. Dies kann auf DVDs, Sticks oder externen Festplatten erfolgen.

1. Welche Aussage ist richtig? Zu den Bewegungsdaten zählt man ...

A) die tägliche Medikamenteneinnahme.
B) den Namen des Patienten.
C) die Krankenkasse des Patienten.
D) den Wohnort des Patienten.
E) den Beruf des Patienten.

2. Welche beiden Aussagen sind richtig? Die Sortierung von Daten ist folgendermaßen möglich:

A) diagnostisch
B) alphabetisch
C) chaotisch
D) chronologisch
E) epidemiologisch
F) pathologisch

3. Welche Aussage ist richtig? Bei der alphabetischen Ordnung ...

A) erfolgt die Sortierung nach DIN 0815.
B) folgen einfache Familiennamen auf zusammengesetzte Familiennamen.
C) werden akademische Grade berücksichtigt.
D) stehen Familiennamen mit Vornamen vor Familiennamen ohne Vornamen.
E) gelten abgekürzte Vornamen als selbstständige Wörter.

4. Welche Aussage ist falsch?

A) Eine Praxisbuchführung kann chronologisch geordnet sein.
B) Bei einer Amtsablage liegt das älteste Exemplar oben.
C) Bei der Bezeichnung RG 456/2013 handelt es sich um eine alphanumerische Ordnung.
D) Eine numerische Ordnung erfolgt nach der Zeit.
E) Bei der mnemotechnischen Ordnung können Ordner mit verschiedenen Stichwörtern versehen werden.

5. Welche Aussage ist richtig? Eine Patientenkartei enthält ...

A) den Schulabschluss des Patienten.
B) Behandlungsmaßnahmen.
C) die Konfession.
D) die Augenfarbe.
E) die Hobbys des Patienten.

6. Welche Aussage ist richtig? Karteikarten in einer Arztpraxis ...

A) sind üblicherweise in DIN-A3-Format.
B) werden immer im Hochformat eingesetzt.
C) können durch das Aufkleben von Etiketten jederzeit geändert werden.
D) bestehen meist aus Wellpappe.
E) müssen nicht erweiterbar sein.

7. Welche Aussagekombination ist richtig?

1 Durch den Einsatz farbiger Karteikarten kann eine Unterteilung in Privat- und Kassenpatienten erfolgen.
2 Durch farbige Markierungen einer Alphabetleiste sind falsch einsortierte Karteikarten sofort zu erkennen.
3 Durch Trennblätter wird die Übersichtlichkeit eingeschränkt.
4 Tabe sind eingeschnittene Vertiefungen in einer Karteikarte.
5 Eine Kerbe ist ein Ordnungshilfsmittel in einer Karteikarte.

A) Alle Aussagen sind richtig.
B) Nur die Aussagen 2, 4 und 5 sind richtig.
C) Nur die Aussagen 1, 2 und 5 sind richtig.
D) Nur die Aussagen 2 und 4 sind richtig.
E) Nur die Aussagen 3 und 5 sind richtig.

8. Welche beiden Aussagen sind richtig? Reiter in einer Karteikarte können hinweisen auf:

A) demente Patienten
B) gemahnte Patienten
C) fehlende elektronische Gesundheitskarte
D) minderjährige Patienten
E) Patient mit unzuverlässiger Krankenkasse
F) verwitwete Patienten

9. Welche Aussagekombination ist richtig?

1 Bei einer Staffelkartei überblickt man immer nur eine Gruppe von Karteikarten.
2 Eine Steilkartei steht oder hängt hintereinander in einem Behälter.
3 Eine Patientenkartei kann unterteilt sein in Notfallkartei oder Röntgenkartei.
4 Eine laufende Kartei kann geordnet sein nach Patienten, die in Behandlung sind, und Patienten, die sich nicht in Behandlung befinden.
5 Eine Mahnkartei kann chronologisch geordnet sein.

A) Alle Aussagen sind richtig.
B) Nur die Aussagen 2, 4 und 5 sind richtig.
C) Nur die Aussagen 1, 3 und 5 sind richtig.
D) Nur die Aussagen 3 und 4 sind richtig.
E) Nur die Aussagen 4 und 5 sind richtig.

1. A	2. B, D
3. E	4. D
5. B	6. C
7. C	8. B, C
9. A	

10. Welche Aussage ist richtig? Dokumentationen in einer Karteikarte sollen ...

A) ausführlich beschrieben sein.
B) über die Dauer einer möglichen Arbeitsunfähigkeit informieren.
C) niemals mit Abkürzungen erstellt werden.
D) keine Symbole enthalten.
E) keine Befundberichte enthalten.

11. Welche beiden Aussagen sind richtig? In der Arztpraxis erfolgt der Computereinsatz, ...

A) um schnell über Facebook mit anderen Ärzten kommunizieren zu können.
B) um jederzeit Onlinebestellungen zu tätigen.
C) um Termine zu planen.
D) um sich im Netdoctor Informationen zu holen.
E) um eine digitale Archivierung durchzuführen.
F) um weltweite Kontakte zu ermöglichen.

12. Welche Aussagekombination ist richtig?

1 Zu den personenbezogenen Daten einer Arztpraxis gehören das Einkommen und die Personalnummer eines Patienten.
2 Werden personenbezogene Daten in einer Datei erfasst, dann sind sie durch das Bundesdatenschutzgesetz geschützt.
3 Im Bundesdatenschutzgesetz wird die Datenverarbeitung geregelt.
4 In Kliniken muss ein Datenschutzbeauftragter benannt werden; in Arztpraxen ist dies nicht nötig, da weniger Daten verarbeitet werden.
5 Nach dem Bundesdatenschutzgesetz haben alle Patienten das Recht, Auskunft über ihre gespeicherten Daten zu erhalten.

A) Alle Aussagen sind richtig.
B) Nur die Aussagen 1 und 2 sind richtig.
C) Nur die Aussagen 1, 2 und 5 sind richtig.
D) Nur die Aussagen 2, 3 und 5 sind richtig.
E) Nur die Aussagen 2 und 3 sind richtig.

13. Ordnen Sie zu.

A	Dateneingabe	1	USB-Stick
B	Zentraleinheit	2	Bildschirm
C	Datenausgabe	3	Maus
D	externer Speicher	4	Prozessor

A) A3, B4, C2, D1
B) A2, B1, C3, D4
C) A1, B4, C2, D3
D) A4, B3, C2, D1
E) A2, B4, C1, D3

14. Welche Zuordnung ist falsch?

A	Internet	→	weltweites Netzwerk
B	Computernetz	→	ein Zentralrechner in der Praxis
C	Intranet	→	interne Vernetzung von Computern
D	Stand-alone-System	→	ein Computer in der Praxis
E	Multiuser-System	→	Datenverarbeitungsanlage mit Server

15. Welche beiden Zuordnungen zur Datensicherung sind richtig?

A	Erstellung von Sicherungskopien	→	technische Maßnahme
B	Führen eines Logbuchs	→	organisatorische Maßnahme
C	Rechnersicherung durch Schlüsselschalter	→	organisatorische Maßnahme
D	Passwortverfahren	→	technische Maßnahme
E	Notstromaggregat	→	programmtechnische Maßnahme
F	Kopierschutz	→	programmtechnische Maßnahme

16. Welche Aussagekombination ist richtig?

1 Gespeicherte Daten können von Bakterien zerstört werden.
2 Harmlose Bakterien können sich im Rechner einnisten, ohne Schaden zu erzeugen.
3 Antivirenprogramme können dauernd aktiv sein.
4 Durch das Internet können Bakterien verbreitet werden.
5 Um seine Daten zu schützen, sollten keine fremden Dateien angenommen werden.

A) Alle Aussagen sind richtig.
B) Nur die Aussagen 1 und 2 sind richtig.
C) Nur die Aussagen 1, 2 und 4 sind richtig.
D) Nur die Aussagen 2, 3 und 4 sind richtig.
E) Nur die Aussagen 3 und 5 sind richtig.

10. B	11. C, E
12. D	13. A
14. B	15. B, F
16. E	

4 Bestell- und Lagerorganisation

Was gehört zu einer Praxisausstattung?

- langlebige Investitionsgüter, z. B. Maschinen, Rechner, Geräte, Instrumente
- Verbrauchsmaterialien, z. B. Spritzen, Kanülen, Verbandmaterial, Medikamente

Welchen Zweck erfüllt das Medizinproduktegesetz? Geben Sie Beispiele für die Klassifizierung.

Patienten, Anwender und Dritte sollen vor Unfällen mit Medizinprodukten geschützt werden. Dabei werden die Produkte nach ihrer Gefährdung klassifiziert:
- Klasse I, z. B. Stethoskop
- Klasse IIa, z. B. Einmalspritzen
- Klasse IIb, z. B. EKG-Gerät
- Klasse III, z. B. Herzschrittmacher

Warum muss ein Arzt Medizinproduktebücher führen und welche Angaben sind erforderlich?

Der Arzt muss Medizinproduktebücher zum Nachweis bei auftretenden Zwischenfällen führen. Angaben:
- Bezeichnung des Medizinprodukts
- Beleg über Einweisung und Wartungen
- Namen der eingewiesenen Personen
- Name des Prüfers der sicherheitstechnischen Kontrolle und deren Ergebnis
- Meldungen von Besonderheiten an den Hersteller
- Datum und Art von Funktionsstörungen

Welches Ziel verfolgt eine strukturierte Lagerorganisation und wie setzen sich die Lagerkosten zusammen?

Es muss genug Material in der Praxis sein, um die Patienten bedarfsgerecht versorgen zu können. Lagerkosten:
- Raumkosten
- Personalkosten
- anteilige Steuern und Kapitalverzinsung
- Risiko des Verderbs

Was ist bei der Arzneimittellagerung zu beachten?

- Aufbewahrung für Patienten unzugänglich in abschließbaren Schränken
- Sortierung nach der „Avni-Methode" (Altes nach vorne, Neues nach hinten) oder FEFO (first expired, first out - zuerst abgelaufen, zuerst heraus)
- regelmäßige Kontrolle des Haltbarkeitsdatums, Entfernen abgelaufener Medikamente
- richtige Temperatur (ggf. ohne Unterbrechung der Kühlkette im Kühlschrank), Lichtschutz, trockene Lagerung

Wodurch unterscheiden sich Praxisbedarf und Sprechstundenbedarf?

- Praxisbedarf schließt alle Materialien ein, die zum Praxisalltag benötigt werden und vom Arzt bezahlt werden müssen, z. B. Kopierpapier.
- Sprechstundenbedarf beinhaltet Materialien, die für mehrere Patienten benötigt werden und die auf Kosten der gesetzlichen Krankenkassen verordnet werden können, z. B. Mullbinden, Notfallmedikamente.

Nennen Sie die Klassifikation verschiedener Müllarten und geben Sie Beispiele.

AS 1501xx (unproblematischer, nicht infektiöser Müll)	Glasabfall, Altpapier, Kunststoffabfall
AS 180104 (Müll, an den keine besonderen hygienischen Anforderungen gestellt werden)	Gipsverband, gebrauchte Handschuhe, Spritzen und Kanülen in durchstichsicheren Behältern
AS 180103 (Müll, an dessen Entsorgung besondere infektionspräventive Anforderungen gestellt werden)	Abfälle, die mit Erregern meldepflichtiger Krankheiten behaftet sind
AS 180106 (Chemikalien, die gefährliche Stoffe enthalten)	Röntgenabfall, Altmedikamente, Desinfektionsmittel

Prüfungsfall Diabetes mellitus Typ 1: S. 350

Die MFA Rebecca Lutz ist in der Praxis Dr. Haag für alle Bestellungen und die Geräteüberwachung zuständig. Ein Bote bringt ein Paket, da Rebecca Lutz verschiedene Verbandmaterialien und Einmalspritzen bestellt hat.

1. Was muss Rebecca Lutz bei der Warenannahme beachten?

2. Nach Beendigung der Warenannahme öffnet Rebecca Lutz das Paket. Welche Aufgaben sind damit verbunden?

3. Die fehlerfreie Ware muss nun ins Lager geräumt werden. Was ist hierbei zu beachten?

4. Nennen Sie die Unterschiede zwischen Höchstbestand und Bestellzeitpunktbestand bei der Lagerorganisation.

5. Rebecca Lutz hat den Medizintechniker zur Prüfung des EKG-Gerätes bestellt. Erläutern Sie das Gesetz, das diesen Sachverhalt beschreibt.

6. Nennen Sie Möglichkeiten, wie Bezugsquellen in einer Praxis ermittelt werden können.

1. Sie muss die Anzahl der Packstücke überprüfen sowie die Empfängerangabe kontrollieren und die Packstücke auf Unversehrtheit überprüfen.
2. Vergleich der Bestellung mit der gelieferten Ware; Durchführung der Prüfung auf Mängel; Abgleich des Lieferscheins mit der Rechnung
3. Frisch gelieferten Verbandstoffe und Spritzen haben das späteste Verfalldatum, d.h., das neue Material muss nach hinten geräumt werden (Avni-Methode: Altes nach vorne, Neues nach hinten; oder FEFO: first expired, first out - zuerst abgelaufen, zuerst raus).
4. Höchstbestand: Ist das Material neu eingekauft, so ist der Höchstbestand erreicht. Das Material wird nun verbraucht.
   Bestellzeitpunktbestand: Während der Lieferfrist von neu bestelltem Material dürfen keine Engpässe entstehen, d.h., der Bestand muss zum Bestellzeitpunkt ausreichend sein.
5. Die Medizinprodukte-Betreiberverordnung fordert in § 6 alle zwei Jahre eine sicherheitstechnische Kontrolle, um Mängel rechtzeitig zu erkennen und Patienten nicht zu Schaden kommen zu lassen. Dokumentation im Medizinproduktebuch.
6. z.B. durch Prospekte, Kataloge, Vertreterbesuche, Internet, Messen, Branchenbucher, Kommunikation mit anderen Arztpraxen

7. Geben Sie an, was bei der Lieferantenauswahl neben dem Preis noch entscheidend sein kann.

8. Was versteht man unter der ABC-Methode?

9. Erklären Sie, welche Rolle die Gebührenordnung für die Verordnung von Sprechstundenbedarf spielt und welche Bedeutung die sog. Negativliste hat.

10. Nennen Sie Gruppen von Produkten, die als Sprechstundenbedarf zulässig sind.

11. Geben Sie Möglichkeiten an, wie die Müllproduktion in Arztpraxen reduziert werden kann.

Prüfungsfall Thrombose: S. 337,
Prüfungsfall Arthrose: S. 341

7. z. B. Liefer- und Zahlungsbedingungen, Rabatte, Flexibilität, Service, Transportwege, Sortiment, persönliche Beziehungen
8. Dies ist eine Methode, um die Mengen- und Werteinschätzung des Praxisbedarfs vornehmen zu können. Der Wert der Waren wird ermittelt und in einer Tabelle erfasst. Materialien mit dem höchsten Wert sind die A-Materialien, um die man sich besonders kümmern muss.
9. Verordnungen, die durch die Gebührenordnung abgegolten sind, können nicht als Sprechstundenbedarf bestellt werden. Ebenso sind Medikamente von der Negativliste, die vom Patienten selbst bezahlt werden müssen, z. B. Aspirin®, von der Verordnung ausgenommen.
10. z. B. Diagnostika, Thermotherapeutika; Verband- u. Nahtmaterial; Narkotika; Desinfektions- u. Hautreinigungsmittel am Patienten; Reagenzien; Puder, Pulver, Salben; Arzneimittel für den Notfall
11. Recyclingpapier verwenden und Papierverbrauch einschränken; Altpapier sammeln und trennen; Verpackungen wieder zurückgeben oder Großbestellungen machen; Tonerkartuschen wieder auffüllen lassen; Pfandflaschen verwenden; Altglas, Metall, Kunststoff sammeln; organische Abfälle zum Kompostieren geben; langlebige Produkte bevorzugen; umweltfreundliche Putzmittel verwenden; Hand- und Geschirrtücher aus Baumwolle benutzen; kein Einweggeschirr verwenden

1. Welche Aussage ist richtig? Der Umgang mit medizinischen Geräten wird geregelt …

A) im Medizinproduktegesetz.
B) im Medizintechnologie-Informationssystemgesetz.
C) in der Abgrenzungsverordnung.
D) in der Bundesärzteordnung.
E) im Gesundheitsstrukturgesetz.

2. Welche Aussage ist richtig?

A) Medizinprodukte werden nach ihren Kosten klassifiziert.
B) Alle Medizinprodukte müssen mit dem grünen Punkt versehen sein.
C) Zu den Medizinprodukten gehören ausschließlich alle mit Strom betriebenen Geräte einer Praxis.
D) Medizinprodukte müssen den EU-Normen entsprechen.
E) Medizinprodukte müssen vom Praxisinhaber in eine Gefährdungsklassifizierung eingestuft werden.

3. Welche beiden Aussagen sind richtig?

A) Medizinprodukt der Klasse I ist ein Spirometer.
B) Medizinprodukt der Klasse III ist ein Herzschrittmacher.
C) Medizinprodukt der Klasse IIb ist ein Mundspatel.
D) Medizinprodukt der Klasse IIa sind OP-Handschuhe.
E) Medizinprodukt der Klasse I ist ein Ergometer.
F) Medizinprodukt der Klasse IIb ist eine Mullbinde.

4. Welche Aussage ist falsch?

A) Wenn ein Labor dem MPG unterliegt, muss eine Konformitätserklärung abgegeben werden.
B) Medizinprodukte der Klasse IIa, IIb und III müssen mit der Chargennummer versehen sein.
C) Verwendete Medizinprodukte muss man eventuell rückverfolgen können.
D) Die meisten Unfälle mit Medizinprodukten kommen auf Grund von Gerätefehlern zu Stande.
E) Verwendete Materialien sollten in der Patientenkartei dokumentiert werden.

5. Welche Aussage ist richtig?

A) Medizinproduktebücher werden von den Herstellern geführt.
B) Im Medizinproduktebuch sind eingewiesene Personen namentlich benannt sowie sicherheitstechnische Kontrollen vermerkt.
C) Geräte sollen alle fünf Jahre gewartet werden.
D) Schäden am Patienten durch medizinische Geräte treten nie auf.
E) Die MFA kann jederzeit sicherheitstechnische Kontrollen an den Geräten durchführen.

6. Welche Aussagekombination ist richtig?

1 Neu angelieferte Artikel werden bei der Einlagerung nach vorne gestellt.
2 Ärztemuster sollten kühl, lichtgeschützt und trocken aufbewahrt werden.
3 Arzneimittel müssen Unbefugten unzugänglich sein.
4 Hinweise für speziell zu lagernde Materialien können aus Sicherheitsdatenblättern entnommen werden.
5 Ältere Artikel werden bei der Einlagerung nach hinten gestellt.

A) Alle Aussagen sind richtig.
B) Nur die Aussagen 1, 3 und 5 sind richtig.
C) Nur die Aussagen 2 und 3 sind richtig.
D) Nur die Aussagen 2, 3 und 4 sind richtig.
E) Nur die Aussagen 4 und 5 sind richtig.

7. Welche Aussage ist richtig?

A) Kosten für die Lagerhaltung sinken, wenn ein Produkt lange eingelagert wird.
B) Medizinische Materialien können nicht verderben oder verfallen.
C) Lagerkosten beinhalten auch die Raumkosten und Kosten für die Reinigung des Lagers.
D) Just-in-time Produktion heißt, dass ein bestellter Artikel gleich nach der Bestellung produziert wird.
E) Durch Lagerhaltung in der Praxis können hohe Zinsen erwirtschaftet werden.

8. Welche Aussage ist falsch? Erforderliche Angaben im Medizinprodukte-Bestandsverzeichnis sind …

A) das Anschaffungsjahrzehnt des Medizinprodukts.
B) die Bezeichnung, die Art und der Typ des Medizinprodukts.
C) die CE-Kennzeichnung.
D) der Standort und die betriebliche Zuordnung.
E) die betriebliche Identifikationsnummer, soweit vorhanden.

9. Welche Aussage ist richtig?

A) Ware kann nach dem Eintreffen im Karton in das Lager gestellt werden.
B) Die Beschaffung kleinerer Mengen in kürzeren Abständen ist zeitsparender.
C) Werden keine brennbaren Materialien eingelagert, muss kein Feuerlöscher vorhanden sein.
D) Mengenrabatte erhöhen die Preise der Produkte.
E) Durch eine effektive Lagerhaltung ist die Patientenversorgung mit medizinischen Produkten gewährleistet.

1. A	2. D	3. B, D
4. D	5. B	6. D
7. C	8. A	9. E

10. Welche Aussage ist richtig?
A) Der Praxisbedarf geht zu Lasten der privaten Krankenkassen.
B) Zur Ermittlung des Praxisbedarfs wird die Avni-Methode angewandt.
C) Eine langjährig tätige MFA kann auf Grund ihrer Erfahrung den Praxisbedarf für eine Woche sehr gut abschätzen.
D) Der Wert der Waren spielt beim Praxisbedarf keine Rolle.
E) Zum Praxisbedarf zählt man Materialien, die hauptsächlich im OP benutzt werden.

11. Welche beiden Aussagen sind richtig?
A) Sprechstundenbedarf wird zu Lasten der gesetzlichen Krankenkassen verordnet.
B) Verordnungen des Sprechstundenbedarfs werden für die folgenden Quartale vorgenommen.
C) Verordnungen für Kassenpatienten werden immer über die BEK abgerechnet.
D) Bei der Verordnung des Sprechstundenbedarfs müssen auch Leistungen, die eine Materialpauschale enthalten, berücksichtigt werden.
E) Aspirin®-Tabletten gehören zum Sprechstundenbedarf.
F) Zäpfchen und Salben gehören nicht zum Sprechstundenbedarf.

12. Welche Aussagekombination ist richtig?
1 In einer Praxis werden keine Sicherheitsmengen von Verbänden benötigt.
2 Bestellungen hängen vom Warenverbrauch ab.
3 Zum Bestellzeitpunkt braucht kein Material mehr auf Lager zu sein.
4 Der Höchstbestand eines Lagers ist erreicht, wenn neu bestellte Ware eingelagert wurde.
5 Lieferengpässe müssen durch eine Sicherheitsreserve ausgeglichen werden.

A) Alle Aussagen sind richtig.
B) Nur die Aussagen 1 und 2 sind richtig.
C) Nur die Aussagen 1, 2 und 5 sind richtig.
D) Nur die Aussagen 2, 4 und 5 sind richtig.
E) Nur die Aussagen 2 und 3 sind richtig.

13. Welche Zuordnung ist richtig?

A	FEFO-Prinzip	→	fertige Emulsion für Operationen
B	Avni-Methode	→	Arzneimittel verfallen nicht immer
C	MPG	→	multiple Personaleinsatzgestaltung
D	ABC-Methode	→	zur besseren Einschätzung der Kosten von Praxisbedarfsartikeln
E	EBM	→	essenzielle Betriebsmittel

14. Kennzeichnen Sie die angegebenen Artikel mit einer 1, wenn es sich um Praxisbedarf handelt, oder mit einer 2, wenn es sich um Sprechstundenbedarf handelt.
A) Hautnahtmaterial
B) Kontrastmittel
C) Druckerpatrone
D) Briefumschläge für Arztbriefe
E) Hautdesinfektionsmittel für Patienten

15. Welche Zuordnung zum Müll ist falsch?

A	AS 180103	→	Wundverband eines Patienten mit Borreliose
B	AS 180101	→	gebrauchte Kanüle eines Patienten mit Leukämie
C	AS 1501xx	→	Limonadenflasche
D	AS 180106	→	Röntgenabfall
E	AS 180104	→	Urinbecher einer Patientin mit Harnwegsinfekt

16. Welche Aussagekombination ist richtig?
1 Müllvermeidung ist besser als Müllentsorgung.
2 Desinfektionsmittelsprays sollten FCKW enthalten.
3 Arztbriefe sollten nicht auf Recyclingpapier geschrieben werden.
4 Ökologisch besser sind mechanische Blutdruckmessgeräte ohne Batterien.
5 Pappe sollte im Hausmüll entsorgt werden.

A) Alle Aussagen sind richtig.
B) Nur die Aussagen 1 und 2 sind richtig.
C) Nur die Aussagen 1 und 4 sind richtig.
D) Nur die Aussagen 2, 3 und 5 sind richtig.
E) Nur die Aussagen 2 und 3 sind richtig.

17. Welche Aussage ist richtig?
A) Alle Medikamente müssen gekühlt werden.
B) Bei Insulin darf die Kühlkette nicht unterbrochen werden.
C) Die Kühlkette betrifft jede Medikamentenlagerung.
D) Gefrieren verlängert die Haltbarkeit aller Arzneimittel.
E) Um Medikamentenlagerung kümmert sich der Arzt.

10. C	11. A, D
12. D	13. D
14. A2, B2, C1, D1, E2	15. A
16. C	17. B

18. Welche Aussagen sind richtig? Vorteile umfangreicher Lagerhaltung sind:

A) Personalkosten
B) Zinsverlust
C) Raumkosten
D) Mengenrabatt
E) Verderb
F) wenig Verpackungsmaterial

19. Welche Aussage ist richtig?

A) Ein Lager in der Arztpraxis braucht nicht regelmäßig gereinigt zu werden.
B) Im Sommer können Getränke im Medikamentenkühlschrank gelagert werden.
C) Werden Medikamente im Gefrierfach gelagert, kann man ihre Haltbarkeit um zwei Jahre verlängern.
D) Der Medikamentenkühlschrank muss einmal im Jahr gründlich gereinigt und desinfiziert werden.
E) Entnimmt man Medikamente für geraume Zeit aus dem Kühlschrank, müssen sie in einer Kühlbox zwischengelagert werden.

20. Welche beiden Aussagen sind richtig?

A) Verfallene Medikamente können noch zu Arzneimittelstudien verwendet werden.
B) Der Notfallkoffer muss regelmäßig kontrolliert werden.
C) Betäubungsmittelabgänge müssen dokumentiert werden.
D) Betäubungsmittel werden alphabetisch zu den Ärztemustern einsortiert.
E) Betäubungsmittelzugänge müssen nicht festgehalten werden.
F) Der Betäubungsmittelbestand einer Praxis muss vom Gewerbeaufsichtsamt kontrolliert werden.

21. Welche Aussagekombination ist richtig?

1 Um eine optimale Lagerhaltung zu erzielen, ist es ratsam, eine Checkliste zu erstellen.
2 Lagermanagement kann auch durch ein Warenwirtschaftsprogramm am PC gesteuert werden.
3 Durch geeignete Praxismanagementprogramme erhält man bei richtiger Nutzung schnell Auskunft darüber, wann der entsprechende Bestellzeitpunkt erreicht ist.
4 Ein Praxismanagementprogramm kann nicht immer anzeigen, wer wofür verantwortlich ist.
5 Durch die Computerprogramme kann nicht ersichtlich werden, unter welchen Bedingungen Medikamente eingelagert werden müssen.

A) Alle Aussagen sind richtig.
B) Nur die Aussagen 1, 3 und 5 sind richtig.
C) Nur die Aussagen 1, 2 und 3 sind richtig.
D) Nur die Aussagen 2 und 4 sind richtig.
E) Nur die Aussagen 4 und 5 sind richtig.

22. Welche Aussagen sind richtig? Nachteile umfangreicher Lagerhaltung sind:

A) Sonderangebote
B) Skonto
C) Ware kann verfallen
D) Praxisablauf unsicher
E) Mengenrabatt
F) mehr Lagerraum nötig

23. Welche Aussage ist falsch? Zum Sprechstundenbedarf gehören:

A) Anästhetika
B) Hautreinigungsmittel zur Patientenanwendung
C) Kontrastmittel
D) Grippeschutzimpfstoffe
E) Suprarenin-Ampullen

24. Welche Aussagekombination zu den Bezugsquellen ist richtig?

1 Arbeitsschutz und Sauberkeit ist bei der Verwendung von bestimmten Produkten nachrangig.
2 Werden Produkte als aufeinander abgestimmte Materialien angeboten, so sollte man dies den Einzelpackungen vorziehen.
3 Die Verpackung für Produkte, die in der Praxis benötigt werden, spielt keine Rolle.
4 Wichtig bei der Produktauswahl ist auch, ob die Produktabfälle problemlos entsorgt werden können.
5 Vorlieben des Behandlers spielen bei der Produktauswahl nie eine Rolle.

A) Alle Aussagen sind richtig.
B) Nur die Aussagen 1, 3 und 5 sind richtig.
C) Nur die Aussagen 1, 2 und 3 sind richtig.
D) Nur die Aussagen 2 und 4 sind richtig.
E) Nur die Aussagen 4 und 5 sind richtig.

25. Welche Aussage ist falsch?

A) Das Medizinprodukte-Bestandsverzeichnis muss nur von Radiologen, die Kernspintomografen besitzen, geführt werden.
B) Der Standort des medizinischen Gerätes und die betriebliche Identifikationsnummer müssen im Bestandsverzeichnis aufgelistet sein.
C) Bei Schäden am Patienten haftet der Arzt, wenn er nicht nachweisen kann, dass er alle Vorschriften eingehalten hat.
D) Das Anschaffungsjahr eines Medizinprodukts muss festgehalten werden.
E) Bei Nichteinhaltung der MPG-Vorschriften macht sich ein Arzt strafbar.

18. D, F	19. E	20. B, C	21. C
22. C, F	23. E	24. D	25. A

5 Rechnungsstellung und Überwachung der Zahlungsvorgänge, Belege in der Praxis

Wie werden Rechnungen, die an Patienten gestellt werden, genannt? Geben Sie an, auf welcher Grundlage sie erstellt werden, wann sie der Arzt stellen muss und wodurch sie sich von anderen Rechnungen unterscheiden.

Liquidationen
- Erstellung nach GOÄ
- Der Arzt kann sie nach seinem Ermessen stellen, z. B. nach jeder Behandlung, nach Quartals- oder Behandlungsende. Es gibt jedoch auch eine Verjährung.
- Sie sind weder skontier- noch rabattfähig.

Welche Angaben sollte eine Liquidation neben den Angaben zur abzurechnenden Leistung enthalten?

- Adressen von Arzt und Patient
- Ausstellungsdatum
- Bezeichnung „Rechnung" oder „Liquidation"
- Bankverbindung
- Hinweise zum Zahlungsverzug

Warum kann ein Arzt ein Zahlungsziel angeben?

Mit dem Zahlungsziel setzt er den Schuldner automatisch in Zahlungsverzug.

Nennen Sie die verschiedenen Möglichkeiten der Zahlungseingangsüberwachung und geben Sie das jeweilige Vorgehen an.

Mahnkartei	Karteikarten von Patienten mit offenen Rechnungen werden separat verstaut und öfter kontrolliert; ggf. werden die Patienten angemahnt.
Offene-Posten-Liste	Offene Rechnungen werden von Praxisverwaltungsprogrammen in eine Mahnliste übernommen, sodass eine einfache Kontrolle möglich ist.
Privatärztliche Verrechnungsstelle	Der Arzt beauftragt ein Unternehmen mit der Abrechnung und schickt diesem alle Patientendaten, welches dann die Rechnung erstellt und ggf. mahnt.

Erläutern Sie, welche Rolle Belege in der Arztpraxis spielen.

Ärzte gehören der Gruppe der freien Berufe an und haben daher für ihre Einkommensteuererklärung eine Aufzeichnungs- und Buchführungspflicht. Zahlungseingänge (Forderungen) und Zahlungsausgänge (Verbindlichkeiten) müssen durch Belege dokumentiert werden.

Welche Angaben sind auf Belegen zwingend und wie lange sind Steuererklärungsbelege aufzubewahren?

Angaben:
- Datum der Zahlung
- Betrag
- Zahlungsgrund
- Zahlungsempfänger
- Zahlungspflichtiger
- Umsatzsteuersatz

Aufbewahrungsfrist: 10 Jahre

Erklären Sie, welche ärztlichen Leistungen umsatzsteuerfrei sind.

Medizinisch indizierte Leistungen, die der Heilung dienen, sind von der Umsatzsteuer befreit.

Geben Sie Beispiele zu Einnahme- und Ausgabebelegen an.

Einnahmebeleg	Ausgabebeleg
Überweisungsgutschriften Kassenbelege Kontoauszüge KV-Honorarzahlung Quittungsdurchschriften Mietverträge (als Vermieter) Liquidationskopien Zahlscheingutschriften	Lieferantenrechnungen Kontoauszüge Mietverträge (als Mieter) Versicherungsverträge Lohnabrechnungen für das Personal Quittungsoriginale Kreditverträge KV-Abrechnungen

In der Praxis von Frau Dr. Haag ist die MFA Tatjana Keller für die Erstellung der Liquidationen und für die Überwachung der Verbindlichkeiten und Forderungen verantwortlich. Heute schickt sie u. a. folgende, von der Auszubildenden fertiggestellte Liquidation an die Patientin Gisela Litzel:

Dr. Clara Haag
Ärztin für Allgemeinmedizin
Bergstr. 12
89073 Ulm
Tel.: 088/333300
E-Mail: Dr.Haag@t-online.de

Praxis Dr. Clara Haag Bergstr. 12 89073 Ulm

Empfänger:
Gisela Litzel
Am Münsterplatz 4
89073 Ulm

Sehr geehrte Frau Litzel,
für ärztliche Bemühungen im vergangenen Monat erlauben wir uns EUR 190,24 in Rechnung zu stellen.

Wir bitten um Überweisung des Rechnungsbetrags bis zum 14.6.20xx

1. Stellen Sie fest, ob die Liquidation an Frau Litzel alle notwendigen Teile enthält.

2. Tatjana Keller überwacht die Zahlungseingänge durch eine Offene-Posten-Liste im Computer. Warum müssen Zahlungseingänge überwacht werden?

3. Erläutern Sie die Vorteile der Zahlungsüberwachung durch privatärztliche Verrechnungsstellen.

4. Welche Ausgabekosten können in einer Arztpraxis entstehen?

Prüfungsfall Krebsfrüherkennung: S. 330

1. Es fehlt die Bezeichnung Liquidation, das Datum und die Bankverbindung sowie die Auflistung der ärztl. Leistungen mit Datum einschl. Ziffer und Faktor.
2. Werden Zahlungseingänge nicht überwacht, können Verluste durch Verjährungen auftreten. Außerdem hat ein Arzt Zinsverluste bei verspätet eingehenden Zahlungen oder ist evtl. selbst zahlungsunfähig bei den Praxisausgaben.
3. Ausbleibende Zahlungseingänge belasten die Praxis nicht mehr, da die Praxis das Geld von der Verrechnungsstelle bekommt und diese das Mahnverfahren eröffnen muss. Daneben ist der personelle Aufwand in der Praxis geringer.
4. Personalkosten (z. B. Gehälter, Sozialabgaben, Fortbildungen), Raumkosten (z. B. Miete, Nebenkosten, Reinigung, Instandhaltung), Gerätekosten (z. B. Anschaffung, Wartung), Gemeinkosten (z. B. Zeitschriften, Telefon), Materialkosten (z. B. Labor, Verbrauchsmaterial), Beiträge (z. B. BG, Ärztekammer, Versicherungen), Beratungskosten (z. B. Steuerberater)

1. Welche Aussage ist richtig?
A) Eine Rechnungsstellung an einen Privatpatienten nennt man Verbindlichkeit.
B) Rechnungen an Privatpatienten werden nach EBM erstellt.
C) Privatpatienten können bei der Bezahlung ihrer Rechnung 2 % Skonto abziehen.
D) Die Rechnung muss kein Datum enthalten, da der Patient weiß, wann er in Behandlung war.
E) Eine Rechnung an Privatpatienten wird sofort zur Zahlung fällig.

2. Welche beiden Aussagen sind richtig? Zahlungsüberwachung durch Dritte erfolgt durch …
A) Steuerbüros.
B) Kredithaie.
C) Banken.
D) Inkassounternehmen.
E) Gerichtsvollzieher.
F) privatärztliche Verrechnungsstellen.

3. Welche Aussage ist richtig? Privatärztliche Verrechnungsstellen …
A) überwachen keine Zahlungseingänge.
B) bekommen die Patientendaten von der Praxis.
C) sind für Arztpraxen wenig hilfreich.
D) überwachen von den Praxen versandte Mahnverfahren.
E) sind Vermittler zwischen Arzt und KV.

4. Welche Aussage ist falsch? Zahlungsüberwachungen in der Praxis sind möglich durch …
A) ABC-Methode.
B) Offene-Posten-Liste.
C) Mahnkartei.
D) Kassenbuch.
E) farbige Reiter.

5. Welche Aussage ist richtig? Eine Privatliquidation wird immer erstellt …
A) nach Behandlungsende.
B) am Ende des Quartals.
C) nach Ermessen des Arztes.
D) nach jedem Arztbesuch.
E) einmal im Jahr.

6. Welche Aussage ist richtig? Verbindlichkeiten in einer Arztpraxis kommen z. B. von …
A) der KV.
B) den Privatpatienten.
C) der privatärztlichen Verrechnungsstelle.
D) einem Medizinproduktehersteller.
E) Patienten mit IGeL-Leistungen.

7. Welche Aussagekombination ist richtig?
1 Buchführung ist in der Arztpraxis zweitrangig, die Patientenbehandlung steht im Vordergrund.
2 Ein Arzt muss keine Steuererklärung abgeben, da er keine Lohnsteuer bezahlt.
3 Belege in der Praxis sollten immer vollständig und richtig sein.
4 Gutachtertätigkeiten muss der Arzt nicht versteuern.
5 Ein Beleg sollte Angaben wie das Datum und den Zahlungsbetrag enthalten.

A) Alle Aussagen sind richtig.
B) Nur die Aussagen 2, 4 und 5 sind richtig.
C) Nur die Aussagen 1, 3 und 4 sind richtig.
D) Nur die Aussagen 2 und 4 sind richtig.
E) Nur die Aussagen 3 und 5 sind richtig.

8. Welche Aussage ist falsch? Praxisausgaben sind …
A) KV-Honorare.
B) Gehälter und Löhne.
C) Geschenke an Geschäftsfreunde.
D) Raumkosten.
E) Fortbildungskosten.

9. Welche Aussagekombination ist richtig?
1 Ein Arzt sollte Gewinne erzielen, um seine Kosten decken zu können.
2 Buchungen müssen mit Bleistift aufgezeichnet werden, um eventuelle Fehler wieder ausradieren zu können.
3 Medizinisch notwendige Behandlungen sind für den Arzt von der Umsatzsteuer befreit.
4 Nasenverkleinerungen sind umsatzsteuerfrei.
5 Die Erstellung von ärztlichen Gutachten ist bis zu einem bestimmten Betrag von der Umsatzsteuer befreit.

A) Alle Aussagen sind richtig.
B) Nur die Aussagen 2, 4 und 5 sind richtig.
C) Nur die Aussagen 1, 3 und 5 sind richtig.
D) Nur die Aussagen 3 und 4 sind richtig.
E) Nur die Aussagen 4 und 5 sind richtig.

1. E	2. D, F
3. B	4. A
5. C	6. D
7. E	8. A
9. C	

10. Welche Aussage ist richtig?

A) Ein Arzt kann eine Vorsteuer nicht geltend machen.
B) Belege zur Steuererklärung müssen fünf Jahre aufbewahrt werden.
C) Die Umsatzsteuer wird den Patienten nicht in Rechnung gestellt.
D) Umsatzsteuerfreie und umsatzsteuerpflichtige Einnahmen müssen getrennt erfasst werden.
E) Auch Rechnungen mit Kleinstbeträgen müssen den Umsatzsteuersatz enthalten.

11. Welche beiden Aussagen sind richtig? Zu den Einnahmen einer Arztpraxis gehören ...

A) Kfz-Kosten.
B) Labormaterial.
C) Privatliquidationen.
D) Wartungen.
E) IGeL-Honorare.
F) Haftpflichtversicherung.

12. Welche Aussagekombination ist richtig?

1 Eine Offene-Posten-Liste kann durch Praxisverwaltungsprogramme jederzeit erstellt werden.
2 Im Kassenbuch werden täglich alle Bareinnahmen und Barausgaben einer Praxis erfasst.
3 Beim Führen einer Mahnkartei werden offene Rechnungen von Hand aussortiert.
4 Reiter kommen in der Arztpraxis nicht vor.
5 Ein Kassenbuch muss regelmäßig kontrolliert werden.

A) Alle Aussagen sind richtig.
B) Nur die Aussagen 1 und 2 sind richtig.
C) Nur die Aussagen 1, 2, 3 und 5 sind richtig.
D) Nur die Aussagen 2, 3 und 4 sind richtig.
E) Nur die Aussagen 2 und 3 sind richtig.

13. Ordnen Sie zu.

A	Quittung für Portokosten	1	Liquidation
B	Rechnung an einen Privatpatienten	2	Verbindlichkeit
C	Gutachten für einen Patienten	3	Forderung
D	Praxismiete	4	Beleg

A) A3, B4, C1, D2
B) A4, B1, C3, D2
C) A1, B4, C2, D3
D) A1, B3, C2, D1
E) A2, B4, C1, D3

14. Ordnen Sie den Begriffen eine 1 zu, wenn es sich um Einnahmen der Arztpraxis handelt, und eine 2, wenn es sich um Ausgaben handelt.

A) Personalkosten
B) Honorare für Gutachten
C) Honorare
D) Vergütung von IGeL-Leistung
E) Gerätewartungen

15. Welche beiden Zuordnungen sind falsch?

A	Sozialkosten	→	Personalkosten
B	Praxisverbrauch	→	Materialkosten
C	Heizung	→	Gemeinkosten
D	Instandhaltung Praxisräume	→	Raumkosten
E	Vermögenswirksame Leistungen	→	Personalkosten
F	Arzthaftpflicht	→	Personalkosten

16. Welche Aussagekombination ist richtig?

1 Auch bei Verbindlichkeiten kann ein Arzt Kosten einsparen.
2 Manchmal ist es kostengünstiger, einen Dispositionskredit in Anspruch zu nehmen und dadurch den Skontoabzug auszunutzen.
3 Quittungsdurchschriften sind Ausgabebelege.
4 Kontoauszüge können sowohl Einnahme- als auch Ausgabebelege sein.
5 Kassenbelege sind Ausgabebelege.

A) Alle Aussagen sind richtig.
B) Nur die Aussagen 1 und 2 sind richtig.
C) Nur die Aussagen 1, 2 und 4 sind richtig.
D) Nur die Aussagen 2, 3 und 4 sind richtig.
E) Nur die Aussagen 2 und 4 sind richtig.

17. Wenn in der Arztpraxis ein Beleg nicht mehr vorhanden ist, kann ...

A) ein Ersatz- oder Eigenbeleg erstellt werden.
B) der Steuerberater eine Ausnahmeerlaubnis erteilen.
C) der Betrag nicht abgerechnet werden.
D) die KV Ersatzbelege schicken.
E) die Ärztekammer Ersatzbelege schicken.

10. D	11. C, E
12. C	13. B
14. A2, B1, C1, D1, E2	15. C, F
16. C	17. A

6 Qualitätsmanagement

Was versteht man unter Qualitätsmanagement?

Qualitätsmanagement (QM) hilft bei der Optimierung von Arbeitsabläufen sowie dabei, die Qualität von Produkten und Dienstleistungen zu erhalten und systematisch weiterzuentwickeln.

Arztpraxen lassen sich extern zertifizieren. Nennen Sie den Nutzen für Ärzte, MFAs und Patienten.

- Aufbau eindeutiger Organisationsstrukturen und klare Definition von Verantwortlichkeiten (Organigramme)
- Festlegung von standardisierten Abläufen, die nicht vom Zufall oder der durchführenden Person abhängen (Checklisten)
- Transparenz des Praxis-Know-how: leichtere Einarbeitung neuer Mitarbeiter, reibungslose Urlaubsvertretung mit dokumentierten Arbeitsabläufen
- Erkennen und Auswerten von Patientenbedürfnissen (Fragebögen)
- kontinuierliche Analyse und Verbesserung der Arbeitsabläufe
- Zeit- und Kosteneinsparungen, z. B. durch die Reduzierung von Überstunden, geänderte Lagerhaltung, preiswerteren Einkauf
- optimierte Kommunikations- und Kooperationsstrukturen zwischen Ärzten, MFAs und Einrichtungen des Gesundheitswesens
- gute Außendarstellung und Werbung
- Arbeitsentlastung, größere Arbeitszufriedenheit

Nennen und erklären Sie Maßnahmen, die für den Zertifizierungsprozess nach ISO-Normen wichtig sind.

- definierte Qualitätsziele, die z. B. in einem Praxisleitbild zusammengefasst werden
- effektive Teambesprechungen: täglich kurzes Briefing (5–10 min) und wöchentlich (ca. 30–60 min)
- Dokumentenaufbau: praxisspezifische Organigramme, Checklisten und Arbeitsanweisungen, abgelegt in einem für jeden zugänglichen Handbuch
- regelmäßige Evaluation und Überprüfung der gesetzten Praxisziele und durchgeführten Maßnahmen

Wie können gesetzte Praxisziele und durchgeführte Maßnahmen überprüft und verbessert werden?

Ziele und Maßnahmen werden durch den PDCA-Zyklus (plan – planen; do – handeln; check – überprüfen, hinterfragen; act – anpassen, reagieren) geprüft, der in festgelegten Zeitabschnitten immer wieder durchlaufen wird.

Was versteht man unter einem Praxisleitbild? Nennen Sie verschiedene hierfür hilfreiche Praxisziele.

In Arztpraxen, die mit einem QM-System arbeiten, sind die gemeinsam von Patienten, Team und Ärzten festgelegten Praxisziele in einem Praxisleitbild zusammengefasst. Praxisziele sind z. B.:
- hohe Arbeitszufriedenheit
- freundlicher und hilfsbereiter Umgang miteinander
- Möglichkeit zur Fort- und Weiterbildung
- flexible Arbeits- und Urlaubszeiten
- kurze Wartezeiten, Flexibilität bei der Terminvergabe
- Patient ist „König", die Praxis ein angenehmer Ort
- Einsatz von neuester Technik
- sehr gute Praxisorganisation und -verwaltung
- „grüne" Praxis (umweltgerechte Entsorgung der Materialien, Einsatz nachhaltiger Materialien)

Was versteht man unter Beschwerdemanagement? Nennen Sie verschiedene Reaktionsmöglichkeiten.

Beschwerdemanagement bedeutet, mündliche Beschwerden schriftlich festzuhalten und mit Patientenfragebögen weitere Beschwerden herauszufinden.
Möglichkeiten der Reaktion auf Beschwerden:
- Beschwerdegespräche ruhig, höflich und nicht vor anderen Patienten führen
- Praxisteam konzentriert sich darauf, die „Zuhörerrolle" einzunehmen und genau nachzufragen, warum der Patient verärgert ist
- nicht in die Verteidigungsrolle fallen
- Verständnis signalisieren, Lösungsmöglichkeiten anbieten, den eigenen Standpunkt ruhig und sachlich darstellen, gegebenenfalls entschuldigen
- Beschwerde in Stichpunkten protokollieren und in der nächsten Teamsitzung besprechen

Sie arbeiten in der Gemeinschaftspraxis der Hausärzte Dr. Franklin und Dr. Metzger. Im nächsten Monat beginnt Frau Thieser als Praxismanagerin mit dem Schwerpunkt QM.

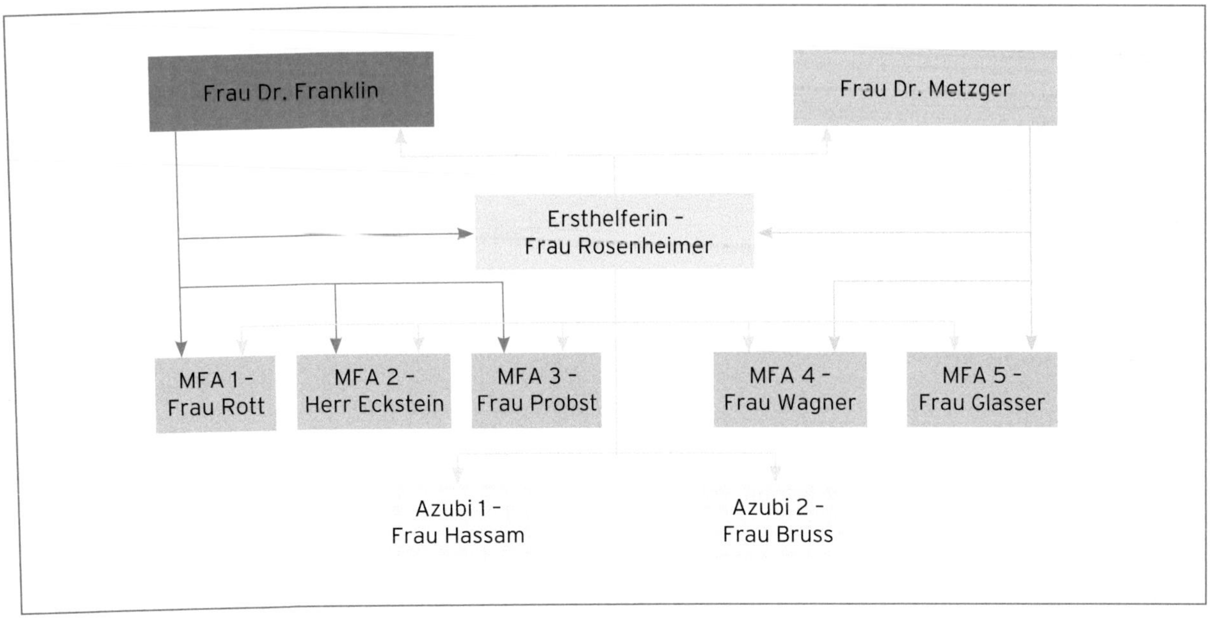

1. **Ergänzen Sie die Darstellung oben so, dass Frau Thieser weisungsbefugt ist.**

2. **Benennen Sie die Form des obigen Organigramms und geben Sie ein weiteres Beispiel für ein Weisungssystem. Erläutern Sie die Unterschiede.**

1. Frau Thieser wird auf der Ebene mit Frau Rosenheimer ergänzt.
2. Mehrliniensystem: Komplexes Weisungssystem, oft werden bestimmte MFAs den Behandlern zugeteilt, Gesamteinsatz und die Betreuung der Auszubildenden werden von der Erstkraft organisiert.
   Einliniensystem: Klare Zuordnung erkennbar, meist in kleineren Praxen; neben dem Arzt sind alle MFAs den Auszubildenden gegenüber weisungsbefugt.

3. Nennen Sie Vorteile des Einsatzes von Checklisten.

4. Erstellen Sie eine Checkliste zur Einführung neuer Mitarbeiter.

5. Sie sind für die Organisation und Moderation der monatlichen Teambesprechung verantwortlich. Worauf kommt es bei einer solchen Besprechung an, damit sie erfolgreich verläuft?

6. Auf Grund der hohen Arbeitsbelastung soll noch zusätzlich eine neue MFA eingestellt werden. Entwerfen Sie eine Stellenanzeige nach folgendem Muster:

1) Qualifikation:

2) Persönliche Voraussetzungen:

3) Aufgaben und Kompetenzen:

Prüfungsfall Masern: S. 373,
Prüfungsfall Asthma: S. 305

3. Effizientere Gestaltung von Arbeitsabläufen, Kosten- und Zeitersparnis, Vorbeugung gegen mögliche Haftpflichtfälle durch Sicherung von Qualitätsstandards, Einarbeitungshilfe für neue Mitarbeiter; Arbeiten, die weniger oft anfallen, sind mit Checklisten leichter durchzuführen.
4. Info über: Sprechstundenzeiten, Beginn der täglichen Arbeitszeit, Pausen- und Überstundenregelung, Räumlichkeiten, Arbeitskleidung/Namensschild, Hygienemaßnahmen (Rauchverbot), Regelung Privatgespräche, Schlüsselübergabe
5. Tagesordnung, Protokoll, andere Meinung akzeptieren, außerhalb der Sprechzeiten gelegen
6. 1) Abgeschlossene Ausbildung zur MFA; 2) Bereitschaft zur Teamarbeit, Kommunikations-, Konflikt- und Kritikfähigkeit, Verantwortungsbewusstsein; 3) Ausbilden von Azubis, Quartalsabrechnung erstellen, Verbände, Bestellung von Praxisbedarf usw.

1. Welche Aussage zur Zertifizierung einer Praxis ist richtig?

A) Die Leistung einer Praxis wird durch ein Zertifikat der Krankenkasse bestätigt.
B) Die Ärztekammer überprüft regelmäßig die Praxis.
C) Der Arzt legt alle Arbeitsabläufe in der Praxis fest.
D) Die gute Leistung der Praxis wird durch ein Zertifikat der Kassenärztlichen Vereinigung bestätigt.
E) Die Praxis durchläuft ein Prüfverfahren durch eine anerkannte Zertifizierungsstelle.

2. Welche Aussage ist richtig?

A) Beschwerdegespräche sollten vor den Ohren anderer Patienten geführt werden.
B) Bei Beschwerdegesprächen werden Patienten deren Fehler aufgezeigt.
C) Die Beschwerde wird automatisch Tagesordnungspunkt der nächsten Teambesprechung.
D) Wer falsch gehandelt hat, sollte trotzdem auf seiner Meinung beharren.
E) Aufgebrachte Patienten werden generell ignoriert.

3. Welche Aussagekombination zu den Vorteilen von Checklisten ist richtig?

1 Checklisten sind teuer und ineffizient.
2 Mit Hilfe von Prüflisten können die Arbeitsabläufe neuer Mitarbeiter verbessert werden.
3 Checklisten tragen zu einer raschen Beseitigung von Schwachstellen bei.
4 Durch Checklisten verlernt der Mitarbeiter, flexibel auf Situationen zu reagieren.
5 Checklisten sind sehr zeitintensiv.

A) Nur die Aussagen 1, 2 und 3 sind richtig.
B) Nur die Aussagen 2 und 3 sind richtig.
C) Nur die Aussagen 3 und 4 sind richtig.
D) Nur die Aussagen 4 und 5 sind richtig.
E) Alle Aussagen sind richtig.

4. Ein QM-gerechtes Dokument sollte …

1 im Layout einheitlich sein.
2 klar gegliedert sein.
3 unter Verschluss aufbewahrt werden.
4 an die Krankenkassen zur Einsicht weitergeleitet werden.
5 neben Organigrammen Flow-Charts und Checklisten beinhalten.

A) Nur die Aussagen 1, 2 und 5 sind richtig.
B) Nur die Aussagen 2 und 3 sind richtig.
C) Nur die Aussagen 3 und 4 sind richtig.
D) Nur die Aussagen 4 und 5 sind richtig.
E) Alle Aussagen sind richtig.

5. Wann sollten Teambesprechungen angesetzt werden?

A) wenn der Arzt dies wünscht
B) jedes halbe Jahr
C) wenn es die Praxismanagerin für erforderlich hält
D) zu festen, regelmäßigen Zeitpunkten
E) monatlich

6. Wer darf an einem praxisinternen Qualitätsmanagement mitwirken?

A) nur die Praxismanagerin
B) der Arzt und die Erstkraft
C) alle Mitarbeiter der Praxis, ausgenommen die Auszubildenden
D) der Arzt und alle Mitarbeiter der Praxis
E) nur speziell geschultes Personal der Kassenärztlichen Vereinigung

7. Welche Aussage zur Teambesprechung ist richtig?

A) Direkten Blickkontakt vermeiden, um den Gesprächspartner nicht zu provozieren.
B) Teambesprechungen besser spontan ansetzen, um dem Ärger direkt Luft machen zu können.
C) Längere Sprechbeiträge der Teammitglieder sollten generell ignoriert werden, um Zeit zu sparen.
D) Damit eine Teambesprechung zum Erfolg wird, ist eine gute Vorbereitung wichtig.
E) Von Teamsitzungen sollte kein Protokoll angefertigt werden, da dies zu zeitintensiv ist.

8. In einer Patientenbefragung haben insgesamt 500 Patienten auf die Frage „Wie zufrieden sind Sie mit dem Ablauf in unserer Praxis?" geantwortet. Von diesen fanden aber nur 60 % die Ablauforganisation der Praxis sehr gut bis gut. Wie viele Patienten kreuzten dieses Ergebnis an?

A) 250 Patienten
B) 300 Patienten
C) 350 Patienten
D) 370 Patienten
E) 210 Patienten

1. E	2. C
3. B	4. A
5. D	6. D
7. D	8. B

9. Welche Zuordnungen zu den Symbolen eines Flowcharts sind richtig?

A  → Entscheidung

B  → Start/Ende

C  → Dokument

D  → Prozess

E  → Prozess

F  → Dokument

10. Checklisten können nicht erstellt werden für ...

A) die Kontrolle der Lagerbestände.
B) die Einführung neuer Mitarbeiter.
C) die Kontrolle der Praxisräume.
D) das emphatische Verhalten.
E) die Vorbereitung von diagnostischen Eingriffen.

11. Welche der folgenden Handlungen zählt zum praxisinternen Qualitätsmanagement?

A) Frau Dr. Dietrich erhöht die Impfrate ihrer Patienten.
B) Frau Dr. Dietrich erstellt gemeinsam mit den Mitarbeitern einen Ablaufplan zum Beschwerdemanagement.
C) Frau Dr. Dietrich hat in der Teambesprechung festgelegt, um wie viel Prozent der Anteil der Privatpatienten im nächsten Quartal steigen soll.
D) Frau Dr. Dietrich wird im nächsten Jahr zwei Medizinische Fachangestellte ausbilden.
E) Frau Dr. Dietrich möchte durch QM alle Behandlungsfehler vermeiden.

12. Welche der folgenden Aussagen können Inhalte einer Checkliste vor dem Praxisurlaub sein?

1 sechs Wochen vorher um Vertretung kümmern
2 Kurzmitteilung in der Zeitung, wenn die Praxis länger als eine Woche geschlossen ist
3 Anrufbeantworter besprechen
4 Schild „Praxisurlaub“ anbringen
5 Datensicherung durchführen und Rechner abschalten

A) Nur die Aussagen 1, 2 und 3 sind richtig.
B) Nur die Aussagen 2 und 3 sind richtig.
C) Nur die Aussagen 3 und 4 sind richtig.
D) Nur die Aussagen 4 und 5 sind richtig.
E) Alle Aussagen sind richtig.

13. Was bedeutet Qualität in der Arztpraxis? Qualität in der Arztpraxis ...

1 bedeutet, die Bedürfnisse der Patienten zu erfüllen.
2 bedeutet, nur die Bedürfnisse der Ärzte zu erfüllen.
3 spiegelt sich in der Patientenzufriedenheit wider.
4 wird mit Hilfe des Qualitätsmanagements laufend optimiert.
5 bedeutet eine detaillierte Arbeitskontrolle jedes Mitarbeiters.

A) Alle Aussagen sind richtig.
B) Nur die Aussagen 1, 3 und 4 sind richtig.
C) Nur die Aussagen 1, 2 und 3 sind richtig.
D) Nur die Aussagen 3 und 4 sind richtig.
E) Nur die Aussagen 4 und 5 sind richtig.

14. Die Qualität einer Arztpraxis hängt von der Struktur, dem Prozess und dem Ergebnis ab. Ordnen Sie die jeweiligen Qualitätskategorien den Aussagen zu.

A	Struktur	1	Patienteninformation
B	Prozess	2	Patientenzufriedenheit
C	Ergebnis	3	Mitarbeiterqualifikation

A) A1, B2, C3
B) A1, B3, C2
C) A2, B3, C1
D) A2, B1, C3
E) A3, B1, C2

15. Da die Einführung und die Durchführung des Qualitätsmanagements in der Praxis zusätzliche zeitaufwendige Aufgaben beinhalten, gibt es in jeder Praxis einen Qualitätsbeauftragten. Wer kann diese Tätigkeit übernehmen?

1 die Steuerberaterin
2 die auszubildende MFA
3 die Ärztin
4 die MFA
5 der Ehepartner der Ärztin

A) Alle Aussagen sind richtig.
B) Nur die Aussagen 1, 2, 4 und 5 sind richtig.
C) Nur die Aussagen 2 und 3 sind richtig.
D) Nur die Aussagen 4 und 5 sind richtig.
E) Nur die Aussagen 3 und 4 sind richtig.

9. C, E
10. D
11. B
12. E
13. B
14. E
15. E

16. Die Praxisorganisation ist ein wichtiger Bestandteil des Qualitätsmanagements. Welche Aussage ist richtig?

A) Die Praxisorganisation setzt sich aus der Aufbau- und der Ablauforganisation zusammen.
B) Die Aufbauorganisation regelt Termine, Verwaltung und die Behandlung.
C) Die Ablauforganisation teilt die Praxisaufgaben innerhalb einer Organisationsform in Funktion und Stellen ein.
D) Die Aufbauorganisation wird auch als Prozessbeschreibung benannt.
E) Die Ablauforganisation regelt nur die Tätigkeiten vor Sprechstundenbeginn.

17. Welche Angaben sind grundsätzlich für das Erstellen von Checklisten bedeutsam?

1 Aktualität
2 Übersichtlichkeit
3 sinnvolle Reihenfolge
4 farbliche Gestaltung
5 Format

A) Alle Aussagen sind richtig.
B) Nur die Aussagen 1, 2, 4 und 5 sind richtig.
C) Nur die Aussagen 1, 2 und 4 sind richtig.
D) Nur die Aussagen 1, 2 und 3 sind richtig.
E) Nur die Aussagen 3 und 4 sind richtig.

18. Die Dokumente des Qualitätsmanagements müssen ordnungsgemäß aufbewahrt werden. Wo sind sie zu finden?

A) Leitfaden der Krankenkassen
B) Internetseite des Zertifizierungsinstituts
C) Kassenärztliche Vereinigung
D) Praxisleitbild
E) Qualitätshandbuch der Praxis

19. Welche Aussagekombination zum Praxismarketing ist richtig?

1 Die Praxis nutzt die Gelegenheit, sich selbst darzustellen.
2 Die Patienten sollen auf die Dienstleistungen aufmerksam gemacht werden.
3 Die Patienten sollen langfristig an die Praxis gebunden werden.
4 Corporate Identity (CI) ist ein wichtiges Tool im Praxismarketing.
5 Die Praxis soll zu einem Elite-Gesundheitszentrum umfunktioniert werden.

A) Alle Aussagen sind richtig.
B) Nur die Aussagen 1, 2, 4 und 5 sind richtig.
C) Nur die Aussagen 2 und 3 sind richtig.
D) Nur die Aussagen 3 und 4 sind richtig.
E) Nur die Aussagen 4 und 5 sind richtig.

20. Um die Praxis nach außen hin zu präsentieren, wird die Praxisphilosophie durch das Konzept der Corporate Identity umgesetzt. Welche Aussagekombination zu dem Konzept ist richtig?

1 Corporate Identity besteht aus der Unternehmenskultur (Corporate Culture), dem Erscheinungsbild (Corporate Design) und der Kommunikation (Corporate Communication).
2 Corporate Identity ist eine Behandlungsmethode, die zu den IGeL-Leistungen zählt.
3 Praxen, die die systematische Umsetzung der drei Bereiche betreiben, erhalten einen Geldpreis von der Ärztekammer.
4 Eine Corporate Identity spiegelt nicht nur den äußerlichen Wiedererkennungswert für die Patienten wider, sondern es ist zusätzlich eine Philosophie und ein Verhalten mit einer gemeinsamen Sprache der gesamten Praxis zu erkennen.
5 Corporate Identity ist eine neue Software für die Einführung von Qualitätsmanagement in der Arztpraxis.

A) Alle Aussagen sind richtig.
B) Nur die Aussagen 1, 2 und 4 sind richtig.
C) Nur die Aussagen 2 und 3 sind richtig.
D) Nur die Aussagen 1 und 4 sind richtig.
E) Nur die Aussagen 1 und 5 sind richtig.

21. Es gibt verschiedene Wege, die Mitarbeiterführung in der Arztpraxis umzusetzen. Ordnen Sie die jeweiligen Führungsstile den Aussagen zu.

A	Die Ärztin macht ihre Arbeit. Sie hat keine Zeit, ihr Praxisteam zu organisieren, und die Mitarbeiter machen, was sie wollen.	1	autoritärer Stil
B	Die Ärztin entscheidet ausschließlich und setzt nur ihre Ansichten durch.	2	kooperativer Stil
C	Die Mitarbeiter werden aktiv am Entscheidungsprozess beteiligt.	3	Laissez-faire-Stil

A) A1, B2, C3
B) A3, B1, C2
C) A2, B3, C1
D) A2, B1, C3
E) A1, B3, C2

16. A	17. D
18. E	19. D
20. D	21. B

7 Terminvergabe und Personaleinsatzplanung

Erklären Sie drei Bestellsysteme, die es für die Terminvergabe in Arztpraxen gibt, und erläutern Sie Vor- und Nachteile.

Offene Sprechstunde („Der Nächste bitte!"):
- Keine Terminvergabe; Patienten kommen ohne Termin während der Sprechzeiten und werden nach der Reihenfolge des Eintreffens behandelt.
- Vorteil: geringerer Organisationsaufwand, weniger Telefonate
- Nachteil: Planung (Zeit, Geräte, schwierige Behandlungen, Arbeitsschwerpunkte) durch unterschiedliches Patientenaufkommen schwer möglich; oft entstehen lange Wartezeiten für Patienten und Überstunden für das Personal.

Terminsprechstunde:
- Patienten erhalten vorab einen Termin, an dem die Behandlung durchgeführt wird.
- Für Notfälle werden Pufferzeiten eingebaut.
- Vorteil: gesteuertes Patientenaufkommen, dadurch gleichmäßige und gezielte Arbeitsauslastung
- Nachteil: Größerer Organisationsaufwand, um ein funktionierendes Terminsystem zu etablieren; Terminzeiten müssen von Patienten und Personal eingehalten werden.

Halboffene Sprechstunde:
- Kombination aus offener und Terminsprechstunde

Welche Voraussetzung sind in der Arztpraxis nötig, um Recall-Anrufe einzuführen, und welche Vorteile haben Recall-Anrufe für den Patienten?

Voraussetzungen:
- Terminplanung mit dem Terminsystem oder zumindest der halboffenen Sprechstunde
- geringe Patientenfluktuation
- Patienten unterschreiben eine Vereinbarung, dass sie mit dem Recall-System einverstanden sind.

Vorteile:
- Patienten werden an Kontrolluntersuchungen erinnert.
- Einige Versicherungen übernehmen nur bei regelmäßiger Kontrolle vereinbarte Garantien.

Nennen Sie verschiedene Organisationshilfsmittel für das Terminsystem und erklären Sie diese.

Terminreservierungskarten:
- schriftliche Dokumentation des Termins für den Patienten
- Wichtigkeit zur pünktlichen Einhaltung des Termins wird unterstrichen

Termineinverständniserklärungen/Terminverträge:
- Vereinbarung über eine Ausfallgebühr für nicht in Anspruch genommene Behandlungszeiten bei Patienten, die oft zu spät kommen oder einen Termin versäumen
- Vergütungs- bzw. Schadensersatzanspruch besteht nur, wenn in dieser Zeit kein anderer Patient behandelt werden konnte.

Terminerinnerungskarten:
- schriftliche oder telefonische Terminerinnerung für eine Behandlung, die viel Zeit in Anspruch nimmt

Symbole während der Behandlung:
- nonverbale, nicht schriftliche Mitteilungen für den Behandler, z. B. blaue Karte für Schmerzpatient

Bestell- bzw. Terminbücher:
- mit speziellen Einteilungen, die speziell auf die Anforderungen der Praxis zugeschnitten sein sollten

Erklären Sie, wie Sie einen guten Personaleinsatzplan (Dienstplan) erstellen.

Arbeitsanalyse:
- Prüfung der Tätigkeiten, Kompetenzen und Neigungen der einzelnen Teammitglieder
- Klärung, wer bei Ausfall eines Teammitgliedes dessen Tätigkeiten übernimmt

Arbeitssynthese:
- Stellenbildung; es ist vorteilhaft, mit Aufgaben- und Stellenbeschreibungen (z. B. Checklisten) zu arbeiten.
- Zuordnung der ermittelten Tätigkeiten zu den einzelnen Teammitgliedern
- Im Personaleinsatzplan wird festgeschrieben, wer für welche Aufgaben wann zuständig ist.

Prüfungsfall Jugendgesundheitsuntersuchung: S. 369

Zusammen mit Irmi (16 Jahre, geb. 4.1.) arbeiten Sie (3. Ausbildungsjahr, 20 Jahre) in der Gemeinschaftspraxis von Dr. Aloha und Dr. Parry. Heute ist der 8. Januar. Folgende Dienstpläne für die nächste Woche finden Sie in Ihren Fächern.

Ihr Dienstplan:

Mo	Di	Mi	Do	Fr	Sa
Schule 8:00-16:00	8:00-12:30	8:00-16:00	8:00-12:30	8:00-12:30	8:00-14:00
17:00-20:00	14:30-18:00		14:30-19:00	14:30-18:00	

Irmis Dienstplan:

Mo	Di	Mi	Do	Fr
8:00-12:00	8:00-12:30	8:00-15:00	Schule 8:00-13:00	Schule 8:00-16:00
13:00-16:30	15:00-20:30		14:30-17:30	

1. Nennen Sie gesetzliche Grundlagen, die bei der Erstellung von Dienstplänen wichtig sind, und überprüfen Sie, ob die Bestimmungen in den obigen Plänen richtig angewendet wurden.

2. Wie viele Tage gesetzlichen Mindesturlaubs stehen Ihnen und Irmi zu?

1. Es gelten das Arbeitszeitgesetz und das Jugendarbeitsschutzgesetz (JArbSchG).
   Ihr Dienstplan: Da der Schulbesuch als Arbeitszeit gilt, arbeiten Sie am Montag 11 statt 10 Std.; am Mittwoch arbeiten Sie 8 Std. ohne Pause. Ihre Wochenarbeitszeit beträgt 50 statt 48 Std.; folglich verstößt Ihr Arbeitgeber gegen das Arbeitszeitgesetz.
   Irmis Dienstplan: Irmi arbeitet am Dienstag 10 statt 8 Std; zwischen Dienstag und Mittwoch hat Irmi keine ununterbrochene Freizeit von 12 Std.; am Mittwoch arbeitet Irmi 7 Std. ohne Pause. Irmi arbeitet insgesamt 40,5 Std. statt 40 Std. in der Woche. Hier liegt ein Verstoß gegen das Jugendarbeitsschutzgesetz vor.
2. 24 Werktage (Bundesurlaubsgesetz) für Sie, 30 Werktage (JArbSchG) für Irmi

3. Nennen Sie Gründe für den unterschiedlichen Personalbedarf.

4. Ein Patient mit Schmerzen fragt telefonisch 30 Minuten vor Sprechstundenende, ob er noch vorbeikommen kann. Wie reagieren Sie?

5. Eine Patientin kommt zum wiederholten Mal eine Stunde zu spät zu ihrem Termin. Außerdem ist sie ohne abzusagen zum letzten Termin nicht erschienen. Wie gehen Sie damit um?

6. Was versteht man unter softwaregestützter Terminplanung?

7. Unterscheiden Sie „Follow-up-" und „Memory-Anrufe".

Prüfungsfall Oberbauchbeschwerden: S. 375,
Prüfungsfall Gesundheitsuntersuchung: S. 296

3. Patientenzahl variiert (montags meist mehr Notfälle); Ärzteanzahl variiert; bestimmte Untersuchungen können delegiert werden (z. B. Labor, Röntgen, CT, Verbandwechsel); Arzt delegiert Verwaltungstätigkeit (Abrechnung, Bestellung usw.)
4. Art und Heftigkeit der Schmerzen abklären; Frage, wie viel Zeit der Patient benötigt, um in die Praxis zu kommen; Klärung mit Arzt und weiterem Personal, ob eine Behandlung noch möglich ist; falls nicht, Verweis an einen anderen Arzt bzw. Krankenhaus
5. Häufige Zuspätkommer ansprechen, eindringlich das Terminsystem erklären und darauf hinweisen, dass für sie nun lange Wartezeiten entstehen können. Markieren der Karte, sodass die Patientin auch vom Arzt darauf angesprochen wird; evtl. Vereinbarung eines Terminvertrages.
6. Terminprogramm eines Softwareanbieters auf dem Computer; kann auch mit der Internet-Terminplanung (Terminkalender der Praxis kann über Patientenmodus für Patienten freigeschaltet werden) kombiniert werden
7. Follow-up-Anrufe erfolgen nach einer Behandlung (d. h., Sie erkundigen sich z. B., ob der Patient noch Probleme mit der Wunde hat).
„Memory-Anrufe" dienen der Terminerinnerung.

1. Welche Aussagekombination zu den Hilfsmitteln für eine effektive Zeitplanung in der Praxis ist richtig?

1 Der Dienstplan bestimmt, wann jeder Mitarbeiter arbeiten kann.
2 Der Terminplan bestimmt, wann und wie lange jeder Patient therapiert wird.
3 Der Arbeitsplan bestimmt, wann jeder Mitarbeiter in welchen Bereichen arbeitet.
4 Der Urlaubsplan bestimmt, wann jeder Mitarbeiter seine Fortbildungen plant.
5 Der Freizeitplan bestimmt, wann jeder Mitarbeiter Urlaub nehmen darf.

A) Alle Aussagen sind richtig.
B) Nur die Aussagen 1, 3 und 4 sind richtig.
C) Nur die Aussagen 1, 2 und 3 sind richtig.
D) Nur die Aussagen 3 und 4 sind richtig.
E) Nur die Aussagen 4 und 5 sind richtig.

2. Was dient der übersichtlicheren Urlaubsplanung des Praxisteams?

A) schriftliche oder digitale Kalenderübersichten
B) Notizzettel
C) Karteikartensystem
D) Qualitätshandbuch
E) Praxisplakat vor dem Wartezimmer

3. Bei der Erstellung eines Dienstplans sind gesetzliche Bestimmungen zu beachten. Ordnen Sie diese den Beispielen zu.

A	Arbeitszeitgesetz	1	Freistellung für die Berufsschulzeit
B	Berufsbildungsgesetz	2	Jugendliche dürfen nur in der Zeit von 6–20 Uhr arbeiten.
C	Jugendarbeitsschutzgesetz	3	wöchentliche Arbeitszeit nicht mehr als 40 Stunden

A) A1, B2, C3
B) A1, B3, C2
C) A2, B1, C3
D) A2, B3, C1
E) A3, B1, C2

4. Welche Punkte müssen bei der Personalplanung berücksichtigt werden?

1 Kompetenzen der Mitarbeiter
2 Ressourcen des Mitarbeiters
3 Regelungen des Tarifvertrags
4 Qualitätsmanagement in der Praxis
5 Arbeits- und Jugendschutzgesetze

A) Alle Aussagen sind richtig.
B) Nur die Aussagen 1, 3 und 5 sind richtig.
C) Nur die Aussagen 2 und 3 sind richtig.
D) Nur die Aussagen 4 und 5 sind richtig.
E) Nur die Aussagen 3 und 4 sind richtig.

5. Darf ein jugendlicher Azubi auch am Samstagvormittag arbeiten?

A) Beschäftigung nur am Samstagnachmittag
B) Beschäftigung erfolgt nach Anweisungen des Praxisinhabers
C) Beschäftigung ist nicht möglich
D) Beschäftigung nur im ärztlichen Notdienst
E) Beschäftigung ist nur möglich nach Rücksprache mit der Schule

6. Wann darf ein Auszubildender Urlaub nehmen?

A) jederzeit
B) nach Anweisung vom Chef
C) in den Berufsschulferien bzw. so, dass er keinen Schultag verpasst
D) in der Berufsschulzeit
E) falls er eine Reise gewinnt

7. Welche Bestellsysteme werden in der Praxis verwendet?

1 Notfallsystem
2 Nummern-Zeit-System
3 Terminsystem
4 Recall
5 Sprechstundensystem

A) Alle Aussagen sind richtig.
B) Nur die Aussagen 1, 2, 4 und 5 sind richtig.
C) Nur die Aussagen 1, 2 und 4 sind richtig.
D) Nur die Aussagen 2, 3 und 5 sind richtig.
E) Nur die Aussagen 3 und 4 sind richtig.

8. Ordnen Sie die Bestellsysteme den Aussagen zu.

A	Sprechstundensystem	1	Nummer ziehen und eine Zeitspanne bis zum Behandlungsbeginn
B	Nummern-Zeit-System	2	Reihenfolge des Patientenerscheinens bestimmt die Abfolge der Behandlung
C	Terminsystem	3	Terminvereinbarung im Vorfeld

A) A1, B2, C3
B) A1, B3, C2
C) A2, B1, C3
D) A2, B3, C1
E) A3, B1, C2

1. C	2. A
3. E	4. A
5. D	6. C
7. D	8. C

9. Welche Aussagekombination zum Recall ist richtig? Recall …

1 stellt eine regelmäßige Erinnerung des Patienten an seinen Termin dar.
2 ist eine Vorschrift der Krankenkassen.
3 dient der Festigung einer Patienten-Praxis-Bindung.
4 wird durch Software mit Erinnerungsfunktion unterstützt.
5 ist eine Erinnerung ausschließlich mittels Briefverkehr.

A) Alle Aussagen sind richtig.
B) Nur die Aussagen 1, 2, 4 und 5 sind richtig.
C) Nur die Aussagen 1, 3 und 4 sind richtig.
D) Nur die Aussagen 3, 4 und sind richtig.
E) Nur die Aussagen 4 und 5 sind richtig.

10. Was ist beim Terminsystem zu beachten?

1 Bestellte Patienten haben Vorrecht.
2 Spezialbehandlungen sind jederzeit einsetzbar.
3 Notfälle haben Vorrang.
4 Nicht angemeldete Patienten haben Vorrang.
5 Privatpatienten haben Vorrang.

A) Alle Aussagen sind richtig.
B) Nur die Aussagen 1, 2 und 4 sind richtig.
C) Nur die Aussagen 1 und 3 sind richtig.
D) Nur die Aussagen 2 und 3 sind richtig.
E) Nur die Aussagen 2 und 5 sind richtig.

11. Markieren Sie die Vorteile, die ein Terminsystem für den Patienten bietet, mit einer 1 und die Vorteile, die es für das Praxisteam bietet, mit einer 2.

A) keine bis minimale Wartezeiten
B) Qualitätssteigerung
C) Bindung an Praxis
D) Ressourcen schonen
E) zufriedener Patient

12. Welche Vorteile ergeben sich aus einer softwaregestützten Terminplanung?

1 Der Patient hat 24 Stunden die Möglichkeit zum Zugriff auf die Terminplanung.
2 Der Patient sieht die Gesamtterminübersicht der Praxis ein.
3 Der Patient erhält einen Terminvorschlag per SMS oder E-Mail.
4 Der Patient erhält eine Terminänderung automatisch per SMS oder E-Mail.
5 Der Patient erhält eine Terminabsage via SMS oder E-Mail.

A) Alle Aussagen sind richtig.
B) Nur die Aussagen 1, 2 und 4 sind richtig.
C) Nur die Aussagen 1 und 3 sind richtig.
D) Nur die Aussagen 2 und 3 sind richtig.
E) Nur die Aussagen 2 und 5 sind richtig.

13. Welche Aussage zur softwaregestützten Terminplanung ist richtig?

A) Eine telefonische Terminvereinbarung ist nicht mehr nötig, die Bearbeitung geschieht ausschließlich elektronisch.
B) Ein schriftlicher Terminplan ist nicht mehr nötig.
C) Auch ältere Patienten kommen mit dem System zurecht.
D) sofortige Anzeige der freien Termine
E) Der Terminkalender ist automatisch für alle Patienten freigeschaltet.

14. Was berücksichtigen Sie bei der Terminplanung?

1 Eine genaue Befragung der Patienten nach seinem Befinden sollte erfolgen.
2 Jeder Patient erhält die gleiche Behandlungsdauer.
3 Die Einplanung von Pufferzeiten ist für einen reibungslosen Ablauf wichtig.
4 Notfallpatienten haben Vorrang.
5 In Stoßzeiten sollte genügend Personal zur Verfügung stehen.

A) Alle Aussagen sind richtig.
B) Nur die Aussagen 1, 2, 4 und 5 sind richtig.
C) Nur die Aussagen 1, 3, 4 und 5 sind richtig.
D) Nur die Aussagen 3 und 4 sind richtig.
E) Nur die Aussagen 4 und 5 sind richtig.

15. Wie verhalten Sie sich bei „Dauerzuspätkommern" und bei „Terminversäumern"?

1 Den Patienten belohnen, wenn er das nächste Mal da ist.
2 Den Patienten anrufen und ihn zurechtweisen.
3 Die anfallenden Kosten der gesetzlichen Krankenkasse in Rechnung stellen.
4 Dem Patienten eine Verweilgebühr nach GOÄ berechnen.
5 Den Patienten eine Erklärung zur Ausfallgebühr unterschreiben lassen.

A) Alle Aussagen sind richtig.
B) Nur die Aussagen 1, 2, 4 und 5 sind richtig.
C) Nur die Aussagen 1, 3, 4 und 5 sind richtig.
D) Nur die Aussagen 3 und 4 sind richtig.
E) Nur die Aussagen 4 und 5 sind richtig.

9. C
10. C
11. A1, B2, C2, D2, E2
12. A
13. D
14. C
15. E

16. Was verstehen Sie unter einer Termin-einverständniserklärung?

A) Terminvertrag
B) Terminzusage
C) Terminabsage
D) Terminverlängerung
E) Terminkürzung

17. In welcher Form können Termin-erinnerungen erfolgen?

1 schriftlich per Postkarte oder Brief
2 elektronisch per SMS
3 elektronisch per E-Mail
4 mündlich per Telefon
5 elektronisch per Videobotschaft vom Arzt

A) Alle Aussagen sind richtig.
B) Nur die Aussagen 1, 2, 4 und 5 sind richtig.
C) Nur die Aussagen 1, 2, 3 und 4 sind richtig.
D) Nur die Aussagen 2, 3 und 4 sind richtig.
E) Nur die Aussagen 4 und 5 sind richtig.

18. Welche Fragen stellen Sie, wenn Sie ein Zeitmanagement in Ihrer Praxis einführen möchten?

1 Wie kann die optimale Raumnutzung erfolgen?
2 Welche Arbeiten haben Priorität?
3 Wie viele Patienten kommen regelmäßig?
4 Wie ist der Personaleinsatz?
5 Wie ist der Biorhythmus der Patienten?

A) Alle Aussagen sind richtig.
B) Nur die Aussagen 1, 2, 4 und 5 sind richtig.
C) Nur die Aussagen 2, 3, 4 und 5 sind richtig.
D) Nur die Aussagen 1, 2 und 4 sind richtig.
E) Nur die Aussagen 4 und 5 sind richtig.

19. Das Zeitmanagement in der Praxis ist wichtig, damit das Praxisteam effektiv arbeiten kann und der Patient eine angemessene Behandlung erhält. Welche Aussagekombination trifft zu?

1 Das Selbstmanagement ist eine gute Voraussetzung für das Zeitmanagement.
2 Eine Teamsitzung zu Beginn des Tages bereitet auf den Tageszeitplan vor.
3 Spontanität ist das bessere Zeitmanagement.
4 Checklisten dienen als Hilfsmittel zur zeitlichen Planung eines Arbeitsvorgangs.
5 Ein gutes Zeitmanagement erhöht die Arbeits- und Patientenzufriedenheit.

A) Alle Aussagen sind richtig.
B) Nur die Aussagen 1, 2, 4 und 5 sind richtig.
C) Nur die Aussagen 1, 3, 4 und 5 sind richtig.
D) Nur die Aussagen 3 und 4 sind richtig.
E) Nur die Aussagen 4 und 5 sind richtig.

20. Welche Kriterien erfüllt ein Terminbuch?

1 Ein Wochenüberblick sollte gegeben sein.
2 Korrekturen sollten ermöglicht werden.
3 Platz für Name und Behandlungshinweis sollte vorhanden sein.
4 Die elektronische Terminbuchführung ist von der Ärztekammer vorgeschrieben.
5 Es beinhaltet den Anamnesebogen.

A) Alle Aussagen sind richtig.
B) Nur die Aussagen 1, 2, 4 und 5 sind richtig.
C) Nur die Aussagen 1, 2, 3 und 4 sind richtig.
D) Nur die Aussagen 1, 2 und 3 sind richtig.
E) Nur die Aussagen 4 und 5 sind richtig.

21. Ordnen Sie den möglichen Störfaktoren des Terminsystems die jeweiligen Beispiele zu.

A	Zeitüberschreitung in Folge geänderter Behandlung	1	Herzinfarkt im Wartezimmer
B	Notfälle	2	Patient bleibt ohne Absage fern
C	ausbleibende Patienten	3	Durchführung von IGeL-Leistungen

A) A1, B2, C3
B) A1, B3, C2
C) A2, B1, C3
D) A2, B3, C1
E) A3, B1, C2

22. Welche Aussage zur Kommunikation mit dem Patienten ist richtig?

1 Patienten möglichst leise ansprechen, um den Praxisablauf nicht zu stören
2 Blickkontakt im Gespräch
3 mit Namen ansprechen
4 freundliche Begrüßung
5 Die Verwendung von medizinischen Fachbegriffen gegenüber dem Patienten erhöht die Kompetenzwirkung der MFA.

A) Alle Aussagen sind richtig.
B) Nur die Aussagen 1, 2, 4 und 5 sind richtig.
C) Nur die Aussagen 2, 3, 4 und 5 sind richtig.
D) Nur die Aussagen 2, 3 und 4 sind richtig.
E) Nur die Aussagen 4 und 5 sind richtig.

16. A
17. C
18. D
19. B
20. D
21. E
22. D

8 Organisation der Fernkommunikation

Was versteht man unter einem E-Brief und wie kann dieser versendet werden?

E-Brief bedeutet elektronische Briefbeförderung. Dazu benötigt man eine exklusive Adresse bei einem De-Mail-Anbieter (z. B. Deutsche Post) und dann kann man Briefe und E-Mails über ein gesichertes Verfahren (Briefe werden elektronisch gespeichert) an einen Empfänger versenden. Der Empfang funktioniert über den PC (falls der Empfänger auch am Verfahren teilnimmt) oder durch den Briefträger ausgetragen über den Briefkasten.

Erklären Sie die Versendungsform „Einschreiben" und unterscheiden Sie verschiedene Arten.

- Einschreiben: Der Absender hat einen Nachweis, dass die Post termingerecht abgeschickt wurde. Der Postbote dokumentiert die Übergabe.
- „Einschreiben Einwurf": der Zusteller bestätigt mit seiner Unterschrift den Einwurf der Sendung.
- „Einschreiben Rückschein": dem Einlieferer wird die Übergabe bestätigt; zusätzlich erfolgt die Auslieferung nur gegen eine Empfangsbestätigung.

Was bedeutet PostIdent?

PostIdent verwendet man, um die Identität eines Empfängers zu prüfen (über die Deutsche Post AG durch den Postboten oder durch Ausweisvorlage in einer Filiale).

Nennen Sie die Wertstufen, in die Schriftgut eingeteilt werden kann. Geben Sie jeweils vier Beispiele.

Daten mit ...	Beispiel
Tageswert	Werbung, Prospekte, unverlangte Angebote, Kongresseinladungen
Prüfwert	Angebote, Liquidationsmahnungen, Rundschreiben der KV und BÄK, Bewerbungsschreiben
Gesetzeswert	Karteikarten, Liquidationsdurchschläge, Röntgenbilder, Kassenbücher
Dauerwert	Praxiskaufvertrag, Arbeitsverträge, Zeugnisse, Patente

Erklären Sie den Begriff Ersatzempfänger.

Werden neben dem Empfänger auch der Ehegatte oder Postbevollmächtigte nicht angetroffen, kann ein sogenannter Ersatzempfänger (z. B. MFA in der Praxis, Nachbarn) bestimmt werden, der die Sendung in Empfang nehmen darf.

Nennen Sie Vorteile von Frankiermaschinen.

Erst ab einem Versand von 8-10 Sendungen pro Tag kommen die Vorteile einer Frankiermaschine zur Geltung; Vorteile: kein Überfrankieren/Unterfrankieren, kein Kleben der Marken, schnellere Bearbeitung der Sendungen, Möglichkeit eines Werbeaufdrucks.

Nennen Sie Beispiele für die Anwendung des Internets in der Arztpraxis.

- Informationsmedium
- Kommunikation mit Partnern der Arztpraxis, z. B. Labore, Abrechnungsstellen, Patienten
- Versand von Labordaten, Röntgenbildern usw.
- Onlinebestellungen
- Onlineterminkalender
- Abrechnung
- Internettelefonie
- Reisebuchung usw.

Welche Vorteile bietet die Archivierung elektronischer Belege und worauf müssen Sie achten?

- Vorteile: geringerer Platzbedarf, Unterlagen werden schnell gefunden, Zeitersparnis und dadurch Personalkostenersparnis
- Archivierung: Belege müssen in vollem Umfang (Urheber und Inhalt) gescannt sein; jedes Dokument muss wieder in derselben Form, wie es gescannt wurde, ausdruckbar sein; elektronische Signatur (zur Gewährleistung der Datenintegrität); die Daten müssen jederzeit verfügbar sein; Archivierung sachlogisch und in richtiger zeitlicher Reihenfolge.

Sie arbeiten in der Praxis Dr. Rosener und sind für die Bearbeitung der Post zuständig.

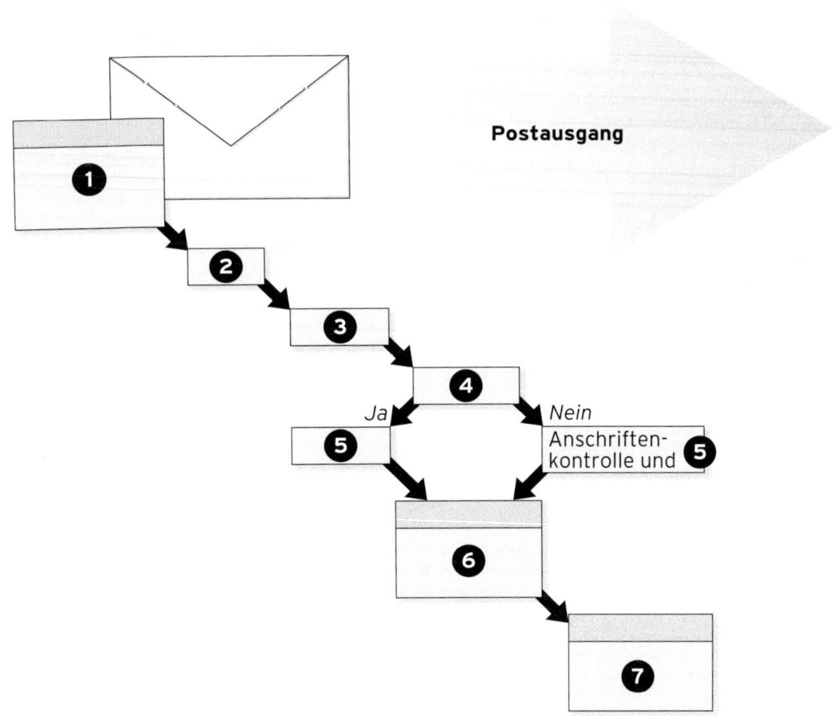

1. Beschriften Sie die oben stehende Abbildung zur Organisation des Postausgangs.

2. Nennen Sie drei verschiedene Arten von Anrufbeantwortern und fünf Schritte, wie Sie den Anrufbeantworter der Arztpraxis besprechen können.

3. Was sollte bei der Übermittlung personenbezogener Daten per Telefax beachtet werden?

Prüfungsfall Bisswunde: S. 326

1. 1 Vorlagenkontrolle; 2 Falzen; 3 Kuvertieren; 4 Fensterbrief; 5 Schließen; 6 Freimachen; 7 Postabgabe
2. reiner Anrufbeantworter(AB), AB mit Sprachaufzeichnung, AB mit Fernabfrage; Schritte: 1. Hinweis auf das Gerät, 2. Nennen des Teilnehmers (des Angerufenen), 3. Information, 4. Hinweis auf Aufzeichnungsmöglichkeit, 5. Hinweis auf das Ende der Aufzeichnung
3. Datenschutz, Empfänger des Faxes vorab telefonisch informieren, separater Raum für die Unterbringung des Geräts (wenn möglich)

4. In welchen Fällen setzen Arztpraxen das Telefaxgerät ein und welche Vorteile bietet es?

5. Was muss beim Versand medizinischen Untersuchungsmaterials beachtet werden?

6. Erklären Sie, weshalb ein „Einschreiben Einwurf" nur eine eingeschränkte Beweiskraft hat.

7. Erläutern Sie den Unterschied zwischen „Einschreiben Rückschein" und „Einschreiben Eigenhändig ".

8. Was versteht man unter „Call by Call"?

9. Welche Voraussetzungen benötigt eine Arztpraxis, um einen Zugang zum Internet zu erhalten?

Prüfungsfall Krebsfrüherkennung: S. 330,
Prüfungsfall Nävusexzision: S. 371

4. Übermittlung von Laborergebnissen; direkte und zeitnahe Aufgabe von Bestellungen; Buchung von Weiterbildungskursen, Hotelzimmern etc.; Vorteile: sehr schnelle Übermittelung; Übermittlungsfehler sind nahezu ausgeschlossen; Kosten sind geringer als beim Briefversand
5. Verpackung darf durch Transport nicht zerstört werden. Das Primärgefäß (z. B. Monovette) und die Sekundärverpackung sollten wasserdicht sein. Bei flüssigen Stoffen muss dazwischen saugendes Material verwendet werden und gepolstert werden. Die Außenverpackung muss fest sein.
6. Da der Postbedienstete nur bescheinigt, dass er den Brief in den Briefkasten eingeworfen hat.
7. Beim „Einschreiben Rückschein" hat der Empfänger schriftlich den Empfang der Post bestätigt. Bei Verlust haftet die die Deutsche Post AG. Beim „Einschreiben Eigenhändig " wird die Übergabe durch den Postboten dokumentiert.
8. Durch eine eingegebene Zusatznummer vor der eigentlichen Telefonnummer wird bei jedem Anruf entschieden, mit welchem Provider man telefoniert.
9. Die Praxis benötigt einen Telefonanschluss, einen Rechner und eine Verbindung zwischen Telefon(leitung) und Rechner, z. B. ein Modem, eine ISDN-Karte und eine Netzwerkkarte bzw. ein DSL-Modem.

1. Sie haben den Verdacht, dass ein Patient die falsche Adresse genannt hat. Welchen Service bietet die Deutsche Post AG diesbezüglich an?

A) PostIdent-Verfahren
B) Nachsendeauftrag
C) Postzustellungsauftrag
D) Anschriftenprüfung
E) Die Deutsche Post darf keine Auskunft geben.

2. Welche Aussage zu unterschiedlichen Arten von Einschreiben ist richtig?

A) Einwurf-Einschreiben müssen nicht bestätigt werden.
B) Die Auslieferung eines Einschreibens mit Rückschein erfolgt gegen eine Empfangsbestätigung.
C) Der Empfang eines „Einschreiben Eigenhändig“ muss nicht dokumentiert werden.
D) Eine MFA darf in der Praxis kein Einschreiben annehmen.
E) Die Deutsche Post AG haftet nicht bei Verlust eines Einschreibens mit Rückschein.

3. Bei welchen Sendungen ist die Annahme durch Ersatzempfänger ausgeschlossen?

1. Arztpraxis Dr. C. Thieser Waldweg 8 80154 München	2. Einschreiben Dr. C. Thieser Waldweg 8 80154 München
3. Arztpraxis Dr. C. Thieser Frau Kellermann vertraulich Waldweg 8 80154 München	4. Einschreiben - Eigenhändig Dr. C. Thieser Waldweg 8 80154 München
5. Einschreiben - Rückschein Dr. C. Thieser Waldweg 8 80154 München	

A) nur bei den Sendungen 1, 3 und 4
B) nur bei den Sendungen 2 und 4
C) nur bei den Sendungen 3 und 4
D) nur bei den Sendungen 4 und 5
E) bei allen Sendungen

4. Wie versenden Sie Einladungen zum 15-jährigen Jubiläum der Praxis an 250 Gäste?

A) Newsletter per E-Mail
B) Telegramm
C) Brief per Einschreiben
D) Infobrief
E) Standardbrief

5. Wie lange ist der Durchschlag einer Patienten-Arbeitsunfähigkeitsbescheinigung vom 14.02.2014 aufzubewahren?

A) bis zum 14.03.2014
B) bis zum 14.05.2014
C) bis zum 14.02.2024
D) bis zum 14.09.2014
E) bis zum 14.02.2015

6. In Ihrer Praxis fallen Schriftstücke mit unterschiedlicher Wertigkeit an. Ordnen Sie den Schriftstücken die jeweilige Wertigkeit zu.

A	Liquidationsmahnungen	1	Tageswert
B	Praxiskaufvertrag	2	Prüfwert
C	Röntgenbilder	3	Dauerwert
D	Einladungen zu Kongressen	4	Gesetzeswert
E	Bewerbungsschreiben		

A) A1, B2, C3, D4, E2
B) A1, B4, C2, D3, E1
C) A2, B3, C4, D1, E2
D) A4, B3, C1, D2, E4
E) A3, B1, C2, D4, E3

7. Welche Dokumente dürfen nicht gefaltet werden?

1 Arztbriefe
2 Arbeitszeugnisse
3 Bewerbungen
4 Mahnungen
5 Röntgenbilder

A) Nur die Aussagen 1, 2 und 5 sind richtig.
B) Nur die Aussagen 2, 3 und 5 sind richtig.
C) Nur die Aussagen 2 und 5 sind richtig.
D) Nur die Aussagen 3 und 4 sind richtig.
E) Alle Aussagen sind richtig.

8. Welche Aussage ist falsch? Die Arztpraxis kann das Internet nutzen ...

A) zur Übermittlung von Laborergebnissen.
B) zum Versand der Abrechnungsdaten.
C) zum Skypen mit anderen Fachärzten.
D) zur Versendung privater E-Mails.
E) zur Bestellung von Laborbedarf.

1. D	2. B
3. C	4. D
5. E	6. C
7. B	8. D

9. Ordnen Sie der zu versendenden Post die richtige Versandform zu.

A	die Patientenakte von Frau Osterrieder (ca. 2 kg)	1	Express
B	ein EKG-Gerät zur Reparatur (ca. 3,5 kg schwer; Wert ca. 4500 Euro)	2	Paket mit Versicherung
C	Röntgenbilder	3	Groß- oder Maxibrief
D	letzte Mahnung an einen Patienten	4	Einschreiben Rückschein
E	Laborbefund von Frau Herrmann, der bis spätestens 10 Uhr des nächsten Tages beim Klinikum sein muss	5	Paket mit Einschreiben

A) A1, B2, C3, D4, E5
B) A5, B2, C3, D4, E1
C) A2, B3, C4, D5, E1
D) A3, B1, C5, D2, E4
E) A4, B5, C2, D1, E3

10. Welche Aussage für das Besprechen eines Anrufbeantworters ist richtig?

A) Sprechzeiten sind kein Bestandteil einer Auskunft auf einem Anrufbeantworter.
B) Bei Abwesenheit, z. B. Urlaub der Praxis, reicht ein Schild an der Praxistür.
C) Der Name des Praxisarztes darf aus Datenschutzgründen nicht genannt werden.
D) Hinweise auf Aufzeichnungsmöglichkeiten und das Ende einer Aufzeichnung sind empfehlenswert.
E) Nur speziell geschultes Personal darf einen Anrufbeantworter besprechen.

11. Welche Aussage zur E-Mail ist richtig?

A) Bilder, Grafiken und Programme können nicht per E-Mail verschickt werden.
B) Das Zeichen „@“ erhält man u. a. durch die Tastenkombination „Alt Gr“ und „Q“.
C) Dateianhänge einer E-Mail sind immer virenfrei.
D) „Attachment“ ist ein anderes Wort für E-Mail-Adresse.
E) E-Mails eignen sich besonders gut zum Versand von Arztbriefen und Befunden.

12. Welche Falzart ist nicht gebräuchlich bei einem DIN-A4-Bogen?

A) Wickelfalz
B) Zickzackfalz
C) Einfachfalz
D) Kreuzfalz
E) Querfalz

13. Welches ist die richtige Reihenfolge nach dem Empfang von Eingangspost?

1 Leerkontrolle
2 Stempeln
3 Verteilen
4 Öffnen der Briefumschläge
5 Entnahme des Inhalts

A) 1 → 2 → 3 → 4 → 5
B) 4 → 1 → 3 → 5 → 2
C) 4 → 5 → 1 → 2 → 3
D) 4 → 3 → 2 → 1 → 5
E) 4 → 5 → 2 → 3 → 1

14. Die chronologische Ordnung in der Schriftgutablage ist die Ordnung nach …

A) Ziffern und Buchstaben.
B) Sachgebieten.
C) römischen Ziffern.
D) Anfangsbuchstaben.
E) der zeitlichen Reihenfolge.

15. Posteingangssysteme …

A) sind nur bei sehr hohem Posteingang wirtschaftlich.
B) sind für jede Praxis eine Erleichterung.
C) öffnen lediglich die eingehenden Briefe.
D) heften und stempeln lediglich die eingehende Post.
E) existieren nicht, nur Postausgangssysteme.

16. Welche Leistungsmerkmale eines Telefons können genutzt werden, wenn das Telefon an ein ISDN-Netz angeschlossen ist?

1 Anrufweiterschaltung
2 Notizbuch
3 Zielwahltaste
4 Anklopfen
5 Übertragung der Rufnummer

A) Nur die Aussagen 1, 2 und 3 sind richtig.
B) Nur die Aussagen 1, 4 und 5 sind richtig.
C) Nur die Aussagen 2 und 5 sind richtig.
D) Nur die Aussagen 4 und 5 sind richtig.
E) Alle Aussagen sind richtig.

17. Welche Postsendungen sind nachweisbar?

A) Postkarten
B) Werbebriefe
C) Pakete
D) Telegramme
E) Prospekte

9. B	10. D	11. B
12. E	13. C	14. E
15. A	16. B	17. C

18. Welche Aussage zu den Sendungsarten und Versandformen von Post ist richtig?

A) Der Erhalt eines Einwurf-Einschreibens muss von dessen Empfänger quittiert werden.
B) Bei einem Einschreiben wird der Absender schriftlich benachrichtigt, sobald der Empfänger das Einschreiben erhalten hat.
C) Bei der Zusatzleistung Nachnahme erfolgt eine Barzahlung durch den Empfänger des Nachnahmebriefes.
D) Ein Brief wird als Einschreiben versandt, egal wie wichtig sein Inhalt ist.
E) Beim Einschreiben mit Rückschein quittiert der Empfänger den Erhalt am Postschalter.

19. Bestimmen Sie die Reihenfolge der Arbeiten beim Postausgang.

1 Den Brief falzen und kuvertieren.
2 Den Brief wiegen und frankieren.
3 Prüfen, ob alle im Brief erwähnten Anlagen beigefügt sind.
4 Überprüfen, ob der Brief unterschrieben ist.
5 Den Brief nach Sendungsart und Versandform sortieren.

A) 1 → 3 → 5 → 2 → 4
B) 1 → 4 → 5 → 3 → 2
C) 4 → 5 → 1 → 2 → 3
D) 4 → 3 → 1 → 5 → 2
E) 4 → 5 → 2 → 3 → 1

20. Welches der folgenden Dokumente in der Praxis wird nicht nach einer bestimmten Frist, sondern nur unter besonderen Umständen vernichtet?

A) Praxiskaufvertrag
B) Liquidationsmahnungen
C) Röntgenbilder
D) Kassenbücher
E) Vertreterankündigungen

21. Welche Aussage zur liegenden Ablage ist richtig?

A) Hefter und Mappen werden stehend nebeneinander gelagert.
B) Eine liegende Ablage erleichtert die konkrete Entnahme von Heftern.
C) Die Übersicht über vorhandene Unterlagen ist gut, da man die Hefter und Mappen gut beschriften kann.
D) Das Entnehmen und Einfügen des Schriftguts gelingt sehr zügig.
E) Man muss fast immer den ganzen Stapel bewegen, wenn man einen einzelnen Hefter entnehmen will.

22. Was versteht man unter einem sogenannten Provider?

A) die neueste Version eines Tablet-PCs
B) einen Mobilfunkanbieter
C) ein Programm zum Versenden von E-Mails
D) die neue IT-Fachzeitschrift, die speziell für den IT-Gebrauch in einer Praxis entwickelt wurde
E) ein Datenschutzprogramm für sensible Dokumente

23. Frau Sonnenschein hat im letzten Jahr völlig vergessen, zur Kontrolluntersuchung zum Arzt zu gehen. Welche Serviceleistungen bietet Ihre Praxis an, damit sie den Kontrolltermin in Zukunft nicht mehr vergisst?

A) Sie hat die Möglichkeit, in Ihr Recall-System aufgenommen zu werden. Sie wird dann regelmäßig von Ihnen per Post, Mail, Telefon oder SMS an die anstehende Kontrolluntersuchung erinnert.
B) Frau Sonnenschein hat die Möglichkeit, in Ihr Follow-up-System aufgenommen zu werden. Sie wird dann regelmäßig von Ihnen per Post, Mail, Telefon oder SMS an die anstehende Kontrolluntersuchung erinnert.
C) Die Patientin hat die Möglichkeit, in Ihr Recall-System aufgenommen zu werden. Sie wird dann direkt nach der Behandlung angerufen, und die Praxis erkundigt sich dabei nach ihrem Befinden.
D) Ihre Praxis bietet keine Serviceleistung an, da Ihre Chefin sagt, dass Frau Sonnenschein selbst schuld sei, wenn sie nicht auf ihre Gesundheit achte.
E) Diese Leistung zählt nicht zum Praxismarketing und verursacht nur zusätzliche Kosten.

24. Welche Aussage zum Versand medizinischen Materials ist falsch?

A) Urin wird zur bakteriologischen Untersuchung in Kühlboxen transportiert.
B) Medizinisches Probenmaterial darf nur in genormten Versandhüllen verschickt werden.
C) Das maximale Füllvolumen darf vor allem beim Versand von Stuhlproben nicht überschritten werden.
D) Blutentnahmeröhrchen müssen gekühlt versendet werden.
E) Begleitpapiere sind bei jedem Versand sorgfältig auszufüllen.

18. C 19. D 20. A
21. E 22. B 23. A
24. D

9 Bewerbung, Fort- und Weiterbildung

Nennen Sie die Dokumente, die zu den Bewerbungsunterlagen gehören.

Anschreiben, Lebenslauf, Zeugnisse und Bescheinigungen

Welchen Zweck erfüllen Bewerbungsanschreiben und wie sind sie aufgebaut?

Mit dem Bewerbungsanschreiben macht der Bewerbende auf sich aufmerksam: Beim Arbeitgeber soll Interesse geweckt werden.
Aufbau von Bewerbungsanschreiben:
- Name und Anschrift des Bewerbers, Datum
- Name und Anschrift der Praxis
- Bezug, Betreff
- Anrede, Text, Gruß
- Unterschrift
- Anlagen

Wie muss ein Lebenslauf verfasst werden und was muss er enthalten?

Ein Lebenslauf wird tabellarisch verfasst. Inhalt:
- persönliche Daten
- aufgeklebtes Foto
- Schulausbildung
- Berufsausbildung
- Berufstätigkeit
- Fortbildungen, Seminare, Schulungen
- weitere Qualifikationen, Hobbys, Praktika

In welchen Schritten laufen Vorstellungsgespräche ab?

- Begrüßung
- Vorstellung der Praxis
- Selbstdarstellung des Bewerbers
- Frage- und Antwortphase zur Überprüfung der fachlichen und sozialen Kompetenz
- Fragen des Bewerbers
- Gesprächsabschluss

Nennen Sie Unterschiede zwischen einem einfachen und einem qualifizierten Arbeitszeugnis.

Einfaches Arbeitszeugnis: Name der Person, Art der Tätigkeit, Dauer des Beschäftigungsverhältnisses
Qualifiziertes Arbeitszeugnis: Zusätzlich zu den o. g. Inhalten werden die Tätigkeiten der Person genauer beschrieben sowie ihr Sozialverhalten, ihre Belastbarkeit und ihr Einsatz beurteilt.

Definieren Sie die in der Tabelle genannten Bildungsangebote.

Fortbildung	zusätzliche Qualifikation, die meist auf einer abgeschlossenen Berufsausbildung aufbaut und häufig zum Aufstieg im Beruf führt
Weiterbildung	Zusatzqualifikation in anderen Bereichen des Gesundheitswesens, um mehr Verantwortung zu übernehmen und das Gehalt zu steigern
Umschulung	Erlernen eines anderen Berufs, z. B. weil der ursprüngliche Beruf an Bedeutung verliert, nach längerer Arbeitslosigkeit, Berufsunfähigkeit oder Unzufriedenheit mit dem erlernten Beruf

Was beinhaltet eine Fortbildung zur Fachwirtin für ambulante medizinische Versorgung und welche Stellung kann nach abgeschlossener Fortbildung angenommen werden?

Inhalte: Patientenbetreuung, Teamführung, Qualitätsmanagement, betriebswirtschaftliche Praxisführung, Einsatz von Informations- und Kommunikationstechnologien, Arbeitssicherheit und Gesundheitsschutz, Risiko- und Notfallmanagement
Stellung: Führungsfunktion in einer Arztpraxis

Nennen Sie Fachthemen, zu denen es Fortbildungen für Medizinische Fachangestellte gibt.

z. B. in Abrechnung, Praxismanagement, Arbeitsmedizin, EDV, Notfallmanagement, Erste Hilfe, medizinische Gerätekunde

Natascha Grandy ist im 3. Ausbildungsjahr und wird bald ihre Abschlussprüfung absolvieren. Ihr Ausbilder kann sie nach der Ausbildung nicht übernehmen, deshalb bewirbt sie sich in der gynäkologischen Praxis von Dr. Ladenburger als MFA. Ihre Bewerbung ist für Dr. Ladenburger sehr ansprechend, sodass Natascha Grandy zum Vorstellungsgespräch eingeladen wird.

1. Nach welchem Muster kann eine Bewerbung bewerbungspsychologisch zu verstärktem Interesse führen?

2. Welches äußere Erscheinungsbild und Auftreten sollte Natascha Grandy beim Vorstellungsgespräch zeigen?

3. Dr. Ladenburger stellt Natascha Grandy u. a. folgende Fragen:

a) Warum haben Sie sich gerade bei uns beworben?
b) Was machen Sie in Ihrer Freizeit?
c) Wann wollen Sie heiraten?
d) Sind Sie in einer Partei?
e) Welche Ziele verfolgen Sie in den nächsten fünf Jahren?

Begründen Sie, ob es sich um zulässige Fragen handelt.

4. Nennen Sie Fortbildungsmöglichkeiten für Natascha in der Praxis von Dr. Ladenburger.

1. In der Bewerbungspsychologie spricht man von der AIDA-Formel: A = attention (der Bewerber erzeugt Aufmerksamkeit), I = interest (der Bewerber erweckt Interesse an seiner Person), D = desire (der Wunsch nach einem persönlichen Kennenlernen wird geäußert), A = action (der Wunsch nach einem persönlichen Vorstellungsgespräch wird formuliert).
2. saubere und ordentliche Kleidung, kein aufdringliches Parfum, dezente Schminke, kein sichtbares Piercing oder Tattoo, pünktliches Erscheinen
3. a) Zulässige Frage: Arzt möchte sehen, ob sich die MFA schon über die Praxis informiert hat und die Fachrichtung kennt. b) Zulässige Frage: Ist eine MFA in ihrer Freizeit z. B. in gemeinnützigen Organisationen, spricht das für Teamfähigkeit. Bei Ausübung gefährlicher Sportarten muss der Arzt evtl. mit Verletzungen und Ausfall rechnen. c) + d) Unzulässige Fragen: Dies sind Privatangelegenheiten. e) Zulässige Frage: Der Arzt möchte die Fortbildungsbereitschaft der MFA erkennen.
4. Mögliche Fortbildungen sind Schwangerschafts-, Still- oder Wechseljahreberaterin, QM-Fachkraft.

1. Welche Aussage ist richtig?
A) Eine Bewerbung sollte immer im Format DIN A5 geschrieben werden.
B) Das Bewerbungsanschreiben muss mit einem Lichtbild versehen werden.
C) Im Lebenslauf kann die Schulbildung entfallen, wenn man schon sehr viele Jahre berufstätig ist.
D) Ein persönlich entwickeltes Deckblatt ist eine gute Selbstdarstellung des Bewerbers.
E) Zertifikate über Schulungen müssen den Bewerbungsunterlagen nicht beigelegt werden.

2. Welche beiden Aussagen sind richtig? Die AIDA-Formel steht für Begriffe wie:
A) accident
B) interest
C) diagnostic
D) action
E) information
F) direction

3. Welche Aussage ist richtig? Ein qualifiziertes Zeugnis enthält …
A) Aussagen über das Gehalt der MFA.
B) die Beurteilung des Sozialverhaltens und des Arbeitseinsatzes.
C) das Freizeitverhalten der MFA.
D) Aussagen über den Familienstand der MFA.
E) die Anzahl der Kinder der MFA.

4. Welche Aussage ist richtig? Ein Lebenslauf enthält Aussagen über …
A) bisherige Arbeitszeiten.
B) die Schulausbildung.
C) Berufe der Eltern und Großeltern.
D) chronische Erkrankungen.
E) Lieblingsfächer in der Schule.

5. Welche Aussage ist richtig? Ein Arbeitszeugnis …
A) ist für den Arbeitgeber entbehrlich.
B) muss wohlwollend formuliert sein.
C) muss dem Arbeitnehmer nicht ausgehändigt werden.
D) kann nur von angestellten Arbeitnehmern eingefordert werden.
E) muss Wünsche für die Zukunft enthalten.

6. Welche Aussage ist falsch? Eine MFA sollte sich regelmäßig fortbilden, …
A) um auf dem Arbeitsmarkt attraktiv zu bleiben.
B) um den technischen Entwicklungen Stand halten zu können.
C) um mehr Lohn einzufordern.
D) um Abstand von den Patienten zu bekommen.
E) um sich vor Arbeitslosigkeit zu schützen.

7. Welche Aussagekombination ist richtig?
1 Um sein Berufsfeld zu repräsentieren, geht man in Arbeitskleidung zum Vorstellungsgespräch.
2 Zu einem Vorstellungsgespräch sollte man immer pünktlich erscheinen.
3 Damit man beim Vorstellungsgespräch nicht so aufgeregt wirkt, kann man mit dem Praxisinhaber noch eine Zigarette rauchen.
4 Da der Arzt die Bewerbungsunterlagen kennt, braucht man sich zu Beginn des Vorstellungsgesprächs nicht nochmals vorzustellen.
5 Vor dem Vorstellunggespräch ist eine Vorbereitung zu Hause empfehlenswert.

A) Alle Aussagen sind richtig.
B) Nur die Aussagen 2, 4 und 5 sind richtig.
C) Nur die Aussagen 1, 3 und 4 sind richtig.
D) Nur die Aussagen 2 und 4 sind richtig.
E) Nur die Aussagen 2 und 5 sind richtig.

8. Welche Zuordnungen sind richtig?

A	Diätberaterin	→	Weiterbildung
B	Gesundheitspädagogin	→	Fortbildung
C	Fachwirtin für ambulante medizinische Versorgung	→	Umschulung
D	Orthoptistin	→	Weiterbildung
E	Präventionsfachkraft	→	Weiterbildung
F	Qualitätsbeauftragte	→	Fortbildung

9. Welche Aussagekombination ist richtig?
1 Viele Fortbildungen werden von den Ärztekammern angeboten.
2 Weiterbildungen können nicht staatlich gefördert werden.
3 Durch aussterbende Berufe können Umschulungen nötig werden.
4 Fortbildungen haben keine finanziellen Vorteile.
5 Durch das Absolvieren einer Weiterbildung kann einer MFA mehr Verantwortung übertragen werden.

A) Alle Aussagen sind richtig.
B) Nur die Aussagen 2, 4 und 5 sind richtig.
C) Nur die Aussagen 1, 3 und 5 sind richtig.
D) Nur die Aussagen 3 und 4 sind richtig.
E) Nur die Aussagen 4 und 5 sind richtig.

1. D	2. B, D
3. B	4. B
5. B	6. D
7. E	8. D, F
9. C	

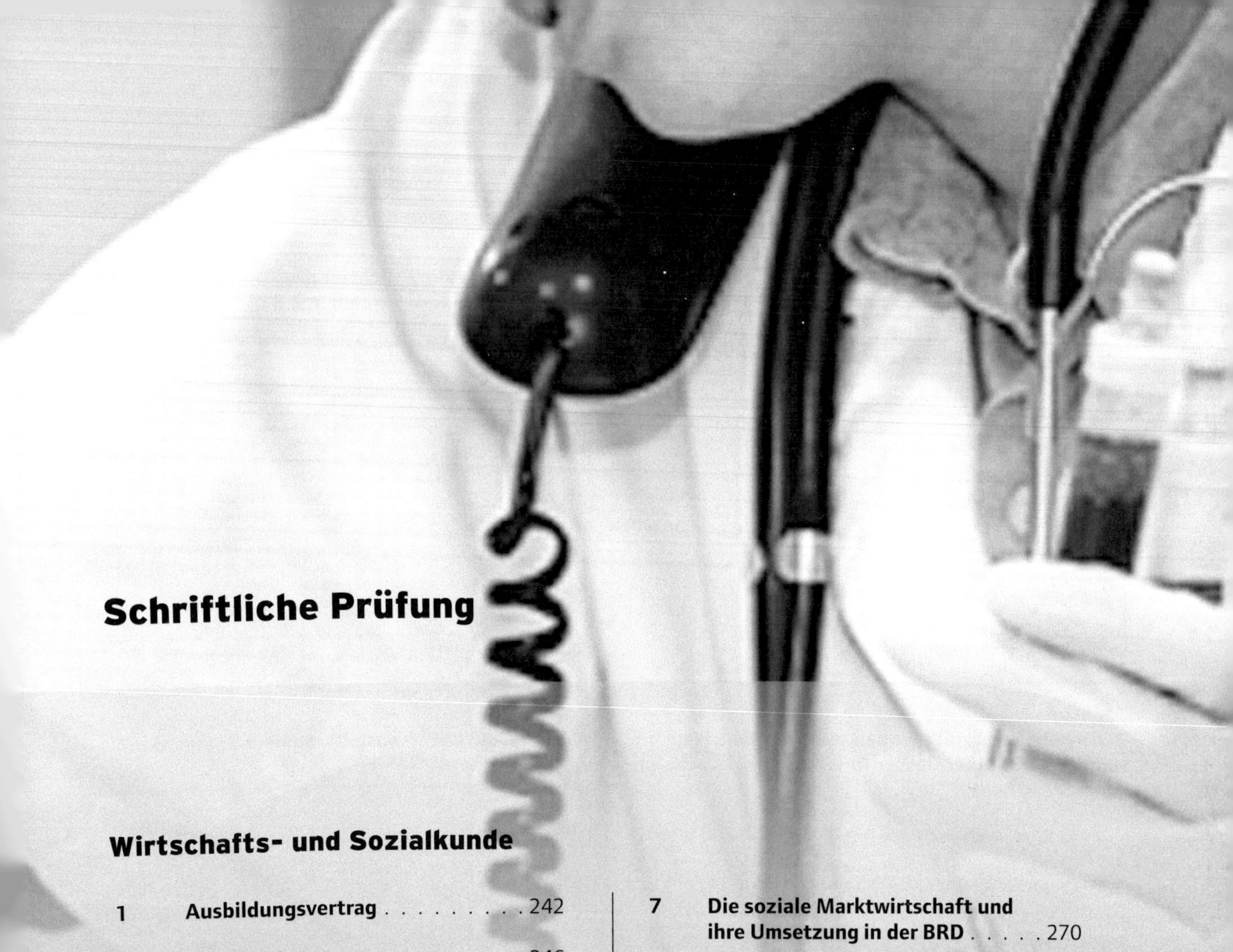

Schriftliche Prüfung

Wirtschafts- und Sozialkunde

1 Ausbildungsvertrag 242

2 Arbeitsschutz 246

3 Grundlagen des Vertragsrechts . . 250

4 Kaufvertrag 254

5 Umgang mit Geld, Zahlungsmöglichkeiten 260

6 Außergerichtliches und gerichtliches Mahnverfahren, Verjährung 266

7 Die soziale Marktwirtschaft und ihre Umsetzung in der BRD 270

8 Soziale und private Absicherung . . 274

9 Einzelarbeitsvertrag und Arbeitsrecht 278

10 Steuern und Entgeltabrechnung . . 282

11 Sparen und Kredit 286

1 Ausbildungsvertrag

In welchen Gesetzen sind arbeits- und sozialrechtliche Vorschriften zum Ausbildungsvertrag enthalten?

Arbeits- und sozialrechtliche Vorschriften sind beim Abschluss des Berufsausbildungsvertrags zu beachten und sollen den Auszubildenden schützen.
Wichtige rechtliche Grundlagen für Berufsausbildungsverträge sind:
- Bürgerliches Gesetzbuch
- Berufsbildungsgesetz
- Ausbildungsordnung
- Vorschriften der Landesärztekammern
- arbeitsrechtliche Vorschriften

Zwischen welchen Personen wird ein Berufsausbildungsvertrag geschlossen und wer überwacht die Ausbildung?

Der Berufsausbildungsvertrag wird zwischen dem Auszubildenden (MFA) und dem Ausbildenden (Arzt) geschlossen.
Die Landesärztekammer überwacht die Ausbildung.

Welche Punkte müssen im Berufsausbildungsvertrag mindestens enthalten sein?

Folgende Punkte müssen im Berufsausbildungsvertrag enthalten sein:
- Gliederung und Ziel der Ausbildung
- Beginn und Dauer der Ausbildung
- Ausbildungmaßnahmen außerhalb der Ausbildungsstätte
- Dauer der regelmäßigen täglichen Arbeitszeit
- Dauer der Probezeit
- Zahlung und Höhe der Vergütung
- Dauer des Urlaubs
- Voraussetzungen für Kündigungen

Benennen Sie die Pflichten des Auszubildenden und des Ausbildenden, die sich aus dem Ausbildungsvertrag ergeben.

Auszubildende/-der	Ausbildender
Lernpflicht	Ausbildungspflicht
Sorgfaltspflicht	Arbeitsmittelbereitstellung
Besuch der Berufsschule	Freistellung für den Besuch der Berufsschule
Befolgen von Anweisungen	Fürsorgepflicht
Führen des Berichtshefts	Überprüfung des Berichtshefts
Schweigepflicht	Zeugnispflicht
Einhalten der Betriebsordnung	Vergütungspflicht

Wie kann die Berufsausbildung beendet werden?

Mit Ablauf der Ausbildungszeit oder mit Bestehen der Abschlussprüfung ist die Ausbildung beendet.
- Sonderfälle können zu einer vorzeitigen Auflösung führen, z. B. fristlose Kündigung aus wichtigem Grund, z. B. Diebstahl.
- fristgerechte Kündigung bei Berufsaufgabe oder Umzug
- Praxisauflösung
- Tod des Auszubildenden
- Aufhebungsvertrag

Die 16-jährige Jana Fröhlich erhält von dem Allgemeinarzt Dr. Schulze einen Ausbildungsvertrag, beginnend am 01.09.2020, u. a. mit folgenden Inhalten:

- Die tägliche Arbeitszeit ist von 07:30 Uhr bis 12:30 Uhr und von 15:00 Uhr bis 20:00 Uhr.
- Die Probezeit beträgt fünf Monate.
- Die Auszubildende erhält eine monatliche Vergütung von 791 € gleichbleibend über drei Jahre.
- Die Auszubildende erhält 24 Werktage Urlaub pro Jahr.

1. Beurteilen Sie die oben dargestellten Inhalte von Jana Fröhlichs Ausbildungsvertrag.

a) ______________________________

____

b) ______________________________

____

c) ______________________________

____

d) ______________________________

____

2. Wer muss Jana Fröhlichs Ausbildungsvertrag unterschreiben?

____

____

3. Wann ist Jana Fröhlichs Ausbildung beendet?

____

____

4. Welche Unterschiede bestehen zwischen einem Mantel- und einem Gehaltstarifvertrag?

____

____

____

____

5. Erläutern Sie, wer für die tarifvertraglichen Regelungen zuständig ist?

____

____

____

____

____

____

____

1. a) Die tägl. erlaubte Höchstarbeitszeit für Jugendliche beträgt 8 Stunden, hier müsste Jana Fröhlich 10 Stunden arbeiten. b) Die Probezeit dauert mindestens einen, höchstens vier Monate. c) Die monatl. Vergütung muss jährlich ansteigen. d) Der Urlaubsanspruch ist zu niedrig, nach Jugendarbeitsschutzgesetz erhalten Jugendliche, die noch nicht 17 Jahre alt sind, 27 Werktage Urlaub.
2. Dr. Schulze, Jana Fröhlich und Janas Eltern, da sie noch nicht volljährig ist
3. mit Bestehen der praktischen Abschlussprüfung, spätestens jedoch am 31.08.2023
4. Im Gehaltstarifvertrag wird die Höhe der Vergütung beschrieben, während im Manteltarifvertrag alle anderen Arbeitsbedingungen, wie z. B. Urlaub, Kündigung, beschrieben werden.
5. Tarifvertragsparteien sind dafür zuständig, d. h., für die Medizinischen Fachangestellten ist es der Verband medizinischer Fachberufe und für die Ärzte ist es die Arbeitsgemeinschaft zur Regelung der Arbeitsbedingungen für Arzthelferinnen / Medizinische Fachangestellte.

1. Welche Aussage ist richtig?

A) Der Berufsausbildungsvertrag wird zwischen Ärztekammer und Auszubildender abgeschlossen.
B) Der Berufsausbildungsvertrag wird zwischen Ärztekammer und Ausbildendem abgeschlossen.
C) Der Berufsausbildungsvertrag wird zwischen Auszubildendem und Ausbildendem abgeschlossen.
D) Die Eltern des Azubis spielen beim Abschluss des Ausbildungsvertrags keine Rolle.
E) Die Landesärztekammern haben mit der Ausbildung nichts zu tun.

2. Welche Aussage ist richtig?
Um einen Ausbildungsvertrag zur Medizinischen Fachangestellten zu erhalten, ...

A) wird das Abitur verlangt.
B) wird mittlere Reife verlangt.
C) muss vorher eine Fachschule für Gesundheit besucht werden.
D) genügen Kriterien, die die einstellenden Ärzte zu Grunde legen.
E) wird Fachhochschulreife verlangt.

3. Welche beiden Aussagen sind richtig?

A) Im Berufsbildungsgesetz sind Rechte und Pflichten während der Ausbildung beschrieben.
B) Die Ausbildungsordnung gliedert die zeitliche Abfolge der Ausbildung.
C) Vorschriften der Bundesärztekammer werden nicht berücksichtigt.
D) Das Bürgerliche Gesetzbuch regelt nur Rechte der Bürger, nicht der MFA.
E) Das Arbeitszeitgesetz findet in Arztpraxen keine Anwendung.
F) Die Urlaubsregelung bei MFAs richtet sich nicht nach dem Bundesurlaubsgesetz.

4. Welche beiden Aussagen sind richtig?

A) Der Ausbildende muss dem Auszubildenden planmäßig Kenntnisse und Fertigkeiten vermitteln.
B) Der Auszubildende muss zweimal im Jahr das Berichtsheft vorlegen.
C) Allein ausschlaggebend für den Erfolg des Auszubildenden sind die Klassenarbeiten der Berufsschule.
D) Der Auszubildende kann fünfmal pro Schuljahr in der Berufsschule fehlen, wenn er in der Praxis benötigt wird.
E) Der Ausbildende muss die Ausbildung angemessen vergüten.
F) Eine Zeugnisausstellung am Ende der Ausbildungszeit muss nur durch die Berufsschule erfolgen.

5. Welche Aussagekombination ist richtig?

1 Die Probezeit muss mindestens zwei und darf höchstens drei Monate dauern.
2 Die Probezeit muss mindestens einen und darf höchstens vier Monate dauern.
3 Während der Probezeit kann mit zwei Wochen Kündigungsfrist gekündigt werden.
4 Fristlose Kündigungen sind von beiden Parteien während der Probezeit möglich.
5 Gründe, die zur Kündigung während der Probezeit führen, müssen genannt werden.

A) Alle Aussagen sind richtig.
B) Nur die Aussagen 1, 2, 4 und 5 sind richtig.
C) Nur die Aussagen 2 und 3 sind richtig.
D) Nur die Aussagen 2 und 4 sind richtig.
E) Nur die Aussagen 4 und 5 sind richtig.

6. Welche Aussage ist richtig?

A) Für MFAs existieren keine Tarifverträge.
B) Die MFAs werden durch den VmF vertreten.
C) Ein Tarifvertrag ist ein mündliches Abkommen zwischen Arbeitnehmer und Arbeitgeber.
D) Überstundenzuschläge werden tariflich nicht geregelt.
E) Tarifverträge werden vom Staat kontrolliert.

7. Welche Aussage ist falsch?

A) Im Manteltarifvertrag stehen Regelungen über die Arbeitszeit.
B) Der Gehaltstarifvertrag regelt die Vergütung.
C) Im Manteltarifvertrag wird ein 13. Monatsgehalt nicht erwähnt.
D) Tarifverträge können auf Bundes- oder regionaler Ebene geschlossen werden.
E) Der Urlaubsanspruch wird im Manteltarifvertrag beschrieben.

8. Welche Aussage ist richtig?

A) Die Vergütung muss nicht angemessen sein.
B) Die Vergütung muss jährlich nicht ansteigen.
C) Die Vergütung kann der Arzt selbst festlegen.
D) Die Auszubildenden erhalten Weihnachtsgeld.
E) Die Auszubildenden sind von den Sozialversicherungsabgaben befreit.

1. C	2. D
3. A, B	4. A, E
5. D	6. B
7. C	8. D

9. Welche Aussage ist richtig?

A) Die Schweigepflicht gilt nur für den Arzt und die Medizinischen Fachangestellten.
B) Nur der Patient kann den Arzt von der Schweigepflicht entbinden.
C) Eine Auszubildende kann dem Ehemann einer Patientin immer Auskunft geben.
D) Die Schweigepflicht erlischt mit dem Tod des Patienten.
E) Auszubildende müssen sich nicht an die Schweigepflicht halten.

10. Welche Aussage ist falsch?

A) 16-jährige Auszubildende erhalten 27 Werktage Urlaub.
B) Rechtliche Grundlage des Urlaubs ist das Bundesurlaubsgesetz.
C) Der Urlaub von Auszubildenden soll in die Berufsschulferien gelegt werden.
D) Der Urlaub dient der Erholung.
E) Auszubildende sollen ihren Urlaub in mehreren Abschnitten nehmen.

11. Welche beiden Aussagen sind richtig?

A) Die Ausbildung beträgt immer 3,5 Jahre.
B) Eine Ausbildung kann mit und ohne Zustimmung des Ausbilders gekürzt werden.
C) Der Beginn der Ausbildung wird im Vertrag festgelegt.
D) Jugendliche dürfen am Tag höchstens acht Stunden arbeiten.
E) Die regelmäßige wöchentliche Arbeitszeit beträgt 35 Stunden.
F) Überstunden können während der Ausbildung nicht vergütet werden.

12. Bei welchen Aussagekombinationen der folgenden Fallbeispiele wurde rechtlich korrekt gehandelt?

1 Eine Auszubildende hat Geld aus der Praxiskasse gestohlen und wurde von ihrem Ausbildenden fristlos gekündigt.
2 Eine Auszubildende besteht am 14.07. ihre praktische Prüfung, muss aber bis zum 31.08. als Auszubildende weiterarbeiten, da ihr Ausbildungsvertrag am 31.08. endet.
3 Ein Arzt löst seine Praxis auf und entlässt seine Auszubildende im 2. Ausbildungsjahr.
4 Eine Auszubildende zieht von Stuttgart nach Hamburg und kündigt.
5 Eine Auszubildende möchte lieber beim Kardiologen anstatt beim Nephrologen arbeiten und kündigt.

A) Alle Aussagen sind richtig.
B) Nur die Aussagen 1, 3 und 4 sind richtig.
C) Nur die Aussagen 2, 3 und 5 sind richtig.
D) Nur die Aussagen 2 und 4 sind richtig.
E) Nur die Aussagen 4 und 5 sind richtig.

13. Ordnen Sie zu.

A	Pflicht des Auszubildenden	1	Schweigepflicht
B	Pflicht des Ausbildenden	2	Erhalt von Arbeitsmitteln
C	Recht des Auszubildenden	3	sorgfältige Ausführung von Arbeiten
D	Recht des Ausbildenden	4	Vergütungspflicht

A) A3, B4, C1, D2
B) A2, B3, C4, D1
C) A1, B4, C2, D3
D) A4, B3, C2, D1
E) A2, B4, C1, D3

14. Welche Zuordnung ist richtig?

A) Manteltarifvertrag → Vergütung im ersten Ausbildungsjahr
B) Fürsorgepflicht → Pflicht des Auszubildenden
C) Gehorsamspflicht → Pflicht des Ausbildenden
D) VmF → Gewerkschaft für Medizinische Fachangestellte
E) Gehaltstarifvertrag → enthält Urlaubsregelungen

15. Welche beiden Zuordnungen sind falsch?

A) Pflicht des Auszubildenden → Ausbildungspflicht
B) Pflicht des Ausbildenden → Freistellungspflicht
C) Pflicht des Auszubildenden → Lernpflicht
D) Pflicht des Ausbildenden → Sorgfaltspflicht
E) Pflicht des Auszubildenden → Wettbewerbsverbot
F) Pflicht des Ausbildenden → Zeugnisausstellung

9. B
10. E
11. C, D
12. B
13. C
14. D
15. A, D

2 Arbeitsschutz

Wie kann man die Bestimmungen zum Arbeitsschutz gliedern?

Beim Arbeitsschutz gibt es allgemeine und besondere Schutzbestimmungen.
Allgemeine Schutzbestimmungen werden u. a. durch folgende Gesetze/Verordnungen beschrieben:
- Bundesurlaubsgesetz
- Arbeitszeitgesetz
- Kündigungsschutzgesetz

Besondere Schutzbestimmungen sind u. a. enthalten in:
- Jugendarbeitsschutzgesetz
- Mutterschutzgesetz
- Bundeselterngeldgesetz

Ein Arzt muss zum Schutz der Sicherheit und Gesundheit seiner Medizinischen Fachangestellten eine Gefährdungsbeurteilung durchführen. Geben Sie die hierfür nötigen Schritte an.

Durchführung einer Gefährdungsbeurteilung in vier Schritten:
- Festlegung der Arbeitsbereiche und Tätigkeiten
- Ermittlung der Gefährdung
- Maßnahmen werden ergriffen
- Überprüfung der Auswirkungen

Für welche Personen gilt der allgemeine, für welche Personen gilt der besondere Kündigungsschutz?

Allgemeiner Kündigungsschutz	Besonderer Kündigungsschutz
– Arbeitnehmer, die über 18 Jahre alt und seit sechs Monaten in einer Praxis tätig sind, die mehr als zehn Mitarbeiter beschäftigt	– Schwangere – erziehende Mütter oder Väter – Auszubildende – Betriebsräte, Jugendvertreter – Arbeitnehmer in Pflegezeit – Schwerbehinderte

Welche Arbeiten dürfen werdende Mütter laut Mutterschutzgesetz nicht ausüben?

Alle Arbeiten, die das Leben und die Gesundheit von Mutter und Kind gefährden, z. B.:
- Akkord- und Fließbandarbeit, Nachtarbeit
- Umgang mit gesundheitsschädlichen Stoffen, z. B. Zytostatika, Narkosegasen, radioaktiven Stoffen

Erklären Sie, welche Aspekte die Bildschirmarbeitsverordnung regelt.

Bildschirmarbeitsplatzverordnung: Es werden Standards über die Gestaltung von Bildschirmarbeitsplätzen und die dortige Arbeit festgelegt, z. B.:
- Lärmwerte betragen max. 55 dB(A)
- Beleuchtungswert beträgt mind. 500 Lux
- Drehstuhl höhenverstellbar mit fünf Rollen, gepolsterter Sitzfläche, abgerundeter Vorderkante
- Bildschirm lässt sich drehen, oberste Bildschirmzeile liegt auf Augenhöhe
- Bildschirm ist strahlungsarm
- Geräte tragen das GS-Zeichen
- gutes Raumklima, Temperatur zwischen 21 und 23 °C
- Vermeidung von Zugluft, Wärmestrahlung und Wärmestaus
- Unterbrechung der Bildschirmarbeit durch Kurzpausen, Durchführung von Entspannungsübungen ist sinnvoll

Nennen Sie die Bereiche des Jugendarbeitsschutzgesetzes und geben Sie deren Inhalte wieder.

Arbeitszeit	maximal täglich 8 Stunden und wöchentlich 40 Stunden
Freizeit	täglich mindestens 12 Stunden
Nachtruhe	Beschäftigungsverbot von 20 Uhr bis 6 Uhr
Schichtzeit	Eine MFA darf nicht länger als 10 Stunden in der Praxis sein.
Urlaub	unter 16 Jahren: 30 Werktage unter 17 Jahren: 27 Werktage unter 18 Jahren: 25 Werktage
Beschäftigungsverbot	keine Akkord- und Fließbandarbeit, gefährliche Arbeiten
Berufsschulbesuch	Schulstunden werden auf die Arbeitszeit angerechnet.

Die 16-jährige Carolin Maier beginnt in der Praxis Dr. Burger eine Ausbildung zur Medizinischen Fachangestellten. In der Praxis arbeiten auch noch die schwangere MFA Judith Kirsch und die MFA Melanie Trotta.

1. Welches Gesetz regelt die Arbeitsbedingungen von Carolin Maier und welche Regelungen gibt es in diesem Gesetz zu ärztlichen Untersuchungen, Berufsschulbesuch und Ruhepausen?

2. Carolin Maier sieht im Praxislabor folgendes Zeichen. Erklären Sie es.

3. Welche Arbeiten darf Judith Kirsch in der Praxis ausüben?

4. Welche Schutzfristen muss Dr. Burger für Judith Kirsch einräumen?

5. Erklären Sie, wie die Einkommensverhältnisse während der Schutzfristen aussehen.

6. Wie lange kann Judith Kirsch von Dr. Burger nicht gekündigt werden?

1. Jugendarbeitsschutzgesetz; ärztl. Untersuchungen: Erstuntersuchung vor Beschäftigungsbeginn, Folgeuntersuchung spätestens 14 Monate nach Ausbildungsbeginn; Berufsschulbesuch: Freistellung erforderlich, Schulstunden werden auf die Arbeitszeit angerechnet; Ruhepausen: bei 4,5 bis 6 Arbeitsstd. 30 Minuten Pause, über 6 Arbeitsstd. mind. 60 Minuten Pause
2. Schutzhandschuhe sollten beim Umgang mit infektiösem Material (z. B. Blut, Urin, Stuhl) getragen werden, damit keine Kontamination erfolgt.
3. Judith Kirsch darf alle Verwaltungsarbeiten (Terminvergabe, Abrechnung, Computerarbeiten, Arztbriefe schreiben usw.) ausüben.
4. 6 Wochen vor der voraussichtlichen und 8 Wochen nach der Entbindung darf Judith Kirsch nicht beschäftigt werden.
5. Judith Kirsch erhält Mutterschaftsgeld, das von Dr. Burger und von der Krankenkasse bezahlt wird.
6. Es besteht bis vier Monate nach der Geburt absoluter Kündigungsschutz.

1. Welche Aussage zum Arbeitsschutz ist richtig?
A) Beim Arbeitsschutz handelt es sich um Regelungen für den Arbeitgeber.
B) Der Arbeitsschutz strebt gefahrloses Arbeiten des Arbeitnehmers am Arbeitsplatz an.
C) Ein Arzt muss arbeitsmedizinische Regelungen nicht beachten.
D) Die Überwachung des Arbeitsschutzes erfolgt durch den VmF.
E) Der Arbeitsschutz wird in beschränkten und vollen Arbeitsschutz eingeteilt.

2. Welche Aussage zum Bildschirmarbeitsplatz ist richtig?
A) Die oberste Bildschirmzeile liegt auf Halshöhe.
B) Der Drehstuhl muss über drei Rollen im Untergestell verfügen.
C) Der Beleuchtungswert muss 500 Lux betragen.
D) Lärmwerte müssen bei max. 100 dB(A) liegen.
E) Bei Arbeiten am Bildschirm sind keine Pausen notwendig, da man immer sitzt.

3. Welche beiden Aussagen sind richtig?
A) Jugendliche dürfen täglich 8,5 Stunden arbeiten.
B) Jugendliche dürfen täglich nicht länger als 11 Stunden in der Praxis sein.
C) Jugendliche dürfen täglich 7,5 Stunden arbeiten.
D) Jugendliche dürfen täglich nicht länger als 10 Stunden in der Praxis sein.
E) Jugendliche dürfen täglich nicht länger als 8 Stunden arbeiten.
F) Jugendliche dürfen täglich nicht länger als 10,5 Stunden in der Praxis sein.

4. Welche Aussage ist falsch? Die Arbeitssicherheit in Arztpraxen überwacht ...
A) das Gewerbeaufsichtsamt.
B) die Berufsgenossenschaft.
C) der Betriebsrat.
D) der Sicherheitsbeauftragte.
E) die Gewerkschaft.

5. Welche Aussage ist richtig?
A) Beginnt der Unterricht um 8 Uhr, muss der Jugendliche vorher in der Praxis beschäftigt werden.
B) Jugendliche können am Tag vor der schriftlichen Abschlussprüfung freigestellt werden.
C) Ein Berufsschultag wird immer mit 7,5 Stunden auf die Arbeitszeit angerechnet.
D) Jugendliche müssen nach dem Berufsschulunterricht noch in der Praxis arbeiten.
E) Jugendliche müssen 10 Stunden pro Woche zur Berufsschule.

6. Welche Aussagekombination ist richtig?
1. Jugendliche benötigen täglich mindestens 13 Stunden Freizeit.
2. Jugendliche über 16 Jahren dürfen im Notdienst nach 20 Uhr eingesetzt werden.
3. Jugendliche Medizinische Fachangestellte dürfen samstags nicht arbeiten.
4. Für Jugendliche besteht ein Beschäftigungsverbot zwischen 20 Uhr und 6 Uhr.
5. Jugendliche dürfen nicht länger als 10 Stunden in der Praxis anwesend sein.

A) Alle Aussagen sind richtig.
B) Nur die Aussagen 2, 4 und 5 sind richtig.
C) Nur die Aussagen 2 und 3 sind richtig.
D) Nur die Aussagen 2 und 4 sind richtig.
E) Nur die Aussagen 4 und 5 sind richtig.

7. Welche Aussage ist richtig? Ein erhöhtes Gefährdungspotenzial für schwangere MFAs besteht in der medizinischen Fachrichtung der ...
A) Neurologie.
B) Urologie.
C) Gynäkologie.
D) Pädiatrie.
E) Orthopädie.

8. Welche Aussage ist falsch?
A) Der gesetzlich vorgeschriebene Mindesturlaub beträgt 26 Werktage.
B) Der Urlaub sollte zusammenhängend gewährt werden.
C) Der Urlaub muss in dem Jahr des Anspruchs genommen werden.
D) Für jeden Monat beträgt der Urlaubsanspruch $\frac{1}{12}$ des Jahresurlaubs.
E) Um Urlaub zu erhalten, sollte man über sechs Monate in der Praxis beschäftigt sein.

9. Welche Aussage zur Arbeitszeit der MFA ist richtig?
A) Die Arbeitszeit kann bis auf 12 Stunden verlängert werden.
B) Die Ruhezeit beträgt mindestens 9 Stunden täglich.
C) Bei einer Arbeitszeit von mehr als 6 bis 9 Stunden sollte man 20 Minuten Pause machen.
D) Bei einer Arbeitszeit von über 9 Stunden sollten 45 Minuten Pause gemacht werden.
E) Die wöchentliche Arbeitszeit beträgt höchstens 50 Stunden.

1. B	2. C	3. D, E
4. E	5. B	6. E
7. D	8. A	9. D

10. Welche Aussage ist richtig?

A) Eine schwangere MFA darf Urinuntersuchungen vornehmen.
B) Acht Wochen vor und zehn Wochen nach der Entbindung gilt ein absolutes Beschäftigungsverbot.
C) Nach der Geburt ist eine MFA kündbar.
D) Schwangere dürfen im OP nicht assistieren.
E) Im Notdienst können Schwangere arbeiten.

11. Welche beiden Aussagen sind richtig?

A) Der allgemeine Kündigungsschutz gilt für Arbeitnehmer, die über 18 Jahre alt sind.
B) Das Kündigungsschutzgesetz wird in Praxen mit mehr als fünf Mitarbeitern angewendet.
C) Kündigungsgründe können selten in der Person des Arbeitnehmers liegen.
D) Durch betriebliche Erfordernisse können Kündigungsgründe begründet sein.
E) Bei Kündigungen werden immer zuerst Frauen berücksichtigt.
F) Arbeitnehmer müssen drei Monate im Betrieb sein, damit das Kündigungsschutzgesetz gilt.

12. Welche Aussagekombination ist richtig?

1 Die Elternzeit dauert 24 Monate.
2 Elternzeit kann von den Eltern geteilt oder gemeinsam genommen werden.
3 Das Elterngeld beträgt maximal 1 800 €.
4 Alle Eltern erhalten 300 € Elterngeld für 6 Monate.
5 Elterngeld wird immer über einen Zeitraum von 14 Monaten bezahlt.

A) Alle Aussagen sind richtig.
B) Nur die Aussagen 1 und 2 sind richtig.
C) Nur die Aussagen 1, 2 und 5 sind richtig.
D) Nur die Aussagen 2, 3 und 4 sind richtig.
E) Nur die Aussagen 2 und 3 sind richtig.

13. Ordnen Sie den gesetzlichen Bestimmungen passende Aussagen zu.

A	Arbeitssicherheitsgesetz	1	Kontrolle durch die Gewerbeaufsichtsämter
B	Unfallverhütungsvorschrift	2	Einstellung von Betriebsärzten erforderlich
C	Produktsicherheitsgesetz	3	zum Schutz der Arbeitnehmer am Arbeitsplatz
D	Arbeitsstättenverordnung	4	Einhaltung der EU-Richtlinien erforderlich

A) A3, B4, C1, D2
B) A2, B1, C4, D3
C) A1, B4, C2, D3
D) A4, B3, C2, D1
E) A2, B4, C1, D3

14. Welche Zuordnung ist richtig?

A) Jugendliche unter 16 Jahren → 31 Werktage Urlaub
B) Erstuntersuchung für Jugendliche → ein Monat nach Beschäftigungsbeginn
C) Jugendliche unter 17 Jahren → 28 Werktage Urlaub
D) Nachuntersuchung für Jugendliche → spätestens 14 Monate nach Ausbildungsbeginn
E) Jugendliche unter 18 Jahren → 26 Werktage Urlaub

15. Welche Zuordnung zur Gültigkeit des besonderen Kündigungsschutzes ist falsch?

A) Betriebsräte → während der Amtszeit
B) Schwangere → während Schwangerschaft bis sechs Monate nach der Geburt
C) Auszubildende → nach der Probezeit
D) Arbeitnehmer in einer Pflegezeit → während der Pflegezeit
E) Erziehende → während der Elternzeit

16. Welche Aussagekombination ist richtig?

1 Das Mutterschaftsgeld wird vom Arbeitgeber und der Krankenkasse bezahlt.
2 Eltern können zwischen dem dritten und achten Lebensjahr des Kindes Teile der Elternzeit nehmen.
3 Eltern haben ein Recht auf Teilzeitbeschäftigung während der Elternzeit.
4 Eine schwangere MFA muss die Schwangerschaft baldmöglichst ihrem Arbeitgeber mitteilen.
5 Während der Elternzeit gilt ein absoluter Kündigungsschutz.

A) Alle Aussagen sind richtig.
B) Nur die Aussagen 1 und 2 sind richtig.
C) Nur die Aussagen 1, 2 und 5 sind richtig.
D) Nur die Aussagen 2, 3 und 4 sind richtig.
E) Nur die Aussagen 2 und 3 sind richtig.

10. D
11. A, D
12. E
13. B
14. D
15. B
16. A

3 Grundlagen des Vertragsrechts

Wie unterscheiden sich natürliche von juristischen Personen? Geben Sie dazu Beispiele an.

Alle Menschen sind gesetzlich gesehen natürliche Personen, z. B.:
- Dr. Theodor Lang
- Elisa John, Medizinische Fachangestellte

Juristische Personen sind künstliche, vom Recht geschaffene Personen, z. B.:
- Bezirksärztekammer Südwürttemberg
- Gefäßklinik Dr. Schneider GmbH
- VfB Stuttgart

Unterscheiden Sie die Rechts- und Geschäftsfähigkeit von Personen.

Jeder Mensch ist von der Geburt bis zum Tod rechtsfähig, d. h., der Mensch hat Rechte und Pflichten. Geschäftsfähigkeit bedeutet, dass die Person Geschäfte oder Verträge abschließen darf. Die Geschäftsfähigkeit wird in drei Stufen eingeteilt.

Erklären Sie die Stufen der Geschäftsfähigkeit.

Geschäftsunfähigkeit	Bei Kindern unter 7 Jahren und dauernd Geisteskranken sind Geschäfte nichtig.
beschränkte Geschäftsfähigkeit	Bei Personen zwischen vollendetem 7. und 18. Lebensjahr sind Verträge schwebend unwirksam; die Zustimmung gesetzlicher Vertreter ist nötig.
volle Geschäftsfähigkeit	Personen über 18 Jahren: Alle Rechtsgeschäfte sind voll gültig.

Welche Bedeutung hat der Taschengeldparagraf?

Beschränkt Geschäftsfähige können bestimmte Geschäfte ohne Zustimmung der gesetzlichen Vertreter tätigen:
- Geschäfte, die mit dem Taschengeld bezahlt werden können
- Geschäfte, die einen rechtlichen Vorteil bringen
- Geschäfte, die ein von den Eltern erlaubtes Arbeitsverhältnis betreffen

Erklären Sie die Begriffe Deliktsfähigkeit und Schuldfähigkeit.

Werden unerlaubte Handlungen durchgeführt, so legt die Deliktsfähigkeit fest, wer zivilrechtlich, und die Schuldfähigkeit, wer strafrechtlich zur Verantwortung gezogen wird.

Wie entstehen Rechtsgeschäfte? Geben Sie auch die Arten von Rechtsgeschäften an.

Rechtsgeschäfte entstehen durch Willenserklärungen, z. B.:
- ausdrückliche Äußerung
- schlüssige Handlung
- Schweigen

Einseitige Rechtsgeschäfte, z. B.:
- Kündigung (empfangsbedürftig)
- Testament (nicht empfangsbedürftig)

Zweiseitige Rechtsgeschäfte, z. B.:
- Schenkung (einseitig verpflichtend)
- Mietvertrag (zweiseitig verpflichtend)

Geben Sie die gesetzlichen Regelungen zu Formvorschriften für Rechtsgeschäfte und Beispiele hierfür an.

Für Rechtsgeschäfte besteht grundsätzlich Formfreiheit, nur für bestimmte wichtige Willenserklärungen schreibt der Gesetzgeber verschiedene Formen vor:
- Schriftform, z. B. Arbeits- und Ausbildungsverträge, Pachtverträge, Testamente, Ratenkaufverträge
- öffentliche Beglaubigung, z. B. Eintrag ins Vereins- oder Handelsregister, Grundbucheintrag; kann nur ein Notar oder ein Gericht durchführen
- öffentliche Beurkundung, z. B. Haus- und Grundstücksvertrag, Erbvertrag, Schenkungsversprechen; Willenserklärung wird vor einem Notar abgegeben

Dr. Burger beauftragt seine 16-jährige Auszubildende Carolin Maier, beim Medizingroßhändler ein Dopplergerät im Wert von 500 € zu kaufen. Ihre Kollegin, die 35-jährige Melanie Trotta, sagt zu ihr: „Ich bin gespannt, ob du das Gerät bekommst, denn du bist doch noch gar nicht geschäftsfähig." Carolin antwortet daraufhin: „Aber ich bin doch rechtsfähig", worauf Melanie meint: „Die Rechtsfähigkeit hat damit nichts zu tun, selbst Dr. Burgers 3-jähriger Sohn ist schon rechtsfähig."

1. Beurteilen Sie das Gespräch zwischen Carolin und Melanie.

2. Nennen und erklären Sie die Stufen der Delikts- und Schuldfähigkeit.

3. Ein 15-jähriger Patient möchte sich in der Praxis Dr. Burger ein Muttermal entfernen lassen. Dr. Burger klärt den Patienten auf, dieser versteht jedoch nicht richtig, welche Komplikationen mit dem Eingriff verbunden sind. Dr. Burger führt trotzdem den Eingriff durch. Beurteilen Sie die Rechtslage.

1. Carolin Maier ist beschränkt geschäftsfähig; durch den Ausbildungsvertrag mit Dr. Burger kann sie Geschäfte, die im Rahmen dieser Ausbildung von ihr verlangt werden, ausführen, z. B. das Dopplergerät kaufen. Rechtsfähig ist jeder Mensch von der Geburt bis zum Tod, d. h., man hat Rechte und Pflichten, unabhängig vom Abschluss von Geschäften.
2. Deliktsfähigkeit: deliktsunfähig (Personen bis vollendetes 7. Lebensjahr und dauernd Geisteskranke), beschränkt deliktsfähig (Personen vom vollendeten 7. bis zum vollendeten 18. Lebensjahr und Taubstumme), voll deliktsfähig (Personen ab dem 18. Lebensjahr); Schuldfähigkeit: schuldunfähig (bis zum vollendeten 14. Lebensjahr), bedingt schuldfähig (von 14 bis 21 Jahren - das Gericht entscheidet, ob ein Straftäter zwischen 18 und 21 Jahren nach Jugend- oder Erwachsenenstrafrecht verurteilt wird), voll schuldfähig (Personen ab dem 21. Lebensjahr)
3. Strafrechtlich gesehen führt der Arzt eine unerlaubte Handlung durch, da der Jugendliche sich uneinsichtig zeigt; die Aufklärung hätte gegenüber den Eltern erfolgen müssen.

1. Welche Aussage ist richtig?
A) Ein 4-Jähriger ist beschränkt geschäftsfähig.
B) Voll geschäftsfähig können nur juristische Personen sein.
C) Kinder bis 8 Jahre sind geschäftsunfähig.
D) Die beschränkte Geschäftsfähigkeit umfasst das Alter von 7 bis 18 Jahren.
E) Die volle Geschäftsfähigkeit beginnt mit 21 Jahren.

2. Welche Aussage ist richtig?
A) Rechtsfähig ist jeder, der voll geschäftsfähig ist.
B) Die Rechtsfähigkeit endet mit Eintritt in die Rente.
C) Natürliche Personen dürfen keine medizinischen Ersatzteile tragen.
D) Juristische Personen sind künstliche, vom Recht geschaffene Personen.
E) Eine Arztpraxis ist eine juristische Person.

3. Welche beiden Aussagen sind richtig?
A) Rechtsgeschäfte von Jugendlichen sind grundsätzlich nichtig.
B) Ein Jugendlicher kann sich eine CD kaufen.
C) Der Taschengeldparagraf gilt für voll Geschäftsfähige.
D) Eine 15-Jährige erhält von ihrer Tante 500 €; das Geschäft ist gültig, weil es einen rechtlichen Vorteil bringt.
E) Viele Rechtsgeschäfte von voll Geschäftsfähigen sind schwebend unwirksam.
F) Kauft sich ein 5-jähriges Kind ganz alleine ein Eis, ist das Rechtsgeschäft voll wirksam.

4. Wobei handelt es sich um eine natürliche Person?
A) Hertha BSC Berlin
B) Vorstandsvorsitzender der Opel AG
C) Freiwillige Feuerwehr Heidelberg
D) BMW GmbH
E) Radio Antenne Bayern

5. Welche Aussage ist richtig?
A) Bei der Deliktsfähigkeit unterscheidet man zwei Stufen.
B) Deliktsunfähig ist man bis zu 10. Lebensjahr.
C) Taubstumme sind voll deliktsfähig.
D) Voll deliktsfähig ist man ab 16 Jahren.
E) Dauernd Geisteskranke sind deliktsunfähig.

6. Welche Aussage ist falsch? Willenserklärungen können abgegeben werden durch:
A) notarielle Beurkundung
B) schlüssige Handlung
C) schriftliche ausdrückliche Äußerung
D) Schweigen
E) widerrechtliche Drohung

7. Welche Aussagekombination ist richtig?
1 Strafrechtlich können Jugendliche bis 15 Jahren nicht bestraft werden.
2 Bedingt schuldfähig sind Jugendliche, die die Einsicht in ihre unerlaubte Handlung haben.
3 Bis zum 25. Lebensjahr kann vom Gericht entschieden werden, ob das Jugendstrafrecht oder das Erwachsenenstrafrecht angewendet wird.
4 Für Jugendliche unter 14 Jahren muss eine Aufklärung in der Arztpraxis immer gegenüber den Eltern erfolgen.
5 Die Schuldfähigkeit wird in drei Stufen eingeteilt.

A) Alle Aussagen sind richtig.
B) Nur die Aussagen 2, 4 und 5 sind richtig.
C) Nur die Aussagen 2 und 3 sind richtig.
D) Nur die Aussagen 2 und 4 sind richtig.
E) Nur die Aussagen 4 und 5 sind richtig.

8. Welche Aussage ist richtig?
A) Bei einer Erklärungsvollmacht an die MFA darf nur der Arzt seine Geschäfte tätigen.
B) Bei einer Duldungsvollmacht ist die Ehefrau des Arztes geduldet.
C) Eine Medizinische Fachangestellte kann eine Vertretungsvollmacht von ihrem Chef erhalten.
D) Eine Vollmacht kann nie erlöschen.
E) Eine Vollmacht wirkt auch noch nach Beendigung des Arbeitsvertrags.

9. Welche Aussage ist richtig?
A) Willenserklärungen unterliegen einer festen Formvorschrift.
B) Ein Testament kann mündlich vor einem Notar abgeschlossen werden.
C) Ratenkaufverträge können per Handschlag abgeschlossen werden.
D) Beglaubigungen von Zeugnissen können im Internet beantragt werden.
E) Beim Kauf eines Grundstücks bedarf es einer öffentlichen Beurkundung.

10. Welche Aussage ist richtig? Geschäfte können gelten, sind aber anfechtbar, z. B. bei …
A) einem Irrtum.
B) einem Verstoß gegen das gesetzliche Verbot.
C) Sittenwidrigkeit.
D) Geschäftsunfähigkeit.
E) Formmangel.

1. D	2. D	3. B, D
4. B	5. E	6. E
7. B	8. C	9. E
10. A		

11. Welche beiden Aussagen sind richtig?

A) Ein beschränkt Geschäftsfähiger kann nicht selbstständig ein Geschäft führen.
B) Beschränkt Geschäftsfähige können laut Taschengeldparagraf Ratenkäufe tätigen.
C) Ohne Zustimmung eines gesetzlichen Vertreters ist ein Geschäft eines beschränkt Geschäftsfähigen schwebend unwirksam.
D) Geschäfte, die einem beschränkt Geschäftsfähigen Vorteile bringen, sind nicht anfechtbar.
E) Geschäfte, die ein beschränkt Geschäftsfähiger im Rahmen seines Ausbildungsverhältnisses abschließt, sind nichtig.
F) Gesetzliche Vertreter von beschränkt Geschäftsfähigen müssen niemals haften.

12. Welche Aussagekombination ist richtig?

1 Eine 5-Jährige kauft sich eine Cola; die Eltern fechten das Rechtsgeschäft an.
2 Ein 16-jähriger Azubi kauft sich von seinem ersparten Ausbildungsgehalt ein iPhone, was die Eltern nicht erlaubt haben. Das Rechtsgeschäft ist gültig.
3 Eine 17-jährige Schülerin bekommt 500 € geschenkt, das Rechtsgeschäft ist gültig.
4 Eine 19-Jährige kauft sich ein Auto, das Rechtsgeschäft ist gültig.
5 Ein 30-Jähriger verkauft sein Motorrad für 1 000 €; der Wert liegt bei 5 000 €. Das Rechtsgeschäft ist deshalb nichtig.

A) Alle Aussagen sind richtig.
B) Nur die Aussagen 1 und 2 sind richtig.
C) Nur die Aussagen 1, 2 und 5 sind richtig.
D) Nur die Aussagen 1, 3 und 4 sind richtig.
E) Nur die Aussagen 2 und 3 sind richtig.

13. Ordnen Sie zu.

A	MFA Tatjana Richter, 17 Jahre alt	1	juristische Person des öffentlichen Rechts
B	Gynäkologe Dr. Ulmer, 35 Jahre alt	2	natürliche Person, voll geschäftsfähig
C	Mitglieder des TSV Karlsruhe	3	juristische Person des Privatrechts
D	Ärztekammer Nordbaden	4	natürliche Person, beschränkt geschäftsfähig

A) A3, B4, C1, D2
B) A2, B1, C4, D3
C) A1, B4, C2, D3
D) A4, B2, C3, D1
E) A2, B4, C1, D3

14. Welche Aussage ist richtig?

A) Ein einseitig empfangsbedürftiges Rechtsgeschäft ist eine Schenkung.
B) Ein zweiseitig verpflichtendes Rechtsgeschäft ist ein Kaufvertrag.
C) Ein einseitiges, nicht empfangsbedürftiges Rechtsgeschäft ist eine Kündigung.
D) Ein einseitig, verpflichtendes Rechtsgeschäft ist ein Behandlungsvertrag.
E) Ein zweiseitig verpflichtendes Rechtsgeschäft ist ein Testament.

15. Ordnen Sie zu.

A	Deliktsunfähigkeit	1	ab 21 Jahren
B	bedingte Schuldfähigkeit	2	von der Geburt bis zum Tod
C	Rechtsfähigkeit	3	bis zum 7. Lebensjahr
D	volle Schuldfähigkeit	4	von 14 bis 21 Jahren

A) A3, B4, C2, D1
B) A2, B1, C4, D3
C) A1, B4, C2, D3
D) A4, B2, C3, D1
E) A2, B4, C1, D3

16. Welche Zuordnung zu unwirksamen Rechtsgeschäften ist falsch?

A	Ein Autohändler verkauft ein Auto mit manipulierter Tachoscheibe.	→	arglistige Täuschung
B	Ein Berufsschüler verkauft Kokain in der Schule.	→	nichtiges Rechtsgeschäft
C	Ein Hausbesitzer droht dem Mieter mit Kündigung, wenn er seine Tochter nicht heiratet.	→	Drohung
D	Einem 12-Jährigen wird ein Cheeseburger verkauft.	→	nichtig
E	Einer MFA wird vom Arzt mündlich gekündigt.	→	nichtig

17. Ein einseitiges, nicht empfangsbedürftiges Rechtsgeschäft ist ...

A) eine Rücktrittserklärung.
B) ein Mietvertrag.
C) ein Testament.
D) eine Kündigung.
E) eine Bürgschaft.

11. C, D
12. D
13. D
14. B
15. A
16. D
17. C

4 Kaufvertrag

Was versteht man unter einer Anfrage und welchen rechtlichen Stellenwert hat sie?

Die Praxis kann bei einem Lieferanten nach einem bestimmten Produkt fragen. Die Anfrage ist allgemein gehalten und rechtlich nicht bindend: Es ist damit noch kein Kaufvertrag zu Stande gekommen.

Welchen Zweck erfüllen Angebote und welche Punkte sollen enthalten sein?

Durch Angebote verschiedener Lieferanten über ein gleiches Produkt ist es dem potenziellen Käufer möglich, genau zu vergleichen. Ein Angebot soll folgende Informationen enthalten:
- Beschreibung der Ware nach Art und Güte
- Preis der Ware
- Menge der Ware
- Liefertermin und Lieferungsbedingungen
- Zahlungsbedingungen
- Erfüllungsort
- Gerichtsstand

Welche Bedeutung haben Freizeichnungsklauseln und wie werden sie formuliert?

Durch Freizeichnungsklauseln wird die ursprüngliche Bindung an ein Angebot aufgehoben, z. B. durch Formulierungen wie „Solange der Vorrat reicht", „Angebot freibleibend", „Unverbindlich".

Wodurch kommt ein Kaufvertrag zu Stande?

Der Kaufvertrag kommt durch zwei übereinstimmende Willenserklärungen, den Antrag und dessen Annahme zu Stande:
- Verkäufer macht ein Angebot (Antrag), Käufer bestellt (Annahme)
- Käufer macht eine Bestellung (Antrag), Verkäufer liefert oder schickt eine Auftragsbestätigung (Annahme)

Erklären Sie die Bedeutungen von Abschluss- und Gestaltungsfreiheit.

Abschlussfreiheit	Gestaltungsfreiheit
Jeder kann mit jedem einen Kaufvertrag abschließen, und niemand kann dazu gezwungen werden.	Der Inhalt und die Art des Kaufvertrags können frei gestaltet werden.

Welche beiden Geschäfte bilden den Kaufvertrag?

Der Kaufvertrag besteht aus einem Verpflichtungsgeschäft und einem Erfüllungsgeschäft.

Erklären Sie den Unterschied zwischen Besitzer und Eigentümer.

- Der Eigentümer hat die rechtliche Herrschaft über eine Sache, d. h., er darf sie verändern und verkaufen.
- Der Besitzer hat die tatsächliche Herrschaft über eine Sache. Er darf sie nicht verkaufen oder verändern.

Nennen Sie die verschiedenen Kaufvertragsarten und erklären Sie diese.

Fixkauf	Die Lieferung erfolgt an einem bestimmten Termin.
Ratenkauf	Die Zahlung erfolgt in mehreren Raten.
Kauf auf Probe	Der Käufer hat das Recht, die gekauften Waren innerhalb einer bestimmten Frist zurückzugeben.
Kauf zur Probe	Kauf einer kleinen Menge zum Testen
Kauf nach Probe	Das Produkt wurde vorher vorgeführt und die Eigenschaften des Produkts wurden zugesichert.
Kommissionskauf	Die nicht verkaufte Ware kann wieder an den ursprünglichen Verkäufer zurückgegeben werden.

Welche Bedeutung hat der Eigentumsvorbehalt?

Der Verkäufer bleibt Eigentümer der gelieferten Ware bis zur vollständigen Bezahlung, d. h., der Käufer ist zunächst nur Besitzer der Ware.

Frau Dr. Haag benötigt neue Stühle für das Wartezimmer und beauftragt ihre MFA Rebecca Lutz, sich bei verschiedenen Lieferanten zu informieren. Rebecca fordert telefonisch Kataloge an.

1. Rebecca Lutz fordert nach Durchsicht der Kataloge verschiedene spezielle Angebote an. Diese erwähnen Begriffe wie Skonto, Rabatt und Bezugskosten. Erklären Sie diese.

2. Frau Dr. Haag möchte zwölf neue Stühle kaufen. Rebecca Lutz erhält hierfür folgende Angebote: Möbel Mahler: Ein Stuhl kostet 135,40 € netto, bei Zahlung innerhalb von 7 Tagen 3 % Skonto, Lieferung frei Haus. Möbel Borst: Ein Stuhl kostet 140,00 € brutto, Bezugskosten 75 €. Welches ist das günstigere Angebot?

3. Beim Abschluss des Kaufvertrags wird der 20.09. als Liefertermin vereinbart. Am 23.09. sind die Stühle noch nicht geliefert. Beurteilen Sie diesen Sachverhalt.

4. Welche Rechte kann die Praxis in dieser Situation geltend machen?

5. Wann muss ein Käufer eine Lieferung anmahnen?

6. Welche Rechte hat der Käufer nach Setzen einer Nachfrist für die Lieferung?

1. Skonto: Preisnachlass bei schneller Bezahlung; Rabatt: Preisnachlass; Bezugskosten: Kosten für Verpackung und Beförderung
2. Möbel Mahler: 12 · 135,40 € = 1624,80 € + Mwst. (308,71 €) = 1933,51 € - 3 % Skonto (58,00 €) = 1875,50 €
   Möbel Borst: 12 · 140,00 € = 1680,00 € + Bezugskosten 75 € = 1755,00 €.
   Möbel Borst hat das günstigere Angebot.
3. Es liegt ein Lieferverzug oder eine Nicht-rechtzeitig-Lieferung vor, da durch das genannte Datum die Lieferung an dem Tag fällig ist.
4. Die Praxis kann weiterhin auf Lieferung bestehen und evtl. Schadensersatz verlangen.
5. Ein Käufer muss eine Lieferung anmahnen, wenn die Lieferung nicht eintrifft und im Kaufvertrag kein Lieferdatum, sondern Aussagen, wie z. B. „Lieferung sofort" oder „baldmöglichst", genannt wurden
6. Ein Käufer kann Schadensersatz statt der Leistung verlangen oder vom Vertrag zurücktreten.

7. Rebecca Lutz nimmt die Lieferung am 25.09. in Empfang und stellt fest, dass anstatt der bestellten blauen Stühle schwarze Stühle geliefert wurden. Erklären Sie, um welche Pflichtverletzung es sich hierbei handelt.

8. Erläutern Sie, welche Rechte der Käufer in diesem Fall geltend machen kann.

9. Nennen Sie sechs unterschiedliche Mängelarten und geben Sie Beispiele.

10. Beschreiben Sie zwei Pflichtverletzungen des Käufers beim Kaufvertrag.

11. Auf dem EKG-Gerät der Praxis Dr. Haag klebt folgendes Siegel:

Welche Bedeutung hat dieses Zeichen?

Prüfungsfall Arthrose: S. 341

7. Falschlieferung: Der Verkäufer hat seine Pflicht, mangelfrei und korrekt zu liefern, verletzt.
8. Vorrangige (sofortige) Rechte des Käufers: Nacherfüllung entweder durch Nachbesserung oder Neulieferung und zusätzlich zur Leistung evtl. Schadensersatz
   Nachrangige (nach einer Nachfrist) Rechte des Käufers: Rücktritt vom Vertrag, Minderung des Kaufpreises, Schadensersatz statt Leistung, Ersatz vergeblicher Aufwendungen
9. Fehlerhafte Ware (z. B. zerkratzte Stühle); Quantitätsmangel (z. B. zu wenig Stühle geliefert); Rechtsmangel (z. B. Möbel Borst ist nicht der Eigentümer); Falschlieferung (z. B. Liegen werden anstelle von Stühlen geliefert); falsche Werbeaussage (es kann z. B. die Armlehne nicht gekippt werden); Montagefehler des Verkäufers (Verkäufer hat z. B. die Stühle falsch zusammengebaut).
10. Zahlungsverzug (Nicht-rechtzeitig-Zahlung): Ein Käufer muss eine Ware rechtzeitig bezahlen, Zahlungsverzug 30 Tage nach Rechnungserhalt. Annahmeverzug: Ein Käufer nimmt die Ware, die rechtzeitig, mängelfrei und an den richtigen Ort geliefert wird, nicht an.
11. Zeichen für Geprüfte Sicherheit, d. h., das EKG-Gerät ist nach den Regeln der Technik, der Arbeitssicherheit und der Unfallverhütung gebaut; dient dem Verbraucherschutz.

1. Welche Aussage ist richtig?

A) Eine Anfrage ist verbindlich.
B) Bei der Zusendung eines Katalogs handelt es sich um eine spezielle Anfrage.
C) Eine Anfrage muss immer schriftlich erfolgen.
D) Bittet man um einen Vertreterbesuch, handelt es sich um eine allgemeine Anfrage.
E) Eine Anfrage ist eine Willenserklärung.

2. Welche Aussage ist richtig?

A) Der Inhalt eines Kaufvertrags wird nach den DIN-Normen bestimmt.
B) Beim Kaufvertrag besteht Abschlussfreiheit.
C) Ein Käufer kann zum Abschluss eines Kaufvertrags gezwungen werden.
D) Ein Kaufvertrag kommt erst nach vollständiger Bezahlung zu Stande.
E) Der Kaufvertrag muss immer schriftlich abgeschlossen werden.

3. Welche beiden Aussagen sind richtig?

A) Im Angebot müssen keine Zahlungsbedingungen genannt werden.
B) Der Preis der Ware ist ein wichtiges Kriterium im Angebot.
C) Mengenangaben müssen im Angebot nicht berücksichtigt werden.
D) Ein Angebot enthält die Beschreibung der Ware nach Art und Güte.
E) Der mögliche Liefertermin muss im Angebot nicht mitgeteilt werden.
F) Ein Verkäufer ist vier Wochen an ein schriftliches Angebot gebunden.

4. Welche Aussage ist falsch?

A) Die Kosten der Übergabeverpackung trägt der Verkäufer.
B) Warenschulden sind Holschulden.
C) Bei Lieferung frei Haus übernimmt der Verkäufer alle Versandkosten.
D) Die Kosten der Versandverpackung trägt der Verkäufer.
E) Bei einer Lieferung ab Werk übernimmt der Käufer alle Versandkosten.

5. Welche Aussage ist richtig?

A) Ein Terminkauf liegt vor, wenn ein genauer Liefertermin vereinbart wurde.
B) Wird keine Lieferzeit genannt, muss sofort geliefert werden.
C) Bei einem Fixkauf wird kein Liefertermin vereinbart.
D) Bei verspäteter Bestellung kann auch verspätet geliefert werden.
E) Es muss immer ein genauer Liefertermin genannt werden, eine Lieferfrist ist unzulässig.

6. Welche Aussagekombination ist richtig?

1 Skonto ist ein Preisnachlass bei schneller Bezahlung.
2 Sonderrabatte werden nur für Kaufleute gewährt.
3 Ein Bonus ist ein nachträglich gewährter Rabatt.
4 Treuerabatte gibt es nur für Ehepaare.
5 Rabatte können aus unterschiedlichen Gründen eingeräumt werden.

A) Alle Aussagen sind richtig.
B) Nur die Aussagen 1, 3 und 5 sind richtig.
C) Nur die Aussagen 2 und 3 sind richtig.
D) Nur die Aussagen 2 und 4 sind richtig.
E) Nur die Aussagen 4 und 5 sind richtig.

7. Welche Aussage ist richtig?

A) Bei einem Kauf nach Probe handelt es sich um einen Kauf einer kleinen Menge zum Probieren.
B) Ein Kauf zur Probe findet nach Vorstellung eines Produkts durch einen Vertreter statt.
C) Bei einem Kommissionskauf kann die nicht verbrauchte Ware wieder zurückgegeben werden.
D) Bei einem Kauf auf Probe kommt ein Kaufvertrag nach Testung eines Musters zu Stande.
E) Beim Kauf auf Abruf meldet sich der Verkäufer telefonisch, um seine Produkte anzupreisen.

8. Welche Aussage ist falsch?

A) Am Erfüllungsort muss der Schuldner seine vertraglichen Pflichten erfüllen.
B) Der gesetzliche Erfüllungsort ist immer der Wohn- bzw. Firmensitz des jeweiligen Schuldners.
C) Warenschulden sind Holschulden.
D) Beim Kaufvertrag gibt es nur einen Schuldner.
E) Geldschulden sind Bringschulden.

9. Welche Aussage ist richtig?

A) Beim Gerichtsstand handelt es sich um das zuständige Zivilgericht.
B) Der Gerichtsstand kann nicht vertraglich festgelegt werden.
C) Ein besonderer Gerichtsstand kann nicht vereinbart werden.
D) Der gesetzliche Gerichtsstand ist am Wohnsitz des Käufers für die Ware.
E) Der Wohn- oder Geschäftssitz eines jeden Schuldners ist der gesetzliche Gerichtsstand.

1. D	2. B
3. B, D	4. D
5. B	6. B
7. C	8. D
9. E	

10. Ein Arzt erhält ein Angebot für eine Behandlungsliege über 325,00 € netto und 3 % Skonto. Welche Aussage ist richtig?

A) Die Behandlungsliege kostet 315,25 €.
B) Die Behandlungsliege kostet 377,00 €.
C) Die behandlungsliege kostet 334,75 €.
D) Die Behandlungsliege kostet 375,15 €.
E) Die Behandlungsliege kostet 378,30 €.

11. Welche beiden Formulierungen stellen eine Freizeichnungsklausel dar?

A) „Angebot ausverkauft"
B) „verbindliches Angebot"
C) „Angebot freibleibend"
D) „Angebot nur für Mitarbeiter"
E) „abgeänderte Annahme"
F) „Solange der Vorrat reicht"

12. Welche Aussagekombination ist richtig?

1 Die Pflicht des Verkäufers ist die Annahme der Ware.
2 Ein Käufer muss den Kaufpreis zahlen.
3 Der Verkäufer muss die Ware mängelfrei liefern.
4 Der Verkäufer muss den Kaufpreis annehmen.
5 Die Pflicht des Käufers ist die Warenlieferung.

A) Alle Aussagen sind richtig.
B) Nur die Aussagen 1 und 2 sind richtig.
C) Nur die Aussagen 1, 2 und 5 sind richtig.
D) Nur die Aussagen 2, 3 und 4 sind richtig.
E) Nur die Aussagen 2 und 3 sind richtig.

13. Welche Zuordnung ist richtig?

A Eigentümer → hat die tatsächliche Gewalt
B Besitzer → hat die rechtliche Gewalt
C Allgemeine Geschäftsbedingungen → das Kleingedruckte
D Quantitätsmangel → Ware ist beschädigt.
E Qualitätsmangel → Es wird zu wenig geliefert.

14. Welche Aussage zu den Versandkosten ist richtig?

A) Ist nichts vereinbart, so trägt die Versandkosten der Verkäufer.
B) Wird die Lieferbedingung „ab Lager" vereinbart, so zahlt der Verkäufer alle Versandkosten.
C) Der Käufer trägt alle Versandkosten, wenn in den Lieferbedingungen „frei Haus" vereinbart wurde.
D) Käufer und Verkäufer können sich die Versandkosten niemals teilen.
E) Die Lieferbedingung „ab Werk" bedeutet, dass der Käufer alle Versandkosten zu zahlen hat.

15. Ordnen Sie zu.

A Distanzkauf — 1 Eine MFA kauft von einer anderen MFA ein Buch.
B einseitiger Handelskauf — 2 Eine MFA bestellt beim Kleiderversand eine Jacke.
C zweiseitiger Handelskauf — 3 Eine MFA kauft im Kaufhaus eine Hose.
D bürgerlicher Kauf — 4 Ein Unternehmer kauft bei einem anderen Unternehmer.

A) A3, B4, C1, D2
B) A2, B1, C4, D3
C) A1, B4, C2, D3
D) A4, B3, C2, D1
E) A2, B3, C4, D1

16. Welche Aussagekombination zum Annahmeverzug ist richtig?

1 Die Ware wird mangelhaft abgegeben.
2 Der Käufer nimmt die Ware nicht an.
3 Der Verkäufer kann einen Selbsthilfeverkauf durchführen.
4 Die Ware kann auf Kosten des Verkäufers eingelagert werden.
5 Der Verkäufer kann auf Abnahme klagen.

A) Alle Aussagen sind richtig.
B) Nur die Aussagen 1 und 2 sind richtig.
C) Nur die Aussagen 1, 2 und 5 sind richtig.
D) Nur die Aussagen 2, 3 und 5 sind richtig.
E) Nur die Aussagen 2 und 3 sind richtig.

17. Welche Zuordnung zum Verbraucherschutz ist falsch?

A DIN-Zeichen → Produkt entspricht den DIN-Normen.
B Der Blaue Engel → Dieses Zeichen schützt Kinder beim Spielen.
C GS-Zeichen → Zeichen für Geprüfte Sicherheit
D Der Grüne Punkt → wiederverwertbare Verpackungen
E CE-Zeichen → Zeichen für Konsumgüter und technische Produkte, die den Vorschriften der EU entsprechen

10. D	11. C, F
12. D	13. C
14. E	15. E
16. D	17. B

18. Welche Aussage ist richtig und stellt eine Voraussetzung für einen Lieferverzug dar?

A) Hochwasserschaden im Lagerhaus
B) Es wurde kein Liefertermin vereinbart.
C) Die Lieferung wurde angemahnt.
D) Der vereinbarte Termin ist in einer Woche.
E) Streik im Produktionsunternehmen

19. Welche Aussage ist richtig?

A) Ein Verbrauchsgüterkauf liegt vor, wenn zwei Unternehmer ihre Produkte gegenseitig verkaufen.
B) Bei der Beweislastumkehr muss der Käufer beweisen, dass ein Fehler immer schon da war.
C) Bei einem Internetkauf handelt es sich um einen Fernabsatzvertrag.
D) Die Beweislastumkehr kann acht Monate zurückgehen.
E) Der Eigentumsvorbehalt beschreibt, dass der Verkäufer Besitzer der Ware ist.

20. Welche beiden Aussagen sind richtig?

A) Beim Lieferungsverzug kann der Käufer weiterhin auf Lieferung bestehen.
B) Der Käufer kann beim Lieferungsverzug Schadensersatz fordern.
C) Ein Käufer kann auf Grund eines Lieferungsverzugs nicht vom Vertrag zurücktreten.
D) Ein Käufer kann beim Lieferungsverzug Nachbesserung verlangen.
E) Beim Lieferungsverzug kann ein Käufer keinen Schadensersatz verlangen.
F) Beim Lieferungsverzug kann ein Käufer auf Abnahme klagen.

21. Welche Aussage ist falsch? Ein Verkäufer befindet sich nicht im Lieferverzug, …

A) wenn die Lieferung durch Brand verzögert wird.
B) wenn der Fahrer einen nicht selbst verschuldeten Unfall hatte.
C) wenn der Verkäufer auf Grund eines Hochwasserschadens die Ware nicht liefern kann.
D) wenn auf Grund von Streik in der Produktion ein Engpass auftritt.
E) wenn der Warenversand die Warenversendung vergisst.

22. Welche Aussage ist richtig?

A) Das Warenangebot muss einen Verbraucher nicht vor Gesundheitsgefährdung schützen.
B) Das Gesetz gegen den unlauteren Wettbewerb untersagt sittenwidrige Handlungen.
C) Die gesetzliche Warenkennzeichnung verwirrt den Käufer oft bei der Warenauswahl.
D) Lebensmittel, die nicht verderben, müssen kein Mindesthaltbarkeitsdatum enthalten.
E) Durch das Eichgesetz ist es zulässig, größere Füllmengen vorzutäuschen.

23. Ein Arzt braucht ein EKG-Gerät und erhält folgende Angebote:
Firma A: Listenpreis 13 500 €, 10 % Rabatt, Transportkostenpauschale 50 €
Firma B: Listenpreis 12 980 €, 3 % Skonto, Lieferung frei Haus
Welche Aussagekombination ist richtig?

1 Bei der Firma A beträgt der Zieleinkaufspreis 12 150 € netto.
2 Die Firma B verlangt einen Zahlungsbetrag von 12 590,60 €.
3 Der Bruttopreis der Firma A beträgt 14 458,50 €.
4 Die Firma B bietet eindeutig das günstigere Angebot.
5 Der Rechnungspreis (Überweisungsbetrag) bei der Firma A beträgt 14 508,50 €.

A) Alle Aussagen sind richtig.
B) Nur die Aussagen 1, 3 und 5 sind richtig.
C) Nur die Aussagen 2 und 3 sind richtig.
D) Nur die Aussagen 2 und 4 sind richtig.
E) Nur die Aussagen 4 und 5 sind richtig.

24. Welche Aussage ist richtig?

A) Gestaltungsfreiheit beim Kaufvertrag bedeutet, dass der Inhalt durch Gesetze bestimmt wird.
B) Ein Angebot ist verpflichtend; das wird durch die Abschlussfreiheit bestimmt.
C) Ein Kaufvertrag wird nicht durch eine Auftragsbestätigung angenommen.
D) Durch Antrag und Annahme kommt es zu einem Kaufvertrag.
E) Beim Kaufvertrag wird eine einseitige Willenserklärung abgegeben.

25. Welche Aussage zur zeitlichen Bindung eines Verkäufers an ein Angebot ist falsch?

A) Sie beträgt zwei Wochen, wenn es sich um ein briefliches Angebot handelt.
B) Sie beträgt drei Tage, wenn das Angebot per Fax gesendet wird.
C) Sie beträgt eine Woche bei einer Postversendung.
D) Sie gilt am selben Tag bei E-Mail.
E) Sie gilt im Moment des mündlichen Angebots.

18. C	19. C
20. A, B	21. E
22. B	23. B
24. D	25. A

5 Umgang mit Geld, Zahlungsmöglichkeiten

Was versteht man unter der Kaufkraft des Geldes und wovon hängt sie ab?

Die Kaufkraft gibt Auskunft darüber, was man mit einer bestimmten Menge Geld kaufen kann, und hängt von der Preisentwicklung in einem Land ab.

Welche Funktionen hat Geld?

- Rechenmittel
- Zahlungsmittel
- Wertaufbewahrungs- und Wertübertragungsmittel

Was versteht man unter Inflation und welche Ursachen gibt es hierfür?

Inflation ist Geldwertverlust, wenn die Geldmenge größer ist als die zur Verfügung stehende Gütermenge.
Ursachen für den Geldwertverlust können sein:
- erhöhte Verbrauchereinkommen (z. B. Lohnsteigerungen, Steuersenkung)
- Zinssenkungen der Banken
- verstärkte Nachfrage des Auslands nach inländischen Produkten

Wann kommt es zu einer Reallohnsteigerung?

Der Reallohn steigt bei einer Nominallohnsteigerung oberhalb der aktuellen Preissteigerungsrate.

Definieren Sie die bare, halbbare und bargeldlose Zahlungsart und geben Sie Beispiele an.

Bare Zahlung	Halbbare Zahlung	Bargeldlose Zahlung
Keiner der Geschäftspartner verwendet ein Konto.	Nur einer der Geschäftspartner verwendet ein Konto.	Beide verwenden ein Konto.
Barzahlung	Nachnahme, Zahlschein	Überweisung, Lastschrift

Welche Nutzungsmöglichkeiten bietet ein Girokonto?

- Bargeldabhebungen
- SEPA-Überweisung
- Dauerauftrag, SEPA-Lastschrift
- Einzahlungen
- Bankkarte, Geldkarte, Electronic Cash

Nennen Sie verschiedenen Möglichkeiten der Kartenzahlungen und geben Sie Beispiele für deren Anwendung an.

Girocard (Electronic Cash)	Geldabhebung am Geldautomaten, bargeldlose Bezahlung mit PIN oder Unterschrift
Kreditkarte	bargeldlose Bezahlung bei Einkäufen, Hotels, Restaurants usw. möglich, Abrechnung mit der Kreditkartenfirma einmal im Monat
Geldkarte	Chip auf der Karte kann bis max. 200 € aufgeladen werden, damit kann z. B. an Fahrkartenschaltern bezahlt werden.

Was versteht man unter Home- oder Onlinebanking und welche Bankgeschäfte können so erledigt werden?

Nach Beantragung eines Onlinekontos bei der Bank können alle Bankgeschäfte von zu Hause am eigenen PC aus getätigt werden, z. B.:
- Überweisungen ausfüllen
- Daueraufträge anlegen
- Kontostand abfragen
- Termingelder anlegen
- Wertpapierhandel
- Handy aufladen
- Karten sperren lassen

Welche Bedeutung haben IBAN und BIC?

IBAN	BIC
Internationale Bank-Kontonummer, erleichtert den grenzüberschreitenden Zahlungsverkehr	Internationaler Bank-Identifizierungscode, im internationalen Zahlungsverkehr notwendig

In der Praxis Dr. Haag sind die neuen Stühle geliefert worden. Frau Dr. Haag hat die Rechnung erhalten: Sie beauftragt die MFA Rebecca Lutz, den Rechnungsbetrag zu überweisen.

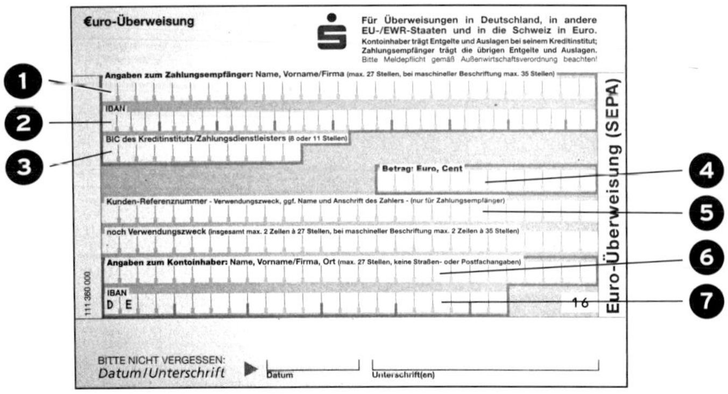
€uro-Überweisung

Für Überweisungen in Deutschland, in andere EU-/EWR-Staaten und in die Schweiz in Euro. Kontoinhaber trägt Entgelte und Auslagen bei seinem Kreditinstitut; Zahlungsempfänger trägt die übrigen Entgelte und Auslagen. Bitte Meldepflicht gemäß Außenwirtschaftsverordnung beachten!

1 Angaben zum Zahlungsempfänger: Name, Vorname/Firma (max. 27 Stellen, bei maschineller Beschriftung max. 35 Stellen)

2 IBAN

3 BIC des Kreditinstituts/Zahlungsdienstleisters (8 oder 11 Stellen)

4 Betrag: Euro, Cent

5 Kunden-Referenznummer - Verwendungszweck, ggf. Name und Anschrift des Zahlers - (nur für Zahlungsempfänger)

noch Verwendungszweck (insgesamt max. 2 Zeilen à 27 Stellen, bei maschineller Beschriftung max. 2 Zeilen à 35 Stellen)

6 Angaben zum Kontoinhaber: Name, Vorname/Firma, Ort (max. 27 Stellen, keine Straßen- oder Postfachangaben)

7 IBAN D E 16

111 360 000

Euro-Überweisung (SEPA)

BITTE NICHT VERGESSEN: Datum/Unterschrift ▶ Datum Unterschrift(en)

1. **Füllen Sie das Überweisungsformular oben entsprechend der Nummerierung korrekt aus. Empfänger: Möbel Borst, IBAN DE89370400440534014000, BIC MARKDEF1570, Auftraggeber: Dr. Haag, IBAN DE56630500000000458921, BIC SOLADES1785, Betrag: 1 755,- €**

1) ____________________

2) ____________________

3) ____________________

4) ____________________

5) ____________________

6) ____________________

7) ____________________

2. **Beschreiben Sie die Unterschiede zwischen einem Dauerauftrag und einer Lastschrift.**

____

____

____

____

____

____

____

3. **Eine MFA hat sich eine Hose bestellt und bezahlt per Nachnahme. Erklären Sie diese Zahlungsart.**

____

____

____

____

____

____

____

1. 1) Möbel Borst, 2) DE89370400440534014000, 3) MARKDEF1570, 4) 1755,00, 5) Stühle Praxis Haag, 6) Haag, Dr., 7) 56630500000000458921
2. Dauerauftrag: Der Zahlungspflichtige veranlasst bei seiner Bank, dass zu einem bestimmten Zeitpunkt regelmäßig ein gleicher Betrag von seinem Konto abgebucht wird. Lastschrift: Nach Erlaubnis des Zahlungspflichtigen bucht der Zahlungsempfänger einmalig oder in regelmäßigen Abständen einen gleichen oder ungleichen Betrag vom Konto des Zahlungspflichtigen ab.
3. Bei der Nachnahme handelt es sich um eine halbbare Zahlungsart: Der Postbote kassiert das Geld bar und zahlt es auf das Konto des Zahlungsempfängers ein.

4. Wodurch unterscheidet sich die Electronic-Cash-Kartenzahlung mit PIN von der Electronic-Cash-Kartenzahlung mit Unterschrift?

5. Welche Unterschiede gibt es zwischen einem Barscheck und einem Verrechnungsscheck?

6. Welche Zahlungsart empfehlen Sie in folgenden Beispielen?

a) MFA Ramona Gehring muss ihre monatliche Handyrechnung bezahlen.
b) Die Praxismiete der Praxis Dr. Haag wird jeden Monat fällig.
c) Rebecca Lutz kauft sich in der Pause eine Pizza.
d) Eine MFA muss eine Handwerkerrechnung im Wert von 325 € bezahlen.
e) MFA Olga Becker hat sich beim Kleiderversand eine Hose bestellt. Sie besitzt kein Konto. Das Paket bringt ein Postbote und nimmt das Geld entgegen.

7. An einem Geschäft sind folgende Zeichen zu sehen. Welche Zahlungsmöglichkeiten gibt es für den Kunden?

8. In der Praxis Dr. Haag werden viele Bankgeschäfte mittels Onlinebanking durchgeführt. Welche Voraussetzungen müssen dafür vorhanden sein?

Prüfungsfall COPD: S. 352

4. PIN: Es wird sofort überprüft, ob das Konto gedeckt ist; wenn nicht, erfolgt keine Zahlung. Unterschrift: Der Kontostand wird erst später überprüft; durch die Unterschrift erteilt der Zahler eine Lastschrift.
5. Der Verrechnungsscheck trägt den Vermerk „Nur zur Verrechnung". Dieser Scheck kann im Vergleich zum Barscheck nie bar ausgezahlt werden, sondern muss einem Konto gutgeschrieben werden.
6. a) SEPA-Lastschriftmandat, b) Dauerauftrag, c) Barzahlung, d) Überweisung, e) Nachnahme
7. Maestro: bargeldlose, weltweite Zahlungsmöglichkeit mit der Karte und Eingabe einer PIN; Visa: Bargeldlose Bezahlung mit Kreditkarte und Unterschrift möglich; die Abbuchung erfolgt für den Kunden zu einem späteren Zeitpunkt.
8. Internetanschluss, Computer mit entsprechender Software, DSL, Antrag für PIN/TAN

1. Welche Aussage ist richtig?

A) Die halbbare Zahlungsmöglichkeit ist die am häufigsten verwendete Zahlungsart.
B) Für die bargeldlose Zahlung ist kein Girokonto erforderlich.
C) Die Barzahlung kommt heutzutage kaum mehr vor.
D) Die bargeldlose Zahlung erfolgt durch Umbuchung.
E) Die Barzahlung ist im Vergleich zur bargeldlosen Zahlung sehr zeitsparend.

2. Welche Aussage ist richtig?

A) Eine Überweisung ist eine Form des bargeldlosen Zahlungsverkehrs.
B) Bei der Nachnahme handelt es sich um eine Barzahlung, da das Geld bar an den Postboten bezahlt wird.
C) Erteilt man ein SEPA-Lastschriftmandat, so handelt es sich um eine halbbare Zahlung.
D) Der Geldversand durch einen Postbankminutenservice erfolgt bargeldlos.
E) Kartenzahlungen zählen zu den Barzahlungen.

3. Welche beiden Aussagen sind richtig?

A) Jugendliche können ihr Girokonto immer bis 300 € überziehen.
B) Ein Jugendgirokonto wird kostenlos von den Banken geführt.
C) Bei der Eröffnung eines Jugendgirokontos müssen beide Elternteile unterschreiben.
D) Bei der Kontoeröffnung muss man sich durch Vorlage seines Schülerausweises ausweisen.
E) Bei der Kontoeröffnung eines Jugendgirokontos muss der Kontoinhaber nicht unterschreiben.
F) Guthabenzinsen können einem Jugendgirokonto nicht gutgeschrieben werden.

4. Welche Aussage ist falsch? Die verschiedenen Kreditinstitute unterscheiden sich bei der Girokontoführung ...

A) bei der Berechnung von Guthabenzinsen.
B) bei der Legitimation bei Kontoeröffnung.
C) bei der Berechnung von Überziehungszinsen.
D) bei Kontoführungsgebühren.
E) bei den Servicegebühren.

5. Welche Aussage ist richtig?

A) Ein Kontoauszug informiert nicht über die aktuelle finanzielle Situation.
B) In der Soll-Spalte des Kontoauszugs sind alle Eingänge vermerkt.
C) Kontoauszüge werden nicht nummeriert.
D) Eine Gutschrift wird auf dem Kontoauszug auch als Haben bezeichnet.
E) Ein Kontoauszug ist schwer zu verstehen, weil er keinen Text enthält.

6. Welche Aussagekombination ist richtig?

1 Reiseschecks sind sehr sichere Zahlungsmittel im Ausland.
2 Beim Einlösen eines Verrechnungsschecks wird der Betrag sofort bar ausgezahlt.
3 Nicht benötigte Reiseschecks können von den Banken nach Beendigung der Reise zurückgekauft werden.
4 Barschecks können bei Verlust von jedem eingelöst werden.
5 Reiseschecks werden nur in Dollar ausgestellt.

A) Alle Aussagen sind richtig.
B) Nur die Aussagen 1, 3 und 5 sind richtig.
C) Nur die Aussagen 2 und 3 sind richtig.
D) Nur die Aussagen 1, 3 und 4 sind richtig.
E) Nur die Aussagen 4 und 5 sind richtig.

7. Welche Aussage ist richtig?

A) Die IBAN ist eine Nummer, die beim Onlinebanking nicht benötigt wird.
B) Für Auslandsüberweisungen benötigt man PIN und BIC.
C) Die BIC ist eine nur in Deutschland anerkannte Bankidentifizierungscodenummer.
D) IBAN und BIC sind seit fünf Jahren Standardnummern beim inländischen Zahlungsverkehr.
E) Auf dem Kontoauszug kann man die IBAN und den BIC finden.

8. Welche Aussage zu den Funktionen von Geld ist falsch?

A) Warentauschmittel
B) Wertübertragungsmittel
C) Wertaufbewahrungsmittel
D) Zahlungsmittel
E) Rechenmittel

9. Welche Aussage ist richtig?

A) Bei einer Inflation kommt es immer zu Preissenkungen.
B) Eine importierte Inflation kann durch Steuererhöhungen ausgelöst werden.
C) Durch tariflich festgelegte Lohnsteigerungen kann es zu einer Kosteninflation kommen.
D) Bei schleichenden Inflationen liegen die Inflationsraten bei 30 %.
E) Eine verdeckte Inflationen wird es in Deutschland nie geben.

1. D	2. A
3. B, C	4. B
5. D	6. D
7. E	8. A
9. C	

10. Rebecca Lutz hatte am 18.09. einen Kontostand von 123,87 €. Am 20.09. kaufte sie sich eine Hose für 65,50 € und bezahlte mit ihrer Girocard. Am 25.09. bekam sie ihren Lohn von 1 267,56 € und am 30.09. wurde das Konto mit einem Dauerauftrag von 350,00 € für die Miete belastet. Welche Aussage ist richtig?

A) Der Kontostand beträgt am 01.10. 973,95 €.
B) Der Kontostand beträgt am 01.10. 975,93 €.
C) Der Kontostand beträgt am 01.10. 975,45 €.
D) Der Kontostand beträgt am 01.10. 974,94 €.
E) Der Kontostand beträgt am 01.10. 976,93 €.

11. Welche beiden Aussagen sind richtig?

A) Beim Onlinebanking kann man Überweisungen schreiben.
B) Man ist beim Onlinebanking abhängig von den Banköffnungszeiten.
C) Durch Onlinebanking kann ein Handy aufgeladen werden.
D) Onlinebanking ist sehr sicher.
E) Buchungen sind beim Onlinebanking immer am Folgetag einzusehen.
F) Für Onlinebanking verlangen die Banken sehr hohe Gebühren.

12. Welche Aussagekombination ist richtig?

1 Bei mehrmaliger Bezahlung mit der Kreditkarte kann der Überblick über die Ausgaben schnell verloren gehen.
2 In allen Geschäften werden Kreditkarten akzeptiert.
3 Kreditkarten sind ausschließlich deutschlandweit gültig.
4 Die Bezahlung mit Kreditkarten ist sicherer als mit Bargeld.
5 Die Bargeldbeschaffung am Automaten mit einer Kreditkarte ist kostenlos.

A) Alle Aussagen sind richtig.
B) Nur die Aussagen 1 und 2 sind richtig.
C) Nur die Aussagen 1, 2 und 5 sind richtig.
D) Nur die Aussagen 1 und 4 sind richtig.
E) Nur die Aussagen 2 und 3 sind richtig.

13. Welche Zuordnung ist richtig?

A Nachnahme → bargeldlose Zahlung
B Dauerauftrag → Barzahlung
C Postbank-minutenservice → bargeldlose Zahlung
D Lastschrift → halbbare Zahlung
E Überweisung → bargeldlose Zahlung

14. Welche Zuordnung ist richtig?

A PIN → Internationale Kontonummer
B Debitor → Gläubiger
C TAN → Transaktionsnummer beim Onlinebanking
D Geldkarte → Eine Bezahlung ist überall möglich.
E Debitkarte → die Kreditkartenbezeichnung in Amerika

15. Welche Zuordnung zur Kartenzahlung ist falsch?

A Girocard mit PIN → Das Girokonto wird überprüft und bei der Bezahlung sofort belastet.
B Girocard mit Unterschrift → Das Girokonto wird bei der Bezahlung erst später belastet.
C Visa-Karte → Das Girokonto wird einmal im Monat mit allen Zahlungen belastet.
D Geldkarte → Das Girokonto wird vor der Bezahlung belastet.
E Kundenkarte → Das Girokonto wird bei jeder Bezahlung sofort belastet.

16. Welche Aussage ist falsch? Zu den Bestandteilen einer Debitkarte gehört …

A) eine Transaktionsnummer.
B) das Ablaufdatum der Karte.
C) der Name des Kreditinstituts.
D) ein Magnetstreifen.
E) die Kontonummer.

17. Welche Aussage ist richtig? Bei einer Kreditkartenzahlung kann dem Händler folgender Nachteil entstehen:

A) weniger Bargeld
B) elektronische Abwicklung
C) hohe Hard- und Softwarekosten
D) steigende Konkurrenzfähigkeit
E) garantierte Zahlung

10. B	11. A, C
12. D	13. E
14. C	15. E
16. A	17. C

18. Welche Aussage ist richtig?

A) Bezahldienstunternehmen blockieren die Entwicklung von Internetkäufen.
B) Bei der Bezahlung durch ein Bezahldienstunternehmen muss nur der Verkäufer Mitglied sein.
C) Die Bezahlung durch ein Bezahldienstunternehmen erfolgt durch Überweisung.
D) Wenn der Verkäufer vom Bezahldienstunternehmen die Meldung erhält, dass die Ware bezahlt ist, kann er sie losschicken.
E) Die Rechnungsabwicklung über Bezahldienstunternehmen dauert sehr lange.

19. Welche Aussagekombination ist richtig? Die TAN, die man zur Durchführung einer Überweisung im Onlinebanking benötigt, kann auf verschiedene Arten übermittelt werden:

1 durch eine spezielle auf dem Smartphone installierte App
2 durch eine Nummer auf der Debitkarte
3 über einen TAN-Generator
4 über Bildschirmtext
5 durch eine auf das Smartphone geschickte sms

A) Alle Aussagen sind richtig.
B) Nur die Aussagen 1 und 2 sind richtig.
C) Nur die Aussagen 1, 3 und 5 sind richtig.
D) Nur die Aussagen 2, 3 und 5 sind richtig.
E) Nur die Aussagen 2 und 3 sind richtig.

20. Welche beiden Aussagen sind richtig?

A) Der Außenwert des Geldes wird als Kaufkraft bezeichnet.
B) Bei einer Preissteigerung nimmt die Kaufkraft des Geldes ab.
C) Die Preise für die Lebenshaltung sind seit 1988 stabil.
D) Bei Preissenkungen nimmt die Kaufkraft des Geldes ab.
E) Es gibt keine Beziehung zwischen Geldwert und Preisentwicklung.
F) Wenn Lohnsteigerungen die Preissteigerungen übertreffen, steigt der Wohlstand.

21. Welche Aussage ist falsch?

A) Der Warenkorb für Güter und Dienstleistungen bleibt immer gleich.
B) Der Verbrauch von Waren und Dienstleistungen in privaten Haushalten wird erhoben und in einem Warenkorb zusammengefasst.
C) Der Preisindex für die Lebenshaltung stellt die durchschnittliche Preisveränderung der Güter im Warenkorb dar.
D) Der Warenkorb enthält sowohl den Fleischkonsum eines Haushaltes als auch Ausgaben für Kultur und Bildung.
E) Durch den Warenkorb können prozentuale Steigerungen der Preise gemessen werden.

22. Welche Aussagekombination ist richtig?

1 Steigt der Nominallohn um 6 % und die Preise steigen um 5 %, so sinkt der Reallohn um 1 %.
2 Wenn die Preise um 4,5 % steigen und der Nominallohn um 3,5 % steigt, so steigt der Reallohn um 1 %.
3 Wenn die Preise um 1 % sinken und der Nominallohn um 2 % steigt, dann steigt der Reallohn um 3 %.
4 Bleibt der Nominallohn unverändert und die Preise steigen um 4 %, dann sinkt der Reallohn um 4 %.
5 Wenn die Preise unverändert bleiben und der Nominallohn um 3 % steigt, dann sinkt der Reallohn um 3 %.

A) Alle Aussagen sind richtig.
B) Nur die Aussagen 1, 3 und 5 sind richtig.
C) Nur die Aussagen 2 und 3 sind richtig.
D) Nur die Aussagen 3 und 4 sind richtig.
E) Nur die Aussagen 4 und 5 sind richtig.

23. Welche beiden Aussagen sind richtig?

A) Nominallohn ist der Lohn, den jemand brutto verdient.
B) Der Reallohn ist eine Größe, mit der die tatsächliche Kaufkraft des Lohnes ausgedrückt wird.
C) Eine Reallohnsteigerung gibt es durch eine Nominallohnsteigerung plus Preissteigerung.
D) Die Lohn-Preis-Spirale erforscht, wie durch Lohnerhöhungen die Preiserhöhungen ausgeglichen werden können.
E) Ein Kaufkraftzuwachs entsteht immer bei gleichbleibenden Löhnen.
F) Fallen die Nettolohnsteigerungen größer aus als die Preissteigerungen, so sinkt der Wohlstand.

24. Welche Aussage ist falsch?

A) Als Wechselkurs bezeichnet man den Preis für eine bestimmte Anzahl ausländischer Währungseinheiten.
B) Sorten sind ausländisches Bargeld wie Münzen und Scheine.
C) Devisen sind ausländische Zahlungsmittel wie z. B. Schecks.
D) Ein Wechselkurs gibt an, wie viele Einheiten einer ausländischen Währung auf einen Euro entfallen.
E) Feste Wechselkurse werden nach Angebot und Nachfrage bestimmt.

18. D	19. C
20. B, F	21. A
22. D	23. B, D
24. E	

6 Außergerichtliches und gerichtliches Mahnverfahren, Verjährung

Wann und zwischen welchen Personen wird eine Liquidation fällig?

Die Liquidation wird fällig, wenn der Patient die Rechnung erhält. Auf Grund des Behandlungsvertrags zwischen Arzt und Patient muss der Patient für die Zahlung aufkommen, auch wenn seine Krankenkasse die Kosten noch nicht erstattet hat.

Wann tritt automatisch Zahlungsverzug ein? Wie kann der Arzt darauf hinweisen?

30 Tage nach Fälligkeit und Zugang der Rechnung tritt Zahlungsverzug ein. Der Arzt sollte auf der Rechnung einen Hinweis auf Zahlungsverzug vermerken.

Nennen Sie die Schritte des außergerichtlichen Mahnverfahrens und geben Sie jeweils das Vorgehen an.

Zahlungserinnerung	Schriftlich: freundliche, höfliche Aufforderung zur Zahlung Mündlich: Klärung, ob der Patient die Rechnung erhalten hat; sachliches Gespräch; Vereinbarung eines neuen Zahlungstermins
Erste Mahnung	Setzen eines Zahlungstermins notwendig, um den Patienten in Verzug zu setzen
Zweite Mahnung	Zahlungsverzug tritt ein, wenn der Patient auf die erste Mahnung nicht reagiert; Verlangen von Verzugszinsen und Kosten für Mahnschreiben möglich
Dritte Mahnung	Setzen einer neuen Frist; Auflistung aller Kosten; Androhung des gerichtlichen Mahnverfahrens oder einer Klage

Wann und wie wird das gerichtliche Mahnverfahren eröffnet?

Nach der erfolglosen dritten Mahnung füllt der Arzt einen Antrag auf Erlass eines Mahnbescheids aus und schickt ihn an das zuständige Amtsgericht, das dem Patienten einen Mahnbescheid zukommen lässt.

Welche Möglichkeiten der Reaktion hat der Patient nach Eröffnung des gerichtlichen Mahnverfahrens?

- Widerspruch erheben, dann folgt eine Gerichtsverhandlung
- Begleichung der Liquidation
- keine Reaktion zeigen, dann stellt das Gericht einen Antrag auf Vollstreckung

Welche Aufgaben hat ein Gerichtsvollzieher?

Er kann Gegenstände des Schuldners pfänden (mit einem Pfandsiegel [Kuckuck] versehen). Diese können versteigert und der Erlös kann zur Begleichung der Schulden verwendet werden.

Geben Sie die Dauer und den Beginn der regelmäßigen Verjährungsfrist an.

Verjährungsfrist: 3 Jahre
Sie beginnt am Ende des Jahres, in dem der Anspruch entstanden ist.

Nennen Sie abweichende Verjährungsfristen und geben Sie an, wann diese in welchen Fällen gelten.

30 Jahre	Familien- u. erbrechtliche Ansprüche, Ansprüche aus rechtskräftigen Urteilen, vollstreckbare Titel
10 Jahre	Ansprüche aus Rechten an Grundstücken
5 Jahre	Ansprüche aus Mängel an Bauwerken
2 Jahre	Sachmangelhaftung

Was versteht man unter einer Hemmung der Verjährungsfrist und welche Auswirkungen hat die Hemmung auf die Verjährung?

Bei Hemmung der Verjährungsfrist ruht der Verjährungsablauf für einen bestimmten Zeitraum. Die Verjährungsfrist verlängert sich um die Dauer der Hemmung.

Die Patientin Gisela Litzel hat bereits am 15.06. von der Praxis Dr. Haag eine Liquidation erhalten. Am 15.07. ging der Patientin eine Zahlungserinnerung zu. Am 01.08. ist in der Praxis immer noch keine Zahlung eingegangen.

1. Was hat Frau Dr. Haag mit der Zahlungserinnerung in die Wege geleitet und wie wird eine Zahlungserinnerung formuliert?

2. Welche weiteren Schritte kann Frau Dr. Haag nach der Zahlungserinnerung veranlassen?

3. Die Patientin Gisela Litzel bezahlt auch nach der dritten Mahnung noch nicht. Nun will Frau Dr. Haag einen Antrag auf Erlass eines Mahnbescheids stellen. Wo muss der Antrag gestellt werden und was muss er enthalten?

4. Was passiert, wenn die Patientin auf die vom Gericht zugestellte Rechnung nicht reagiert?

5. In welchem Fall würde es zu einer Verjährung der Liquidation von Frau Litzel kommen und wann wäre die Liquidation verjährt?

Prüfungsfall Krebsfrüherkennung: S. 330

1. Mit der Zahlungserinnerung hat sie das außergerichtliche oder kaufmännische Mahnverfahren eröffnet. Die Zahlungserinnerung wird höflich und freundlich formuliert, da der Patient die Bezahlung der Rechnung vergessen haben könnte.
2. Sie kann die erste, zweite und dritte Mahnung mit neuer Terminsetzung zur Zahlung und Androhung gerichtlicher Schritte schreiben, sofern die Zahlung ausbleibt. Es können ab der zweiten Mahnung Verzugszinsen berechnet werden.
3. Der Antrag wird bei der Zentralstelle des Amtsgerichts des jeweiligen Bundeslandes gestellt. Er muss enthalten: Namen des Schuldners und Gläubigers, Anspruch (Liquidation, Anspruchsbetrag, Zinsen und Auslagen), Gerichtsstand bei Widerspruch, Wohnsitz des Beklagten, Antrag auf Erlass.
4. Es kann ein Vollstreckungsantrag gestellt werden.
5. Eine Verjährung würde eintreten, wenn die Praxis nicht mit dem außergerichtlichen und gerichtlichen Mahnverfahren begonnen hätte. Die Verjährung würde am Ende des Jahres, also am 31.12., beginnen und drei Jahre dauern.

1. Welche Aussage ist richtig?

A) Eine Privatliquidation ist vier Wochen nach Erhalt fällig.
B) Verzug tritt nach sechs Wochen ein.
C) Der Behandlungsvertrag besteht zwischen dem Arzt und der privaten Krankenversicherung.
D) Auf der Rechnung sollte ein Hinweis enthalten sein, wann Zahlungsverzug eintritt.
E) Die Zahlungsmoral aller Patienten ist sehr gut.

2. Welche beiden Aussagen sind richtig?

A) Das außergerichtliche Mahnverfahren wird auch kaufmännisches Mahnverfahren genannt.
B) Es gibt feste Regeln für das außergerichtliche Mahnverfahren.
C) Der erste Schritt im außergerichtlichen Mahnverfahren ist die Zahlungserinnerung.
D) Die Zahlungserinnerung muss immer schriftlich erfolgen.
E) Bei einer Zahlungserinnerung können gerichtliche Schritte angedroht werden.
F) Die meisten Patienten bezahlen nach der Zahlungserinnerung nicht.

3. Welche Aussage ist richtig?

A) In der ersten Mahnung sollte ein Zahlungstermin gesetzt werden.
B) Verzugszinsen liegen 8 % über dem Basiszinssatz.
C) Zahlungsverzug tritt bei der dritten Mahnung ein.
D) Die Kosten für die Mahnschreiben gehen zu Lasten des Gläubigers.
E) Der Gläubiger sollte den Betrag in voller Höhe bezahlen.

4. Welche Aussage ist falsch?

A) Die Zahlungserinnerung ist humorvoll und freundlich formuliert.
B) Auf der ersten Mahnung sollte die Formulierung „erste Mahnung" nicht erscheinen.
C) Verzugszinsen können in der zweiten Mahnung berechnet werden.
D) In der dritten Mahnung wird das gerichtliche Mahnverfahren angedroht.
E) Die dritte Mahnung ist freundlich und höflich formuliert.

**5. Welche Aussage ist richtig?
Das gerichtliche Mahnverfahren …**

A) wird auch justizfachliches Mahnverfahren genannt.
B) kann auch ohne das Praxismahnverfahren eingeleitet werden.
C) wird immer von einem Rechtsanwalt eingeleitet.
D) wird immer am Bundesgerichtshof verhandelt.
E) wird drei Wochen nach dem kaufmännischen Mahnverfahren eröffnet.

**6. Welche Aussage ist richtig?
Ein Mahnbescheid …**

A) kann nicht im Internet heruntergeladen werden.
B) kann bei der Justizdruckerei erworben werden.
C) ist auch beim Notar erhältlich.
D) kann in einem Schreibwarengeschäft erworben werden.
E) muss direkt beim Richter bezogen werden.

7. Welche Aussagekombination ist richtig?

1 Beim gerichtlichen Mahnverfahren erhält der Gläubiger einen Mahnbescheid durch Postzustellungsurkunde.
2 Der Gläubiger kann Widerspruch einlegen.
3 Sobald der Schuldner bezahlt, ist das Verfahren beendet.
4 Der Gläubiger kann auf einen Mahnbescheid nicht reagieren.
5 Sofern der Schuldner Widerspruch einlegt, erfolgt eine Verhandlung vor dem Amtsgericht.

A) Alle Aussagen sind richtig.
B) Nur die Aussagen 2, 4 und 5 sind richtig.
C) Nur die Aussagen 1, 2 und 4 sind richtig.
D) Nur die Aussagen 2 und 4 sind richtig.
E) Nur die Aussagen 3 und 5 sind richtig.

8. Welche Aussagekombination ist richtig?

1 Reagiert ein Schuldner auf einen Vollstreckungsbescheid nicht, so kann ein Gläubiger einen Gerichtsvollzieher mit der Pfändung beauftragen.
2 Gegenstände, die gepfändet werden, werden mit dem Dompfaff versehen.
3 Ein hochwertiger Gegenstand kann vom Gerichtsvollzieher mitgenommen werden und gegen einen minderwertigen Gegenstand ausgetauscht werden.
4 Die mitgenommenen Gegenstände werden vom Gerichtsvollzieher versteigert.
5 Kommt ein Schuldner in Beugehaft, so darf er nur gebeugt auf einer Liege liegen.

A) Alle Aussagen sind richtig.
B) Nur die Aussagen 2, 4 und 5 sind richtig.
C) Nur die Aussagen 1, 3 und 4 sind richtig.
D) Nur die Aussagen 3 und 4 sind richtig.
E) Nur die Aussagen 4 und 5 sind richtig.

1. D	2. A, C
3. A	4. E
5. B	6. D
7. E	8. C

9. Welche beiden Aussagen sind richtig? Beispiele für nicht pfändbare Gegenstände sind ...

A) die Goldkette.
B) der Herd.
C) das Bett.
D) das Gemälde.
E) der Perserteppich.
F) das iPhone.

10. Welche Aussage ist richtig?

A) Bei einem Schuldner muss immer gepfändet werden, auch wenn er nichts besitzt.
B) Wenn bei einem Schuldner eine Pfändung erfolglos bleibt, kann der Gläubiger eine eidesstattliche Versicherung vom Schuldner verlangen.
C) Ein Arbeitslohn kann nicht gepfändet werden.
D) Die Gerichte sind nicht berechtigt, Vermögensgegenstände von Schuldnern zu erfassen.
E) Eine Schuldnerliste wird beim Sozialgericht geführt und kann von Versicherungen gesichtet werden.

11. Welche Aussagekombination ist richtig?

1 Kommt es zu einer Verhandlung, so findet diese am Gericht, in dessen Bezirk der Schuldner wohnt, statt.
2 Bei Streitwerten bis 5 000 € ist das Amtsgericht, bei Werten darüber das Landgericht zuständig.
3 Ein Vergleich kommt zu Stande, wenn sich die Parteien einigen.
4 Widerspricht der Unterlegene dem Urteil, so geht er in Berufung.
5 Bei einer Revision wird überprüft, ob in der vorherigen Verhandlung Gesetze richtig eingesetzt wurden.

A) Alle Aussagen sind richtig.
B) Nur die Aussagen 1 und 2 sind richtig.
C) Nur die Aussagen 1, 2 und 5 sind richtig.
D) Nur die Aussagen 2, 3 und 4 sind richtig.
E) Nur die Aussagen 2 und 3 sind richtig.

12. Welche Zuordnung zum Beginn der Verjährungsfrist ist falsch?

A Ein Patient erhält am 15.02.2020 eine Liquidation. → 31.12.2020
B Dr. Hamm erhält am 20.06.2020 eine Rechnung. → 20.06.2020
C Das am 06.03.2020 gelieferte EKG-Gerät ist defekt. → 06.03.2020
D Dr. Lang verlangt seit 30.09.2019 die Beseitigung der Mängel an seiner Praxis. → 30.09.2019
E MFA Ina erhält am 20.02.2020 die Rechnung ihres Sofas. → 31.12.2020

13. Ordnen Sie die entsprechenden Verjährungsfristen zu.

A	Sachmangel	1	3 Jahre
B	Bauwerksmängel	2	30 Jahre
C	erbrechtliche Ansprüche	3	2 Jahre
D	regelmäßige Verjährungsfrist	4	5 Jahre

A) A3, B4, C1, D2
B) A3, B4, C2, D1
C) A1, B4, C2, D3
D) A1, B3, C2, D1
E) A2, B4, C1, D3

14. Welche Aussage ist falsch? Der Antrag auf Erlass eines Mahnbescheids muss enthalten:

A) Antraggegner
B) Auslagen
C) Amtsgericht
D) Anspruch
E) Antragsteller

15. Welche Zuordnung zum Ende der jeweiligen Verjährungsfrist ist falsch?

A MFA Edda erhält am 30.10.2020 eine Rechnung. → 31.12.2023
B Der am 07.07.2020 gelieferte Sterilisator ist defekt. → 07.07.2022
C Dr. Klein hat im Urteil vom 04.04.2015 erbrechtliche Ansprüche. → 04.04.2045
D Ein Patient erhält am 12.02.2020 eine Liquidation. → 12.02.2023
E Das am 30.03.2020 gekaufte Auto von Dr. Otto springt nicht an. → 30.03.2022

16. Welche Aussage ist falsch? Eine Verjährung kann gehemmt werden durch ...

A) Verhandlungen zwischen Arzt und Patient.
B) eine einfache Mahnung des Gläubigers.
C) eine Klageerhebung.
D) einen Hochwasserschaden in der Praxis.
E) den Erlass des Vollstreckungsurteils.

9. B, C	10. B
11. A	12. B
13. B	14. C
15. D	16. B

7 Die soziale Marktwirtschaft und ihre Umsetzung in der BRD

Was versteht man unter einem Markt? Nennen Sie verschiedene Märkte.

Ein Zusammentreffen von Angebot und Nachfrage wird als Markt bezeichnet.
Marktarten:
- Arbeitsmarkt
- Immobilienmarkt
- Automarkt
- Wohnungsmarkt
- Devisenmarkt

Was versteht man unter dem Gleichgewichts- oder Wettbewerbspreis?

Zu diesem Preis wird auf einem Markt der größte Umsatz erzielt. Angebot und Nachfrage sind ausgeglichen.

Welche Ziele gehören für Stabilität und Wachstum der Wirtschaft zum magischen Viereck bzw. zum magischen Sechseck?

Zum magischen Viereck gehören:
- Vollbeschäftigung
- Preisstabilität
- angemessenes Wirtschaftswachstum
- außenwirtschaftliches Gleichgewicht

Ergänzung zum magischen Sechseck durch:
- Umweltschutz
- gerechte Einkommens- und Vermögensverteilung

Nennen Sie die unterschiedlichen Marktformen und beschreiben Sie diese.

Angebotsmonopol	ein Anbieter, viele Nachfrager
Nachfragemonopol	ein Nachfrager, viele Anbieter
Angebotsoligopol	wenige Anbieter, viele Nachfrager
Nachfrageoligopol	wenige Nachfrager, viele Anbieter
Polypol	viele Anbieter, viele Nachfrager

Was ist soziale Marktwirtschaft und welches sind staatliche Eingriffe in den Wirtschaftskreislauf?

Bei der sozialen Marktwirtschaft soll sich die Wirtschaft selbst lenken durch Angebot und Nachfrage. Zum Schutz der wirtschaftlich Schwachen greift jedoch der Staat in den Wirtschaftsablauf ein durch:
- Sozialpolitik, z. B. Sozialversicherungen
- Wettbewerbspolitik, z. B. Kartellgesetz
- Strukturpolitik, z. B. Subventionen
- öffentliche Unternehmen, z. B. Verkehrsbetriebe
- Konjunkturpolitik, z. B. öffentliche Ausgaben
- Einkommenspolitik, z. B. Steuerprogression

Was versteht man unter Konjunktur? Nennen Sie konjunkturfördernde bzw. konjunkturhemmende Maßnahmen des Staates.

Konjunktur: wellenförmige Schwankungen der Wirtschaftslage
Staatliche Einflussnahmen auf die Konjunktur:
- konjunkturfördernd: Steuersenkungen, Subventionen, öffentliche Aufträge an die Wirtschaft, Hebung der Investitionsbereitschaft der Unternehmen
- konjunkturhemmend: Steuererhöhung, keine öffentlichen Zuschüsse und keine Förderung der Investitionsbereitschaft, Einschränkung der Abschreibungsmöglichkeiten und öffentlichen Aufträge

In welche Phasen gliedert sich ein Konjunkturzyklus und wie viele Jahre umfasst dieser?

Ein Konjunkturzyklus gliedert sich in die Phasen Konjunkturtief, Aufschwung, Hochkonjunktur und Abschwung und umfasst vier bis acht Jahre.

Welche Bedeutung hat ein antizyklisches Konjunkturverhalten des Staates?

Der Staat greift in den Konjunkturverlauf durch bestimmte, dem Zyklus gegenläufige Maßnahmen ein, um starken Wellenbewegungen entgegenzuwirken.

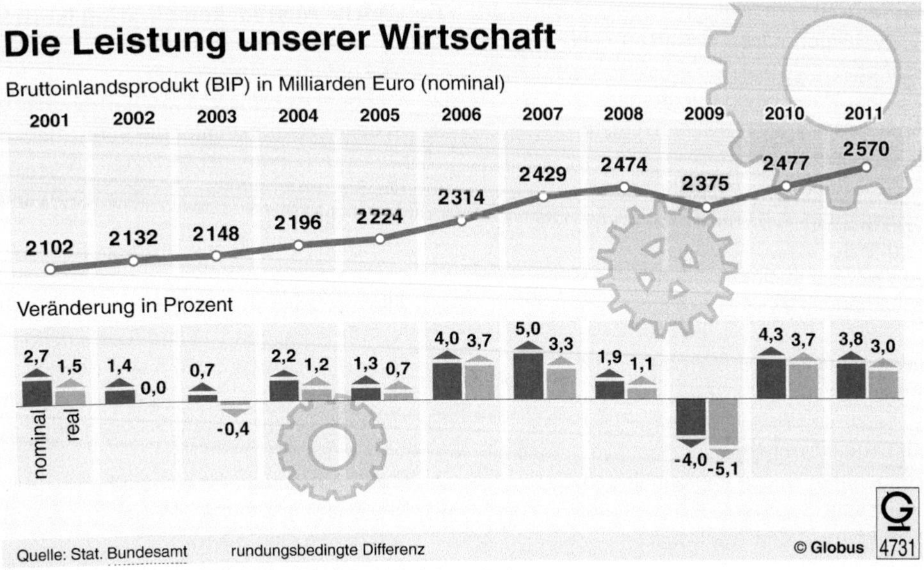

1. **Erklären Sie die Begriffe nominales und reales Bruttoinlandsprodukt (BIP) aus dem oben dargestellten Schaubild sowie den Begriff Bruttosozialprodukt (BSP).**

2. **Erklären Sie, welche Aussagekraft das Bruttoinlandsprodukt hat.**

1. Das Bruttoinlandsprodukt (BIP) beschreibt den Wert aller Güter und Dienstleistungen, die in einem Jahr in einer Volkswirtschaft auch von Ausländern erwirtschaftet wurden. Nominales BIP bezeichnet den Nennwert, d. h. die Zahl des BIP, während das reale BIP das tatsächliche BIP beschreibt. Das reale BIP erhält man, wenn man vom nominalen BIP die Preissteigerungsrate abzieht. Das Bruttosozialprodukt fasst alle Güter und Dienstleistungen zusammen, die in einem Jahr von Inländern in einer Volkswirtschaft oder im Ausland erwirtschaftet wurden.
2. Wächst eine Bevölkerung schneller als das Bruttoinlandsprodukt, so kommt es zu einer Verschlechterung des Lebensstandards. Manche Leistungen, wie z. B. die Tätigkeit einer Hausfrau oder ehrenamtliche Tätigkeiten, werden im BIP nicht erfasst. Ebenso erhält man durch das BIP keine Auskunft über die ungleiche Verteilung des Wohlstands.

1. Welche Aussage ist richtig?

A) Bei einem Polypol gibt es wenige Anbieter und wenige Nachfrager.
B) Gibt es auf einem Markt einen Nachfrager und viele Anbieter, so spricht man von einem Angebotsmonopol.
C) Stehen wenige Anbieter vielen Nachfragern gegenüber, handelt es sich um ein Angebotsoligopol.
D) Gibt es auf einem Markt einen Anbieter und viele Nachfrager, so handelt es sich um ein Nachfrage-monopol.
E) Bei einem Monopol gibt es viele Anbieter und viele Nachfrager.

2. Welche Aussage ist richtig?

A) Supermärkte gehören zu den Kapitalmärkten.
B) Ein Oligopol ist eine Marktform.
C) Ein Markt kann nur auf dem Marktplatz stattfinden.
D) Arbeits- und Immobilienmärkte sind Marktformen.
E) Polypole und Monopole sind Marktarten.

3. Welche beiden Aussagen sind richtig?

A) Die umgesetzte Menge ist beim Gleichgewichtspreis am geringsten.
B) Der Preis der Ware wird bestimmt durch Angebot und Nachfrage.
C) Bei einem hohen Preis wird weniger produziert, bei einem niedrigen Preis wird mehr produziert.
D) Ist das Angebot größer als die Nachfrage, dann sinkt der Preis.
E) Nur der Preis ist bei den Nachfragern entscheidend, ob ein Produkt gekauft wird.
F) Ist die Nachfrage groß und das Angebot gering, so sinkt der Preis.

4. Welche Aussage ist falsch? Ziele des magischen Vierecks der Wirtschaftspolitik sind …

A) Umweltschutz.
B) Vollbeschäftigung.
C) Preisstabilität.
D) außenwirtschaftliches Gleichgewicht.
E) angemessenes Wirtschaftswachstum.

5. Ordnen Sie die Konjunkturphasen zu.

A	Aufschwung	1	Depression
B	Abschwung	2	Expansion
C	Hochkonjunktur	3	Boom
D	Konjunkturtief	4	Rezession

A) A3, B4, C1, D2
B) A2, B1, C4, D3
C) A1, B2, C3, D4
D) A4, B3, C2, D1
E) A2, B4, C3, D1

6. Welche Aussagekombination ist richtig?

1 Wirtschaftliche Auf- und Abwärtsbewegungen werden als Konjunktur bezeichnet.
2 Im Boom ist keine Vollbeschäftigung erreicht.
3 In der Rezession nimmt die Investitionsbereitschaft der Unternehmer deutlich zu.
4 Die Steuereinnahmen des Staates steigen in der Expansion.
5 Im Boom wird sehr viel produziert.

A) Alle Aussagen sind richtig.
B) Nur die Aussagen 1, 4 und 5 sind richtig.
C) Nur die Aussagen 2 und 3 sind richtig.
D) Nur die Aussagen 2 und 4 sind richtig.
E) Nur die Aussagen 4 und 5 sind richtig.

7. Welche Aussage ist richtig?

A) Der Staat muss immer zyklisch in das Konjunktur-geschehen eingreifen.
B) Konjunkturhemmende Maßnahmen sind für den Staat immer besser durchzuführen.
C) Durch Steuererhöhungen kann der Staat die Konjunktur fördern.
D) Subventionen sind konjunkturfördernde Maßnahmen des Staates.
E) Durch den Straßenbau kann der Staat den konjunkturellen Verlauf hemmen.

8. Welche Aussage ist falsch? Staatliche Eingriffe in den Wirtschaftsablauf sind möglich durch die …

A) Sozialpolitik.
B) Konjunkturpolitik.
C) Einkommenspolitik.
D) Strukturpolitik.
E) Gesundheitspolitik.

9. Welche Aussage ist richtig?

A) Das magische Viereck wird so genannt, weil es an Magie grenzt, alle Ziele gleichzeitig zu erreichen.
B) Beträgt die Arbeitslosenquote höchstens 5 %, so ist das Ziel Vollbeschäftigung erreicht.
C) Steigt das Bruttoinlandsprodukt um 1 %, spricht man von einem angemessenen Wirtschaftswachstum.
D) Bei einer Inflationsrate von 3 % ist die Preisstabilität gewährleistet.
E) Das außenwirtschaftliche Gleichgewicht ist erreicht, wenn mehr exportiert als importiert wird.

1. C	2. B
3. B, D	4. A
5. E	6. B
7. D	8. E
9. A	

10. Welche Aussage ist richtig? Indikatoren der Konjunkturphasen auf der Angebotsseite sind ...

A) das Einkommen der Arbeitnehmer.
B) die Investitionsbereitschaft der Unternehmer.
C) die Steuerbelastung der Bevölkerung.
D) die fehlende Auftragslage.
E) das Kaufverhalten der Bevölkerung.

11. Welche beiden Aussagen sind richtig?

A) Bei der freien Marktwirtschaft soll sich die Wirtschaft selbst steuern ohne Eingriff des Staates.
B) Bekannter Vertreter der freien Marktwirtschaft ist Friedrich Engels.
C) „Vater" der sozialen Marktwirtschaft ist Ludwig Erhard.
D) Bei der Zentralverwaltungswirtschaft wird ein hohes Maß an persönlicher Freiheit garantiert.
E) Bei der sozialen Marktwirtschaft erfolgt eine Sozialisierung, d. h., die Wirtschaft wird vom Staat gesteuert und geplant.
F) Gründer der Zentralverwaltungswirtschaft war Adam Smith.

12. Ordnen Sie zu.

A	Bruttosozialprodukt	1	betragsmäßig alle Dienstleistungen und Sachgüter, die in einem Jahr innerhalb der Landesgrenzen von einer Volkswirtschaft erbracht wurden
B	reales Bruttoinlandsprodukt	2	Wert der Güter und Dienstleistungen, die von Inländern in einem Jahr erwirtschaftet wurden
C	Sozialprodukt	3	tatsächliche Güter und Dienstleistungen, die innerhalb der Landesgrenze in einem Jahr von einer Volkswirtschaft erbracht wurden
D	nominales Bruttoinlandsprodukt	4	alle Sachgüter und Dienstleistungen, die von einer Volkswirtschaft in einem Jahr erbracht wurden

A) A3, B4, C1, D2
B) A2, B1, C4, D3
C) A1, B4, C2, D3
D) A4, B3, C2, D1
E) A2, B3, C4, D1

13. Welche Aussagekombination ist richtig?

1 In der sozialen Marktwirtschaft unterstützt der Staat das Privateigentum.
2 Durch bestimmte Sozialleistungen werden in Not geratene Menschen unterstützt.
3 In der sozialen Marktwirtschaft können sich Unternehmer zusammenschließen und Preisabsprachen treffen.
4 Um bestimmte Wirtschaftszweige zu erhalten, kann der Staat diese subventionieren.
5 Das Ziel der sozialen Marktwirtschaft ist, alle Arbeitnehmer gleich zu besteuern.

A) Alle Aussagen sind richtig.
B) Nur die Aussagen 1 und 2 sind richtig.
C) Nur die Aussagen 1, 2 und 4 sind richtig.
D) Nur die Aussagen 2, 3 und 4 sind richtig.
E) Nur die Aussagen 2 und 3 sind richtig.

14. Welche Zuordnung zur Ermittlung des Bruttoinlandprodukts ist richtig?

A Investitionen → Entstehungsrechnung
B Handel → Entstehungsrechnung
C Löhne → Verwendungsrechnung
D Zinsen → Entstehungsrechnung
E Landwirtschaft → Verteilungsrechnung

15. Das magische Viereck des Stabilitätsgesetzes erweiterte man durch weitere Ziele zum magischen Sechseck. Welche Aussagekombination ist richtig?

1 Um den natürlichen Lebensraum nicht weiter zu gefährden, wurde das Stabilitätsgesetz durch den Umweltschutz erweitert.
2 Der Staat hat zahlreiche Gesetze erlassen, um den Umweltschutz zu fördern.
3 Zukunftsorientierte Verpackungen müssen wiederverwertbar sein.
4 Durch das Vermögensbildungsgesetz strebt der Staat eine gerechte Einkommens- und Vermögensverteilung an.
5 Der Staat unterstützt Familien durch Kindergeldzahlungen.

A) Alle Aussagen sind richtig.
B) Nur die Aussagen 1 und 2 sind richtig.
C) Nur die Aussagen 1, 2 und 5 sind richtig.
D) Nur die Aussagen 2, 3 und 5 sind richtig.
E) Nur die Aussagen 2 und 3 sind richtig.

10. B
11. A, C
12. E
13. C
14. B
15. A

8 Soziale und private Absicherung

Aus welchen Gründen wurden die Sozialversicherungen eingeführt?

Um Arbeitnehmer vor Not und Hilfsbedürftigkeit zu schützen, führte Reichskanzler von Bismarck im 19. Jahrhundert Sozialversicherungen ein.

Nennen Sie alle Sozialversicherungen und geben Sie deren Träger an.

Krankenversicherung	Krankenkasse, z. B. Allgemeine Ortskrankenkassen, Betriebskrankenkassen, Ersatzkrankenkassen
Unfallversicherung	Berufsgenossenschaften
Rentenversicherung	Deutsche Rentenversicherung
Arbeitslosenversicherung	Bundesagentur für Arbeit
Pflegeversicherung	Pflegekassen

Von wem werden die Beiträge zu den Sozialversicherungen bezahlt? Erklären Sie, bei welchen Sozialversicherungen es Ausnahmen gibt.

Arbeitnehmer und Arbeitgeber zahlen jeweils zur Hälfte einen prozentualen Anteil der Sozialversicherungsbeiträge. Nur der Beitrag für die Unfallversicherung wird allein vom Arbeitgeber bezahlt.

Welche Leistungen werden von der gesetzlichen Krankenversicherung getragen?

- Krankheitsverhütung: Prophylaxe von Zahnerkrankungen, Aufklärung, Kuren
- Früherkennung von Krankheiten: Vorsorge- und Früherkennungsuntersuchungen
- Krankheit: Diagnostik, Therapie (Versorgung mit Arznei-, Heil- und Hilfsmitteln), Zahnersatz, Haushaltshilfe, Krankengeld
- Sonstige Leistungen: Leistungen zu Schwangerschaft und Geburt, Familienversicherungen

Wer ist in der Pflegeversicherung pflichtversichert? Erklären Sie Beitragsunterschiede.

Pflichtversichert sind alle, die in der Krankenversicherung versichert sind, auch privat Krankenversicherte. Höhere Beiträge zahlen alle Kinderlosen ab 23 Jahren.

Definieren Sie Arbeitsunfälle und Wegeunfälle.

Arbeitsunfälle sind Unfälle, die sich bei der Ausübung der Arbeit ereignen.
Wegeunfälle sind Unfälle auf dem direkten Weg zur Arbeitsstelle oder zurück.

Geben Sie die Versicherungsleistungen der Renten- und Arbeitslosenversicherung an.

Rentenversicherung	Arbeitslosenversicherung
Maßnahmen zum Erhalt der Arbeitsfähigkeit, z. B. Heilbehandlungen, Umschulungen, Weiterbildungen	Erhalt der Beschäftigung, z. B. Berufsberatung, Arbeitsvermittlung, Arbeitsmarktforschung, Schaffung von Arbeitsplätzen
Regelaltersrente, Witwen- und Waisenrente	Arbeitslosengeld I
Erwerbsminderungsrente, Teilrenten, Frührente	

Geben Sie die Unterschiede zwischen Sozial- und Individualversicherungen an.

Sozialversicherung	– Versicherungspflicht – Beitragshöhe richtet sich nach der Einkommenshöhe – Arbeitgeber beteiligen sich an den Beiträgen
Individualversicherung	– freiwillige Versicherung – Beitragshöhe ist abhängig von Risiko und Leistungsumfang – Arbeitnehmer zahlt Beitrag alleine

Prüfungsfall Schnittwunde: S. 321,
Prüfungsfall Bisswunde: S. 326

Svenja Oppold hat in der Praxis Dr. Ladenburger ihre Ausbildung zur MFA begonnen und erhält ihre erste Lohnabrechnung. Dabei ist Svenja nicht klar, warum sie nicht ihren kompletten Lohn ausbezahlt bekommt und stattdessen Sozialversicherungsbeiträge bezahlen muss.

1. Begründen Sie, weshalb Svenja Beiträge an die Sozialversicherungen entrichten muss.

2. Erklären Sie den Begriff Solidarität im Zusammenhang mit Sozialversicherungen.

3. Erläutern Sie, was man unter dem Generationenvertrag versteht, mit welchen Problemen er verbunden ist und wie man diesen entgegenwirkt.

4. Definieren Sie die Begriffe Versicherungspflichtgrenze und Beitragsbemessungsgrenze.

Prüfungsfall Masern: S. 373

1. Jeder Arbeitnehmer ist pflichtversichert in der Sozialversicherung, damit er im Notfall bei Krankheit, Arbeitslosigkeit, Pflegebedürftigkeit, Unfall und im Alter Leistungen erwarten kann.
2. Die Sozialversicherungen sind solidarisch, d. h., „Alle für einen, einer für alle". Wenn ein Arbeitnehmer arbeitslos wird, werden seine Leistungen aus den Beiträgen aller arbeitenden Arbeitnehmer finanziert.
3. Im Generationenvertrag ist geregelt, die Rentenbeiträge der arbeitenden Generation sofort an die Rentner auszubezahlen, d. h., die Einzahlungen werden nicht auf einem Konto angespart. Dadurch, dass die Bevölkerung immer älter wird und weniger künftige Einzahler geboren werden, reichen die Renten für kommende Generationen wahrscheinlich nicht aus. Um im Alter einen entsprechenden Lebensstandard halten zu können, wird der Abschluss privater Zusatzrenten staatlich gefördert.
4. Die Versicherungspflichtgrenze bestimmt, ab welchem Bruttolohn ein Arbeitnehmer sich nicht mehr in der gesetzlichen Krankenversicherung pflichtversichern muss. Die Beitragsbemessungsgrenze bildet die Grundlage für die Berechnung der jeweiligen Sozialversicherungsbeiträge, wenn der Bruttolohn über der Beitragsbemessungsgrenze liegt.

1. Welche Aussage ist richtig?

A) Der Beitrag zur gesetzlichen Arbeitslosenversicherung wird vom Arbeitnehmer allein getragen.
B) Nur der Arbeitgeber bezahlt den Beitrag in die gesetzliche Unfallversicherung.
C) Die Beitragshöhe der Unfallversicherung richtet sich nach dem Bruttolohn des Arbeitnehmers.
D) Arbeitnehmer zahlen höhere Beiträge in die Rentenversicherung als Arbeitgeber.
E) Pflegeversicherungsbeiträge müssen nur kinderlose Arbeitnehmer bezahlen.

2. Welche beiden Aussagen sind richtig?

A) Die Beitragsbemessungsgrenze liegt immer konstant bei 3 867,50 €.
B) Im Generationenvertrag wird festgelegt, dass alle Renten auf einem „Konto der Gesellschaft" angespart werden.
C) Das Sozialversicherungssystem in Deutschland orientiert sich am Solidaritätsprinzip.
D) Versicherungsträger der Pflegeversicherung sind Pflegekassen, die bei den Krankenkassen eingerichtet sind.
E) Die Versicherungspflichtgrenze legt die Höhe der Beiträge zur Unfallversicherung fest.
F) Arbeitnehmer der gesetzlichen Krankenversicherung bezahlen immer niedrigere Beiträge als ihr Arbeitgeber.

3. Eine kinderlose 28-jährige MFA verdient 2 056,10 € brutto. Der Pflegeversicherungsbeitrag von Arbeitnehmer und Arbeitgeber beträgt zusammen 2,55 %. Welche Aussage über den Pflegeversicherungsbeitrag der MFA ist richtig?

A) Die MFA zahlt 24,16 €.
B) Die MFA zahlt 48,32 €.
C) Die MFA zahlt 26,22 €.
D) Die MFA zahlt 53,46 €.
E) Die MFA zahlt 31,36 €.

4. Welche Aussage ist falsch? Leistungen der gesetzlichen Krankenversicherung sind ...

A) Krankenpflege.
B) Unfallverhütung.
C) Mutterschaftshilfe.
D) Familienhilfe.
E) Krankengeld.

5. Welche beiden Aussagen sind richtig? Zu den Leistungen der gesetzlichen Unfallversicherung gehören ...

A) Vorsorgeuntersuchungen.
B) Verletztengeld.
C) Berufshilfe.
D) Zahnersatz.
E) Krebsfrüherkennung.
F) Krankengeld.

6. Welche Aussage zur Pflegeversicherung ist richtig?

A) Pflegebedürftigkeit wird in drei Grade eingeteilt.
B) Pflegegeld wird nur bei vollstationärer Pflege bezahlt.
C) Die Höhe des zu erwartenden Pflegegeldes richtet sich danach, in welchen Pflegegrad der Pflegende eingeteilt wird.
D) Leistungen für einen ambulanten Pflegedienst werden von der Krankenversicherung bezahlt.
E) Angehörige erhalten Krankengeld bei Pflege eines Familienmitglieds.

7. Welche Aussage zur Rentenversicherung ist richtig?

A) Träger der Rentenversicherung ist die BfA.
B) Eine Altersrente wird in der Regel ab dem 69. Lebensjahr bezahlt.
C) Erwerbsminderungsrenten werden den Witwen bezahlt.
D) Will ein Arbeitnehmer mit 63 Jahren in Rente gehen, so muss er mit Abschlägen bei der Rentenzahlung rechnen.
E) Bei der Rentenzahlung gilt eine Wartezeit von 80 Monaten.

8. Welche Aussagekombination zu verschiedenen Versicherungsleistungen ist richtig?

1 Ein Koch schneidet sich bei der Arbeit in die Hand. Die Wunde muss im Krankenhaus genäht werden, die Krankenversicherung bezahlt die Kosten.
2 Eine MFA erhielt von Dr. Lang eine Kündigung. Nun erhält sie Arbeitslosengeld.
3 Ein Schreiner sägt sich beim Baumschnitt zu Hause in die Hand. Die Kosten des Unfalls werden von der Unfallversicherung bezahlt.
4 Ein 65-Jähriger erlitt an seinem letzten Arbeitstag einen Schlaganfall und muss im Pflegeheim versorgt werden. Dafür kommt die Rentenversicherung auf.
5 Eine MFA bricht sich beim Skifahren das Bein, die Behandlungskosten bezahlt die gesetzliche Krankenversicherung.

A) Alle Aussagen sind richtig.
B) Nur die Aussagen 2, 4 und 5 sind richtig.
C) Nur die Aussagen 1, 3 und 5 sind richtig.
D) Nur die Aussagen 2 und 5 sind richtig.
E) Nur die Aussagen 3 und 5 sind richtig.

1. B	2. C, D	3. E
4. B	5. B, C	6. C
7. D	8. D	

9. Eine MFA verdient 1 854,30 €. Der Beitrag für die Krankenversicherung beträgt gesamt 14,6 %. Der Zusatzbeitrag beträgt 0,9 %. Welche Aussage ist richtig?

A) Die MFA zahlt 287,42 €.
B) Die MFA zahlt 143,71 €.
C) Die MFA zahlt 304,10 €.
D) Die MFA zahlt 135,36 €.
E) Die MFA zahlt 145,89 €.

10. Welche Aussagekombination ist richtig?

1 Arbeitnehmer, deren Einkommen über der Versicherungspflichtgrenze liegt, können in einer privaten Krankenversicherung versichert werden.
2 Familienangehörige sind in der privaten Krankenversicherung beitragsfrei mitversichert.
3 Der Beitrag in der privaten Krankenversicherung ist vom Einkommen unabhängig.
4 Die Abrechnung der privat versicherten Patienten erfolgt über die Landesärztekammer.
5 Ärztliche Leistungen an privat versicherten Patienten werden nicht budgetiert.

A) Alle Aussagen sind richtig.
B) Nur die Aussagen 2, 4 und 5 sind richtig.
C) Nur die Aussagen 1, 3 und 5 sind richtig.
D) Nur die Aussagen 2 und 5 sind richtig.
E) Nur die Aussagen 3 und 5 sind richtig.

11. Welche Aussagekombination ist richtig?

1 Die Berufsgenossenschaften sind die Träger der Arbeitslosenversicherung.
2 Um Arbeitslosengeld zu erhalten, muss man in den letzten drei Jahren mindestens 360 Tage Beiträge in die Arbeitslosenversicherung bezahlt haben.
3 Die Beiträge zur Arbeitslosenversicherung tragen der Arbeitnehmer zu 75 % und der Arbeitgeber zu 25 %.
4 Arbeitslose mit Kindern erhalten ein Arbeitslosengeld von 67 % des letzten Nettogehalts.
5 Das Arbeitslosengeld II ist eine Versicherungsleistung der Arbeitslosenversicherung.

A) Alle Aussagen sind richtig.
B) Nur die Aussagen 1 und 2 sind richtig.
C) Nur die Aussagen 1, 2 und 5 sind richtig.
D) Nur die Aussagen 2, 4 und 5 sind richtig.
E) Nur die Aussagen 2 und 4 sind richtig.

12. Tragen Sie bei der Versicherung eine 1 ein, wenn es sich um eine Sozialversicherung, und eine 2, wenn es sich um eine Individualversicherung handelt.

A) gesetzliche Unfallversicherung
B) Rechtsschutzversicherung
C) Fahrradversicherung
D) private Pflegeversicherung
E) Berufshaftpflichtversicherung

13. Welche Zuordnung ist richtig?

A	Eine Frau bringt ein Kind zur Welt.	→	Krankenversicherung
B	Ein Mann nimmt eine Kur in Anspruch.	→	Pflegeversicherung
C	Eine Frau hat einen Unfall auf dem Weg zur Arbeit.	→	Arbeitslosenversicherung
D	Ein Waise erhält Rente.	→	Unfallversicherung
E	Eine Frau macht eine Umschulung.	→	Rentenversicherung

14. Ordnen Sie die entsprechenden Versicherungsleistungen den Individualversicherungen zu.

A	Lebensversicherung	1	Unfallschaden am Auto
B	Kfz-Vollkaskoversicherung	2	Beim Fußballspielen wird eine Scheibe eingeworfen.
C	Haftpflichtversicherung	3	Geldleistung im Alter
D	Hausratversicherung	4	Scheibe wird durch Unwetter zerstört

A) A3, B4, C1, D2
B) A3, B1, C2, D4
C) A1, B4, C2, D3
D) A1, B3, C2, D1
E) A2, B4, C1, D3

15. Welche Aussage ist richtig? Individualversicherungen ...

A) decken berufliche Risiken ab.
B) bieten für jeden Versicherten die gleichen Leistungen.
C) zahlen Arbeitgeber und Arbeitnehmer.
D) sind freiwillig.
E) werden von Ersatzkassen angeboten.

16. Welche Aussage ist falsch? Die gesetzlichen Unfallversicherungen ...

A) werden nur von den Arbeitgebern finanziert.
B) bezahlen bei Berufskrankheiten.
C) erheben unterschiedlich hohe Beiträge je nach Berufsgruppe.
D) werden von den Berufsgenossenschaften getragen.
E) tragen keine Kosten für ärztliche Behandlung nach Unfällen von Schülern im Sportunterricht.

9. B	10. C	11. E
12. A1, B2, C2, D2, E2	13. A	14. B
15. D	16. E	

9 Einzelarbeitsvertrag und Arbeitsrecht

Wie und zwischen wem kommt ein Arbeitsvertrag zu Stande?

Er kommt durch zwei übereinstimmende Willenserklärungen zwischen Arbeitnehmer und Arbeitgeber zu Stande.

Erklären Sie, wodurch ein Arbeitsvertrag abgeschlossen werden kann und welche Bedeutung in diesem Zusammenhang das Nachweisgesetz hat.

Ein Arbeitsvertrag kann mündlich, auch durch Handschlag abgeschlossen werden. Zur Absicherung sollte laut Nachweisgesetz spätestens einen Monat nach Arbeitsbeginn ein schriftlicher Vertrag mit folgenden Inhalten unterschrieben werden:
- Name und Anschrift der Vertragspartner
- Beginn des Arbeitsverhältnisses, bei Befristung Ende des Arbeitsverhältnisses
- Arbeitsstelle/-ort
- Arbeitsbeschreibung
- Vergütung
- Arbeitszeit
- Urlaubsregelung
- Kündigungsfristen
- Hinweis auf Tarifvereinbarungen

Nennen Sie die Pflichten des Arbeitnehmers und die des Arbeitgebers.

Pflichten des Arbeitnehmers	Pflichten des Arbeitgebers
Arbeitspflicht	Beschäftigungspflicht
Gehorsamspflicht	Vergütungspflicht
Sorgfaltspflicht	Fürsorgepflicht
Treuepflicht	Zeugnispflicht
Verschwiegenheitspflicht	

Nennen Sie die Instanzen zur Arbeitsgerichtsbarkeit.

1. Instanz	Arbeitsgericht (Kammern bzw. Fachkammern)
2. Instanz	Landesarbeitsgerichte (Kammern)
3. Instanz	Bundesarbeitsgerichte (Senate)

Auf welche Arten kann ein Arbeitsverhältnis beendet werden?

- Zeitablauf beim befristeten Arbeitsvertrag
- Aufhebungsvertrag
- Kündigung
- Tod eines Vertragspartners
- Erreichen des Rentenalters

Wie lange und aus welchen Gründen kann ein Arbeitsvertrag befristet werden?

Die Gesamtlaufzeit eines befristeten Arbeitsvertrags beträgt zwei Jahre.
Eine Befristung ist aus folgenden Gründen möglich:
- Vertretung eines anderen Arbeitnehmers
- Befristung zur Erprobung
- Vertretung während der Elternzeit
- Bedarf der Arbeit besteht nur vorübergehend

Nennen Sie die Unterschiede zwischen einer ordentlichen und einer außerordentlichen Kündigung.

Bei einer ordentlichen Kündigung endet das Arbeitsverhältnis nach Ablauf einer Kündigungsfrist (laut Gesetz vier Wochen zum 15. eines Monats oder zum Monatsende).
Eine außerordentliche Kündigung kann bei Vorliegen eines wichtigen Grundes fristlos erfolgen.

Wann gelten für wen verlängerte Kündigungsfristen? Geben Sie außerdem an, welche Arbeitnehmer durch das Kündigungsschutzgesetz geschützt sind.

Sie gelten, wenn ein Arbeitgeber einem langjährig beschäftigten Arbeitnehmer kündigt.
Arbeitnehmer, die einem Betrieb mit mehr als zehn Mitarbeitern länger als sechs Monate angehören, werden mit dem Kündigungsschutzgesetz gegen sozial ungerechtfertigte Kündigungen geschützt.

Dr. Ladenburger gibt nach dem erfolgreichen Vorstellungsgespräch der Bewerberin Natascha Grandy die Hand und sagt: „Ich freue mich, Sie als neue Mitarbeiterin begrüßen zu dürfen, und hoffe, dass Sie stets Ihre Treuepflicht einhalten." Ingrid Pahl arbeitet bereits seit neun Jahren in der Praxis von Dr. Ladenburger. Sie möchte kündigen, da sie ihren Mann begleitet, der beruflich von Mannheim nach Hannover wechselt.

1. Beurteilen Sie Dr. Ladenburgers Aussage über die Treuepflicht.

2. Welche Bedeutung hat eine Probezeit, wie sie für Natascha Grandy vereinbart wird?

3. Natascha Grandy beginnt am 01.09. ihre Arbeit bei Dr. Ladenburger. Über Silvester möchte sie zum Skifahren fünf Tage Urlaub nehmen. Erläutern Sie die Bestimmungen, die hierfür gelten.

4. Welche Kündigungsfrist gilt, wenn Ingrid Pahl bei Dr. Ladenburger kündigen und am 01.04. in Hannover eine neue Stelle antreten möchte?

5. Angenommen, der Arzt würde Ingrid Pahl zum 31.03. kündigen: Wann wäre für ihn der letztmögliche Kündigungstermin? Welche verlängerten Kündigungsfristen sind nach Gesetz vorgeschrieben?

1. Das Treuepflicht bedeutet, dass der Arbeitnehmer nur bei dem Arbeitgeber arbeitet und nicht z. B. noch einer anderen Tätigkeit oder Schwarzarbeit nachgeht.
2. Sie dient dazu, um einander besser kennenzulernen, und dauert einen bis drei Monate, höchstens sechs Monate. Während der Probezeit können beide Vertragspartner das Arbeitsverhältnis mit einer Frist von 14 Tagen kündigen.
3. Laut Bundesurlaubsgesetz besteht bei neu abgeschlossenen Arbeitsverhältnissen eine Urlaubssperre von sechs Monaten, d. h., Dr. Ladenburger muss den Urlaub nicht genehmigen.
4. Es ist eine Kündigungsfrist von vier Wochen zum Monatsende einzuhalten, d. h., der letztmögliche Kündigungstermin ist der 03.03.
5. Da Ingrid Pahl bereits seit neun Jahren in der Praxis arbeitet, gilt für den Arbeitgeber eine verlängerte Kündigungsfrist von drei Monaten zum Monatsende, d. h., Dr. Ladenburger müsste am 31.12. kündigen. Verlängerte Kündigungsfristen: Bei Praxiszugehörigkeit von 2, 5, 8, 10, 12, 15 oder 20 Jahren besteht eine Kündigungsfrist von 1, 2, 3, 4, 5, 6 oder 7 Monaten für den Arbeitgeber.

**1. Welche Aussage ist richtig?
Eine Pflicht des Arbeitgebers aus dem Arbeitsvertrag ist z. B. die ...**

A) Arbeitspflicht.
B) Fürsorgepflicht.
C) Treuepflicht.
D) Gehorsamspflicht.
E) Sorgfaltspflicht.

2. Welche Aussage ist richtig?

A) Ein mündlich abgeschlossener Arbeitsvertrag muss nach drei Monaten schriftlich fixiert und unterschrieben werden.
B) Befristete Arbeitsverträge können für fünf Jahre angelegt werden.
C) Die Dauer des Jahresurlaubs muss im Arbeitsvertrag nicht aufgelistet werden, weil sie gesetzlich geregelt ist.
D) Eine im Arbeitsvertrag beschriebene Tarifbindungsklausel weist auf Regelungen in den geltenden Tarifverträgen hin.
E) Der Arbeitsort muss nicht im Arbeitsvertrag genannt werden, denn er geht aus dem Praxissitz hervor.

3. Welche beiden Aussagen sind richtig?

A) Wird eine MFA zur Vertretung einer anderen MFA eingestellt, kann ein befristeter Arbeitsvertrag abgeschlossen werden.
B) Der Arbeitnehmer muss Praxisgeheimnisse wahren.
C) Die Zeugnispflicht ist eine Pflicht des Arbeitnehmers.
D) Unbefristete Arbeitsverträge werden ausgestellt, wenn eine Praxis nur vorübergehenden Bedarf an einer MFA hat.
E) Das Mutterschutzgesetz muss im Arbeitsvertrag nicht berücksichtigt werden.
F) Arbeitet eine MFA noch in einer anderen Praxis, so hat sie die Weisungspflicht verletzt.

4. Welche Aussage ist falsch? Ein Arbeitsverhältnis kann beendet werden durch ...

A) eine Kündigung.
B) Krankheit.
C) einen Aufhebungsvertrag.
D) Tod eines Vertragspartners.
E) Erreichen der Altersgrenze.

5. Welche Aussage zu Probezeit ist richtig?

A) Sie dauert vier Monate.
B) Beide Seiten können sofort kündigen.
C) Sie dauert ein bis drei Monate.
D) Sie gilt auch dann, wenn eine MFA nach der Ausbildung übernommen wird.
E) Sie kann bei Krankheit auf neun Monate verlängert werden.

**6. Welche Aussage ist richtig?
Inhalte eines Arbeitsvertrags sind:**

A) Familienstand
B) Arbeitszeit
C) maximale Anzahl an Krankheitstagen
D) Liste der Arbeitnehmerpflichten
E) Beschreibung der Ziele der Praxis

7. Welche Aussagekombination ist richtig?

1 Will ein Arbeitnehmer, der schon sehr lange in einem Betrieb ist, kündigen, so hat er verlängerte Kündigungsfristen.
2 Bei einer ordentlichen Kündigung beträgt die Kündigungsfrist vier Wochen zum Monatsende oder zum 15. eines Monats.
3 Eine fristlose Kündigung kann bei Bruch der Schweigepflicht ausgesprochen werden.
4 Eine Kündigung ist ein zweiseitiges Rechtsgeschäft.
5 Bei einer fristlosen Kündigung darf der Kündigungsgrund nicht länger als zwei Wochen zurückliegen.

A) Alle Aussagen sind richtig.
B) Nur die Aussagen 2, 3 und 5 sind richtig.
C) Nur die Aussagen 2 und 3 sind richtig.
D) Nur die Aussagen 2 und 4 sind richtig.
E) Nur die Aussagen 4 und 5 sind richtig.

8. Welche Aussage ist richtig?

A) In einem einfachen Zeugnis wird das Sozialverhalten der Person beschrieben.
B) Der Arbeitgeber muss nur bei fristlosen Kündigungen ein Zeugnis erstellen.
C) Ein qualifiziertes Zeugnis enthält die Beschreibung der Praxis.
D) Ein Zeugnis muss wohlwollend formuliert sein.
E) Gibt man in einem Arbeitszeugnis eine Note, so entspricht diese immer dem Schulzeugnis.

9. Welche Aussage ist falsch? Der besondere Kündigungsschutz ist gültig für ...

A) Auszubildende.
B) werdende Mütter.
C) Schwerbehinderte.
D) Betriebsratsmitglieder.
E) verheiratete Arbeitnehmer.

1. B	2. D
3. A, B	4. B
5. C	6. B
7. B	8. D
9. E	

10. Welche beiden Aussagen sind richtig?

A) Voraussetzung für den allgemeinen Kündigungsschutz ist das Beschäftigen von zwölf Arbeitnehmern in einem Betrieb.
B) Das Kündigungsschutzgesetz schützt alle Arbeitnehmer, die dem Betrieb länger als vier Monate angehören.
C) Ein Arbeitgeber darf einem Arbeitnehmer nur aus betrieblichen und persönlichen Gründen kündigen, oder wenn dieser durch sein Verhalten einen Grund dazu gibt.
D) Aus betrieblichen Erfordernissen sind selten Kündigungen notwendig.
E) Ein Arbeitnehmer kann nach einer erfolgten Kündigung beim Arbeitsgericht Kündigungsschutzklage erheben.
F) Eine Abmahnung muss vor einer Kündigung nie erfolgen.

11. Welche Aussagekombination ist richtig?

1 Ein arbeitsgerichtliches Verfahren besteht aus vier Instanzen.
2 Bei einer Güteverhandlung versucht ein Richter, eine Einigung zwischen den beiden Parteien außergerichtlich zu erreichen.
3 Häufige Streitfragen vor dem Arbeitsgericht sind Urlaub und Arbeitszeit.
4 In der ersten Instanz des Arbeitsgerichts verhandeln ein hauptberuflicher und zwei ehrenamtliche Richter.
5 Bei arbeitsgerichtlichen Prozessen herrscht ein Anwaltszwang.

A) Alle Aussagen sind richtig.
B) Nur die Aussagen 1 und 2 sind richtig.
C) Nur die Aussagen 1, 2 und 5 sind richtig.
D) Nur die Aussagen 1, 3 und 4 sind richtig.
E) Nur die Aussagen 2 und 4 sind richtig.

12. Ordnen Sie zu.

A	Berufung	1	Einigung zwischen gegnerischen Parteien
B	Vergleich	2	neue Verhandlung nach Widerspruch gegen ein Urteil
C	Revision	3	Person, der eine Schuld zugewiesen wird
D	Beklagter	4	Überprüfung eines Urteils des Landesarbeitsgerichts

A) A3, B4, C1, D2
B) A2, B1, C4, D3
C) A1, B4, C2, D3
D) A4, B2, C3, D1
E) A2, B4, C1, D3

13. Welche Aussage zu den Inhalten des Mantel- und Gehaltstarifvertrags einer MFA ist richtig?

A) Die Urlaubsdauer beträgt 30 Arbeitstage.
B) Der Arbeitgeber soll mindestens vier Berufskittel pro Jahr zur Verfügung stellen.
C) Die regelmäßige wöchentliche Arbeitszeit beträgt 39,5 Stunden.
D) Das 13. Monatsgehalt soll in Höhe des letzten vollen Monatsgehaltes am 01.12. ausbezahlt werden.
E) Zur Teilnahme an Fortbildungen können bis zu fünf Arbeitstage Sonderurlaub pro Jahr gewährt werden.

14. Ordnen Sie die Kündigungsfristen des Arbeitgebers zu.

A	MFA arbeitet seit sechs Jahren in der Praxis.	1	unkündbar
B	MFA arbeitet seit elf Jahren in der Praxis.	2	1 Monat
C	Auszubildende nach der Probezeit	3	2 Monate
D	MFA arbeitet seit drei Jahren in der Praxis.	4	4 Monate

A) A3, B4, C1, D2
B) A2, B1, C4, D3
C) A1, B4, C2, D3
D) A4, B2, C3, D1
E) A2, B4, C1, D3

15. Welche Zuordnung zu den Formulierungen im Arbeitszeugnis ist richtig?

A ... zeigt weit überdurchschnittliche Arbeitsqualität. → überdurchschnittlich
B ... hat die übertragenen Arbeiten stets zu unserer vollen Zufriedenheit erledigt. → hervorragend
C ... ist im Allgemeinen hilfsbereit. → unterdurchschnittlich
D ... beherrscht seinen Arbeitsbereich umfassend und überdurchschnittlich. → gut
E ... arbeitet im Allgemeinen sorgfältig und genau. → gut

10. C, E	11. E
12. B	13. D
14. A	15. C

10 Steuern und Entgeltabrechnung

Was sind öffentliche Aufgaben und wie werden sie finanziert?

Öffentliche Aufgaben
- des Bundes: soziale Sicherung, Verteidigung, Verkehrswesen
- der Länder: Bildung, Polizei, Justiz
- der Gemeinden: Schulen, Krankenhäuser, Müllabfuhr, Wasserversorgung

Finanzierung dieser Aufgaben durch Staatseinnahmen, z. B. Steuern, Gebühren, Sonderabgaben

Welcher Unterschied besteht zwischen direkten und indirekten Steuern?

- Direkte Steuern: Der Bürger zahlt die Steuer direkt an eine staatliche Stelle, z. B. seine Kfz-Steuer.
- Indirekte Steuern: Die Steuerlast fällt auf den Endverbraucher, d. h., ein Unternehmer, der die Steuer abführen muss, gibt sie an den Verbraucher weiter, der die Steuer beim Kauf eines Produktes bezahlt, z. B. Mehrwertsteuer oder Mineralölsteuer.

Geben Sie die Einteilung von Steuern nach den Steuergegenständen an und nennen Sie verschiedene Beispiele.

Verkehrssteuern	Mehrwertsteuer Grunderwerbsteuer Kfz-Steuer
Verbrauchssteuern	Tabaksteuer Kaffeesteuer Mineralölsteuer
Besitzsteuern	Grundsteuer Hundesteuer Lohnsteuer

Was versteht man unter der Lohnsteuer?

Lohnsteuer ist eine Form der Einkommensteuer, die von Arbeitnehmern bei nicht selbstständiger Arbeit erhoben wird. Sie wird vom Arbeitgeber direkt an das Finanzamt abgeführt.

Welche Einkünfte werden nach dem Einkommensteuergesetz besteuert?

Einkommen aus:
- Land- und Forstwirtschaft
- Gewerbebetrieb
- selbstständiger Arbeit
- nicht selbstständiger Arbeit
- Kapitalvermögen
- Vermietung und Verpachtung
- sonstige Einkünfte

Nennen Sie die deutschen Steuerklassen und geben Sie an, für wen welche Klasse gilt.

Steuerklasse I	ledige, geschiedene, verwitwete oder dauernd getrennt lebende Arbeitnehmer
Steuerklasse II	alleinstehende Arbeitnehmer mit mindestens einem Kind
Steuerklasse III	verheiratete Arbeitnehmer, deren Ehegatte keinen Lohn bezieht oder in Steuerklasse V ist
Steuerklasse IV	verheiratete Arbeitnehmer, wenn beide Ehegatten Lohn beziehen
Steuerklasse V	verheiratete Arbeitnehmer, wenn beide Lohn beziehen und ein Ehegatte in Steuerklasse III ist
Steuerklasse VI	Arbeitnehmer, der Lohn von mehreren Arbeitgebern bezieht

Wodurch wird der Brutto- zum Nettolohn?

Der Nettolohn entsteht nach Abzug aller gesetzlichen Abzüge, z. B. Lohn- und Kirchensteuer, Solidaritätszuschlag und Sozialversicherungsbeiträgen.

Was sind Lohnnebenkosten?

Kosten des Arbeitgebers, die er für einen Arbeitnehmer zusätzlich bezahlen muss, wie z. B. den Arbeitgeberanteil zur Sozialversicherung, Lohnzahlungen im Urlaub oder an Feiertagen, Lohnfortzahlungen bei Krankheit, Sonderzahlungen, betriebliche Altersversorgung.

Natascha Grandy, 25 Jahre, ledig und ohne Kinder, hat von Dr. Ladenburger ihren ersten Lohn bekommen: ein Bruttogehalt von 2 400 € und Urlaubsgeld in Höhe von 100 €. Natascha spart monatlich 40 € vermögenswirksam, wovon Dr. Ladenburger 25 € übernimmt. Die monatlich zu zahlende Lohnsteuer beträgt 290,50 €, daneben muss Natascha Kirchensteuer (8 % der Lohnsteuer) sowie den Solidaritätszuschlag (5,5 % der Lohnsteuer) zahlen. Außerdem werden die AN-Anteile für ihre Krankenversicherung (8,2 %), Pflegeversicherung (1,525 %), Rentenversicherung (9,35 %) und Arbeitslosenversicherung (1,5 %) abgezogen.

1. **Berechnen Sie das Nettogehalt und den Auszahlungsbetrag von Natascha Grandy.**

2. **Wie wird das zu versteuernde Einkommen bei Arbeitnehmern ermittelt?**

3. **Wer muss eine Einkommensteuererklärung abgeben?**

4. **Beschreiben Sie verschiedene Lohnformen.**

1. Bruttogehalt: 2 400 € + Urlaubsgeld 100 € + VWL AG 25 € = Gesamtbrutto 2 525 € - Lohnsteuer 290,50 € - Kirchensteuer 23,24 € - Solizuschlag 15,98 € - KV 207,05 € - PV 38,51 € - RV 236,09 € - AV 37,88 € = netto 1675,75 € - VWL 40 € = Auszahlungsbetrag 1635,75 €
2. Jahresbruttoverdienst abzgl. Werbungskosten, Sonderausgaben, außergewöhnliche Belastungen und Freibeträge = zu versteuerndes Einkommen
3. Unternehmer, die Einkünfte erzielen, sowie Arbeitnehmer, die Nebeneinkünfte haben, oder zusammen veranlagte Ehegatten
4. Zeitlohn: Lohn wird leistungsunabhängig aus den Arbeitsstunden und dem Stundenlohn berechnet. Leistungslohn: a) Akkordlohn: Arbeitnehmer erhält für eine festgelegte Leistung eine bestimmte Geldmenge. b) Prämienlohn: Zum Grundlohn wird für bestimmte Leistungen eine Prämie gezahlt. c) Beteiligungslohn: Zuschlag durch Kapital-/Gewinnbeteiligung am Erfolg des Unternehmens

Prüfungsfall Masern: S. 373

1. Welche Aussage ist richtig? Staatliche Steuereinnahmen werden verwendet zur Finanzierung von ...

A) Kirchenrenovierungen.
B) Fußballvereinen.
C) Krankenhäusern.
D) Produktionsbetrieben.
E) Individualversicherungen.

2. Welche beiden Aussagen sind richtig?

A) Bei der Mehrwertsteuer handelt es sich um eine direkte Steuer.
B) Kirchensteuern werden für Aufgaben des Bundes verwendet.
C) Die Mineralölsteuer ist eine indirekte Steuer.
D) Bei der Tabaksteuer handelt es sich um eine Besitzsteuer.
E) Eine Besteuerung ist notwendig zur Beeinflussung der Konjunktur.
F) Die Kfz-Steuer ist eine Verbrauchsteuer.

3. Welche Aussage ist richtig? Voll zu versteuern sind ...

A) Überstundenzuschläge.
B) Reisekostenerstattungen.
C) Lottogewinne.
D) Trinkgelder.
E) Arbeitnehmersparzulagen.

4. Welche Aussage ist richtig?

A) In der Nullzone des Steuertarifs müssen nur minimale Steuern bezahlt werden.
B) In der unteren Progressionszone des Steuertarifs werden Einkommen mit einem Steuersatz von 15 bis 35 % besteuert.
C) In der oberen Proportionalzone steigt der Steuersatz kontinuierlich an.
D) Die zweite Proportionalzone wird als Armensteuer bezeichnet.
E) In der oberen Progressionszone steigt der Steuersatz linear bis auf 42 % an.

5. Welche Aussage ist richtig?

A) Das Formular für eine Einkommensteuererklärung besteht aus einem Kittel- und mehreren Anlagebögen.
B) Jeder, der einen Arbeitslohn bezieht, muss eine Einkommensteuererklärung abgeben.
C) Die Anlage N steht für Einkünfte aus nicht selbstständiger Arbeit.
D) Bei Einkommen in unterschiedlicher Höhe braucht man keine Einkommensteuererklärung zu machen.
E) Beim zu versteuernden Einkommen werden Werbungskosten zum Jahresbruttolohn addiert.

6. Welche Aussage ist falsch? Einkünfte werden ermittelt aus ...

A) Land- und Forstwirtschaft.
B) nicht selbstständiger Arbeit.
C) Vermietung und Verpachtung.
D) Kapitalvermögen.
E) Schenkungen.

7. Welche Aussagekombination ist richtig?

1 Sonderausgaben sind private Ausgaben, an denen der Staat ein Interesse hat und die er deshalb steuerlich begünstigt.
2 Außergewöhnliche Belastungen hat jeder Steuerpflichtige.
3 Werbungskosten sind Ausgaben, die man zur Sicherung der Berufsausübung aufbringen muss.
4 Für die Sonderausgaben gibt es einen Arbeitnehmer-Pauschbetrag.
5 Eltern kann ein Kinderfreibetrag eingeräumt werden.

A) Alle Aussagen sind richtig.
B) Nur die Aussagen 2, 4 und 5 sind richtig.
C) Nur die Aussagen 1, 3 und 5 sind richtig.
D) Nur die Aussagen 2 und 4 sind richtig.
E) Nur die Aussagen 3 und 5 sind richtig.

8. Welche Aussagekombination ist richtig?

1 Beim Bruttogehalt handelt es sich um das Gehalt, bei dem alle gesetzlichen Abzüge abgezogen sind.
2 Der Auszahlungsbetrag kann durch Abzug einer Lohnpfändung sehr niedrig sein.
3 In der Lohnabrechnung muss nur der Auszahlungsbetrag klar ersichtlich sein, die gesetzlichen Abzüge werden auf der Lohnsteuerbescheinigung festgehalten.
4 Unter Lohnzusatz- oder Lohnnebenkosten versteht man die Kosten, die der Arbeitgeber zusätzlich für den Arbeitnehmer bezahlt.
5 Der Arbeitgeber wendet für den Arbeitnehmer mehr auf, als der Bruttolohn beträgt.

A) Alle Aussagen sind richtig.
B) Nur die Aussagen 2, 4 und 5 sind richtig.
C) Nur die Aussagen 1, 3 und 4 sind richtig.
D) Nur die Aussagen 3 und 4 sind richtig.
E) Nur die Aussagen 4 und 5 sind richtig.

1. C	2. C, E
3. A	4. E
5. C	6. E
7. C	8. B

9. Welche beiden Aussagen sind richtig? Zu den gesetzlichen Gehaltsabzügen eines Arbeitnehmers gehören …

A) die Vollkaskoversicherung.
B) der Solidaritätszuschlag.
C) die Kfz-Steuer.
D) die Unfallversicherung.
E) die Krankenversicherung.
F) die Abgeltungsteuer.

10. Welche Aussage zum Zeitlohn ist richtig?

A) Arbeitnehmer sind oft körperlich überfordert und leiden unter Dauerstress.
B) Dadurch, dass eine höhere Arbeitsleistung keinen höheren Lohn zur Folge hat, ist der Leistungsanreiz oft geringer.
C) Es kommt sehr oft zu Arbeitsunfällen.
D) Leistungsfreudige Arbeitnehmer leisten immer noch mehr und sind sehr zufrieden.
E) Die Arbeitnehmer stehen sehr häufig unter Zeitdruck.

11. Welche Aussagekombination ist richtig?

1 Beim Akkordlohn hat eine höhere Arbeitsleistung einen höheren Lohn zur Folge, wodurch die Arbeitnehmer ihre Leistung steigern.
2 Die Entlohnung beim Akkordlohn ist nicht leistungsgerecht.
3 Die Qualität der Produkte, die im Akkord gefertigt werden, kann abnehmen.
4 Da viele Arbeitnehmer bei der Akkordarbeit Höchstleistungen vollbringen, kommt es oft zu gesundheitlichen Schäden.
5 Akkordarbeiter müssen ständig kontrolliert werden.

A) Alle Aussagen sind richtig.
B) Nur die Aussagen 1 und 2 sind richtig.
C) Nur die Aussagen 1, 3 und 4 sind richtig.
D) Nur die Aussagen 2, 3 und 5 sind richtig.
E) Nur die Aussagen 2 und 3 sind richtig.

12. Welche Zuordnung der Steuerklassen zu den genannten MFAs ist richtig?

A MFA Pia Freund, ledig → Steuerklasse II
B MFA Larissa Diemer, verheiratet mit einem Professor → Steuerklasse V
C MFA Olga Becker, verheiratet mit einem Kellner → Steuerklasse III
D MFA Dilara Yildirim, alleinerziehend → Steuerklasse I
E MFA Tina May, verheiratet mit einem Vollzeit-Studenten → Steuerklasse VI

13. Ordnen Sie zu.

A	Brillenrechnung	1	Werbungskosten
B	Kosten eines Erholungsurlaubs	2	Sonderausgaben
C	Mitgliedsbeitrag für den VmF	3	außergewöhnliche Belastung
D	Haftpflichtversicherung	4	nicht absetzbar

A) A3, B4, C1, D2
B) A3, B4, C2, D1
C) A1, B4, C2, D3
D) A1, B3, C2, D1
E) A2, B4, C1, D3

14. Welche Aussage ist richtig? Zu den Lohnzusatzkosten gehört:

A) Riester-Rente
B) Zahnzusatzversicherung
C) private Unfallversicherung
D) Elterngeld
E) Fahrgeld

15. Welche Zuordnung über Nominal- und Reallohnveränderungen ist falsch?

A Preissteigerung um 5 %, Nominallohnsteigerung um 6 % → Reallohnsteigerung um 1 %
B Preissteigerung um 4,5 %, Nominallohnsteigerung um 3,5 % → Reallohnsenkung um 1 %
C Preissteigerung um 4 %, unveränderter Nominallohn → Reallohnsenkung um 4 %
D Preissenkung um 1 %, unveränderter Nominallohn → Reallohnsenkung um 1 %
E unveränderte Preise, Nominallohnsteigerung um 3 % → Reallohnsteigerung um 3 %

16. Welche Aussage ist richtig? Die Lohnsteuer ist …

A) bei allen Arbeitnehmern gleich hoch.
B) eine besondere Erhebung der Einkommensteuer bei Arbeitnehmern.
C) eine indirekte Steuer.
D) eine Gemeindesteuer.
E) eine Verbrauchsteuer.

9. B, E	10. B
11. C	12. B
13. A	14. E
15. D	16. B

11 Sparen und Kredit

Von welchen Kriterien ist die Anlageform beim Sparen abhängig?

- Ertrag (Rendite)
- Sicherheit (Risiko, Rückzahlung)
- Verfügbarkeit (Liquidität)

Nennen und erläutern Sie die Sparformen.

Sparbuch	sichere Anlageform, außer bei Verlust des Buchs, wenig Rentabilität, Kündigungsfrist von drei Monaten bei Abhebungen über 2 000 €
Sparbrief	sichere Anlageform, fester Zinssatz, der bei langfristiger Anlage steigt, verfügbar nach vereinbarter Laufzeit
Termingeldeinlage	sichere Anlageform, höhere Zinserträge bei längerer Laufzeit, Verfügbarkeit nach Ablauf
Bausparen	sichere Anlageform, staatliche Förderung, zinsgünstiges Darlehen möglich
Aktien	risikoreich, hohe Erträge, aber auch Verluste möglich, immer verfügbar
Investmentzertifikate	breite Streuung der Wertpapiere, geringeres Kursrisiko, immer verfügbar

Wofür kann gespart werden?

- Vorsorgesparen (Altersvorsorge)
- Zwecksparen (für größere Anschaffungen)
- Vermögensbildung

Erklären Sie, worum es sich bei der Abgeltungsteuer und bei einem Freistellungsauftrag handelt.

Sparzinsen können mit 25 % Abgeltungsteuer besteuert werden, wenn sie über einem festgelegten Pauschbetrag liegen. Um diesen Pauschbetrag auszunützen, muss man dem Kreditinstitut einen Freistellungsauftrag erteilen, damit keine Steuern von den Zinserträgen abgeführt werden.

Was sind vermögenswirksame Leistungen?

Geld, das ein Arbeitgeber einem Arbeitnehmer zusätzlich zum Lohn ausbezahlen kann. Der Arbeitnehmer muss diese vL bis zu sieben Jahre auf einem speziellen vermögenswirksamen Sparvertrag ansparen.

Erklären Sie, was ein Kredit bzw. ein Darlehen ist, und nennen Sie Kreditarten.

Bei einem Kredit bzw. Darlehen wird dem Kreditnehmer in einem bestimmten Zeitraum eine vereinbarte Menge Geld überlassen. Der Kreditnehmer muss das Geld und zusätzlich Zinsen zurückbezahlen. Kreditarten:
- Überziehungskredit (Dispositionskredit)
- Ratenkredit (Anschaffungsdarlehen)
- Hypothekendarlehen

Was sind Kreditsicherheiten und welche gibt es?

Kreditinstitute verlangen von Kreditnehmern Absicherungen, um sicherzustellen, dass das geliehene Geld auch wieder zurückbezahlt wird, z. B.:
- Bürgschaften
- Lohn- und Gehaltsabtretungen
- Sicherungsübereignung von beweglichen Gütern
- Verpfändung von Wertpapieren, Vermögenswerten
- Grundschuld oder Hypothek

Erläutern Sie den Begriff Effektivverzinsung.

Es handelt sich um den tatsächlich zu zahlenden Zins einschließlich aller Gebühren und sonstiger Kosten.

Welche Rolle hat die Schufa bei der Kreditvergabe?

Schutzgemeinschaft für allgemeine Kreditsicherung: Alle laufenden Kredite und die Zahlungswürdigkeit werden überwacht.

In der Mittagspause unterhalten sich die MFAs Natascha Grandy und Svenja Oppold über Geldgeschäfte. Svenja erzählt, dass sie von ihrer Großmutter 5 000 € geschenkt bekommen und angelegt hat. Der Bankberater hat ihr das Zuwachssparen empfohlen, bei dem sie von Jahr zu Jahr mehr Zinsen bekommt, im 1. Jahr 0,25 %, im 2. Jahr 0,50 %, im 3. Jahr 0,75 % und im 4. Jahr 1,00 %. Natascha dagegen befürchtet, einen Kredit aufnehmen zu müssen, da sie ein gutes Angebot für ein Auto hat und leider nicht so viel gespart hat. Zum Kauf des Autos fehlen noch 5 000 €, aber Natascha hat ein Kreditangebot mit einer Tilgung in 24 Monaten, 0,35 % Zinsen pro Monat und 2 % Bearbeitungsgebühr. Natascha stehen jeden Monat von ihrem Gehalt noch 480 € zur freien Verfügung.

1. Berechnen Sie, wie viel Geld Svenja Oppold am Ende der Sparvertragslaufzeit angespart hat.

2. Welche Vor- und Nachteile könnten bei anderen Sparformen für Svenja auftreten?

3. Was versteht man unter Kreditwürdigkeit?

4. Beurteilen Sie rechnerisch die Kreditwürdigkeit von Natascha.

5. Beschreiben Sie die für Natascha entsprechende Kreditart.

6. Was versteht man unter Kreditfähigkeit?

1. 1. Jahr: 12,50 € → 5 012,50 €, 2. Jahr: 25,06 € → 5 037,56 €, 3. Jahr:37,78 € → 5 075,34 €, 4. Jahr: 50,75 € → 5126,10 €
2. Svenja könnte das Geld auch in Aktien oder Aktienfonds anlegen, um höhere Gewinne zu erzielen, aber das Risiko des Verlusts ist dabei höher.
3. Unter Kreditwürdigkeit versteht man die Eigenschaft einer Person, ihre Verpflichtungen aus einem Kreditvertrag voraussichtlich erfüllen zu können.
4. Der Zins beträgt pro Monat 17,50 €, in 24 Monaten 420 €, und die Bearbeitungsgebühr 100 €. Bei dieser Gesamtsumme von 5 520 € ergibt sich verteilt auf 24 Monate eine monatliche Rate von 230 €. Nataschas Einkommen reicht zur Finanzierung des Kredits.
5. Es handelt sich um einen Ratenkredit oder Konsumenten-, Klein- oder Privatkredit. Die Kredithöhe liegt bei bis zu 50 000 €, die Laufzeit bei bis zu 72 Monaten, die Tilgung erfolgt in gleichen Monatsraten.
6. Der Kreditvertrag kann rechtsmäßig abgeschlossen werden, da volle Geschäftsfähigkeit besteht.

1. Welche Aussage ist richtig?

A) Unter der Liquidität versteht man die Sicherheit der Geldanlage.
B) Rentabilität gibt an, wie schnell das Geld verfügbar ist.
C) Beim Zwecksparen sorgt man für das Alter vor.
D) Die Riester-Rente ist eine Form des Vorsorgesparens.
E) Die Bildung von Vermögen kann durch Sparen nicht erreicht werden.

2. Welche Aussage ist richtig?

A) Wenn man sein Geld auf einem Sparbuch anspart, hat man sehr hohe Erträge.
B) Sparbriefe sind jederzeit verfügbar.
C) Vom Sparbuch können pro Monat maximal 2 000 € abgehoben werden, sonst muss man Vorschusszinsen bezahlen.
D) Investiert man in Aktien, ist das eine sehr sichere Geldanlage.
E) Hat man in Zertifikaten sein Geld angelegt, kann man während der Laufzeit kaum darauf zurückgreifen.

3. Welche beiden Aussagen sind richtig?

A) Beim Dispositionskredit ist der Zinssatz immer gleichbleibend niedrig.
B) Der Effektivzins ist der tatsächlich zu zahlende Zins.
C) Um ein Haus zu finanzieren, beantragt man ein Anschaffungsdarlehen bei der Bank.
D) Kredite zur Finanzierung eines Hauses laufen in der Regel bis zu fünf Jahre.
E) Beim Kredit handelt es sich um eine zeitlich begrenzte Überlassung von Geld.
F) Tilgung ist ein anderer Ausdruck für Zinszahlung.

4. Welche Aussagekombination ist richtig?

1 Durch Abschluss eines Bausparvertrags erwirbt der Sparer den Anspruch auf ein Bauspardarlehen.
2 Ein Bausparvertrag wird über zehn Jahre angespart und muss dann sofort ausbezahlt werden.
3 Der Bausparvertrag ist von Zinsschwankungen am Kapitalmarkt unabhängig, da von Anfang an ein fester Zins vereinbart wird.
4 Die Zinsen des Bauspardarlehens sind sehr hoch und unterliegen starken Schwankungen.
5 Der Staat fördert den Abschluss eines Bausparvertrags durch Zahlung einer Bausparprämie für Sparer mit niedrigem Einkommen.

A) Alle Aussagen sind richtig.
B) Nur die Aussagen 2, 4 und 5 sind richtig.
C) Nur die Aussagen 1, 3 und 5 sind richtig.
D) Nur die Aussagen 2 und 4 sind richtig.
E) Nur die Aussagen 4 und 5 sind richtig.

5. Welche Aussage zum Verbraucherdarlehensvertrag ist richtig?

A) Ein Rücktrittsrecht besteht jederzeit.
B) Der im Vertrag angegebene Zinssatz bezieht sich in der Regel auf einen Monat.
C) Die Darlehenshöhe kann während der Laufzeit verändert werden.
D) Das elterliche Einkommen stellt eine Kreditsicherheit dar.
E) Monatliche Tilgung verringert den Effektivzins.

6. Welche Zuordnung ist richtig?

A	Sparbuch	→	hohe Rendite möglich
B	Festgeld	→	Rendite je nach Laufzeit
C	Bausparen	→	jederzeit verfügbar
D	Aktienfonds	→	geringes Risiko
E	Versicherungssparen	→	hohes Risiko

7. Welche Aussage zur Riester-Förderung ist richtig?

A) Bei der Riester-Förderung handelt es sich um eine Kreditform.
B) Bemessungsgrundlage ist das Nettoeinkommen.
C) Die Förderung gibt es ab dem 50. Lebensjahr.
D) Der staatliche Zuschuss wird einmal gewährt.
E) Solange Kindergeld bezogen wird, erhält man noch eine Zulage.

8. Ordnen Sie zu.

A	Rendite	1	Rückzahlung
B	Schufa	2	Ertrag
C	Liquidität	3	Schutzgemeinschaft für allgemeine Kreditsicherung
D	Tilgung	4	Verfügbarkeit

A) A3, B4, C2, D1
B) A2, B3, C4, D1
C) A1, B4, C2, D3
D) A4, B2, C3, D1
E) A2, B4, C1, D3

9. Welche Aussage ist falsch? Vermögenswirksame Leistungen …

A) werden staatlich gefördert.
B) muss jeder Arbeitnehmer abschließen.
C) kann der Arbeitgeber mit bis zu 40 € monatlich unterstützen.
D) können auf einen Bausparvertrag laufen.
E) sind auch als Fondssparplan möglich.

1. D	2. C	3. B, E
4. C	5. B	6. B
7. E	8. B	9. B

Praktische Prüfung

Prüfungsfälle

1	Diabetes mellitus Typ 2	290
2	Gesundheitsuntersuchung	295
3	Herzinfarkt	300
4	Asthma bronchiale	305
5	Abszesseröffnung	309
6	Appendizitis	313
7	Gallenkolik	317
8	Schnittwunde	321
9	Bisswunde	326
10	Krebsfrüherkennung	330
11	Hepatitis	335
12	Thrombose	337
13	KHK/Hypertonie	339
14	Arthrose	341
15	Adipositas	343
16	Grippaler Infekt	347
17	Kopfplatzwunde	348
18	Diabetes mellitus Typ 1	350
19	COPD	352
20	Arthritis	354
21	Ulcus cruris	355
22	V.a. Gestationsdiabetes	357
23	Verbrennung	359
24	Zystitis (Harnwegsinfekt)	360
25	Akute Bronchitis	362
26	Apoplex	364
27	Verstauchung	366
28	Schwangerschaft	367
29	Jugendgesundheitsuntersuchung	369
30	Naevusexzision	371
31	Masern	373
32	Oberbauchbeschwerden	375

Prüfungsfall 1: Diabetes mellitus Typ 2

Praxisdaten: Herr Dr. med. Markus Schmitt, Facharzt für Allgemeinmedizin, Hauptstraße 25, 36251 Bad Hersfeld, Betriebsstätten-Nr. 181953600, lebenslange Arzt-Nr. 265344191

Patientendaten: Inge Zucker, geb. 18.11.19xx (59 Jahre alt), Weinstraße 32, 36251 Bad Hersfeld, versichert bei der AOK Bad Hersfeld, WOP-Kennzeichen 46, Kostenträgerkennung 101423762, Versichertennummer D248916933, Gültigkeit der Versichertenkarte 03/xx, pflichtversichert, keine Gebührenbefreiung; Frau Zucker ist Teilnehmerin des Disease-Management-Programms Diabetes mellitus Typ 2.

Situationsbeschreibung: Frau Zucker ist langjährige Patientin der Hausarztpraxis Dr. Markus Schmitt. Sie leidet seit 15 Jahren an Diabetes mellitus Typ 2 und ist seit drei Jahren insulinpflichtig. Frau Zucker kommt heute zum ersten Mal im Quartal zur vierteljährlichen Routinekontrolle im Rahmen des DMP in Ihre Praxis und erscheint pünktlich zum vereinbarten Termin.

Sie begrüßen die Ihnen bekannte Patientin Frau Zucker. Nachdem Sie die erforderlichen Verwaltungsarbeiten erledigt haben, bitten Sie Frau Zucker in das Untersuchungszimmer. Sie führen eine hygienische Händedesinfektion durch, wiegen die Patientin und messen ihren Blutdruck. Die ermittelten Werte tragen Sie in die Karteikarte und den DMP-Dokumentationsbogen ein.

Danach gehen Sie mit Frau Zucker ins Labor. Noch vor der vorgesehenen Blutentnahme klagt Frau Zucker über Übelkeit und Herzrasen. Sie ist kaltschweißig, ungewöhnlich zittrig und wirkt auf Sie leicht verwirrt. Sie lagern Frau Zucker auf der Patientenliege und informieren telefonisch Dr. Schmitt, der Sie anweist, zunächst den Puls und Blutdruck zu messen und danach einen Blutzuckerschnelltest durchzuführen. Die von Ihnen ermittelte Pulsfrequenz von Frau Zucker liegt bei 128 Schlägen/Minute, der Glukosewert bei 40 mg/dL. Der eingetroffene Dr. Schmitt befragt Frau Zucker über ihre heutigen Insulingaben und die letzten Mahlzeiten. Er weist Sie an, vier Täfelchen Traubenzucker für Frau Zucker bereitzulegen. Außerdem sollen Sie eine 40 %-Glukoselösung (20 mL) zur intravenösen Injektion vorbereiten, die Dr. Schmitt verabreichen will, falls die Beschwerden von Frau Zucker weiterhin bestehen bleiben.

Nach kurzer Zeit geht es Frau Zucker aber wieder besser. Sie führen nun die venöse Blutentnahme durch und fordern die dem DMP entsprechenden Blutwerte in der Laborgemeinschaft an. Sie füllen den erforderlichen Anforderungsbogen aus und bereiten die Blutproben für den Versand vor.

Anschließend begleiten Sie Frau Zucker ins Untersuchungszimmer und bitten sie, Schuhe und Strümpfe auszuziehen. Sie bereiten alles für die neurologische Untersuchung vor, die Dr. Schmitt anschließend bei Frau Zucker durchführt. Danach erfragt Dr. Schmitt die im Rahmen des DMP erforderlichen Informationen von Frau Zucker. Sie tragen alle ermittelten Werte und Patientenangaben in den DMP-Dokumentationsbogen ein. Die Blutwerte werden erst nach der Übermittlung der Laborgemeinschaft eingetragen.

Dr. Schmitt berät nun Frau Zucker zehn Minuten lang über mögliche Hilfsmaßnahmen bei einer Hypoglykämie. Er bittet Sie, Frau Zucker die Handhabung und Vorbereitung einer Glukagonspritze sowie die Durchführung einer subkutanen Injektion zu erklären.

Danach geben Sie Frau Zucker einen Termin zur Besprechung der Blutwerte für den nächsten Tag. Sie verabschieden Frau Zucker und erledigen alle erforderlichen Verwaltungsarbeiten.

Am Abend werden die Blutwerte von der Laborgemeinschaft übermittelt. Sie ergänzen den DMP-Dokumentationsbogen von Frau Zucker entsprechend.

Übernehmen Sie alle praxisorganisatorischen und delegierbaren medizinischen Leistungen und rechnen Sie danach die erbrachten Gebührenordnungspositionen für Ihre Praxis ab.

1. Patientenempfang bei vereinbartem Termin
- freundliche Begrüßung mit Blickkontakt
- eigene Vorstellung bei neuem Patienten
- korrekte, dem Patientenalter entsprechende Ansprache
- Grund des Praxisbesuchs ansprechen

2. Patientenaufnahme bekannter Patient
- Einlesen der elektronischen Gesundheitskarte
- Patientenkartei aufrufen oder bereitlegen, ggf. Aktualisierung des Anamnesebogens
- nächsten Schritt einleiten, z. B. ins Wartezimmer schicken oder in den Untersuchungsraum bitten

3. Hygienische Händedesinfektion
- Entnahme von 3-5 mL Desinfektionslösung aus einem Wandspender mit Ellenbogenbedienung
- Desinfektionsmittel in die sauberen, trockenen Hände geben und die gesamten Handflächen gründlich benetzen
- Handflächen nach Herstellerangaben (z. B. 30 Sekunden) einschließlich Nägel, Nagelfalzen, Zwischenfingerräume, Fingerkuppen und Daumen feucht halten
- Lufttrocknung

4. Körpergewicht messen
- Nullpunkt der Waage einstellen
- Messung des leicht bekleideten Patienten ohne Schuhe
- gemessenen Wert mit Maßeinheit dokumentieren

5. Blutdruckmessung bei bekanntem Patienten
- Patient fünf Minuten lang ruhig sitzen lassen
- Manschette passend zum Oberarmumfang des Patienten auswählen (Breite ca. 40 % des Oberarmumfangs)
- luftleere Manschette fest um den Oberarm ca. 2,5 cm oberhalb der Ellenbeuge in Herzhöhe anlegen (zwei Finger dürfen zwischen Arm und Manschette passen)
- Manometerschraube schließen
- Radialispuls aufsuchen
- Manschette zügig aufpumpen bis 30 mmHg über dem Verschwinden des Radialispulses
- Stethoskop in der Ellenbeuge über der Arterie anlegen
- Manschettendruck langsam (2-3 mmHg pro Sekunde) durch Öffnen der Manometerschraube ablassen
- systolischen Blutdruckwert (Auftreten der ersten Korotkow-Töne) und diastolischen Blutdruckwert (Verschwinden der Korotkow-Töne) am Manometer ablesen
- Luft ganz ablassen und die Manschette abnehmen
- Messwerte dokumentieren

6. Pulsmessung
- Auffinden des Radialispulses an der daumenseitig gelegenen Speichenarterie
- Tasten mit dem 2., 3. und 4. Finger, nicht mit dem Daumen
- Pulsschläge 15 s zählen und mit 4 multiplizieren
- bei unregelmäßigem Puls: Pulsschläge eine Minute zählen
- gemessenen Wert mit Maßeinheit dokumentieren

7. Kapillarblutentnahme und Blutzuckerschnelltest durchführen
- Verfallsdatum der Teststreifen kontrollieren
- Codierung überprüfen
- Dose öffnen und Teststreifen nach vorne gleiten lassen
- Teststreifen entnehmen und Dose sofort wieder verschließen
- Teststreifen in das Messgerät einführen
- Punktionsstelle desinfizieren (seitlich der Fingerbeere des Mittel- oder Ringfingers)
- nichtsterile Handschuhe anziehen
- mit Lanzette oder Einmaleinstechhilfe einstechen
- den ersten austretenden Blutstropfen mit Tupfer aufnehmen
- den zweiten austretenden Blutstropfen in das Testfeld des Teststreifens aufnehmen
- Wattetupfer zur Kompression der Punktionsstelle geben
- Pflaster aufkleben
- Ablesen des angezeigten Messergebnisses

8. Orale Glukosegabe
- Traubenzucker bereitstellen (1-4 Täfelchen)
- Verabreichung in die Wangentaschen des Patienten

Achtung: Nicht bei bewusstlosen Patienten!

9. i.v. Injektion vorbereiten
- Vorbereitung der Materialien
  - Armpolster
  - Staubinde
  - Hautdesinfektionsmittel
  - nichtsterile Handschuhe für den Arzt
  - Medikament (Verfallsdatum überprüfen)
  - zwei Kanülen (Aufziehkanüle und Injektionskanüle)
  - Abwurfbehälter
  - keimarme Tupfer
  - Pflaster
- Vorbereitung der Injektionslösung
  - Aufziehen der Injektionslösung mit einer Aufziehkanüle
  - Aufziehkanüle im Abwurfbehälter entsorgen
  - Injektionskanüle aufsetzen
  - vorbereitete Spritze und Ampulle zusammen ablegen (z. B. in Nierenschale)

10. Venöse Blutentnahme

- Vorbereitung der Materialien
  - Armpolster
  - nichtsterile Handschuhe
  - Hautdesinfektionsmittel
  - Stauschlauch
  - Blutentnahmeröhrchen und Kanülen (Kennzeichnung: Name/Geburtsdatum bzw. Barcode)
  - Abwurfbehälter
  - keimarme Tupfer
  - Pflaster
- Durchführung
  - Anlegen nichtsteriler Handschuhe
  - Arm des Patienten auf Polster lagern
  - Stauschlauch anlegen
  - Stauen (Radialispuls nicht mehr tastbar)
  - Palpation der Vene
  - Lösen der Stauung
  - Hautdesinfektion der vorgesehenen Injektionsstelle (Einwirkzeit nach Herstellerangaben, Trocknung des Desinfektionsmittels)
  - erneut stauen
  - Einstich (angeschliffene Kanülenseite nach oben)
  - Lösen der Stauung, sobald Blut fließt
  - Blutentnahmeröhrchen in der richtigen Reihenfolge füllen (z. B. Serum-Citrat-EDTA-Fluorid)
  - Röhrcheninhalt durch Schwenken mischen
  - Kanüle herausziehen
  - Punktionsstelle mit einem keimarmen Tupfer einige Minuten komprimieren (durch Patient)
  - Entsorgung der Kanüle (Abwurfbehälter)
  - Pflaster aufkleben (Abklärung Pflasterallergie)

11. Laborüberweisung Laborgemeinschaft (Muster 10A) ausfüllen

- Patientendaten eintragen
- kurativ/präventiv
- Geschlecht (Im aktuellen Muster 10A bei „Geschlecht" „M" für männlich, „W" für weiblich, „D" für divers bzw. „X" für unbestimmt eintragen – hier „W")
- Quartal
- Diagnose bzw. Verdachtsdiagnose
- ggf. Barcode aufkleben
- Abnahmedatum und Abnahmezeit
- Auftrag/Aufträge codieren
- ggf. Kennziffer
- ggf. Unfall, Unfallfolgen
- ggf. „Befund eilt"
- Eintrag ins Laborbuch (ggf. mit Barcode)

Krankenkasse bzw. Kostenträger
AOK Bad Hersfeld 46
Name, Vorname des Versicherten
Zucker, Inge
Weinstr. 32
D-36251 Bad Hersfeld
geb. am 18.11.19xx
03/xx

Kostenträgerkennung	Versicherten-Nr.	Status
101423762	D248916933	1000100
Betriebsstätten-Nr.	**Arzt-Nr.**	**Datum**
181953600	265344191	12.04.20xx

Anforderungsschein für Laboratoriumsuntersuchungen bei Laborgemeinschaften **10A**

[ ] Kurativ [X] Präventiv [ ] bei belegärztl. Behandlung [ ] Unfall, Unfallfolgen

Hier bitte sorgfältig Barcode-Etikett einkleben !

ggf. Kennziffer: 32022
Geschlecht: W

MUSTER

Diagnosen: Diabetes mellitus Typ 2

Abnahmedatum: 1204xx
Abnahmezeit: 0815

	Serum Vollblut			Glukose
Befund eilt 1				
EDTA	alkalische Phosphatase 13	Eiweiß gesamt 26	Kreatinin Clearance 40	Glukose 1 51
großes Blutbild 2		Gamma GT 27		Glukose 2 52
kleines Blutbild 3	Amylase 14	Glukose 28	LDH 41	Glukose 3 53
● HbA1c 4	ASL 15	GOT 29	LDL-Cholesterin 42	Glukose 4 54
Retikulozyten 5	Bilirubin direkt 16	GPT 30	Lipase 43	**Urin**
Blutsenkung 6	Bilirubin gesamt 17	Harnsäure 31	Natrium 44	Status 55
Diff. Blutbild (Ausstrich) 7	Calcium 18	Harnstoff 32	OP-Vorbereitung (32125) 45	Mikroalbumin 56
	Cholesterin 19	HBDH 33		Schwangerschaftstest 57
Citrat	Cholinesterase 20	HDL-Cholesterin 34	Phosphat, anorganisches 46	
Quick 8	CK 21	IgA 35		Glukose 58
Quick unter Marcumar-Therapie 9	CK-MB 22	IgG 36	Transferrin 47	Amylase 59
	CRP 23	IgM 37	Triglyceride 48	Sediment 60
Thrombinzeit 10	Eisen 24	Kalium 38	TSH basal 49	
PTT 11	Eiweiß Elektrophorese 25	● Kreatinin 39	TSH nach TRH 50	Sonstiges 61
Fibrinogen 12				

Muster 10A (10.2014)

12. Blut abholfertig machen
- Handschuhe anziehen
- Füllhöhe der Röhrchen beachten
- Kennzeichnung der Röhrchen (Beschriftung: Name, Geburtsdatum bzw. Barcode) kontrollieren
- Material bruch- und auslaufsicher verpacken
- Laborauftrag beilegen
- Kennzeichnung infektiöser Proben (z. B. „Vorsicht: infektiöses Untersuchungsmaterial")
- bei Postversand: Porto des frankierten Umschlags kontrollieren und Versandtasche/-karton mit dem Hinweis „menschliches Untersuchungsmaterial" kennzeichnen

13. Laborkarte/Laborbuch ausfüllen
- Patientendaten und Geschlecht eintragen
- Barcode einkleben (derselbe, der für die Röhrchen verwendet wurde)
- Abnahmedatum und Abnahmezeit notieren
- entnommenes bzw. zu untersuchendes Material angeben
- Gebührenordnung notieren

14. Neurologische Untersuchungen beim Diabetiker durchführen
- Inspektion der Füße
- Überprüfung:
  - Fußpulse
  - Reflexe (Reflexhammer)
  - Sensibilität (Mikrofilament)
  - Berührungs- und Druckempfindlichkeit (Monofilament)
  - Tiefensensibilität (Stimmgabel)
  - Temperatursinn (Tip Therm)

15. Patienteninstruktion: i.m./s.c. Injektion von Glukagon vorbereiten
- Hände waschen
- Entnahme der Packung aus dem Kühlschrank
- Plastikkappe der Durchstechflasche entfernen
- Schutzkappe der Injektionskanüle abziehen
- Durchstechen des Gummistopfens der Durchstechflasche
- Einspritzen der Lösung
- Schwenken der Flasche, bis Lösung klar ist (Kanüle und Glasspritze nicht herausziehen)
- gebrauchsfertige Lösung aufziehen
- Entfernung der Luftblasen

16. s.c. Injektion durch den Patienten anleiten
- Hautfalte anheben (Oberschenkelvorderseite oder Bauch)
- Schutzkappe der Kanüle entfernen
- senkrecht in Hautfalte einstechen
- Medikament langsam injizieren
- Kanüle herausziehen
- Hautfalte loslassen
- Tupfer
- Injektionsstelle ggf. mit Pflaster abdecken

17. DMP-Dokumentationsbogen ausfüllen (Auswahl)
- Patientendaten (entsprechend elektronischer Gesundheitskarte)
- Anamnese
  - diabetestypische Symptome (ja/nein)
  - neu aufgetretene Begleit- oder Folgeerkrankungen (z. B. KHK, pAVK, Nephropathie)
  - Raucher (ja/nein)
- aktuelle Befunde
  - Körpergewicht
  - peripherer Pulsstatus
  - Sensibilitätsprüfung
  - Fußstatus
  - Blutdruck
  - HbA_{1C}
  - Serum-Kreatinin
- relevante Ereignisse seit letzter Dokumentation
  - schwere Hypoglykämie
  - stationäre Aufenthalte wegen Hypoglykämie
  - Lasertherapie der Netzhaut
- aktuelle Medikation
  - diagnosespezifisch
  - blutzuckersenkend
- Schulungen
  - Diabetes-Schulung
  - Hypertonie-Schulung
- Behandlungsplanung / vereinbarte Ziele
  - Aufgabe Tabakkonsum
  - Ernährungsberatung
  - Zielvereinbarung HbA_{1C}
  - Zielvereinbarung Blutdruck
  - ophthalmologische Netzhautuntersuchung
  - indikationsbezogene Über- bzw. Einweisung erforderlich?

18. Verabschiedung des Patienten
- Ist der Patient mit allem versorgt? Ggf. Formulare aushändigen (Rezepte, Überweisungen, AU, ...)
- Hat der Patient alle Informationen?
  - ggf. neue Terminvereinbarung
  - ggf. Informationsbroschüren
- Genesungswünsche
- Verabschiedung

19. Abrechnung (EBM)
- 03000 Versichertenpauschale
- 03220 Zuschlag für die Behandlung und Betreuung eines Patienten mit mindestens einer lebensverändernden chronischen Erkrankung
- 03230 Problemorientiertes Gespräch, das aufgrund der Art und Schwere der Erkrankung erforderlich ist, einmal je vollendete 10 Minuten
- KV-spezifische Ziffer für Folgedokumentation DMP Diabetes mellitus Typ 2
- Laboruntersuchungen werden von der Laborgemeinschaft abgerechnet

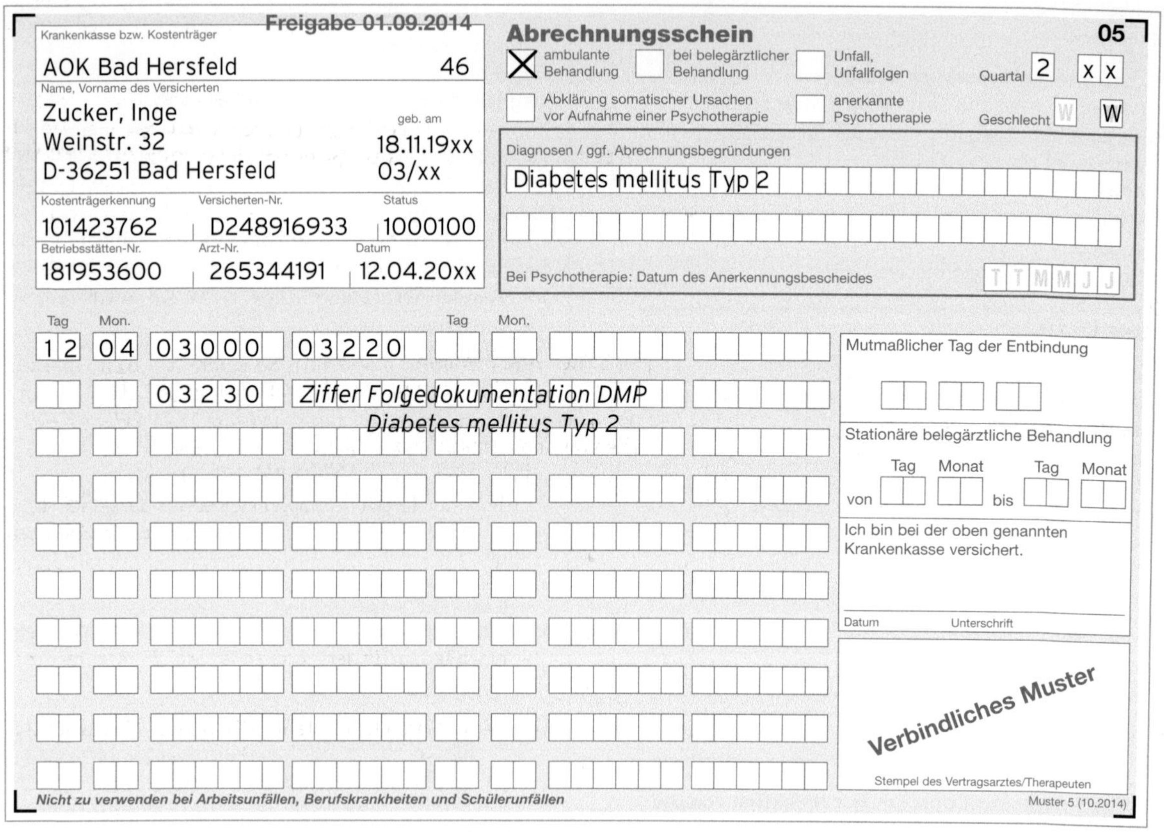

Freigabe 01.09.2014

Abrechnungsschein 05

Krankenkasse bzw. Kostenträger: AOK Bad Hersfeld 46

Name, Vorname des Versicherten: Zucker, Inge, Weinstr. 32, D-36251 Bad Hersfeld

geb. am: 18.11.19xx 03/xx

Kostenträgerkennung	Versicherten-Nr.	Status
101423762	D248916933	1000100

Betriebsstätten-Nr.	Arzt-Nr.	Datum
181953600	265344191	12.04.20xx

[X] ambulante Behandlung · [ ] bei belegärztlicher Behandlung · [ ] Unfall, Unfallfolgen · [ ] Abklärung somatischer Ursachen vor Aufnahme einer Psychotherapie · [ ] anerkannte Psychotherapie

Quartal 2 xx · Geschlecht W

Diagnosen / ggf. Abrechnungsbegründungen: Diabetes mellitus Typ 2

Bei Psychotherapie: Datum des Anerkennungsbescheides T T M M J J

Tag	Mon.			Tag	Mon.		
12	04	03000	03220				
		03230	*Ziffer Folgedokumentation DMP Diabetes mellitus Typ 2*				

Mutmaßlicher Tag der Entbindung

Stationäre belegärztliche Behandlung von Tag Monat bis Tag Monat

Ich bin bei der oben genannten Krankenkasse versichert.

Datum Unterschrift

Verbindliches Muster

Stempel des Vertragsarztes/Therapeuten

Nicht zu verwenden bei Arbeitsunfällen, Berufskrankheiten und Schülerunfällen

Muster 5 (10.2014)

Prüfungsfall 2: Gesundheitsuntersuchung

Praxisdaten: Frau Dr. med. Anna Malden, Fachärztin für Allgemeinmedizin, Hügelstr. 23, 35621 Niedertal, Betriebsstätten-Nr. 161453900, lebenslange Arzt-Nr. 365944101

Patientendaten: Jens Korte, geb. 14.05.19xx (40 Jahre alt), Jahnstr. 20, 35621 Niedertal, versichert bei der Techniker Krankenkasse, WOP-Kennzeichen 46, Kostenträgerkennung 101015755, Versichertennummer D253956730, Gültigkeit der eGK 03/xx, Status mitgliedversichert, keine Gebührenbefreiung; Herr Korte ist nicht Teilnehmer eines Hausarztmodells oder eines Disease-Management-Programms.

Situationsbeschreibung: Ein Arbeitskollege des Technikers Herrn Korte ist vor einigen Monaten überraschend an einem Herzinfarkt verstorben. Das hat Herrn Korte nachdenklich gemacht, zumal er übergewichtig ist und gelesen hat, dass das zu den Risikofaktoren für einen Herzinfarkt gehöre. Von seinem Bruder wurde ihm dessen Hausärztin Frau Dr. Malden empfohlen. Herr Korte war noch nie zuvor bei ihr in Behandlung, hat aber telefonisch für heute, Donnerstag, 26.06.20xx, um 8:00 Uhr einen Termin für eine Gesundheitsuntersuchung bei ihr vereinbart.

Leider kommt Herr Korte erst um 8:30 Uhr zu Ihnen in die Praxis und sagt, dass er verschlafen habe. Sie reagieren der Situation entsprechend und nehmen seine Patientendaten auf. Sie geben ihm einen Anamnesebogen mit ins Wartezimmer. Herr Korte gibt darauf an, keine wesentlichen Vorerkrankungen und keine Allergien zu haben.

Sie erklären ihm zunächst, was alles zu einer Gesundheitsuntersuchung gehört und welche Untersuchungsabstände zwischen zwei Gesundheitsuntersuchungen einzuhalten sind. Wie mit Frau Dr. Malden vereinbart, erbringen Sie danach alle Leistungen, die Frau Dr. Malden nicht persönlich durchführen muss. Dabei beginnen Sie mit der Anamnese und der Erhebung der persönlichen Risikofaktoren. Herr Korte gibt Ihnen gegenüber an, dass er täglich zehn Zigaretten rauche und auch gerne ein oder zwei Gläser Bier beim Abendessen trinke. Viel bewegen würde er sich nicht, eine Sportart übe er nicht aus, doch als Fußballfan schaue er sich oft im Fernsehen die Fußballübertragungen der Bundesliga an. An Vorerkrankungen fällt ihm auf Ihr Befragen „früher erhöhter Blutdruck" ein. Außerdem habe er die ihm von seinem alten Hausarzt damals verordneten Tabletten nach einem Jahr wieder weggelassen, da sein Blutdruck bei mehreren Kontrollen in Ordnung gewesen sei. Sein Vater sei mit 62 Jahren an einem Herzinfarkt verstorben.

Die Blutdruckmessung durch Sie ergibt 150/100 mmHg an beiden Armen, Puls 84 pro Minute, Körpergröße 1,82 m, Gewicht 115 kg. Sie bitten ihn danach um eine Harnprobe und erklären ihm dazu die Gewinnung von Mittelstrahlurin. Leider bringt er nur eine sehr kleine Harnprobe von der Toilette zurück, doch Ihnen gelingt es, damit einen Harnstatus mit Teststreifen durchzuführen. Die Testfelder des Harnteststreifens zeigen keinen krankhaften Befund. Danach führen Sie bei dem nüchternen Herrn Korte um 9:15 Uhr eine venöse Blutentnahme durch. Dazu verwenden Sie je ein Serum- und ein Fluoridröhrchen mit Citratzusatz und machen die daraus von Ihnen hergestellte Serum- und Plasmaprobe zur Abholung durch die Laborgemeinschaft am selben Morgen bereit. Dafür füllen Sie ein Muster 10A vollständig aus mit Anforderung der für die Gesundheitsuntersuchung erforderlichen Blutwerte. Alle bisher erhobenen Befunde dokumentieren Sie danach in der Patientenakte und bringen Herrn Korte damit zur ärztlichen Untersuchung ins Behandlungszimmer zu Frau Dr. Malden.

Nach der Untersuchung und dem Gespräch mit Frau Dr. Malden ist Herr Korte etwas verunsichert, da Frau Dr. Malden ihn auf sein Übergewicht und seine Blutdruckwerte angesprochen hat. Sie hat mit ihm einen Termin für den gleichen Tag um 18 Uhr vereinbart, an dem sie seine Blutlaborwerte mit ihm besprechen will. Sie beruhigen Herrn Korte.

Am Nachmittag erhalten Sie die zwischenzeitlich eingetroffenen Laborwerte (Gesamtcholesterin 320 mg/dL – Normwert bis 200 mg/dL, HDL-Cholesterin 44 mg/dL – Normwert über 40 mg/dL, LDL-Cholesterin 180 mg/dL – Normwert bis 150 mg/dL, Triglyceride 120 mg/dL – Normwert bis 180 mg/dL, Plasma-Glukose 95 mg/dL – Normwert 70 bis 110 mg/dL). Sie nehmen diese Laborwerte in die Patientenakte auf. Um 18:00 Uhr bespricht Frau Dr. Malden mit Herrn Korte dessen Blutdruck- und Blutwerte, empfiehlt ihm zunächst eine kalorienreduzierte Kost von 1 200 kcal und bestellt ihn für kommenden Dienstag, 01.07.20xx, zu einer Blutdruckkontrolle ein. Sie verabschieden Herrn Korte. Es findet kein weiterer Arzt-Patient-Kontakt im 2. Quartal statt.

Erledigen Sie alle betriebsorganisatorischen und medizinischen Aufgaben – auch die delegierbaren ärztlichen Leistungen – und rechnen Sie die delegierbaren und nicht delegierbaren Aufgaben für das 2. Quartal ab.

1. Patientenempfang bei Verspätung
- Begrüßung mit eigener Vorstellung bei dem neuen Patienten
- korrekte, dem Patientenalter entsprechende Ansprache
- Grund des Praxisbesuchs ansprechen
- Verspätung ansprechen (z. B. „Schade, dass Sie nicht rechtzeitig kommen konnten ...")
- Problem des verpassten Termins lösen, z. B. über jetzt etwas längere Wartezeit oder Angebot einer neuen Terminvergabe
- nächsten Schritt einleiten, z. B. ins Wartezimmer schicken oder neuen Termin vergeben

2. Patientenaufnahme bei unbekanntem Patienten
- Identitätskontrolle (z. B. mit elektronischer Gesundheitskarte, Personalausweis oder Reisepass)
- Einlesen der Versichertenkarte
- Karteikarte anlegen:
  - Patientendaten
  - Telefonnummer (auch tagsüber)
  - Krankenkasse
  - Versichertenstatus
  - Entfernungszone für Hausbesuche
  - Vorerkrankungen und Allergien abklären (ggf. mit Anamnesebogen)

3. Gesundheitsuntersuchung erklären
- GKV-Leistung einmal zwischen dem 18. und dem 35. Geburtstag, ab dann jedes dritte Kalenderjahr möglich
- dient zur Früherkennung von Herz-Kreislauf-Erkrankungen sowie der Zuckerkrankheit (Diabetes mellitus)
- Untersuchungsumfang ab dem 35. Geburtstag:
  - Befragung (Anamnese einschließlich Familienanamnese) auf Vorerkrankungen und Risikofaktore
  - Impfberatung
  - Untersuchung des ganzen Körpers (Ganzkörperstatus)
  - Blutuntersuchung auf Gesamtcholesterin, HDL- und LDL-Cholesterin und Triglyceride im Serum, sowie Glukose im Plasma
  - Urinuntersuchung mit Harnstreifentest auf Eiweiß, Glukose, Erythrozyten und/oder Hämoglobin, Leukozyten und Nitrit
  - Abschlussberatung über das Untersuchungsergebnis und ggf. in Bezug auf das Vermeiden/Vermindern von Risikofaktoren sowie die Therapie neu entdeckter Krankheiten

4. Blutdruckmessung bei neuem Patienten

Blutdruckmessung bei bekanntem Patienten, Fall 1, S. 291

- Besonderheit bei neuem Patienten: Messung und Dokumentation des systolischen und diastolischen Blutdrucks an beiden Oberarmen; zu dokumentieren ist der höhere diastolische und systolische Wert
- im vorliegenden Fall: 150/100 mmHg li. und re.

5. Pulsmessung

Fall 1, S. 291

6. Körpergröße messen
- Schuhe ausziehen lassen
- aufrecht stehen lassen mit Fersen an der Wand
- Patient soll beim Messen den Kopf gerade halten und geradeaus blicken
- Messung am oberen Rand des Kopfes (nicht der Frisur!)
- gemessenen Wert mit Maßeinheit dokumentieren

7. Körpergewicht messen

Fall 1, S. 291

8. Body-Mass-Index (BMI) berechnen
- BMI = Körpergewicht in Kilogramm geteilt durch Körpergröße in Meter zum Quadrat
- im vorliegenden Fall: 115 kg : (1,82 m x 1,82 m) = 34,71 kg/m^2
- gemessenen Wert mit Maßeinheit dokumentieren

9. Urinprobe gewinnen

- Beschriften des Bechers
- Erklären der Gewinnung von Mittelstrahlurin:
  - Becher nicht von innen berühren
  - Genitale säubern
  - erste Urinportion in Toilette laufen lassen
  - zweite Urinportion in Becher auffangen
  - dritte Urinportion in Toilette laufen lassen

10. Laborkarte/Laborbuch ausfüllen

Fall 1, S. 293

11. Urinuntersuchung mit Teststäbchen (bei zu geringer Urinmenge im Urinbecher)

- Verfallsdatum der Teststäbchen überprüfen
- Handschuhe anziehen
- Teststreifen richtig entnehmen:
  - Dose öffnen und so kippen, dass Teststreifen nach vorne rutschen
  - Teststreifen entnehmen
  - Dose danach sofort wieder verschließen
- Harn ggf. durch Schwenken im Becher gut durchmischen
- Teststreifen kurz so in den Urin eintauchen, dass alle Testfelder bedeckt sind
- Teststreifen seitlich am Gefäßrand abstreifen, damit keine Flüssigkeitsbrücken zwischen Testfeldern entstehen
- Ablesezeiten nach Angaben auf der Dose genau einhalten
- Dokumentation der Ergebnisse
- Besonderheit bei zu geringer Urinmenge: die Urinmenge für den Test in Reagenzglas oder Zentrifugenröhrchen umfüllen

12. Hygienische Händedesinfektion

Fall 1, S. 291

13. Venöse Blutentnahme

Fall 1, S. 292

14. Hygienische Händedesinfektion

Fall 1, S. 291

15. Serumherstellung

- nichtsterile Handschuhe anziehen
- Blut im aufrecht stehenden Röhrchen ca. 30 Minuten gerinnen lassen
- Blutprobe in Zentrifuge einbringen, dabei zur Vermeidung von Unwuchten auf gleichmäßige Beladung achten, ggf. durch zusätzliches Einbringen von wassergefüllten Zentrifugenröhrchen
- Blutprobe zentrifugieren (z. B. für 10 Minuten bei 2 000 g oder ca. 3 000 Umdrehungen/Minute)
- Serum in separates Röhrchen abpipettieren (kann danach im Kühlschrank bei +4 °C 1–2 Tage bis zur Analyse aufgehoben werden)
- Hinweis: Bei Verwendung eines Blutentnahmeröhrchens mit Trennungsgel kann das Abpipettieren nach dem Zentrifugieren auch im analysierenden Labor erfolgen.

16. Plasmaherstellung

Fall 7, S. 318

17. Hygienische Händedesinfektion

Fall 1, S. 291

Anforderungsschein für Laboratoriumsuntersuchungen bei Laborgemeinschaften **10A**

Krankenkasse bzw. Kostenträger: TK 46

Name, Vorname des Versicherten: Korte, Jens, Jahnstr. 20, D-35621 Niedertal — geb. am 14.05.19xx

Kostenträgerkennung	Versicherten-Nr.	Status
101015755	D253956730	

Betriebsstätten-Nr.	Arzt-Nr.	Datum
161453900	365944101	26.06.20xx

☐ Kurativ ☒ Präventiv ☐ bei belegärztl. Behandlung ☐ Unfall, Unfallfolgen

Hier bitte sorgfältig Barcode-Etikett einkleben!

ggf. Kennziffer

Geschlecht: W ☒ M

MUSTER

Diagnosen: Gesundheitsuntersuchung

Abnahmedatum: 2 6 0 6 x x — Abnahmezeit: 0 9 1 5

○ Befund eilt 1	**Serum Vollblut**			**Glukose**
EDTA	○ alkalische Phosphatase 13	○ Eiweiß gesamt 26	○ Kreatinin Clearance 40	● Glukose 1 51
○ großes Blutbild 2		○ Gamma GT 27		○ Glukose 2 52
○ kleines Blutbild 3	○ Amylase 14	○ Glukose 28	○ LDH 41	○ Glukose 3 53
○ HbA1c 4	○ ASL 15	○ GOT 29	● LDL-Cholesterin 42	○ Glukose 4 54
○ Retikulozyten 5	○ Bilirubin direkt 16	○ GPT 30	○ Lipase 43	**Urin**
○ Blutsenkung 6	○ Bilirubin gesamt 17	○ Harnsäure 31	○ Natrium 44	○ Status 55
○ Diff. Blutbild (Ausstrich) 7	○ Calcium 18	○ Harnstoff 32	○ OP-Vorbereitung (32125) 45	○ Mikroalbumin 56
	● Cholesterin 19	○ HBDH 33		○ Schwangerschaftstest 57
Citrat	○ Cholinesterase 20	● HDL-Cholesterin 34	○ Phosphat, anorganisches 46	
○ Quick 8	○ CK 21	○ IgA 35		○ Glukose 58
○ Quick unter Marcumar-Therapie 9	○ CK-MB 22	○ IgG 36	○ Transferrin 47	○ Amylase 59
	○ CRP 23	○ IgM 37	● Triglyceride 48	○ Sediment 60
○ Thrombinzeit 10	○ Eisen 24	○ Kalium 38	○ TSH basal 49	
○ PTT 11	○ Eiweiß Elektrophorese 25	○ Kreatinin 39	○ TSH nach TRH 50	○ Sonstiges 61
○ Fibrinogen 12				

Muster 10A (10.2014)

18. Laborüberweisung Laborgemeinschaft (Muster 10A) ausfüllen

Fall 1, S. 292

Muster 10A, S. 298

19. Blut abholfertig machen

Fall 1, S. 293

20. Verabschiedung verunsicherter Patient

Verabschiedung des Patienten, Fall 1, S. 294

- Empathie (Einfühlungsvermögen) zeigen
  - Gefühle des Patienten ansprechen
  - sich um Patienten kümmern
  - Hilfe anbieten
  - Zeit nehmen
- Genesungswünsche, Gruß

21. Verabschiedung des Patienten

Fall 1, S. 294

22. Abrechnung (EBM)

- 01732 Gesundheitsuntersuchung
- 32880 Laborpauschale für Harnstreifenuntersuchung bei Gesundheitsuntersuchung
- 03000 Versichertenpauschale, Diagnosen I10 V Essenzielle Hypertonie, E78.0 G Hypercholesterinämie, E66.9 G Ernährungsbedingte Adipositas
- Anmerkung: 32881 für die Bestimmung der Plasma-Glukose und 32882 für die Bestimmung des Lipidprofils mit Gesamtcholesterin, HDL- u. LDL-Cholesterin sowie Triglyceriden im Serum im Rahmen der Gesundheitsuntersuchung dürfen nur von der analysierenden Stelle, in diesem Fall der Laborgemeinschaft, abgerechnet werden.

Prüfungsfall 3: Herzinfarkt

Praxisdaten: Herr Dr. med. Theobald Mayer, Facharzt für innere Medizin, Baumstraße. 12, 35482 Oberrodhausen, Betriebsstätten-Nr. 468450910, lebenslange Arzt-Nr. 164949103

Patientendaten: Wilhelm Kraft, geb. 27.06.19xx (59 Jahre alt), Rosenstr. 29, 35482 Niederrodhausen, als Mitglied versichert bei der Barmer, WOP 46, Kostenträgerkennung 101311785, Versichertennummer G258956230, Gültigkeit der eGK 03/xx, keine Gebührenbefreiung; Herr Kraft ist nicht Teilnehmer eines Hausarztmodells oder eines Disease-Management-Programms.

Situationsbeschreibung: Herr Kraft ist langjähriger Patient der Praxis Dr. Mayer. Vor einer Woche war Herr Kraft zum ersten Mal zu einer Gesundheitsuntersuchung in der Praxis, bei der neben einer Hyperlipidämie, eine Hypertonie (RR 162/105 mmHg) und eine Adipositas (BMI 33,8) festgestellt wurden. Da er ca. 25 Zigaretten pro Tag raucht und bei ihm ein berufsbedingter Bewegungsmangel vorliegt, weshalb ein hohes Risiko einer Koronaren Herzkrankheit besteht, soll heute ein Belastungs-EKG durchgeführt werden.

Herr Kraft hat heute einen Termin um 9:30 Uhr, er erscheint allerdings 45 Minuten zu früh in der Praxis. Nach der Begrüßung des Patienten erledigen Sie die anfallenden Verwaltungsarbeiten. Da heute Morgen schon einige Patienten ohne Termin in die Praxis gekommen sind, machen Sie Herrn Kraft auf die Besonderheiten seines zu frühen Erscheinens aufmerksam.

Um 9:35 Uhr bitten Sie Herrn Kraft in das frisch gelüftete Behandlungszimmer. Dr. Mayer beauftragt Sie, zunächst den Puls und Blutdruck des Patienten zu messen. Sie dokumentieren die entsprechenden Werte. Danach bitten Sie Herrn Kraft, den Oberkörper frei zu machen und die Schuhe auszuziehen, und bereiten das Ruhe-EKG vor. Nach dem Schreiben stellen Sie fest, dass die EKG-Kurve eine unregelmäßige Verzitterung aufweist. Sie klären und beheben die Ursache und erstellen eine fehlerfreie EKG-Aufzeichnung. Nun bereiten Sie Herrn Kraft auf das Belastungs-EKG vor. Dr. Mayer bespricht mit Herrn Kraft die nun vorgesehene Ergometrie. Nach der Aufzeichnung des Belastungs-EKGs wird Dr. Mayer wegen eines Notfalls in die benachbarte Hautarztpraxis gerufen. Dr. Mayer bittet Sie schnell noch, mit Herrn Kraft einen neuen Termin zur Besprechung der weiteren Therapie zu vereinbaren. Dazu gehen Sie mit dem Patienten an die Anmeldung.

Plötzlich greift sich Herr Kraft an die Brust und bricht zusammen. Sie führen sofort die notwendigen Maßnahmen durch und stellen fest, dass Herr Kraft ohne Bewusstsein ist: Es sind kein Puls und keine Atmung feststellbar. Sie beauftragen zwei Ihrer anwesenden Kolleginnen, einen Notruf abzusetzen und den Notfallkoffer und das AED aus dem Behandlungszimmer zu holen. Die Auszubildende Jasmin schicken Sie in die benachbarte Hautarztpraxis, um schnell Dr. Mayer zu informieren. Sie lagern Herrn Kraft in die richtige Position und beginnen mit den jetzt erforderlichen Maßnahmen. Drei Minuten später ist Dr. Mayer wieder in der Praxis und übernimmt die Versorgung des Patienten. Er weist Sie an, die Verwendung des AEDs und danach eine Infusion für einen intravenösen Zugang vorzubereiten.

Inzwischen ist der Notarzt eingetroffen, der zusammen mit Dr. Mayer den Patienten versorgt. Dr. Mayer fordert Sie auf, alle notwendigen Papiere für die Krankenhauseinweisung des Patienten auszustellen. Herr Kraft wird nach der erfolgreichen Erstversorgung in das örtliche Krankenhaus eingeliefert.

Sie bringen mit ihren Kolleginnen den Platz vor der Anmeldung wieder in Ordnung und überprüfen danach den Notfallkoffer. Dann kommt die Ihnen gut bekannte Patientin Frau Oberhofer aufgeregt auf Sie zu. Sie hat im Wartezimmer von dem Notfall erfahren und macht sich große Sorgen um ihren Nachbarn Herrn Kraft. Sie kümmern sich situationsgerecht um Frau Oberhofer.

Danach kommt Herr Mittermaier in die Praxis, um sich ein Wiederholungsrezept ausstellen zu lassen. Da Dr. Mayer gerade mit der Untersuchung eines neuen Patienten begonnen hat, kann das Rezept erst später von ihm unterschrieben werden. Herr Mittermaier ist sehr ungehalten, da er sein Rezept nicht sofort ausgehändigt bekommt. Sie klären sachgerecht diese Situation.

Übernehmen Sie alle betriebsorganisatorischen und delegierbaren medizinischen Leistungen und rechnen Sie danach die erbrachten Gebührenordnungspositionen für Ihre Praxis ab.

1. Patientenempfang bei zu frühem Erscheinen
- freundliche Begrüßung mit Blickkontakt
- eigene Vorstellung bei neuem Patienten
- dem Patientenalter entsprechende Ansprache
- Grund des Praxisbesuchs ansprechen
- entsprechend der zu frühen Ankunft ggf. auf längere Wartezeit hinweisen
- Einlesen der elektronischen Gesundheitskarte
- Patientenkartei aufrufen oder bereitlegen, ggf. Aktualisierung des Anamnesebogens

2. Hygienische Händedesinfektion

Fall 1, S. 291

3. Pulsmessung

Fall 1, S. 291

4. Blutdruckmessung bei bekanntem Patienten

Fall 1, S. 291

5. Ruhe-EKG anfertigen

- Vorbereitung des Untersuchungsraumes
  - Ruhe
  - Temperatur ausreichend warm
- Vorbereitung des Patienten
  - Oberkörper frei machen
  - Schuhe und Socken ausziehen
  - ggf. Brusthaare mit Spezialgerät rasieren
  - ggf. Schmuck ablegen
  - Handy ausschalten
- Elektroden auswählen und vorbereiten
  - ggf. Elektrodenpapier, -gel oder -spray
  - ggf. Klebeelektroden
- Elektroden für Extremitätenableitungen anlegen; Kabelfarben beachten („Ampelschema")
- Elektroden für Brustwandableitungen anlegen
- Elektrodenlage kontrollieren, ggf. korrigieren
- Patient bitten, während der Aufzeichnung ruhig zu liegen und nicht zu sprechen
- Überprüfung der Eichzacke
- EKG-Streifen mit Patienten- und Aufzeichnungsdaten versehen (falls nicht automatisch mit ausgedruckt)
  - Patientenname
  - Geburtsdatum
  - Aufzeichnungsdatum und ggf. Uhrzeit

6. EKG-Aufzeichnungsstörungen erkennen, beheben

- bei Wandern der Nulllinie:
  - Elektrodensitz überprüfen
  - Patienten um Bewegungslosigkeit bitten (kein Sprechen, Husten o. Ä.)
- bei unregelmäßiger Verzitterung (Muskelzittern):
  - bei Angst des Patienten: empathisch und beruhigend auf den Patienten einwirken
  - bei Frieren: Patienten zudecken, Raum mehr heizen
- bei Sägezahngrundlinie (Wechselstromüberlagerung):
  - andere Elektrogeräte in der Nähe des EKG-Gerätes abstellen

7. Belastungs-EKG vorbereiten

Ruhe-EKG anfertigen, Fall 3, Schritt 5

- Besonderheit bei Belastungs-EKG:
  - Positionierung der Extremitätenableitungen auf dem Rücken
  - Anlegen der Blutdruckmanschette zur Blutdruckmessung vor, während und nach der Untersuchung
  - ggf. Anlegen eines Pulsoxymeters zur Messung der Sauerstoffsättigung
  - auf untersuchenden Arzt warten

8. Erste Maßnahmen bei einem bewusstlosen Patienten (Kreislaufstillstand, ohne Atmung) durchführen

- Kontrolle des Bewusstseins (Ansprechen, Rütteln)
- Hilfe rufen (Kollegin, Arzt, Patienten)
- Kontrolle des Pulses (A. carotis)
- Kontrolle der Atmung
  - Atemwege frei machen (mit Handschuhen)
  - Kopf überstrecken
  - Kinn anheben
- Kollegin / zweiten Helfer beauftragen, einen Notruf abzusetzen
- Kollegin / zweiten Helfer beauftragen, Notfallkoffer bzw. Defibrillator/AED bereitzustellen

9. Notruf absetzen

- Notrufnummer 112 wählen
- Melden mit Namen und Nennung der Praxis
  - Wo ist der Notfall passiert?
  - Was ist passiert?
  - Wie viele Personen sind betroffen?
  - Welche Art von Verletzung/Einschränkung der Vitalfunktionen liegt vor?
  - Warten auf Rückfragen

10. Kardiopulmonale Reanimation (CPR) durchführen
- Patienten auf den Rücken legen (harte Unterlage)
- Druckpunkt aufsuchen (Mitte des Thorax)
- aufeinandergelegte Handballen auf den Druckpunkt anlegen
  - Schultern senkrecht über dem Druckpunkt
  - Ellenbogen durchgedrückt
- 30-malige feste Thoraxkompression
  - Drucktiefe 5–6 cm
  - Kompressions- und Entlastungsphase gleich lang
  - Kompressionsfrequenz 100–120/Min
  - Helferwechsel nach 2 Minuten (falls möglich)

11. Beatmung durchführen
- Kontrolle der Atmung
  - Atemwege frei machen (mit Handschuhen)
  - Kopf überstrecken
  - Kinn anheben
- Mund-zu-Nase-Beatmung
  - Mund des Patienten ist durch Halten des Kinns geschlossen (Daumen drückt gegen Unterlippe)
  - mit dem Mund Nase des Patienten umschließen
- Atemspende durchführen
  - Luft mit nicht zu großem Druck einblasen
  - zwei Atemzüge
  - Kontrolle der Thoraxbewegungen des Patienten
- mit 30-maliger Thoraxkompression fortfahren, wenn Patient weiterhin ohne Puls und Atmung
  - bei Eigenatmung des Patienten: Unterbrechung der Wiederbelebung

12. Defibrillator/AED einsetzen
- Oberkörper frei machen
- Elektroden anlegen
  - erste Elektrode in der linken mittleren Axillarlinie (unterhalb der linken Achsel)
  - zweite Elektrode unter dem rechten Schlüsselbein
- bei AED Sprachanweisung beachten; ggf. Drücken der Schocktaste
- während der Defibrillation den Patienten nicht berühren
- nach der Defibrillation mit der Herzdruckmassage und der Beatmung fortfahren

13. Infusion vorbereiten
- Vorbereitung der Materialien
  - Armpolster
  - nichtsterile Handschuhe
  - Staubinde
  - Hautdesinfektionsmittel
  - keimarme Tupfer
  - ggf. steriles Infusionspflaster
  - Infusionsflasche und -besteck (Verfallsdatum überprüfen)
  - geeignete Infusionskanüle
- Vorbereitung
  - Kappe der Infusionsflasche entfernen
  - Durchflussregler (Rädchen) am Infusionsbesteck schließen
  - Dorn des Infusionsbestecks einstechen (Verschlussgummi der Infusionsflasche weist nach oben)
  - Infusionsflasche an Infusionsständer aufhängen
  - Tropfkammer halb füllen
  - Entlüftungsventil öffnen
  - Durchflussregler öffnen und Schlauchsystem luftblasenfrei füllen
  - Durchflussregler schließen und Schlauchende am Infusionsständer aufhängen

14. Formular Verordnung einer Krankenbeförderung (Muster 4) ausfüllen
- Patientendaten ausfüllen:
  - Name des Patienten
  - Geburtsdatum des Patienten
  - Krankenkasse
- Angaben zur Krankenkasse eintragen:
  - Name
  - Kassennummer
  - Versichertennummer
  - Status
- Angaben zum Arzt und Datum eintragen:
  - Betriebsstättennummer
  - Arztnummer
  - Datum
- Ankreuzen:
  - Zuzahlungspflicht
  - Hinfahrt
  - Sonstiger Schaden: Notfall
  - Krankenhausbehandlung voll- oder teilstationär
  - NAW/NEF (Notarztwagen/Notarzteinsatzfahrzeug), ggf. mit Begründung (s.u.)
- bei Sonstiges eintragen: Z. n. Reanimation, V. a. Myokardinfarkt

15. Formular Verordnung von Krankenhausbehandlung (Muster 2) ausfüllen
- Patientendaten eintragen:
  - Name des Patienten
  - Geburtsdatum des Patienten
  - Krankenkasse
- Angaben zur Krankenkasse ausfüllen:
  - Name
  - Kassennummer
  - Versichertennummer
  - Status
- Angaben zum Arzt und Datum eintragen:
  - Betriebsstättennummer
  - Arztnummer
  - Datum
- Ankreuzen:
  - hier: Notfall
- weitere Eintragungen vornehmen:
  - nächstes erreichbares Krankenhaus
  - Diagnose
  - Untersuchungsergebnisse
  - bisherige Maßnahmen
  - Hinweise (z. B. Allergien)
  - mitgegebene Befunde
- Stempel und Unterschrift

Muster 2, S. 304

16. Überprüfung des Notfallkoffers
- verbrauchte/fehlende Materialien austauschen
- verfallene Medikamente ersetzen
- Geräte mit Wartungsintervallen kontrollieren
- Überprüfung der Funktionsfähigkeit von Geräten (z. B. Nachladen bzw. Batteriekontrolle des Otoskops)

17. Schweigepflicht bei Nachfragen Dritter einhalten
- Empathie zeigen
- freundlich auf Schweigepflicht hinweisen
- Keine Informationen weitergeben!

Freigabe 01.09.2014

Verordnung von Krankenhausbehandlung 2
(Nur bei medizinischer Notwendigkeit zulässig)

Krankenkasse bzw. Kostenträger
Barmer 46

Name, Vorname des Versicherten
Kraft, Wilhelm
Rosenstr. 32
D-35482 Niederrodhausen

geb. am
27.06.19xx
03/xx

Kostenträgerkennung	Versicherten-Nr.	Status
101311785	G258956230	1

Betriebsstätten-Nr.	Arzt-Nr.	Datum
468450910	164949103	24.03.20xx

☐ Belegarztbehandlung
☒ Notfall
☐ Unfall, Unfallfolgen
☐ Versorgungsleiden (BVG)

Nächsterreichbare, geeignete Krankenhäuser

Diagnose
Z. n. Reanimation
V. a. Myokardinfarkt

Verbindliches Muster

Vertragsarztstempel / Unterschrift des Arztes

Bitte dem Patienten gesondert mitgeben!

Untersuchungsergebnisse

Bisherige Maßnahmen (z. B. Medikation)

Fragestellung/Hinweise (z. B. Allergie)

Mitgegebene Befunde

Ausfertigung für den Krankenhausarzt! Vertraulich!

Muster 2b (10.2014)

18. Umgang mit ungeduldigem Patienten
- dem Patienten allgemein die Sachlage erklären (Arzt-Patienten-Kontakt kann nicht unterbrochen werden)
- ggf. Information des Arztes, dass er gebraucht wird
- ggf. dem Patienten eine andere Lösung des Problems anbieten

19. Abrechnung (EBM)
- 13211 Internistische Grundpauschale
- 13251 Ergometrie
- 01220 Reanimationskomplex
- 01222 Defibrillation
- 02100 Infusion

Prüfungsfall 4: Asthma bronchiale

Praxisdaten: Dr. med. Ulrich Schäffauer, Facharzt für Allgemeinmedizin, Bergstr. 42, 89584 Ehingen, Betriebsstätten-Nr. 874326500, lebenslange Arzt-Nr. 765309124

Patientendaten: Hannelore Starz, geb. 10.10.19xx (52 Jahre alt), Prälat-Walter-Str. 15, 89584 Kirchbierlingen, als Mitglied gesetzlich versichert bei der Daimler BKK, WOP 71, Kostenträgerkennung 106821698, Versichertennummer C635428710, Gültigkeit der eGK 03/xx; Gebührenbefreiung laut Befreiungsbescheinigung der Daimler BKK liegt vor; Frau Starz ist nicht Teilnehmerin eines Hausarztmodells oder eines Disease-Management-Programmes.

Situationsbeschreibung: Frau Hannelore Starz leidet seit ihrem 39. Lebensjahr an Asthma bronchiale. Da sich in den letzten beiden Wochen ihr Zustand immer mehr verschlechtert und sie zunehmende Atemnot verspürt hat, hat sie zum ersten Mal in diesem Quartal einen Termin zur Kontrolle ihrer Lungenfunktion bei ihrem Hausarzt Dr. Schäffauer vereinbart. Die Patientin kommt am 22.05.20xx pünktlich um 10:00 Uhr zu ihrem vereinbarten Termin. Sie nehmen die Patientin verwaltungstechnisch auf und bitten sie, noch im Wartezimmer Platz zu nehmen. Kurze Zeit später wird Frau Starz von Ihnen ins Sprechzimmer zu Dr. Schäffauer begleitet. Die anamnestische Befragung ergibt, dass sich die Atemnot bei Frau Starz weiter verschlechtert, außerdem habe sie in der letzten Zeit sehr viel beruflichen Stress gehabt und unter einem Atemwegsinfekt gelitten. Bei der Auskultation diagnostiziert der Arzt eine deutliche bronchiale Spastik mit Giemen und Brummen über allen Lungenabschnitten. Zur Verlaufskontrolle ordnet er noch eine Spirometrie an, die von Ihnen durchgeführt wird. Auch das Ergebnis der Spirometrie bestätigt, dass sich die Lungenfunktion von Frau Starz deutlich verschlechtert hat: Sie zeigt eine deutliche Obstruktion. Daraufhin ordnet Dr. Schäffauer eine Kurzinfusion mit Bronchospasmin Infusionslösung an. Sie bereiten die Infusion mit einer Ampulle auf 500 mL Infusionslösung vor, die kurze Zeit später vom Arzt gelegt wird. Nach der Infusion geht es der Patientin schon etwas besser; sie erhält nun noch 20 mg Prednisolon oral. Auf Anordnung von Dr. Schäffauer soll die Patientin künftig regelmäßig als Grundtherapie 2 × 2 Hübe Budesonid als Dosieraerosol inhalieren sowie Salbutamol als Akutspray erhalten. Da es Frau Starz in den letzten Jahren immer gut ging, weiß sie nicht mehr, wie sie das Dosieraerosol, das sie zuletzt vor sieben Jahren benutzte, anwenden muss. Sie leiten die Patientin dazu an. Ebenso soll die Ausatemkapazität mittels eines Peak-flow-Meters kontrolliert und dokumentiert werden. Auch dieses erklären Sie der Patientin. Um die beruflichen Stressfaktoren zu reduzieren und den Infekt auszukurieren, schreibt Dr. Schäffauer Frau Starz zunächst einmal für eine Woche krank. Er berät die Patientin ausführlich hinsichtlich ihrer Lebensführung. Der Arzt ordnet an, mit der Patientin einen weiteren Sprechstundentermin in vier Tagen zu vereinbaren. Sie bestellen die Patientin für den 26.05.20xx ein, geben ihr die Arbeitsunfähigkeitsbescheinigung und das Rezept über das Dosieraerosol. Für die Akuttherapie mit Salbutamol geben Sie ihr ein Praxismuster mit. Danach verabschieden Sie Frau Starz und heften den Durchschlag der Arbeitsunfähigkeitsbescheinigung ab. Ihre Auszubildende im 1. Lehrjahr möchte von Ihnen wissen, wie lange der Durchschlag aufbewahrt werden muss und wie lange andere Formulare aufbewahrt werden müssen. Sie geben ihr die entsprechende Auskunft.

Am 26.05.20xx kommt Frau Starz wie vereinbart zu ihrem Termin in die Praxis Dr. Schäffauer. Sie begrüßen die Patientin und bitten sie ins Wartezimmer. Danach bringen Sie Frau Starz zu Dr. Schäffauer. Die Patientin erzählt, dass es ihr immer noch nicht sehr viel besser gehe. Der Arzt kontrolliert die dokumentierten Werte der Peak-flow-Messung und stellt fest, dass die Werte unverändert schlecht sind. Auf Nachfrage des Arztes gibt die Patientin zu, dass sie das Dosieraerosol noch nicht in der Apotheke geholt habe, weil sie ein ähnliches schon einmal vor vielen Jahren verschrieben bekommen hatte und nicht so viele Medikamente nehmen wolle, weil die sowieso nichts bringen. Ebenso halte sie von dem „Plastikblasebalg" auch nichts, die Messungen mit dem Peak-Flow-Meter änderten an ihrer Lunge auch nichts. Dr. Schäffauer versucht, die Patientin zur Einsicht zu bringen, und klärt sie lange über den Sinn und Nutzen seiner Therapie auf. Obwohl die Patientin sehr uneinsichtig ist, ist sie damit einverstanden, nochmals eine Infusion zu bekommen. Da Sie zuerst alles vorbereiten müssen, wird Frau Starz nochmals ins Wartezimmer gebeten. Von dort ertönt plötzlich ein Hilferuf eines anderen Patienten. Sie eilen ins Wartezimmer und erkennen, dass Frau Starz einen Asthmaanfall hat. Sie veranlassen alle Notfallmaßnahmen und rufen nach Dr. Schäffauer, der der Patientin eine Prednisolonspritze i.v. verabreicht. Nach diesem Ereignis ist die Patientin viel einsichtiger. Sie besprechen mit der Patientin die akute Verschlechterung. Frau Starz bleibt noch für eine Stunde zur Überwachung in der Praxis. Bevor die Patientin die Praxis verlässt, erhält sie von Ihnen nochmals zwei Hübe Budesonid als Dosieraerosol. Danach bereiten Sie die Sprechzimmer wieder für die nächsten Patienten her. Nun möchte Ihre Auszubildende von Ihnen wissen, woher sie so schnell alle Notfallmaßnahmen parat hatten. Sie zeigen ihr die von Ihnen angefertigte Checkliste und empfehlen der Auszubildenden, sich selber für bestimmte routinemäßige Arbeitsabläufe Checklisten zu fertigen.

Übernehmen Sie alle betriebsorganisatorischen und delegierbaren medizinischen Leistungen und rechnen Sie danach die im zweiten Quartal erbrachten Gebührenordnungspositionen für Ihre Praxis ab.

1. Patientenempfang zum vereinbarten Termin

Fall 1, S. 290

2. Patientenaufnahme bekannter Patient

Fall 1, S. 290

3. Lungenfunktionsprüfung (Spirometrie) durchführen und Patienten anleiten

- evtl. Gerät eichen
- Patientendaten in das Gerät bzw. in den Computer eingeben: Name, Adresse, Geschlecht, Alter, Gewicht, Größe, Raucher ja/nein
- vor der Messung dem Patienten die Durchführung erklären:
  - Nasenklammer aufsetzen
  - Mundstück in den Mund nehmen und mit den Lippen fest umschließen
  - mehrmals normal ein- und ausatmen
  - ganz tief einatmen
  - anschließend ganz tief ausatmen
  - zum Schluss wieder normal ein- und ausatmen
  - Je nach Patientenmitarbeit muss die Messung evtl. wiederholt werden.
  - Messung im Computer speichern bzw. Messkurve ausdrucken (je nach Gerät)
  - gebrauchtes Mundstück entsorgen oder ggf. Mehrfachmundstück sterilisieren

4. Infusion (mit Medikamentenzugabe) vorbereiten

Infusion vorbereiten, Fall 3, S. 302

- Medikament aufziehen:
  - Spritze mit Kanüle versehen
  - Ampulle öffnen
  - Medikament aus Ampulle aufziehen
  - Infusionsflasche öffnen
  - Medikament aus der Spritze in die Infusionsflasche spritzen
  - auf der Infusionsflasche den Medikamentenzusatz vermerken

5. Verabreichung eines Aerosols zur Inhalation und Patienten anleiten

- Dose mit dem Mundstück nach unten halten
- Aerosol kurz 5-mal schütteln
- Patient soll tief einatmen und tief ausatmen
- Mundstück mit den Lippen fest umschließen
- tief einatmen, dabei Sprühstoß auslösen; je nach ärztlicher Verordnung 1 bis 2 Inhalationen durchführen
- Luft, solange es geht, anhalten (5–10 sec.)
- danach langsam durch Mund oder Nase ausatmen

6. Ausatemkontrolle durch Peak-Flow-Meter anleiten

- Peak-Flow-Messgerät in den Mund nehmen und mit den Lippen fest umschließen
- ganz tief einatmen
- ganz schnell maximal ausatmen
- Markierungspunkt auf der Skala steigt an
- gemessenen Wert im Asthma-Tagebuch notieren
- Peak-flow dreimal täglich messen und vergleichen
- bei absinkenden Werten Arzt aufsuchen

7. Arbeitsunfähigkeitsbescheinigung (Muster 1) ausfüllen

- Patientendaten eintragen
- Erstbescheinigung bzw. Folgebescheinigung ankreuzen
- Dauer der Arbeitsunfähigkeit eintragen
- ICD-verschlüsselte Diagnose ergänzen

Muster 1, S. 307

8. Rezept (Arzneiverordnungsblatt, Muster 16) ausfüllen

- Patientendaten eintragen
- ankreuzen:
  - Gebühr frei/Geb.-pfl., hier: Geb.-pfl.
  - ggf. noctu: Außerhalb der Ladenschlusszeit ist die Nachttaxe der Apotheke nicht zu bezahlen.
  - ggf. Unfall/Arbeitsunfall
  - ggf. aut idem: Apotheker darf nur genau das verordnete Medikament herausgeben.
- verordnetes Medikament, Darreichungsform, Packungsgröße eintragen, ggf. auch Dosieranweisung
- ungenutzten Raum entwerten
- Datum, Stempel und Unterschrift des Arztes

Muster 16, S. 307

Krankenkasse bzw. Kostenträger
Daimler BKK 71
Name, Vorname des Versicherten
Starz, Hannelore geb. am
Prälat-Walter-Str. 15 10.10.19xx
D-89584 Kirchbierlingen 03/xx

Kostenträgerkennung	Versicherten-Nr.	Status
106821698	C635428710	1000000
Betriebsstätten-Nr.	**Arzt-Nr.**	**Datum**
874326500	765309124	22.05.20xx

Arbeitsunfähigkeits-bescheinigung 1

[X] **Erstbescheinigung**
[ ] **Folgebescheinigung**

[ ] Arbeitsunfall, Arbeitsunfall-folgen, Berufskrankheit
[ ] dem Durchgangsarzt zugewiesen

arbeitsunfähig seit: 2 2 0 5 x x
voraussichtlich arbeitsunfähig bis einschließlich oder letzter Tag der Arbeitsunfähigkeit: 2 9 0 5 x x
festgestellt am: 2 2 0 5 x x

Dr. Ulrich Schäffauer
Bergstr. 42
89584 Ehingen
765309124
Schäffauer
Vertragsarztstempel / Unterschrift des Arztes

Ausfertigung zur Vorlage bei der Krankenkasse

AU-begründende Diagnose(n) *(ICD-10)*

ICD-10 - Code	ICD-10 - Code	ICD-10 - Code
ICD J45.8		
ICD-10 - Code	ICD-10 - Code	ICD-10 - Code

[ ] sonstiger Unfall, Unfallfolgen
[ ] Versorgungs-leiden (z.B. BVG)

Es wird die Einleitung folgender besonderer Maßnahmen für erforderlich gehalten
[ ] Leistungen zur medizinischen Rehabilitation
[ ] stufenweise Wiedereingliederung
[ ] Sonstige

Im Krankengeldfall [ ] ab 7. AU-Woche oder sonstiger Krankengeldfall [ ] Endbescheinigung

---

Freigabe 01.09.2014

[X] Gebühr frei
[ ] Geb.-pfl.
[ ] noctu
[ ] Sonstige
[ ] Unfall
[ ] Arbeits-unfall

Krankenkasse bzw. Kostenträger
Daimler BKK 71
Name, Vorname des Versicherten
Starz, Hannelore geb. am
Prälat-Walter-Str. 15 10.10.19xx
D-89584 Kirchbierlingen 03/xx

Kostenträgerkennung	Versicherten-Nr.	Status
106821698	C635428710	1000000
Betriebsstätten-Nr.	**Arzt-Nr.**	**Datum**
874326500	765309124	22.05.20xx

BVG	Hilfs-mittel	Impf-stoff	Spr.-St. Bedarf	Begr.-Pflicht	Apotheken-Nummer / IK
6	7	8	9		

Zuzahlung | Gesamt-Brutto

Arzneimittel-/Hilfsmittel-Nr. | Faktor | Taxe
1. Verordnung
2. Verordnung
3. Verordnung

Rp. (Bitte Leerräume durchstreichen)

aut idem — Budesonid 0,2 mg SK
aut idem — Dosieraerosol / 2 x 2 Sprühstöße
aut idem — -

6664

Vertragsarztstempel
Dr. Ulrich Schäffauer
Bergstr. 42
89584 Ehingen
765309124

Schäffauer
Unterschrift des Arztes
Muster 16 (10.2014)

Abgabedatum in der Apotheke

Bei Arbeitsunfall auszufüllen!
Unfalltag | Unfallbetrieb oder Arbeitgebernummer

9. Terminvereinbarung
- Patienten fragen, ob der Termin am Vormittag oder Nachmittag besser passt
- Abgleich mit den Terminen der Praxis
- Eintrag im Terminbuch bzw. im Computer
- Termin für den Patienten notieren

10. Verabschiedung des Patienten

Fall 1, S. 294

11. Aufbewahrungsfristen von Dokumenten in der Allgemeinarztpraxis (Beispiele)
- Durchschrift der Arbeitsunfähigkeitsbescheinigung: 1 Jahr
- ärztliche Aufzeichnungen: grundsätzlich 10 Jahre
- Berichtsvordrucke von Früherkennungsuntersuchungen: 5 Jahre
- Durchschriften der Betäubungsmittelrezepte: 3 Jahre
- Sicherungskopie der Abrechnungsdatei bei EDV-Abrechnung: 2 Jahre
- Durchschriften der Berichtsvordrucke über Jugendarbeitsschutzuntersuchungen: 10 Jahre
- Stammblätter für die Behandlung von Geschlechtskrankheiten: 5 Jahre

12. Patientenempfang zum vereinbarten Termin

Fall 1, S. 290

13. Infusion vorbereiten

Fall 3, S. 302

14. Sofortmaßnahmen bei Asthmaanfall anleiten (Lippenbremse, Kutschersitz)
- Lippenbremse:
  - Patienten durch die Nase einatmen lassen
  - ähnlich wie beim Pfeifen soll der Patient beim Ausatmen die Lippen fest schließen
- Kutschersitz:
  - Patient soll locker mit geöffneten Oberschenkeln sitzen und den Oberkörper vorne überbeugen
  - zur Fixierung des Schultergürtels sollen die Ellenbogen auf den Knien abgestützt werden

15. i.v. Injektion vorbereiten

Fall 1, S. 291

16. Verabreichung eines Aerosols zur Inhalation

Fall 4, S. 306

17. Verabschiedung des Patienten

Fall 1, S. 294

18. Arbeitsabläufe anhand einer Checkliste überprüfen (z. B. Notfall: Asthmaanfall)
- Patienten nicht alleine lassen
- Patienten beruhigen
- ärztliche Hilfe anfordern (durch Rufe)
- Hilfestellung zur Lippenbremse geben
- Patienten in den Kutschersitz bringen
- Vitalfunktionen überprüfen

19. Abrechnung (EBM)
- Diagnose: Asthma bronchiale ICD J45.8
- 22.05.:
  - 03000 Versichertenpauschale
  - 03230 Gespräch
  - 03330 Spirografische Untersuchung (Lungenfunktionstestung)
- 26.05.:
  - 03230 Gespräch

Prüfungsfall 5: Abszesseröffnung

Praxisdaten: Frau Dr. med. Ina Lengerich, Fachärztin für Allgemeinmedizin, Eschenallee 29, 63492 Gerstadt, Betriebsstätten-Nr. 395373400, lebenslange Arzt-Nr. 473275301, Tel. 06342/33445

Patientendaten: Gerd Bradmann, geb. 18.03.19xx (32 Jahre alt), Kiesstr. 32, 63492 Gerstadt, Tel. 06342/73454, krankenversichert bei der AOK Gerstadt, WOP 48, Kostenträgerkennung 101234557, Versichertennummer D337853213, Gültigkeit der eGK 03/xx; Herr Bradmann ist kein Teilnehmer eines Hausarzt- oder Disease-Management-Programms.

Situationsbeschreibung: Es ist Montag, der 30.06.20xx, als Sie kurz nach Sprechstundenende um 19:05 Uhr gerade die Praxis schließen wollen, in der Sie als Auszubildende tätig sind. Doch da kommt der Ihnen bekannte Patient Herr Bradmann mit schmerzverzerrtem Gesicht, hält den rechten Arm in einer Schlinge und bittet darum, jetzt noch behandelt zu werden. Er erzählt, dass sich eine Stelle an der Streckseite des rechten Unterarms, nahe der Falte des Ellenbogengelenks, nach einem Mückenstich vor einer Woche entzündet habe und zunehmend angeschwollen sei. Er habe zwar kein Fieber, aber der Arm tue ihm sehr weh. Er komme jetzt erst in die Praxis, weil er den ganzen Tag seine Versichertenkarte gesucht habe und bislang nicht finden konnte.

Frau Dr. Lengerich untersucht ihn, erkennt, dass sich ein Abszess entwickelt hat, und teilt ihm mit, dass sie den Abszess eröffnen und entfernen müsse, damit alles gut abheilen könne. Er stimmt zu, möchte jedoch eine „Betäubung über die Achsel", die er von der Hand-OP seiner Ehefrau kenne. Frau Dr. Lengerich stimmt zu und beauftragt Sie, nach Einleitung eines Ersatzverfahrens mit Muster 5, die Abszesseröffnung und die Leitungsanästhesie des rechten Armplexus vorzubereiten und dazu dem Patienten auch ein Pulsoxymeter anzulegen. Bevor sie sich für die Abszesseröffnung die Hände desinfiziert, fragt Sie Frau Dr. Lengerich zur Prüfungsvorbereitung, wie eine chirurgische Händedesinfektion durchzuführen ist, und lässt Sie danach das korrekte Anziehen und Ausziehen steriler Handschuhe vorführen. Während des Eingriffs reichen Sie Frau Dr. Lengerich die erforderlichen sterilen Instrumente und Materialien aus Folienverpackungen an. Bei der Abszesseröffnung entleert sich der Eiter plötzlich unter hohem Druck und trifft Sie an der Hand. Sie reagieren hygienisch korrekt.

Nach dem Eingriff begleiten Sie Herrn Bradmann zu einem zweiten, sauberen Tisch, legen ihm dort einen sterilen Verband an und fixieren diesen zur Sicherheit mit einem Ellenbogenverband (Schildkrötenverband). In der elektronischen Patientenakte überprüfen Sie den Impfstatus von Herrn Bradmann und geben ihm nach der impfspezifischen Anamnese und Impfaufklärung durch die Ärztin auf Anweisung und im Beisein Frau Dr. Lengerichs wegen des fehlenden Tetanus-Schutzes eine Tetanus-Diphtherie-Pertussis-Impfung. Die Eintragung in den Impfpass soll bei der Wundnachschau am nächsten Tag erfolgen.

Nachdem Herr Bradmann die Praxis verlassen hat, setzen Sie neues Flächendesinfektionsmittel aus einem Konzentrat an und desinfizieren damit die nach dem Eingriff mit Blut und Eiter kontaminierten Arbeitsflächen und den Boden. Anschließend machen Sie die benutzten Instrumente wieder gebrauchsfähig.

Erledigen Sie alle praxisorganisatorischen und medizinischen Aufgaben und rechnen Sie die delegierbaren und nicht delegierbaren Aufgaben mit der Diagnose L.024 G (Abszess am Arm) ab.

1. Patientenempfang ohne Termin
- Begrüßung, ggf. mit eigener Vorstellung
- korrekte, dem Alter entsprechende Ansprache
- im aktuellen Fall nicht zutreffend:
  - Grund des Praxisbesuchs erfragen und darauf eingehen
  - Problem der Terminvergabe lösen, ggf. über längere Wartezeit
  - nächsten Schritt einleiten, z. B. in Wartezone schicken

2. Patientenaufnahme im Ersatzverfahren

Abrechnungsschein (Muster 5) ausfüllen, Fall 1, S. 294

- beim Ersatzverfahren außerhalb des organisierten Notdienstes: Abrechnungsschein (Muster 5)
- Vorgehen im aktuellen Fall zunächst:
  - Identitätskontrolle (z. B. Personalausweis)
  - Kennzeichnung Feld „ambulante Behandlung"
  - Eintragung Quartal, Krankenkasse, Personalien
  - Patient bestätigt mit Datum und Unterschrift auf Muster 5 seine Zugehörigkeit zur angegebenen Krankenkasse.
- spätere Einträge im aktuellen Fall (s. Punkt 20):
  - Betriebsstätten- und lebenslange Arztnummer
  - ICD-10-codierte Diagnose
  - Behandlungstage und zugehörige GOP
  - ggf. Uhrzeiten, falls abrechnungsrelevant

3. Hygienische Händedesinfektion

Fall 1, S. 291

4. Vorbereitung der Eröffnung eines kleinen eitrigen Prozesses

- Oberflächen- oder Leistungsanästhesie vorbereiten (keine Infiltrationsanästhesie):
  - Oberflächenanästhesie, z. B. mit Lidocain-Creme
  - Leitungsanästhesie, z. B. mit Lidocain zur subkutanen Injektion; Aufziehen in Spritze und danach mit neuer Nadel versehen; leere Ampulle beilegen oder aufgezogene Spritze beschriften
- Pulsoxymeter
- Hautdesinfektionsmittel
- sterile Handschuhe
- Schutzkleidung
- Schutzbrille
- steriles Abdecktuch bzw. steriles Lochtuch
- sterile Tupfer und sterile Kompressen
- zwei Nierenschalen (je eine für Abfall und für nach Gebrauch aufzubereitende Instrumente)
- steriles Skalpell mit spitzer Klinge
- sterile chirurgische Pinzette
- steriler scharfer Löffel
- ggf. sterile Spülflüssigkeit, z. B. 0,9%ige NaCl-Lösung
- steriles Verbandmaterial
- reißfestes, flüssigkeitsdichtes Behältnis zur Entsorgung von Handschuhen und Schutzbekleidung

5. Hygienische Händedesinfektion

Fall 1, S. 291

6. Oxymetrie durchführen

- verletzungsfreie Messung von Sauerstoffsättigung im Blut und Pulsfrequenz mittels Licht aus Pulsoxymeter
- Anlegen meist an Zeigefinger der vom Eingriff nicht betroffenen Hand
- Finger muss dazu sauber, trocken und fettfrei sein; Nagellack und/oder künstliche Fingernägel sind zuvor zu entfernen
- Werte werden abgelesen; Puls kann ggf. hörbar gemacht werden; Alarm bei kritischen Werten: Der Normwert der kapillaren Sauerstoffsättigung beträgt 96 bis 100 %.

7. Chirurgische Händedesinfektion

- vorheriges Händewaschen nur bei erkennbarer Verschmutzung
- reichliche Entnahme von Handdesinfektionsmittel in die hohle Handfläche (mindestens 3 mL) durch Wandspenderbetätigung mit dem Ellenbogen; Wandspender dazu mindestens zweimal betätigen
- dann gründliche Desinfektion der Hände und Unterarme bis zu, aber nicht mit den Ellenbogen
- danach wieder Entnahme von Handdesinfektionsmittel wie beschrieben und Durchführung der Händedesinfektion gemäß DIN EN 1500 in sechs Schritten mit fünfmaliger Wiederholung jedes Schrittes (5 x 1. Schritt, 5 x 2. Schritt, ...):
  - Handfläche auf Handfläche reiben
  - Finger verschränken mit rechter Handfläche auf linkem Handrücken und umgekehrt
  - Handfläche auf Handfläche legen mit verschränkten Fingern
  - Außenseite der Finger in der gegenüberliegenden Handfläche
  - kreisend Daumen reiben in der Handfläche der anderen Hand
  - kreisend Fingerkuppen in der Handfläche reiben

Dabei Gesamtdauer der Einwirkung des Handdesinfektionsmittels nach Herstellerangabe beachten!

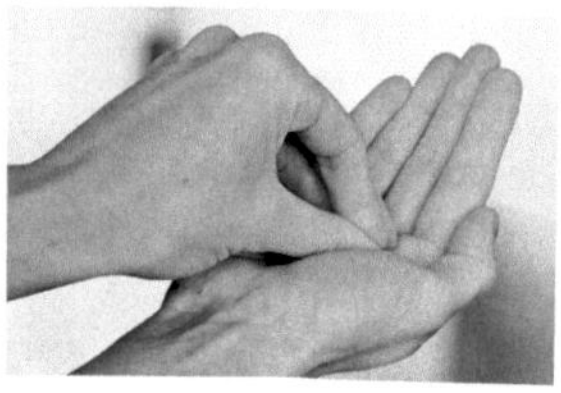

8. Anziehen steriler Handschuhe

- Die Packung ohne Berühren des Inhalts öffnen (1).
- Ersten Handschuh vorsichtig an der Manschette anfassen. Eine Hand zieht am inneren, umgeschlagenen Teil des sterilen Handschuhs diesen über die zweite Hand, ohne die Außenfläche des Handschuhs dabei zu berühren (2).
- Mit dem angezogenen sterilen Handschuh wird nur die Außenseite des umgeschlagenen Teils des anderen Handschuhs wie abgebildet berührt (3).
- Damit wird der andere Handschuh über die andere Hand gezogen, dabei zweiten Handschuh mit dem bereits angezogenen ersten Handschuh nur von außen berühren (4).

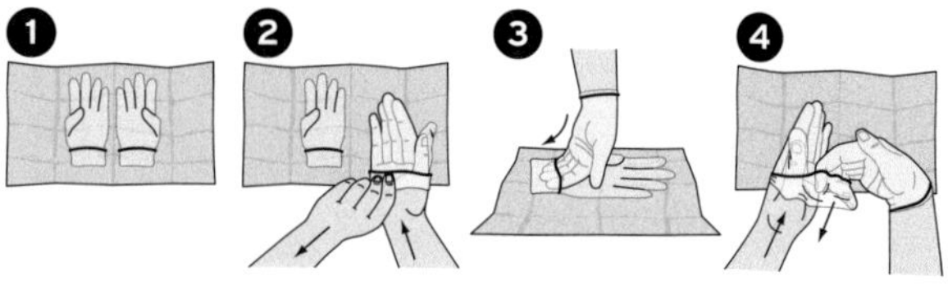

9. Ausziehen steriler Handschuhe
- Mit einer Hand wird der Handschuh der anderen Hand über der Handinnenfläche angefasst (1).
- Durch weiteren Zug wird der Handschuh der anderen Hand komplett abgezogen und in der behandschuhten Hand behalten (2).
- Die handschuhfreie Hand greift dann unter den Handschuh der noch behandschuhten Hand (3).
- Die handschuhfreie Hand zieht dann den Handschuh so über die andere Hand, dass dieser dabei gewendet wird und den ersten Handschuh so mit einschließt, wodurch alle kontaminierten Flächen innen liegen (4).

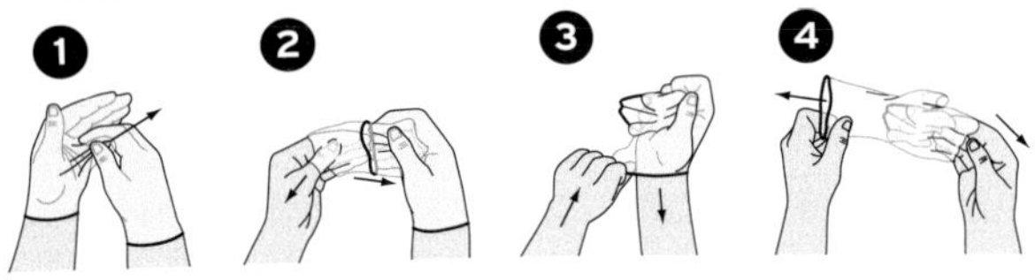

10. Hygienische Händedesinfektion

➩ Fall 1, S. 291

11. Steriles Arbeiten und steriles Anreichen
- First-in-first-out-Prinzip: Die Packung mit Sterilgut, die am längsten gelagert und noch steril ist, kommt als erste zur Anwendung.
- Peel-back-Technik: Die Packungsenden werden so aufgeschält, dass das Sterilgut leicht entnommen werden kann. Ein Durchdrücken des Sterilguts durch die Packung ist hygienisch nicht korrekt.
- Non-Touch-Technik: Bei der Entnahme wird das Sterilgut nicht berührt oder nur an der dafür vorgesehenen Stelle.

12. Hygienische Händedesinfektion nach punktueller Kontamination

➩ Hygienische Händedesinfektion, Fall 1, S. 291

- vor der hygienischen Händedesinfektion: Entfernung der Kontamination mit händedesinfektionsmittelgetränktem Einmaltuch

13. Sterilen Wundverband vorbereiten
- nichtsterile Handschuhe
- sterile Wundauflage
- sterile Pinzette
- Hautdesinfektionsmittel
- ggf. sterile Tupfer
- ggf. Abmessen und Zuschneiden von Mullbinde, Schlauchverband oder Rollenpflaster

14. Sterilen Wundverband anlegen: hier Fixierung mit Ellenbogenverband (Schildkrötenverband)
- hygienische Händedesinfektion (Fall 1, S. 291)
- nichtsterile Handschuhe anlegen
- ggf. Wunde reinigen (ggf. mit steriler Pinzette und/oder mit hautdesinfektionsmittelgetränktem sterilem Tupfer)
- sterile Wundauflage platzieren, mittels Verband fixieren
- nichtsterile Handschuhe ablegen
- hygienische Händedesinfektion (Fall 1, S. 291)

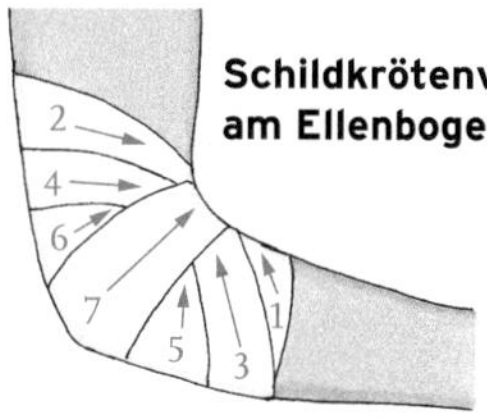

Schildkrötenverband am Ellenbogengelenk

15. Impfungen i.m. durchführen
- Impfstatus überprüfen
- Impfstoff aus dem Kühlschrank holen
- Verfallsdaten aller Materialien überprüfen
- Impfstoff in Fertigspritze in der Hand anwärmen und schwenken
- patientengeeignete (Gewicht, Geschlecht, Alter) Kanüle auswählen
- Hautdesinfektion der geplanten Einstichstelle
- hygienische Händedesinfektion (Fall 1, S. 291)
- nichtsterile Handschuhe anziehen
- nach Trocknung der Haut senkrechter Einstich in den M. deltoideus des nichtdominanten Arms oder die außenseitliche Oberschenkelmuskulatur
- langsame Injektion
- Kanüle danach rasch entfernen
- mit keimarmem Tupfer auf Injektionsstelle drücken
- Pflaster, wenn keine Pflasterallergie vorliegt
- nichtsterile Handschuhe ausziehen
- hygienische Händedesinfektion (Fall 1, S. 291)
- Eintragung im Impfpass: Datum, Stempel, Unterschrift, Impfstoff-Chargennummer und Handelsname; Angabe der Krankheiten, gegen die geimpft wurde
- Dokumentation über Patientenkartei oder PC

16. Verabschiedung des Patienten

Fall 1, S. 294

17. Mischen einer Desinfektionsmittellösung
- Schutzkleidung, chemikalienfeste Handschuhe, Mundschutz und Schutzbrille
- Mischen nach Gebrauchsanweisung; immer zuerst Wasser, dann Konzentrat zufügen
- Beschriftung: Ansetztag und zulässige Standzeit

18. Arbeitsplatz- oder Bodendesinfektion nach Kontamination (z. B. mit Blut, Urin, Stuhl, Eiter)
- chemikalienfeste Handschuhe anziehen
- Kontamination mit flächendesinfektionsmittelgetränktem Tupfer oder Zellstoff wegwischen
- Wischdesinfektion mit Flächendesinfektionsmittel und Einmaltuch
  - Druck ausüben
  - vollständige Benetzung der Fläche
  - Einwirkzeit nach Herstellerangabe beachten
  - verwendetes Material in Praxismüll entsorgen
- Sprühdesinfektion nur an Stellen, die mittels Wischdesinfektion nicht erreichbar sind

19. Wiederaufbereitung der benutzten Instrumente
- zuerst Sammeln der gebrauchten Instrumente in durchstichsicheren Behältnissen
- Die Anforderung an die Aufbereitung von Instrumenten/Medizinprodukten erfolgt nach deren verwendungsabhängiger Risikoeinstufung nach dem Medizinproduktegesetz (MPG) in die Kategorien unkritisch, semikritisch A und B sowie kritisch A, B und C.
  Voraussetzung für jede Wiederaufbereitung: Zulassung der Medizinprodukte für die Mehrfachverwendung
- Reinigung und Desinfektion:
  - Schutzbekleidung, chemikalienfeste Handschuhe, Mundschutz und Schutzbrille
  - Vorreinigung nur bei sichtbarer, grober Verschmutzung, z. B. mit desinfektionsmittelgetränktem Einmaltuch oder im Ultraschallbad (mit dafür zugelassenem Reinigungs- und Desinfektionsmittel)
  - Einlegen der geöffneten oder zerlegten Instrumente in Desinfektions- und Reinigungslösung, die alles bedecken und Hohlräume vollständig ausfüllen muss; Einwirkzeit nach Herstellerangabe; danach Entnahme, Spülung mit entmineralisiertem Wasser; Trocknung
  - alternativ: Einbringen der geöffneten und zerlegten Instrumente in thermisches oder chemothermisches Reinigungs- und Desinfektionsgerät (RDG), das Reinigung, Desinfektion, Spülung und Trocknung ausführt
- optische Kontrolle auf sichtbare Verschmutzung, ggf. Wiederholung von Reinigung und Desinfektion
- ggf. Pflege und Instandsetzung bzw. Zusammensetzen zuvor zerlegter Instrumente
- Verpackung mit Indikator für Sterilisationsvorgang:
  - Folienverpackung
  - Verpackung in Sterilpapier
  - Verpackung in Sterilkasten
- Sterilisation, vorzugsweise im Autoklav
- Beschriftung der Sterilgutverpackungen mit Sterilisationsdatum, Chargennummer und Lagerfrist
- Umgang mit Sterilverpackungen nur nach hygienischer Händedesinfektion
- Lagerung des Sterilgutes trocken, dunkel, kühl und staubfrei in regelmäßig flächendesinfizierten und geschlossenen Schrankfächern oder Spezialschrank

20. Abrechnung (EBM)
- 03030 Versichertenpauschale nach unvorhergesehener Inanspruchnahme
  Hinweis: Erfolgt während eines Quartals mindestens ein weiterer persönlicher Arzt-Patient-Kontakt, dann ist 03030 durch 03000 zu ersetzen.
- 01100 Unvorhergesehene Inanspruchnahme
- 02301 Kleinchirurgischer Eingriff II
  Hinweis: Mögliche Lokal- und/oder Leitungsanästhesien und deren Überwachung, wie die Pulsoxymetrie, sind Bestandteil der kleinchirurgischen Eingriffe I, II und III und daneben nicht abrechenbar.

Prüfungsfall 6: Appendizitis

Praxisdaten: Herr Dr. med. Bruno Schranz, Facharzt für Allgemeinmedizin, Seerosenstr. 3, 53426 Rollenbrück, Betriebsstätten-Nr. 374363800, lebenslange Arzt-Nr. 352852201, Tel. 03476/15342, Fax 03476/15798

Patientendaten: Tim Kuhlmann, geb. 16.08.20xx (7 Jahre alt), Europaring 20, 53426 Rollenbrück, Tel. 03476/13878, familienversichert über seine Mutter Heike Kuhlmann bei der AOK Rollenbrück, WOP 38, Kostenträgerkennung 101135368, Versichertennummer H526457892, Gültigkeit der eGK 03/xx, Tim ist nicht Teilnehmer eines Hausarztmodells oder eines Disease-Management-Programms.

Situationsbeschreibung: Am Freitag, 25.7.20xx, kommt um 9:00 Uhr ohne vorherige Terminvereinbarung erstmals der Schüler Tim Kuhlmann in Begleitung seiner Mutter in die Allgemeinarztpraxis zu Dr. Schranz, in der Sie als MFA arbeiten. Frau Kuhlmann gibt an, dass Tim seit zwei Tagen über Bauchschmerzen klage und auch zweimal erbrechen musste. Die Familie sei erst kürzlich umgezogen und habe noch keinen Kinderarzt vor Ort. Zudem sei die Mappe mit den Versichertenkarten beim Umzug verloren gegangen. Sie nehmen die Personalien auf, bereiten nach einem Telefonat mit der AOK Rollenbrück ein Ersatzverfahren vor, legen eine Karteikarte an und bringen Tim in das nächste frei werdende Behandlungszimmer. Bei der Untersuchung durch Dr. Schranz zeigt sich Tim in leicht reduziertem Allgemeinzustand; der Tastbefund ergibt einen weichen Bauch ohne Druckschmerzen. Dr. Schranz hat zunächst den Verdacht auf einen Magen-Darm-Infekt und weist Sie um 9:20 Uhr an, bei Tim Blut für ein kleines Blutbild und die Blutsenkungsgeschwindigkeit (BSG) abzunehmen. Das kleine Blutbild (Hämoglobin, Erythrozyten, Leukozyten, Thrombozyten) soll von der Laborpraxis bestimmt werden, da Dr. Schranz keiner Laborgemeinschaft angehört. Er beauftragt Sie, die Laborüberweisung mit der Diagnose „V. a. Gastroenteritis" vorzubereiten, die Laborkarte auszufüllen und alles bis 9:30 Uhr abholbereit zu machen. Sie sollen die BSG bestimmen und ihm das Ergebnis gleich mitteilen. Die BSG und die anderen Laboruntersuchungen ergeben keine Auffälligkeiten, was Dr. Schranz am Nachmittag Frau Kuhlmann in einem fünfminütigen Telefonat mitteilt. Frau Kuhlmann ist beruhigt, auch Tim fühle sich schon etwas besser. Dr. Schranz vereinbart mit Frau Kuhlmann, dass sie sich wieder melden solle, falls Tims Beschwerden zunehmen würden.

Am Samstag, dem 02.08., assistieren Sie Dr. Schranz beim ärztlichen Notdienst, den dieser von seiner Praxis aus durchführt. Gleich zu Beginn um 8:00 Uhr kommt erneut Frau Kuhlmann mit Tim und ist sehr aufgeregt. Er hat eine heiße Stirn und kann kaum gerade gehen, seine Hände hält er mit schmerzverzerrtem Gesicht auf den rechten Unterleib. Sie reagieren der Situation entsprechend und informieren telefonisch Dr. Schranz, der sich gerade auf dem Rückweg von einem Hausbesuch befindet. Er beauftragt Sie, bis zu seinem Eintreffen in einigen Minuten Tims axillare und rektale Temperatur zu messen und in der Patientenkartei zu dokumentieren. Dabei erklären Sie der nachfragenden Frau Kuhlmann alles über die Messung der Körpertemperatur.

Gleich nach seinem Eintreffen um 8:10 Uhr untersucht Dr. Schranz den Jungen. Er nimmt Tim Blut für die Messung der BSG in der Praxis und einen CRP-Schnelltest ab und bleibt danach bei ihm, während Sie die Labortests durchführen. Der qualitative CRP-Schnelltest ist positiv und Dr. Schranz beauftragt Sie, sofort einen Rettungswagen für Tim zu bestellen. Danach sollen Sie eine Krankenhauseinweisung für Tim für das Kreiskrankenhaus Rollenbrück bei Verdacht auf akute Appendizitis sowie die Verordnung einer Krankenbeförderung dorthin so weit wie möglich vorbereiten und ihm für die restlichen Eintragungen ins Behandlungszimmer bringen.

Erledigen Sie alle betriebsorganisatorischen und medizinischen Aufgaben – auch die delegierbaren ärztlichen Leistungen – und rechnen Sie die delegierbaren und nicht delegierbaren Leistungen für Tim ab.

1. Patientenempfang und -aufnahme im Ersatzverfahren bei unbekanntem Patienten

- Patienten begrüßen und sich dabei vorstellen
- Patienten höflich und seinem Alter gemäß ansprechen
- Grund für das Aufsuchen der Praxis erfragen
- Aufklärung: fehlende Versichertenkarte ist innerhalb von zehn Tagen nachzureichen, sonst erfolgt eine Privatrechnung
- Identitätskontrolle (hier: von Mutter und Kind)
- Vordruck unterschreiben lassen (hier: Abrechnungsschein Muster 5), bei Minderjährigen Unterschrift von deren gesetzlichem Vertreter
- Anamnesebogen vorbereiten und ausfüllen lassen

2. Karteikarte anlegen

- Patientendaten
- Telefonnummer (auch tagsüber)
- Krankenkasse
- Versichertenstatus
- Entfernungszone für Hausbesuche
- Vorerkrankungen und Allergien abklären (ggf. mit Hilfe des ausgefüllten Anamnesebogens)

3. Laborkarte/Laborbuch ausfüllen

Fall 1, S. 293

4. Hygienische Händedesinfektion

Fall 1, S. 291

5. Venöse Blutentnahme

Fall 1, S. 292

6. Blut abholfertig machen

Fall 1, S. 293

7. Laborüberweisung Laborarzt (Muster 10) ausfüllen

- ankreuzen: kurativ/präventiv; bei belegärztlicher Behandlung; Unfall, Unfallfolgen
- ggf. Kennziffer eintragen
- Geschlecht eintragen (Im aktuellen Muster 10A bei „Geschlecht" „M" für männlich, „W" für weiblich, „D" für divers bzw. „X" für unbestimmt eintragen – hier „M")
- Quartal eintragen
- Verdachtsdiagnose eintragen
- ggf. Barcode aufkleben
- Abnahmedatum und -zeit angeben
- Vertragsarztstempel, Unterschrift

8. Blutsenkungsgeschwindigkeit (BSG) messen

- zuerst venöse Blutentnahme:
  - mit Citratröhrchen oder
  - mit 2-mL-Spritze mit 1,6 mL Blut, dem 0,4 mL 3,8%ige Natriumcitratlösung zugegeben wird
- senkrechtes Einbringen in einen mit Millimeterskala versehenen Senkungsständer; je nach Blutentnahmesystem ggf. vorheriges Umfüllen des Blutes in spezielles Röhrchen
- nach einer Stunde ablesen, um wie viele Millimeter die Erythrozyten im Blutplasma abgesunken sind
- Normwerte pro Stunde: Frauen bis 15 mm, Männer bis 20 mm

Überweisungsschein für Laboratoriumsuntersuchungen als Auftragsleistung 10

Krankenkasse bzw. Kostenträger: AOK Rollenbrück 38
Name, Vorname des Versicherten: Kuhlmann, Tim, Europaring 20, D-53426 Rollenbrück; geb. am 16.08.20xx
Kostenträgerkennung: 101135368 | Versicherten-Nr.: H526457892 | Status: 3
Betriebsstätten-Nr.: 374363800 | Arzt-Nr.: 352852201 | Datum: 25.07.20xx
Eintrag nur bei Weiterüberweisung! Betriebsstätten-Nr. des Erstveranlassers | Arzt-Nr. des Erstveranlassers

☒ Kurativ ☐ Präventiv ☐ bei belegärztl. Behandlung ☐ Unfall, Unfallfolgen

Auftragsnummer des Labors (Hier bitte sorgfältig Barcode-Etikett einkleben!)
ggf. Kennziffer | Quartal: 3 x x
☐ Kontrolluntersuchung bekannte Infektion | Geschlecht: W ☒ M
Behandlung gemäß ☐ § 116b SGB V | eingeschränkter Leistungsanspruch ☐ gemäß § 16 Abs. 3a SGB V
Abnahmedatum: 2 7 0 7 x x | Abnahmezeit: 0 9 2 0
☐ Empfängnisregelung, Sterilisation, Schwangerschaftsabbruch

☐ Befundübermittlung eilt, nachrichtlich an Telefon Nr. | Fax Nr.

Diagnose/Verdachtsdiagnose: V. a. Gastroenteritis

Befund/Medikation:

Auftrag: Hämoglobin, Erythrozyten, Leukozyten, Thrombozyten im Blut

MUSTER

Vertragsarztstempel / Unterschrift überw. Arzt

Nicht zu verwenden bei Arbeitsunfällen, Berufskrankheiten und Schülerunfällen

Muster 10 (10.2014)

9. Arbeitsplatzdesinfektion

Fall 5, S. 312

10. Patientenempfang im Notfall
- Begrüßung
- altersentsprechende Kommunikation
- auf die Ausnahmesituation eingehen
- Einfühlungsvermögen zeigen; hier zusätzlich beruhigend auf Mutter und Kind einwirken
- weiteres Vorgehen einleiten

11. Messung der Körpertemperatur
- Messarten:
  - rektal (im Enddarm, am genauesten)
  - oral (im Mund)
  - axillar (unter der Achsel)
  - im äußeren Gehörgang
- rektale Messung:
  - Digitalthermometer mit geeigneten Einmalhüllen verwenden
  - Patienten Bauch- oder Seitenlage einnehmen lassen
  - Thermometerspitze in der Schutzhülle mit leichter Drehbewegung in den Enddarm einführen
  - Messdauer nach Geräteangabe
    Hinweis: Bei unruhigen Patienten muss das Thermometer während der Messdauer festgehalten werden.
  - Dokumentation der gemessenen Temperatur unter Angabe der Messart
- Auswertung (bei rektaler Messung):
  - 36,5 bis 37,5 °C: normale Körpertemperatur
  - >37,5 bis 38 °C: erhöhte Temperatur
  - >38 bis 39 °C: leichtes bis mäßiges Fieber
  - >39 °C: hohes Fieber
- Anmerkung: Die rektale Temperatur liegt normalerweise 0,5 °C höher als die axillare. Bei akuter Appendizitis kann sie jedoch um 1 °C und mehr erhöht sein.

12. Blutsenkungsgeschwindigkeit (BSG) messen

Fall 6, Schritt 8

13. Serumherstellung

Fall 2, S. 297

14. CRP-Test (qualitativ)
- prüfen, ob Haltbarkeitsdatum des Tests abgelaufen ist
- Handschuhe anlegen
- Serum und Reagenzien auf Raumtemperatur bringen
- je 1 Tropfen Patienten-Serum, Positivkontrollserum und Negativkontrollserum auf Testplatten-Testfelder tropfen
- je 1 Tropfen gut durchmischtes Latex-Reagenz auf jedes Testfeld aufbringen
- die auf die Testfelder aufgebrachten Flüssigkeiten mit je einem Rührstäbchen pro Testfeld mischen
- die Testplatte mit allen Testfeldern etwa 2 Minuten lang rotierend bewegen
- Agglutinationsergebnis unter Einbeziehung der Kontrollfelder beurteilen und dokumentieren

15. Krankenwagenbestellung (telefonisch)
- Melden am Telefon (Begrüßung, Nennen der Praxis und des eigenen Namens)
- Grund für den Notruf mit Verdachtsdiagnose nennen
- Praxisadresse angeben
- Dringlichkeit der Anforderung betonen

16. Verordnung Krankenhausbehandlung (Muster 2) ausfüllen

Fall 3, S. 303

- Ankreuzfeld: Notfall
- eintragen:
  - Kreiskrankenhaus Rollenbrück
  - V. a. akute Appendizits
  - reduzierter AZ bei Spontan- u. Druckschmerz re. Hypogastrium und Fieber mit rektal 39,5 °C, axillar 38,5 °C, CRP positiv
- Vertragsarztstempel, Unterschrift

17. Verordnung einer Krankenbeförderung (Muster 4) ausfüllen

Fall 3, S. 302

- Ankreuzfelder: Krankenhausbehandlung voll- oder teilstationär, Rettungswagen (RTW), Hinfahrt
- eintragen: akute Appendizitis, ICD K35.8, Vertragsarztstempel, Unterschrift des Arztes

18. Abrechnung

- 25.07.:
  - wegen Fehlen der elektronischen Gesundheitskarte Abrechnung auf Muster 5 (von Mutter des Patienten zuvor unterschreiben lassen)
  - 03000 Versichertenpauschale
  - 32042 BSG
  - Abrechnung der weiteren Laborleistungen durch den Laborarzt
- 02.08.:
  - wegen der Leistungserbringung im Rahmen des organisierten Not(fall)dienstes Abrechnung auf Muster 19 (Mutter des Patienten muss unterschreiben)
  - 01212 Notfallpauschale
  - 32042 BSG
  - 32128 C-reaktives Protein (qualitative Bestimmung)

19. Notfall-/Vertretungsschein (Muster 19) bei Ersatzverfahren ausfüllen

- Ankreuzfelder beachten: ärztlicher Notfalldienst; Urlaubs- bzw. Krankheitsvertretung: Notfall; Unfall, Unfallfolgen
- eintragen:
  - Patienten- und Arztdaten
  - Quartal
  - Geschlecht (bis zum Erscheinen neugestalteter Vordrucke, das Geschlecht in das rechte Geschlechterfeld eintragen mit „M" für männlich, „W" für weiblich, „D" für divers, „X" für unbestimmt)
  - Diagnose(n), Befunde und Therapie
  - ggf. Arbeitsunfähigkeit bescheinigt bis ...
  - ggf. weiterbehandelnder Arzt
  - Behandlungsdaten und zugehörige Gebührenordnungspositionen
  - ggf. bei Hausbesuchen tatsächliche Fahrstrecke in Kilometern mit einer Nachkommastelle (links vom Stempelfeld)
- Datum mit Unterschrift des Patienten (oder seines gesetzlichen Vertreters), dass er in der von ihm benannten Krankenkasse versichert ist
- Vertragsarztstempel

Freigabe 01.09.2014

Notfall-/Vertretungsschein 19

Krankenkasse bzw. Kostenträger: AOK Rollenbrück 38

Name, Vorname des Versicherten: Kuhlmann, Tim, Europaring 20, D-53426 Rollenbrück — geb. am 16.08.20xx

Kostenträgerkennung: 101135368 | Versicherten-Nr.: H526457892 | Status: 3

Betriebsstätten-Nr.: 374363800 | Arzt-Nr.: 352852201 | Datum: 25.07.20xx

[X] ärztlicher Notfalldienst [ ] Urlaubs- bzw. Krankheitsvertretung [ ] Notfall Quartal 3 x x

[ ] Unfall Unfallfolgen Geschlecht W M

Diagnosen / ggf. Abrechnungsbegründungen: V. a. akute Appendizitis K35.9 V

Arbeitsunfähigkeit bescheinigt bis [redacted]

Teil b erhält weiterbehandelnder Arzt:

Befunde/Therapie *bitte auf Teil b eintragen!*

[redacted]

Tag	Mon.				Tag	Mon.		
26	07	08:10	01212					
		32042	32128					

Ich bin bei der oben genannten Krankenkasse versichert.
26.07.20xx — Heike Kuhlmann
Datum — Unterschrift des Versicherten

Nicht zu verwenden bei Arbeitsunfällen, Berufskrankheiten und Schülerunfällen

Verbindliches Muster

Vertragsarztstempel

Muster 19a (10.2014)

Prüfungsfall 7: Gallenkolik

Praxisdaten: Herr Dr. med. Ingo Strittmeier, Facharzt für Allgemeinmedizin, Spatzenallee 14, 64821 Hoffenhausen, Betriebsstätten-Nr. 397532500, lebenslange Arzt-Nr. 462378301, Tel. 06241/33557, Fax 06241/33558

Patientendaten: Cornelia Rothenbaum, geb. 27.04.19xx (55 Jahre alt), Rossinistr. 56, 64821 Hoffenhausen, Tel. 06241/89532, krankenversichert bei der Barmer, WOP 46, Kostenträgerkennung 101049400, Gültigkeit der eGK 03/xx, Versichertennummer D426864387, Frau Rothenbaum ist nicht Teilnehmerin eines Hausarztmodells oder eines Disease-Management-Programms.

Situationsbeschreibung: Am Montag, dem 21.07.xx, ruft der Ehemann der langjährigen Patientin Cornelia Rothenbaum während der Nachmittagssprechstunde in der Allgemeinarztpraxis von Herrn Dr. Strittmeier an, in der Sie als MFA mit Ihrer Kollegin arbeiten. Seine Frau habe so starke Bauchschmerzen, dass sie schreien müsse, Dr. Strittmeier möge bitte gleich kommen. Dr. Strittmeier verlässt daraufhin sofort mit Ihnen die Sprechstunde und fährt mit dem Auto zur Wohnung von Frau Rothenbaum (einfache Entfernung 5,5 km, Luftlinie 4,5 km). Die Patientin hat sehr starke kolikartige Bauchschmerzen. Dr. Strittmeier beruhigt die Patientin und lässt Sie zwei Ampullen Butylscopolamin (Buscopan®) zu je 1 mL in einer Spritze und eine 2-mL-Ampulle Metamizol (Novalgin®) in einer zweiten Spritze aufziehen. 30 Minuten nachdem er die Spritzen intravenös verabreicht hat, ist der Schmerz so weit abgeklungen, dass der Arzt Frau Rothenbaum untersuchen kann. Er lässt Sie ein Rezept über Buscopan®-Dragées 10 mg N1 vorbereiten, unterschreibt dieses und erklärt dem Ehepaar Rothenbaum das Dosierungsschema für die nächsten Stunden, bevor er mit Ihnen wieder zurück in die Praxis fährt.

Nach der Sprechstunde besucht Dr. Strittmeier Frau Rothenbaum um 19:30 Uhr nochmals ohne Ihre Begleitung. Es geht der Patientin deutlich besser. Er untersucht sie erneut und bespricht dann 20 Minuten lang mit ihr seinen Verdacht auf eine Gallenkolik als Ursache ihrer Beschwerden sowie mögliche weitere Maßnahmen. Frau Rothenbaum lehnt eine Krankenhauseinweisung ab. Dr. Strittmeier bestellt sie für den nächsten Morgen um 8:00 Uhr für weitere diagnostische Maßnahmen nüchtern in die Praxis ein.

Am Folgetag erscheint Frau Rothenbaum pünktlich in Begleitung ihres Ehemannes in der Praxis. Sie messen Puls, Blutdruck und ihre rektale Körpertemperatur. Danach nehmen Sie ihr venöses Blut ab zur Bestimmung des kleinen Blutbildes sowie dem CRP, der GGT, GOT, GPT und des INR-Wertes durch die Laborgemeinschaft, der Dr. Strittmeier angehört. Die BSG bestimmen Sie selbst. Nach der folgenden Untersuchung bei Dr. Strittmeier bereiten Sie die Sonografie des Abdomens der Patientin vor. Hier findet der Arzt Steine in der Gallenblase und versucht anschließend 10 Minuten lang vergeblich, Frau Rothenbaum doch zu einer Weiterbehandlung im Krankenhaus zu bewegen. Schließlich lässt er Sie eine Überweisung zum Gastroenterologen zur Mit- und Weiterbehandlung mit der Diagnose „Zustand nach Kolik bei Cholezystolithiasis" und eine Arbeitsunfähigkeitsbescheinigung ab 21.07. bis 25.07. mit dem ICD-Code K80.10 vorbereiten. Er vervollständigt die Überweisung, unterschreibt beide Vordrucke und gibt sie Frau Rothenbaum mit.

Erledigen Sie alle betriebsorganisatorischen und medizinischen Aufgaben – auch die delegierbaren ärztlichen Leistungen – und rechnen Sie die delegierbaren und nicht delegierbaren Aufgaben ab.

1. Telefonanruf Notfall
- Telefonanruf annehmen: Begrüßung, Nennung der Praxis und des eigenen Namens
- Grund des Anrufs erfragen / als Notfall erkennen
- nachfragen und notieren: Wo (genaue Adresse), wer (Anrufer und Patient), was genau ist passiert?
- schnelle Hilfe zusagen und Patienten/Angehörige beruhigen
- sofort Arzt bzw. Notarzt informieren

2. Hausbesuche vorbereiten
- Hausbesuchskoffer bzw. -tasche auf Vollständigkeit überprüfen
- Patientenakten bzw. Patientenkartei mitgeben
- mobiles Kartenlesegerät mitgeben

3. Patientenempfang im Notfall

Fall 6, S. 315

4. Hygienische Händedesinfektion

Fall 1, S. 291

5. i.v. Injektion vorbereiten

Fall 1, S. 291

6. Rezept (Arzneiverordnungsblatt, Muster 16) ausfüllen

Fall 4, S. 306

- ankreuzen: Gebührenpflichtig
- Rp.: Buscopan®-Dragées 10 mg N1
- freies Rezeptfeld entwerten

7. Patientenempfang zum vereinbarten Termin

Fall 1, S. 290

8. Pulsmessung

Fall 1, S. 291

9. Blutdruckmessung bei bekanntem Patienten

Fall 1, S. 291

10. Messung der Körpertemperatur

Fall 6, S. 315

11. Hygienische Händedesinfektion

Fall 1, S. 291

12. Venöse Blutentnahme

Fall 1, S. 292

13. Plasmaherstellung

- Handschuhe anziehen
- Blut in antikoagulanzienhaltigem Röhrchen abnehmen
- Blutprobe in Zentrifuge einbringen, dabei zur Vermeidung von Unwuchten auf gleichmäßige Beladung achten; ggf. durch zusätzliches Einbringen wassergefüllter Zentrifugenröhrchen ausgleichen
- 10 Minuten bei 2 000 g oder ca. 3 000 Umdrehungen pro Minute zentrifugieren
- Plasma in separates Röhrchen abpipettieren (kann danach im Kühlschrank bei 4 °C 1–2 Tage bis zur Analyse aufgehoben werden)

14. Serumherstellung

Fall 2, S. 297

15. Laborüberweisung Laborgemeinschaft (Muster10A) ausfüllen

Fall 1, S. 292

- ankreuzen:
  - kurativ
  - Geschlecht W
- ausfüllen:
  - Diagnose K80.10
  - Abnahmedatum: 22.07.xx
  - Abnahmeuhrzeit: 8:00
- Felder anstreichen:
  - kleines Blutbild
  - Quick
  - CRP
  - GGT
  - GOT
  - GPT

16. Blut abholfertig machen

Fall 1, S. 293

17. Laborkarte/Laborbuch ausfüllen

Fall 1, S. 293

18. Blutsenkungsgeschwindigkeit (BSG) messen

Fall 6, S. 314

19. Sonografie vor- und nachbereiten

- hier: Vor- und Nachbereitung zur Oberbauchsonografie
- Patient muss mindestens sechs Stunden vor der Untersuchung nüchtern bleiben
- ggf. Liege reinigen bzw. neue Papierunterlage abrollen
- ggf. Ultraschallgerät einschalten
- ggf. Patientendaten in Ultraschallgerät eingeben
- Patienten mit Namen aufrufen
- Patienten mit dem Rücken auf Untersuchungsliege legen lassen (Kopfteil der Liege kann etwas erhöht sein)
- Bauch frei machen lassen (Oberbekleidung nach oben hochschieben, Kleid bzw. Hose nach unten bis zur Leiste schieben)
- Kontaktgel bereitlegen
- Zellstoff bereitstellen (zum späteren Entfernen des Kontaktgels)
- Raum für die Untersuchung ggf. etwas abdunkeln
- nach der Untersuchung Patienten ggf. beim Entfernen des Kontaktgels helfen und Liege wieder einsatzfähig machen

20. Überweisungsschein (Muster 6) ausfüllen

- Ankreuzfelder beachten:
  - kurativ/präventiv
  - Behandlung gemäß § 116b SGB V (bei ambulanter Behandlung im Krankenhaus)
  - bei belegärztlicher Behandlung
  - Unfall, Unfallfolgen
  - Geschlecht W
  - Ausführung von Auftragsleistungen/Konsiliaruntersuchung/Mit-/Weiterbehandlung
  - eingeschränkter Leistungsanspruch gemäß § 16 Abs. 3a SGB V (bei Beitragsrückständen)
- eintragen:
  - Quartal
  - ggf. Datum einer geplanten OP
  - Überweisung an
  - AU bis
  - Diagnose bzw. Verdachtsdiagnose
  - ggf. Befund/Medikation
  - ggf. Auftrag
  - Vertragsarztstempel und -unterschrift

Muster 6, S. 320

Freigabe 01.09.2014

Krankenkasse bzw. Kostenträger
Barmer 46
Name, Vorname des Versicherten
Rothenbaum, Cornelia
geb. am
Rossinistr. 56 27.04.19xx
D-64821 Hoffenhausen
Kostenträgerkennung | Versicherten-Nr. | Status
101049400 | D426864387 |
Betriebsstätten-Nr. | Arzt-Nr. | Datum
397532500 | 462378301 | 22.07.20xx

Überweisungsschein 06

Quartal 3 x x

[X] Kurativ [ ] Präventiv [ ] Behandl. gemäß § 116b SGB V [ ] bei belegärztl. Behandlung

Geschlecht W

[ ] Unfall Unfallfolgen — Datum der OP bei Leistungen nach Abschnitt 31.2 T T M M J J

Überweisung an: Gastroenterologen

[ ] Ausführung von Auftragsleistungen [ ] Konsiliaruntersuchung [X] Mit-/Weiterbehandlung — AU bis 2 5 0 7 x x

[ ] eingeschränkter Leistungsanspruch gemäß § 16 Abs. 3a SGB V

Diagnose/Verdachtsdiagnose
Zustand nach Kolik bei Cholezystolithiasis

Befund/Medikation

Auftrag

Verbindliches Muster

Vertragsarztstempel / Unterschrift des Arztes

Muster 6 (10.2014)

21. Arbeitsunfähigkeitsbescheinigung (Muster 1) ausfüllen

Fall 4, S. 306

- ankreuzen:
  - Erstbescheinigung
- ausfüllen:
  - arbeitsunfähig seit 21.07.XX
  - arbeitsunfähig bis 25.07.XX
  - festgestellt am 22.07.XX
  - Diagnose K80.10
  - Vertragsarztstempel und -unterschrift

22. Verabschiedung des Patienten

Fall 1, S. 294

23. Arbeitsplatzdesinfektion

Fall 5, S. 312

24. Abrechnung

- 21.07., 16:15 Uhr:
  - 01412 Dringender Besuch / dringende Visite auf der Belegstation wegen der Erkrankung, unverzüglich nach Bestellung ausgeführt;
    Anmerkung: abrechenbar ohne zeitliche Einschränkungen bei Unterbrechung der Sprechstundentätigkeit mit Verlassen der Praxisräume
  - Wegegeld: Es gilt die einfache Entfernung Luftlinie von der Praxis zum Patienten (hier: 4,5 km).
    Es sind die Entfernungsbereiche und die daraus abgeleiteten GOPs der eigenen KV zu beachten.
  - 03000 Versichertenpauschale
  - 01440 Verweilen außerhalb der Praxis, je vollendete 30 Minuten
- 21.07., 19:30 Uhr:
  - 01410 Besuch eines Kranken
  - Wegegeld (Erläuterungen s. 16:15 Uhr)
  - 2 x 03230 Problemorientiertes ärztliches Gespräch, das aufgrund der Art und der Schwere der Erkrankung erforderlich ist, je vollendete 10 Minuten
- 22.07.:
  - 32042 Blutkörperchensenkungsgeschwindigkeit
  - 33042 Sonografische Untersuchung des Abdomens oder dessen Organe und/oder des Retroperitoneums oder dessen Organe einschließlich der Nieren mittels B-Mode-Verfahren
  - 03230 Problemorientiertes ärztliches Gespräch, je vollendete 10 Minuten

Anmerkung: Die Laborwerte, mit denen die ärztliche Laborgemeinschaft mit Muster 10A (s. Schritt 16) beauftragt wurde, werden von dieser auch mit der KV abgerechnet, belasten jedoch das Laborbudget des beauftragenden Arztes.

Prüfungsfall 8: Schnittwunde

Praxisdaten: Herr Dr. med. Rainer Spitzmüller, Facharzt für Allgemeinmedizin, Rombacherstr. 48, 73432 Aalen, Betriebsstätten-Nr. 17654900, lebenslange Arzt-Nr. 655947654, Tel. 07361/43541

Patientendaten: Thomas Zeller, geb. 30.09.19xx (45 Jahre alt), Hüttfeldstr. 15, 73432 Aalen, als Mitglied versichert bei der AOK Baden-Württemberg, WOP 61, Kostenträgerkennung 106745066, Versichertennummer D7654398, Gültigkeit der eGK 03/XX, keine Gebührenbefreiung, BG: Land- und forstwirtschaftliche Berufsgenossenschaft, Vogelrainstr. 25, 70199 Stuttgart; Herr Zeller ist nicht Teilnehmer eines Hausarztmodells oder DMP.

Situationsbeschreibung: Herr Thomas Zeller ist als Forstwirt bei der Thurn und Taxis Forst GmbH & Co KG, Industriestr. 48, 73432 Aalen, beschäftigt. Am Vormittag des 25.02.20xx arbeitet der Betrieb auf dem Waldfriedhof in Aalen: Es müssen mehrere Bäume gefällt und ausgelichtet werden. Als Herr Zeller einen Ast abschneidet, rutscht er mit der stark verschmutzten Astschere ab und schneidet sich in die linke Handfläche. Geistesgegenwärtig schaltet er die Astschere ab, sein Kollege eilt ihm zu Hilfe und legt einen notdürftigen Verband auf die stark blutende Wunde. Sogleich fährt ein anderer Kollege an die Unfallstelle, Herr Zeller steigt bei vollem Bewusstsein ins Auto und wird zum nächstgelegenen Arzt Dr. Spitzmüller, der auch gleichzeitig der Hausarzt von Herrn Zeller ist, gebracht.

Hier erscheint Herr Zeller mit seinem Kollegen um 10:30 Uhr. Sie arbeiten an der Anmeldung, erkennen sofort die stark blutende Wunde und bringen Herrn Zeller in ein Behandlungszimmer. Sie bitten ihn, sich auf die Behandlungsliege zu legen, ziehen sich Handschuhe an und legen ihm nach Anordnung von Dr. Spitzmüller einen Druckverband auf die stark blutende Wunde und einen Wundabdeckungsverband auf eine kleine Wunde, die sich seitlich befindet, an. Anschließend desinfizieren Sie sich die Hände hygienisch. Dann messen Sie bei ihm einen Blutdruck von 110/70 mmHg und einen Puls von 76/min. Der Patient fühlt sich so weit ganz gut. Während er auf Dr. Spitzmüller wartet, verfassen Sie den Unfallbericht von Herrn Zeller und nehmen die Personalien des Patienten auf.

Dr. Spitzmüller schaut sich die stark verschmutzte, großflächig kontaminierte Schnittwunde des Patienten an. Er erkennt mehrere Fremdkörper in der Wunde an der linken Hand, die sich vom Handgelenk bis zum Daumengrundgelenk erstreckt. Dr. Spitzmüller bittet Sie, den OP-Tisch zur Fremdkörperentfernung und die anschließende Wundbehandlung vorzubereiten. Außerdem soll die Wunde zur Dokumentation fotografiert werden. Auf die Frage des Arztes nach dem Impfschutz des Patienten verweist dieser auf seinen Termin zur Auffrischimpfung in der kommenden Woche. Dr. Spitzmüller bittet Sie, eine Diphtherie-Tetanus-Impfung sofort nach dem kleinen chirurgischen Eingriff durchzuführen.

Sie fotografieren die Wunde und bereiten den OP-Tisch vor. Dr. Spitzmüller verabreicht Herrn Zeller eine Ampulle Scandicain zur lokalen Betäubung der linken Mittelhand und des Daumens. Anschließend führen der Arzt und Sie eine chirurgische Händedesinfektion durch, um die kleine Operation zu beginnen. Dr. Spitzmüller entfernt sehr tief sitzende Fremdkörper und schneidet die zerfetzten Wundränder aus. Auf Grund der starken Verschmutzung wird die Wunde anschließend nicht genäht. Dr. Spitzmüller bittet Sie nach der Wundversorgung, einen entsprechenden Verband anzulegen und den Daumen zusätzlich noch mit einem Fingerschienenverband ruhig zu stellen. Herr Zeller erhält anschließend von Ihnen die Tdap-Impfung, die Sie in der Patientenakte dokumentieren. Herr Zeller bleibt zur Überwachung und Verbandkontrolle noch für etwa 30 Minuten in der Praxis. Sie räumen alle Materialien wieder auf, reinigen die benutzten Instrumente fachgerecht und bereiten sie zur Sterilisation vor.

Herrn Zeller geht es so weit ganz gut, der Kreislauf ist stabil und Sie kontrollieren nochmals den Verband, der gut sitzt. Es hat auch nichts mehr durchgeblutet, sodass Herr Zeller entlassen werden kann. In der Zwischenzeit ist auch die Ehefrau von Herrn Zeller gekommen, um ihren Mann abzuholen. Zur weiteren Behandlung erhält Herr Zeller von Ihnen ein Rezept über Kompressen 10 × 10 cm (25 × 2 Stk.), 10 Stück Mullbinden 8 cm und 20 Diclofenac-Tabletten 50 mg. Außerdem bekommt Herr Zeller eine Arbeitsunfähigkeitsbescheinigung für einen Tag. Herr Zeller soll sich am Folgetag bei dem D-Arzt Dr. Gerald Schmutz, Gmünder Torplatz 2, 73432 Aalen, vorstellen. Dazu geben Sie ihm eine Kopie der ersten Seite der fertig ausgefüllten Ärztlichen Unfallmeldung (F 1050) mit. Hiernach verabschieden Sie den Patienten und seine Frau.

Übernehmen Sie alle betriebsorganisatorischen und medizinischen Aufgaben – auch die delegierbaren ärztlichen Leistungen – und rechnen Sie die im ersten Quartal erbrachten Gebührenordnungspositionen für Ihre Praxis ab.

1. Patientenempfang im Notfall

Fall 6, S. 315

2. Patientenaufnahme bei einem Arbeitsunfall

- Name, Vorname, Geburtsdatum und Adresse des Patienten erfragen
- Arbeitgeber mit Anschrift notieren
- zuständige BG feststellen
- Unfallzeit, Unfallort, Unfallhergang notieren

3. Wundversorgung einer stark blutenden Wunde (Druckverband)
- Patienten hinlegen lassen
- Handschuhe anziehen
- Wunde steril abdecken
- mit geeignetem Material (Binde) einige Touren verbinden
- nicht saugfähiges Druckpolster auflegen
- fertig verbinden

4. Wundabdeckung
- sterile Kompressen vorbereiten
- Handschuhe anziehen
- Kompressen ohne großen Druck auf die kontaminierte Wunde legen
- mit Mullbinde umwickeln

5. Hygienische Händedesinfektion nach großflächiger Kontamination
- Kontamination abspülen, dann waschen

Fall 1, S. 291

6. Blutdruckmessung bei bekanntem Patienten

Fall 1, S. 291

7. Pulsmessung

Fall 1, S. 291

8. Ärztliche Unfallmeldung (bei Überweisung zum D-Arzt) ausfüllen
- Personalien des Patienten eintragen
- Arbeitgeber mit Anschrift notieren
- Unfallversicherungsträger, Unfalltag und -zeitpunkt
- Unfallbericht schreiben
- ärztliche Maßnahmen beschreiben

Vordruck F 1050, S. 323

9. Fotodokumentation
- Maßband neben der Wunde auflegen
- mit einer Fotokamera Fotos aus verschiedenen Positionen machen

10. Vorbereitung Wundversorgung: verunreinigte klaffende Wunde, Fremdkörperentfernung
- Wunddesinfektionsmittel
- Wundreinigungsmittel
- Anästhesie (Ampulle mit Lokalanästhetikum, zwei Kanülen, Spritze)
- sterile Handschuhe
- sterile Tupfer und Kompressen
- steriles Verbandmaterial
- zwei Nierenschalen für Abfall und für zu sterilisierende Instrumente
- sterile Gefäßklemme bereithalten
- steriles Skalpell
- sterile chirurgische, anatomische und Splitter-Pinzette, sterile Schere
- ggf. physiologische Kochsalzlösung zum Spülen
- je ein steriles Abdecktuch für Arbeitsplatz und Patienten

11. Chirurgische Händedesinfektion

Fall 5, S. 310

12. Schlauchverband und Fingerschienenverband vorbereiten und anlegen
- nichtsterile Handschuhe
- geeigneten Schlauchverband auswählen (Größe und Länge): Stülpa oder fertigen Fingerschlauchverband
- sterile Wundauflage
- Verbandschere zum Einschneiden der Befestigung
- Anlegen des Verbandes: Wunde mit sterilen Kompressen abdecken, einen Fingerschlauchverband darüberstülpen
- Fingerschiene anlegen, mit Mullbinde befestigen

13. Impfung, i.m. Injektion mit Fertigspritze
- Verfallsdatum prüfen
- patientenkonforme Kanüle (Gewicht, Geschlecht, Alter) auswählen
- Hautdesinfektion, danach Trocknung
- senkrechter Einstich in den M. deltoideus des nicht dominanten Arms
- Aspiration
- langsame Injektion
- Kanüle rasch entfernen
- mit keimarmem Tupfer auf Injektionsstelle drücken
- Pflaster (nicht bei Pflasterallergie)
- Dokumentation im Impfbuch, in der Patientenkartei

Ärztliche Unfallmeldung

Lfd. Nr. 2014/2

Unfallversicherungsträger: Land- und forstwirtschaftliche Berufsgenossenschaft Stuttgart		Eingetroffen am: 25.02.20xx	Uhrzeit: 10:30 Uhr
Name, Vorname des Versicherten: Zeller, Thomas	Geburtsdatum: 30.09.19xx	Krankenkasse: AOK Baden-Württemberg	
Beschäftigt als: Forstwirt	Seit: 01.02.19xx	Bei Pflegeunfall Pflegekasse des Pflegebedürftigen	

Unfallbetrieb, ggf. mit Telefon-Nr. (Bezeichnung bzw. Name und Anschrift des Arbeitgebers, der Kindertageseinrichtung, der Schule oder Hochschule, des Pflegebedürftigen): Thurn und Taxis Forst GmbH u. Co KG

Vollständige Anschrift des Versicherten: Hüttfeldstr. 15, 73432 Aalen		Telefon-Nr. des Versicherten: 07361 76546	Staatsangehörigkeit: deutsch	Geschlecht: M
Unfalltag: 25.02.20xx	Uhrzeit: 09:30 Uhr	Beginn der Arbeitszeit: 07:30 Uhr	Ende der Arbeitszeit: 16:30 Uhr	

Vorstellungspflicht beim Durchgangsarzt

[X] Der Verletzte wird am 26.02.20xx bei dem D-Arzt (bitte genaue Anschrift angeben)
Dr. Gerald Schmutz, Gmünder Torplatz 2, 73432 Aalen vorgestellt, weil

- [X] die Unfallverletzung über den Unfalltag hinaus zur Arbeitsunfähigkeit führt,
- [X] die Behandlungsbedürftigkeit voraussichtlich mehr als eine Woche beträgt,
- [ ] die Verordnung von Heilmitteln (z. B. Physiotherapie) oder Hilfsmitteln (z. B. Gehstützen) erforderlich ist,
- [ ] eine Wiedererkrankung an Unfallfolgen vorliegt.

[ ] Eine Vorstellungspflicht beim D-Arzt besteht nicht, weil keine der oben aufgeführten Voraussetzungen erfüllt ist (nur in diesem Fall bitte weiter mit Pkt. 1).

1. Angaben des Versicherten zum Unfallort, Unfallhergang und zur Tätigkeit, bei der der Unfall eingetreten ist
Bei Baumfällarbeiten auf dem Waldfriedhof in Aalen rutscht Herr Zeller mit der Astschere ab und schneidet sich in die linke Hand.

2. Kurze Angabe des Befundes (ggf. mit Röntgenergebnis)
verschmutzte Schnittwunde an der linken Hand vom Handgelenk bis zum Daumengrundgelenk, mehrere Fremdkörper befinden sich in der Wunde

3. Diagnose
kontaminierte Schnittwunde an der linken Hand

4. Ist weitere **allgemeine Heilbehandlung** erforderlich?
- [ ] nein
- [X] ja
  - [ ] durch mich
  - [X] durch anderen Arzt (bitte genaue Anschrift angeben)

Dr. Gerald Schmutz, Gmünder Torplatz 2, 73432 Aalen

Ort, Datum: Aalen, 25.02.20xx
Unterschrift

Anschrift/Stempel:
Dr. med. Achim Spitzmüller
Rombacherstr. 48
73432 Aalen
Tel. 07361 43541
655947654

An
Land- und forstwirtschaftliche Berufsgenossenschaft
Vogelrainstr. 25
70199 Stuttgart

Datenschutz:
Ich habe die Hinweise nach § 201 SGB VII gegeben.

F 1050 1113 Ärztliche Unfallmeldung ...

13. Zum D-Arzt schicken
- Dem Patienten Information über Verbindungsdaten des D-Arztes aushändigen
- evtl. Kopie der ausgefüllten S. 1 der Ärztlichen Unfallmeldung oder andere Unterlagen zur Information des D-Arztes mitgeben

14. Rezept (Arzneiverordnungsblatt, Muster 16) bei Arbeitsunfall ausfüllen

Rezept (Arzneiverordnungsblatt, Muster 16) ausfüllen, Fall 4, S. 306; Muster 16 bei Arbeitsunfall, S. 325

- zuständige Berufsgenossenschaft eintragen
- ankreuzen: gebührenfrei, Status
- ankreuzen: Arbeitsunfall
- Unfalltag und Unfallbetrieb eintragen
- entwerten, mit Stempel und Unterschrift versehen

15. Arbeitsunfähigkeitsbescheinigung (Muster 1) bei Arbeitsunfall ausfüllen

Arbeitsunfähigkeitsbescheinigung (Muster 1) ausfüllen, Fall 4, S. 306

- hier: Arbeitsunfall ankreuzen
- dem D-Arzt zugewiesen ankreuzen

16. Verabschiedung des Patienten

Fall 1, S. 294

17. Wiederaufbereitung der benutzten Instrumente

Fall 5, S. 312

18. Abrechnung (UV-GOÄ)
- 1 Beratung und Untersuchung: 6,21 €
- 2003 Erstversorgung einer großen, stark verunreinigten Wunde: 8,97 €
- 375 Schutzimpfung: 3,45 € + Impfstoff (nach berufsgenossenschaftlichem Nebenkostentarif BG-NT)
- 143 AU-Bescheinigung: 2,74 €
- 145 Überweisungsvordruck F 2900: 3,49 €

Hinweis: Abrechnung auf Teil 3 des Formulars F 1050; Ziffer 200 Verband kann nicht abgerechnet werden, die Verbandkosten jedoch nach dem Berufsgenossenschaftlichen Nebenkostentarif.

Vordruck F 1050 (Seite 3), S. 325

Freigabe 01.09.2014

X Gebühr | Geb.-pfl. | noctu | Sonstige | Unfall | X Arbeitsunfall

Krankenkasse bzw. Kostenträger
Land- und forstwirtschaftl. BG

Name, Vorname des Versicherten
Zeller, Thomas
Hüttfeldstr. 15
73432 Aalen

geb. am
30.09.19xx

Unverbindliches Muster

Kostenträgerkennung	Versicherten-Nr.	Status
	D7654398	1000000

Betriebsstätten-Nr.	Arzt-Nr.	Datum
	655947654	25.02.20xx

BVG	Hilfs-mittel	Impf-stoff	Spr.-St. Bedarf	Begr.-Pflicht	Apotheken-Nummer / IK
6	7	8	9		

Zuzahlung | Gesamt-Brutto

Arzneimittel-/Hilfsmittel-Nr.	Faktor	Taxe
1. Verordnung		
2. Verordnung		
3. Verordnung		

Rp. (Bitte Leerräume durchstreichen)

aut idem — Kompressen 25 x 2 Stück

aut idem — Mullbinde 8 cm 20 Stück

aut idem — Diclofenac 50 20 Tbl. N1

Vertragsarztstempel

Dr. Achim Spitzmüller
Rombacherstr. 48
73432 Aalen
Tel. 07361 43541
655947654

Spitzmüller

Unterschrift des Arztes
Muster 16 (10.2014)

6664

Bei Arbeitsunfall auszufüllen!

Abgabedatum in der Apotheke

Unfalltag	Unfallbetrieb oder Arbeitgebernummer
25.02.20xx	Thurn u. Taxis Forst

Abrechnung

						Besondere Kosten
Berichtsgebühr (entfällt bei Vorstellung beim D-Arzt)	nach Nr.	125	UV-GOÄ		EUR	
Ärztliche Leistung	nach Nr.	1	UV-GOÄ	6,91	EUR	EUR
	nach Nr.	2003	UV-GOÄ	9,98	EUR	EUR
	nach Nr.	200	UV-GOÄ	0,00	EUR	1,28 EUR
	nach Nr.	375	UV-GOÄ	3,84	EUR	EUR
	nach Nr.	143	UV-GOÄ	3,05	EUR	EUR
	nach Nr.		UV-GOÄ		EUR	EUR
	nach Nr.		UV-GOÄ		EUR	EUR
	nach Nr.		UV-GOÄ		EUR	EUR
	nach Nr.		UV-GOÄ		EUR	EUR
	nach Nr.		UV-GOÄ		EUR	EUR
					EUR	EUR
Summe Besondere Kosten				1,28	EUR	
Porto					EUR	
			zusammen	25,06	EUR	

MUSTER

Rechnungsnummer	Institutionskennzeichen (IK)
BG-100345	Falls kein IK - Bankverbindung (IBAN und BIC) -

F 1050 1113 Ärztliche Unfallmeldung

Prüfungsfall 9: Bisswunde

Praxisdaten: Herr Dr. med. Achim Kölle, Facharzt für Chirurgie und D-Arzt, Stuttgarter Str. 76, 89073 Ulm, Betriebsstätten-Nr. 987698500, lebenslange Arzt-Nr. 986543201, Tel. 0731/46578

Patientendaten: Christian Braun, geb. 30.03.19xx (35 Jahre alt), Konrad-Röntgen-Str. 6, 89143 Blaubeuren, Tel. 07344/76546, krankenversichert bei der AOK Baden-Württemberg, WOP 61, Kostenträgerkennung 106745066, Versichertennummer D8765092, Gültigkeit der eGK 03/xx; Herr Braun ist kein Teilnehmer eines Hausarzt- oder Disease-Management-Programms. Er arbeitet als Tierpfleger im Tierheim Ulm, BG: Verwaltungs-BG Ludwigsburg.

Situationsbeschreibung: Es ist Freitag, der 31.07.20xx, 19:30 Uhr, als die letzten Patienten die Praxis verlassen haben. Sie besprechen gerade den Anrufbeantworter mit den Namen der vertretenden Ärzte, da die Praxis in der kommenden Woche am Donnerstag und Freitag wegen Fortbildungen zwei Tage geschlossen ist. Danach platzieren Sie einen Aushang bezüglich der Schließungstage und einen Hinweis auf die vertretenden Ärzte unter das Arztschild am Hauseingang. Im selben Augenblick wird Herr Braun von seinem Kollegen vor die Praxis gefahren. Sie erkennen einen sehr blassen Patienten mit schmerzverzerrtem Gesicht und einer stark blutenden, notdürftig versorgten Wunde am rechten Oberschenkel. Herr Braun bittet um eine schnelle Behandlung, da es ihm nicht sehr gut gehe. Sie holen sogleich einen Rollstuhl und bringen den Patienten in die Praxis. Dieser erzählt nun, dass er seit 10 Jahren als Tierpfleger im nahe gelegenen Tierheim arbeitet und heute Spätschicht hatte. Ein verletzter Schäferhund wurde vor dem Tierheim ausgesetzt. Herr Braun wollte sich um den Hund kümmern, als dieser ihn anfiel und in den rechten Oberschenkel biss. Sie bringen den Patienten sogleich ins Behandlungszimmer und rufen nach Herrn Dr. Kölle, der gerade die Praxis verlassen wollte. Der Arzt erkennt eine stark blutende und stark zerfetzte 5 × 4 cm große Bisswunde am rechten Oberschenkel. Er bittet Sie, alles zur Wundversorgung herzurichten. Die Bisswunde wird anschließend unter Ihrer Assistenz vom Arzt chirurgisch ausgeschnitten und desinfiziert sowie später von Ihnen mit einem Wundverband versorgt. Während der Patient noch in der Praxis überwacht wird, nehmen Sie die Patientendaten auf und schreiben den Unfallbericht, den Sie noch am gleichen Tag versenden. Da es sich bei der Wunde um einen Tierbiss handelt und Herr Braun angibt, dass die Wunde sehr stark schmerzt und pocht, äußert Dr. Kölle den Verdacht auf eine folgende Infektion der Wunde. Er verordnet dem Patienten das Antibiotikum Amoxiclav 125 mg Filmtabletten 20 Stk., 3 × 2 Tabletten, und zur Schmerzlinderung Diclofenac-Tabletten 50 mg, 20 Stk. N1. Dr. Kölle fragt nach dem Impfschutz des Patienten, welchen dieser bejaht, da erst vor einem Monat sämtliche Auffrischimpfungen durchgeführt wurden.

Nach der Wundversorgung geht es dem Patienten etwas besser, sodass er von einem Angehörigen abgeholt werden kann. Dr. Kölle schreibt Herrn Braun noch bis Mittwoch krank und bittet ihn, am Montag zur Kontrolle wiederzukommen. Sie vereinbaren einen Termin mit ihm und verabschieden ihn, bevor Sie anschließend die gebrauchten Instrumente wieder gebrauchsfähig machen und den Arbeitsplatz wieder herrichten.

Am Montag, den 03.08.20xx, öffnen Sie morgens um 8:00 Uhr wieder die Praxis von Dr. Kölle. Herr Christian Braun steht schon vor der Tür und wartet ganz ungeduldig, da es ihm gar nicht gut gehe. Er wird sofort von Ihnen in ein Behandlungszimmer gebracht, wo Sie seinen Verband entfernen. Die Wunde sieht nicht gut aus: Weiße, eitrige Beläge sind zu erkennen. Als Dr. Kölle die Wunde betrachtet, ordnet er sofort eine Wundspülung und Desinfektion dieser infizierten, septischen Wunde an. Diese wird mit Ihrer Assistenz durchgeführt. Anschließend legen Sie wieder einen Verband an. Der Patient soll nun täglich zum Verbandwechsel und zur Wundspülung zu Ihnen in die Praxis kommen.

Als Herr Braun sich am 05.08.20xx wieder beim Arzt vorstellt, kann dieser eine deutliche Befundbesserung erkennen. Die Wunde ist nicht mehr infiziert, die Wundheilung schreitet zunehmend fort und dem Patienten geht es deutlich besser, sodass die Wunde nicht mehr so engmaschig kontrolliert werden muss. Dr. Kölle schreibt den Patienten weiterhin bis zum Wochenende krank.

Übernehmen Sie alle betriebsorganisatorischen und medizinischen Aufgaben – auch die delegierbaren ärztlichen Leistungen – und rechnen Sie danach die erbrachten Leistungen für die Praxis Dr. Kölle ab.

1. Anrufbeantworter besprechen
- Begrüßung (Anrufbeantworter der Praxis Dr. Kölle)
- Die Praxis ist vom 06.08.20xx bis zum 07.08.20xx geschlossen.
- Vertretung mit Namen, Adresse, Telefonnummer, Sprechzeiten
- Bereitschaftsdienst in Notfällen unter der Telefonnummer: (...)
- Praxisbetrieb wieder am 10.08.20xx ab 8:00 Uhr

Hinweis: Sprache und Sprechtempo beachten

2. Praxisaushang bei Urlaub/Fortbildung
- Inhalt z. B.: Urlaub/Fortbildung vom 06.08.20xx bis zum 07.08.20xx
- Vertretung mit Anschrift, Telefonnummer, Sprechzeiten
- Hinweis auf ärztlichen Bereitschaftsdienst mit Telefonnummer für Notfall
- Praxisbetrieb wieder am 10.08.20xx ab 8:00 Uhr

Hinweis: Gestaltung beachten

3. Patientenempfang ohne Termin

Fall 5, S. 309

4. Patientenaufnahme bei einem Arbeitsunfall (besondere Heilbehandlung)

Patientenaufnahme bei einem Arbeitsunfall, Fall 8, S. 321

Hinweis: Wird der Patient bei einem D-Arzt vorgestellt, werden andere Formulare ausgefüllt als beim Hausarzt.

5. Vorbereitung Wundversorgung: Bisswunde
- Wunddesinfektionsmittel und -reinigungsmittel bereitstellen
- Lokalanästhesie vorbereiten (Ampulle, zwei Kanülen, eine Spritze)
- sterile Handschuhe
- steriles Abdecktuch, Tupfer und Kompressen
- zwei Nierenschalen bereithalten
- sterile Instrumente (Klemme, Skalpell, Pinzette, Schere)
- steriles Abdecktuch für Arbeitsplatz und Patienten

6. Chirurgische Händedesinfektion

Fall 5, S. 310

7. Sterilen Wundverband vorbereiten

Fall 5, S. 311

8. Sterilen Wundverband anlegen

Fall 5, S. 311

9. Durchgangsarztbericht ausfüllen
- Patientendaten
- Unfallversicherungsträger, Beruf, Unfallbetrieb
- Unfallbericht
- ärztliche Maßnahmen
- Beurteilung der Arbeitsfähigkeit
- Unfallzeitpunkt

Vordruck F 1000, S. 328

10. Postversand organisieren
- Vorlagenkontrolle
- Versandart nach Größe, Gewicht, Sicherheit und Dringlichkeit wählen (hier: Standardbrief)
- aktuelle Versandgebühr feststellen und frankieren

11. Rezept (Arzneiverordnungsblatt, Muster 16) bei Arbeitsunfall ausfüllen

Rezept (Arzneiverordnungsblatt, Muster 16) ausfüllen, Fall 4, S. 306;
Rezept (Arzneiverordnungsblatt, Muster 16) bei Arbeitsunfall ausfüllen, Fall 8, S. 324

- hier: Verordnung von Amoxiclav 125 mg Filmtabletten 20 Stk., 3 x 2 Tabletten
  Diclofenac 50 mg, 20 Stk. N1

12. Arbeitsunfähigkeitsbescheinigung (Muster 1) bei Arbeitsunfall ausfüllen

Arbeitsunfähigkeitsbescheinigung (Muster 1) ausfüllen, Fall 4, S. 306;
Arbeitsunfähigkeitsbescheinigung (Muster 1) bei Arbeitsunfall ausfüllen, Fall 8, S. 324

13. Terminvereinbarung

Fall 4, S. 308

14. Verabschiedung des Patienten

Fall 1, S. 294

15. Wiederaufbereitung der benutzten Instrumente

Fall 5, S. 312

Durchgangsarztbericht - UV-Träger -

Lfd. Nr.

Unfallversicherungsträger Verwaltung-BG Ludwigsburg		Eingetroffen am 31.07.20xx	Uhrzeit 18:15 Uhr
Name, Vorname des Versicherten Braun, Christian	Geburtsdatum 30.03.19xx	Krankenkasse (bei Fam.-Vers. Name des Mitglieds; in diesem Falle keine Kopie an die Krankenkasse) AOK Baden-Württemberg	
Beschäftigt als Tierpfleger	Seit 01.06.20xx	Bei Pflegeunfall Pflegekasse des Pflegebedürftigen	

Unfallbetrieb, ggf. mit Telefon-Nr. (Bezeichnung bzw. Name und Anschrift des Arbeitgebers, der Kindertageseinrichtung, der Schule oder Hochschule, des Pflegebedürftigen)
Tierheim Ulm, Örlinger-Tal-Weg 8, 89073 Ulm

Vollständige Anschrift des Versicherten	Telefon-Nr. des Versicherten	Staatsangehörigkeit	Geschlecht
Konrad-Röntgen-Str. 6, 89143 Blaubeuren	07344 76546	D	M

1 Unfalltag	Uhrzeit	Beginn der Arbeitszeit	Ende der Arbeitszeit
31.07.20xx	17:30 Uhr	14:00 Uhr	22:30 Uhr

2 Angaben des Versicherten zum Unfallort, Unfallhergang und zur Tätigkeit, bei der der Unfall eingetreten ist ☐ bei nicht ausreichendem Platz, hier ankreuzen

Herr Braun wurde von einem verletzten Hund angefallen und in den Oberschenkel gebissen

3 Verhalten des Versicherten nach dem Unfall
Anlage eines Verbands, Aufsuchen des D-Arztes

4.1 Art der ersten (nicht durchgangsärztl.) Versorgung | 4.2 Erstmalig behandelt am durch

5 Befund Verdacht auf Alkohol-, Drogen-, Medikamenteneinfluss? ☒ nein ☐ ja Welche Anzeichen? Blutentnahme? ☒ nein ☐ ja
☐ bei nicht ausreichendem Platz, hier ankreuzen

Zerfetzte großflächige Bisswunde am rechten Oberschenkel, 4 x 5 cm Wundausdehnung

MUSTER

6 Röntgenergebnis ☐ bei nicht ausreichendem Platz, hier ankreuzen

ICD 10

ICPM

AO-Klassifikation

7 Erstdiagnose (Änderungen/Konkretisierungen unverzüglich nachmelden)
Bisswunde rechter Oberschenkel

8 Art der Erstversorgung (durch den D-Arzt)
Operative Versorgung der Bisswunde in LA

9 Vom Unfall unabhängige gesundheitliche Beeinträchtigungen, die für die Beurteilung des Arbeitsunfalls von Bedeutung sein können
keine bekannt

10 Sprechen Hergang und Befund gegen die Annahme eines Arbeitsunfalls? *
☒ nein ☐ ja, weil
* Wenn ja, ist keine Behandlung zu Lasten der Unfallversicherung durchzuführen und dem Versicherten eine Kopie des Durchgangsarztberichts auszuhändigen.

11 Besteht konkreter Anlass, dass der Versicherte von einem Mitarbeiter des UV-Trägers beraten wird?
☐ nein ☐ ja, weil

12 **Art der Heilbehandlung**
☐ allgemeine Heilbehandlung
☐ durch anderen Arzt
☐ durch mich

☒ besondere Heilbehandlung
☒ ambulant ☐ stationär
Liegt eine Verletzung nach dem Verletzungs-/Schwerstverletzungsartenverzeichnis vor?
☒ nein ☐ ja, VAV nach Ziffer
☒ nein ☐ ja, SAV nach Ziffer

☐ es wird keine Heilbehandlung zu Lasten der UV durchgeführt, weil

13 **Beurteilung der Arbeitsfähigkeit**
☐ arbeitsfähig.
☒ arbeitsunfähig ab: 31.07.20xx
☐ voraussichtlich wieder arbeitsfähig ab: 10.08.20xx
☐ voraussichtlich länger als 6 Monate arbeitsunfähig

14 **Ist die Zuziehung von Konsiliarärzten zur Klärung der Diagnose und/oder Mitbehandlung erforderlich?**
☒ nein ☐ ja, zugezogen wird:

15 Nachschau ist erforderlich, **sofern dann noch AU oder Behandlungsbedürftigkeit vorliegen sollte**, am 12.08.20xx ; bei Verschlimmerung sofort.
Der Termin wurde dem Versicherten bekannt gegeben.

16 Anschrift des weiter behandelnden Arztes oder Krankenhauses

Datum	Unterschrift des Durchgangsarztes	Anschrift/Stempel des Durchgangsarztes
31.07.20xx		Dr. Achim Kölle Stuttgarter Str. 76 89073 Ulm

F 1000 0114 Durchgangsarztbericht

...

16. Arbeitsplatzdesinfektion

Fall 5, S. 312

17. Patientenempfang bekannter Patient

Fall 1, S. 290

18. Hygienische Händedesinfektion

Fall 1, S. 291

19. Wundverband entfernen

- nichtsterile Handschuhe anlegen
- Abnahme des alten Verbandes durch Abwickeln (Bindenende in der Hand behalten) oder wundfern mit Verbandschere aufschneiden
- Entsorgung von Verbandmaterial und Handschuhen in reißfestem, dichtem Behälter, anschließend im Praxismüll

20. Desinfektion/Spülung einer septischen Wunde

- Material bereitlegen:
  - keimarme Handschuhe
  - sterile Tupfer, sterile Pinzette
  - Nierenschale
  - Wundspüllösung (Fertiglösung oder nach Anleitung herstellen)
  - Wunddesinfektionsmittel
- Durchführung der Desinfektion:
  - Wischen von außen nach innen
  - Wunde trocknen lassen

21. Sterilen Wundverband vorbereiten

Fall 5, S. 311

22. Sterilen Wundverband anlegen

Fall 5, S. 311

23. Arbeitsunfähigkeitsbescheinigung (Muster 1) bei Arbeitsunfall ausfüllen

Arbeitsunfähigkeitsbescheinigung (Muster 1) ausfüllen, Fall 4, S. xxx;
Arbeitsunfähigkeitsbescheinigung (Muster 1) bei Arbeitsunfall ausfüllen, Fall 8, S. 324

- hier: Arbeitsunfall ankreuzen
- Folgebescheinigung ankreuzen

24. Verabschiedung des Patienten

Fall 1, S. 294

25. Abrechnung (UV-GOÄ)

31.07.:
- 132 Berichtsgebühr D-Arzt: 17,29 €
- 1 Untersuchung einschließlich Beratung: 8,88 €
- 143 Bescheinigung zum Nachweis der Arbeitsunfähigkeit: 3,14 €
- 2004 Erstversorgung Bisswunde: 23,63 €
- Verbandkosten nach berufsgenossenschaftlichem Nebenkostentarif (BG-NT)

03.08.:
- 1 Untersuchung einschließlich Beratung: 8,88 €
- 200 Verband: 3,72 €
- Verbandkosten nach BG-NT

04.08.:
- 1 Untersuchung einschließlich Beratung: 8,88 €
- Verbandkosten nach BG-NT

05.08.:
- 1 Untersuchung einschließlich Beratung: 8,88 €
- 143 Bescheinigung zum Nachweis der Arbeitsunfähigkeit: 3,14 €
- Verbandkosten nach BG-NT

Hinweis: Ziffer 200 für den Verband kann nur einmal im Behandlungsfall neben Ziffer 1 berechnet werden.

Prüfungsfall 10: Krebsfrüherkennung

Praxisdaten: Praxisgemeinschaft in der Scharnhorststr. 23, 43267 Fernstetten, mit Frau Dr. med. Tina Liacometti, Fachärztin für Gynäkologie und Geburtshilfe, Betriebsstätten-Nr. 197352100, lebenslange Arzt-Nr. 376542215, Tel. 02432/65652, Fax 02432/86734, Kreissparkasse Fernstetten, IBAN DE11897888330055466776, und ihrem Ehemann Herrn Dr. med. Giancarlo Liacometti, Facharzt für Allgemeinmedizin, Betriebsstätten-Nr. 196894300, lebenslange Arzt-Nr. 342789200, Tel. 02432/65651, Fax 02432/72743, Kreissparkasse Fernstetten, IBAN DE11897888330044553348

Patientendaten: Annegret Schüller, geb. 12.02.19xx (55 Jahre alt), krankenversichert bei der Techniker Krankenkasse, WOP 20, Kosterträgerkennung 103456781, Versichertennummer E387694562, Gültigkeit der eGK 03/xx, keine Teilnehmerin eines Hausarzt- oder Disease-Management-Programms, und ihr Ehemann Stefan Schüller, geb. 05.01.19xx (55 Jahre alt), privat krankenversichert, beide wohnhaft in der Traubenstr. 49, 43267 Fernstetten, Tel. 06342/73454

Situationsbeschreibung: Sie arbeiten als MFA in der Praxisgemeinschaft von Frau und Herrn Dr. Liacometti und begrüßen am heutigen Dienstag, dem 01.04.20xx, zum vorab vereinbarten Termin um 10:00 Uhr das Ehepaar Schüller, das schon mehrfach bei Ihnen war. Heute kommen beide zur Krebsvorsorgeuntersuchung (mit Hautkrebsvorsorge), zu einem Test auf verborgenes Blut im Stuhl und zur Information über eine Vorsorgekoloskopie.

Zunächst bereiten Sie das Hautkrebs-Screening und die Beratungsgespräche über die Vorsorgekoloskopie für Herrn und Frau Schüller vor. Sie übertragen die Personalien für die Krebsvorsorgeuntersuchung von Frau Schüller auf den dafür vorgesehenen Dokumentationsbogen und bereiten alle Instrumente und Materialien für die gynäkologische, zytologische und rektale Untersuchung vor. Sie erklären Frau Schüller die Probengewinnung des immunologischen Stuhltests auf okkultes Blut (iFOBT) und überreichen ihr dazu das Stuhlprobenentnahmesystem. Die Beratung zur Vorsorgekoloskopie und die zytologische Befundung führt Frau Dr. Liacometti nach der Untersuchung selbst durch.

Während Frau Schüller untersucht wird, bereiten Sie die Krebsvorsorgeuntersuchung von Herrn Schüller mit einem Dokumentationsbogen vor, der sich inhaltlich an dem Dokumentationsbogen für gesetzlich Versicherte orientiert.

Dann legen Sie eine Laborkarte an und erklären Herrn Schüller zunächst die Gewinnung von Mittelstrahlurin, geben ihm einen Urinbecher mit auf die Toilette und untersuchen den Urin anschließend mittels eines Mehrfachteststreifens. Danach bereiten Sie alles für die rektale Untersuchung durch Herrn Dr. Liacometti vor.

Inzwischen ist die ärztliche Untersuchung und Beratung zur Vorsorgekoloskopie für Herrn Schüller beendet und Sie erläutern ihm, wie er zu Hause die Stuhlproben für den mitgegebenen immunologischen Stuhltest gewinnen soll.

Weil sie mit ihrer Freundin eine Urlaubsreise nach Indien plant, bittet Frau Schüller um eine reisemedizinische Beratung. Sie bereiten eine Vereinbarung über eine individuelle Gesundheitsleistung (IGeL) dafür vor mit der GOÄ-Ziffer 3 zum 2,3-fachen Satz, 20,11 €, die Frau Schüller unterschreibt. Frau Dr. Liacometti hat gerade Zeit und führt die reisemedizinische Beratung gleich durch. Danach bezahlt Frau Schüller die 20,11 € in bar.

Beide Patienten wollen die Durchführung der Vorsorgekoloskopie noch überdenken und wünschen deshalb zum jetzigen Zeitpunkt noch keine Überweisungen für diese Untersuchung.

Nachdem das Ehepaar die Praxis verlassen hat, rechnen Sie die Leistungen für Frau Schüller nach dem EBM ab und erstellen für Herrn Schüller eine Privatrechnung nach der GOÄ zum jeweils zulässigen Schwellenwert mit Rechnungsdatum 01.04. Dabei beachten Sie, dass die Auswertung der quantitativen immunologischen Stuhltests (iFOBT) beider Ehepartner durch eine damit beauftragte Laborpraxis erfolgt, welche die EBM-GOP 01738 bzw. die GOÄ-Ziffer A 3735 dafür selbst abrechnet. (Hinweis: Wäre bei Herrn Schüller der qualitative iFOBT – ein Kassettentest – durchgeführt und in der Praxis von Frau Dr. Liacometti ausgewertet worden, dann hätte dies von ihr mit der GOÄ-Ziffer A 3736 abgerechnet werden können.)

Leider müssen Sie am 05.05. bei der Durchsicht der Rechnungskontrolldatei feststellen, dass von Herrn Schüller kein Zahlungseingang vorliegt. Sie informieren Herrn Dr. Liacometti, der eine Kollegin von Ihnen beauftragt, Herrn Schüller sofort telefonisch an die ausstehende Zahlung zu erinnern.

Nachdem auch eine erste Mahnung am 02.06. durch eine Kollegin bis zum 16.06. immer noch zu keinem Zahlungseingang führt, sollen Sie am gleichen Tag eine Mahnung mit Verzugszinsen und Mahngebühren mit Zahlungsziel zum 30.06. vorbereiten und diese nach Unterschrift Herrn Dr. Liacomettis Herrn Schüller per Einschreiben mit Rückschein zusenden.

Übernehmen Sie alle betriebsorganisatorischen und medizinischen Aufgaben – auch die delegierbaren ärztlichen Leistungen – und rechnen Sie danach die erbrachten Gebührenordnungspositionen für Ihre Praxis ab.

1. Patientenempfang zum vereinbarten Termin

Fall I, S. 290

2. Hautkrebs-Screening vorbereiten
- bei gesetzlich Versicherten Untersuchungsalter und -intervall überprüfen: ab dem vollendeten 35. Lebensjahr maximal jedes zweite Kalenderjahr
- Patienten das Informationsblatt übergeben
- Überprüfung der Raumtemperatur
- Lichtquelle und Lupe vorbereiten
- ggf. Information über später notwendiges Ablegen der Kleidung

3. Präventive Koloskopie - Motivieren des Patienten
- Informationsblätter vorbereiten für späteres Informationsgespräch mit der Ärztin / dem Arzt.

4. Krebsfrüherkennung bei der Frau vorbereiten
- Untersuchungsalter und -intervall überprüfen: ab dem vollendeten 20. Lebensjahr maximal einmal im Kalenderjahr
- Dokumentationsbogen Krebsfrüherkennung Frauen (Muster 39b und d) so weit wie möglich ausfüllen: Überweisungsschein zur präventiven zytologischen Untersuchung (Muster 38a) nur vorbereiten, wenn der untersuchende Arzt die zytologische Befundung nicht selbst vornimmt.
- bei der weiteren Vorbereitung den altersabhängigen Untersuchungsumfang beachten:
  - ab dem vollendetem 20. Lebensjahr Untersuchung des Genitales mit Zellabstrichen von Portio und Zervikalkanal (mit nachfolgender Befundung)
  - ab dem vollendeten 30. Lebensjahr zusätzlich Untersuchung der Brustdrüsen und der regionären Lymphknoten
  - ab dem vollendeten 50. Lebensjahr zusätzlich digitale Untersuchung des Rektums

5. Gynäkologische Untersuchung mit Abstrichentnahme vorbereiten
- gynäkologischen Untersuchungsstuhl vorbereiten
  - Sauberkeit sicherstellen
  - Unterlage erneuern
- keimarme Handschuhe bereitlegen
- einhändig zu bedienendes Spekulum (ohne spätere MFA-Assistenz) oder beidhändig zu bedienende Spekula (mit späterer MFA-Assistenz) bereitstellen
- Spekulum bzw. Spekula anwärmen
- Nierenschale für gebrauchte Instrumente
- Abfalleimer
- Watteträger
- Objektträger
- Fixierspray für zytologische Präparate

6. Rektale Untersuchung vorbereiten
- nichtsterile Handschuhe und Fingerling
- Vaseline als Gleitmittel vorbereiten
- Papiertücher oder Zellstoff bereitlegen
- Abfalleimer oder -behältnis bereitstellen

7. Laborkarte/Laborbuch ausfüllen

Fall 1, S. 293

8. Stuhlprobenentnahmesystem des quantitativen immunologischen Stuhltests (iFOBT) erklären
- Verwendung des Tests erklären:
  - Diätmaßnahmen nicht erforderlich
  - das Bürstchen aus dem flüssigkeitsgefüllten Röhrchen herausschrauben
  - danach das Bürstchen mit seinen Borsten an zwei verschiedenen Stellen eines Stuhlgangs einstechen
  - das Bürstchen anschließend wieder in das flüssigkeitsgefüllte Röhrchen fest einschrauben und dann das Röhrchen leicht schütteln
  - das flüssigkeitsgefüllte Röhrchen am nächsten Tag in der Praxis abgeben

9. Krebsfrüherkennung beim Mann vorbereiten
- bei gesetzlich Versicherten (hier nicht zutreffend) Untersuchungsalter und -intervall überprüfen: ab dem vollendeten 45. Lebensjahr maximal einmal im Kalenderjahr
- nur bei gesetzlich Versicherten (hier nicht zutreffend): Dokumentationsbogen Krebsfrüherkennung Männer (Muster 40) so weit wie möglich beschriften

10. Laborkarte/Laborbuch ausfüllen

Fall 1, S. 293

11. Urinprobe gewinnen (Mittelstrahlurin)

Fall 2, S. 297

12. Urinuntersuchung mit Teststäbchen

Fall 2, S. 297

13. Hygienische Händedesinfektion

Fall 1, S. 291

14. IGeL-Leistungen erklären und vorbereiten
- IGeL = Individuelle Gesundheitsleistungen: Leistungen der Vorsorge- und Servicemedizin, die von gesetzlichen Krankenkassen nicht bezahlt werden
- Voraussetzung ist ein von Patient und Arzt unterschriebener Vertrag
  - mit einer Patientenerklärung, dass darüber informiert wurde, dass die gewünschte Leistung nicht in die Leistungspflicht der gesetzlichen Krankenkasse fällt und von daher kein Anspruch auf eine Kostenerstattung besteht
  - mit Nennung der Leistung, GOÄ-Ziffer(n), Steigerungssatz und dem resultierenden Eurobetrag

Patientenerklärung, S. 333

15. Quittung erstellen
- Inhalte der Quittung:
  - Name des Zahlenden
  - wofür gezahlt wurde
  - Empfänger der Zahlung
  - Zahlungsbetrag in Zahlen und Worten
  - Zahlungsdatum
  - Unterschrift des Empfängers der Zahlung

16. Abrechnung (EBM)
- 01730 Krebsfrüherkennungsuntersuchung Frauen
- 01733 Zytologische Untersuchung der Zellabstriche
- 01745 Hautkrebsfrüherkennungsuntersuchung
- 01740 Beratung zur Früherkennung des kolorektalen Karzinoms
- 01737 Ausgabe und Weiterleitung eines Stuhlprobenentnahmesystems (iFOBT), inklusive Beratung

PATIENTENERKLÄRUNG
INKL. DER ERFORDERLICHEN HONORARVEREINBARUNG

Name und Vorname der Patientin/~~des Patienten,~~
Anschrift

Annegret Schüller

Traubenstr. 49

43267 Fernstetten

Ich wünsche, durch die/den behandelnde(n) Ärztin/Arzt die folgenden Leistungen gemäß GOÄ in Anspruch zu nehmen:
Angabe der Einzelleistungen nach GOÄ-Ziffern, Eurobeträge

GOÄ-Ziffer 3 analog für reisemedizinische Beratung

Ich vereinbare hierfür ein Honorar über voraussichtlich Euro

2,3-facher Satz, 20,11 €

Es ist mir bekannt, dass die Krankenkasse, bei der ich versichert bin, eine im Sinne des Gesetzes ausreichende Behandlung gewährt und vertraglich sichergestellt hat. Ich wünsche dennoch die oben aufgeführten Leistungen.

Ich weiß, dass die Behandlung nicht erstattungsfähig ist und dass der oben genannte Betrag von mir selbst zu tragen ist.

Datum: 01.04. 20xx	Datum: 01.04. 20xx
Ort: Fernstetten	Ort: Fernstetten
Tina Liacometti	Annegret Schüller
Unterschrift Ärztin/Arzt	Unterschrift Patientin/Patient

17. Privatliquidation erstellen
- Datum der Leistungserbringung jeder Leistung, deren GOÄ-Ziffer und Leistungsbeschreibung (Leistungstext)
- Steigerungssatz und Abrechnungsbetrag
- bei Überschreiten des Schwellenwertes mit Begründung
- Beträge für Entschädigungen und Auslagen

18. Zahlungsverzug bei einem Privatpatienten bearbeiten

- Berechnungsfähig sind zusätzlich zum Rechnungsbetrag die Verzugszinsen und eine Mahngebühr. für den Verwaltungsaufwand sowie das Briefporto
- Ermittlung der Verzugszinsen:
  - zuerst Ermittlung der Verzugstage nach Verstreichen der Zahlungsfrist auf der Rechnung, hier die 47 Tage vom 01.05.20xx bis zum 16.06.20xx
  - Dann Ermittlung des Zinssatzes, indem für Privatgeschäfte 5 % auf den zweimal jährlich von der Deutschen Bundesbank festgelegten sogenannten Basiszins addiert werden; für die erste Jahreshälfte 20xx beträgt der Basiszins -0,63 %, der Zinssatz für die Verzugszinsen beträgt somit 4,37 %.
  - dann Berechnung der Verzugszinsen nach der Formel (Rechnungsbetrag x Tage x Zinssatz) : (360 Tage x 100 %), hier (57,65 € x 47 Tage x 4,37 %) : (360 Tage x 100 %) = 0,329 €, gerundet 0,33 €
- Ermittlung der Mahngebühr:
  - z. B. 5 € für den Verwaltungsaufwand
  - zuzüglich Kosten für das aktuelle Briefporto der gewählten Versendungsart (s. Punkt 19)
- Zahlungsziel angeben

19. Postversand per Einschreiben mit Rückschein organisieren

- Vorteil: beweist mit Eingang eines Rückscheines, dass Sendung einem Postbevollmächtigten des Adressaten zugestellt wurde
- aktuelles Porto im Postgebührenheft nachschlagen
- Rückschein so weit möglich ausfüllen

Dr. med. Giancarlo Liacometti

Herrn
Stefan Schüller
Traubenstr. 49
43267 Fernstetten

Fernstetten, 01.04.20xx
Rechnung Nr. 11373

Rechnung für ärztliche Leistungen

Patient: Stefan Schüller, geb. 05.01.19xx

Diagnosen: Krebsvorsorgeuntersuchung, Beratung Früherkennungskoloskopie

Datum	Nr.	Leistung	Satz	Anzahl	Betrag in €
01.04.20xx	28	Untersuchung eines Mannes zur Früherkennung von Krebserkrankungen des Rektums, der Prostata, des äußeren Genitales und der Haut - einschließlich Erhebung der Anamnese, Urinuntersuchung auf Eiweiß, Zucker und Erythrozyten sowie Untersuchung auf Blut im Stuhl, einschließlich Beratung	2,3	1	37,54
	3	Eingehende, das gewöhnliche Maß übersteigende Beratung (zur Früherkennungskoloskopie)	2,3	1	20,11
		Gesamtsumme			57,65
		Rechnungsbetrag			57,65

Erbitten Begleichung obiger Rechnung innerhalb von 30 Tagen auf unser Konto unter Angabe der Rechnungsnummer.

Scharnhorststr. 23
43267 Fernstetten

Fon: 02432/65651
Fax: 02432/72743

Kreissparkasse Fernstetten
IBAN: DE11 8978 8833 0044 5533 48

Dr. med. Giancarlo Liacometti
Facharzt für Allgemeinmedizin

Dr. Giancarlo Liacometti · Scharnhorststr. 23 · 43267 Fernstetten

Herrn
Stefan Schüller
Traubenstr. 49
43267 Fernstetten

Ihr Gesprächspartner: Ihr Name
Tel.: 02432 65651
Fax: 02432 72743
E-Mail: arztpraxis@liacometti.de

Datum: 16.06.20xx

Mahnung

Sehr geehrter Herr Schüller,

leider ist Ihre Zahlung noch nicht eingegangen: Darf ich Sie an die Begleichung meiner Rechnung Nr. 11373 vom 01.04.20xx in Höhe von 57,65 € erinnern?

Uns sind durch die nicht erfolgte Zahlung Kosten entstanden, die wir Ihnen zusätzlich berechnen. Wir stellen Ihnen daher Mahngebühren in Höhe von 5,00 € sowie Verzugszinsen in Höhe von 0,33 € in Rechnung, sodass sich mit den Versandkosten für das Einschreiben mit Rückschein von 5,35 € folgender zu zahlender Betrag ergibt:

68,33 €

Bitte überweisen Sie den Betrag von 68,33 € bis zum 30.06.20xx auf mein Konto bei der Kreissparkasse Fernstetten (IBAN: DE11897888330044 553348). Herzlichen Dank.

Bitte betrachten Sie diesen Brief als gegenstandslos, sofern Ihre Zahlung inzwischen bereits angewiesen ist. Sollten Sie noch Fragen zur Rechnungsstellung haben, rufen Sie uns an – wir stehen Ihnen gern zur Verfügung.

Freundliche Grüße

Ihr Praxisteam
Dr. Giancarlo Liacometti

i. A. Name

Praxisanschrift:
Scharnhorststr. 23
43267 Fernstetten

Sprechzeiten:
Mo. – Fr.: 08:00 – 12:00 Uhr
Mo. – Do.: 14:00 – 17:00 Uhr

Bankverbindung:
Kreissparkasse Fernstetten
IBAN: DE11 8978 8833 0044 5533 48

Prüfungsfall 11: Hepatitis

Praxisdaten: Herr Dr. med. Johann Frederik Albers, Facharzt für Allgemeinmedizin, Goethestraße 49, 45712 Weilheim, Betriebsstätten-Nr. 762250660, lebenslange Arzt-Nr. 134061902

Patientendaten: Marc Schmittke, geb. 13.07.19xx (33 Jahre alt), Bahnhofstraße 19, 45712 Weilheim, als Mitglied versichert bei der Barmer, WOP 20, Kostenträgerkennung 108327985, Versichertennummer 452911280, Gültigkeit der eGK 03/xx, keine Gebührenbefreiung; Herr Schmittke ist nicht Teilnehmer eines Hausarztmodells oder eines Disease-Management-Programms.

Situationsbeschreibung: Herr Schmittke war seit seiner Volljährigkeit Patient der Praxis Dr. Albers. Der letzte Praxisbesuch erfolgte vor sechs Jahren. Herr Schmittke war während der vergangenen fünf Jahre heroinabhängig und ist nach der letzten Entziehungskur seit drei Monaten „clean". Er leidet seit drei Jahren an einer chronischen Hepatitis B. Aktuell fühle er sich abgeschlagen und schwach. Er habe an der Wangen- und Gaumenschleinhaut schmerzhaft-entzündliche Veränderungen, an denen er weißliche Beläge festgestellt hat.

Herr Schmittke erscheint pünktlich zum vereinbarten Termin. Nach der Begrüßung des Patienten erledigen Sie die anfallenden Verwaltungsarbeiten und sorgen für eine Aktualisierung der Patientenunterlagen. Sie messen routinemäßig den Puls und Blutdruck des Patienten und begleiten Herrn Schmittke dann ins Untersuchungszimmer.

Nach der Untersuchung bittet Sie Dr. Albers, für Herrn Schmittke ein Rezept für eine antimykotische Mundspüllösung (Moronal® Suspension 30 mL (N1)) vorzubereiten, sowie um eine venöse Blutentnahme für ein kleines Blutbild und die aktuellen Leberwerte. Außerdem soll ein HIV-Test durchgeführt werden. Die Einverständniserklärung hierfür hat Herr Schmittke bereits unterschrieben.

Sie bitten Herrn Schmittke ins Labor und bereiten alle Materialien für die Blutentnahme vor. Die erforderlichen Unterlagen für die Laborgemeinschaft und den Laborarzt bereiten Sie dem Auftrag von Dr. Albers entsprechend vor.

Nach der Blutentnahme stechen Sie sich unabsichtlich mit der für Herrn Schmittke benutzten Kanüle in den linken Handballen. Sie führen sofort die erforderlichen Maßnahmen durch. Danach informieren Sie Dr. Albers, der sie auffordert, nach der Versorgung von Herrn Schmittke die Unfallmeldung vorzubereiten.

Zunächst stellen Sie das Rezept für Herrn Schmittke aus und legen es Dr. Albers zum Unterschreiben vor. Danach erklären Sie dem Patienten die Anwendung der verschriebenen Mundspüllösung und vereinbaren mit ihm einen neuen Termin zur Besprechung der Blutwerte in zwei Tagen.

Nach der Verabschiedung von Herrn Schmittke bereiten Sie dessen Blutproben für den Transport vor und dokumentieren die Blutentnahme im Laborbuch. Dann verlassen Sie den Laborarbeitsplatz entsprechend den hygienischen Anweisungen ihrer Praxis.

Übernehmen Sie alle betriebsorganisatorischen und medizinischen Aufgaben – auch die delegierbaren ärztlichen Leistungen – und rechnen Sie danach die bei Herrn Schmittke erbrachten Gebührenordnungspositionen für Ihre Praxis ab.

1. Patientenempfang bekannter Patient

Fall 1, S. 290

2. Patientenaufnahme (letzter Besuch liegt längere Zeit zurück)

Patientenaufnahme bei bekanntem Patienten, Fall 1, S. 290

- hier besonders wichtig: Aktualisierung des Anamnesebogens

3. Hygienische Händedesinfektion

Fall 1, S. 291

4. Pulsmessung

Fall 1, S. 291

5. Blutdruckmessung bei bekanntem Patienten

Fall 1, S. 291

6. Venöse Blutentnahme

Fall 1, S. 292

7. Laborüberweisung Laborgemeinschaft (Muster 10A) ausfüllen

Fall 1, S. 292

- markieren: kleines Blutbild, GOT, GPT, Gamma GT

8. Laborüberweisung Laborarzt (Muster 10) ausfüllen

Fall 6, S. 314

- hier Auftrag: Erbitte HIV-Test bei Mundsoor und V. a. Immunschwäche

9. Postexpositionsprophylaxe durchführen

- Blutung anregen (mindestens eine Minute)
- gründliche Desinfektion der Wunde
  - Eintauchen der Einstichstelle in Desinfektionsmittel
  - oder: stets feuchten Tupfer (desinfektionsmittelgetränkt) für 10 Minuten auf Einstichstelle legen
- Abdecken der Wunde mit einem sterilen Verband
- Benachrichtigung des Arztes / des Arbeitgebers
- ggf. Überweisung zum D-Arzt
  - Blutuntersuchung (Virus-Hepatitis-/HIV-Serologie)
  - ggf. Medikamenteneinnahme
- Dokumentation des Arbeitsunfalls im Verbandbuch

10. Rezept (Arzneiverordnungsblatt, Muster 16) ausstellen

Fall 4, S. 306

- ankreuzen: gebührenpflichtig
- verordnetes Medikament: Ampho-Moronal® 100 mg Tabletten (N2)

11. Verabschiedung des Patienten

Fall 1, S. 294

12. Blut abholfertig machen

Fall 1, S. 293

13. Laborkarte/Laborbuch ausfüllen

Fall 1, S. 293

14. Arbeitsplatzdesinfektion

Fall 5, S. 312

15. Ärztliche Unfallmeldung ausfüllen (F 1050)

Ärztliche Unfallmeldung (bei Überweisung zum D-Arzt) ausfüllen, Fall 8, S. 322

- Die ärztliche Unfallmeldung muss unverzüglich erfolgen (spätestens am Folgetag).

16. Abrechnung (EBM)

- 03000 Versichertenpauschale
- 32120 Kleines Blutbild; 32069, 32070, 32071 Leberwerte (abgerechnet von der Laborgemeinschaft)
- 32575 HIV-Nachweis (abgerechnet vom Laborarzt)

Prüfungsfall 12: Thrombose

Praxisdaten: Frau Dr. med. Birgit Saalfeld, Fachärztin für Allgemeinmedizin, Hummelstr. 3, 89134 Blaustein, Betriebsstätten-Nr. 986432700, lebenslange Arzt-Nr. 621026000, Tel. 07304/41720

Patientendaten: Ulrike Woosmann, geb. 09.09.19xx (45 Jahre alt), Ferdinand-Sauerbruch-Str. 12, 89134 Blaustein, Tel. 07304/466390, gesetzlich krankenversichert bei der Daimler BKK, WOP 61, Kostenträgerkennung 106821698, Versichertennummer C873921657, Gültigkeit der eGK 03/xx.

Situationsbeschreibung: Die langjährige Patientin Ulrike Woosmann kommt mit schmerzverzerrtem Gesicht und gestützt von ihrer Nachbarin am 22.05.20xx um 8:30 Uhr in Ihre Hausarztpraxis und bittet darum, schnell behandelt zu werden, da sie entsetzliche Schmerzen in der rechten Wade habe und nicht mehr auftreten könne. Die Patientin kann schlecht stehen, sodass Sie sie sofort ins Wartezimmer bringen, wo Frau Woosmann geduldig wartet. Da die Patientin in diesem Quartal zum ersten Mal in der Praxis ist, müssen Sie die elektronische Gesundheitskarte einlesen. Anschließend bitten Sie Frau Woosmann ins Sprechzimmer und sind ihr beim Gehen behilflich. Frau Dr. Saalfeld untersucht die Patientin und palpiert das rechte Bein. Dabei zeigt sich ein deutlicher Wadendruckschmerz rechts, ebenso stellt die Ärztin einen positiven Fußsohlendruckschmerz fest. Frau Woosmann erzählt, dass sie am Vortag von einer Konzertreise von der Nordsee zurückgekehrt ist. Durch Staus auf den Autobahnen saß sie insgesamt 15 Stunden im Bus.

Auf Grund dieser 10-minütigen Anamnese und ihres Untersuchungsbefundes äußert Frau Dr. Saalfeld sogleich den Verdacht auf eine tiefe Beinvenenthrombose rechts und ordnet an, beide Beinumfänge an drei Messpunkten zu messen und einen Termin zur Farbduplexsonografie zu vereinbaren. Nach dem Abmessen beider Beine am Knöchel, unterhalb des Knies und an der Wade dokumentieren Sie die Ergebnisse, wobei alle gemessenen Umfänge rechts im Schnitt etwa 5 cm größer sind. In der Zwischenzeit wurde für Frau Woosmann ein Termin zur Farbduplexsonografie in der angiologischen Praxis Dres. Müller, Puchner und Ringinger in einer halben Stunde vereinbart. Frau Dr. Saalfeld ordnet einen Kompressionsverband an, den Sie der Patientin anlegen. Beim Holen der Kompressionsbinden aus dem Lager haben Sie festgestellt, dass der Meldebestand erreicht ist und erklären der neuen Auszubildenden diesen Sachverhalt. Neben dem Kompressionsverband erhält die Patientin auf Anweisung von Frau Dr. Saalfeld eine Calciparin®-Fertigspritze s.c., die Sie ihr gleich verabreichen. Sie übergeben die Überweisung zur Farbduplexsonografie der Patientin und wünschen ihr alles Gute.

Um 12:30 Uhr erfolgt ein Anruf der angiologischen Praxis: Dr. Puchner teilt Frau Dr. Saalfeld das Ergebnis der Untersuchung mit. Es handelt sich um eine tiefe Unterschenkelthrombose in der rechen Wadenvene. Frau Woosmann kommt nochmals in die Praxis ihrer Hausärztin, welche die Patientin über das Verhalten mit der Thrombose aufklärt. Neben dem Kompressionsverband erhält sie zur Low-Dose-Heparinisierung ein Rezept für Fraxiparin®-Fertigspritzen. Sie erklären ihr deren Verabreichung. Frau Woosmann wird für eine Woche krankgeschrieben und bekommt einen Termin in zwei Tagen zur Kontrolle. Sie verabschieden die Patientin.

Übernehmen Sie alle betriebsorganisatorischen und medizinischen Aufgaben – auch die delegierbaren ärztlichen Leistungen – und rechnen Sie danach die erbrachten Leistungen für die Praxis Dr. Saalfeld ab.

1. Patientenempfang ohne Termin

Fall 5, S. 309

2. Patientenaufnahme bekannter Patient

Fall 1, S. 290

3. Messung der Unterschenkelumfänge

- flexibles Maßband am stehenden Patienten um die stärkste Stelle der rechten und der linken Wade legen und ablesen
- weitere Messungen rechts und links unterhalb des Knies und um den Knöchel durchführen; ablesen
- gemessene Werte dokumentieren und vergleichen

4. Telefonische Terminvereinbarung für den Patienten bei einem anderen Arzt

- Melden am Telefon (Begrüßung, Praxis , eigener Name)
- Grund des gewünschten Praxisbesuchs (hier: Farbduplexsonografie)
- Dringlichkeit abklären
- kurzfristigen Termin vereinbaren

5. Kompressionsverband anlegen
- Unterschenkelkompressionsverband: 2 Kurzzugbinden
- Oberschenkelkompressionsverband: 4 Kurzzugbinden
- richtige Bindenbreite auswählen (Breite = Durchmesser der Extremität)
- richtiges Halten des Bindenkopfes
- Binden überlappend wickeln
- Sprunggelenk rechtwinklig wickeln
- Beginn am Zehengrundgelenk, Ferse einschließen
- beim Oberschenkelkompressionsverband Ende am proximalen Oberschenkel, beim Unterschenkelkompressionsverband Ende am Fibulaköpfchen
- Anpressdruck nach proximal abnehmend
- keine Druck- und Schnürstellen, kein Schmerz
- Anlagetechnik nach den Erfordernissen der jeweiligen Erkrankung

6. Meldebestand und Mindestbestand erklären
- Warenbestellung bei Erreichen des Meldebestandes
- Lieferfrist muss überbrückt werden
- Mindestbestand muss bei Eintreffen der neuen Ware noch vorhanden sein
- Sicherheitsmenge (eiserne Reserve) bei unvorhergesehenen Störungen

7. i.m./s.c. Injektion vorbereiten

Fall 1, S. 293

8. s.c. Injektion durchführen

Fall 1, S. 293

9. Überweisungsschein (Muster 6) ausfüllen

Fall 7, S. 319

- hier: kurativ ankreuzen
- Überweisung an: Angiologen
- Verdachtsdiagnose/Auftrag (V. a. TVT rechts)
- Farbduplexsonografie mit telefonischer Ergebnismitteilung erbeten

10. Arbeitsunfähigkeitsbescheinigung (Muster 1) ausfüllen

Fall 4, S. 306

- hier: Erstbescheinigung ankreuzen
- Diagnoseschlüssel eintragen: ICD 180.2R
- arbeitsunfähig vom 22.05.20xx bis 29.05.20xx

11. Rezept (Arzneiverordnungsblatt, Muster 16) ausfüllen

Fall 4, S. 306

- Fraxiparin 0,3 ml Injektionslsg. Fertigspritze 2 x tgl.

12. s.c. Injektion durch den Patienten anleiten

Fall 1, S. 293

13. Terminvereinbarung

Fall 4, S. 308

14. Verabschiedung des Patienten

Fall 1, S. 294

15. Abrechnung (EBM)
- Diagnose: TVT rechts, ICD 180.2R
- 03000 Versichertenpauschale
- 02313 Kompressionstherapie ... bei oberflächlichen und tiefen Beinvenenthrombosen ...
- 03230 Problemorientiertes ärztliches Gespräch, das aufgrund der Art und Schwere der Erkrankung erforderlich ist

Prüfungsfall 13: KHK/Hypertonie

Praxisdaten: Frau Dr. med. Theresa Sommer, Fachärztin für Allgemeinmedizin, Burgstraße. 19, 25782 Langenhain, Betriebsstätten-Nr. 962450610, lebenslange Arzt-Nr. 114269903

Patientendaten: Ben Gärtner, geb. 27.06.19xx (59 Jahre alt), Waldweg 2, 25782 Langenhain, als Mitglied versichert bei der Techniker Krankenkasse, WOP 17, Kostenträgerkennung 104317785, Versichertennummer G952951220, Gültigkeit der eGK 03/xx, keine Gebührenbefreiung; Herr Gärtner ist nicht Teilnehmer eines Hausarztmodells oder eines Disease-Management-Programms.

Situationsbeschreibung: Herr Gärtner ist langjähriger, Ihnen bekannter Patient der Praxis Dr. Sommer. Herr Gärtner leidet seit zwei Jahren an einer arteriellen Hypertonie, die mit einem Antihypertonikum behandelt wird. Er ist starker Raucher (35 Zigaretten/Tag), sein BMI beträgt 36,8.

Herr Gärtner hat vor zwei Wochen auf Grund ausstrahlender Schmerzen in den linken Arm zum ersten Mal in diesem Quartal einen Termin vereinbart, den er aber unentschuldigt nicht wahrgenommen hat. Den heutigen Termin hat Herr Gärtner telefonisch vereinbart, da die gleichen Beschwerden wie vor zwei Wochen erneut aufgetreten sind. Er erscheint pünktlich um 18:30 Uhr. Nach der Begrüßung des Patienten sprechen Sie mit Herrn Gärtner wegen des versäumten Termins und erledigen dann die anfallenden Verwaltungsarbeiten.

Sie legen Dr. Sommer die Karteikarte des Patienten vor. Dr. Sommer weist Sie an, zunächst den Puls und Blutdruck zu messen und danach ein Ruhe-EKG anzufertigen. Dafür bitten Sie Herrn Gärtner ins Untersuchungszimmer und fordern ihn auf, seinen Oberkörper frei zu machen und die Schuhe auszuziehen. Die ermittelten Werte der Puls- und Blutdruckmessung dokumentieren Sie in der Karteikarte und im Blutdruckpass von Herrn Gärtner. Nach dem Schreiben des EKGs stellen Sie fest, dass die EKG-Kurve verzittert ist und die Grundlinie abweicht. Sie klären und beheben die Ursache und erstellen eine fehlerfreie EKG-Aufzeichnung.

Kurz nach der EKG-Aufzeichnung klagt Herr Gärtner über ein Engegefühl im Brustbereich und Schmerzen, die in die linke Schulter ausstrahlen. Sie lagern Herrn Gärtner seinen Beschwerden entsprechend auf der Untersuchungsliege und informieren umgehend Dr. Sommer. Diese weist Sie an, zwei Hübe Nitrolingual sublingual zu verabreichen und den Blutdruck erneut zu messen. Kurze Zeit später geht es Herrn Gärtner wieder etwas besser. Nach dem erneuten Schreiben eines EKGs bittet Sie Dr. Sommer, einen Troponin-T-Test durchzuführen und ein Rezept für Nitrolingual-akut®-Spray (N1) vorzubereiten, bei dem aut idem und noctu angekreuzt werden sollen. Da Herr Gärtner Sie nach diesen beiden Begriffen fragt, erklären Sie ihm deren Bedeutung.

Nachdem Sie bei Herrn Gärtner Blut abgenommen haben, führen Sie den Troponin-T-Test durch und drucken das Rezept für Herrn Gärtner aus. Sie kümmern sich um Herrn Gärtner bis das Ergebnis des Troponin-T-Tests vorliegt. Dieses ist negativ.

Da auch das zweite Ruhe-EKG unauffällig war und somit keine Verdachtsmomente für einen Herzinfarkt vorliegen, bittet Sie Dr. Sommer, für Herrn Gärtner eine Überweisung zum Kardiologen ausstellen, um die Ursache der Beschwerden zu klären.

Sie händigen Herrn Gärtner alle für ihn vorgesehenen Papiere aus und verabschieden ihn.

Übernehmen Sie alle betriebsorganisatorischen und medizinischen Aufgaben – auch die delegierbaren ärztlichen Leistungen – und rechnen Sie danach die erbrachten Gebührenordnungspositionen für Ihre Praxis ab.

1. Patientenempfang nach vorher versäumtem Termin
- freundliche Begrüßung mit Blickkontakt
- eigene Vorstellung bei neuem Patienten
- korrekte, dem Patientenalter entsprechende Ansprache
- Grund des Praxisbesuchs ansprechen
- den versäumten Termin ansprechen, ggf. Konsequenzen aufzeigen
- Einlesen der elektronischen Gesundheitskarte
- Patientenkartei aufrufen oder bereitlegen, ggf. Aktualisierung des Anamnesebogens

2. Hygienische Händedesinfektion

Fall 1, S. 291

3. Pulsmessung

Fall 1, S. 291

4. Blutdruckmessung bei bekanntem Patienten

Fall 1, S. 291

5. Ruhe-EKG anfertigen

Fall 3, S. 301

6. EKG-Aufzeichnungsstörungen erkennen und beheben

Fall 3, S. 301

7. Verabreichung eines Aerosols sublingual
- Zungenspitze an den Gaumen legen lassen
- Sprühstoß unter die Zunge sprühen
- Medikament möglichst lange einwirken lassen

8. Blutdruckmessung im Notfall

Blutdruckmessung bei bekanntem Patienten, Fall 1, S. 291

- Besonderheit bei Notfall: Messung und Dokumentation sofort

9. Venöse Blutentnahme

Fall 1, S. 292

10. Troponin-Test durchführen
- Verfallsdatum des Tests kontrollieren
- nichtsterile Handschuhe anziehen
- geeignetes Probenmaterial verwenden (Heparin- oder EDTA-Blut)
- Blutprobe durch Schwenken mischen
- Entnahme von 150 µL Blut mit Hilfe einer Spritzpipette (geschlossene Blutentnahmeröhrchen werden durchstochen)
- Probenmaterial in die Auftragsöffnung pipettieren
- Öffnung ggf. mit Hygieneschutzetikett verschließen
- Dokumentationsetikett mit Patientendaten, Datum und Startzeit versehen
- Testergebnis nach 20 Minuten ablesen
- Dokumentation des Testergebnisses (Eintrag auf dem Dokumentationsetikett)

11. Rezept Arzneiverordnungsblatt (Muster 16) ausstellen (Kennzeichnung noctu, aut idem)

Rezept Arzneiverordnungsblatt (Muster 16) ausstellen, Fall 4, S. 306

- ankreuzen:
  - gebührenpflichtig
  - noctu (Außerhalb der Ladenschlusszeit muss der Patient die Nachttaxe der Apotheke nicht bezahlen.)
  - aut idem (Der Apotheker darf nur das verordnete Medikament herausgeben.)
- verordnetes Medikament
  hier: Nitrolingual-akut®-Spray, Dosierspray, N1

12. Überweisungsschein (Muster 6) ausfüllen

Fall 7, S. 319

- hier ankreuzen: kurativ, Mit-/Weiterbehandlung
- hier eintragen:
  - Diagnose/Verdachtsdiagnose: KHK
  - Befund/Medikation: Angina pectoris, Nitrolingual-akut®-Spray, zwei Hübe bei Bedarf
  - Auftrag: Abklärung Verdachtsdiagnose KHK

13. Abrechnung (EBM)
- 03000 Versichertenpauschale
- 03220 Chronikerpauschale bei einem persönlichen Arzt-Patienten-Kontakt
- 32150 Troponin-Test

Prüfungsfall 14: Arthrose

Praxisdaten: Herr Dr. med. Richard Weber, Facharzt für Orthopädie, Schönstraße 17, 80345 München, Betriebsstätten-Nr. 978837700, lebenslange Arzt-Nr. 67249087, Tel. 089/5566000

Patientendaten: Eva Ostenrieder, geb. 21.05.19xx (62 Jahre alt), Rabensteinerweg 4, 80782 München, Tel. 089/776749, als Mitglied gesetzlich krankenversichert bei der AOK, WOP 71, Kostenträgerkennung 102004810, Versichertennummer C56679687, Gültigkeit der eGK bis 03/xx; Frau Ostenrieder ist keine Teilnehmerin an Hausarzt- oder Disease-Management-Programmen.

Magnus Erben, geb. 14.04.19xx (42 Jahre alt), Hiltenspergerstr. 67, 80992 München, Tel. 089/555749, als Mitglied gesetzlich krankenversichert bei der AOK, WOP 71, Kostenträgerkennung 101007710, Versichertennummer C363333687, eGK gültig bis 03/xx; Herr Erben ist kein Teilnehmer an Hausarzt- oder Disease-Management-Programmen und arbeitet bei der Schreinerei H. Klotz.

Situationsbeschreibung: Sie arbeiten heute, am 4.07.20xx, mit ihrer MFA-Kollegin in der Vormittagssprechstunde bei Herrn Dr. Weber, als um 8:30 Uhr Frau Grießer, eine langjährige Patientin, anruft. Frau Grießer hat erneut Beschwerden im HWS-Bereich und bittet Sie, ihr eine Überweisung zum MRT auszustellen. Sie könne heute nicht persönlich kommen, aber ihr Mann würde die Überweisung abholen.

Um 8:45 Uhr betritt Frau Ostenrieder zum ersten Mal in diesem Quartal Ihre Praxis. Sie ist seit mehreren Jahren auf Grund ihrer Arthrose im rechten Knie bei Dr. Weber in Behandlung und hat heute ihren ersten Termin zur physikalischen Therapie. Ihre Praxis hat seit einer Woche ein neues Hochfrequenztherapiegerät, den Mikrowellenstrahler. Nachdem Sie die Patientin begrüßt und ihren Besuch in der Patientenkartei notiert haben, begleiten Sie Frau Ostenrieder zur Therapie, informieren sie über Ablauf und Verwendung des Mikrowellenstrahlers und schließen zur zusätzlichen Kontrolle die Kontraindikationen aus. Anschließend bespricht Herr Dr. Weber weitere Behandlungsschritte und verschreibt ihr als entzündungshemmendes Arzneimittel Diclofenac 75 mg Retardkapseln, N2. Bevor Sie die Patientin verabschieden, vereinbaren Sie neue Termine für die weiteren Mikrowellenbehandlungen und geben ihr das Rezept mit.

Als Sie nach der Behandlung das Therapiezimmer aufräumen, wollen Sie auch die Liegenhygieneauflage wechseln. Sie stellen fest, dass in der letzten Woche vergessen wurde, neue Rollen zu bestellen. Leider ist Ihre Kollegin gerade in der Pause, und so nehmen Sie die Bestellung selbst in die Hand. Allerdings machen Sie dies zum ersten Mal und müssen zuerst die Bezugsquelle ermitteln.

Nachdem Sie die Warenbestellung telefonisch durchgeführt haben, klingelt das Telefon. Sie heben ab und es meldet sich Dr. Maurer, ein Kollege Ihres Chefs. Da sich Dr. Weber gerade in einem wichtigen Patientengespräch befindet, können Sie den Kontakt momentan nicht herstellen. Herr Dr. Maurer erklärt, dass es sehr dringend sei, und bittet Sie, eine Telefonnotiz zu erstellen.

Zeitgleich hat Ihre Kollegin einen neuen Patienten, Herrn Erben aufgenommen. Er ist Schreiner bei der Firma H. Klotz und ist heute Morgen bei der Arbeit gestürzt. Seitdem hat er ein lautes Knacken im Kniegelenk. Er hat aber noch den ganzen Tag gearbeitet, da er unbedingt eine Küche fertigstellen musste. Das Knie ist stark geschwollen, rot und warm. Sie reichen nach Absprache mit Ihrem Chef einen Kühlbeutel an. Nachdem Herr Dr. Weber den Patienten untersucht hat, bittet er Sie, einen Überweisungsschein zum D-Arzt Dr. Ritzler auszufüllen, da ein Arbeitsunfall vorliegt.

Erledigen Sie alle betriebsorganisatorischen und medizinischen Aufgaben – auch die delegierbaren ärztlichen Leistungen – und rechnen Sie die delegierbaren und nicht delegierbaren Aufgaben für das 3. Quartal für beide Patienten ab.

1. Telefonisches Verlangen eines Überweisungsscheins ohne ärztlichen Kontakt beantworten
- melden am Telefon, Begrüßung
- Name der Praxis
- eigener Name
- Grund des Anrufs in eigenen Worten wiedergeben, ggf. nachfragen bei Unklarheiten
- kein Überweisungsschein für Anschlussbehandlung ohne Arztkontakt
- Gesprächsergebnis zusammenfassen und ggf. Termin vereinbaren
- Verabschiedung

2. Patientenempfang zum vereinbarten Termin

Fall 1, S. 290

3. Physikalische Therapie (Mikrowelle)
- auf Kontraindikationen hinweisen:
  - Metallimplantate, Herzschrittmacher
  - akute Entzündung, Blutungen
  - Schwangerschaft
  - Varizen (Krampfadern)
  - Sensibilitätsstörungen
- Patienten auf Behandlungsliege hinlegen lassen
- Gerät prüfen
  - richtige behandelte Stelle
  - richtiger Aufsatz, Elektroden ausrichten
  - richtige Dosis und Zeit
- während der Behandlung Wohlempfinden und Wärmeempfinden des Patienten abfragen

4. Rezept (Arzneiverordnungsblatt, Muster 16) ausfüllen

Fall 4, S. 306

- hier: Patientendaten ausfüllen, gebührpfl. ankreuzen; Rp. Diclofenac 75 mg Retardkps., N2

5. Terminvereinbarung

Fall 4, S. 308

6. Verabschiedung des Patienten

Fall 1, S. 294

7. Bezugsquellen ermitteln
- verschiedene Anbieter dieser Warengruppe ermitteln
- Angebotsvergleich anstellen, z. B. Internet, Kataloge

8. Waren nach Kriterien bestellen
- Kriterien der Warenbestellung:
  - Verbrauch im Haltbarkeitszeitraum
  - Packungsgröße
  - Lagerungsbedingungen
  - Mengenrabatt

9. Waren telefonisch bestellen
- Name, Telefonnummer des Lieferanten ermitteln
- Ansprechpartner notieren
- wichtige Punkte bei einer Bestellung beachten:
  - Produkt, Bestellnummer
  - Stückzahl
  - Preis
- Lieferbedingungen und Rabatt erfragen
- Liefertermin vereinbaren
- Gesprächsinhalt wiederholen und zusammenfassen
- Preis bestätigen lassen
- Verabschiedung
- Telefonnotiz erstellen

10. Melden am Telefon und Telefonnotiz erstellen
- Melden am Telefon:
  - Begrüßung
  - Name der Praxis
  - eigener Name
- Telefonnotiz erstellen:
  - Anrufer (Patient, Kollege etc.)
  - Zeitpunkt des Anrufs
  - Grund des Anrufs
  - Telefonnummer des Anrufers
  - Rückruf erwünscht?
  - eigenes Namenskürzel

11. Kühlbeutel anlegen
- Kühlbeutel aus dem Kühlschrank entnehmen
- beim Anlegen direkten Hautkontakt vermeiden
- nach Abgabe des Kühlbeutels diesen desinfizieren, bevor der Beutel erneut in den Kühlschrank gelegt wird

12. D-Arzt-Überweisung (F 2900) ausfüllen

Fall 8, S. 324

- Arbeitgeber ausfüllen, UV-Träger: BG Holz

13. Abrechnung (EBM, UV-GOÄ)
- Frau Ostenrieder:
  - 18211 Grundpauschale Orthopäde
  - 02510 Mikrowellenbehandlung
- Herr Erben:
  - Abrechnung auf der Rückseite von F 1050 Ärztliche Unfallmeldung nach UV-GOÄ: 145 Überweisungsvordruck F 2900, 1 Symptombez. Untersuchung

Prüfungsfall 15: Adipositas

Praxisdaten: Herr Dr. med. Bernd Germann, Facharzt für Allgemeinmedizin, Kastanienallee 71, 74623 Waldburg, Betriebsstätten-Nr. 563245600, lebenslange Arzt-Nr. 231536201, Tel. 07342/46002

Patientendaten: Michael Vallendar, geb. 05.12.19xx (36 Jahre alt), Elbestr. 32, 74325 Marienbach, Tel. 07351/53245, privatversichert bei der Debeka und der Beihilfe, Entfernung zur Praxis 7 km, Entfernung zur Arztwohnung 12,5 km

Situationsbeschreibung: Herr Vallendar ist neu in Ihrer Praxis und hat sich einen Termin zum „Durchchecken" geben lassen, da sein Bruder unlängst mit erst Mitte vierzig einen leichten Schlaganfall erlitten hatte. Wie sein Bruder ist auch Herr Vallendar übergewichtig und macht sich jetzt Sorgen. Nach Rücksprache mit Herrn Dr. Germann haben Sie ihm für heute, Mittwoch, 20.08.20xx, um 8:00 Uhr einen Termin in der Privatsprechstunde gegeben, zu dem er vereinbarungsgemäß nüchtern erscheint.

Nach der Begrüßung und der Aufnahme seiner Patientendaten erklären Sie ihm den Ablauf der geplanten Gesundheitsuntersuchung. Dann erfragen Sie Vorerkrankungen, Allergien, Unverträglichkeiten und persönliche Risikofaktoren, messen Puls, Blutdruck (im Normbereich), Größe (1,80 m) und Gewicht (110 kg) und errechnen seinen Body-Mass-Index. Anschließend legen Sie die Laborkarte an, erklären ihm die Harnprobengewinnung mittels Mittelstrahlurin sowie den Weg zur Praxistoilette und geben ihm dazu einen mit Barcode versehenen Urinbecher mit. Die Harnprobe analysieren Sie mit einem Mehrfachteststreifen (alle Testfelder ohne krankhaften Befund) und führen danach bei Herrn Vallendar eine Untersuchung aus Kapillarblut mit Teststreifen zur Glukose-Messung (87 mg/dL) und Cholesterin (178 mg/dL) durch. Nach Eintrag aller erhobenen Befunde in die Karteikarte bringen Sie Herrn Vallendar ins Sprech- und Untersuchungszimmer zu Dr. Germann.

Nach der Untersuchung führen Sie auf Anweisung Dr. Germanns eine venöse Blutentnahme bei Herrn Vallendar durch. Bestimmt werden soll in der eigenen Praxis die BSG, in der ärztlichen Laborgemeinschaft ein kleines Blutbild, Cholesterin, HDL- und LDL-Cholesterin, Triglyceride, Harnsäure, Kreatinin, GOT, GPT und Gamma-GT. Nachdem Sie die Laborproben für Dr. Germanns Laborgemeinschaft abholfertig gemacht und die BSG-Messung begonnen haben, führen Sie bei Herrn Vallendar eine Lungenfunktionsprüfung mit Ausdruck der Fluss-Volumen-Kurve durch, leiten bei ihm ein Ruhe-EKG ab, bereiten ein Belastungs-EKG vor und assistieren Dr. Germann dabei. Zuletzt bereiten Sie Herrn Vallendar für eine Oberbauchsonografie zur Beurteilung von Leber, Gallenblase, Gallenwegen und Milz vor, nach dessen Durchführung Sie ihm einen Termin zur Besprechung der Laborbefunde für den Nachmittag geben.

Die am frühen Nachmittag eingetroffenen Laborergebnisse liegen alle im Normbereich. Wegen der vom Patienten angegebenen Müdigkeit und Muskelschmerzen sollen Sie ihm jedoch ein Privatrezept ausstellen über Vigantoletten 1000 IE, N3. Zusätzlich soll er auf seinen Wunsch hin wegen des gelegentlichen Brennens in den Beinen einen neuen Termin zur intramuskulären Injektion einer Medivitan-Ampulle erhalten. Sie erklären der neuen Auszubildenden auf deren Nachfrage das Vorgehen dabei.

Erledigen Sie alle betriebsorganisatorischen und medizinischen Aufgaben – auch die delegierbaren ärztlichen Leistungen – und rechnen Sie die delegierbaren und nicht delegierbaren Aufgaben zum zulässigen Schwellenwert ab.

1. Patientenempfang zum vereinbarten Termin

Fall 1, S. 290

2. Patientenaufnahme bei unbekanntem Patienten

Fall 2, S. 296

- Kontrolle der Identität des Patienten (z. B. mit Personalausweis oder Reisepass)
- Besonderheit: Patient hat keine Versichertenkarte

3. Gesundheitsuntersuchung erklären

Fall 2, S. 296

- Besonderheit: GKV-Pflichtleistungen gelten auch für Privatversicherte, Laborleistungen und weitere Leistungen können aber zusätzlich abgerechnet werden. Die Untersuchung ist ab dem 18. Geburtstag berechnungsfähig.

4. Pulsmessung

Fall 1, S. 291

5. Blutdruckmessung bei neuem Patienten

Blutdruckmessung bei bekanntem Patienten, Fall 1, S. 291; Blutdruckmessung bei neuem Patienten, Fall 2, S. 296

6. Körpergröße messen

Fall 2, S. 296

7. Körpergewicht messen

Fall 1, S. 291

8. Body-Mass-Index (BMI) berechnen

Fall 2, S. 296

- hier: 110 kg : (1,80 m x 1,80 m) = 33,95 kg/m^2

9. Laborkarte/Laborbuch ausfüllen

Fall 1, S. 293

10. Urinprobe gewinnen (Mittelstrahlurin)

Fall 2, S. 297

11. Urinuntersuchung mit Teststäbchen

Fall 2, S. 297

12. Kapillarblutentnahme

Hygienische Händedesinfektion, Fall 1, S. 291; Kapillarblutentnahme, Fall 1, S. 291

13. Blutzuckermessung aus dem Kapillarblut

Blutzuckerschnelltest durchführen, Fall 1, S. 291

14. Venöse Blutentnahme

Hygienische Händedesinfektion, Fall 1, S. 291; Venöse Blutentnahme, Fall 1, S. 292

15. Serumherstellung

Hygienische Händedesinfektion, Fall 1, S. 291; Serumherstellung, Fall 2, S. 297

16. Blut abholfertig machen

Fall 1, S. 293

- Besonderheit: Bei privat Versicherten ist anstelle einer Laborüberweisung nach Muster 10A nur der Anforderungsschein der Laborgemeinschaft auszufüllen.

17. BSG bestimmen

BSG bestimmen, Fall 6, S. 314;
Hygienische Händedesinfektion, Fall 1, S. 291

18. Lungenfunktionsprüfung (Spirometrie) durchführen und Patienten anleiten

Fall 4, S. 306

19. Ruhe-EKG anfertigen

Fall 3, S. 301

20. Belastungs-EKG vorbereiten

Fall 3, S. 301

21. Sonografie vor- und nachbereiten

Fall 7, S. 319

22. Verabschiedung des Patienten

Fall 1, S. 294

23. Privatrezept vorbereiten

- Ein Privatrezept sollte bei ansonsten freier Gestaltungsmöglichkeit folgende Informationen enthalten:
  - Name, Geburtsdatum und Anschrift des Patienten
  - Ausstellungsdatum
  - Arzneimittel-Name, Darreichungsform und Packungsgröße
  - Privatarztstempel oder -aufdruck
  - ärztliche Unterschrift

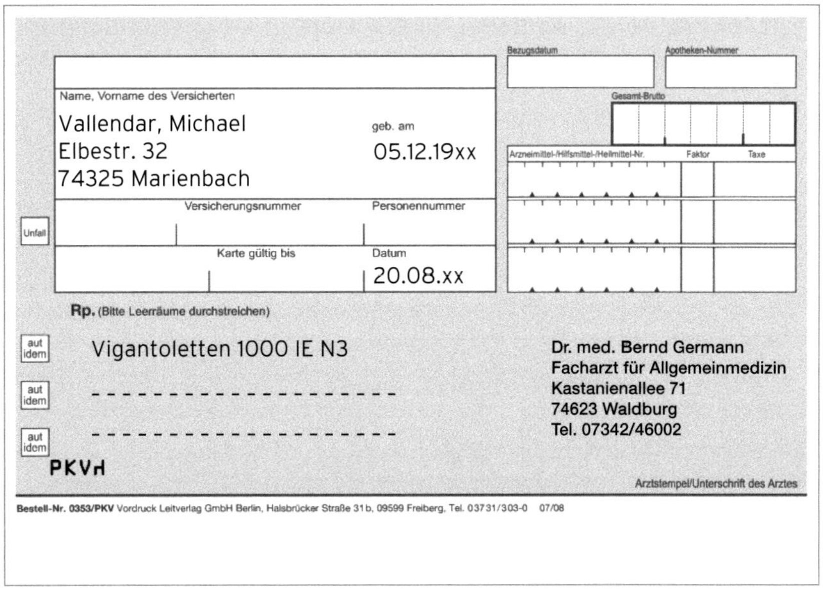

Bezugsdatum
Apotheken-Nummer
Name, Vorname des Versicherten
Vallendar, Michael
Elbestr. 32
74325 Marienbach
geb. am
05.12.19xx
Gesamt-Brutto
Arzneimittel-/Hilfsmittel-/Heilmittel-Nr. Faktor Taxe
Unfall
Versicherungsnummer
Personennummer
Karte gültig bis
Datum
20.08.xx
Rp. (Bitte Leerräume durchstreichen)
aut idem
Vigantoletten 1000 IE N3
aut idem
- - - - - - - - - - - - - - - - - - - -
aut idem
- - - - - - - - - - - - - - - - - - - -
PKVH
Dr. med. Bernd Germann
Facharzt für Allgemeinmedizin
Kastanienallee 71
74623 Waldburg
Tel. 07342/46002
Arztstempel/Unterschrift des Arztes
Bestell-Nr. 0353/PKV Vordruck Leitverlag GmbH Berlin, Halsbrücker Straße 31 b, 09599 Freiberg, Tel. 03731/303-0 07/08

24. i.m. Injektion vorbereiten und Durchführung erklären
- Verfallsdaten der Ampullen und sämtlicher anderer Materialien überprüfen
- Einmalspritze bereitlegen
- zwei Kanülen bereitlegen
  - eine zum Aufziehen des Medikaments
  - eine für die Injektion (Größe abhängig von Medikament und Statur des Patienten)
- Kanüle auf Spritze aufsetzen
- Ampulle öffnen
- Kanülenkappe entfernen
- mit einer Hand die Ampulle halten, währenddessen mit der anderen Hand durch Zug am Spritzenkolben den Ampulleninhalt aufziehen, ggf. danach Luftblasen aus der Spritze entfernen
- Kanüle, mit der Ampulleninhalt aufgezogen wurde, entfernen und ohne Kanülenkappe in durchstich- und bruchsicherem, flüssigkeitsfestem und verschließbarem Behälter entsorgen
- neue Kanüle mit Kappe auf Spritze aufstecken
- Hautdesinfektionsmittel bereitlegen
- Hautdesinfektion durchführen (Einwirkzeit nach Herstellerangabe beachten, Desinfektionsmittel auf der Haut trocknen lassen, kein Nachtasten)
- Schutzhandschuhe anziehen
- Kanülenkappe abziehen
- i.m. Injektion durchführen:
  - Mögliche Injektionsorte für i.m. Injektionen sind der M. deltoideus am Oberarm, der M. vastus lateralis des M. quadriceps femoris am seitlichen Oberschenkel und der vordere M. glutaeus über dem seitlichen Becken (ventrogluteale Injektion nach Hochstetter: dabei Zeigefinger auf vorderen Darmbeinstachel, Mittelfinger auf Beckenkamm; Einstich in das untere Ende des „V", das Zeige- und Mittelfinger jetzt bilden).
  - senkrecht in den Muskel einstechen
  - aspirieren (nur bei Injektionen in den Gesäßmuskel)
  - wenn kein Blut aspirierbar: Mittel injizieren
  - Kanüle herausziehen
- einen keimarmen Tupfer auf die Injektionsstelle drücken
- wenn keine Pflasterallergie vorliegt: Wundpflaster über Injektionsstelle anbringen
- Kanüle entfernen und ohne Kanülenkappe in durchstich- und bruchsicherem, flüssigkeitsfestem und verschließbarem Behälter entsorgen
- Spritze und Schutzhandschuhe in Praxismüll entsorgen
- Dokumentation in analoger oder digitaler Patientenkartei

25. Abrechnung (GOÄ)
- 29 Gesundheitsuntersuchung, 2,3-fach, 58,99 €
- 3511 Harnstreifentest, 1,15-fach, 3,35 €
- 3514 Glukose, 1,15-fach, 4,69 €
- 250 Venöse Blutentnahme, 1,8-fach, 4,20 €
- 3501 BSG, 1,15-fach, 4,02 €
- 3550 Blutbild, 1,15-fach, 4,02 €
- 3562.H1 Cholesterin, 1,15-fach, 2,68 €
- 3563.H1 HDL-Cholesterin, 1,15-fach, 2,68 €
- 3564.H1 LDL-Cholesterin, 1,15-fach, 2,68 €
- 3565.H1 Triglyceride, 1,15-fach, 2,68 €
- 3583.H1 Harnsäure, 1,15-fach, 2,68 €
- 3585.H1 Kreatinin, 1,15-fach, 2,68 €
- 3594.H1 GOT, 1,15-fach, 2,68 €
- 3595.H1 GPT, 1,15-fach, 2,68 €
- 3592.H1 Gamma-GT, 1,15-fach, 2,68 €

Anmerkung zu den Laborziffern: Wo immer möglich, wurden die GOÄ-Ziffern des GOÄ-Abschnitts MI abgerechnet, sonst diejenigen aus Abschnitt MII.
- 605 Spirografie in Ruhe, 1,8-fach, 25,39 €
- 605a Fluss-Volumen-Kurve bei Spirografie, 1,8-fach, 14,69 €
- 652 Ruhe- und Belastungs-EKG, 2,3-fach, 59,66 €
- 410 Ultraschalluntersuchung eines Organs
  - Leb (= Leber), 2,3-fach, 26,81 €
- 420 Ultraschalluntersuchung von bis zu drei weiteren Organen
  - Gbl (= Gallenblase), 2,3-fach, 10,73 €
  - Gw (= Gallenwege), 2,3-fach, 10,73 €
  - Mi (= Milz), 2,3-fach, 10,73 €

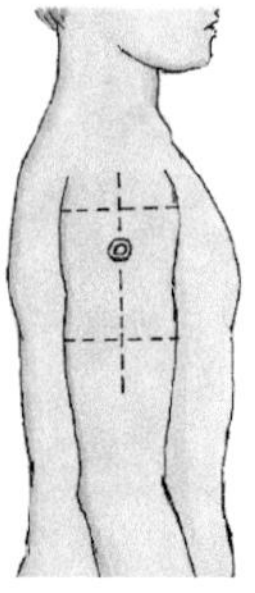
Injektion in den M. deltoideus

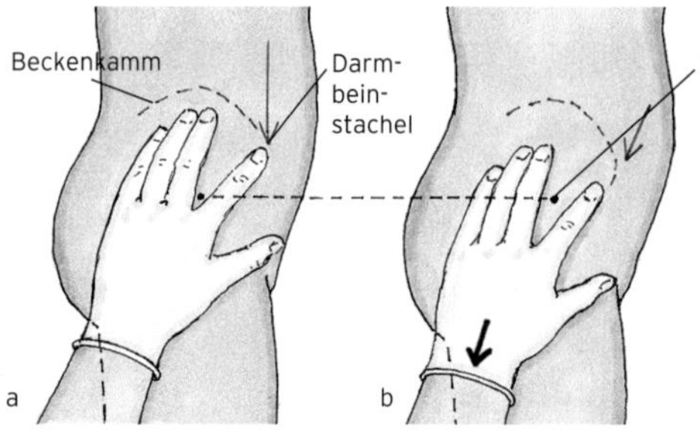

Injektion in den Gesäßmuskel (Methoden nach Hochstetter)

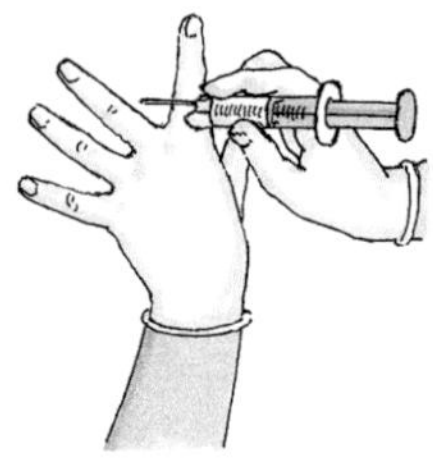

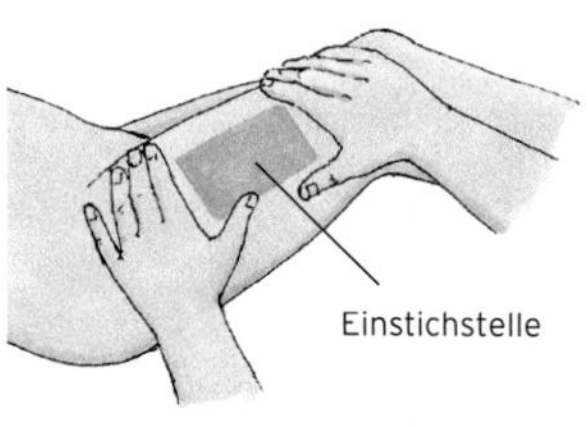

Injektion in den M. vastus lateralis des M. quadriceps femoris

Prüfungsfall 16: Grippaler Infekt

Praxisdaten: Frau Dr. Impfling, Fachärztin für Allgemeinmedizin, Kommastr. 10, 80796 München, Betriebsstätten-Nr. 673628600, lebenslange Arzt-Nr. 157930481, Tel. 089/44831455

Patientendaten: Janne Hüsmann, geb. 23.06.20xx (17 Jahre alt), Fräuleinweg 40, 80796 München, Tel. 089/9139679, PTA-Auszubildende, als Mitglied gesetzlich krankenversichert bei der AOK, WOP 71, Kostenträgerkennung 104024832, Versichertennummer C77569987, Gültigkeit der eGK bis 05/xx

Situationsbeschreibung: Sie arbeiten heute, am 12.11.20xx, in der Vormittagssprechstunde bei Frau Dr. Impfling. Karina, eine Schülerin aus der Mittelschule, sitzt neugierig neben Ihnen und wird in den nächsten zwei Wochen ihr Berufsorientierungspraktikum in der Praxis machen. Sie haben die Aufgabe, ihr alles zu erklären und sie so gut wie möglich mitarbeiten zu lassen.

Um 10:00 Uhr tritt eine langjährige Patientin, Janne Hüsmann, unangemeldet in die Praxis, die wegen häufiger Infekte oft in die Sprechstunde kommt. Sie sieht sehr abgeschlagen aus und murmelt, dass sie sich nicht wundere, dass sie krank sei, bei dem Kundenkontakt jeden Tag in der Apotheke. Sie fühle sich so schwach und musste vorzeitig die Berufsschule verlassen. Nun klagt sie über Halsschmerzen, starken Husten und Schnupfen. Sie nehmen die Patientin auf und begleiten sie ins Wartezimmer. Sie nutzen die Zwischenzeit, um Karina zu erklären, welche Möglichkeiten der Diagnose jetzt in der Erkältungszeit wichtig sind: Sie zeigen ihr, wie man ein Behandlungszimmer für einen Tonsillarabstrich vorbereitet und wie man einen Strep-A-Schnelltest durchführt.

Nach längerer Wartezeit wird nun Janne Hüsmann von Frau Dr. Impfling untersucht. Die Ärztin diagnostiziert einen grippalen Infekt und verschreibt ihr ein Rezept für Mucosolvan®-Hustensaft 30 mg/5 ml. Sie solle sich viel Ruhe gönnen und inhalieren. Außerdem wird Frau Hüsmann für vier Tage krankgeschrieben. Frau Dr. Impfling bittet Sie, sowohl das Privatrezept als auch die Arbeitsunfähigkeitsbescheinigung vorzubereiten.

Noch an der Rezeption fragt Sie Janne Hüsmann, ob sie Einsicht in ihre Patientenakte nehmen dürfe. Sie ist medizinisch interessiert und muss demnächst ein Referat zum Thema Infektionskrankheiten in der Berufsschule halten. Daher würde sie gerne ihre Krankendaten zum Präsentieren eines Patientenbeispiels nehmen und dafür wäre eine Kopie hilfreich. Sie überlegen, ob Sie ihr die Einsicht gewähren und eine Kopie aushändigen dürfen und wenn, was Sie bei der Kopie beachten müssen. Anschließend verabschieden Sie die Patientin.

Nun müssen Sie noch ein Rezept an eine andere Patientin versenden. Sie erklären der Praktikantin, was dabei wichtig ist, sodass sie das Rezept gemeinsam mit einem Kurzbrief versenden kann.

Übernehmen Sie alle betriebsorganisatorischen und medizinischen Aufgaben – auch die delegierbaren ärztlichen Leistungen – und rechnen Sie die delegierbaren und nicht delegierbaren Aufgaben ab.

1. Patientenempfang ohne Termin

Fall 5, S. 309

2. Patientenaufnahme bei bekanntem Patienten

Fall 1, S. 290

3. Tonsillarabstrich vorbereiten
- Handschuhe
- Mundspatel, Lichtquelle
- steriler Watteträger mit Versandbehälter und Kulturmedium

4. Strep-A-Schnelltest durchführen
- hygienische Händedesinfektion durchführen
- Voraussetzungen abklären (z. B. Patient hat nicht getrunken bzw. gegurgelt)
- Material bereit stellen:
  - Handschuhe
  - Extraktionsgefäß für Patienten
  - Extraktionsgefäß für Kontrolle
  - Rachenabstrichtupfer
  - Reagenzien (Raumtemperatur)
- Probenmaterial mit Abstrichtupfer entnehmen (am Ort der Entzündung)
- Probe und Reagenzien laut Anweisung vermischen
- Teststreifen eintauchen
- nach vorgeschriebener Zeit ablesen

5. Arbeitsunfähigkeitsbescheinigung (Muster 1) ausfüllen

Fall 4, S. 306

- hier: Erstbescheinigung ankreuzen
- arbeitsunfähig seit: 12.11.xx, bis: 15.11.xx
- Diagnose: grippaler Infekt

6. Privatrezept vorbereiten

Fall 15, S. 345

- hier: Patientendaten eintragen, Rp. Mucosolvan®-Hustensaft 30 mg/5 ml

7. Patienten Einsicht in seine Krankenakten geben
- subjektive Einträge schwärzen

8. Kopie von Krankenakten für den Patienten erstellen
- subjektive Einträge schwärzen
- nur objektive Befunde kopieren
- Patient trägt Kosten

9. Kurzbrief verfassen
- Formular nach DIN 5012 verwenden
- Kopf: Praxis, Betreff, Datum und Zeichen
- Empfängeradresse
- Anlagen ankreuzen
- Standardvorgänge ankreuzen, z. B. Bitte um Kenntnisnahme, Rückruf oder zum Verbleib
- ggf. handschriftliche Ergänzungen

10. Postversand organisieren

Fall 9, S. 327

11. Verabschiedung des Patienten

Fall 1, S. 294

12. Abrechnung (EBM)
- 03000 Versichertenpauschale

Prüfungsfall 17: Kopfplatzwunde

Praxisdaten: Herr Dr. Martin Distler, Facharzt für Allgemeinmedizin, Hirschstr. 25, 89073 Ulm, Betriebsstätten-Nr. 621314900, lebenslange Arzt-Nr. 203935219, Tel. 0731/67543

Patientendaten: Sabine Mahler, geb. 20.05.19xx (35 Jahre alt), Vaterunsergasse 8, 89073 Ulm, Tel. 0731/632187, als Mitglied versichert bei der AOK Baden-Württemberg, WOP 61, Kostenträgerkennung 106745066, Versichertennummer D7654098, Gültigkeit der eGK 03/xx; Frau Mahler ist nicht Teilnehmerin eines Hausarztmodells oder Disease-Management-Programms.

Situationsbeschreibung: Frau Sabine Mahler nutzt am Donnerstag, 23. Mai 20xx, einen freien Tag, um alte Möbelstücke zu restaurieren. Als Frau Mahler einen Schrank verschiebt, rutscht sie aus, stürzt sehr unglücklich und bleibt am Boden liegen. Frau Mahler hat sich an der Kante des Schranks verletzt, sodass sie am Kopf im Bereich der Stirn blutet. Außerdem ist durch den Sturz Dispersionsfarbe aus dem Eimer gespritzt: Die Farbe gelangt in das rechte Auge von Frau Mahler, welche ganz benommen am Boden liegt. Der Ehemann legt einen provisorischen Verband an und bringt seine Frau sofort in die nahegelegene Praxis ihres Hausarztes Dr. Distler.

Frau Mahler erscheint ohne Termin um 8:00 Uhr in der Praxis, wo Dr. Distler noch nicht eingetroffen ist. Sie bringen Frau Mahler umgehend in ein Behandlungszimmer, legen einen Druckverband auf die stark blutende Wunde, erheben eine kurze Anamnese und überprüfen die Kreislaufsituation der Patientin. Frau Mahler klagt über starkes Brennen im rechten Auge, sodass Sie sofort eine Augenspülung vorbereiten. Nach hygienischer Händedesinfektion führen Sie die Spülung am rechten Auge durch. Danach gibt die Patientin eine Besserung der Symptomatik an.

In der Zwischenzeit ist Dr. Distler gekommen und schaut sich die Kopfplatzwunde von Frau Mahler an. Er erkennt eine ca. 4 cm lange und 1 cm tiefe saubere Wunde an der Stirn linksseitig und ordnet an, einen OP-Tisch zur Versorgung der Kopfplatzwunde mit Naht herzurichten sowie eine Wundspüllösung bereitzustellen. Sie bereiten alles vor. Dr. Distler verabreicht der Patientin eine Lokalanästhesie und spült die Wunde. Dann ziehen der Arzt und Sie sich sterile Handschuhe an, damit der Arzt die Wunde nähen kann. Anschließend legen Sie einen Wundverband an. Nach der Versorgung der Kopfplatzwunde spült Dr. Distler nochmals das rechte Auge.

Während die Patientin noch für eine halbe Stunde zur Überwachung in der Praxis bleibt, nehmen Sie die Daten der Patientin auf, die zuletzt vor fünf Monaten in der Sprechstunde war. Ein Tetanus-Schutz besteht bei der Patientin. Da es Frau Mahler so weit gut geht, wird sie anschließend nach Hause entlassen und erhält von Ihrer Kollegin noch einen Termin zur Kontrolle, während Sie den OP-Raum wieder herrichten.

Übernehmen Sie alle betriebsorganisatorischen und medizinischen Aufgaben – auch die delegierbaren ärztlichen Leistungen – und rechnen Sie danach die erbrachten Leistungen nach der Gebührenordnung für die Praxis Dr. Distler ab.

1. Patientenempfang ohne Termin

Fall 5, S. 309

2. Blutdruckmessung bei bekanntem Patienten

Fall 1, S. 291

3. Pulsmessung

Fall 1, S. 291

4. Hygienische Händedesinfektion

Fall 1, S. 291

5. Wundversorgung einer stark blutenden Wunde (Druckverband)

Fall 8, S. 322

6. Augenspülung: Erste Hilfe bei Abwesenheit des Arztes

- Patientenlagerung so, dass die Spülflüssigkeit nicht in das andere Auge laufen kann
- Handschuhe anziehen
- Augenlider spreizen
- Spülen mit Wasser oder physiologischer Kochsalzlösung
- zum äußeren Augenwinkel hin spülen, Nierenschale zum Auffangen der Spülflüssigkeit verwenden
- Einmalhandtuch oder Zellstoff zum Abtrocknen

7. Wundversorgung Kopfplatzwunde vorbereiten

- Wunddesinfektionsmittel
- Anästhesie
- sterile Handschuhe
- steriles Abdecktuch für Arbeitsplatz
- steriles Lochtuch für Patienten
- sterile Tupfer und Kompressen
- steriles Verbandmaterial
- zwei Nierenschalen (eine für Abfall, eine für zu sterilisierende Instrumente)
- steriles Skalpell, sterile chirurgische/anatomische Pinzette, ggf. sterile Gefäßklemme
- sterile Schere (evtl. zur Wundausschneidung)
- physiologische NaCl-Lösung zum Spülen
- steriles Nahtmaterial (Nadel mit Nahtmaterial, Nadelhalter), sterile Fadenschere

8. Chirurgische Händedesinfektion

Fall 5, S. 310

9. An- und Ausziehen steriler Handschuhe

Fall 5, S. 310, 311

10. Steriles Arbeiten und steriles Anreichen

Fall 5, S. 311

11. Sterilen Wundverband anlegen

Fall 5, S. 311

- Kopfverband anlegen

12. Vorbereitung einer vom Arzt durchgeführten Augenspülung
- Einmalhandschuhe
- Watteträger zum evtl. Ektropionieren (Umklappen des Oberlids)
- physiologische Kochsalzlösung
- Nierenschale zum Auffangen der Spülflüssigkeit
- Einmalhandtuch oder Zellstoff zum Abtrocknen

13. Patientenaufnahme bekannter Patient

Fall 1, S. 290

14. Wiederaufbereitung der benutzten Instrumente

Fall 5, S. 312

15. Abrechnung (EBM)
- Diagnose: S01.9 Kopfplatzwunde
- 03000 Versichertenpauschale
- 02301 Kleinchirurgischer Eingriff II, primäre Wundversorgung mittels Naht

Prüfungsfall 18: Diabetes mellitus Typ 1

Praxisdaten: Frau Dr. med. Anne Christine Armbruster, Fachärztin für Allgemeinmedizin, Blumenstraße 68, 85702 Oberkirchen, Betriebsstätten-Nr. 362159630, lebenslange Arzt-Nr. 239031904

Patientendaten: Tobias Meyer, geb. 13.07.19xx (17 Jahre alt), Tulpenstraße 39, 85702 Unterkirchen, privat versichert bei der Debeka

Situationsbeschreibung: Herr Meyer ist ein Ihnen bekannter Patient der Praxis Dr. Armbruster. Er ist seit 12 Jahren an Diabetes mellitus Typ 1 erkrankt und seit zwei Jahren nach dem Umzug aufs Land Patient der Praxis. Pubertätsbedingt ist seine Adhärenz in der Behandlung seiner Krankheit eher mäßig. Herr Meyer kommt heute zu einem im vergangenen Quartal vereinbarten Termin in die Praxis, zu dem er, wie vorher mit ihm besprochen, eine Probe Morgenurin mitbringt.

Herr Meyer erscheint pünktlich zum vereinbarten Termin. Es ist sein erster Praxiskontakt in diesem Quartal. Nach der Begrüßung des Patienten erledigen Sie die anfallenden Verwaltungsarbeiten und begleiten dann Herrn Meyer ins Untersuchungszimmer. Sie beschriften die mitgebrachte Urinprobe mit den erforderlichen Angaben und bringen diese ins Labor. Hier führen Sie zunächst den Mikroalbuminurietest durch und dokumentieren den ermittelten Wert (60 mg/L) im Laborbuch und in der Patientenkartei.

Sie führen die erforderlichen Hygienemaßnahmen durch und messen dann bei Herrn Meyer den Blutdruck. Den ermittelten Wert (145/88 mmHg) notieren Sie ebenfalls in der Kartei. Sie informieren Frau Dr. Armbruster, die den Patienten untersucht, mit ihm das Ergebnis der Urinuntersuchung und die weiteren therapeutischen Schritte bespricht.

Frau Dr. Armbruster weist Sie an, Herrn Meyer die Handhabung des neuen Insulin-Pens und die Bedienung eines neuen, verbesserten Modells der Blutzuckermessgeräte zu erläutern und zu demonstrieren.

Sie erklären dem Patienten die Vorgehensweise der subkutanen Insulininjektion mit dem neuen Insulin-Pen. Außerdem demonstrieren und üben Sie mit Herrn Meyer die Handhabung eines neuen Blutzuckermessgerätes. Da Herr Meyer in Zukunft die vorgestellten Geräte verwenden soll, geben Sie ihm noch Merkblätter mit, die alle wichtigen Patienteninformationen zum Insulin-Pen und dem neuen Blutzuckermessgerät enthalten.

Danach vereinbaren Sie mit Herrn Meyer einen neuen Termin in der übernächsten Woche und erinnern ihn daran, dass er auch zu diesem Termin wieder eine Morgenurinprobe mitbringen soll. Sie verabschieden den Patienten und erledigen die noch anfallenden Verwaltungsarbeiten.

Danach bittet Sie Frau Dr. Armbruster, für das Qualitätsmanagement der Praxis eine Checkliste zur Lagerung von Arzneimitteln zu erstellen.

Übernehmen Sie alle betriebsorganisatorischen und medizinischen Aufgaben – auch die delegierbaren ärztlichen Leistungen – und rechnen Sie danach die erbrachten Gebührenordnungspositionen mit den zulässigen Schwellenwerten ab.

1. Patientenempfang bei vereinbartem Termin

Fall 1, S. 290

2. Patientenaufnahme bekannter Patient

Fall 1, S. 290

3. Mikroalbuminurietest durchführen
- Verfallsdatum der Teststreifen kontrollieren
- Handschuhe anziehen
- Morgenurin des Patienten gut mischen
- Teststreifen aus der Dose entnehmen, sofort wieder verschließen
- Teststreifen bis zur Markierung in Urin eintauchen
  - Gefäßwand nicht mit dem Teststreifen berühren
  - Eintauchzeit entsprechend Herstellerangaben
- Teststreifen waagerecht auf dem Uringefäß ablegen
- Wartezeit nach Herstellerangaben
- Ergebnis ablesen (Farbvergleich mit Skala der Teststreifendose)
- Dokumentation des Testergebnisses
- Besonderheit: Innerhalb von ca. sechs Wochen sind drei Urinabgaben bzw. Tests notwendig.

4. Laborkarte/Laborbuch ausfüllen

Fall 1, S. 293

5. Arbeitsplatzdesinfektion

Fall 5, S. 312

6. Hygienische Händedesinfektion

Fall 1, S. 291

7. Blutdruckmessung bei bekanntem Patienten

Fall 1, S. 291

8. s.c. Injektion durch den Patienten anleiten (mittels Insulin-Pen)

s.c. Injektion durch den Patienten anleiten, Fall 1, S. 293

- regelmäßiger Wechsel der Einstichstellen; Dokumentation mittels Injektionskalender
- Einstichstellen: Oberschenkelvorderseite, hintere Seite Hüfte, Bauch, Außenseite Oberarm

9. Informationsmaterial aushändigen
- Materialien zu Themenbereichen, über die mit dem Patienten gesprochen wurde
- ggf. Möglichkeit der Nachfrage bieten

10. Blutzuckermessung durch den Patienten anleiten
- Hände waschen
- ggf. Verfallsdatum der Teststreifen kontrollieren
- ggf. Codierung überprüfen
- Dose öffnen, Teststreifen nach vorne gleiten lassen
- Teststreifen entnehmen, Dose sofort wieder verschließen
- Teststreifen in das Messgerät einführen
- mit Einmaleinstechhilfe in seitliche Fingerbeere einstechen
- Blutstropfen in das Testfeld des Teststreifens aufnehmen (Messzone muss vollständig bedeckt sein)
- Ergebnis ablesen und dokumentieren

11. Checkliste zur Lagerung von Arzneimitteln erstellen
- Arzneimittel unzugänglich für Nichtberechtigte
  - BtM doppelt verschlossen
  - übrige Medikamente einfach verschlossen
- Verwendung einer Ordnungssystematik (z. B. nach Wirkgruppen, Darreichungsformen)
- regelmäßige Kontrolle des Verfallsdatums, Ordnung nach dem Muster „first in, first out" (FIFO)
- Beachtung des Licht- und Temperaturschutzes, ggf. Lagerung im Kühlschrank

12. Verabschiedung des Patienten

Fall 1, S. 294

13. Abrechnung (GOÄ)
- 1 Beratung, 2,3-fach, 10,72 €
- 5 Symptombezogene Untersuchung, 2,3-fach, 10,72 €
- 3736 Mikraltest, 1,15-fach, 8,04 €

Prüfungsfall 19: COPD

Praxisdaten: Herr Dr. Maus, Facharzt für Pneumologie, Ebertstr. 12, 80976 München, Betriebsstätten-Nr. 213628699, lebenslange Arzt-Nr. 324592198, Tel. 089/1244350

Patientendaten: Olaf Kranich, geb. 03.05.19xx (70 Jahre alt), Am See 2, 82319 Starnberg, Tel. 08151/1296322, Rentner, privat krankenversichert, Entfernung Praxis–Wohnung 30 km

Situationsbeschreibung: Sie arbeiten heute, am 17.05.20xx, mit ihrer MFA-Kollegin in der Sprechstunde bei Herrn Dr. Maus. Um 9:30 Uhr hat Herr Kranich einen Termin. Er erscheint pünktlich und gibt nach einem freundlichen, hechelnden „Servus" sein Röntgenbild ab. Er wird ungeduldig und möchte sofort zum Doktor.

Sie sind noch ganz erschöpft von dem Zwischenfall vor wenigen Minuten, als eine Patientin hyperventiliert hat. Sie erzählen der neuen Auszubildenden davon und bitten sie, einen Merkzettel für den Notfallkoffer zu erstellen, der Hinweise auflistet, wie man in einem solchen Fall genau zu reagieren habe. Dafür nennen Sie ihr wichtige Stichpunkte, die auf dem Merkzettel zu finden sein sollten.

Nun lesen Sie sich den Anamnesebericht des Hausarztes in Starnberg durch. Herr Kranich ist leicht übergewichtig. Er berichtet über eine seit Jahren bestehende, allmählich zunehmende Luftnot, die aber nur bei körperlichen Anstrengungen auftritt. Zusätzlich kommt es zu produktivem Husten. Herr Kranich raucht seit seinem 18. Lebensjahr ca. 18 Zigaretten pro Tag. Früher, als er noch in der Metallbranche gearbeitet hat, da habe ihm körperliche Anstrengung nichts ausgemacht und der Feinstaub schon gar nicht. Sein Hausarzt habe keine Allergien bei ihm feststellen können.

Im Behandlungszimmer führt Dr. Maus eine körperliche Untersuchung durch und ihm fällt zuerst eine Lippenzyanose auf. Bei der Auskultation ist das Atemgeräusch eigentlich unauffällig, jedoch recht leise. Das Ausatmungsgeräusch ist verlängert. Der Klopfschall über beiden Lungen ist hypersonor, nämlich lauter und hohler. Dr. Maus kann den Leberrand tiefer ertasten und auch das mitgebrachte Röntgenbild zeigt tief stehende Zwerchfellkuppen, eine vermehrte Strahlentransparenz der Lunge und horizontal verlaufende Rippen mit weiten Interkostalräumen. Dr. Maus bittet Sie, eine Lungenfunktionsprüfung (Spirometrie) durchzuführen und den Patienten sachgemäß anzuleiten. Außerdem sollen Sie eine Sputumprobe gewinnen und den Patienten hierzu ebenfalls anleiten. Dr. Maus diagnostiziert eine COPD.

Während Ihre Kollegin den Versand der Sputumprobe ins Labor vorbereitet, füllen Sie vorausschauend ein Zahlungsformular als Anhang der Privatrechnung aus. Herr Kranich verabschiedet sich und nimmt die Rechnung mit.

Ihre Kollegin erinnert Sie an die noch zu bezahlende Rechnung über 217,31 € für die der Praxis gelieferten Asthmasprays der Apotheke Sonnenschein. Sie erledigen diesen Auftrag sofort, um sich die 3 % Skonto nicht entgehen zu lassen. Sie füllen fünf Tage nach Rechnungsdatum einen Überweisungsträger aus, sodass Ihr Arbeitgeber nur noch unterschreiben muss. Die Bankverbindung der Apotheke lautet IBAN DE30700349501234567890, BIC HYVEDEMN349, die der Praxis IBAN DE4070034950200 151590 bei der HypoVereinsbank München, BIC HYVEDEMN349.

Erledigen Sie alle betriebsorganisatorischen und medizinischen Aufgaben – auch die delegierbaren ärztlichen Leistungen – und rechnen Sie die delegierbaren und nicht delegierbaren Aufgaben zu den zulässigen Schwellenwerten für Herrn Kranich ab.

1. Patientenempfang: pünktlicher Patient kann nicht warten
- aktuelle Terminsituation in der Praxis abschätzen
- Anliegen ernst nehmen
- realistische Lösung anbieten
- notfalls Alternativen anbieten

2. Atemanweisungen bei Hyperventilation geben
- Patienten beruhigen und dabei selbst ruhig bleiben
- Aufmerksamkeit auf die Atmung richten lassen und mit klarer Stimme Anweisungen geben, z. B. ausatmen, einatmen
- in eine Papier- oder Plastiktüte atmen lassen
- wenn nötig, Arzt rufen

3. Lungenfunktionsprüfung (Spirometrie) durchführen und Patienten anleiten

Fall 4, S. 306

4. Sputumprobe gewinnen und Patienten anleiten
- Mund mehrmals mit Wasser ausspülen
- Auffanggefäß nur von außen berühren
- tief Luft holen und in steriles Gefäß abhusten
- bis zur Gewinnung einer ausreichenden Menge Vorgang wiederholen

5. Vorbereitung eines Zahlungsformulars für einen Patienten als Anhang der Privatrechnung
- Formular: Zahlschein oder Überweisung verwenden
- Bankverbindung des Zahlungsempfängers eintragen
- Rechnungsnummer, Rechnungsdatum und Betrag eintragen

6. Verabschiedung des Patienten

Fall 1, S. 294

7. Skontobetrag für eine Überweisung berechnen
- Terminbeachtung für Skontogewährung
- hier: 3 % Skonto von 217,31 € = 6,52 €; 217,31 € - 6,52 € = 195,79 €

8. Banküberweisung ausfüllen
- Bankverbindung Zahlungspflichtiger eintragen
- Bankverbindung Empfänger eintragen
- Verwendungszweck und Betrag eintragen
- Datum / ohne Unterschrift

9. Abrechnung (GOÄ)
- 7 Vollständige körperlichen Untersuchung der Brust- und Bauchorgane, 2,3-fach, 21,45 €
- 1 Beratung, 2,3-fach, 10,72 €
- 605 Ruhespirografische Untersuchung, 1,8-fach, 25,39 €
- 605a Darstellung der Fluss-Volumen-Kurve bei spirografischen Untersuchungen, 1,8-fach, 39,76 €
- 4530* Untersuchung zum Nachweis von Bakterien, 1,15-fach, 5,36 €

EU-Standardüberweisung

Nur für Beträge bis 50.000 Euro in andere EU-/EWR-Staaten. Überweisender trägt Entgelte und Auslagen bei seinem Kreditinstitut; Begünstigter trägt die übrigen Entgelte und Auslagen.
Bitte beachten Sie ggf. die Meldevorschriften gem. AWV (ab 12.500 Euro).

Begünstigter: Name, Vorname/Firma (max. 34 Stellen)
Apotheke Sonnenschein
IBAN des Begünstigten (max. 34 Stellen)
DE30700349501234567890
BIC des Kreditinstituts des Begünstigten (8 oder 11 Stellen)
HYVEDEMN349
EUR Betrag: Euro, Cent
195,79
Kunden-Referenznummer - Verwendungszweck, ggf. Name und Anschrift des Überweisenden - (nur für Begünstigten)
Asthmasprays Praxis Maus
noch Verwendungszweck (insgesamt max. 2 Zeilen à 34 Stellen)
Kontoinhaber: Name, Vorname/Firma, Ort (max. 34 Stellen, keine Straßen- oder Postfachangaben)
Praxis Maus
IBAN DE 40 | Bankleitzahl des Kontoinhabers 70034950 | Konto-Nr. des Kontoinhabers 200151590 | 13

AG099EU (1-2) 12.2007

EU-STANDARD

17.05.20xx
Datum, Unterschrift

Prüfungsfall 20: Arthritis

Praxisdaten: Frau Dr. med. Renate Koller, Fachärztin für Allgemeinmedizin, Regenstraße 27, 88734 Landshut, Betriebsstätten-Nr. 534237700, lebenslange Arzt-Nr. 38746087, Tel. 08432/15630

Patientendaten: Carmen Rieger, geb. 11.09.19xx (56 Jahre alt), Ramsauerstraße. 29, 88734 Landshut, krankenversichert bei der TK, WOP 71, Kostenträgerkennung 101007109, Versichertennummer C56876687, Verkäuferin in einem Schuhgeschäft

Situationsbeschreibung: Sie arbeiten heute, am 24.07.20xx, mit ihrer MFA-Kollegin in der Vormittagssprechstunde bei Frau Dr. Koller. Um 9:30 Uhr kommt Frau Rieger zum ersten Mal in diesem Quartal in die Praxis. Sie hat einen Termin, weil sie über Schmerzen im linken Knie klagt. Sie nehmen die Patientin auf. Frau Rieger ist Schuhfachverkäuferin und einer sehr einseitigen körperlichen Belastung ausgesetzt. Frau Dr. Koller führt die Anamnese und eine körperliche Untersuchung der Patientin durch. Sie äußert den Verdacht auf Arthritis und möchte auf Grund dessen die Entzündungswerte der Patientin im Blut bestimmen. Frau Dr. Koller ordnet hierzu Folgendes an: kleines Blutbild, BKS, CRP, Rheumafaktor und Anti-CCP-Ak. Sie führen die Blutentnahme durch und machen die Blutproben für den Transport ins Labor des Laborarztes versandfertig, weil Dr. Koller derzeit keiner Laborgemeinschaft angehört.

Frau Rieger wird nach der Untersuchung für eine Woche auf Grund der Gonarthritis (ICD M13.86 Sonstige Arthritis: Unterschenkel – Fibula, Tibia, Kniegelenk) erstmalig für eine Woche krankgeschrieben. Weil Frau Rieger keine Möglichkeit hat, die AU beim Arbeitgeber abzugeben, faxen Sie den Durchschlag für den Arbeitgeber ausnahmsweise dem Schuhgeschäft zu. Sie verabschieden die Patientin.

Drei Stunden später ruft Sie Frau Riegers Arbeitgeber an und möchte eine Auskunft über seine Angestellte von Ihnen haben. Insbesondere fragt er nach der Diagnose.

Kurz bevor Sie in Ihre Pause gehen, ruft zum wiederholten Male in dieser Woche ein Abonnement-Anbieter an, der Ihre Chefin sprechen möchte. Er wirbt für ein sensationelles Angebot, zwei Tageszeitungen zu günstigen Konditionen in Ihrer Praxis beziehen zu können. In der Praxis gilt die Regel, Werbeanrufe nicht weiterzuverbinden.

Erledigen Sie alle betriebsorganisatorischen und medizinischen Aufgaben – auch die delegierbaren ärztlichen Leistungen – und rechnen Sie die delegierbaren und nicht delegierbaren Aufgaben für das 3. Quartal ab.

1. Patientenempfang bei vereinbartem Termin

Fall 1, S. 290

2. Patientenaufnahme bekannter Patient

Fall 1, S. 290

3. Hygienische Händedesinfektion

Fall 1, S. 291

4. Venöse Blutentnahme

Fall 1, S. 292

5. Laborüberweisung Laborarzt (Muster 10) ausfüllen

Fall 6, S. 314

- kurativ ankreuzen, W für weiblich eintragen, 3. Quartal
- Diagnose: V. a. Arthritis
- Abnahmedatum: 24.07.xx, Abnahmezeit: 10 Uhr
- Auftrag: kleines BB, Blutsenkung, CRP, RF, Anti-CCP-Ak

6. Blut abholfertig machen

Fall 1, S. 293

7. Laborkarte/Laborbuch ausfüllen

Fall 1, S. 293

8. Arbeitsunfähigkeitsbescheinigung (Muster 1) ausstellen

Fall 4, S. 306

- ankreuzen: Erstbescheinigung
- AU seit 24.07.xx bis 31.07.xx, festgestellt am 24.07.xx
- Diagnose: ICD M13.86

9. Versenden eines Faxes

- aus Datenschutzgründen vorher im Betrieb/Empfänger anrufen und ankündigen, dass ein Fax eintrifft
- Schriftstück mit beschrifteter Seite nach unten in Faxgerät einlegen
- Faxnummer des Empfängers eintippen und auf Richtigkeit überprüfen
- Fax senden
- auf Sendbericht warten und diesen ggf. mit Personalkürzel zur Krankenakte hinzufügen

10. Verabschiedung des Patienten

Fall 1, S. 294

11. Schweigepflicht berücksichtigen

- Melden am Telefon:
  - Begrüßung
  - Name der Praxis
  - eigener Name
- Grund des Anrufes wiederholen, ggf. hinterfragen
- auf Schweigepflicht hinweisen
- verabschieden

12. Telefonanruf mit unerwünschter Werbung

- Melden am Telefon (siehe Schritt 11)
- Grund des Anrufes wiederholen, ggf. bei Unklarheiten hinterfragen
- höflich, aber bestimmt und nachhaltig Anruf ablehnen
- nicht mit dem Arzt verbinden
- eventuell Telefonnotiz anlegen, damit der Arzt selbst entscheiden kann, ob Rückruf stattfindet

13. Abrechnung (EBM)

- 03000 Versichertenpauschale
- 32120 Kleines Blutbild, 32042 BSG, 32128 CRP, 32461 RF, 32489 Anti-CCP (Laborleistungen werden durch den Laborarzt abgerechnet.)

Prüfungsfall 21: Ulcus cruris

Praxisdaten: Herr Dr. med. Ursus Bischof, Facharzt für Allgemeinmedizin, Hauptstr. 25, 73450 Neresheim, Betriebsstätten-Nr. 675455400, lebenslange Arzt-Nr. 234123878, Tel. 07326/87690

Patientendaten: Gustav Blumenschein, geb. 20.08.19xx (76 Jahre alt), An der Steige 2, 73450 Neresheim, Tel. 07367/6643, krankenversichert bei der AOK Baden-Württemberg, WOP 61, Kostenträgerkennung 106745066, Versichertennummer C76554678, Gültigkeit der eGK 03/xx, kein Teilnehmer an Hausarzt- oder Disease-Management-Programmen

Situationsbeschreibung: Am Vormittag des 11. Juli 20xx ist in der Landarztpraxis von Dr. Bischof sehr viel Betrieb, da die andere Allgemeinarztpraxis am Ort Urlaub hat. Der Patient Gustav Blumenschein erscheint pünktlich zu seinem Termin um 9:40 Uhr, zum ersten Mal in diesem Quartal. Herr Blumenschein ist schon jahrelang Patient der Praxis Dr. Bischof und kommt regelmäßig alle zwei Wochen zu Dr. Bischof zur Kontrolle. Der Patient leidet seit 14 Monaten an einem Ulcus cruris venosum am rechten Unterschenkel. Bei Herrn Blumenschein ist auch eine massive Varikosis beidseits bekannt, jedoch ist der Patient inoperabel auf

Grund einer Herzinsuffizienz. Seit Herr Blumenschein bei Dr. Bischof in Behandlung ist, hat sich der Befund deutlich verbessert, sodass der Patient sehr stark auf Heilung hofft.

Sie nehmen den Patienten auf und bitten ihn, noch im Wartezimmer Platz zu nehmen. Herr Blumenschein wartet geduldig im sehr vollen Wartezimmer. Als er um 11:20 Uhr immer noch nicht aufgerufen wird, beschwert er sich bei Ihnen an der Anmeldung über die viel zu lange Wartezeit, denn er habe schließlich einen Termin gehabt und sei auch pünktlich erschienen. Sie erklären dem Patienten, dass auf Grund des Urlaubs der anderen Arztpraxis am Ort viele zusätzliche Patienten kommen würden. Akut sei auch noch ein Notfall dazugekommen. Sie bitten Herrn Blumenschein, sich kurz zu gedulden, bis das Verbandzimmer frei wird.

Um 11:35 Uhr führen Sie nun Herrn Blumenschein in das Verbandzimmer. Wieder beschwert sich der Patient sehr verärgert über die lange Wartezeit. Sie entschuldigen sich erneut, desinfizieren sich die Hände, nehmen den Kompressionsverband des Patienten ab und entsorgen den alten Verband fachgerecht. Außerdem richten Sie die Instrumente zur Nekrosenabtragung und frisches Verbandmaterial her. Dr. Bischof betritt das Verbandzimmer und schaut sich wie bei jedem Praxisbesuch von Herrn Blumenschein das Ulcus cruris an. Er trägt die wenigen Nekrosen ab, führt eine Wundspülung durch und lässt Sie anschließend das Ulcus cruris zur Wunddokumentation fotografieren. Dr. Bischof sagt dem Patienten, dass er sehr zufrieden mit der Wundheilung sei. Ebenso lobt Dr. Bischof Herrn Blumenschein, weil er alle ärztlichen Anordnungen gewissenhaft und ordentlich durchführe, was zu der guten Heilung beitrage. Anschließend sollen Sie das Ulcus cruris mit einem Salbenverband verbinden und einen Kompressionsverband anlegen. Um 12:10 Uhr verlässt der Patient zufrieden die Praxis.

Übernehmen Sie alle betriebsorganisatorischen und medizinischen Aufgaben – auch die delegierbaren ärztlichen Leistungen – und rechnen Sie danach die erbrachten Leistungen nach der Gebührenordnung für die Praxis Dr. Bischof ab.

1. Patientenempfang zum vereinbarten Termin

Fall 1, S. 290

2. Patientenaufnahme bekannter Patient

Fall 1, S. 290

3. Patientenbeschwerden über lange Wartezeit begegnen
- Empathie zeigen und sich entschuldigen
- Sachverhalt erklären
- Lösung anbieten

4. Gründe für lange Wartezeit finden
- keine Pufferzeiten in der Sprechstundenplanung
- Arzt hält Termine nicht ein
- Patient hält Termin nicht ein
- kein Terminvergabesystem in der Praxis
- Notfallpatienten bei Vertretung anderer Ärzte
- Urlaubsvertretung von ärztlichen Kollegen

5. Hygienische Händedesinfektion

Fall 1, S. 291

6. Ulcus-cruris-Verband abnehmen
- Patienten hinlegen lassen
- Schutzbekleidung, Mund- und Nasenschutz tragen
- nichtsterile Handschuhe anlegen
- Abnahme des alten Verbandes durch Abwickeln (Bindenende in der Hand behalten) oder wundfern mit Verbandschere aufschneiden
- Entsorgung von Verbandmaterial, Handschuhen und Schutzbekleidung in reißfestem, dichtem Behälter, anschließend im Praxismüll

7. Abtragen von Nekrosen vorbereiten
- Arbeitsfläche desinfizieren und abdecken
- sterile Handschuhe
- Desinfektionsmittel
- steriles Skalpell, steriler scharfer Löffel, Pinzette
- sterile Tupfer
- Nierenschale

8. Fotodokumentation

Fall 8, S. 322

9. Ulcus cruris versorgen und Wundverband anlegen
- Wundreinigung mit NaCl 0,9% von innen nach außen
- passende Wundauflage je nach ärztl. Anordnung (z. B. Salbe, Hydrokolloid)
- Kompressen oder Saugkompressen darüberlegen
- die Wundauflage mit Mullbinde fixieren

10. Kompressionsverband anlegen

Fall 12, S. 338

11. Verabschiedung des Patienten

Fall 1, S. 294

12. Abrechnung nach EBM
- Diagnose: I83.0R Ulcus cruris rechts bei chronisch venöser Insuffizienz
- 03000 Versichertenpauschale
- 03220 Chronikerpauschale bei einem persönlichen Arzt-Patienten-Kontakt (Diagnose I83.0R)
- 02312 Behandlungskomplex chronisch venöser Ulcera cruris

Prüfungsfall 22: V. a. Gestationsdiabetes

Praxisdaten: Herr Dr. med. Frank Waldmann, Facharzt für Gynäkologie, Talstraße 18, 78702 Knüllberg, Betriebsstätten-Nr. 662359643, lebenslange Arzt-Nr. 539277901

Patientendaten: Corinna Ahrend, geb. 27.09.19xx (32 Jahre alt), Berggasse 4, 78702 Knüllberg, als Mitglied versichert bei der Barmer, WOP 60, Kostenträgerkennung 104527992, Versichertennummer D453411211, Gültigkeit der eGK 03/xx; Frau Ahrend ist nicht Teilnehmerin eines Hausarztmodells oder eines Disease-Management-Programms.

Situationsbeschreibung: Frau Ahrend ist schwanger (25. Schwangerschaftswoche), sie hatte vor der Schwangerschaft einen BMI von 29,8. In der vergangenen Woche wurde bei ihr im Rahmen der Schwangerschaftsvorsorgeuntersuchung ein Vortest auf Gestationsdiabetes durchgeführt, bei dem ein erhöhter Glukosewert im Plasma (189 mg/dL) festgestellt wurde. Frau Ahrend erhielt eine Informationsbroschüre nach Anlage 6 der Mutterschaftsrichtlinien zum Schwangerschaftsdiabetes zur Information. Heute soll ein oraler Glukosetoleranztest durchgeführt werden.

Frau Ahrend erscheint nüchtern und pünktlich zum vereinbarten Termin. Sie ist blass und wirkt erschöpft. Nach der Begrüßung der Patientin erledigen Sie die anfallenden Verwaltungsarbeiten und bitten Frau Ahrend, zunächst im Wartezimmer Platz zu nehmen. Sie informieren Dr. Waldmann über den Zustand der Patientin. Neben der Durchführung des Glukosetoleranztests soll deshalb auch der Hämoglobinwert von Frau Ahrend bestimmt werden. Sie bitten die Patientin ins Praxislabor und führen eine venöse Blutentnahme durch. Die Laboranforderung an die Laborgemeinschaft und die entsprechenden Blutentnahmeröhrchen bereiten Sie für die spätere Abholung vor. Danach bestimmt Ihre Kollegin den Hämoglobinwert (9,3 g/dL) kapillär, desinfiziert den Arbeitsplatz und informiert Dr. Waldmann, der Sie daraufhin bittet, für die Patientin ein Rezept für ein Eisenpräparat (ferro sanol® duodenal 50 Kapseln N3) vorzubereiten. Sie erklären Frau Ahrend nun den Ablauf des vorgesehenen Glukosetoleranztests und weisen Sie darauf hin, dass sie sich zwischen der ersten und zweiten Messung im Wartezimmer aufhalten müsse. Danach geben Sie Frau Ahrend die Glukoselösung des Tests zum Trinken und notieren die Uhrzeit. Nach einer und nach zwei Stunden wiederholen Sie die Blutentnahme und bereiten dann alle Blutproben zur Abholung vor.

Dr. Waldmann bespricht mit Frau Ahrend die Ursache und Bedeutung des ermittelten Hämoglobinwertes und händigt ihr das vorbereitete Rezept für das Eisenpräparat aus.

An der Anmeldung fragt Sie Frau Ahrend, wann ihr Mutterschutz beginne und wie lange der Mutterschutz dauere. Außerdem möchte sie wissen, wo sie Elterngeld beantragen muss. Sie informieren die Patientin unter Beachtung der Schweigepflicht. Danach vereinbaren Sie mit Frau Ahrend einen Termin für den morgigen Tag zur Besprechung der Ergebnisse des Glukosetoleranztests. Sie verabschieden Frau Ahrend und erledigen die noch anfallenden Verwaltungsarbeiten.

Übernehmen Sie alle betriebsorganisatorischen und medizinischen Aufgaben – auch die delegierbaren ärztlichen Leistungen – und rechnen Sie danach die heute erbrachten Gebührenordnungspositionen für Ihre Praxis ab.

1. Patientenempfang bei vereinbartem Termin

Fall 1, S. 290

2. Hygienische Händedesinfektion

Fall 1, S. 291

3. Venöse Blutentnahme

Fall 1, S. 292

4. Laborüberweisung Laborgemeinschaft (Muster 10A) ausfüllen

Fall 1, S. 292

- hier: Patientendaten ausfüllen, kurativ ankreuzen
- Diagnose: V. a. Gestationsdiabetes, Anämie
- Auftrag: Glukose 1, 2, 3, kleines BB, Ferritin

5. Blut abholfertig machen

Fall 1, S. 293

- hier: Blutröhrchen markieren: z. B. 1 (nüchtern), 2 (nach einer Stunde), 3 (nach zwei Stunden)

6. Laborkarte/Laborbuch ausfüllen

Fall 1, S. 293

7. Glukosetoleranztest (oGTT) durchführen

- erste Blutentnahme zur Glukosebestimmung
  - Patient nüchtern
  - Grenzwert: > 92 mg/dL
- Trinken der Zuckerlösung (75 g Glukose)
- Patient wartet eine Stunde in Ruhe
- zweite Blutentnahme zur Glukosebestimmung
  - Grenzwert: > 180 mg/dL
- Patient wartet eine weitere Stunde in Ruhe
- dritte Blutentnahme zur Glukosebestimmung
  - Grenzwert: > 153 mg/dL
- Dokumentation der Werte (auch im Mutterpass)

8. Rezept (Arzneiverordnungsblatt, Muster 16) ausfüllen (Gebühr frei)

Rezept (Arzneimittelverordnungsblatt, Muster 16) ausfüllen, Fall 4, S. 306

- Personalienfeld ausfüllen
- ankreuzen: Gebühr frei (wegen Schwangerschaft)
- Rp. ferro sanol® duodenal 50 Kapseln (N3)

9. Mutterschutzfristen und Beantragung von Elterngeld erklären

- Mutterschutzfristen
  - vor der Geburt: sechs Wochen vor errechnetem Geburtstermin bis zur tatsächlichen Geburt
  - nach der Geburt: acht Wochen nach der Geburt, bei Früh- und Mehrlingsgeburten 12 Wochen
- Beantragung Elterngeld
  - bei den entsprechenden Elterngeldstellen (unterschiedliches Vorgehen in den verschiedenen Bundesländern)

10. Terminvereinbarung

Fall 4, S. 308

11. Abrechnung (EBM)

- 08211 Grundpauschale Gynäkologe (ab Beginn 6. bis vollendetes 59. Lebensjahr)
- 01777 oGTT zum Ausschluss eines Gestationsdiabetes
- Abrechnung durch die Laborgemeinschaft: 01812 Glukosetest im venösen Plasma, je Test
- 32038 Hb-Bestimmung

Prüfungsfall 23: Verbrennung

Praxisdaten: Herr Dr. med. Karl Holzinger, Facharzt für Allgemeinmedizin, Rathausstr. 12, 93682 Moosnitz, Betriebsstätten-Nr. 951534800, lebenslange Arzt-Nr. 156432101, Tel. 09345/43322

Patientendaten: Nikos Katsantzakis, geb. 13.08.19xx (27 Jahre alt), Rathausstr. 14, 93682 Moosnitz, Tel. 09345/67492, als Mitglied gesetzlich krankenversichert bei der Barmer, WOP 71, Kostenträgerkennung 101049400, Versichertennummer C162439687, Gültigkeit der eGK bis 03/xx, kein Teilnehmer an Hausarzt- oder Disease-Management-Programmen

Situationsbeschreibung: Ihre Landarztpraxis hat seit heute, Samstag, 26.07.20xx, um 7:00 Uhr für 24 Stunden ärztlichen Notfalldienst, bei dem Sie Herrn Dr. Holzinger am Vormittag und frühen Abend assistieren. Um 8:20 Uhr betritt der 26-jährige Herr Katsantzakis mit schmerzverzerrtem Gesicht Ihre Praxis. Herr Katsantzakis gibt an, sich gerade beim Schweißen an seinem Auto am linken Unterarm verbrannt zu haben. Sie sehen eine etwa 6 cm lange und 3 breite große dunkelrote Fläche an der Streckseite des linken Unterarmes und leiten nach kurzer telefonischer Rücksprache mit Dr. Holzinger, der sich auf einem Hausbesuch befindet, die Erstmaßnahmen für Verbrennungen 1. Grades ein. Nach seiner Rückkehr schaut Dr. Holzinger sich die Wunde ebenfalls an und spricht mit dem Patienten, bevor Sie die Wunde steril verbinden. Um 19:40 Uhr ruft Herr Katsantzakis wieder an: Die Schmerzen unter dem Verband seien schlimmer geworden. Sie bitten ihn, gleich in die Praxis zu kommen, wo Sie im Beisein von Dr. Holzinger den Wundverband vom Vormittag entfernen. So sind die sich über dem verbrannten Hautbezirk gebildeten flüssigkeitsgefüllten Blasen unter dem Verband durch das patientenseitige Drücken auf den Verband aufgeplatzt und haben den Verband vom Vormittag durchnässt. Dr. Holzinger erklärt dem Patienten, dass er die abgestorbenen Hautpartien entfernen, die Wunde spülen und einen neuen sterilen Verband mit spezieller Wundauflage anbringen muss. Sie sollen nach der praxisinternen Checkliste alles für Dr. Holzinger vorbereiten, auch die isotone NaCl-Lösung zum Ausspülen der Wunde und einen sterilen Hydrokolloidverband. Zusätzlich bittet der Arzt Sie, bei Herrn Katsantzakis eine aktive Impfung mit einem Kombinationsimpfstoff gegen Tetanus, Diphtherie und Pertussis (Tdap) durchzuführen und danach einen Termin zur Wundkontrolle seiner Verbrennung für Montag zu vereinbaren.

Erledigen Sie alle betriebsorganisatorischen und medizinischen Aufgaben – auch die delegierbaren ärztlichen Leistungen – und rechnen Sie die erbrachten Leistungen unter der Diagnose T22.2 G (Verbrennung 2. Grades obere Extremität) auf dem zutreffenden Formular ab.

1. Patientenempfang im Notfall

Fall 6, S. 315

2. Verbrennung versorgen
- mit nicht zu kaltem Wasser (15-20 °C) kühlen, bis kein Hitzegefühl mehr vorhanden ist
- Bei sehr großen Verbrennungsflächen muss dabei eine Unterkühlung vermieden werden.

3. Sterilen Wundverband anlegen (bei Verbrennungen)

Sterilen Wundverband vorbereiten, Fall 5, S. 311;
sterilen Wundverband anlegen, Fall 5, S. 311

- Besonderheit bei Verbrennungen: Wundauflage muss für Verbrennungen geeignet sein.

4. Wundverband entfernen
- hygienische Händedesinfektion, Fall 1, S. 291
- nichtsterile Handschuhe anziehen
- alten Verband vorsichtig abwickeln (Bindenende in der Hand behalten) oder wundfern aufschneiden
- entfernte Verbandmaterialien und gebrauchte Handschuhe: Entsorgung im Praxismüll
- hygienische Händedesinfektion, Fall 1, S. 291

5. Checkliste (im Praxislayout) anlegen
- Liste mit Angaben, bei welchem Anlass wer, was, wann und wie oft zu tun hat

6. Nekrosen abtragen

Hygienische Händedesinfektion, Fall 1, S. 291;
Abtragen von Nekrosen vorbereiten, Fall 21, S. 356

7. Wundversorgung verunreinigter Wunden

Hygienische Händedesinfektion, Fall 1, S. 291; Wundversorgung verunreinigter Wunden, Fall 8, S. 322

8. Sterilen Wundverband anlegen (bei Verbrennungen)

Sterilen Wundverband vorbereiten, Fall 5, S. 311; sterilen Wundverband anlegen, Fall 5, S. 311; sterilen Wundeverband anlegen (bei Verbrennungen), Schritt 3

9. Impfung durchführen

Hygienische Händedesinfektion, Fall 1, S. 291; Impfung durchführen, Fall 5, S. 311

10. Terminvereinbarung

Fall 4, S. 308

11. Verabschiedung des Patienten

Fall 1, S. 294

12. Notfall-/Vertretungsschein (Muster 19) ausfüllen

Fall 6, S. 316

- hier ankreuzen: ärztlicher Notfalldienst, Notfall
- hier eintragen:
  - Befunde: T22.2 G (Verbrennung 2. Grades obere Extremität)
  - Behandlungsdatum, GOPs (siehe Schritt 13)

13. Abrechnung von Notfallleistungen (EBM)

- GOP mit Uhrzeitangabe 8:20 Uhr:
  - 01212 Notfallpauschale im organisierten Not(fall)-dienst
- GOP mit Uhrzeitangabe 19:40 Uhr:
  - 01218 Notfallkonsultationspauschale III
  - 02302 Kleinchirurgischer Eingriff III
  - KV-regional unterschiedliche GOP für aktive Tetanus- und Diphtherie-Impfung
- Verzicht auf Abrechnung der 02300 um 8:20 Uhr zugunsten der höher bewerteten 02302, da je Behandlungstag für dieselbe Körperstelle nur eine der drei GOPs 02300 bis 02302 einmal abrechenbar ist
- Zusatzpauschalen für die Besuchsbereitschaft (01211 und 01219) werden von der KV zugesetzt.

Prüfungsfall 24: Zystitis (Harnwegsinfekt)

Praxisdaten: Frau Dr. Karin Gorben, Fachärztin für Allgemeinmedizin, Ärztehaus am Kümmelweg 41 (Parterre), 38945 Mellstadt, Betriebsstätten-Nr. 425638700, lebenslange Arzt-Nr. 324756201, Tel. 02453/44433, Fax 02453/44455

Patientendaten: Hugo Marek, geb. 16.02.19xx (84 Jahre alt), An der Hofreite 1, 38945 Mellstadt, Tel. 02453/89562, krankenversichert bei der Techniker Krankenkasse, WOP 17, Kostenträgerkennung 101015755, Versichertennummer C645378952, Gültigkeit der eGK 03/xx, kein Teilnehmer eines Hausarztmodells oder Disease-Management-Programms

Situationsbeschreibung: Hausbesuch bei dem leicht dementen Herrn Marek im Pflegeheim zur Mittagszeit am Dienstag, dem 24.06.xx. Der Besuch wurde am Vormittag von den Pflegekräften bestellt, da Herr Marek über Schmerzen im Unterleib bei bekanntem benignem Prostatasyndrom klagt und bei ihm eine axillare Temperatur von 38,5 °C gemessen wurde. Bei der körperlichen Untersuchung des leicht erkälteten Herrn Marek hat Frau Dr. Gorben den Verdacht auf eine gestaute Harnblase mit zusätzlicher fieberhafter Zystitis. Sie sollen gleich vor Ort eine Einmalkatheterisierung zur Entlastung der gestauten Harnblase vorbereiten und dabei assistieren. Mit einer Probe des dabei gewonnenen Harns sollen Sie anschließend am Krankenbett eine Urinuntersuchung auf Erythrozyten/Hämoglobin, Leukozyten, Protein und Nitrit durchführen. Direkt nach dem Besuch sollen

Sie mit weiteren bei der Katheterisierung gewonnenen Proben im Praxislabor eine Keimzahlbestimmung vornehmen, ein Harnsediment anfertigen und Letzteres gleich befunden.

Erledigen Sie alle betriebsorganisatorischen und medizinischen Aufgaben – auch die delegierbaren ärztlichen Leistungen – und rechnen Sie die delegierbaren und nicht delegierbaren Aufgaben ab.

1. Patientenempfang zum vereinbarten Termin

Fall 1, S. 290

2. Laborkarte/Laborbuch ausfüllen

Fall 1, S. 293

3. Einmalkatheterisierung: Vorbereitung der Materialien
- vor dem Umgang mit Sterilgut hygienische Händedesinfektion (s. Fall 1, S. 291)
- Materialien:
  - steriles Tuch als Arbeitsunterlage
  - bei Frauen: zusätzlich steriles Tuch, das unter das Becken gelegt wird
  - bei Männern: zusätzlich steriles Schlitzlochtuch, das um den Penis platziert wird
  - sechs sterile Tupfer
  - zwei sterile (stumpfe) Pinzetten
  - Urinauffanggefäß oder -beutel (Hinweis: muss für Keimzahlbestimmung steril sein)
  - Abwurfgefäß (z. B. Nierenschale)
  - geeigneter steriler Einmalkatheter: für Frauen Nélaton-Katheter (Lumen von 12-14 Ch [= Charrière], 15 cm Länge), für Männer Mercier-Katheter (Lumen von 14-18 Ch, 40 cm Länge)
  - unsterile Handschuhe (für Assistenz), sterile Handschuhe (für Ärztin)
  - Schleimhautdesinfektionsmittel
  - Gleitmittel
  - evtl. Schürze, Haube und Mundschutz

4. Urinuntersuchung mit Teststäbchen

Fall 2, S. 297

5. Keimzahlbestimmung im Urin
- Verfallsdaten der sterilen Urinprobegefäße und des Nährbodenträgers überprüfen, diese beschriften
- Patienten über Harngewinnungsmethode (Mittelstrahlurin) und richtigen Umgang mit sterilem Probengefäß informieren (kein Kontakt der Innenseite mit etwas anderem außer Urin)
- nichtsterile Handschuhe anziehen
- Urinprobe mit Hin- und Herbewegen durchmischen
- Nährböden ganz in Urin eintauchen oder vollständig mit Urin benetzen
- Nährböden senkrecht auf saugender Unterlage (z. B. Tupfer oder Papiertuch) abtupfen, ohne Nährböden dabei zu berühren
- Röhrchen mit Nährböden luftdicht verschließen, beschriften und bei 37 °C 16 bis 24 Stunden in einem Brutschrank bebrüten
- danach Röhrchen öffnen und die Zahl der Bakterien pro Milliliter Harn mit Hilfe der im Beipackzettel befindlichen Abbildungen bestimmen
- Ergebnis dokumentieren

Tiemann-Katheter

Nélaton-Katheter

Mercier-Katheter

6. Harnsediment herstellen und beurteilen
- nichtsterile Handschuhe anziehen
- Urinprobe mit Hin- und Herbewegen durchmischen
- Zentrifugenröhrchen zu 3/4 mit Urin füllen (optimal: Sedimentröhrchen, das unten spitz zuläuft)
- mit Gegengewicht in Zentrifuge stellen (z. B. mit weiterem mit Urin oder Wasser gefüllten Zentrifugenröhrchen gegenüber), dann Zentrifugendeckel schließen
- zentrifugieren, z.B. 5 Minuten bei 750 g oder ca. 2 000 Umdrehungen pro Minute
- Überstand in einem Schwung abgießen
- Bodensatz durch Aufschütteln mit dem restlichen Urin wieder in Lösung bringen und vorsichtig zur Öffnung des Zentrifugenröhrchens gießen
- von dort mit der Ecke eines Deckgläschens von oben den aufgeschüttelten Bodensatz so berühren, dass ein Tropfen davon auf der Unterseite des Deckgläschens hängen bleibt
- Deckgläschen mit Harnsedimenttropfen auf Unterseite so auf einen Objektträger legen, dass darunter keine Luftblasen sind und ein seitliches Überlaufen des Harnsediments vermieden wird
- Objektträger in Mikroskop einbringen, zentrieren, stark abblenden und mit Objektiv 10 scharf stellen
- Differenzierung und Auszählung der Harnsedimentbestandteile mit dem Objektiv 40; wenn keine Normabweichungen bestehen, werden 10 Gesichtsfelder beurteilt, andernfalls 20 bis 30 Gesichtsfelder
- Dokumentation der durchschnittlichen Sedimentbestandteile pro Gesichtsfeld
  - mit Zahlen bei Zellen und Zylindern
  - codiert bei Kristallen, Salzen, ggf. Bakterien, Pilzen und anderen Bestandteilen; Kodierung: negativ = ∅, ganz vereinzelt = (+), vereinzelt = +, vermehrt = ++, massenhaft = +++

7. Abrechnung
- 03000 Versichertenpauschale
- 01415 Dringender Besuch eines Patienten in beschützenden Wohnheimen bzw. Einrichtungen bzw. Pflege- oder Altenheimen mit Pflegepersonal wegen der Erkrankung, noch am Tag der Bestellung ausgeführt
- Wegegeld entsprechend den KV-spezifischen Entfernungsbereichen
- 32030 Orientierende Untersuchung mit visueller Auswertung mittels vorgefertigter Reagenzträger; Hinweis: Wenn verschiedene Bestandteile des Harns sowohl mit Mehrfachreagenzträgern als auch mit Einfachreagenzträgern bestimmt werden können, dann kann für alle diese Bestimmungen zusammen nur einmal pro Urinprobe die GOP 32030 abgerechnet werden.
- 32031 Mikroskopische Untersuchung des Harns auf morphologische Bestandteile (Harnsediment)
- 32151 Kulturelle bakteriologische und/oder mykologische Untersuchung

Prüfungsfall 25: Akute Bronchitis

Praxisdaten: Frau Dr. Erlenbach, Facharzt für Allgemeinmedizin, Herrleinstr. 22, 80796 München, Betriebsstätten-Nr. 333621599, lebenslange Arzt-Nr. 464592198, Tel. 089/1899434

Patientendaten: Karla York, geb. 09.02.19xx (25 Jahre alt), derzeit wohnhaft Am Fluss 34, 80976 München, Tel. 089/170032, Selbstzahler, da im nichteuropäischen Ausland krankenversichert

Situationsbeschreibung: Sie arbeiten heute, am 17.02.20xx, mit ihrer MFA-Kollegin in der Montagsprechstunde bei Frau Dr. Erlenbach, als um 9:30 Uhr plötzlich Frau York, eine australische Touristin, bei Ihnen an der Anmeldung erscheint. Sie zeigt mit schmerzverzerrtem Gesicht in einem Deutsch-Englisch-Wörterbuch auf den Satz „Ich brauche einen Arzt". Sie und Ihre Kolleginnen können nur wenige Worte Englisch. Ihre Chefin ist noch im Altenheim tätig und wird jeden Moment zurückerwartet. Derweil versuchen Sie, sich mit der Patientin zu verständigen und sie in die Patientenkartei aufzunehmen. Sie befinden sich in einer kommunikativ anspruchsvollen Situation.

Frau York zittert und deutet auf ihre fast leere Zigarettenschachtel. Da fällt Ihnen der stechende Rauchgeruch der Patientin auf, und Sie vermuten, dass sie starke Raucherin ist. Das Hauptsymptom bei der Australierin ist ein sehr auffälliger produktiver Husten. Es handelt sich demnach nicht um einen trockenen Husten, sondern eher um einen sekretfördernden Husten. Weiter sind Erkältungssymptome mit Reizhusten und Brustschmerzen kennzeichnend. Die Patientin fasst sich an ihren Kopf und an ihre Beine und jammert. Es ist von Kopf-, Glieder- und Muskelschmerzen auszugehen.

Im Behandlungszimmer erhebt die jetzt eingetroffene Dr. Erlenbach Frau Yorks Ganzkörperstatus und hört Herz und Lunge ab. Sie messen den Blutdruck der Patientin. Die Werte liegen im Normalbereich, während die von Ihnen durchgeführte Fiebermessung im Ohr eine Temperatur von 39 °C ergibt. Ihre Chefin diagnostiziert eine akute Bronchitis und erläutert im ausführlichen Gespräch, das durch die begrenzten Sprachkenntnisse der Patientin erschwert ist, das weitere Vorgehen: Die Therapie der akuten Bronchitis erfolgt symptomatisch. Die Patientin soll nicht rauchen und viel warme Flüssigkeit trinken. Die Ärztin verschreibt das Mukolytikum

Ambroxol (Ambroxol 30 mg Tbl. 20 Stk., 1-1-0 Tbl.) zum Verflüssigen des Bronchialsekrets. Da Frau York Husten, Fieber und Schwäche als Zeichen einer bakteriellen Infektion aufweist, sind außerdem Antibiotika indiziert. Sie werden gebeten, wegen der Penicillinallergie der Patientin auch ein Rezept über Clarithromycin 500 mg, 14 Filmtabl., S. 2 x 1 vorzubereiten.

Während Sie sich von Frau York verabschieden, die noch die von Ihrer Kollegin vorbereitete Rechnung bezahlt, betritt ein Bote mit einem Paket Einmalhandschuhen die Praxis. Sie nehmen das Paket an und führen entsprechende Prüfungen durch. Da Sie Ihre Aufgaben gerne zeitnah erledigen, führen Sie die Banküberweisung direkt aus.

Ein Pharmareferent kommt unangemeldet in die Praxis und teilt Ihnen mit, dass er heute den Ärzten das neue Medikament zur Asthmabehandlung vorstellen könne, auf das alle schon warten. Ihre Chefin will in der Sprechstunde aber nicht gestört werden. Ihre Kolleginnen sind gerade beschäftigt, daher müssen Sie diese Situation lösen.

Erledigen Sie alle betriebsorganisatorischen und medizinischen Aufgaben – auch die delegierbaren ärztlichen Leistungen – und rechnen Sie die delegierbaren und nicht delegierbaren Aufgaben zum zulässigen Schwellenwert ab.

1. Patientenempfang ohne Termin

Fall 5, S. 309

2. Kommunikativ anspruchsvollere Situationen bewältigen (fremdsprachiger Patient)
- Grund für Arztbesuch herausfinden
- versuchen, Patienten auf Englisch anzusprechen
- ggf. um Reisepass bitten
- nonverbale Kommunikation nutzen
- ggf. Wörterbuch mitbenutzen oder Dolmetscher organisieren
- Arzt informieren

3. Patientenaufnahme (fremdsprachiger Patient/ Tourist)

Patientenaufnahme unbekannter Patient, Fall 2, S. 296

- zusätzlich Identitätskontrolle (Reisepass, Führerschein aushändigen lassen)
- ggf. Auslandskrankenversicherung abklären

4. Blutdruckmessung bei neuem Patienten

Blutdruckmessung bei bekanntem Patienten, Fall 1, S. 291; Blutdruckmessung bei neuem Patienten, Fall 2, S. 296

5. Temperaturmessung im Ohr

Messung der Körpertemperatur, Fall 6, S. 315

- Temperatur des Trommelfells wird gemessen
- Gehörgang durch leichtes Ziehen an der Ohrmuschel nach hinten oben strecken

6. Privatrezept ausfüllen

Fall 15, S. 345

- Ambroxol 30 mg, 20 Tbl., 1-1-0 Tbl.
- Clarithromycin 500 mg, 14 Filmtabl., 2 x 1

7. Verabschiedung des Patienten

Fall 1, S. 294

8. Abrechnung (GOÄ)
- 8 Ganzkörperstatus, 2,3-fach, 34,86 €
- 3 Beratung, 3,5-fach, 30,60 € (Begründung: erhöhter Zeitaufwand wegen Sprachproblemen)

9. Warenannahme
- Empfängeranschrift überprüfen
- Anzahl der Packstücke prüfen
- Kontrolle auf äußere Unversehrtheit
- bei äußerer Beschädigung diese durch den Boten bestätigen lassen
- Vergleich mit Lieferschein

10. Rechnungskontrolle
- rechnerische Richtigkeit prüfen
- sachliche Richtigkeit prüfen

11. Banküberweisung ausfüllen

Fall 19, S. 353

12. Kommunikativ anspruchsvollere Situationen bewältigen (störender Pharmareferent)
- sich für die Situation entschuldigen
- kurz begründen, warum Ärzte im Moment nicht verfügbar sind
- Lösung suchen (z. B. neuen Termin vereinbaren, evtl. Rückfrage bei Chef)
- wenig Zeit verlieren
- rasch abwickeln, Infomaterial geben lassen

Prüfungsfall 26: Apoplex

Praxisdaten: Herr Dr. Werner Jokisch, Facharzt für Allgemeinmedizin, Karlstr. 67, 24942 Kollmütz, Betriebsstätten-Nr. 853628600, lebenslange Arzt-Nr. 374592101, Tel. 02943/44455

Patientendaten: Erna Heubach, geb. 23.10.19xx (71 Jahre alt), Am Steeg 8, 24944 Schollnau, Tel. 02943/37321, Rentnerin, privat krankenversichert ohne Abrechnungseinschränkungen (privater Normaltarif, kein Basis- oder Standardtarif), Entfernung Praxis-Wohnung Luftlinie 4,3 km, gefahren 5,5 km

Situationsbeschreibung: Sie arbeiten heute, am 19.07.20xx, mit ihrer MFA-Kollegin in der Samstagssprechstunde bei Herrn Dr. Jokisch, als um 8:30 Uhr Frau Bode, die Tochter der langjährigen Patientin Erna Heubach, anruft und fragt, ob sie mit ihrer Mutter am Vormittag einmal vorbeikommen könne, ihre Mutter sei in letzter Zeit so vergesslich geworden. Um 10:15 Uhr ruft die Tochter erneut an und bittet jetzt um einen Hausbesuch, da ihre Mutter heute über starken Schwindel klage. Sie vereinbaren einen Hausbesuch nach der Sprechstunde um 14:00 Uhr. Beim dritten Anruf um 11:35 Uhr klingt Frau Bode sehr aufgeregt: Ihre Mutter sei plötzlich völlig apathisch, beantworte ihre Fragen nicht mehr und könne sich auch nicht mehr so wie sonst bewegen. Sie reagieren der Situation angemessen, informieren umgehend Herrn Dr. Jokisch und begeben sich mit ihm sofort aus der Sprechstunde heraus auf einen Hausbesuch zu Frau Heubach. In Frau Heubachs Wohnung empfängt Sie die weinende Frau Bode und bringt Sie ins Schlafzimmer, wo die sonst sehr agile Frau Heubach tatsächlich teilnahmslos wirkt, aber ansprechbar im Bett liegt. Ihre Sprache klingt etwas verwaschen. Dr. Jokisch lässt Sie Puls, Blutdruck und Blutzucker der Patientin messen, untersucht Herz und Lunge und den Bewegungsapparat und führt eine eingehende neurologische Untersuchung durch. Diese ergibt außer ihren Sprechproblemen, dass Frau Heubach ihren linken Arm und ihr linkes Bein nicht mehr richtig bewegen kann. Auf Weisung Dr. Jokischs messen und dokumentieren Sie Puls, Blutdruck und Blutzucker. Während er einen Venenverweilkatheter legt, sollen Sie eine Infusion mit 1 000 mL 0,9%iger NaCl-Lösung vorbereiten. Als die Infusion läuft, eröffnet Dr. Jokisch Frau Heubach und ihrer Tochter, dass wohl ein Schlaganfall stattgefunden habe und dass Frau Heubach schnellstmöglich in die nächste Apoplex-Behandlungsstation (Stroke Unit) am Kreiskrankenhaus Kollmütz gebracht werden müsse. Dr. Jokisch ruft die Rettungsleitstelle an, aber anstelle des Notarztwagens ist leider gerade nur ein Rettungswagen (RTW) frei, sodass Dr. Jokisch darin Frau Heubach bis zum Krankenhaus begleitet und danach mit dem Taxi zurückfährt.

Erledigen Sie alle betriebsorganisatorischen und medizinischen Aufgaben und rechnen Sie die delegierbaren und nicht delegierbaren Aufgaben zum zulässigen Schwellenwert nach der GOÄ ab.

1. Telefonische Terminvereinbarung „normal"
- Melden am Telefon (Begrüßung, Praxis, eigener Name)
- Grund des Praxisbesuchs erfragen
- Dringlichkeit abklären
- Termin vereinbaren, ggf. kurzfristig

2. Telefonanruf Hausbesuch erbeten
- Melden am Telefon (s. Schritt 1)
- zusätzlich abklären, ob überhaupt ein Hausbesuch erforderlich ist:
  - Kann der Patient krankheitsbedingt nicht selbst oder in Begleitung in die Praxis kommen?
  - Ist der Patient möglicherweise infektiös?

3. Telefonanruf Notfall

Fall 7, S. 317

4. Hausbesuche vorbereiten

Fall 7, S. 317

5. Patientenempfang im Notfall

Fall 6, S. 315

6. Pulsmessung

Fall 1, S. 291

7. Blutdruckmessung im Notfall

Blutdruckmessung bei bekanntem Patienten, Fall 1, S. 291; Blutdruckmessung im Notfall, Fall 13, S.340

8. Kapillarblutentnahme und Blutzuckerschnelltest durchführen

Fall 1, S. 291

9. Infusion vorbereiten

Hygienische Händedesinfektion, Fall 1, S. 291; Infusion vorbereiten, Fall 3, S. 302

10. Abrechnung von Notfallleistungen (GOÄ)

- 50 Besuch, einschließlich Beratung und symptombezogener Untersuchung, 2,3-fach, 42,90 €
  Neben der 50 sind die 1 (Beratung) und die 5 (Symptombezogene Untersuchung) nicht berechnungsfähig.
- H Zuschlag für an Samstagen, Sonn- oder Feiertagen erbrachte Leistungen, 1-fach, 19,82 €
  Auch Zuschlag E ist möglich, jedoch mit 9,33 € geringer honoriert. Die Zuschläge E, F, G und H dürfen nicht nebeneinander berechnet werden.
- Wegegeld für mehr als 2 bis 5 Kilometer am Tag, 1-fach, 6,64 €
- 3514 Glukosebestimmung, 1,15-fach, 4,69 €
- 7 Vollständige körperliche Untersuchung mindestens eines Organsystems, hier der Brustorgane und des Stütz- und Bewegungsapparats, ..., 2,3-fach, 21,45 €
- 800 Eingehende neurologische Untersuchung, 2,3-fach, 26,14 €
- 271 Infusion intravenös bis 30 Min. Dauer, 2,3-fach, 16,09 €
- 3 Eingehende Beratung, Mindestdauer 10 Min., 2,3-fach, 20,11 €
- 56 Verweilen, je angefangene halbe Stunde, 1,8-fach, 18,89 €
- 55 Begleitung eines Patienten durch den behandelnden Arzt zur unmittelbar notwendigen stationären Behandlung, 2,3-fach, 67,03 €
- Ersatz von Auslagen (bei mehr als 25,56 € pro einzelner Auslage nur mit Beleg): Kosten für Venenverweilkanüle, Infusionslösung, Infusionsbesteck, Taxi

Prüfungsfall 27: Verstauchung

Praxisdaten: Herr Dr. med. Florian Fischer, Allgemeinmediziner, Waldweg 8, 83477 Schönau, Betriebsstätten-Nr. 978837700, lebenslange Arzt-Nr. 67249087, Tel. 08655/14390

Patientendaten: Kai Glaser, geb. 17.03.19xx (24 Jahre alt), Baaderweg 19, 83477 Schönau, als Mitglied krankenversichert bei der BKK Essanelle, WOP 60, Versichertennummer C56876687, Kostenträgerkennung 101007109, Student

Verena Schatz, geb. 05.01.19xx (55 Jahre alt), Oberhauserstr. 49, 83477 Schönau, Tel. 08655/73004, Lehrerin, privat krankenversichert

Situationsbeschreibung: Sie arbeiten heute, am 20.07.20xx, mit ihrer MFA-Kollegin in der Vormittagssprechstunde bei Herrn Dr. Fischer, als um 8:30 Uhr Frau Schatz, eine langjährige Patientin, anruft. Frau Schatz klagt über grippeähnliche Beschwerden, d. h. Müdigkeit, Schwäche, Appetitlosigkeit und leichtes Fieber. Frau Schatz wohnt nur wenige Meter von der Praxis entfernt und bittet um einen kurzfristigen Termin. Sie füllen die Lücke im Terminplan um 9:15 Uhr.

Um 8:45 betritt Herr Glaser in Begleitung eines Freundes in Sportbekleidung die Praxis. Er humpelt stark und muss sich bei seinem Begleiter abstützen. Er kommt als Notfall. Herr Glaser berichtet Ihnen bei der Aufnahme, dass er beim Joggen in seiner Freizeit gestürzt sei, als er einen Bordstein übersehen hat. Er sei mit dem rechten Fuß umgeknickt und habe seitdem Schmerzen im Bereich des Sprunggelenkes. Nachdem Sie Herrn Glaser in die Patientenkartei aufgenommen haben, begleiten Sie ihn in das Behandlungszimmer und legen ihm einen Kühlbeutel an.

Dr. Fischer untersucht den Patienten und diagnostiziert eine Verstauchung im Bereich des Sprunggelenkes. Er bittet Sie, einen Stützverband anzulegen. Außerdem sollen Sie noch einen Kontrolltermin vereinbaren und ihm ein Rezept über ein schmerzlinderndes Arzneimittel vorbereiten, ein Analgetikum mit dem Wirkstoff Diclofenac Retardtabletten 75 mg in der Dosierung 1-0-1. Eine Arbeitsunfähigkeitsbescheinigung benötigt er nicht. Während Sie das Rezept fertigstellen, erklären Sie Herrn Glaser, was er bei der Einnahme zu beachten hat. Bevor Herr Glaser aus der Praxis entlassen wird, erläutern Sie ihm zusätzlich die PECH-Regel, die für seine Verletzung Bedeutung hat. Anschließend verabschieden Sie Herrn Glaser.

Erledigen Sie alle betriebsorganisatorischen und medizinischen Aufgaben – auch die delegierbaren ärztlichen Leistungen – und rechnen Sie die delegierbaren und nicht delegierbaren Aufgaben für das 3. Quartal für beide Patienten ab.

1. Terminvereinbarung (telefonisch)

Terminvereinbarung, Fall 4, S. 308

- Melden am Telefon

2. Patientenempfang Notfall

Fall 6, S. 315

3. Kühlbeutel anlegen

Fall 14, S. 342

4. Stützverband anlegen

- richtige Bindenbreite ermitteln
- Binde am Bindenkopf halten und auf richtiges Abwickeln achten
- am Zehengrundgelenk beginnen, Ferse einschließen
- Binden überlappend wickeln
- Binde am Sprunggelenk rechtwinklig wickeln
- bis zum Ende des Fibulaköpfchens wickeln
- Der Anpressdruck nimmt nach proximal ab.
- abschließende Überprüfung: keine Druckstellen, keine Schnürstellen, kein Schmerz; Sensibilität und Durchblutung wird an den Zehen getestet

5. Terminvereinbarung (Nachsorge)

Fall 4, S. 308

6. Rezept (Arzneimittelverordnungsblatt, Muster 16) ausfüllen, Einnahmehinweise geben

Rezept (Arzneimittelverordnungsblatt, Muster 16) ausfüllen, Fall 4, S. 306

- ankreuzen: gebührenpflichtig
- Rp. Diclofenac Retardtabletten 75 mg
- Dosierungsanweisung 1-0-1
- Patienten auf richtige Einnahme hinweisen:
  - Diclofenac während oder nach den Mahlzeiten einnehmen
  - Medikament kann Blutungen im Magen-Darm-Trakt verursachen
  - bei Magenschmerzen, Übelkeit, Erbrechen und/oder Durchfall sofort absetzen und melden

7. PECH-Regel erläutern

- Pause
- Eis
- Compression
- Hochlagern

8. Verabschiedung des Patienten

Fall 1, S. 294

9. Arbeitsplatzdesinfektion

Fall 5, S. 312

10. Abrechnung (EBM)

Frau Schatz:
- bislang keine abrechnungsfähige Leistung erbracht

Herr Glaser:
- Diagnose: S93.40 Verstauchung und Zerrung des oberen Sprunggelenks
- 03000 Versichertenpauschale

Prüfungsfall 28: Schwangerschaft

Praxisdaten: Frau Dr. Stefanie Semmelweis, Fachärztin für Gynäkologie, Feuerbachstr. 24, 75634 Rottenstetten, Betriebsstätten-Nr. 804528600, lebenslange Arzt-Nr. 463245715, Tel. 09345/66699, Fax 09345/99966

Patientendaten: Rita Zittler, geb. 23.07.19xx (21 Jahre alt), Hinter den Wiesen 7, 75634 Rottenstetten, Tel. 09345/45317, als Mitglied krankenversichert bei der AOK Rottenstetten, WOP 61, Kostenträgerkennung 104736458, Versichertennummer D432769345, Gültigkeit der eGK bis 03/xx, keine Teilnehmerin eines Hausarztmodells oder eines Disease-Management-Programms

Situationsbeschreibung: Am Montagnachmittag, dem 04.08.20xx, kommt die 21-jährige Frau Zittler pünktlich um 17:00 Uhr zum vereinbarten Termin in die gynäkologische Praxis ihrer Frauenärztin Frau Dr. Semmelweis, in der Sie als MFA arbeiten. Sie eröffnet der Ärztin, dass sie seit zwei Wochen mehrmals täglich eine starke Übelkeit verspüre, die gelegentlich auch zum Erbrechen führe. Zusätzlich habe sie seit dieser Zeit auch ein Spannungsgefühl in beiden Brüsten. Auch sei ihre sonst sehr regelmäßig einsetzende Periodenblutung seit drei Wochen überfällig – die letzte Periodenblutung habe am 15.06. begonnen und wie immer vier Tage gedauert. Deshalb habe die Patientin vor drei Tagen einen Schwangerschaftstest gemacht, den sie in einer Apotheke gekauft habe – mit positivem Ergebnis. Sie und ihr Freund freuten sich zwar, doch sie habe gehört, dass es auch fehlerhafte Messungen gebe, weshalb sie jetzt ganz sichergehen wolle. Frau Dr. Semmelweis untersucht Frau Zittler gynäkologisch und bittet sie um eine Urinprobe, die von Ihnen gleich analysiert wird und die die Schwangerschaft bestätigt: Frau Zittler freut sich sehr. Frau Dr. Semmelweis bespricht mit ihr Verhaltensmaßregeln für die Schwangerschaft und empfiehlt ihr die tägliche Einnahme eines kombinierten Folsäure- und Jodpräparates. Dafür sollen Sie ein Privatrezept über Folsäure 400 + Jodid 100 Kapseln 180 Stk. vorbereiten. Danach legen Sie den Mutterpass an, messen den Blutdruck sowie das Gewicht der Patientin und tragen diese Werte in den Mutterpass ein. Sie erklären Frau Zittler die darin zu dokumentierenden Untersuchungen und geben ihn ihr nach den Eintragungen durch Frau Dr. Semmelweis gleich mit. Danach sollen Sie mit Frau Zittler einen Termin für den nächsten Vormittag für weitere Laboruntersuchungen vereinbaren. Nachdem Sie die Patientin verabschiedet haben, erklären Sie der fragenden Auszubildenden Ihrer Praxis, wann, wie und zu welchem Zweck im Verlauf der Schwangerschaft die Bescheinigung über den mutmaßlichen Tag der Entbindung (Muster 3) ausgestellt wird.

Erledigen Sie alle betriebsorganisatorischen und medizinischen Aufgaben – auch die delegierbaren ärztlichen Leistungen – und rechnen Sie die delegierbaren und nicht delegierbaren Aufgaben für den 04.08. ab.

1. Patientenempfang zum vereinbarten Termin

Fall 1, S. 290

2. Patientenaufnahme bekannter Patient

Fall 1, S. 290

3. Gynäkologische Untersuchung vorbereiten

- hygienischen Zustand des gynäkologischen Stuhls und/oder der gynäkologischen Untersuchungsliege sicherstellen
- hygienisch einwandfreie und angewärmte Spekula bereitlegen
- ggf. zusätzlich nach ärztlicher Anweisung bzw. geplantem Untersuchungsumfang weitere hygienisch einwandfreie Instrumente, Tücher und Materialien zur Probennahme vorbereiten
- Ablagebehältnisse für gebrauchte Instrumente und/oder Tücher bereitstellen

4. Schwangerschaftstest durchführen

- Testprinzip: Nachweis des Schwangerschaftshormons HCG im Urin mittels Kassettentest
- Urinprobe nehmen (optimal: Morgenurin)
- in Testanleitung vorgeschriebene Urinmenge mittels Einmalpipette auf das Testfeld der Kassette aufbringen (z. B. drei Tropfen)
- Urin einwirken lassen für die Zeitdauer, die auf der Testanleitung angegeben ist (z. B. fünf Minuten)
- Test ablesen: entstandenes Linienmuster mit Gebrauchsanleitung vergleichen; Test nur positiv, wenn Testlinie und Kontrolllinie gefärbt sind
- Testergebnis dokumentieren

5. Privatrezept vorbereiten

Fall 15, S. 345

- Rp. Folsäure 400 + Jod 100 Kapseln 180 Stk.

6. Mutterpass anlegen und erklären

- Der Mutterpass dokumentiert die Untersuchungsbefunde der Mutterschaftsvorsorgeuntersuchungen nach der Richtlinie des Gemeinsamen Bundesausschusses (G-BA) über die ärztliche Betreuung während der Schwangerschaft und nach der Entbindung.
- Zu dokumentieren sind:
  - Anamnesebefunde
  - Laboruntersuchungen
  - Ultraschalluntersuchungen
  - Angaben zum Geburtsverlauf
  - Befund der Nachuntersuchung

7. Blutdruckmessung bei bekanntem Patienten

Fall 1, S. 291

8. Körpergewicht messen

Fall 1, S. 291

9. Verabschiedung des Patienten

Fall 1, S. 294

10. Bescheinigung über den mutmaßlichen Tag der Entbindung (Muster 3) ausfüllen und erklären

- nur innerhalb von sieben Wochen vor dem mutmaßlichen Zeitpunkt der Entbindung ausstellbar
- Eintragungen vornehmen:
  - Personalienfeld mittels Versichertenkarte ausfüllen
  - den mutmaßlichen Tag der Entbindung nach der Naegele-Regel eintragen: erster Tag der letzten Periode (hier: 15.06.20xx) minus drei Monate (hier: 15.03.20xx), plus sieben Tage (hier: 22.03.20xx), plus ein Jahr (hier: 22.03.20xx)
  - das der Bescheinigung zu Grunde liegendes Untersuchungsdatum eintragen
- dient zum Nachweis gegenüber der Krankenkasse für die Gewährung von Mutterschaftsgeld und als Durchschlag für den Arbeitgeber als Nachweis für die Mutterschutzfristen

- Mutterschaftsgeld kann bezogen werden:
  - ab sechs Wochen vor dem erwarteten Geburtstermin
  - bis acht Wochen nach der Geburt (bei Mehrlings- und Frühgeburten vor der 37. Schwangerschaftswoche bis 12 Wochen nach der Geburt)

11. Abrechnung (EBM)
- Diagnose: Z34 normale Schwangerschaft
- 01770 Betreuung einer Schwangeren gemäß den Richtlinien des Gemeinsamen Bundesausschusses über die ärztliche Betreuung während der Schwangerschaft und nach der Entbindung
- 32132 Schwangerschaftsnachweis

Prüfungsfall 29: Jugendgesundheitsuntersuchung

Praxisdaten: Frau Dr. Katharina Melltop, Fachärztin für Kinder- und Jugendmedizin, Am Anger 3, 89435 Bayernalm, Betriebsstätten-Nr. 642847100, lebenslange Arzt-Nr. 472845240, Tel. 08978/77799

Patientendaten: Josef Ainringer, geb. 17.01.20xx (14 Jahre alt), Klostergasse 8, 89435 Bayernalm, Tel. 08978/28435, Schüler, AOK Ludwigsruh, WOP 62, Kostenträgerkennung 101063240, Versichertennummer T362784980, Gültigkeit der eGK 03/xx

Situationsbeschreibung: Es ist Freitag, der 01.08.20xx, als der Schüler Josef Ainringer pünktlich zum vereinbarten Termin in den Ferien um 8:45 Uhr zur Jugendgesundheitsuntersuchung (J1) in Ihrer Praxis erscheint. Er war wegen eines grippalen Infektes vor drei Jahren schon einmal bei Frau Dr. Melltop, und Sie haben ihn jetzt wegen der noch ausstehenden Jugendgesundheitsuntersuchung im Rahmen eines Recalls angeschrieben. Vereinbarungsgemäß hat er heute noch nicht gefrühstückt und bringt seine Versichertenkarte, sein Kinder-Untersuchungsheft und seinen Impfpass mit. Sie begrüßen Josef, und während er den praxisinternen Anamnesebogen für die J1 ausfüllt, überprüfen Sie die Eintragungen in seinem Impfpass. Ihnen fällt auf, dass noch keine Impfungen gegen Varizellen und Meningokokken vorliegen, was Sie der Ärztin per Klebezettel auf der Patientenakte mitteilen. Sie erklären Josef den Ablauf der Untersuchung. Danach messen Sie seinen Blutdruck (110/75 mmHg), die Körpergröße (1,71 m) und das Gewicht (61,3 kg) und dokumentieren diese Werte auf dem bereits von Ihnen mit seinen Personalien versehenen J1-Untersuchungsvordruck. Zusätzlich errechnen Sie seinen Body-Mass-Index, notieren ihn in der Karteikarte und bringen ihn mit allen Unterlagen ins Untersuchungszimmer zu Frau Dr. Melltop. Da es in der Familie von Josef Ainringer etliche Fälle von Blutfetterhöhungen gibt, beauftragt Sie Frau Dr. Melltop, Josef Blut abzunehmen und sein Gesamtcholesterin im Serum über die Laborgemeinschaft, der die Praxis angeschlossen ist, untersuchen zu lassen. Wegen einiger unklarer Symptome (Müdigkeit, Konzentrationsschwierigkeiten, Gewichtszunahme) soll außerdem das TSH basal im Serum bestimmt werden, um eine Schilddrüsenunterfunktion auszuschließen. Sie füllen dazu den entsprechenden Laborüberweisungsvordruck aus (Diagnose: J1, Ausschluss Hypothyreose). Zusätzlich sollen Sie ihm nach Rücksprache und mit Erlaubnis seiner Eltern einen Termin zur Varizellen- und zur Meningokokken-Impfung und zur Besprechung seiner Laborwerte geben. Vorsorglich werden Sie gebeten, für diesen Termin bereits heute ein Rezept über 100 Tabletten Jodid-ratiopharm 200 µg vorzubereiten und in die Karteikarte zu legen. Als Sie danach Josef verabschieden, versucht er, Sie zu einem privaten Treffen zu sich einzuladen. Am Wochenende seien seine Eltern nicht da und er könne sehr gute Cocktails mixen. Sie wollen das nicht und reagieren der Situation entsprechend. Danach räumen Sie das Labor auf.

Erledigen Sie alle betriebsorganisatorischen und medizinischen Aufgaben – auch die delegierbaren ärztlichen Leistungen – und rechnen Sie die delegierbaren und nicht delegierbaren Leistungen nach dem EBM ab.

1. Recall (Wiedereinbestellung)
- telefonische oder schriftliche Erinnerung an Impfung und/oder Vorsorgeuntersuchung
- Das schriftliche Einverständnis des Patienten bzw. der Erziehungsberechtigten des Patienten muss vorliegen.
- Die in Frage kommenden Patienten werden über die Praxis-EDV oder Karteikarten ausgewählt.

2. Patientenempfang bei bekanntem Patienten

Fall 1, S. 290

3. U-Untersuchung (exemplarisch)
- zehn Kindervorsorgeuntersuchungen von Geburt (U1) bis 6. Lebensjahr (U9)
- Eintragung der Untersuchungsergebnisse ins Kinder-Untersuchungsheft
- in einigen Bundesländern Untersuchungspflicht ab U4 (z. B. Hessen: Rückmeldung über stattgefundene Untersuchung an zentrale Erfassungsstelle)

4. Impfstatus des Patienten prüfen
- Eintragung im Impfpass prüfen
- mit aktueller STIKO-Impfempfehlung vergleichen
- ggf. Aufklärung des Patienten

5. Jugendgesundheitsuntersuchung (J1) erklären und vorbereiten
- Früherkennungsuntersuchung zwischen dem vollendeten 13. und 14. Lebensjahr (Toleranzzeit jeweils 12 Monate davor und danach)
- dient der Früherkennung von Krankheiten, die die körperliche, geistige und soziale Entwicklung gefährden; zusätzlich muss der Impfschutz überprüft und eine ausreichende Jodzufuhr geprüft werden
- Anamnese umfasst: auffällige seelische und schulische Entwicklung, gesundheitsgefährdendes Verhalten (Rauchen, Alkohol, Drogen), das Vorliegen chronischer Erkrankungen
- Dokumentation der körperlichen Untersuchung auf einem besonderen J1-Untersuchungsvordruck (Aufbewahrungsfrist 5 Jahre); sie umfasst: Körpermaße (Größe und Gewicht), Blutdruckmessung, Ganzkörperstatus, Beurteilung der Pubertätsentwicklung, veranlasste Maßnahmen

6. Blutdruckmessung bei bekanntem Patienten

Fall 1, S. 291

7. Körpergröße messen

Fall 2, S. 296

8. Körpergewicht messen

Fall 1, S. 291

9. Body-Mass-Index (BMI) berechnen

Fall 2, S. 296

- hier: BMI 20,96

10. Venöse Blutentnahme

Hygienische Händedesinfektion, Fall 1, S. 291;
venöse Blutentnahme, Fall 1, S. 292;
Laborkarte/Laborbuch ausfüllen, Fall 1, S. 293

11. Serumherstellung

Fall 2, S. 297

12. Blut abholfertig machen

Fall 1, S. 293

13. Laborüberweisung Laborgemeinschaft (Muster 10A) ausfüllen

Fall 2, S. 292

- Hinweis: hier zweimal Muster 10A ausfüllen
  - erstes Formular: präventiv ankreuzen, Cholesterin markieren
  - zweites Formular: kurativ ankreuzen, TSH basal markieren

14. Terminvereinbarung

Fall 4, S. 308

15. Rezept (Arzneimittelverordnungsblatt, Muster 16) ausfüllen (Gebühr frei)

Rezept (Arzneimittelverordnungsblatt, Muster 16), Fall 4, S. 306; Rezept (Arzneimittelverordnungsblatt, Muster 16) ausfüllen (Gebühr frei), Fall 22, S. 358

- Rp. Jodid-ratiopharm 200 µg, 100 Tabletten

16. Verabschiedung eines Patienten, der ein privates Treffen mit der MFA möchte

- höflich, aber bestimmt ablehnen
- ggf. Thema für beendet erklären
- hier zusätzlich: sicherstellen, dass das Kinder-Untersuchungsheft und der Impfpass wieder mitgenommen werden
- hier zusätzlich: Merkzettel für den nächsten Termin mitgeben

17. Arbeitsplatzdesinfektion

Fall 5, S. 312

18. Abrechnung (EBM)

- Diagnose: Z01.3 (J1), E03.9V (Verdacht auf Hypothyreose)
- 01720 Jugendgesundheitsuntersuchung
  - Anmerkung: Die Bestimmung des Gesamtcholesterins nach 32060 ist als möglicher Bestandteil der J1 neben dieser nicht abrechenbar.
- 04000 Versichertenpauschale Kinderarzt
  - Anmerkung: Die GOP darf hier nur wegen der kurativen Abklärung einer möglichen Hypothyreose abgerechnet werden.
- 32101 Thyreotropin (TSH; abgerechnet von der Laborgemeinschaft)

Prüfungsfall 30: Nävusexzision

Praxisdaten: Frau Dr. Monika Betzold, Fachärztin für Chirurgie, Katzenbachstr. 5, 73447 Oberkochen, Betriebsstätten-Nr. 789321006, lebenslange Arzt-Nr. 621026000, Tel. 07364/41230

Patientendaten: Michaela Gold, geb. 17.07.19xx (45 Jahre alt), Ernst-Abbe-Str. 32, 73447 Oberkochen, Tel. 07364/345621, als Mitglied gesetzlich versichert bei der AOK Baden-Württemberg, WOP 62, Kostenträgerkennung 106745066, Versichertennummer C5643214, Gültigkeit der eGK 03/xx, keine Teilnehmerin eines Hausarzt- oder Disease-Management-Programms.

Situationsbeschreibung: Am Dienstag, 28.04.20xx, kommt die Patientin Michaela Gold pünktlich zu ihrem vereinbarten Termin in die Praxis Dr. Betzold. Frau Gold ist zum ersten Mal in der Praxis und wurde von ihrem Hausarzt Dr. Bohnenstengel zur Operation eines Nävus am Rücken überwiesen. Da der Nävus beim Hautkrebs-Screening verdächtig war, möchte Dr. Bohnenstengel, dass er fachmännisch entfernt wird. Sie nehmen an der Anmeldung die Überweisung von Frau Gold entgegen, geben alle wichtigen Daten in den Computer ein und bitten die Patientin, noch kurz im Wartezimmer Platz zu nehmen.

Sie haben den OP-Raum bereits zur Nävusentfernung vorbereitet. Frau Gold wird von Ihnen in den OP-Raum gebracht. Frau Dr. Betzold schaut sich den tief sitzenden Naevus an, bespricht mit der Patientin ihre Vorgehensweise bei der Entfernung und klärt sie über den weiteren Ablauf auf. Nach der Lokalanästhesie durch die Ärztin desinfiziert sich das OP-Team chirurgisch die Hände. Der Nävus lässt sich gut entfernen, sodass anschließend die Wundränder durch die Naht gut adaptiert werden können. Sie haben schon alles zum Gewebeversand an den Pathologen vorbereitet. Die genähte Wunde wird mit einem sterilen Pflasterverband versorgt. Frau Gold bleibt noch kurze Zeit zur Überwachung in der Praxis. Da es der Patientin gut geht und die von Ihnen überprüften Kreislaufwerte stabil sind, klären Sie Frau Gold noch über Verhaltensmaßnahmen auf und geben ihr einen Termin zur Entfernung der Fäden sowie eine Arbeitsunfähigkeitsbescheinigung für zwei Tage. Daraufhin verabschieden Sie die Patientin.

Am 30.04.20xx ruft Frau Gold in der Praxis Dr. Betzold an, um Auskunft über den histologischen Befund zu erhalten. Sie stellen daraufhin eine Verbindung zu Frau Dr. Betzold her.

Es ist Dienstag, der 05.05.20xx, als Frau Gold wiederum die Praxis Dr. Betzold zur Entfernung der Fäden aufsucht. Frau Dr. Betzold ist mit der Wundheilung sehr zufrieden. Sie desinfizieren sich die Hände und ziehen die Fäden der primär geheilten Wunde und versorgen sie nochmals mit einem Pflasterverband. Sie klären die Patientin auf, dass sie nun wieder duschen könne und zur Prävention regelmäßig zu ihrem Hausarzt oder Dermatologen gehen solle. Die Behandlung in der Praxis von Frau Dr. Betzold ist somit abgeschlossen. Anschließend machen Sie die benutzten Instrumente wieder gebrauchsfähig und rechnen die erbrachten Leistungen mit der Diagnose Z.n. Nävusexzision (ICD D22.Z) ab.

Übernehmen Sie alle betriebsorganisatorischen und medizinischen Aufgaben – auch die delegierbaren ärztlichen Leistungen und rechnen Sie die erbrachten Leistungen für die Praxis Dr. Betzold ab.

1. Patientenempfang zum vereinbarten Termin

Fall 1, S. 290

2. Patientenaufnahme bei unbekanntem Patienten

Fall 2, S. 296

3. Entfernung eines kleinen Tumors (Nävus) vorbereiten
- Hautdesinfektionsmittel
- Anästhesie (Ampulle mit Lokalanästhetikum, zwei Kanülen, Spritze)
- ggf. Pulsoxymeter
- sterile Handschuhe, steriles Abdecktuch
- sterile Tupfer und Kompressen
- steriles Verbandmaterial
- zwei Nierenschalen (eine für Abfall, eine für zu sterilisierende Instrumente)
- sterile Gefäßklemme, Skalpell, Pinzette, Schere
- sterile Naht
- je ein steriles Abdecktuch für Arbeitsplatz und Patienten (Lochtuch)
- Gefäß für Probenversand

4. Chirurgische Händedesinfektion

Fall 5, S. 310

5. Wundabdeckung mit Pflaster vornehmen
- keimarme Handschuhe
- Abklärung von Pflasterallergie
- Auswahl der richtigen Pflasterbreite
- Abziehen der beidseitigen Abdeckungen erst beim Anlegen
- Sitz des Pflasters (Spannung) prüfen

6. Gewebeversand abholfertig machen

Überweisungsschein (Muster 6) ausfüllen, Fall 7, S. 319

- entferntes Gewebe im Röhrchen mit Fixierlösung im Versandbehälter verpacken
- Auftragsüberweisung zum Pathologen beilegen
- Versandtüte (frankiert oder Abholung)

7. Blutdruckmessung bei neuem Patienten

Fall 2, S. 296

8. Arbeitsunfähigkeitsbescheinigung (Muster 1) ausfüllen

Fall 4, S. 306

9. Verabschiedung des Patienten

Fall 1, S. 294

10. Telefonische Befundabfrage eines Patienten beantworten
- schriftlichen Befundbericht dem Arzt vorlegen
- Telefonat des Patienten zum Arzt weiterleiten
- evtl. Rückruf bei unpassender Anrufzeit

11. Fädenziehen vorbereiten und durchführen
- Material bereitlegen:
  - nichtsterile Handschuhe
  - Pflasterentfernung
  - Hautdesinfektionsmittel
  - sterile spitze Schere oder Fadenziehschere oder Skalpell
  - sterile Pinzette
  - sterile Kompresse
  - Nierenschale
- Durchführung Fädenziehen:
  - Wundabdeckung (Pflaster; Schritt 5) entfernen
  - Faden mit der Pinzette anheben
  - Faden knotennah mit der Schere oder dem Skalpell abschneiden
  - Pflasterverband nach Entfernung aller Fäden
  - Patientenaufklärung über Verhaltensregeln (Duschen, Sport)
  - Fäden und Pflaster im Praxismüll entsorgen

12. Benutzte Instrumente wieder gebrauchsfähig machen

Fall 5, S. 312

13. Abrechnung (EBM)
- Diagnose: Z. n. Nävusexzision (ICD D22.Z)
- 07211 Grundpauschale Chirurg
- 02302 Kleinchirurgischer Eingriff III, primäre Wundversorgung mittels Naht

Prüfungsfall 31: Masern

Praxisdaten: Frau Dr. Rot, Fachärztin für Allgemeinmedizin, Alzstr. 12, 80796 München, Betriebsstätten-Nr. 173118601, lebenslange Arzt-Nr. 897930433, Tel. 089/67831412

Patientendaten: Anna Katzler, geb. 10.06.20xx (7 Jahre alt), Kirchweg 12, 80796 München, Tel. 089/1139320, AOK, WOP 71, Kostenträgerkennung 1010033453, Versichertennr. A123100457, Gültigkeit der Versichertenkarten 03/xx

Situationsbeschreibung: Sie arbeiten heute, am 22.01.20xx, mit Ihrer MFA-Kollegin in der Sprechstunde bei Frau Dr. Rot, als um 15:00 Uhr Frau Katzler, die Mutter der jungen Anna, anruft. Sie fragt, ob sie noch heute mit ihrer Tochter kommen könne, da Anna seit vier Tagen Anzeichen einer schweren Erkältung, trockenen Husten, Fieberschübe und einen roten, fleckigen Hautausschlag zeige.

In der Praxis angekommen, wird die Patientin von Ihnen begrüßt. Um eine Ansteckung zu vermeiden, lassen Sie die Patientin gesondert Platz nehmen. Dr. Rot diagnostiziert bei Anna nach der körperlichen Untersuchung und der von Ihnen durchgeführten Fiebermessung die Infektionskrankheit Masern. Sie führen eine hygienische Händedesinfektion vor und nach dem Patientenkontakt durch. Dr. Rot verschreibt Anna ein Phytohustil Hustenreizstiller Sirup (5-mal täglich 5 mL). Sie soll sich in ein kühles, abgedunkeltes Zimmer ins Bett legen und viel Flüssigkeit zu sich nehmen. Dr. Rot beauftragt Sie, neben dem Rezept eine Bescheinigung für die Schule für Frau Katzler vorzubereiten. Da Masern eine meldepflichtige Krankheit sind, bittet Sie Dr. Rot, eine sofortige Meldung beim Gesundheitsamt zu machen und das Meldeformular auszufüllen.

Ihre Chefin hat im Moment keine Zeit, Ihnen weitere Fragen zur Impfung zu beantworten. Die Qualitätsmanagerin bittet Sie, aus aktuellem Anlass für morgen früh eine Teambesprechung zum Thema MMR vorzubereiten. Sie orientieren sich zur Vorbereitung auf das Meeting an einer Checkliste.

Ihre neue Kollegin Katja (Auszubildende zur MFA, unverheiratet und ohne Kinder) hat heute ihre erste Gehaltsabrechnung bekommen. Ihr Bruttogehalt beträgt 1 258,00 €. Die Abzüge belaufen sich auf insgesamt: 387,50 €. Katja versteht nicht, warum auf ihr Konto viel weniger als 1 258,00 € überwiesen wurde. Nachdem Sie ihr erklärt haben, was der Unterschied zwischen Brutto- und Nettogehalt ist, fragt sie weiter, welche Lohnsteuerklasse sie habe, welcher Betrag aus der Gehaltsabrechnung (Arbeitnehmeranteil) an die Krankenkasse abzuführen sei und für welchen Zweig der Sozialversicherung der Arbeitgeber den Beitrag allein zahlt. Sie beantworten ihre Fragen.

Erledigen Sie alle betriebsorganisatorischen und medizinischen Aufgaben – auch die delegierbaren ärztlichen Leistungen – und rechnen Sie die delegierbaren und nicht delegierbaren Aufgaben für das 1. Quartal ab.

1. Telefonische Terminvereinbarung für einen dringenden Termin
- Telefonanruf annehmen: Begrüßung, Nennung der Praxis und des eigenen Namens
- Grund des Anrufs erfragen und als dringend erkennen
- schnellen Termin zusagen und Patient/Angehörige beruhigen

2. Patientenempfang zum vereinbarten Termin (infektiöser Patient)

Patientenempfang zum vereinbarten Termin, Fall 1, S. 290

- infektiöser Patient wird isoliert ins Zimmer gebracht

3. Patientenaufnahme bekannter Patient

Fall 1, S. 290

4. Temperaturmessung im Ohr

Hygienische Händedesinfektion, Fall 1, S. 291; Messung der Körpertemperatur, Fall 6, S. 315; Temperaturmessung im Ohr, Fall 25, S. 363; hygienische Händedesinfektion, Fall 1, S. 291

5. Rezept (Arzneiverordnungsblatt, Muster 16) ausfüllen (Gebühr frei)

Rezept (Arzneiverordnungsblatt, Muster 16) ausfüllen, Fall 4, S. 306; Rezept (Arzneimittelverordnungsblatt, Muster 16) ausfüllen (Gebühr frei), Fall 22, S. 358

- Rp. Phytohustil Hustenreizstiller Sirup, 150 mL, 5-mal täglich 5 mL

6. Meldeformular nach §§ 6,8,9 IfSG ausfüllen
- Meldeformular (erhältlich beim Gesundheitsamt) verwenden
- Eintragungen vornehmen:
  - Anschrift des zuständigen Gesundheitsamts
  - Anschrift des Patienten
  - Anschrift der Praxis
  - Ankreuzen der meldepflichtigen Krankheit
  - Angaben zur Impfung
  - wahrscheinliche Infektionsquelle
  - Untersuchungsstelle Labordiagnostik

7. Bescheinigung für Schule oder Kindergarten ausstellen
- Name eintragen
- Masernstatus ankreuzen
- Ort und Datum eintragen
- Stempel und Unterschrift ergänzen

8. Verabschiedung des Patienten

Fall 1, S. 294

9. Arbeitsablauf anhand einer Checkliste überprüfen

Fall 4, S. 308

10. Teambesprechung vorbereiten
- angenehme Raumatmosphäre (Beleuchtung, Sauberkeit, frische Luft)
- Sitzgelegenheiten vorbereiten (u. a. Sitzordnung, Blickkontakt, evtl. Tische, Schreibzeug, Gläser, Getränke)
- Tagesordnung vorbereiten
- Flip-Chart bereitstellen
- Protokoll-Schreiber und Zeitmanager festlegen
- Störungsquellen ausschalten (Handy, Praxistelefon)
- Kommunikationsregeln beachten (z. B. aussprechen lassen, Blickkontakt)

11. Gehaltsabrechnung erklären
- Bruttogehalt ist der Betrag ohne Abzüge.
- Nettogehalt ist der Betrag mit Abzügen.
- Ihr Nettogehalt beträgt 870,50 €.
- Lohnsteuerklasse 1
- gesetzliche Abzüge: Krankenversicherung, Rentenversicherung, Pflegeversicherung, Arbeitslosenversicherung
- Unfallversicherung trägt allein der Arbeitgeber.

12. Abrechnung (EBM)
- Diagnose: ICD B05.9 Masern ohne Komplikationen
- 03000 Versichertenpauschale

Prüfungsfall 32: Oberbauchbeschwerden

Praxisdaten: Frau Dr. med. Elisabeth Schmitt, Fachärztin für Allgemeinmedizin, Tegernseestraße 7, 81444 München, Betriebsstätten-Nr. 534237700, lebenslange Arzt-Nr. 38746087, Tel. 089/1115630

Patientendaten: Edeltraud Appel, geb. 28.02.19xx (52 Jahre alt), Bergstraße 9, 81444 München, versichert bei der DAK, WOP 71, Kostenträgerkennung 101007109, Versichertennr. C56876687, Gültigkeit der eGK 03/xx

Situationsbeschreibung: Sie arbeiten heute, am 11.07.20xx, mit ihrer MFA-Kollegin in der Sprechstunde bei Frau Dr. Schmitt. Um 9:30 Uhr ruft Frau Appel bei Ihnen an. Sie klagt über Schmerzen im Oberbauch, die seit gestern Abend anhalten, und bittet Sie um einen Termin. Sie erklären Frau Appel, dass Sie terminlich heute sehr ausgelastet seien. Frau Appel lässt nicht locker und berichtet weiterhin, dass ihre Haut gelb sei sowie Übelkeit und Abgeschlagenheit aufgetreten seien. Die Symptome, so sagt sie, haben plötzlich und „wie aus dem nichts" begonnen. Sie erkennen die Dringlichkeit des Termins, zeigen Einfühlungsvermögen und sagen ihr, dass sie sofort in die Praxis kommen könne, sich jedoch auf längere Wartezeiten einstellen müsse.

Nach einer Wartezeit von zwei Stunden erwähnt Frau Appel im Anamnesegespräch beiläufig, dass sie bis vor zwei Wochen noch an der Nordsee im Urlaub war und leckere Muscheln gegessen habe. Die Ärztin vermutet auf Grund der leicht gelblichen Skleren und nach dem Druckschmerz im rechten Oberbauch nach Palpation eine Hepatitis-A-Infektion und berät die Patientin. Im Labor sollen die Leberwerte inklusive Anti-HAV untersucht werden und eine Hepatitisserologie A, B und C angefordert werden. Sie übernehmen die Blutentnahme und den Versand der Blutproben zur Laborgemeinschaft bzw. zum Laborarzt, während Ihre Kollegin eine Arbeitsunfähigkeitsbescheinigung für die Patientin vorbereitet.

Frau Dr. Schmitt registriert zunehmend, dass sie den Patientenansturm nicht mehr alleine bewältigen kann, und beruft eine Teamsitzung ein. Sie sind beauftragt, diese vorzubereiten und zu leiten. In der Sitzung verkündet Dr. Schmitt den Neustart mit einer neuen Kollegin Dr. Eberl als Praxisgemeinschaft für Allgemeinmedizin und Gastroenterologie. Ihre Chefinnen legen großen Wert auf Corporate Identity und bitten Sie als Auszubildende, diesen Punkt genauer zu erläutern.

Das Qualitätsmanagement wird in ihrer Praxis eingeführt. Ihre Kollegin kennt dies nicht und Sie erklären ihr, was Qualitätsmanagement bedeutet und welche Bausteine für eine Zertifizierung wichtig sind.

Erledigen Sie alle betriebsorganisatorischen und medizinischen Aufgaben – auch die delegierbaren ärztlichen Leistungen – und rechnen Sie die delegierbaren und nicht delegierbaren Aufgaben für das laufende Quartal ab.

1. Kurzfristigen Termin bei ausgelasteter Praxis vergeben
- Melden am Telefon, Begrüßung
  - Name der Praxis
  - eigener Name
  - Grund des Anrufs in eigenen Worten wiedergeben, ggf. bei Unklarheiten nachfragen
- Dringlichkeit des Termins erfragen
- Patientin kann kurzfristig kommen, allerdings nur mit längerer Wartezeit

2. Patientenempfang ohne Termin

Fall 5, S. 309

3. Venöse Blutentnahme

Hygienische Händedesinfektion, Fall 1, S. 291; venöse Blutentnahme, Fall 1, S. 292

4. Laborüberweisung Laborgemeinschaft (Muster 10A) ausfüllen

Fall 1, S. 292

- hier Laborauftrag ankreuzen: Gamma GT, GOT, GPT

5. Laborüberweisung Laborarzt (Muster 10) ausfüllen

Fall 6, S. 314

- hier: kurativ ankreuzen, W für weiblich eintragen; Abnahmedatum, Abnahmezeit eintragen
- Diagnose: V. a. Hepatitis eintragen, Auftrag angeben: Anti-HAV, Hepatitisserologie A, B, C

5. Laborkarte/Laborbuch ausfüllen

Fall 1, S. 293

6. Arbeitsplatzdesinfektion

Fall 5, S. 312

7. Verabschiedung des Patienten

Fall 1, S. 294

8. Blut abholfertig machen

Fall 1, S. 293

9. Teambesprechung vorbereiten

Fall 31, S. 374

10. Corporate Identity in der Praxis umsetzen
- einheitliche Kleidung
- einheitliches Praxislogo
- Internetauftritt
- Visitenkarten
- einheitliche Innenausstattung, besonders in den Behandlungszimmern

11. Qualitätsmanagement durchführen
- zur Optimierung von Arbeitsabläufen
- um Qualität von Produkten und Dienstleistungen zu erhalten und systematisch weiterzuentwickeln
- Bausteine:
  - definierte Qualitätsziele, die z. B. in einem Praxisleitbild zusammengefasst werden
  - effektive Teambesprechungen
  - Organigramme, Checklisten und Arbeitsanweisungen werden spezifisch für die Praxis erarbeitet und in einem für jeden Mitarbeiter zugänglichen Handbuch abgelegt.
  - Gesetzte Praxisziele und durchgeführte Maßnahmen müssen regelmäßig überprüft werden, z. B. mit Hilfe des PDCA-Zyklus.

12. Abrechnung (EBM)
- Diagnose: B17.9V Verdacht auf Virushepatitis
- 03000 Versichertenpauschale
- 32006 Ausnahmeindikation für Meldepflichtige Erkrankung (befreit von der Anrechnung der veranlassten Laborkosten auf das Laborkostenbudget)
- 32071 Gamma GT, 32069 GOT, 32070 GPT (abgerechnet durch die Laborgemeinschaft)
- Abrechnung der Hepatitisserologie durch den Laborarzt

Stichwortverzeichnis

12-Kanal-EKG 62
24-Stunden-Urin 91

A

ABO-Blutgruppensystem 76
ABCDE(S)-Regel 134
Abfragen, gegenseitiges 11
Abgeltungssteuer 286
Ablage 237
Abrechnungen von Impfleistungen 158
Abrechnungsschein 164, 294
Abschlussfreiheit 254
Absicherung, private und soziale 274
Abstrichentnahme 331
Abszess 31, 131
Abszesseröffnung 309
Abwehrzellen 81
abweichende Vereinbarung 154
Acetylsalicylsäure 53
ADH 85
Adhärenz 58
Adipositas 122, 127, 343
AED einsetzen 302
aerogen 25
aerogene Infektion 17
Aerosol 306, 340
Agglutination 82
Aggregation 82
AIDA-Formel 239, 240
Aids 24
Akkordlohn 283
Akne vulgaris 134
Aktien 286
aktinische Keratosen 134
aktive Impfung 24
aktivierte Arthrose 47
akute Bronchitis 362
Algurie 91
Allergien 133
allgemeine Heilbehandlung 185
alphanumerische Ordnung 207
Altenpfleger 199
Altersvorsorge 286
Alveole 68
Amenorrhö 98
AMG 57
Ampulle 58
Amylase 108, 110
Analgetika 53
Analgetikum 18
Anämie 77, 79, 81, 113, 142
anaphylaktischer Schock 132
Aneignung 9
Anforderungsschein für Laboratoriumsuntersuchungen 298
Angebot 254
Angebotsmonopol 270
Angebotsoligopol 270
Angina pectoris 62, 65
Annahmeverzug 258
Anreichen, steriles 311
Anrufbeantworter besprechen 326
Anrufbeantworter 233
anterior 36
Antiallergika 53
Antibiogramm 18, 21
Antibiotika 26, 53
Antibiotikum 18
Antidiabetika 53
antidiuretisches Hormon 85
Antiemetika 53
Antihypertensiva 53
Antihypertonika 53
Antikoagulanzien 53
Antimykotika 53
Antiphlogistika 53
Antipyretikum 18
Antisepis 35
Antitussiva 26, 53
antizyklisches Konjunkturverhalten 270
Antrum 107
Anziehen steriler Handschuhe 310
Aortenklappe 60
apathogen 16
APGAR-Index 101, 141
Apnoe 73
Apoplex 65, 364
Apotheker 199
Apparategemeinschaft 196
Appendix vermiformis 106, 109
Appendizitis 114, 117, 313
Applikation 55
Approbation 144, 198
Äquivalenzprinzip 156
Arbeiten, steriles 311
Arbeitgeber, Pflichten 278
Arbeitnehmer, Pflichten 278
Arbeitsanalyse 226
Arbeitsgesetz 246
Arbeitslosenversicherung 274
Arbeitspflicht 278
Arbeitsplanung 196
Arbeitsplatzdesinfektion 312
Arbeitsrecht 278
Arbeitsschutz 246, 248
Arbeitssynthese 226
Arbeitsunfähigkeitsbescheinigung 164, 306, 320, 324, 327, 329, 338, 348, 355
Arbeitsunfall 162, 183, 185, 274, 321, 324, 327
Arbeitsvertrag 278
Arbeitszeit 248
Arbeitszeugnis 240
Archivierung 232
Arrhythmie 61, 63
Arteriosklerose 66
Arthralgie 48
Arthritis 28, 48, 354
Arthrose 46, 341
Arthrose-Arthritis 47
Arthroskopie 48
Arzneimittel 52
Arzneimitteldosierung 58
Arzneimittelgesetz 57
Arzneimittelgruppen 53
Arzneimittellagerung 210
Arzneimittelpackung 52
Arzneiverordnungsblatt 162, 163, 165, 173, 306, 318, 324, 327, 338, 340, 342, 358, 367
Ärztekammern 144
Arztfall 151
ärztliche Pflichten 145
ärztliche Unfallmeldung 322, 336
Aspiration 67
ASS 53
Asthma bronchiale 69, 75, 178, 305
Asthmaanfall 308
Aszites 119
Atemwege 68
Atemzugvolumen 68
Aterswarzen 135
Atmung 68
Atmungssystem 68
Atopie 132
Atrium 60
Atrophie 48
Aufbewahrungsfristen 145, 308
Aufbewahrungspflicht 200
Auffrischimpfung 26, 159
Aufgaben 222
Aufgaben, öffentliche 282
Aufklärung 202
Aufklärungspflicht 145, 200, 204
Augenspülung 349, 350
Augentropfen 55
Ausbilder, Pflichten 242
Ausbildung 196
Ausbildungspflicht 242
Ausbildungsvertrag 242, 243
Ausgabebeleg 216
Ausgabekosten 217
Auskultation 118
äußere Atmung 68
außerordentliche Kündigung 278
Ausziehen steriler Handschuhe 311
Auszubildender, Pflichten 242
aut idem 162, 340
Autoimmungastritis 114
Autoklav 30
Autopsie 67
AV-Knoten 60
Avni-Methode 211
axillar 18

B

Backhaus-Klemme 136
bakterielle Infektionskrankheiten 24
Bakterien 16, 19
bakterizid 30
Ballaststoffe 106
Bandscheiben 39
Bandscheibenvorfall 44, 45, 49
Banküberweisung 353
Barscheck 262
Basaliom 134
Basalmembran 128
Bauchspeicheldrüse 112
Bausparen 286
Beanspruchbarkeit 196
Beatmung durchführen 302
Beckengürtel 39
Befreiung von Zuzahlungen 148
Befundabfrage, telefonische 373
Behandlungsfall 151, 155
Behandlungspflicht 200, 204
Behandlungsvertrag 200, 202, 203, 205
Beitragsbemessungsgrenze 275
Beklagter 281
Belastungs-EKG 66, 301
Belege 216, 219
benignes Prostatasyndrom 104
Berichtsheft 242
Berufsausübungsgemeinschaft 196
Berufsschule 197
Berufung 281
Beschäftigungspflicht 278

Bescheinigung für Schule oder Kindergarten 374
Bescheinigung über den mutmaßlichen Tag der Entbindung 368
Beschwerdemanagement 220, 356
Besitzer 254
Besitzsteuern 282
besondere Heilbehandlung 185
Bestellorganisation 210
Bestellsysteme 226
Bestellungen 342
Bestellzeitpunktbestand 211
Betäubungsmittelrezept 173
Betäubungsmittel-Rezepte 163
Beteiligungslohn 283
Betriebsstättenfall 151
Bewegungsapparat 36
Bewegungsdaten 206, 208
Bewerbung 238
Bezirksärztekammern 197
Bezugskosten 255
Bezugsquellen ermitteln 342
Bezugsquellen 211, 215
BIC 260
Bildschirmarbeitsplatz 248
Bildschirmarbeitsplatzverordnung 246
Biopsie 75
BIP 271
Bisswunde 326
Bläschen 129
Blinddarm 108, 110
Blut abholfertig machen 293, 345, 358
Blut 76
Blut, okkultes 115, 121, 188, 332
Blutbild 81
Blutdruckmessung 62, 291, 296, 340
Blutentnahme 83, 292
Blutentnahme, Abrechnung 174
Blutfette 127
Blutgerinnung 76
Blutgruppen 79, 83
Blutkrankheit 81
Blutkreislauf 64
Blutplasma 76
Blutsenkungsgeschwindigkeit 314
Blutserum 76
Blutspende 82
Blutungsneigung 113
Blutzuckermessung 352
Blutzuckerschnelltest 291
BMI 122, 125, 296
Bodendesinfektion 312
Body-Mass-Index 122, 125, 296
Bodyplethysmografie 75
Borreliose 21, 24
BPS 104
Bradykardie 61, 63
Bronchialkarzinom 71, 75
Bronchitis, akute 362
Broncholytika 53, 70
Bronchoskopie 75
Bronchospasmolytika 53, 70
Brustfell 72
Brustkrebs 95, 178
Bruttoinlandsprodukt 271
Bruttolohn 282
Bruttosozialprodukt 271, 273
BSG 21, 49, 314
BSG-Röhrchen 80
BSP 271
BtM-Rezept 163
Bulla 129
Bundeselterngeldgesetz 246
Bundesmantelverträge 147
Bundesurlaubsgesetz 227, 246, 279

C

Caecum 106, 108, 109
Calciumoxalate 90
Call by Call 234
Calor 18
Candida albicans 29
Cardiotokogramm 96
Cavum nasi 68, 74
Cervix uteri 94
Charge 34
Chargennummer 52
Chargenzeit 30
Checkliste 220, 222, 223, 308, 352, 359,
chirurgische Händedesinfektion 310
chirurgische Schere 136
Choanen 74
Cholelithiasis 114
Chronikerpauschale 152
Chymotrypsin 108
Citraröhrchen 80
Clavicula 37
Colon descendens 109
Colon transversum 109
Colon 106, 108
Columna vertebralis 37
Computertomogramm 45
Condylomata acuminata 135
COPD 70, 178, 352
Corporate Identity 199, 225, 376
Corpus uteri 94
Cortison 53
Costa 37
Cowper-Drüse 103
Coxarthrose 46
CPR 302
Cranium 37
CRP 18, 21, 49
CRP-Test 315
Crusta 129
CT 45
CTG 96
Cystin 90

D

Dampfsterilisator 30
Darlehen 286
D-Arzt 183, 322, 324
Datenausgabe 209
Dateneingabe 209
Datenschutz 206
Datenschutzbeauftrage 207
Datensicherung 207
Datensortierung 208
Datenverarbeitung 206
Datenverwaltung 206
Dauerauftrag 261
Dauerwert 232
Débridement 139
Defibrillator einsetzen 302
Degeneration 48
Dekubitalulkus 182
Delegation 198
Deliktsfähigkeit 250, 251
Dermatika 53
Dermatologie 135
Dermatom 44
Dermis 128
Desinfektion (septische Wunde) 329
Desinfektion von Wunden 139
Desinfektion 30
dexter 36
Diabetes mellitus 122, 123, 124, 126, 127, 178, 290, 350
diabetischer Fuß 179
diabetisches Fußsyndrom 126
Diagnoseaufklärung 202
Dialyse 90
Diaphragma 68
Diarrhö 117
Diastole 60
Dickdarm 108, 109
Diclofenac 53
Dienstplan 226
Dienstvertrag 200, 203
Diphtherie 24
Diplokokken 16, 22
direkte Steuern 282
Disease-Management-Programm 178, 181
Diskusprolaps 44, 49
dislozierte Frakturen 45
distal 36
distale Radiusfraktur 51
Diuretika 53
Divertikel 117
Divertikulitis 121
DMP 178
DMP-Dokumentationsbogen ausfüllen 293
DNA 16
Dokumentationspflicht 145, 200, 204
Dokumente, Aufbewahrungsfristen 145
Dolor 18
dorsal 36
Dosieraerosol 55
Down-Syndrom 142
dritte Mahnung 266
Druckverband 322
Duales System 197
Ductus deferens 102, 104
Dünndarm 107
Duodenum 106
Durchgangsarztbericht 327
Dysmenorrhö 98
Dysmenorrhoe 95
Dysphonie 73
Dyspnoe 70
Dysurie 91

E

EBM 150
EBM-Altersdefinitionen 152
EBM-Hausbesuche 153
EBM-Notfallpauschalen 166
E-Brief 232
EDTA-Röhrchen 80
Effektivverzinsung 286
Effloreszenzen 129
eGK 148
EHIC 146
Eierstock 94
Eigentümer 254
Eigentumsvorbehalt 254
Eileiter 94
Eingangspost 236
einheitlicher Bewertungsmaßstab 150
Einkommensteuererklärung 283
Einkommensteuergesetz 282
Einliniensystem 221
Einmalkatheterisierung 361
Einnahmebeleg 216
Einnahmen 219
Einschreiben 232, 234, 236, 334
einseitige Rechtsgeschäfte 250
Einsekundenkapazität 70
Einwilligungspflicht 145
Einzeldosis 58
Eisenmangelanämie 77, 97
Eiweiße 106
EKG 65
EKG-Ableitungen 65
EKG-Aufzeichnungsstörungen erkennen, beheben 301
Electronic Cash 260, 262
Elektrokardiogramm 65

elektronische Gesundheitskarte 148
Ellenbogenverband 311
Elterngeld 358
E-Mail 236
Emesis 117
Empfängnisregelung 177
Enddarm 113
Endharn 84
Endokard 60
Endometrium 94
Endoskop 115
Endoskopie 119, 178
enterale Applikation 55
Enteritis 28
Entgeltabrechnung 282
Entzündung 18, 22
Entzündungsdiagnostik 18, 23
Epidemie 21
Epidermis 128
Epididymis 102, 103, 104
Epiglottis 71
Epikard 60
Epiphysenfuge 40
Epstein-Barr-Virus 29
Eradikationstherapie 121
erektile Dysfunktion 105
Erfüllungsgehilfin 202
Ergometrie 66
Erhaltungsdosis 58
Erkrankung, meldepflichtige 26
Erkrankungen durch Protozoen 24
Ermessungsleistungen 149
Ernährung 106
Eröffnung eines kleinen eitrigen Prozesses 310
Erosion 119, 129
Ersatzbescheinigung, provisorische 146
Ersatzempfänger 232
Ersatzverfahren 148, 309, 313, 316
Erste Mahnung 266
erste Maßnahmen bei einem bewusstlosen Patienten 301
Erysipel 131
Erythem 129
Erythropoetin 82, 87
Erythrozyten 76, 79
Erythrozytose 81
Europäische Krankenversicherungskarte 146
Exanthem 129, 132
Exiskkose 119
Express 236
Exspiration 72
externer Speicher 209
Extrauteringravidität 97

F

F 1000 327
F 1050 323, 324, 336
F 2900 324
Fachbücher 10
Fädenziehen 373
fakultativ pathogen 16
falsche Werbeaussage 256
Falschlieferung 256
Familienversicherung 147
Fax 355
FEFO 211
fehlerhafte Wahre 256
Feigwarzen 135
Femur 37, 39
Fernkommunikation 232
Ferritin 79
Fette 106
Fettstoffwechselstörung 125
Fibrinogen 79
Fibrom 120
Fibula 37
Fingerschienenverband 323
Fixkauf 254
Flatulenz 119
Fleck 129
Flowcharts 224
Flügelkanüle 59
Fluor vaginalis 98
Fluoridröhrchen 80
Foetor ex ore 119
Follow-up-Anrufe 228
Forderung 219
Formular Gesundheitsuntersuchung 298
Fortbildung 238
Fotodokumentation 322
Fototherapie 56
Fragearten 8
Frakturen 45
Frakturzeichen 45
Frankiermaschine 232
Freistellungsauftrag 286
Freizeichnungsklausel 254, 258
Fremdkörperentfernung 322
fremdsprachiger Patient 363
Früherkennungsuntersuchungen 189
Frühsommer-Meningoenzephalitis 24, 29
FSME 24, 29
Functio laesa 18
Fundus 107
fungizid 30
Fürsorgepflicht 242, 278
Furunkel 131
Fuß, diabetischer 179
Fußsyndrom, diabetisches 126

G

Gallenflüssigkeit 108, 111
Gallenkolik 317
Gallensteinleiden 118
Gaster 106
Gastrin 107
Gastritis 114, 119, 120
Gastroenteritis 121
Gastroskop 116
Gastroskopie 118
G-BA 160
Gebühr frei 358
Gebührenordnung der Unfallversicherung 154
Gebührenordnung für Ärzte 154
Gebührenordungsposition 151
Geburt 94
Gefährdungsbeurteilung 246
gegenseitiges Abfragen 11
Gehaltsabrechnung 375
Gehaltsabzüge 285
Gehaltstarifvertrag 243
Gehorsamspflicht 278
Gelbsucht 121
Geld 260
Geldkarte 260
Gelenkfortsatz 39
Gelenkkapsel 36
Gelenkspiegelung 48
Gemeinsamer Bundesausschuss 160
Gemeinschaftspraxis 196
Generationenvertrag 275
Generika 57
Genitalorgane 94
Gerichtsvollzieher 266
Gesamtdosis 58
Gesamtverträge 147
Geschäftsfähigkeit 250
Geschlechtsorgane 84
geschlossene Frakturen 45
Geschwür 129
Gesetzeswert 232
gesetzliche Krankenversicherung 144, 274
Gestaltungsfreiheit 254
Gestationsdiabetes 97, 124, 125, 357
Gestose 97
Gesundheitsuntersuchung 186, 191, 295, 296, 343
Gesundheitswesen 196
Gewebeversand 372
Girocard 260
Girokonto 260
GKV 144
Gleichgewichtspreis 270
Glomerulus 84
Glukagon 126, 293
Glukosegabe, orale 291
Glukosetolranztest 358
Glukosurie 91, 125, 127
Glykogen 126
GOÄ 154, 156
GOÄ-Laborziffern 177
Gonarthrose 46
grampositiv 19
grippaler Infekt 347
Grippe 24
Großbrief 236
Grundimmunisierung 26
Gruppe, Lernen in der 11
Gürtelrose 135
Gutachten 219
gynäkologische Untersuchung 331, 368

H

Haar 128
Haftung 200
halboffene Sprechstunde 226
Hallux valgus 51
Hämatokrit 76
Hämatom 51
Hämaturie 92
Hämodialyse 90, 93
Hämoglobin 76, 79, 80
Hämophilie 81
Hämorrhoidalleiden 114, 118
Händedesinfektion, chirurgische 310
Händedesinfektion, hygienische 291, 311
Handwurzelknochen 42
Hardware 206
Harnblase 85
Harndrang 85
Harninkontinenz 93
Harnsediment 362, 92
Harnsystem 84
Harnuntersuchung 88
Harnwegsinfekt 360 88, 91
Hausbesuch 364
Hausbesuche vorbereiten 317
Haut 128
Hautanhangsgebilde 129
Hautkrebs 191
Hautkrebs-Screening 331
Hautpflege 135
Hautrezeptoren 129
HbA1c 126, 180
HDL-Cholesterin 127
Heben und Tragen 45
Helicobacter pylori 118
Helixtest 30
Hemmung der Verjährungsfrist 266
Henle-Schleife 84
Hepar 106
Hepatitis A 19
Hepatitis 114, 120, 335
Herpes-simplex-Virus 135
Herzinfakt 300
Herzinsuffizienz 65
Herzkranzgefäße 60
Hiatushernie 121
Himbeerzunge 17
His-Bündel 60
Hkt 80
Höchstbestand 211
Höchstsatz 154

Hoden 102
Hodensack 102
Homöopathie 59
HPV-Impfung 161
Hüftdysplasie 141
Humerus 37
HWS-Syndrom 49
Hygiene 30
Hygiene, persönliche 32
hygienische Händedesinfektion 291, 311
Hyperämie 18
Hyperglykämie 124, 125, 126
Hyperlipidämie 122
Hypermenorrhö 98
Hypertonie 64, 339
Hyperurikämie 122, 125
Hyperventilation 353
Hypnotika 53
Hypoglykämie 124
Hypomenorrhö 98
Hypophyse 85

I

i.m. Injektion 346
i.v. Injektion 291
IBAN 260
Ibuprofen 53
IfSG 374
IGeL 192, 194, 200, 332
Ikterus 121
Ileum 106
Ileus 121
Immunisierung 24
immunologischer Stuhltest 332
Immunsystem 82, 83
Impfberatung 158
Impfbuch 158
Impfstatus 370
Impfung i.m. durchführen 311
Impfung i.m. mit Fertigspritze 323
Impfung 24, 311
Indikation 58
Indikationsimpfungen 158
Indikator 34
indirekte Steuern 282
Individualversicherung 274
Individuelle Gesundheitsleistungen 192, 194, 200, 332
individueller Lernplan 11
Infekt, Grippaler 347
Infektion 21
Infektionskrankheit 16, 24
Infektionsquellen 30
Infektionswege 16, 19
Inflation 260
Influenza 24
Influenza-Impfung 161
Informationsmaterial aushändigen 351
Infusion vorbereiten 302, 306
Injektion von Glukagon 293
Injektion 58
Inkubationszeit 16
innere Atmung 68
INR 83
Insertionstendopathie 50
Inspektion 118
Inspiration 72
Instrumentendesinfektion 31
Insulin 122, 126
Insulin-Pen 351
Interdigitalmykose 24
Internet 232, 235
intravenös 55
Intrinsic-Faktor 107
Investmentzertifikate 286
Ischämie 65
ISO-Normen 220
-itis 18

J

JArbSchG 227
Jejunum 106
Juckreiz 129
Jugendarbeitsschutzgesetz 227, 246
Jugendgesundheitsuntersuchung 187, 189, 369
juristische Personen 250

K

Kaiserschnitt 97
Kältetherapie 52
Kapillarblutentnahme 291
Kapsid 16
Kardia 107
Kardiaka 53
kardiopulmonale Reanimation 74, 302
Karteikarte anlegen 313
Kartenzahlung 260
Karzinom 120
Karzinom, kolorektales 120
Kassenärztliche Bundesvereinigung 147
Kassenärztliche Vereinigung 144
kaudal 36
Kauf auf Probe 254
Kauf nach Probe 254
Kauf zur Probe 254
Kaufkraft 260
Kaufvertrag 254
KBV 147
Kehlkopf 74
Keimzahlbestimmung im Urin 91, 361
Keratosen, aktinische 134
Kernspin 45
Keuchhusten 25, 26
KHK 178, 339
Kindervorsorgeuntersuchungen 140, 187, 189
Kleiderschere 136
Klimakterium 99
Knoten 129
Kocher-Klemme 136
Kohlenhydrate 106, 110
Kokken 16
Koliken 119
kolorektales Karzinom 120
Koloskop 116
Koloskopie 118, 188
Koloskopie, präventive 331
Kommissionskauf 254
kommunikativ anspruchsvollere Situation bewältigen 363
Kompetenzen 222
Kompressionsverband 338
Konjunktivitis 28
Konjunktur 270
Konsiliaruntersuchung 180
Kontaktinfektion 16
Kontamination 21
Kontrazeptiva 53
Kontusion 51
Kopfplatzwunde 349
Kornzange 136
Koronare Herzkrankheit 62, 178, 339
Korotkow-Ton 62
Körpergewicht messen 291
Körpergröße messen 296
Körpertemperatur messen 315
Korpus 107
Korpuskarzinom 100
Kortikoide 53, 59
kranial 36
Krankenakten 348
Krankengeld 148
Krankengymnastik 56
Krankenversicherung 274
Krankenversicherung, gesetzliche 144
Krankenwagenbestellung 315
Krankheitsfall 151
Krebsfrüherkennung 330, 331, 332
Krebsfrüherkennungsuntersuchung 186, 190
Krebsvorsorgeuntersuchung 193
Kredit 286
Kreditfähigkeit 287
Kreditkarte 260
Kreditwürdigkeit 287
Kreislaufschock 66
kritisch 30
Kühlbeutel 342
Kühlkette 59
Kündigung 278
Kündigungsfrist 279
Kündigungsschutz 246, 249
Kündigungsschutzgesetz 246, 278
Kurvatur 111
Kurzbrief 348
kurzfristiger Termin 375
Kurzwellenbestrahlung 56
Kutis 128
Kutschersitz 308
KV 144, 199
KV-Abrechnung 165
Kyphose 42

L

Laborarzt 314
Laborbuch 293
Laborbudget 174
Laborgemeinschaft 292
Laborkarte 293
Laborleistungen, Abrechnung 174
Laborüberweisung Laborarzt 314, 354, 376
Laborüberweisung Laborgemeinschaft 319, 358, 370
Laborüberweisung 292
Lagerhaltung 215
Lagerkosten 210
Lagerorganisation 210
Laktase 110
Laktosemalabsorption 120
Lamellenkörperchen 129
Landesärztekammern 144
Laparoskop 116
Larynx 68, 71
Lasertherapie 56
Lastschrift 261
lateral 36
Laxantien 53
LDL-Cholesterin 127
Lebendimpfstoffe 53
Lebenslauf 238
Lebensmittelinfektion 16
Leber 109, 111, 112
Leberzirrhose 117
Lederhaut 128
Leistenband 39
Leistungen, vermögenswirksame 286
Lernen in der Gruppe 11
Lernen in Partnerarbeit 11
Lernmaterialien 8
Lernorte 12
Lernpflicht 242
Lernplan 8
Leukämie 80
Leukopenie 81
Leukozyten 76, 79
Leukozytose 18, 21, 81
Lieferung 255
Lieferverzug 259
Liferantenauswahl 212
Lipase 108, 110
Lipide 106
Lipidsenker 53
Lipom 120
Lippenbremse 308
Liquidation 155, 216, 217, 219, 266, 267, 334
Liquidität 286
Lohnformen 283

Lohnnebenkosten 282
Lohnzusatzkosten 285
Lokalanästhetika 53
Lordose 42
Lumbago 49
Lumbalgie 49
Lungenemphysem 75
Lungenfell 72
Lungenfunktionsprüfung 306
Luxation 51

M

M. pectoralis major 43
M. triceps brachii 43
Macula 129
Magen 107
Magengeschwür 117
Magensäure 107
Magenschleimhaut 107
magisches Viereck 270
Magnetresonanztomografie 45
Mahnbescheid 267
Mahnverfahren 266
Malaria 29
Mammakarzinom 95
Mammografie-Screening 188
Mandibula 37
Manteltarifvertrag 243
Markt 270
Marktformen 270
Marktwirtschaft, soziale 270
Masern 24, 373
Massage 56
Mastopathie 100
Maxibrief 236
Maxilla 37
MCH 80
MCHC 80
MCV 80
medial 36
Medikamentenlagerung 57
Medizinisches Versorgungszentrum 196
Medizinproduktbuch 210
Medizinprodukte 30
Medizinprodukte-Bestandsverzeichnis 213
Medizinprodukte-Betreiberverordnung 211
Medizinproduktgesetz 57
Mehrliniensystem 221
Melanin 128, 129
Melanom 134
Melanozyt 128
Meldebestand 338
Meldeformular nach §§ 6, 8, 9 IfSG 374
Melden am Telefon 342
Meldepflicht 145, 205
meldepflichtige Erkrankung 26
Meldeplicht 26
Memmory-Anrufe 228
Menarche 95
Meningoenzephalitis 28
Menopause 95
Menstruationszyklus 95
Merkel-Zelle 129
Messung der Körpertemperatur 315
Messung der Unterschenkelumpfänge 337
metabolisches Syndrom 122, 126
Metamizol 53
Metastasen 116
Methodenkompetenz 196
Mikroalbuminurietest 351
Mikrobiologie 16
Mikroorganismen 16, 19
Mikroskop 92
Mikrowelle 342
Mindestbestand 338
Mischen einer Desinfektionsmittellösung 312
Mitralklappe 60
Mittelstrahlurin 90
Moderationskärtchen 8
Mononukleose 29
Montagefehler 256
MPG 57
MRT 45
Müllarten 210
Multiple-Choice-Aufgabe 12
Mumps 24
Muskelkater 49
Muster 1 164, 306, 320, 324, 327, 329, 338, 348, 355
Muster 2 168, 169, 303, 315
Muster 3 368
Muster 4 168, 302, 316
Muster 5 164, 169, 294
Muster 6 165, 187, 319, 338, 340
Muster 10 176, 314, 336, 354, 376
Muster 10A 176, 292, 298, 319, 336, 358, 370
Muster 16 162, 163, 165, 173, 318, 324, 327, 338, 340, 342, 358, 367
Muster 19 166, 168, 316, 360
Muster 30 298
Muster 39a 186
Muster 39b 186
Muster 306
Muttermund 94
Mutterpass 368
Mutterschaftsgeld 149
Mutterschaftsvorsorge 94, 192, 194
Mutterschaftsvorsorgeuntersuchungen 140, 189
Mutterschutzfristen 358
Mutterschutzgesetz 246
MVZ 196
Myalgie 49
Mykose 130
Myogelose 49
Myokard 60
Myokardinfarkt 62
Myokarditis 28
Myometrium 94

N

Nachfragemonopol 270
Nachfrageoligopol 270
Nachfrist 255
Nachgeburt 98
Nachnahme 261
Nadelhalter 136
Nadelstichverletzung 82
Naegele-Regel 96
Nährstoffe 106
Nasennebenhöhlen 41
Nasennebenhöhlen 68
natürliche Personen 250
Nausea 117
Nävusexzision 371
Nebenhoden 102
Negativliste 212
Nekrosen 356
Nephrolithiasis 92
Nephron 84
Nettolohn 282
Neugeborenen-Screening 189
Neurodermitis 133
neurologische Untersuchung 293
Nicht-rechtzeitig-Zahlung 256
Niere 84, 86
Niereninsuffizienz 90, 93
Nierenversagen 86, 90
noctu 162, 340
Nodus 129
Normotonie 65
Notfall-/Vertretungsschein 166, 168, 316, 360
Notfallkoffer 303
Notruf absetzen 301
NSAR 53
Nummern-Zeit-System 229
Nykturie 91

O

Oberbauchbeschwerden 375
obere Atemwege 68
Oberhaut 128
obligat pathogen 16
Obstipation 117, 121
Obstruktion 70, 73
offene Frakturen 45
offene Sprechstunde 226
Offene-Posten-Liste 217
öffentliche Aufgaben 282
oGTT 358
okkultes Blut 115, 121, 188, 332
Onlinebanking 262
Onychomykose 24, 134
Ophthalmika 53
oral 18, 55
orale Glukosegabe 291
Orbita 37
Orchitis 28
ordentliche Kündigung 278
Ordnungskriterien 207
Ordnungssysteme 206
Organigramms 221
organisatorische Vorbereitung 13
Os 106, 111
Os coccygis 37
Os coxae 37
Os ethmoidale 38
Os frontale 38
Os ilium 37, 39
Os ischii 37, 39
Os nasale 38
Os occipitale 38
Os parietale 38
Os pubis 37, 39
Os sacrum 37
Os sphenoidale 38
Os temporale 38
Os zygomaticum 38
Ösophagus 106
Osteochondrose 44
Osteom 120
Osteomalazie 50
Osteomyelitis 51
Osteoporose 50
Osteosynthese 45
OTC-Medikamente 59
Otitis media 25, 73
Ovar 85, 94
Oxymetrie 310

P

Paket 236
Palpation 118
Panaritium 131
Pankreas 106, 112
Pankreaskarzinom 121
Pankreatitis 119
Papel 129
Papillen 128
Papula 129
Paracetamol 53
Parasiten 19
parenterale Applikation 55
Parotitis 28
Partnergemeinschaft 196
passive Impfung 24
Patella 37
Patentschutz 57
pathogen 16
Pathologie 21
Patient 204
Patient, bekannter 290
Patient, fremdsprachiger 363
Patient, unbekannter 313
Patient, ungeduldiger 304
Patient, verunsicherter 299

Patientenaufnahme bei Arbeitsunfall 321
Patientenaufnahme bei unbekanntem Patienten 296, 343
Patientenaufnahme im Ersatzverfahren 309
Patientenaufnahme 290, 335, 363
Patientenaufnahme Ersatzverfahren 313
Patientenbeschwerden 356
Patientenempfang 339, 352
Patientenempfang bei vereinbartem Termin 290
Patientenempfang bei Verspätung 296
Patientenempfang bei zu frühem Erscheinen 300
Patientenempfang Ersatzverfahren 313
Patientenempfang im Notfall 315
Patientenempfang ohne Termin 309
Patienteninstruktion 293
Patientenkartei 206, 208
Pause 9
PCR 21
Peak-Flow-Meter 306
PEB 146
PECH-Regel 367
Penis 103, 104
PEP 336
Pepsin 107, 108
Perikard 60
Peristaltik 112
Perkussion 118
perkutan 55
perkutane Infektion 16
Personalbedarf 228
Personaleinsatzplanung 226
persönliche Hygiene 32
persönliche Voraussetzungen 222
persönlicher Arzt-Patienten-Kontakt 152
Pertussis 24
Pflegeversicherung 274
Pflichten, Ausbilder 242
Pflichten, Auszubildender 242
Pflichten, ärztliche 145
Pflichtverletzung 202
Pfortader 113
Pharyngitis 17, 28
Pharynx 68, 106
Phlegmone 131
physikalische Therapie 52, 342
Physiotherapeut 199
Phytotherapie 59
Pilze 16
Pilzinfektionen 24
Pinzette 136
Placebo 57
Plasmaherstellung 318
Plasmid 16
Plasmodien 29
Pleura 68, 71, 72
Pneumonie 25
Pollakisurie 91
Polydipsie 125
Polymenorrhö 98
Polypen 120
Polypol 270
Polyurie 125
Portio 94
Postausgang 233, 237
posterior 36
Postexpositionsprophylaxe 29, 81, 336
PostIdent 232
Postversand organisieren 327
Postversand 334
praktische Abschlussprüfung 8, 12
Prämienlohn 283
Präparierschere 136
Prävention 140, 186
präventive Koloskopie 331
Praxisarten 196
Praxisaufgabe 145
Praxisaushang bei Urlaub/Fortbildung 326
Praxisausstattung 210
Praxisbedarf 210
Praxisgemeinschaft 196
Praxisleitbild 220
Praxismarketing 225
Praxismiete 219
Praxisübernahme 145
Praxisurlaub 224
Praxisziele 220
Prellung 51
Preputium 102, 103
Prick-Test 133
primäre Prävention 140
primäre Wundheilung 136
Primärharn 84
Primärkasse 147
Prionen 22
Privatärztliche Verrechnungsstellen 218
Privatliquidation 334
Privatrechnung 155
Privatrezept 165, 345, 363
Probezeit 279
Prodromalsymptome 17, 20
Pronation 42
Prophylaxe 140
Prostata 102, 103, 104
Prostatahyperplasie 105
Prostatakarzinom 105
Prostatasyndrom 104
Prostatitis 105
Protease 110
Proteine 106
Protozoen 16, 22
provisorische Ersatzbescheinigung 146
proximal 36
Prüfung 13
Prüfung, schriftliche 12
Prüfungsfall 12
Prüfungsfragen 12
Prüfwert 232
PSA-Bestimmung 105
Psoriasis 133
Psychopharmaka 53
Pulmonalklappe 60
Puls 61
Pulsmessung 291
Purkinje-Fasern 60
Pustel 129, 132
Pyelonephritis 91, 92
Pylorus 107

Q

Quaddel 129
Qualifikation 222
qualitativ 88
Qualitätsmanagement 220, 224, 376
quantitativ 88
Quantitätsmangel 256
Quittung für Portokosten 219
Quittung 333

R

Rabatt 255
Rachitis 55, 113
Radius 37
Ratenkauf 254
realistische Ziele 9
Reallohnsteigerung 260
Reanimation 67, 74
Reanimationskomplex 169
Recall 230, 226, 369
Rechnung 219, 334
Rechnungskontrolle 364
Rechnungsstellung 216
Rechtsfähigkeit 250, 251
Rechtsgeschäfte 250
Rechtsmangel 256
Reflux 119
Refluxkrankheit 119
Refluxösophagitis 119
Reizleitungssystems 60
Rekonvaleszenz 16
rektal 18, 55
rektale Untersuchung 331
Rektoskop 116
Rektum 85, 106, 108
Ren 86
Rendite 286
Rentenversicherung 274
Reposition 45
Resorption 108, 110, 112
Respiration 72
Retardtabletten 57
Retikulozyten 78
Revision 281
Rezept 306, 318, 324, 327, 338, 340, 342, 358, 367
Rhagade 129
Rhesusfaktor 78, 81
Rhesusinkompabilität 78, 82
Rhesusunverträglichkeit 99
rheumatoide Arthritis 48
Rippenfell 72
Risikoaufklärung 202
Risikoeinstufung 30
RNA 16
Röhrenknochen 40
Röteln 24
Rubeola 24
Rubor 18
Ruffini-Körperchen 129
Ruhe-EKG anfertigen 301
Ruhepuls 61

S

s.c. Injektion 293, 351
Saccharide 106
Samenleiter 102
Säureschutzmantel 135
Scapula 37
Schädelknochen 38
Schambein 85
scharfer Löffel 136
Scharlach 17, 18, 21
Schildkrötenverband 311
Schlauchverband 323
Schlüsselqualifikation 196, 198
Schmierinfektion 16
Schnittwunde 321
Schriftgut 232
schriftliche Abschlussprüfung 8, 12
Schrunde 129
Schufa 286
Schuldfähigkeit 250, 251
Schutzhandschuhe 32
Schutzimpfungsrichtlinien 158
Schwangerschaft 94, 100, 367
Schwangerschaftstest 368
Schwangerschaftsverhütung 100
Schweigepflicht 145, 200, 201, 203, 204, 242, 245, 303, 355
Schwellenwert 154, 179
Screening 140
Sediment 92
Segelklappe 60
Sekretion 112
sekundäre Prävention 140
sekundäre Wundheilung 136
Sekundärharn 84
Selbstbestimmungsaufklärung 202
Selbstständigkeit 196
Selbstuntersuchung der Brust 101
Selbstzahler 154
semikritisch 30

semiquantitativ 88
Sendungsarten 237
Septum 60
Sera 53
Serumherstellung 297
Serumröhrchen 80
sexuelle Übertragung 16
Sicherungsaufklärung 202
Sigma 108
Simultanimpfung 24
sinister 36
Sinusknoten 60
situationsgerechte Sprache 8
Skalpell 136
Skoliose 42
Skonto 255, 258, 353
Skorbut 113
Skrotum 102, 103
Sofortmaßnahme bei Asthmaanfall 308
Software 206
Solidarität 275
Sonografie 117, 319
sonstige Kostenträger 144
Soor 29
Sorgfaltspflicht 145, 278, 242
soziale Marktwirtschaft 270
Sozialkompetenz 196
Sozialprodukt 273
Sozialversicherungen 274
Sparbrief 286
Sparbuch 286
Sparen 286
Spasmolytika 53
Speicheldrüsen 107
Spermiogramm 102
Sphinkter 111
Spinalnerven 44
Spirochäten 16, 22
Spirografie 75
Spirometrie 71, 306
Splitterpinzette 136
Sporen 22
Sprache, situationsgerechte 8
Sprechstundenbedarf 162, 170, 210, 212, 215
Sprechstundensystem 229
Spreizhose 187
Spritze 58
Spülung einer septischen Wunde 329
Spurenelemente 106, 113
Sputumprobe 353
Squama 129
Stäbchen 16
Staffelkartei 208
Stammdaten 206
Standardimpfung 26
Standardimpfungen 158
Staphylokokken 16
STD 102
Steigerungssatz 154
Steigerungssätze 155
Steinleiden 88
steriler Handschuh 310
steriler Wundverband 311, 359
steriles Arbeiten 311
Sterilgut 34
Sterilisation 30
Sternum 37
Steuererklärungsbelege 216
Steuerklassen 282
Steuern 282
STIKO 26, 160
STIKO-Impfplan 137
Stirnhöhle 41
Stoffwechsel 113
störender Pharmareferent 364
Strep-A-Schnelltest 347
Streptokokken 16
Stuhltest 115, 331
Stützverband 366
Subkutis 128
sublingual 55, 340
Sucht 142
Supination 42
Suppositorien 57
Suspension 57
Symbiose 20
Symphyse 39
Synarthrosen 40
Syndrom, metabolisches 122, 126
Synkope 64
Synovia 36
Synovialis 36
Systole 60

T

Tachyarrythmie 63
Tachykardie 61, 63
Tageswert 232
Tarifvertrag 243
Taschengeldparagraf 250
Tastkörperchen 129
Tawara-Schenkel 60
Teambesprechung 222, 223, 374
Telefax 233, 355
Telefonanruf mit unerwünschter Werbung 355
Telefonanruf Notfall 317
Telefonat 341
telefonische Befundabfrage 373
telefonische Terminvereinbarung 364, 374
Telefonnotiz 342
Temperaturmessung 363
TENS 56
Termineinverständniserklärung 226
Terminerinnerungskarten 226
Termingeldeinlage 286
Terminreservierungskarte 226
Terminsprechstunde 226
Terminsystem 229
Terminvereinbarung 308, 337
Terminvereinbarung, telefonische 364, 374
Terminvergabe 226
Terminvergabe, kurzfristiger Termin 375
Terminverträge 226
tertiäre Prävention 140
Testes 102
Testis 103, 104
Tetanus 24, 138
Tetanus-Impfung 137, 161, 185
Therapie, physikalische 52, 342
Therapietreue 58
Thrombopenie 81
Thrombose 66, 337
Thrombozyten 76
Thrombozytenaggregationshemmer 53
Thrombus 79
Tibia 37
Todesfeststellung 169
Tonsilla palatina 74
Tonsilla pharyngea 74
Tonsillarabstrich 347
Tonsillitis 17
Totimpfstoffe 53
toxische Dosis 58
Toxoplasmose 24
Trachea 68, 71
Tramadol 53
transdermal 55
transrektale Sonografie 102
Treuepflicht 278, 279
Trikuspidalklappe 60
Trimenon 101
Trisomie 21 142
Tröpfcheninfektion 16
Troponin-Test 340
Trypsin 108
Tube 85, 94
Tuberkulose 24
Tubulus 84
Tumor 18, 372
Tumoren 116, 117, 120

U

Übergewicht 127
Überprüfung des Notfallkoffers 303
Übertragung, sexuelle 16
Überweisung 165, 187
Überweisungsformular 261
Überweisungsschein 319, 338, 340, 341
Übung 8
Ulcus cruris 355
Ulcus duodeni 121
Ulcus ventriculi 114
Ulcus 129
Ulna 37
Ultraschall-Screening 189
Ultraschalluntersuchung 176, 180
Umgang mit Geld 260
Umgang mit ungeduldigem Patienten 304
Umlaute 207
Umschulung 238
Unfallversicherung 274
unkritisch 30
untere Atemwege 68
Unterhaut 128
Unterschenkelumfang, Messung 337
Untersuchung, gynäkologische 331, 368
Untersuchung, neurologische 293
Untersuchung, rektale 331
unvorhergesehene Inanspruchnahme 152
Urämie 88
Ureter 85, 86, 103
Urethra 85, 86, 103
Urethritis 92
Urethrozystografie 88
Uricult® 90
Urin 85
Urinprobe gewinnen 297
Urinuntersuchung mit Teststäbchen 297
Urlaub 279
Urogramm 88
Urolithiasis 92
Urtica 129
Uterus 85, 98
U-Untersuchung 370
UV-GOÄ 154, 155, 157, 182

V

Vagina 85, 94
Validierung 34
Varicella-zoster-Virus 29
Varikosis 63, 139
Venen 60
venöse Blutentnahme 292
Ventilation 72
ventral 36
Ventriculus 106
Ventrikel 60
Verabschiedung des Patienten 294, 298, 371
Verbandschere 136
Verbindlichkeit 219
Verbraucherschutz 258
Verbrauchssteuern 282
Verbrennung 359
Verdauung 108, 112
Verdauungsapparat 106
Vergessenskurve 9
Vergleich 281
Vergütungspflicht 242, 245, 278
Verjährung 266, 267

Verkehrssteuern 282
Verlaufserklärung 202
Vermehrung von Bakterien 21
Vermögensbildung 286
vermögenswirksame Leistungen 286
Verordnung einer Krankenbeförderung 168, 302, 316
Verordnung von Krankenhausbehandlung 168, 169, 303, 315
Verrechnungsscheck 262
Verrichtungsgehilfin 202
Verruca seniles 135
Verruca vulgaris 134
Versand medizinischen Materials 237
Versandformen 237
Verschwiegenheitspflicht 278
Versichertenpauschale 152, 164
Versicherungspflichtgrenze 275
Versorgung, vertragsärztliche 144
Verstauchung 366
vertikale Infektion 16
vertragliche Haftung 200
Vertragsart 200
vertragsärztliche Versorgung 144
Vertragsrecht 250
Vertretungsfall 152
Vertretungsschein 168
Verwaltungskomplex 153
Vesica fellea 106, 111
Vesica urinaria 86
Vesicula 129
virale Infektionskrankheiten 24
Viren 16, 19
Virulenz 21
Virushepatitis 114, 120
viruzid 30
Vitalkapazität 68
Vitamine 106, 109
Vorbereitung Wundversorgung 322
Vorbeugung 140
Vordruck F 1000 327
Vordruck F 1050 323, 324, 336
Vordruck F 2900 324
Vorläufersymptome 17
Vorsorgekoloskopie 188, 190
Vorsorgesparen 286
Vorsorgeuntersuchungen 140
Vorsteherdrüse 102
Vorstellungsgespräch 238

W

Waren bestellen 342
Warenannahme 211, 363
Wärmetherapie 52
Wartezeit 356
Warze 134
Wegegeld 156
Wegeunfälle 274
Weisungssystem 221
Weiterbildung 238
Wettbewerbspreis 270
WHO 198
Wiederaufbereitung Instrumente 312
Wiedereinbestellung 369
Wiederholung 9, 10
Windpocken 29
Wirbel 39
Wirbelsäule 38
Wirtschaftlichkeitsbonus 174
Wirtschaftlichkeitsprüfung 149
Wundabdeckung 322, 372
Wundbehandlung 138
Wunde 182
Wundheilung 136, 138
Wundnaht 137
Wundrose 131
Wundstarrkampf 138
Wundverband anlegen 357
Wundverband entfernen 329
Wundverband, steriler 311, 359
Wundversorgung 182, 322, 327, 349

Z

Zahlungseingänge 217
Zahlungseingangsüberwachung 216
Zahlungserinnerung 266, 267
Zahlungsformular 353
Zahlungsüberwachung 217, 218
Zahlungsverzug 256, 266, 334
Zahlungsvorgänge 216
Zahlungsziel 216
Zeichen für Geprüfte Sicherheit 256
Zeitlohn 283
Zeitmanagement 231
Zentraleinheit 209
Zentralisation 67
Zertifizierung 220, 223
Zeugnispflicht 242
Zeugnispflicht 278
Ziele, realistische 9
Zuckerstoffwechsel 127
Zulassung als Vertragsarzt 144
Zuzahlungen 157
Zuzahlungsbefreiung 148
Zwecksparen 286
zweiseitige Rechtsgeschäfte 250
zweite Mahnung 266
Zwischenziele 9
Zystitis 360, 89, 92
Zytoplasma 16
Zytostatika 53

Bildquellenverzeichnis

Titelfoto: Krüper, W., Bielefeld; **S. 9/2:** Shutterstock/ Gteam; **S. 10/1:** Telschow-Malz, S., Berlin; **S. 11/1:** Krüper, W., Bielefeld; **S. 12/1:** A1PIX - YOUR PHOTO TODAY; **S. 12/2:** Krüper, W., Bielefeld; **S. 12/3:** A1PIX - YOUR PHOTO TODAY; **S. 12/4:** A1PIX - YOUR PHOTO TODAY; **S. 13/1:** Shutterstock/ Jill Chen; **S. 13/2:** Shutterstock/ iko; **S. 14/1:** Shutterstock/ InesBazdar; **S. 15/1:** Krüper, W., Bielefeld; **S. 16/1:** Mair, J., München; **S. 16/2:** Mair, J., München; **S. 20:** Raichle, G., Ulm; **S. 36:** Mair, J., München; **S. 37/1:** Mair, J., München; **S. 38:** Mair, J., München; **S. 39:** Mair, J., München; **S. 44:** Mair, J., München; **S. 45/1:** Mair, J., München; **S. 52:** Hexal AG, Holzkirchen; **S. 60/1:** Mair, J., München; **S. 60/2:** Krischke, K., Marbach; **S. 65/1:** Mair, J., München; **S. 68/1:** Mair, J., München; **S. 72/1:** Mair, J., München; **S. 84/1:** Mair, J., München; **S. 85/1:** Raichle, G., Ulm; **S. 86/1:** Mair, J., München; **S. 94/1:** Mair, J., München; **S. 95/1:** Krischke, K., Marbach; **S. 103/1:** Raichle, G., Ulm; **S. 106/1:** Faust, St., Berlin; **S. 107/1:** Mair, J., München; **S. 128/1:** Mair, J., München; **S. 128/2:** Mair, J., München; **S. 128/3:** Mair, J., München; **S. 129/1:** Mair, J., München; **S. 136/1–5:** Setzinger Photographie, Tuttlingen; **S. 136/6:** Krüper, W., Bielefeld; **S. 136/7–13:** Setzinger Photographie, Tuttlingen; **S. 143/1:** Krüper, W., Bielefeld; **S. 162/1:** Kassenärztliche Bundesvereinigung, Berlin; **S. 162/2:** Kassenärztliche Bundesvereinigung, Berlin; **S. 195/1:** Krüper, W., Bielefeld; **S. 233/1:** Mair, J., München; **S. 241/1:** Krüper, W., Bielefeld; **S. 242/1:** Welz, N., Berlin; **S. 247/1:** Shutterstock/ dedi57; **S. 261/1:** A1PIX - YOUR PHOTO TODAY; **S. 262/1:** Maestro International; **S. 262/2:** © Copyright Visa Europe 2014; **S. 271/1:** picture alliance; **S. 289/1:** Krüper, W., Bielefeld; **S. 292/1:** Kassenärztliche Bundesvereinigung, Berlin; **S. 294/1:** Kassenärztliche Bundesvereinigung, Berlin; **S. 298/1:** Kassenärztliche Bundesvereinigung, Berlin; **S. 304/1:** Kassenärztliche Bundesvereinigung, Berlin; **S. 307/1:** Kassenärztliche Bundesvereinigung, Berlin; **S. 307/2:** Kassenärztliche Bundesvereinigung, Berlin; **S. 310/1:** BODE SCIENCE CENTER, HARTMANN AG; **S. 310/2:** BODE SCIENCE CENTER, HARTMANN AG; **S. 310/3:** Mair, J., München; **S. 310/4:** Mair, J., München; **S. 310/5:** Mair, J., München; **S. 310/6:** Mair, J., München; **S. 311/1:** Mair, J., München; **S. 311/2:** Mair, J., München; **S. 311/3:** Mair, J., München; **S. 311/4:** Mair, J., München; **S. 311/5:** Heinisch, G., Berlin; **S. 314/1:** Kassenärztliche Bundesvereinigung, Berlin; **S. 316/1:** Kassenärztliche Bundesvereinigung, Berlin; **S. 320/1:** Kassenärztliche Bundesvereinigung, Berlin; **S. 323/1:** Deutsche Gesetzliche Unfallversicherung e.V. (DGUV), Berlin; **S. 325/1:** Kassenärztliche Bundesvereinigung, Berlin; **S. 325/2:** Deutsche Gesetzliche Unfallversicherung e.V. (DGUV), Berlin; **S. 328/1:** Deutsche Gesetzliche Unfallversicherung e.V. (DGUV), Berlin; **S. 334/1:** vitaledesign, Berlin; **S. 334/2:** vitaledesign, Berlin; **S. 346/1:** Heinisch, G., Berlin; **S. 346/2:** Heinisch, G., Berlin; **S. 346/3:** Heinisch, G., Berlin; **S. 361/1:** Heinisch, G., Berlin; **S. 361/2:** Heinisch, G., Berlin; **S. 361/3:** Heinisch, G., Berlin